Narwa
eval
Wolchow
Dorpat
Pleskau
Kalinin
AF546498
Lowat
Rschew
Kamenka
Olenino
Dawydowka
MOSKAU
Riga
Düna
Belyi
Karmanowo
Sytschewka
itau
Gschatsk
Moschaisk
Dünaburg
Welisch
ulen
Demidow
Wjasma
Dorogobusch
Orscha
Smolensk
Arnischizy
Roslawl
Kirow
Schisdra
Wilna
Stoki
Minsk
Djatkowo
npol
Brjansk
Lida
Drut
Orel
Rogatschew
Desna
Baranowitschi
Ptitsch
Bobruisk
Dnjepr
Gomel
Nowogorod Sewersk
Pripjet
Kalinkowitschi
Tschernigow
Kursk
itowsk
Bragin
Ratno
Pripjet-Sümpfe
Kolybon
Kowel
Korosten
Lemberg
Bug
Dnjestr
Theiß
Pruth
Nimmersatt
Memel
Ostsee
Heydekrug
Kuri-
Nattkischken
sches
Tilsit
Memel
Haff
Neukuhren
Samland
Metgethen
Groß Blumenau
Königsberg/Pr.
Pillau
Gumbinnen
Pregel
Trakehnen
Danziger Bucht
Nemmersdorf
Frisches Haff
Danzig
Angerapp
Juditten
Goldap
Dirschau
Bartenstein
Elbing
Merunen
Treuburg
Marienburg
Duneiken
Allenstein
Johannisburg
Neidenburg

F
Pour
leMé
rite

Otto Will

Tagebuch eines Ostfront-Kämpfers

Mit der 5. Panzerdivision im Einsatz 1941–1945

Pour le Mérite

Das Foto auf der Titelseite zeigt deutsche Infanteristen in Bereitstellung (Foto: BPK Berlin).

Bibliographische Information der Deutschen Bibliothek
Die Deutsche Bibliothek verzeichnet diese Publikation in der Deutschen Nationalbibliographie; detaillierte bibliographische Daten sind im Internet über www.dnb.de abrufbar.

ISBN 978-3-932381-56-0

Neuauflage 2022

Pour le Mérite – Verlag für Militärgeschichte
Postfach 52, D-24236 Selent

Gedruckt in der Europäischen Union

Einleitung

Diese Aufzeichnungen aus dem Kriege habe ich bereits in den Jahren 1972/73 grob zusammengestellt und niedergeschrieben, um sie als Beitrag für die damals vorgesehene Geschichte der 5. Panzerdivision zur Verfügung zu stellen.

Die Geschichte der Division ist von Generalleutnant a.D. Anton Detlev von Plato im Namen der Gemeinschaft der ehemaligen Angehörigen der 5. Panzerdivision herausgegeben worden und im Walhalla-Verlag, Regensburg, 1978 erschienen.* In dieser sehr umfangreichen Abhandlung über den Einsatz einer ganzen Division konnte verständlicherweise nur ein kleiner Teil meiner persönlichen Erlebnisse Berücksichtigung finden.

Bei meiner Niederschrift handelt es sich um das von mir unmittelbar Erlebte, um Tagesgeschehen, an dem ich teilgenommen habe. Hierbei stehen Leben und Schicksal der Soldaten in einer Panzergrenadierkompanie – also einer für den Kampf in vorderster Front bestimmten Einsatztruppe – im Vordergrund.

Angefangen hatte mein Fronteinsatz 1941 als Fahrer beim Stab der 5. Panzerdivision, danach war ich viereinhalb Monate im Feldreservebataillon (FRB) und ab 15. April 1942 bei der 5. Kompanie, Panzergrenadierregiment 14. Die folgende Zeit wurde unterbrochen, als ich im Sommer 1943 noch einmal zu dem dann in Feldersatzbataillon umbenannten Feldreservebataillon mußte. Ab November 1943 blieb ich aber bei der 5. Kompanie des Panzergrenadierregiments 14 bis zu meiner Verwundung am 8. April 1945 vor Metgethen bei Königsberg, kurz vor dem Ende der Kämpfe in Ostpreußen.

Oft habe ich in den vergangenen 50 Jahren nach Kriegsende vor der Frage gestanden, ob es überhaupt einen Sinn macht, diese persönlichen Erlebnisse und Eindrücke der Nachwelt mitzuteilen. Dabei bin ich zu der Überzeugung gekommen, daß gerade der Alltag des Frontsoldaten, seine Auffassung von Pflichterfüllung gegenüber dem Vaterland und die Opferbereitschaft des Soldaten für eine gerechte Sache heute kaum mehr Beachtung finden. Der „Zeitgeist" ist darüber hinweggegangen.

Deshalb erscheint es mir notwendiger denn je, über das Geschehen von damals ganz nüchtern zu berichten. Ich glaube es meinen vielen gefallenen, vermißten und inzwischen verstorbenen Kameraden schuldig zu sein. Gerade weil diese Niederschrift auf Tatsachen beruht, die ich belegen kann, soll sie dazu beitragen, der Wahrheit zum Durchbruch zu verhelfen. Sie soll damit den inzwischen in Mode gekommenen Verunglimpfungen aller Soldaten und deren pauschaler Diffamierung entgegentreten.

Die folgenden Zeilen stützen sich auf meine vielen Notizen, die ich nach Hause retten konnte, auf Feldpostbriefe an meine Eltern, die meine Mutter sorgfältig verwahrt hat, und auf mein Gedächtnis, in dem eine Menge Daten, Ortsnamen und die damit zusammenhängenden Begebenheiten unauslöschlich „eingebrannt" sind.

Mein Dank an dieser Stelle gilt all denen, die mir mit Rat und Tat geholfen haben.

Otto Will

* Plato, Anton Detlev von. *Die Geschichte der 5. Panzerdivision 1938 bis 1945.* Regensburg: Walhalla und Praetoria Verlag, 1978.

Das Jahr 1941

Versetzung zum Feldtruppenteil
Einsatz der 5. Panzerdivision in Rußland
Vormarsch bis vor die Tore Moskaus

11. August 1941. Von Hersfeld kommend, erreiche ich mit einer übermütig aufgelegten Gruppe junger Soldaten den Truppenübungsplatz Döberitz bei Berlin. Wir haben die Grund- und Kraftfahrzeugausbildung hinter uns und müssen uns beim Stab der 5. Panzerdivision melden, der uns als Ersatz für die Feldtruppe angefordert hat. Wir sollen als Kraftfahrer eingesetzt werden und sind mächtig stolz darauf, nun einem Feldtruppenteil anzugehören.

Nach einer etwas mehr als fünf Monate dauernden Dienstzeit beim Reichsarbeitsdienst (RAD), die ich überwiegend in der belgischen Hauptstadt Brüssel verbracht habe, bin ich am 5. Februar 1941 Soldat geworden. Schon im Arbeitsdienst erreichte mich die Einberufung zur Infanterie-Nachrichtenersatzkompanie 9 nach Marburg. Hier erhalte ich die infanteristische Grundausbildung sowie eine Ausbildung als Funker. Letztere wird abgebrochen, weil ich bereits den Zivilführerschein besitze und offenbar Kraftfahrer für motorisierte Verbände dringend gesucht werden. Zunächst war ich wegen der Nähe zu meiner Heimat Gladenbach nicht begeistert von dem Gedanken, Marburg verlassen zu müssen, doch habe ich keine Wahl, ich muß mich zur Versetzung bereithalten. Am 12. Juni 1941 erhalte ich als einziger der Kompanie den Befehl, zur Kraftfahrersatzabteilung 9 nach Hersfeld zu fahren und mich dort zu melden. Ich treffe hier noch mehrere junge Soldaten aus anderen Garnisonsstädten, die ebenfalls ihren Wehrmachtführerschein machen sollen. Die Ausbildung zum Kraftfahrer beginnt sofort. Sie wird sehr gründlich und beschleunigt – ohne jeden Dienst an der Waffe – durchgeführt. Nach intensiver Fahrschule auf Lkw und Pkw und dem täglichen technischen Dienst in der Werkstatt werden bald die Prüfungen der Führerscheinklassen I und II abgelegt. Die Ausbildung zum Kraftfahrer ist damit beendet. Wir können zur motorisierten Truppe abgestellt werden.

Von der eigentlichen Versetzung zum Feldtruppenteil werde ich persönlich völlig überrascht. Durch den – im Gegensatz zu Marburg – sehr lockeren Umgang mit uns Rekruten werde ich ermutigt, an einem Sonnabend eine Wochenend-Schwarzfahrt nach Hause zu riskieren. Von dieser Fahrt mit einigen Hindernissen komme ich montags vor Dienstbeginn völlig ahnungslos in die Kaserne zurück. Hier finde ich meine Stubenkameraden in großer Aufregung vor. Sie sind neu eingekleidet und eifrig damit beschäftigt, ihre Tornister zu packen. Sie sagen mir, daß ich ebenfalls zu dem vorgesehenen Transport gehöre und nun in kürzester Zeit alles nachholen müsse, was sie bereits hinter sich haben. Von den Vorgesetzten unbemerkt, gelingt es mir – mit Unterstützung der Kameraden –, ebenfalls zum Abreiseappell bereitzustehen. Ein Omnibus bringt uns zum Hersfelder Bahnhof, wo wir den fahrplanmäßigen D-Zug nach Berlin erreichen. Nach mehrstündiger Fahrt sind wir in Berlin. Dort müssen wir umsteigen. Ziel ist der

Bahnhof Dallgow, wo man uns bereits erwartet. Man führt uns nach Döberitz, dem Truppenübungsplatz. Hier werden wir von Hauptfeldwebel Schmidt empfangen und begrüßt. Er entläßt uns in die zugewiesenen Quartiere.

12. August 1941. Morgens, beim ersten Antreten, werden wir durch den Hauptfeldwebel gemustert und erfahren, daß wir alle beim Divisionsstab bleiben und als Kraftfahrer eingesetzt werden. Ich selbst muß einen äußerst friedlichen Eindruck auf den Spieß gemacht haben, denn ich werde den Divisionspfarrern als Fahrer zugeteilt. Als Fahrzeug übernehme ich einen Pkw Opel „Olympia", der bereits einige Kilometer auf dem Buckel hat. Nach einigen Übungsrunden auf dem großen Parkplatz und den Anweisungen des Schirrmeisters stehe ich den Pfarrern als Fahrer zur Verfügung. Der außerhalb der Fahrzeit anfallende übrige Dienst wird mit Fahrzeugpflege, Waffenreinigen und Unterricht ausgefüllt. Meine Postanschrift lautet ab jetzt: Feldpostnummer 32103.

13. August 1941. Nun beginnt mein Dienst als Fahrer beim Divisionsstab. Fast täglich bin ich mit den Geistlichen unterwegs. Ich fahre mit ihnen in die Mark Brandenburg, wo in den Dörfern die Regimenter und Bataillone der Division liegen. Sehr oft geht es aber auch nach Berlin. Dann habe ich Gelegenheit, diese wunderbare Stadt kennenzulernen. Auch die dienstfreien Stunden verbringe ich – sofern nichts dazwischen kommt – überwiegend in Berlin. In dieser riesigen Stadt kann man so wunderbar untertauchen. Hier kann man zwanglos Theater-, Varieté-, Kino- und Sportveranstaltungen besuchen und das Leben auf seine Weise gestalten.

20. August 1941. Heute bin ich nicht unterwegs. Das bedeutet, ich mache Dienst am Fahrzeug. Wartung und Pflege werden durchgeführt. Oberstes Gebot ist die ständige Einsatzbereitschaft des Kraftfahrzeuges. Sicher ist, daß die kampferprobte 5. Panzerdivision, die gerade erst vom Balkanfeldzug zurückgekehrt ist, nicht ewig im Raum Döberitz bleiben wird. Schließlich muß das Deutsche Reich an mehreren Fronten Krieg führen. Im Osten wird seit dem 22. Juni gegen den Bolschewismus gekämpft, und in Nordafrika kämpft Rommel mit dem Afrikakorps gegen die Engländer. Unsere Vorbereitungen sind auf den Einsatz in Afrika ausgerichtet. Man hat uns in Tropenuniformen eingekleidet. Alle Fahrzeuge haben den gelbgrünen Tarnanstrich, wie er für den Einsatz in der Wüste erforderlich ist. Die Soldaten der Division sind alle auf Tropentauglichkeit untersucht worden. Wir fühlen uns bereits mit dem Afrikakorps engstens verbunden und warten auf den Einsatzbefehl.

9. September 1941. Die Tage in Döberitz vergehen viel zu schnell. Im Osten stehen die deutschen Verbände – an der Spitze die Panzerdivisionen – tief in Rußland. Riesige Kesselschlachten sind dort im Gange. Der Vormarsch scheint unaufhaltsam. In Afrika ist Rommel erfolgreich. Hier beim Stab ist bezüglich unseres Einsatzes noch alles offen. Ständig geistern neue Parolen durch die Truppe, aber keiner weiß etwas Genaues. Wir absolvieren unseren normalen Tagesdienst.

Doch plötzlich wird um 11 Uhr zum Antreten befohlen. Weil es an sich eine außergewöhnliche Zeit ist, kann nur ein besonderer Grund dafür vorliegen. Wir sind gespannt! Dann ist es klar: Die Tropenuniform einschließlich der Unterwäsche muß sofort gegen die normale feldgraue Uniform und deren Unterwäsche getauscht werden. Das ist ein Hammer! So viel ist jetzt fast schon sicher: Die vieldiskutierten und erwarteten „Afrika-Träume" können begraben werden. Kommt es nun doch zum Einsatz im Osten? Daran will keiner so recht glauben. Zweifel werden geäußert. In den nächsten Stunden oder Tagen werden wir bestimmt Genaueres erfahren.

10. September 1941. Die Spannung löst sich schneller als erwartet. Beim ersten Antreten frühmorgens erhalten wir den Befehl, Gepäck und Gerät auf die Fahrzeuge zu verladen, nachdem diese noch einmal überprüft und aufgetankt worden sind. Ab sofort herrscht Ausgangssperre. In letzter Minute muß ich Fahrzeug und Beifahrer wechseln. Ich übergebe den

Oben: Ehrenformation zur Vereidigung der Rekruten auf dem Kasernengelände „Neue Jägerkaserne"

Unten: Feierliche Vereidigung der Rekruten in Marburg am 18. Februar 1941

Oben: Technischer Dienst am Kraftfahrzeug auf dem Werkstattgelände

Unten: Pause an den Lahnwiesen während einer Gefechtsausbildung, vorne rechts der Verfasser

Der Verfasser mit seinem Opel „Olympia“ in Döberitz bei Berlin

Opel „Olympia“ an meinen Freund Willi Hartmann und erhalte einen nagelneuen VW-Kübel. Mit diesem geländegängigen Fahrzeug bin ich dem Leiter der Divisionskartenstelle, Oberleutnant Jaskolla, zugeteilt. Nachdem die Fahrzeuge marschbereit gemeldet sind, werden die Stuben in den Baracken gereinigt. Den Abend verbringen wir in ausgelassener Stimmung. Ein letztes Mal kriechen wir zum Schlafen auf unsere Strohsäcke.

11. September 1941. Nach dem Antreten, bei dem die Reihenfolge der Fahrzeuge in der Kolonne bestimmt wird und letzte Anweisungen für unterwegs erteilt wurden, heißt es bald „Fertigmachen“ und „Aufsitzen“. Die Fahrzeugkolonne setzt sich in Bewegung. Das Fahrtziel ist unbekannt. Nach kurzer Zeit erreichen wir den Bahnhof Wustermark, wo ein Güterzug zum Verladen schon bereitsteht. In etwa zwei Stunden sind sämtliche Fahrzeuge auf den Waggons untergebracht und festgezurrt. Mein VW-Kübel steht auf dem letzten Waggon und bildet den Schluß des langen Transportzuges. Kurz nach Mittag steht das Signal auf „Freie Fahrt“, und der Transport setzt sich mit unbekanntem Ziel in Bewegung. Gegen 16 Uhr fahren wir durch Frankfurt an der Oder und weiter nach Posen. Klar ist jetzt die Richtung, es geht doch nach Osten. Viele können sich mit dem Gedanken noch nicht anfreunden. Doch weiter geht die Fahrt durch West- und Ostpreußen. Ohne Unterbrechung rollt der Transport, auch während der Nacht.

13. September 1941. In der Nacht zum 13. September erreichen wir die ehemalige deutsch-litauische Grenze. Unser Transport hält auf dem Güterbahnhof Wirballen. Die meisten Kameraden schlafen fest in ihren Fahrzeugen. Ihnen ist es offenbar gleichgültig, wo wir uns gerade befinden. Vor allem die Veteranen, die bereits Polen-, Frankreich- und den Balkanfeldzug mitgemacht haben, lassen sich im Schlaf nicht stören. Dieser Transport ist für sie nicht der erste Bahntransport, vielmehr ein ganz normaler Vorgang in Kriegszeiten. Für mich ist das alles neu und unbekannt. Außerdem bin ich sehr wißbegierig und habe noch kein Auge zugemacht. Deshalb steige ich von meinem Waggon herunter und will mich auch hier orientieren. Ich unterhalte mich mit Männern, die den Rangierbetrieb auf dem Bahnhof aufrechterhalten. Von ihnen erfahre ich in echtem „Ostpreußisch“, daß wir Ostpreußen bereits fast ganz passiert haben und an der Grenze zu Litauen stehen. Nach weiteren vielen Stunden ununterbrochener Fahrt über Kauen (Kaunas) erreichen wir die Stadt Wilna (Vilnius). Hier, in der litauischen Hauptstadt, wird ausgeladen. Mit meinem VW-Kübel bin ich schnell vom Waggon herunter. Es ist ein strahlendschöner Spätsommertag. Wir fahren nicht weit. Am ostwärts gelegenen Stadtrand beziehen wir die ersten Quartiere.

In Tropenuniform mit dem Opel „Olympia“ auf der Berliner Ost-West-Achse

15. September 1941. Während die Masse des Stabes noch in Wilna verbleibt, erhalte ich frühmorgens den ersten Auftrag, und zwar Oberleutnant Jaskolla zur Kartenstelle der Heeresgruppe Mitte nach Minsk zu fahren. Eine Fahrt, die stundenlang an endlosen Marschkolonnen von Soldaten vorbeiführt. Unter anderem überhole ich die aus Spaniern bestehende „Blaue Division“. Bei dieser Fahrt habe ich Gelegenheit, die mir noch unbekannten russischen Straßen (allgemein Rollbahnen genannt) näher kennenzulernen. Sie sind in einem Zustand, der alles andere als gut ist. Sie halten keinen Vergleich mit unseren normalen Hauptverkehrsstraßen im Deutschen Reich oder in Westeuropa aus. Trotz Gegenverkehr und endlos langer Kolonnen – die ich überholen muß – gelingt es mir, ohne größeren Aufenthalt die Stadt Minsk zu erreichen. Die gesuchte Kartenstelle finden wir im großen Theater der Stadt. Ich parke direkt vor dem mächtigen Theaterbau und warte dort, bis Oberleutnant Jaskolla wieder auf der Bildfläche erscheint. Noch am späten Nachmittag fahren wir nach Wilna zurück. Jetzt kommen wir wesentlich besser voran, da viele Marschkolonnen bereits Rast machen und die Vormarschstraße verlassen haben. Todmüde komme ich von dieser ersten Fahrt zurück. Ohne vorher zu essen, lege ich mich auf den Fußboden nieder und schlafe sofort fest ein.

19. September 1941. Bei Tagesanbruch bin ich auf den Beinen. Heute erhalte ich den Befehl, mit meinem „Chef“ nach Orscha zu fahren. Zunächst geht es über die bekannte Strecke Maladsetschna–Minsk, dann über die große Rollbahn Richtung Moskau bis Orscha. Auf dieser autobahnähnlich ausgebauten Straße, die teilweise asphaltiert ist, bekommt man wieder Freude am Fahren. In flottem Tempo erreichen wir die Stadt Orscha und halten bei einer mir unbekannten Wehrmachtdienststelle. Ich muß sehr lange warten, bis Oberleutnant Jaskolla seine Angelegenheiten erledigt hat. Erst nach Einbruch der Dunkelheit fahren wir nach Minsk zurück. Hier wollen wir in der Frontsammelstelle übernachten. Da wir viel zu spät dort ankommen, gibt es nichts mehr zu essen. Hungrig und sehr müde muß ich schlafen gehen. Hier teilt man uns mit, daß der Divisionsstab inzwischen Wilna verlassen hat und auf dem Wege nach Orscha ist.

20. September 1941. Neuer Einsatzbefehl für mich. Mit Oberleutnant Jaskolla soll ich nach Smolensk, und zwar wieder über die mir bekannte Autobahn Minsk–Moskau. Diese ist zwar unserer Autobahn ähnlich, hat aber keine getrennten Fahrspuren. Auf dem noch unbekannten Teilstück dieser Strecke stelle ich fest, daß die asphaltierten, gut befahrbaren Abschnitte immer seltener werden, bis sie schließlich ganz aufhören. Grobes Kopfsteinpflaster oder Schotter ist der normale Straßenbelag. Das beeinträchtigt schon erheblich die erreichbaren Fahrtzeiten. In der Stadt Smolensk begeben wir uns zur Armeekartenstelle, die wir im Zentrum (im Dom Sowjetow = Haus der Räte) finden. Ich muß sehr lange warten, bis der Leiter unserer Kartenstelle seine Angelegenheiten erledigt hat und wieder am Wagen erscheint. Es ist spät am Nachmittag, als wir die Stadt Smolensk verlassen. Wir fahren bis Orscha zurück und beziehen ein Quartier. Hier erwarten wir das Eintreffen der übrigen Stabsfahrzeuge. Es dauert nicht lange, bis die ersten Fahrzeuge eintreffen. Am Bekleidungswagen lasse ich mir sofort eine Leibbinde geben, damit ich die Erschütterungen während der Fahrt in meinem hartgefederten VW-Kübel besser vertragen kann.

22. September 1941. Nach einem ruhigen Tag gestern muß ich heute sehr früh marschbereit sein. Wir fahren in Begleitung eines Lkw wieder nach Smolensk zur Kartenstelle der Armee. Dort empfangen wir große Mengen Karten für die Division und verladen sie auf unseren Lastwagen.

Dann geht es sofort weiter in Richtung Roslawl. Wir wissen inzwischen, daß sämtliche Divisionseinheiten dorthin im Anmarsch sind. Wir müssen ihnen zuvorkommen, um die gerade empfangenen Karten an die Regimenter und Bataillone zu verteilen. An einer Straßengabelung in Prudki, an der alle Einheiten vorbeikommen müssen, stellen wir den Lkw ab und geben die Karten an die Truppenteile aus, wie sie gerade eintreffen. Die übrigen Fahrzeuge des Stabes sind inzwischen an uns vorbeigezogen und werden in Wjaskowo einquartieren, dem ersten Divisionsgefechtsstand. Wir verteilen Karten bis zur völligen Dunkelheit. Während der Nacht bleiben wir mit den beiden Fahrzeugen in Prudki. Trotz empfindlicher Kühle – es hat zu regnen begonnen – schlafe ich im VW-Kübel, mit dem ich in den vergangenen vier Tagen mehr als 2.500 Kilometer zurückgelegt habe.

23. September 1941. Wir geben an die letzten vorbeirollenden Einheiten noch Karten aus und folgen dann dem Stab nach Wjaskowo. Der Stab befindet sich nicht im Dorf selbst, sondern abgesetzt davon in einem Kusselgelände, wo sich die Fahrzeuge auch besser tarnen lassen. Endlich habe ich Zeit und Gelegenheit, mich wieder einmal gründlich zu waschen, frische Wäsche anzuziehen und meinen Eltern einen langen Brief zu schreiben. Dann ist der Tag auch schon vorüber. Obwohl es nachts schon empfindlich kühl wird, ziehen wir Fahrer es vor, in den Fahrzeugen zu schlafen.

24. September 1941. Bei Tagesanbruch werde ich von der Wache geweckt. Mit Oberleutnant Jaskolla fahre ich zum Armeekorps nach Roslawl. Hier halten wir uns nicht lange auf. Noch am Vormittag begeben wir uns zum Divisionsgefechtsstand zurück. Kurze Zeit nach dem Mittagessen erhalte ich einen neuen Fahrbefehl. Den Sonderführer der Division, Hauptmann von Rentelen, chauffiere ich zum I. Bataillon, Schützenregiment 13, das gegen versprengte russische Truppen eingesetzt ist. Es sind Truppen, die bereits bei den vorausgegangenen Kämpfen eingeschlossen wurden und sich in den ausgedehnten Wäldern nordostwärts Djerjebush verborgen halten. Wir bleiben abends beim Stab des I. Bataillons, Schützenregiment 13.

25. September 1941. Ich befinde mich noch beim Stab des I. Bataillons, Schützenregiment 13, und warte am Gefechtsstand auf den Sonderführer. Er verhört eine Anzahl russischer Soldaten, die in den vergangenen Tagen gefangengenommen worden sind. Nach Abschluß der Verhöre fahre ich mit Hauptmann von Rentelen spätabends zum Divisionsgefechtsstand zurück, der noch in Wjaskowo liegt.

26. September 1941. Heute habe ich Ruhetag. Ich bin früh aufgestanden, denn ich muß dringend meinen VW-Kübel warten und will auch persönliche Dinge erledigen. Dem

Angehörige der Division vor der Armeekartenstelle in Smolensk am 22. September 1941

Himmel nach muß es ein schöner Tag werden. Deshalb hole ich zunächst meine angefallene schmutzige Wäschegarnitur hervor und wasche sie gründlich mit Kernseife. Während die Wäsche auf einer behelfsmäßigen Leine baumelt, unterziehe ich meinen Körper einer ebenso notwendigen Reinigung. In einem nahen Flüßchen geht das wunderbar. Das Wasser ist ganz klar und zum Schwimmen tief genug. Ich koste dieses Bad voll aus, obwohl das Wasser zu dieser Jahreszeit bereits empfindlich kalt ist. Inzwischen ist es Mittag geworden und Zeit, zur Feldküche zu gehen. Ich empfange meine Portion im Kochgeschirr und verzehre sie im Grase hockend. Dann strecke ich mich lang hin und lasse mich von der Sonne wärmen. Die anschließende Fahrzeugpflege ist schnell erledigt. Es bleibt mir Zeit, die Umgebung etwas näher anzusehen. Diese hügelige Landschaft erinnert mich doch sehr an meine hessische Heimat. Ich spaziere gemütlich durch die blumenübersäten grünen Wiesen und durch ein kleines Wäldchen bis zu einer Erhebung, die mir einen herrlichen Blick auf das weite Land gewährt. Rundum herrscht tiefste Stille. Die Front ist weit weg. Vom Krieg ist hier nichts zu spüren. Es kommt mir vor, als wäre ich zur Erholung hier. Ich gehe noch ein weiteres Stück am Hang entlang, um mich dann mit Blick nach Westen unter einer Birkengruppe niederzulassen. Angelehnt an einen der hohen Birkenstämme verweile ich lange und verfolge die Sonne, bis sie blutrot im Westen untergeht. Nun wird es Zeit, zu den Fahrzeugen zurückzugehen, sonst werde ich noch vermißt. Ich esse noch etwas von meiner empfangenen kalten Verpflegung. Dann wickle ich mich bald in meine Wolldecke und verkrieche mich in meinen Wagen.

27. September 1941. Nach einem klaren Tag folgt eine kalte Nacht. Trotz empfindlicher Kühle habe ich in der „VW-Blechkiste" gut geschlafen. Bei Tagesanbruch stehe ich auf und laufe eine Runde, damit meine Knochen warm werden. Nach dem Kaffeeholen und dem anschließenden Frühstück fahre ich mit Oberleutnant Jaskolla zum Panzerkorps in einen kleinen Ort nordostwärts Roslawl, dessen Namen ich nicht erfahren kann. Der Aufenthalt dauert länger als vorgesehen. Man teilt mir mit, daß wir an diesem Abend nicht zur Division zurückkehren, sondern beim Korps bleiben werden. Die Tagestemperaturen gehen weiter zurück. Deshalb schlafe ich zum erstenmal nicht in meinem Pkw, sondern suche mir einen Schlafplatz in einem Russenhaus. Bei den Fahrern des Stabes finde ich einen geeigneten freien Platz. Den folgenden Vormittag verbringe ich wartend an meinem Kübelwagen. Erst am 28. mittags fahren wir zu unserem Divisionsgefechtsstand zurück.

29. September 1941. Ich bin früh abfahrbereit, doch an diesem Vormittag ohne Auftrag. Darum werde ich ab 13 Uhr zur Wache eingeteilt. Es ist meine erste Wache, die ich in Rußland antreten muß. Tagsüber ist dies nichts Besonderes, weil man alles im Auge hat. Doch in der Nacht wird es unheimlich. Nicht daß ich Angst hätte, doch es ist so stockdunkel, daß man die Hand nicht vor den Augen sehen kann. Dazu herrscht tiefste Stille rundum. Und nirgends ist irgendein Licht zu erkennen, wie man es von zu Hause gewöhnt ist. Nur hier und da hört man ein Geräusch, von einem Tier verursacht. Und ab und zu ertönt etwas Motorenlärm von der fernen Straße. Die Nacht ist empfindlich kühl. Es ist ganz klar, und über mir erstreckt sich ein Himmel voller Sterne, wie ich ihn noch nie gesehen habe. Überwältigend schön! Ich bin davon so beeindruckt, daß ich nach der Ablösung noch eine Weile im Freien bleibe und mich an diesem gestirnten Nachthimmel nicht sattsehen kann. Während ich die vielen klaren Sternbilder betrachte, kann ich noch ungezählte Sternschnuppen beobachten, wie sie vom Nachthimmel fallen.

Der große Respekt vor dem Ungeziefer in den Häusern und der „dikken" Luft, die dort herrscht, läßt mich immer noch – trotz Kälte – in meinem Kübelwagen schlafen. Um genügend Platz zu haben, montiere ich zu diesem Zweck den Beifahrersitz ab. Dann ist es möglich, mich auf dem Wagenboden auszustrecken. Bei weitem nicht das wärmste und bequemste Lager, aber der Mensch ist ja bekanntlich ein „Gewohnheitstier". Meine Schlafstätte ist aber immer noch besser und gesünder, als mit Wanzen und anderem Ungeziefer in den Russenkaten in Berührung zu kommen. Noch habe ich am eigenen Körper keine Läuse festgestellt. Soldaten, die schon länger im Lande sind, klagen sehr über die kleinen blutsaugenden Biester, die durch die Körperwärme ihrer potentiellen Opfer so richtig aktiv werden und ihnen keine Sekunde Ruhe lassen.

30. September 1941. Die 5. Panzerdivision wird in den Bereitstellungsraum vorgezogen. Der Divisionsgefechtsstand macht Stellungswechsel. In geschlossener Formation rollen wir zunächst genau nach Süden, durchfahren die Stadt Roslawl und biegen dann nach Osten ab. Wir kommen auf eine unbefestigte Straße, die durch anhaltende Trockenheit der vergangenen Tage einen furchtbaren Staub entwickelt. Fast unkenntlich sind unsere Gesichter, als wir am Ziel in Pustoselje, dem neuen Gefechtsstand, ankommen und unterziehen. Der Ort ist ein langgezogenes, typisch russisches Straßendorf. Um das Dorf herum liegt fruchtbares Ackerland mit riesigen Kartoffelfeldern, deren Ende nicht abzusehen ist. Ob die jemals durch die Bevölkerung noch abgeerntet werden können, bleibt offen. Für uns jedoch ist das eine willkommene Angelegenheit. Beim Stab ist – ohne Zweifel – das Bratkartoffelfieber ausgebrochen. An diesem Abend gibt es mit Sicherheit kein Quartier, in dem es nicht nach Bratkartoffeln duftet. Doch bevor wir ans Essen denken können, müssen wir uns vom Staub befreien – die Augen sind fast zu davon – und uns gründlich waschen.

Nun sind wir völlig abseits der Rollbahn, und das haben einige Fahrzeuge bereits zu spüren bekommen. Besonders die vorhandenen Zivil-Pkw, die für gute mitteleuropäische Straßen gebaut wurden, sind für diese Wege vollkommen ungeeignet. Selbst die als „Straßen" bezeichneten Verbindungen von Ort zu Ort sind mit unseren Feldwegen in Deutschland nicht zu vergleichen. Aus diesem Grunde sollen die wichtigsten Stabsstellen mit den vorhandenen geländegängigen Fahrzeugen ausgestattet werden. Davon bin ich mit dem VW-Kübel auch betroffen. Dieser Wagen wird zukünftig dem Ia der Division, Major Engels, zur Verfügung stehen. Ich werde dafür den vom Obergefreiten Wernicke bisher gefahrenen Opel „Admiral" übernehmen.

1. Oktober 1941. Bevor ich den Volkswagen endgültig übergeben muß, will Major Engels eine Probefahrt mit dem VW-Kübel unternehmen. Dafür fahre ich mit dem Major „über die Dörfer" zum Korpsgefechtsstand. Der Ia will sich bei dieser Fahrt persönlich von der Geländetauglichkeit des Kübels überzeugen, ehe er sich endgültig dafür entscheiden kann. Wir fahren absichtlich über Feld-Wald-und-Wiesenwege, teils auch quer durchs Gelände. Der Wagen zeigt sich von seiner besten Seite und läßt uns nicht einmal im Stich. Er überzeugt den Ia hundertprozentig. Nach der Ankunft beim Stab tausche ich mit dem Kameraden Wernicke das Fahrzeug. Damit ich den mir noch unbekannten „Schlitten" kennenlernen kann, starte ich damit zu einer Proberunde. Dabei stelle ich fest, daß mancher Vorteil des Geländewagens durch den stärkeren Motor des „Admirals" ausgeglichen wird. Ob das jedoch ausreicht, die zukünftig anzutreffenden Wege- und Straßenverhältnisse zu meistern, muß sich erst noch herausstellen.

2. Oktober 1941. Heute ist ein denkwürdiger Tag. Der Angriff auf Moskau (Unternehmen „Taifun") hat um 5.30 Uhr begonnen. Die Hauptstadt Rußlands soll noch vor Einbruch des Winters eingenommen werden, um die endgültige Entscheidung dieses Krieges herbeizuführen. Die 5. Panzerdivision gehört zum XXXXVI. Armeekorps und macht Stellungswechsel. Es ist ein schöner, sonniger Tag. Von diesem Wetter begünstigt, geht die Fahrt – trotz schlechter Wege – verhältnismäßig gut voran. Ohne große Schwierigkeiten erreichen wir Ploskoje, wo der Divisionsgefechtsstand eingerichtet wird.

3. Oktober 1941. Die russischen Verteidigungsstellungen sind an vielen Stellen durchbrochen. Der Vormarsch auf die Desna geht weiter, auch für den Divisionsstab. Die Wege, die wir nun benutzen müssen, sind nach vorangegangenem Regen schlecht. Die Führungsstaffel ist vorausgefahren. Der eigentliche Stabstroß quält sich mit seinen schweren Fahrzeugen mühsam vorwärts. Vormittags noch überschreiten wir die Desna (ein ansehnlicher Fluß) und erreichen gegen Mittag Nowogorodschina. Die auffallend zahlreiche Bevölkerung empfängt uns mit mißtrauischen Blicken. Wir passieren den Ort. Am Ortsausgang machen wir eine Pause, um Essen zu empfangen, das wir schnell verzehren müssen. Dann geht es sofort weiter. Es bleibt uns keine Zeit, die Kochgeschirre zu reinigen. Immer weiter geht der Marsch nordostwärts. Auch nach Einbruch der Dunkelheit sind wir unterwegs. Es geht nur stockend vorwärts. Manchmal stehen wir Stunden auf einer Stelle und warten. So geht es die ganze Nacht hindurch.

4. Oktober 1941. Meine Beifahrer haben es gut. Sie liegen hinten in den weichen Polstern und schlafen. Als Chauffeur muß ich wach bleiben und ständig aufpassen, was vor mir geschieht. Sobald sich die Kolonne in Bewegung setzt, muß ich ihr folgen. Bei einer erneuten Stockung mit längerem Stillstand muß ich vor Übermüdung doch eingeschlafen sein. Wie lange ich geschlafen habe, kann ich nicht sagen. Plötzlich werde ich durch die unverwechselbare Stimme unseres Hauptfeldwebels Schmidt unsanft aus dem Schlaf gerissen. Er trommelt gegen das Wagenfenster und schreit mich an. Die Fahrzeuge vor mir sind im Dunkel der Nacht verschwunden, und hinter mir steht die endlose Schlange der ebenfalls wartenden Kfz. Dem bisherigen Marschtempo nach zu urteilen, kann die Spitze jedoch noch nicht weit gekommen sein. Diese Annahme von mir stellt sich sehr bald als richtig heraus. Nach wenigen Kilometern Fahrt habe ich den Anschluß an die Kolonne wiederhergestellt. Dann heißt es wieder warten. Allmählich dämmert der Morgen heran. Wir durchfahren noch mehrere Ortschaften und ein langgezogenes Waldgebiet. Kurz vor

Mit dem Opel „Blitz" auf dem Vormarsch, September/Oktober 1941

12 Uhr mittags erreichen wir Ossinowka und machen Pause. Wir empfangen warme und kalte Verpflegung. Die Fahrt wird um 13 Uhr fortgesetzt. Wir überschreiten bei Schelguny den Fluß Schuiza, den Snopat bei Koslowka und erreichen Potschinok. Die Kampfgruppe Stegmann der Division ist im Vorgehen auf Spas-Demensk. Während des Marsches hören wir immer wieder Schüsse aus den nahen Wäldern. Versprengte bzw. eingekesselte russische Truppenteile halten sich dort verborgen und versuchen, den Einschließungsring zu durchbrechen. Vor ihnen müssen wir ständig auf der Hut sein. Unsere kämpfenden Einheiten sind weit voraus. Der Vormarsch geht unaufhaltsam weiter.

5. Oktober 1941. Als der neue Tag anbricht, sind wir immer noch unterwegs. Im Laufe der Nacht kommt es immer wieder zu Stockungen. Mit meinen Beifahrern habe ich vereinbart, daß wir bei längerem Stau abwechselnd aufpassen, was vor uns geschieht, damit jeder im Wagen seine „Mütze voll Schlaf" abbekommt und weiterer Ärger vermieden wird. Fahren muß ich sowieso. Den ganzen Tag über sind wir „auf Achse". Wir erreichen den Ort Podlesnaja, überqueren dann die große Straße Roslawl–Juchnow und fahren über Sutoki–Osinowka bis Spas-Demensk, eine kleine Stadt an der Bahnlinie Smolensk–Suchinitschi. Ohne Aufenthalt geht es jedoch weiter. Über Djuki–Lasinki–Tupitzino erreichen wir etwa um 20 Uhr Arnischizy. Es ist schon sehr dunkel. Die Wolken hängen tief herab. Es sieht nach Regen aus. Uns werden leerstehende Häuser als Quartier zugewiesen, an deren Seiten wir mit den Fahrzeugen heranfahren. Alle sind übermüdet. Es beherrscht uns deshalb nur ein Gedanke: Die Decken ins Quartier und schlafen. Noch während wir uns an den Fahrzeugen zu schaffen machen, gibt es plötzlich Alarm. Die ersten Schüsse fallen. Es ist kurz nach 21 Uhr. Wir greifen zu unseren Waffen und rennen hinter die Häuser, wo wir in Stellung gehen. Der Kampf hat bereits begonnen. Es knallt an allen Ecken und Enden. Im Schein unserer Leuchtkugeln sehen wir die Ruhestörer kommen. Von mehreren Seiten greifen die Russen das Dorf an. Etliche Scheunen und Häuser stehen bereits in Flammen. Eine gespenstische Szenerie mit einem Höllenlärm hat begonnen. Wir schießen, was unsere Läufe hergeben. Die den Stab begleitende Vierlingsflak ist direkt hinter uns in Stellung gegangen. Deren Feuerkraft hat bei den Angreifern eine verheerende Wirkung. Ohne Rücksicht auf Verluste rennen sie verbissen gegen das Dorf an. Vergeblich! Alle Angriffe werden blutig abgewiesen. Kurz vor Mitternacht greifen noch eigene Panzer in den Kampf ein und gehen bis an den Waldrand vor. Dann ist der Spuk bald zu Ende. Leider hat es beim Stabspersonal erste Verluste gegeben. Einige Kameraden sind gefallen und mehrere als Verwundete zu beklagen. Die Kfz-Fahrer werden aufgefordert, sich zu ihren Fahrzeugen zu begeben. In der Nacht werden die Wagen sicherheitshalber aus dem noch immer brennenden Ort herausgebracht und auf freiem Feld abgestellt. Einige begleitende Panzer übernehmen die Sicherung. Der erste Schnee dieses Winters fällt in nassen, dicken Flocken und hüllt alles wie mit einem großen Tuch ein.

6. Oktober 1941. Der Schrecken der letzten Stunden steckt uns noch in den Knochen. Obwohl alle von der langen Fahrt hundemüde waren und sich nach Ruhe sehnten, hat keiner mehr geschlafen. Bis zum Morgengrauen schneit es ununterbrochen. Das ganze Land ist auf einmal wie mit einem Leichentuch weiß überzogen. Der Schnee ist pappig und bleibt an den Knobelbechern kleben. Wir bekommen an der Küche heißen Kaffee, dann heißt es „Fertigmachen". Bei starkem Schneetreiben setzt sich die Fahrzeugkolonne in Bewegung. Durch den nassen, pappigen Schnee sind die Wege noch miserabler geworden, als sie es ohnehin schon sind. Dazu herrschen schlechte Sichtverhältnisse am Tage. Wenn nun die Dunkelheit der Nacht noch hinzukommt, bin ich mit meinem einzigen sehenden Auge am Ende. Fehlendes Sehvermögen läßt sich weder mit gutem Willen, noch durch fahrerisches Können ersetzen.* Mir wird zur Gewißheit, daß ich als Fahrer bei solchen Verhältnissen nicht mehr lange durchhalten kann. Zunächst muß es aber weitergehen. Wir passieren Wischody und überqueren den Fluß Ugra. Es ist bereits stockdunkle Nacht, als wir einen ausgedehnten Wald erreichen. Der eigentliche Weg ist durch Kettenfahrzeuge komplett aufgewühlt und für Radfahrzeuge unbrauchbar. Seitlich davon haben die Pioniere Bäume gefällt und so einen neuen Weg geschaffen. Ein aus der Erde herausragender Baumstumpf, den ich im schwachen Licht der Scheinwerfer nicht erkannt habe, wird mir zum Verhängnis. Am Lenkrad verspüre ich einen dumpfen Stoß, und der Wagen bleibt stehen. Genau mit der Spurstangenmitte bin ich gegen diesen Baumstumpf geprallt. Die nachfolgenden Fahrzeuge des Stabes ziehen an mir vorbei. Mit den Beifahrern und dem demolierten Wagen stehe ich im stockdunklen Wald. Ich betaste den Schaden und mache mich sofort mit meinem Bordwerkzeug an die Arbeit, die Spurstange auszubauen, ohne auf die Knallerei zu achten, die aus der näheren Umgebung zu hören ist. Die Spurstange muß raus und gerichtet werden. Für die Knallerei sind meine drei Begleiter zuständig. Während ich am Auto hantiere, höre ich ein schweres Dieselfahrzeug herannahen. Es ist ein Instandsetzungsfahrzeug der 11. Panzerdivision. Das ist unser Glück! Ich halte den Wagen an, schildere das Geschehene und bitte um Hilfe, die mir selbstverständlich sofort gewährt wird. Derartige Pannen sind für die Männer des Instandsetzungstrupps (I-Trupp) nichts Besonderes. Mit vereinten Kräften haben wir noch zirka zwei Stunden zu tun, bis mein Wagen wieder flott ist. Mit einer Schachtel Zigaretten, die ich als schwacher Raucher gut entbehren kann, verabschiede ich mich von den freundlichen Helfern. Die Fahrt wird fortgesetzt. Da selten ein Unglück alleine kommt, passiert mir wenig später ein weiteres Malheur, bevor wir den Zielort Drakina erreichen. Kurz nachdem wir den Wald verlassen haben, folge ich wegen des stark ausgefahrenen Weges einer flachen Spur mitten aufs freie Feld. Ich bin vielleicht einhundert Meter gefahren, als es wieder fürchterlich kracht und wir gewaltsam zum Stehen kommen. Ich bin seitlich gegen einen hier sichernden Panzer gestoßen, den ich wegen der Dunkelheit nicht erkannt habe. Der gute Opel „Admiral" ist auf der rechten Seite völlig zer-

* Diese Beeinträchtigung kommt hier erstmals zur Sprache, Anm. d. Verl.

dellt. Immerhin ist es nur Blechschaden, der nicht an der Weiterfahrt hindert. Dem Panzer hat es nicht geschadet. Die Besatzung hat es nicht einmal bemerkt.

7. Oktober 1941. Gegen 4 Uhr morgens kommen wir endlich am Tagesziel in Drakina an. Die Führungsstaffel ist schon weiter vorgerückt und befindet sich bereits in Poldnewo. Nur wenige Stunden habe ich – sehr schlecht – geschlafen. Um 8 Uhr begebe ich mich zur Schreibstube und melde die beiden Unfälle. Der immer aufgeregte Schirrmeister – er ist ein Schwabe – hat den Schaden am Opel „Admiral" bereits besehen. Er und der Spieß toben wie die Wilden und führen die Schäden auf meine Fahrweise zurück. Erst als ich sie darauf aufmerksam mache, daß ich nur mit einem sehenden Auge in den Krieg gezogen und auf dem rechten Auge fast blind bin, beruhigen sie sich. Ich weise sie auch darauf hin, daß dies in meinen Papieren vermerkt ist und bitte um meine Ablösung als Fahrer. Danach werde ich mit ein paar „freundlichen" Worten entlassen und übergebe den Wagen dem Schützen Jeschke, der als neuer Fahrer bestimmt worden ist. Ich selbst werde der Stabswache zugeteilt. Mit einem Versorgungsfahrzeug gelange ich kurze Zeit später zum vorgezogenen Divisionsgefechtsstand in Cholmowaja und melde mich bei Unteroffizier Schröder. Er führt die Stabswache und ist als umgänglicher Vorgesetzter beim Stab bekannt. Wir erfahren, daß die 10. Panzerdivision die Stadt Wjasma eingenommen hat und daß damit der Ring um mehrere russische Armeen geschlossen werden konnte.

8. Oktober 1941. Nun gehöre ich zur Stabswache, deren Aufgabe es ist, den persönlichen Schutz unseres Kommandeurs, Generalleutnant Gustav Fehn, sicherzustellen. Wir liegen hier in Cholmowaja, einem Ort, der gestern in der Frühe noch heiß umkämpft war und durch die Kampfgruppe von Oberst Kurt Haseloff genommen wurde. Bei näherer Besichtigung der Kampfstätte entdecken wir in einem Garten mehrere Bienenstöcke, die mit vollen Waben besetzt sind. Natürlich möchten wir gerne an den Honig kommen. Wir haben erfahrene Imker unter uns, die sich mit den Bienen auskennen. Sie nehmen die Waben vorsichtig aus den Kästen heraus und schleudern den Honig aus den Waben. Der Honig wird in einem gereinigten Sauerkrauteimer aufgefangen und soll uns als Zusatzbrotaufstrich und Erkältungsmittel in nächster Zeit noch wertvolle Dienste leisten. Bevor wir die Bienenstöcke wieder verschließen, versorgen wir die Bienen mit reichlich Zuckerwasser, damit sie weiter Nahrung haben und überleben können. Um 11 Uhr wird ein Kommando zusammengestellt, das sechs junge Offiziere, die aus der Heimat eingetroffen sind, zur 7. Panzerdivision begleiten soll.

Die Angehörigen der Stabswache beim Stab der 5. Panzerdivision

Kommandeur der 5. Panzerdivision:	Generalmajor Gustav Fehn
Ia (Chef des Stabes) der 5. Panzerdivision:	Major Paul Engels
Ib der Division:	Hauptmann i.G. Voß
IIa der Division:	Major Carl-Ernst Bothe
Ic der Division:	Hauptmann Heinrich Kohlhardt

Die Soldaten der Stabswache:

Unteroffizier Schröder, Herbert; Stabszugführer

1. Obergefreiter Hauck, Emil
2. Obergefreiter Jurock, Siegfried
3. Obergefreiter Richert, Walter
4. Obergefreiter Sommer, Helmut
5. Obergefreiter Symalla, Paul
6. Gefreiter Heinz, Leopold
7. Gefreiter Kowitz, Ernst
8. Gefreiter Wenzel, Helmut
9. Schütze Birner, Leonhard
10. Schütze Kasper, Hubert
11. Schütze Salomon, August
12. Schütze Strube, Ernst
13. Schütze Will, Otto
14. Gefreiter Galle, Heinz; Fahrer des Mannschafts-Lkw

Diesem Kommando werde ich zugeteilt. Wir werden von unserem Zugführer ausdrücklich darauf hingewiesen, daß wir auf diesem Einsatz durch noch nicht besetzte Dörfer und Landstriche kommen werden und deshalb besonders wachsam sein müssen. Mit versprengten russischen Soldaten muß überall gerechnet werden. Wir empfangen außer der Reihe Mittagessen, dann wird auf dem Lkw aufgesessen, auf dem die jungen Offiziere bereits Platz genommen haben. Und ab geht die Fahrt ins Ungewisse. Nach einigen zurückgelegten Kilometern glaubt der als Transportführer fungierende Beifahrer den Weg zum Zielort abkürzen zu können. Nach der ihm zur Verfügung stehenden Karte erscheint dies offensichtlich möglich. Er veranlaßt den Fahrer, nach seinen Angaben zu steuern. Es stellt sich jedoch bald heraus, daß die vorhandenen Karten von Rußland nicht immer mit der Wirklichkeit übereinstimmen und daß wir uns gründlich verfahren haben. Nach komplizierter Standortbestimmung und zeitaufwendigem Umherkurven erreichen wir endlich eine gut ausgeschilderte Straßenkreuzung. Ab hier folgen wir den verläßlichen Wegweisern zu einem Korpsgefechtsstand. Als wir dort ankommen, ist es für eine Weiterfahrt zur 7. Panzerdivision bereits zu spät. Wir bekommen ein Quartier zugewiesen und bleiben für die Nacht beim Armeekorps.

9. Oktober 1941. Sofort bei Tagesanbruch sind wir marschbereit. Doch dann erhalten wir den Befehl: „Offiziersgepäck abladen!" Die sechs Offiziere werden unmittelbar vom Korps weitergeleitet. Wir werden zu unserer Division zurückbefohlen. Die dann folgende Fahrt hat es in sich. Keiner, der daran teilgenommen hat, wird sie je vergessen. Die Wege sind durch Regen und Schneematsch grundlos und fast unpassierbar geworden. Immer wieder müssen wir unterwegs absitzen, um dem festgefahrenen Wagen aus dem Morast herauszuhelfen. Dabei versinken wir selbst so tief im Schlamm, daß uns die Dreckbrühe in die Stiefelschäfte hineinläuft. Wenn gar nichts mehr geht, müssen alle vier Räder freigeschaufelt und herbeigeholtes Astwerk und Zweige vor die Antriebsräder gebracht werden. Um nicht noch häufiger steckenzubleiben, rast unser Fahrer, Heinz Galle, wie der leibhaftige Teufel. Nach dieser Höllenfahrt erreichen wir – völlig schmutzverkrustet – gegen 12 Uhr den Divisionsgefechtsstand. Wir reinigen uns schnell etwas und können sofort an der Feldküche Verpflegung empfangen. Wichtiger noch als Essen und Trinken ist die langersehnte erste Post, die endlich aus der Heimat eingetroffen ist. Vier Wochen sind wir bereits in Rußland und haben bisher noch nichts von unseren Angehörigen zu hören bekommen. Die Freude ist groß.

Im Laufe des Tages kommen mehrere Kolonnen Gefangener zur Sammelstelle vor das Dorf. Es sollen etwa 7.000 Russen sein, die hier zusammengezogen und dann nach hinten weitergeleitet werden. Große Teile der Roten Armee sind eingekesselt, aber noch frei. Diesen Kessel auszuräumen, wird Aufgabe der nachfolgenden Infanterie. Wie viele bewaffnete Russen sich noch in den Wäldern versteckt halten, ist nicht bekannt. Sie sind aber eine ständige Gefahr für die Trosse in den Dörfern und auf den Vormarschstraßen. Einen Vorgeschmack davon haben wir ja vor wenigen Tagen bekommen, als der Divisionsstab in Arnischizy überfallen wurde.

10. Oktober 1941. Vergangene Nacht hatten wir plötzlich den ersten Frost zu verzeichnen. Heute morgen weht ein eisiger Wind, und es ist plötzlich ungewöhnlich kalt. Die zurückgebliebenen Fahrzeuge des Stabes haben zu uns aufgeschlossen. Für die von ihnen zurückgelegte Strecke von zehn Kilometern benötigten sie fast fünf Stunden. Die gesamte Staffel des Ia-Stabes liegt nun in Cholmowaja. Da wir schon 48 Stunden an einem Ort festliegen, meint der Spieß (Hauptfeldwebel Schmidt) beim Antreten, zu viel Ruhe wäre „Gift" für jeden anständigen Soldaten. Dann äußert er noch: „Das macht den Landser träge und ist auch zu langweilig für ihn." Als Hauptfeldwebel muß er es ja wissen, er ist der ältere Soldat und hat die größeren Erfahrungen. Vielleicht will er uns auch nur wegen der einsetzenden Kälte aufwärmen. Oder nur den finster dreinschauenden gefangenen Russen zeigen, wie hart es bei den „Preußen" zugeht. Welches Motiv letztlich den Ausschlag für seine Meinung gibt, bleibt sich gleich. Jedenfalls hat er für die Stabswache zwei Stunden Exerzieren mit anschließendem Gewehrappell befohlen. Der Exerzierdienst beginnt sofort nach dem Antreten, so daß wir bis zur Essenausgabe „voll beschäftigt" und in Bewegung sind. Nachmittags haben wir unsere Ruhe und stehen lediglich Wache am Omnibus des Generals. Zwischen den Wachen schreibe ich einen ausführlichen Brief nach Hause.

11. Oktober 1941. Der nächste Stellungswechsel ist fällig. Wir verladen unser Gepäck auf den Lkw und sind bald marschbereit. Bevor wir abfahren, erhalten wir für die Zeit vom 1. bis 10. Oktober, also für zehn Tage, 22,50 Reichsmark (RM) Wehrsold. Die folgende Fahrt führt in nordöstlicher Richtung, wieder mit vielen Hindernissen und Stopps durch die unmöglichen Wege. Sie sind zu dieser Zeit überall schlecht. An vielen Stellen gleichen sie Seen, in die die Reifenspuren hineinführen. Irgendwo geht es dann am anderen Ende wieder hinaus. Wehe, wenn man in einem solchen „See" vom Wagen absteigen muß. Kein Mensch kann in diese Dreckbrühe hineinschauen und feststellen, wie tief das Wasser ist und ob nicht noch ein tieferer Graben hindurchführt. Heute haben wir Glück, müssen auf der Fahrt trotzdem oft absitzen und schieben. Wo die menschliche Kraft nicht ausreicht, sind Zugmaschinen die begehrten Helfer in der Not. Auch allradgetriebene Lkws aus der Kolonne werden eingesetzt, um die Fahrzeuge durch den Morast zu schleppen. Gegen 20 Uhr – es ist längst dunkle Nacht – wird Nikolskoje erreicht, wo wir Quartiere beziehen. Hier erfahren wir, daß das II. Bataillon des Schützenregiments 14 Mischinka und Kochanowa genommen hat. Wir erfahren auch, daß die 5. Kompanie bei Andriany in einen feindlichen Hinterhalt geraten ist und schwere Verluste erlitten hat. Einige Kameraden der Kompanie, die als vermißt galten, wurden im Wald – gräßlich zugerichtet – aufgefunden. In Nikolskoje treffen wir auf den ersten Friedhof mit Gefallenen der letzten Tage. Hauptsächlich handelt es sich um Gefallene des II. Bataillons des Schützenregiments 14, dem ich später angehören werde.

12. Oktober 1941. Der Divisionsgefechtsstand wird weiter vorgezogen. Nach einer nicht allzu anstrengenden Fahrt – inzwischen kennt man die unterwegs auftretenden Unannehmlichkeiten – erreichen wir Lunjaki. Zunächst bleiben wir an unseren Wagen, denn es steht noch nicht fest, ob wir hier unterziehen werden. Es wird weitergefahren bis Lebedewo (neuer Divisionsgefechtsstand). Der Ort liegt zirka 25 Kilometer südlich von Wjasma. Hier werden uns Quartiere zugewiesen. Die Stabswache bezieht ein unbewohntes Panjehaus. Die Kämpfe um Wjasma sind zum Abschluß gekommen. Ausdrücklich wird darauf hingewiesen, daß überall mit dem Auftreten versprengter russischer Soldaten gerechnet werden muß. Besonders in den Wäldern ist höchste Vorsicht geboten. Durch Tagesbefehl wird bekannt, daß die 5. Panzerdivision sich bei den abgeschlossenen Kämpfen hervorragend bewährt und großen Anteil am Erfolg dieser Kesselschlacht hat.

13. Oktober 1941. Am neuen Divisionsgefechtsstand Lebedewo stehe ich morgens zwischen 6 und 8 Uhr meine letzte Wache am Omnibus des Generals. Im Dorf herrscht noch Ruhe. Zivilbevölkerung ist keine vorhanden. Auch im Omnibus des Generals regt sich noch nichts. Es ist noch kein Licht zu erkennen. Seit geraumer Zeit beobachte ich ein recht zutrauliches Huhn, das unter dem Omnibus ständig nach Futter scharrt. In meiner Vorstellung könnte das Huhn eine schöne Zusatzmahlzeit werden. Ich mache mir Mut, locke es noch etwas näher heran, dann packe ich kurz entschlossen zu und reiße ihm den Kopf ab. Just in diesem Moment öffnet sich die Omnibustür und der Kommandeur erscheint auf der Bildfläche. Ich fasse mich schnell, nehme Haltung an und mache meine Meldung. In dem Moment entdeckt der General das etwas abseits von mir liegende, noch flattern-

Transportumstellung von „Mot" auf „Hot", Oktober 1941

de Huhn. Auch sieht er den abgerissenen Kopf, den ich fallen ließ und nicht wegbefördern konnte. Auf die Frage, ob ich das Huhn getötet habe, antworte ich wahrheitsgemäß: „Jawohl, Herr General!" Auf der Stelle bestraft er mich mit drei Tagen verschärftem Arrest wegen „Requirierens in Feindesland" – nicht etwa wegen Wachvergehens. Daraufhin befiehlt er mir, mich ablösen zu lassen und mich beim Kommandanten des Stabsquartieres zu melden. Er trägt mir aber ausdrücklich auf, das Huhn mitzunehmen und zu verzehren, damit es nicht verderbe. Wenig später werde ich abgelöst. Ich mache mich etwas frisch, bringe meine Uniform in Ordnung und melde mich dann bei Oberleutnant Schmauderer, dem Kommandanten des Stabsquartieres. Um meine Meldung loszuwerden, muß ich ihn zu dieser frühen Stunde allerdings aus dem Schlaf wecken. Allein dieser Umstand genügt, um ihn gehörig „auf die Palme" zu bringen. Auf seiner Schlafstelle sitzend, hört er sich meine Meldung an. Sie bringt ihn vollends aus der Fassung. Mit hochrotem Kopf droht er mir „härteste Bestrafung wegen Requirierens in Feindesland und Wachvergehens" an und befiehlt mir, das Huhn an der Feldküche abzugeben. Als ich ihm entgegne, daß der General befohlen habe, das Huhn zu verzehren, will er mich nicht mehr sehen und wirft mich hinaus.

Anschließend muß ich mir noch ein paar „liebe Worte" des Hauptfeldwebels – der mich sowieso „in sein Herz geschlossen" hat – und meines Wachzugführers anhören, doch das hindert mich nicht daran, den Befehl des Generals strikt auszuführen, das Huhn zu rupfen und zu kochen. Es hat mir ausgezeichnet geschmeckt. Um 13 Uhr muß die Stabswache – zum Erstaunen aller – im Dienstanzug vor der Schreibstube antreten. Der Grund ist bald bekannt. Meine Bestrafung wird – wie es sich bei „Preußens" gehört – vor dem angetretenen Zug in aller Form verkündet. Sicherlich auch mit der Absicht, ganz allgemein eine Abschreckungswirkung zu erzielen. Ich werde mit drei Tagen verschärftem Arrest bestraft. (Um es vorwegzunehmen: Die Strafe habe ich nie abgesessen, obwohl der Spieß wiederholt versucht hat, mich in einem Schuppen oder Stall einzubuchten.) Meine Missetat wurde – auch später – mehr belächelt als gescholten. Nach der Bestrafung muß ich mich sofort zur nächsten Wache am Omnibus bereitmachen, damit ich „es endlich lerne".

14. Oktober 1941. Entgegen aller Erwartung müssen wir plötzlich unsere Sachen zusammenpacken und verladen. Der Gefechtsstand macht Stellungswechsel. Die Führungsstaffel hat Lebedewo bereits früh verlassen. Wir folgen etwas später nach. Über Belyi–Lunjaki–Nikolskoje sind wir mittags in Lukow. Hier wird Essen ausgegeben. Kaum sind wir mit dem Verzehr fertig, geht es weiter. Bei heftigem Schneetreiben und teilweise im Schrittempo erreichen wir den Ort Tischino an der Straße Losmino–Wjasma. Hier beziehen wir Quartiere. Ich bin gerade im Begriff, mich zu rasieren und zu waschen, als es nun doch weitergehen soll. Wegen der Verkehrsverhältnisse auf der Straße wird die Weiterfahrt dann gestoppt, und wir gehen in die Quartiere zurück.

15. Oktober 1941. Während der ganzen Nacht hat es stark geschneit. Und es schneit noch immer. Der Himmel sieht aus, als wollte es nie mehr aufhören. Ich mache mir heißes Wasser und rasiere und wasche mich gründlich. Zum Essenempfang an der Küche stapfen wir durch hohen Schnee. Nach dem Essen werden alle freien Kräfte zum Schneeräumen eingesetzt. Die Straßenverbindungen sind zu wichtig für den weiteren Vormarsch. Aber auch der Nachschub ist davon abhängig.

16. Oktober 1941. Die Führungsstaffel der Division macht in aller Frühe Stellungswechsel. Wenig später setzt sich der übrige Stabstroß in Bewegung. Trotz Schnee und Straßen, die man als solche kaum noch erkennen kann, geht die Fahrt weiter. Zwischen scheinbar unendlich weiten Schneeflächen zieht sich die Wagenkolonne wie ein Wurm von Dorf zu Dorf. Über Krasny-Cholm erreichen wir nach etwa 30 Kilometern Fahrt die Stadt Wjasma. Wir durchqueren die stark zerstörte Stadt und bleiben am Nordostausgang stehen. In unmittelbarer Nähe zur Auffahrt der Autobahn Minsk–Moskau sollen wir eine Nacht bleiben. Hier befinden sich einige große Häuserblocks, die uns als Unterkunft dienen sollen. Es sind Mietskasernen primitivster Art, ohne Öfen, ohne jeden Fußbodenbelag, naßkalt und ungemütlich, die einen gänzlich verwahrlosten Eindruck machen. Auf dem kalten Betonfußboden legen wir uns zum Schlafen nieder.

17. Oktober 1941. Wir sind alle froh, daß diese entsetzliche Nacht überstanden ist. Die Bude, in der wir übernachteten, war eiskalt. Alle froren wir wie die Schneider und schimpften wie die Rohrspatzen, weil es auch zum Waschen und Rasieren kein Wasser gab. Kein Wunder, daß wir schnell an unserem Mannschafts-Lkw versammelt sind. Heißer Kaffee aus der Feldküche wird ausgegeben. Der ist an diesem Morgen ganz besonders begehrt und willkommen. Wir essen schnell ein Stück Brot, dann wird der Marsch fortgesetzt. In geschlossener Formation fahren wir über die große Rollbahn Richtung Moskau. Auf dieser Straße geht es bei festgefahrener Schneedecke gut vorwärts. Gegen 16 Uhr halten wir in einem Dorf. Schnell entschlossen wollen wir uns gerade ein passendes Quartier suchen, als sich herausstellt, daß wir noch nicht am Tagesziel sind. Wir müssen zurück auf die Rollbahn und dann weiter in Richtung Moskau. Gegen 18 Uhr erreichen wir die Abzweigung nach Gschatsk, der nächstliegenden Stadt. Hier verlassen wir die Rollbahn und ziehen in Semeschkina (Divisionsgefechtsstand), wenige Kilometer vor der Stadt, unter. Wir beziehen ein recht ordentliches Quartier mit genügend Platz für die Soldaten der Stabswache. Der gesamte Zug findet Unterkunft in einem Quartier, das ist uns am liebsten. Das fördert das Zusammengehörigkeitsgefühl, und man lernt sich immer besser kennen.

18. Oktober 1941. Der Gefechtsstand wird vorläufig hier bleiben. Deshalb richten wir unser Quartier entsprechend ein. Waffen und Gerät werden kontrolliert und gereinigt. Viele Kameraden sitzen am Tisch und schreiben. Ich betreibe Körperpflege. Noch bin ich von Läusen nicht befallen. Irgendwo hat einer der Kameraden einen Hammel entdeckt. Der wird herbeigeschafft und abends geschlachtet. Er soll am morgigen Sonntag unser Festtagsbraten werden und das Feldküchenessen abrunden. Bevor es dunkel wird, schreibe ich noch einen Brief nach Hause. Zwischen 23 Uhr und Mitternacht habe ich Wachdienst. Während ich aufmerksam zwischen den Quartieren und den Fahrzeugen hin und her gehe, sehe ich plötzlich, wie aus einem abgedeckten Kfz. 15* Flammen schlagen. Ich gebe Alarm und versuche sofort, das Feuer zu löschen. Doch alle Mühe ist vergeblich. Es ist kein Wasser in unmittelbarer Nähe, und bis die Kameraden und die Kraftfahrer aus ihren Quartieren herbeieilen, gibt es keine Rettung mehr für das Fahrzeug.

19. Oktober 1941. Es ist Sonntag, an dem wir uns auf den Hammelbraten freuen können. Doch – wie so oft – kommt es anders als der Landser denkt. Der Divisionsgefechtsstand wird weiter vorgezogen. Nach zirka 40 Kilometern Fahrt erreichen wir den Ort Mokroje. Hier spürt man, daß wir uns immer mehr Moskau nähern. Die typisch russischen Holzhäuser sind in bestem Zustand. Hier bekommt die Stabswache ein ausgezeichnetes Quartier. Ein sehr schönes Haus mit eingebautem Kamin, ein Luxus, den wir bisher in diesem Land noch nicht angetroffen haben. Wir richten uns so bequem wie möglich ein und freuen uns sehr, daß wir es so gut getroffen haben. Während sich einige Kameraden mit der Reinigung der Wohnung beschäftigen, machen andere den Hammel zum Braten fertig und schälen Kartoffeln. Wird das ein Festmahl geben! Während der Duft des bratenden Hammels unseren Appetit anregt, schreibe ich noch schnell einen Brief. Kurz danach ist der Braten fertig, und es gibt ein wahres Festessen. Wir sind in ausgelassener Stimmung. Mitten hinein in diese Bombenstimmung steht plötzlich ein Melder in der Tür und schreit: „Sofort fertigmachen zum Stellungswechsel!" Das hat uns gerade noch gefehlt. Aber, was kann uns schon erschüttern? Schnell wird die große Bratpfanne kaltgestellt und Gerät und Gepäck verladen. Zum Schluß kommt die Pfanne mit dem restlichen Hammel auf den Mannschafts-Lkw. Wir sind in kurzer Zeit abmarschbereit. Gegen 15.30 Uhr verlassen wir ein bißchen wehmütig diesen schönen Ort. Es geht wieder auf die Rollbahn Richtung Moschaisk–Moskau. Es sind zirka 25 Kilometer zu fahren bis Artemki, unserem Tagesziel. Schon nach wenigen Kilometern müssen wir jedoch von den Fahrzeugen herunter. Es gibt keine erkennbare Straße oder Rollbahn mehr. Wir müssen schieben. Es ist stockdunkle Nacht. Und es schneit und regnet zugleich. Man sieht nicht viel. Nur das Aufheulen der Motoren und das Fluchen der geplagten Landser verrät das nächtliche Drama. Die Rollbahn ist hier keine Straße mehr. Sie ist eine nach allen Seiten grenzenlose Piste tiefausgefahrener Spuren durch zähen Schlamm und Morast. Zwischen motorisierten Fahrzeugen aller Art, die bereits mehrere ungeordnete Kolonnen bilden und selbst angeschoben kaum Boden gewinnen, quälen sich die Gespanne der Infanterie vorwärts. Auch mehrspännig ist kaum ein Durchkommen. Die Pferde versinken bis zum Bauch im grundlosen Matsch, immer wieder Pause machend, um Kräfte zu sammeln. Menschen und Tieren wird das Letzte abverlangt.

Wegen dieser schlechten Straßenverhältnisse erreichen wir restlos erschöpft und ausgelaugt erst weit nach Mitternacht das Ziel. Im kleinen Dorf Artemki sind nur wenige Häuser vorhanden. Sie sind bereits von unseren Stabsabteilungen belegt. Wir Soldaten der Stabswache müssen mit einer kleinen Feldscheune zufrieden sein. Wer wachfrei hat, verkriecht sich sofort in das vorhandene Heu. Das wärmt schön, und deshalb schlafe ich sehr schnell ein. Von unseren Nachrichtenleuten erfahren wir, daß die Kampfgruppe Stegmann einen Brückenkopf über die Moskwa nördlich Moschaisk gebildet hat. Unsere Pioniere bauen eine Brücke über den Fluß bei Sokolowo.

---

* Ein mittlerer, geländegängiger Pkw mit Zughaken der Firma „Horch", Anm. d. Verl.

20. Oktober 1941. Den ganzen Vormittag halten wir uns in der undichten Scheune auf. Auf alle Fälle brauchen wir einen Ofen, damit schlechte Unterkünfte beheizt werden können. Holz als Brennstoff gibt es fast überall genug. Einer der Kameraden hat im Dorf eine alte Milchkanne organisiert. Die wird sofort in einen Ofen umgebaut. Eine anschließende Probeheizung fällt zu unserer Zufriedenheit aus. Nur der Rauchabzug muß verbessert werden. Kurz nach dem Mittagessen wird der nächste Stellungswechsel befohlen. Wir packen unsere Sachen und verladen alles routinemäßig auf den Lkw. Wir sitzen auf, und los geht die Fahrt. Doch nicht lange bleiben wir oben, dann heißt es – wie so oft – absitzen und schieben. Der inzwischen hinlänglich bekannte Schlamm hat uns fest im Griff. Bis über die Waden versinken wir im Morast, wenn wir den Lkws vorwärtshelfen. So geht das über Stunden. Wir erreichen die Stadt Moschaisk, die wir auf Kopfsteinpflaster (ohne Schiebeeinsatz) passieren, und überschreiten die Moskwa. Doch kurz hinter der Stadt geht die Schieberei wieder los, denn wir sind ja auf einer „Landstraße". Wir laufen den Fahrzeugen nur noch hinterher und greifen sofort zu, sobald die Räder nicht mehr vorwärtskommen. Bevor es endgültig dunkel wird, erreichen wir – wieder einmal „total geschafft" – das Ziel Wjedenskoje. Als Quartier beziehen wir Soldaten der Stabswache die gutaussehende Schule. Darüber sind wir sehr glücklich. Die Klassenräume sind groß und mit einem Ofen ausgestattet. Die Fußböden sind sogar mit Holzdielen belegt. Das ist in vielen alten Holzhäusern nicht der Fall. Gegenüber unserem letzten Quartier befinden wir uns nun in einer wahren Traumunterkunft.

21. Oktober 1941. Nach dem gestrigen, anstrengenden Tag haben wir eine ruhige Nacht gehabt. Natürlich mußte der Wachdienst geleistet werden. Wir sind aber ausgeruht und guter Dinge. Zunächst werden wir das Klassenzimmer wohnlich gestalten. Der Raum ist groß genug, daß er in eine Ruheseite und eine Aufenthaltsseite aufgeteilt werden kann. Für die Ruheecke schleppen wir trockenes Stroh herbei und breiten es auf dem Holzfußboden aus. Die Aufenthaltsecke wird mit Schulbänken für die Briefschreiber, mit Tisch und Stühlen zum Essen und Spielen ausgestattet, so daß jeder während der Wachpausen einen Sitzplatz hat. Wir sind rundum zufrieden mit dem Quartier. Nun müssen wir einen Holzvorrat anlegen, damit wir bei Bedarf den Ofen anheizen können. Er ist groß genug, den Raum behaglich warm zu machen. Nach Lage der Dinge sind die Kampfhandlungen total zum Erliegen gekommen, so daß man davon ausgehen kann, daß wir einige Zeit in diesem Quartier in Wjedenskoje bleiben werden. Uns kann es nur recht sein. Die vordersten Teile der Division haben gestern bereits Wasjukowo erreicht. Dann geht nichts mehr. Der Krieg macht für Freund und Feind eine Pause.

22. Oktober 1941. Heute habe ich einen wachfreien Tag. Das bedeutet, ich kann mich persönlichen Dingen widmen. Nach gründlicher Morgentoilette am nahen Fluß Iskona schreibe ich zunächst einen ausführlichen Brief nach Hause. Ich berichte, daß das regnerische Wetter urplötzlich aufgehört hat und es fast frühlingshaft warm geworden ist. Der bisher gefallene Schnee ist völlig geschmolzen. Nur in besonders geschützten Ecken ist es noch weiß. Auf den Straßen herrschen katastrophale Verhältnisse. Selbst die zähen Russenpferde, die jetzt vermehrt zum Einsatz kommen, haben große Schwierigkeiten, mit diesen Verhältnissen fertigzuwerden. Die erforderlichen Nachschubmengen können kaum noch herbeigeschafft werden. Bei der Verpflegung sind daher Einschränkungen nicht zu vermeiden. Aus diesem Grunde wird die Stabswache erstmals beauftragt, auf den Feldern nach Kartoffeln und Gemüse Ausschau zu halten, damit der Mangel an Nachschub etwas ausgeglichen werden kann. Diese Aktion ist unter größten Sicherheitsvorkehrungen durchzuführen, weil immer wieder Überfälle durch versprengte Rotarmisten vorkommen. So erfahren wir heute, daß die Stabskompanie des Artillerieregiments 116 auf der rückwärtigen Vormarschstraße überfallen wurde und erhebliche

Ausfälle an Menschen und Kraftfahrzeugen zu beklagen hat.

23. Oktober 1941. Gleich nach dem Morgenkaffee brechen wir zu unserem ersten Kartoffelsammeleinsatz auf. Unter Führung von Unteroffizier Herbert Schröder fahren wir in Richtung Front, weil wir dort mehr Felder als Wald erwarten und weil in dieser Richtung die Wege noch nicht so zerfahren sind wie nach hinten. Außerdem kommen wir auf den weniger befahrenen Wegen besser vorwärts. Wir sind sicher, in abseits gelegenen Dörfern eher Kartoffeln zu finden als in Dörfern, die schon mit Soldaten belegt sind. Natürlich wollen wir den anderen Einheiten nicht die Zusatzverpflegung streitig machen. Kartoffelmieten sind auf den Feldern unterwegs nicht zu entdecken. Also müssen wir Dörfer anfahren, die in der Nähe abgeernteter Felder liegen. Wir haben Glück. Parallel zur eigentlichen Versorgungsstraße der Hauptkampflinie (HKL) kommen wir in Ortschaften, die noch kein deutscher Soldat betreten hat. Wir müssen vorsichtig sein, daß wir nicht auf russische Soldaten treffen. Die Menschen hier schauen ängstlich hinter den Fensterläden hervor und kommen nur zögernd aus ihren Häusern, wenn wir sie durch Handbewegungen dazu auffordern. Nachdem wir ihnen mit unseren wenigen russischen Sprachbrocken – „Kartoschki" verstehen sie alle – und Zeichen klargemacht haben, was wir suchen, helfen sie uns bereitwillig. Dabei legen wir großen Wert darauf, nicht den Eindruck von Ungerechtigkeit aufkommen zu lassen. Wer wenige Kartoffeln hat, braucht keine abzugeben. Nur wo größere Mengen zu finden sind, sollen welche requiriert werden. Diese Maßnahme verstehen sie alle. Es kommt zu keinerlei Schwierigkeiten mit den Bewohnern. Eher ist das Gegenteil der Fall. Sie zeigen bereitwillig ihre Vorräte. Nachdem wir einige Zentner auf unseren Wagen geladen haben, entschließen wir uns zur Rückfahrt, zufrieden mit dem Ergebnis. Wohlbehalten treffen wir mit unserer wertvollen Fracht beim Stab ein, vom Küchenchef und Spieß bereits erwartet.

Das Pferd als Allwetter-Zugkraft

24. Oktober 1941. Wjedenskoje ist heute das bevorzugte Ziel schwerer russischer Artillerie. Mehrere Salven krachen mitten in das Dorf. Auch feindliche Bomber erscheinen hoch am Himmel und werfen Bomben auf den Ort. Es sind jedoch keine Schäden entstanden, auch keine Menschenleben zu beklagen. Morgens, gleich nach dem Kaffee, starten wir zu einer weiteren Versorgungsfahrt. Wir wollen versuchen, daß wir Gemüse bekommen. Dem Stab ist eine Information übermittelt worden, wonach in Frontnähe ganze Felder mit Weißkohl zu finden seien. Genauere Ortsangaben sind zwar nicht bekannt, doch anhand der Karte fahren wir in die Richtung, aus der die Information stammt. Wir hoffen auch, daß uns die Stabsstellen vorne weiterhelfen werden. Es stellt sich bald heraus, daß wir diese Hilfe nicht benötigen, denn von weitem erkennen wir bereits die hellgrünen Felder. Obwohl schon einige Lkw-Ladungen Kohl abgefahren worden sind, sind immer noch große Mengen vorhanden. Wir laden so viel auf den Wagen, daß wir gerade noch selbst Platz haben, und fahren zu unserer Unterkunft zurück. Zur Unterstützung beim Beladen hatten wir drei Gefangene mitgenommen, die froh waren, etwas arbeiten zu dürfen, und die wir dafür reichlich mit Kraut und Kartoffeln aus den Dörfern während der Rückfahrt versorgen. Auch diese Gemüseladung kommt ohne Schaden nach Wjedenskoje und findet großen Anklang bei der Küche. Nachdem wir die wertvolle Fracht abgeladen haben, gehen wir in das Quartier zurück. Ich schreibe noch einen kurzen Brief, während einige Kameraden mit Körperpflege und Wäschetausch beschäftigt sind. Dabei machen zwei von ihnen eine für alle alarmierende Entdeckung: Sie finden die ersten Läuse. Das bringt einige Aufregung in das ruhige Klassenzimmer. Jeder zieht jetzt sein Unterhemd aus und prüft Bund und Nähte. Die gesamte Unterwäsche wird eingesammelt und sofort gekocht. Hoffentlich lohnt sich die Mühe. Es hat wenig genützt. Wenige Tage später stellt sich heraus, daß fast alle von den Quälgeistern befallen sind.

25. Oktober 1941. Während des Vormarsches und hier im Ort habe ich mit meiner Kamera eine ganze Anzahl Aufnahmen gemacht, so daß der Film jetzt voll ist. Leider habe ich keinen Ersatzfilm mehr. Ich hoffe, mit der Post einen Film zu bekommen, aber ich bin nicht sicher, ob meine Eltern einen Film abschicken konnten. So leicht sind sie in der Heimat ja auch nicht mehr zu bekommen. Wir erfahren, daß die 10. Panzerdivision heute die Stadt Rusa genommen hat.

26. Oktober 1941. Es ist wieder Sonntag. Zwischen 6 und 7 Uhr habe ich Wache gestanden. Das Wetter scheint sich nicht ändern zu wollen. Es ist unverändert schlecht. Regen und Schneefall folgen aufeinander. Unsere Stiefel werden in den wachfreien Stunden nicht mehr richtig trocken, obwohl sie in Ofennähe stehen. Und doch können wir mit unserem Los beim Stab zufrieden sein. Die in der HKL eingesetzten Soldaten haben es dagegen weit schwerer. Sie müssen unter erheblich schlechteren Bedingungen körperliche Strapazen auf sich nehmen und noch kämpfen. Und nicht immer steht ihnen ein Raum oder Bunker zur Verfügung, wo sie sich aufwärmen oder trocknen können. Ich schreibe mehrere Briefe und Karten, da sich bei diesem Wetter „kein Hund mehr vor die Tür locken läßt". Innerhalb unseres Dorfes ist die Straße als solche nicht mehr zu erkennen. Sie gleicht einem Acker, der täglich neu umgepflügt wird, obwohl nur noch selten ein Fahrzeug hindurchfahren kann. Die Verbindungen von Haus zu Haus – an den Längsseiten – werden durch Bohlenstege und Knüppelroste aufrechterhalten. Wer die Dorfstraße überqueren will, tut dies auf eigenes Risiko. Das heißt, entweder er nimmt den Verlust seiner Stiefel in Kauf, oder er macht einen Riesenumweg bis zu einer Stelle, an der von Soldaten herbeigeschleppte Steine und Bretter den Schlamm überwinden helfen.

Die 5. Panzerdivision hat den Auftrag, die wichtige Straße von Wjedenskoje nach Norden zu sichern. Seit dem 23. Oktober sind alle verfügbaren Kräfte der Trosse und rückwärtigen Dienste im Einsatz, um einen Knüppeldamm von mehreren Kilometern Länge zu bauen, damit die Versorgung der Truppe überhaupt aufrechterhalten werden kann.

29. Oktober 1941. Heute ist ein erfreulicher Tag. Wir haben Post bekommen. Das zweite Mal in zehn Tagen. Vom 21. August (das sind über neun Wochen!) datiert ein Brief von meinen Eltern. Noch ist kein Film eingetroffen, den ich so sehnlichst erwarte. Ich habe eine Kamera und kann keine Aufnahmen machen. Fürchterlich! Dabei gibt es Motive in Hülle und Fülle und jeden Tag neue. Ebensosehr vermisse ich irgendwelchen Lesestoff, egal was es ist. Eine alte Zeitung, die mir zufällig in die Hände fiel, lese ich bis zum letzten Buchstaben.

30. Oktober 1941. Der Monat geht dem Ende zu, und eine Wetteränderung ist nicht in Sicht. Anhaltender Schneefall und sehr kalter Regen, der häufig in Eisregen übergeht, wechseln einander ab. Wir liegen in Wjedenskoje fest. Alles ist durch diese Schlechtwetterperiode zum Stillstand gekommen. Diese Witterung schlägt nicht nur aufs Gemüt, sondern geht auf Kosten der Gesundheit. Viele Kameraden leiden unter starken Erkältungen, einige sind ernstlich krank. Manche müssen mit Fieber zum Arzt, so schlimm hat es sie erwischt. Ich bin bisher noch verschont geblieben, weil ich davon überzeugt bin, daß meine Abhärtungsmethode etwas nützt. Sie besteht darin, mir täglich den Oberkörper mit eiskaltem Wasser aus der Iskona zu übergießen, auch dann, wenn ich mich vorher warm gewaschen habe. Der Bau des Knüppeldammes macht gute Fortschritte. 5,4 Kilometer sind in dieser einen Woche fertiggestellt worden. Eine Knochenarbeit für die, die sie ausführen müssen.

3. November 1941. In den letzten Tagen ist nichts Besonderes passiert. Das Wetter – immer noch Hauptgesprächsstoff – hat sich nicht geändert. Es war an allen Tagen gleich schlecht. Erst seit heute morgen sieht der Himmel verändert aus. Wenn mich nicht alles täuscht, wird es kälter werden. Vielleicht gibt es sogar Frost. Wir warten gespannt auf Nachrichten von unserem Panzerregiment 31. Die II. Abteilung ist an der strategisch wichtigen Straßenkreuzung ostwärts Moschaisk im Einsatz und hat sie wieder in unseren Besitz gebracht. Die Kreuzung war, nachdem sie schon in deutscher Hand war, von den Russen zurückerobert worden. Der Angriff wird auf mehrere Dörfer ausgedehnt und von unseren Panzern schneidig vorgetragen. Doch, wie wir hören, folgt ihnen die Infanterie nur zögernd. Die Abteilung verliert dadurch mehrere Kampfwagen im Nahkampf. Der Ia, Major Engels, hat sich heute zur Panzerabteilung begeben, um sich über den Stand der Dinge zu informieren. Kaum hat der Regen etwas nachgelassen, sieht der Dienstplan für die Stabswache anders aus. Auf Anordnung des Stabsfeldwebels machen wir Dienst wie in der Kaserne. Seine Meinung dazu ist uns längst bekannt. Wir sind nicht ausgelastet. Exerzieren und Appelle sind gut. Obwohl die Erde keineswegs abgetrocknet ist, ist der Platz hinter der Schule zum Exerzierplatz geworden. Nur die Kameraden, die Wachdienst haben, sind davon ausgenommen.

4. November 1941. Auch heute ist Dienst mit der Waffe angesetzt. Die Begründung des Hauptfeldwebels lautet: „Beim Stabspersonal muß die eingerissene Lethargie überwunden werden." Er hat schon seine Gründe. Vielleicht schadet es tatsächlich nichts, wenn die in letzter Zeit träge gewordenen Knochen einmal bewegt werden müssen. Bis der Dienst beginnt, schreibe ich noch einige Briefe. Gegen Mittag klart der Himmel merklich auf. Seit ewig langer Zeit läßt sich die Sonne wieder einmal blicken. Ein Aufatmen geht durch die Reihen. Sollte das Sauwetter endlich vorüber sein? Nach dem Exerzieren marschiere ich zum Nachbarort Nowinki und besuche dort bei der Ib-Staffel meine Hersfelder Freunde Isidor Grieß, Willi Hartmann und Karl Dinges. In Nowinki liegt auch die Bäckereikompanie der Division. Mein Versuch, bei den Bäckern ein Brot zu ergattern, scheitert kläglich. Da es früh dunkel wird, halte ich mich nicht lange auf, um rechtzeitig zurück zu sein.

5. November 1941. Plötzlich und kräftig hat der Frost eingesetzt. Die Posten kommen frierend von der Wache zurück, weil sie noch ohne Mäntel draußen waren. Wir haben kein Thermometer, um die genaue Temperatur abzulesen. Sobald es hell geworden ist, sehen wir die Veränderungen, die der Frost hervorgerufen hat. Sämtliche Pfützen sind zugefroren, und wo die Erdoberfläche gestern noch naß war, ist es heute spiegelglatt. Die zerfahrenen Straßen und Wege sind in ihrem Zustand erstarrt und immer noch unmöglich zu befahren. Trotzdem ist die Behinderung nicht mehr ganz so extrem. Man fährt an den zerfurchten Pisten entlang und schafft auf diese Weise einen neuen Fahrweg. Dort, wo es der Untergrund zuläßt, werden auch Wege über das freie Feld abgesteckt und befahren. Bespannte Wagen haben jetzt keine Schwierigkeiten mehr.

6. November 1941. Bereits in der vergangenen Woche war davon die Rede, daß es weiter vorwärts gehen sollte. Doch dann kam erneut der Regen, und alles blieb beim alten. Jetzt, da der Frost anhalten wird, ist es unwahrscheinlich, daß wir noch länger hier bleiben. Es wurde bereits zuviel Zeit verloren. Moskau sollte ja bis zum Einbruch des Winters genommen sein. Wir machen zwar immer noch kasernenmäßigen Dienst, doch der kann schnell eingestellt werden. Vorsorglich packe ich meine Taschen neu und lasse mir die zweite Garnitur Wäsche von einer Russin waschen. Bevor ich zur Wache raus muß, schreibe ich noch einige Briefe.

8. November 1941. Väterchen Frost hat uns fest im Griff. Nach Angaben eines Stabsoffiziers wurden heute morgen minus 15 Grad gemessen. Die hinter unserer Schule vorbeifließende Iskona ist in den wenigen Tagen fest zugefroren. Damit wir unseren Wasserbedarf decken können, haben wir ein Loch in das Eis geschlagen, das ständig offengehalten werden muß. Wir Soldaten der Stabswache wollen die Kälte auch dazu nutzen, uns von den Läusen zu befreien. Deshalb wird eine großangelegte Entlausungsaktion durchgeführt. Wir zünden im Freien ein Feuer an, waschen uns gründlich und ziehen frische Wäsche an. Die schmutzige Wäsche wird in einen Topf getan und eine Stunde lang gekocht, dann im eiskalten Wasser der Iskona gespült. Danach wird sie aufgehängt und eine ganze Nacht hindurch dem starken Frost ausgesetzt. Auch sonst wird beim Stab große Aktivität entwickelt. Die Fahrzeuge müssen vom zähen Schlamm befreit und in Gang gesetzt werden. Das ganze verfügbare Personal wird dort eingesetzt, wo Not am Manne ist. Nur die zur Wache kommandierten Männer sind freigestellt.

Die Kampftätigkeit an der Front lebt wieder auf. Von dort ist das bekannte Grollen zu hören. Eigene Angriffserfolge werden von den Frontabschnitten schon bald gemeldet. Es geht darum, günstige Ausgangspositionen für den weiteren Angriff auf Moskau zu erreichen. Weittragende, schwere russische Artillerie schießt in unser Dorf, und die gefürchtete [Iljuschin] Il-2 „Schturmowik", ein Schlachtflieger, erscheint am Himmel. Dann heißt es schnell in Deckung gehen, denn sie feuern auf alles, was sich bewegt.

14. November 1941. Beständiges Frostwetter. Fünf feindliche Bomber greifen einen in der Nähe befindlichen deutschen Feldflugplatz mit Bomben an. Unsere Jäger vom Typ Messerschmitt Bf 109 sind sofort zur Stelle und schießen nach und nach alle fünf Bomber ab. Direkt über uns wird ein Bomber in Brand geschossen, ein anderer von der Flak so schwer getroffen, daß er danach am Boden zerschellt. Ein toller Erfolg. An diesem Tag haben wir nichts mehr aus der Luft zu befürchten.

16. November 1941. Es ist Sonntag. Ein herrlicher Tag. Die Sonne scheint wie im Mai. Aber der Schein trügt. Draußen ist es bitterkalt. Seit Tagen ist es konstant minus 18 Grad. Nachts ist es noch kälter, dann werden die minus 25 unterschritten. Beim Stab sind viele Offiziere aller Regimenter und Bataillone eingetroffen, obwohl die ersten Angriffserfolge von den Einheiten vorne gemeldet worden sind. Major Alfred Gudelius, Kommandeur des II. Bataillons des Schützenregiments 14, erhält als erster Offizier der 5. Panzerdivision das Deutsche Kreuz in Gold.

Im Laufe des Nachmittages packen wir bereits Gepäck und Gerät zusammen und verladen alles auf die Fahrzeuge. Gegen 18.15 Uhr kommt der Tagesbefehl für den weiteren Angriff. Teile der Division rollen bereits seit gestern. Der Divisionsgefechtsstand wird morgen verlegt. Ich schreibe einen letzten Brief aus unserem schönen Quartier. Eine so gute Gelegenheit wird so schnell nicht wiederkommen. Wir werden bestimmt noch oft an das schöne Klassenzimmer in Wjedjenskoje denken. Das ist nicht nur meine Auffassung.

17. November 1941. Bei klirrendem Frost besteigen wir morgens bei Tageslicht mit unseren persönlichen Habseligkeiten den Mannschafts-Lkw und verlassen Wjedenskoje. Gegen die Kälte haben wir uns die Beine mit dem Stroh aus unserem Klassenzimmer umwickelt und die Wolldecken über die Schultern gehängt. Wir fahren in nördlicher Richtung davon. Den mit vielen Händen gebauten Knüppeldamm brauchen wir nicht zu befahren. Um die Mittagszeit kommen wir am Flugplatz Rusa vorbei. Die Stadt selbst sehen wir aus einiger Entfernung. Eine Stunde später, etwa um 13 Uhr, sind wir in Butakowo, dem neuen Gefechtsstand. Als Quartier wird uns ein Bauernhaus zugewiesen. Die russischen Bewohner sind freundliche Menschen. Abends sitzen wir bei einer rußenden Petroleumfunzel zusammen und singen. Ich schreibe einen Brief nach Hause. Danach braten wir Kartoffeln. Als Folge der Nachschubschwierigkeiten sind die Brotrationen noch knapp. Mit drei Mann, oft auch mit vier, müssen wir uns ein Brot teilen. Als Ausgleich bekommen wir des öfteren Schokolade. Heute bekam jeder sechs Tafeln Vollmilchschokolade. Mit den Bratkartoffeln versorgen wir auch unsere Gastgeber, so reichlich haben wir gebraten. Sie sind sehr dankbar dafür und holen aus einer Ecke Zwiebeln herbei, die sie uns dafür geben. Bevor wir uns zur Ruhe niederlegen, erfahren wir noch, daß der Ort Danilkowo – ungefähr 12 Kilometer von hier – von Einheiten der Division genommen worden ist.

18. November 1941. Das war eine unruhige Nacht! Nachdem wir uns gestern den Bauch mit Kartoffeln vollgeschlagen haben, sind wir bald darauf schlafen gegangen. Gegen Mitternacht werde ich plötzlich wach. In unserer Stube herrscht große Aufregung. Ich sehe mehrere Kameraden mit Kerzen und Hindenburglichtern* herumhantieren. Die armen Kerle machen Jagd auf Wanzen, von denen sie unsanft aus dem tiefen Schlaf gerissen wurden. Ich hatte solche Viecher noch nie gesehen. Zum ersten Mal müssen wir mit diesem ekelhaften Viehzeug Bekanntschaft machen. Und zwar mit solchen Mengen, daß es einem beim bloßen Anblick schon übel wird. Die Gesichter der Kameraden, die empfindlich reagieren, sehen fürchterlich aus. Die Augen sind total verquollen, und jeder Biß ist von starkem Juckreiz begleitet. Sie schimpfen wie die Rohrspatzen und möchten die Bude am liebsten anzünden. Ich kann bei mir keine Belästigung feststellen und bin demnach von den Bissen dieser Parasiten verschont geblieben. Ich drehe mich auf die andere Seite und schlafe weiter, bis ich zum Postenstehen geweckt werde. Zum Glück bleiben wir nicht länger hier.

Am frühen Morgen packen wir unser Gepäck zusammen und verladen alles auf den Lkw. Der Vormarsch geht weiter. Die Kämpfe an der Front werden erfolgreich fortgesetzt. Der Stab macht Stellungswechsel. Wir fahren durch eine Winterlandschaft, wie sie schöner nicht sein kann; es ist wie aus dem Märchenbuch. Nur wenig Schnee bedeckt die Erde, doch der Rauhreif hat alles versilbert. Das Land ist nicht mehr ausschließlich eben wie bisher, sondern eher hügelig. Über Akulowo erreichen wir bald Kamenka, den neuen Divisionsgefechtsstand. Auffallend im Ort ist die schöne Kirche, die aber zweckentfremdet genutzt worden ist. Nach Aussage einer Einwohnerin durfte unter Stalin kein Gottesdienst mehr stattfinden. Die Stabswache bezieht Quartier in einem der üblichen Holzhäuser, nicht weit vom Bus des Kommandeurs entfernt.

19. November 1941. Punkt 0 Uhr trete ich meine erste Wache an. Es ist immer noch sehr kalt und unwahrscheinlich klar. Der fast volle Mond steht hoch am Himmel, in einem Meer von Sternen. Die bekannten Sternbilder sind auffallend gut zu erkennen. Begünstigt durch die helle Schneefläche kann ich fast einhundert Meter weit einwandfrei sehen. Unter diesen Bedingungen vergeht die Wachzeit wie im Fluge. Nach zwei Stunden werde ich abgelöst. Bei Tagesanbruch sind wir auf den Beinen. Wir empfangen heißen Kaffee an der Feldküche und machen uns fertig. Die Führungsstaffel verläßt bereits Kamenka. Um 9.30 Uhr ist Abmarsch für den übrigen Troß. Die Straße ist glatt. Es hat etwas geregnet. Wir fahren zirka 15 Kilometer, die Hälfte davon durch Wald, dann sind wir in Schilowa. Wir beziehen ein altes Holzhaus als Quartier. Bewohner sind keine vorhanden. Vielleicht hat es schon länger leergestanden. Das ganze Dorf ist wie ausgestorben. Wir machen die Bude

---

* Ein bereits im Ersten Weltkrieg verwendeter, nach dem Oberbefehlshaber Paul von Hindenburg benannter, kerzenähnlicher Leuchter. Es handelt sich um eine flache Schale mit wachsähnlichem Fett, das durch einen Docht entzündet wurde, Anm. d. Verl.

Abgeschossener russischer Bomber bei Roslawl

sauber und richten uns ein. Lange werden wir sowieso nicht bleiben. Beim Essenempfang erfahren wir, daß der frühere Ic der Division, Hauptmann Kohlhardt, als Chef der 5. Kompanie (meiner späteren Kompanie) des Schützenregiments 14, bei den Kämpfen um Dawydkowo gefallen ist. Alle beim Stab sind von dieser Nachricht betroffen. Besonders ich, da ich ihn sehr schätzte. Ich kannte ihn gut aus der Döberitzer Zeit und habe ihn dort oft und gern gefahren. Er war für mich ein tadelloser Offizier und ein vorbildlicher Vorgesetzter. Ich besitze noch die russische Meldetasche, die er mir bei dem Überfall auf Arnischizy als Andenken überlassen hatte. Nun gehöre ich zu denjenigen, die ihm hier in Schilowa sein Soldatengrab schaufeln. Das Leben geht weiter. Wir sitzen abends in der Hütte und veranstalten ein Hühneressen. Wir haben den Backofen angeheizt und die Hühner nach Russenart im großen Topf gekocht. Es schmeckt ausgezeichnet, zumal wir hinterher noch Rotwein und Schnaps zur Verfügung haben. In bester Stimmung beschließen wir den Tag und gehen schlafen. Kurz vor Mitternacht werden wir von unserem Wachtposten unsanft aus dem tiefsten Schlaf gerissen. Unsere Unterkunft steht in Flammen. Wir haben keine Zeit, über die Ursache nachzudenken, denn wir sind bereits von Qualm und Feuer eingehüllt. Löschversuche sind aussichtslos. Es ist kein Wasser in der Nähe. Die uralte Holzhütte brennt wie Zunder. Nur mit großer Mühe gelingt es uns, durch die einzige Tür Schlafdecken, Waffen und persönliche Habe zu retten. Meine neue Brille, die ich vor Tagen erst erhalten habe, wird ein Raub der Flammen. Ich hatte sie auf den Ofensims gelegt.

20. November 1941. Nach dem Brand schaffen wir unsere Sachen gleich auf den Lkw. Die Stabswache und die Küche werden weiter vorgezogen. Die Führungsstaffel ist schon voraus. Der General sucht näheren Kontakt zur kämpfenden Truppe, um besser führen zu können. Bei klirrendem Frost – minus 20 Grad sind unterschritten – fahren wir durch einen in der Sonne glitzernden und funkelnden Winterwald. Das nächste Dorf ist Rosch-

Feldwebel Ernst Mohr (Mitte) in seinem Quartier in Wjasma

destweno, wo der Divisionsgefechtsstand eingerichtet ist. Leider sind alle bewohnbaren Häuser belegt. Wir müssen uns mit einem einfachen Holzschuppen begnügen. Die Temperaturen sinken weiter ab. Bei eingeschränkter Bewegungsfreiheit zwei Stunden Wache zu stehen, ist unmöglich geworden. Um keine Erfrierungen zu riskieren, wird ab sofort stündliche Wachablösung befohlen.

21. November 1941. Wir sind noch in Roschdestweno. Wir bauen uns einen neuen Ofen und stellen ihn auf. Das Ofenrohr muß durch ein Loch in der Außenwand geleitet werden. Er macht den Schuppen etwas warm. Die Posten können sich nach dem Wachdienst etwas aufwärmen. Nach dem Essen mache ich einen Spaziergang zu den am Ortsrand befindlichen russischen Feldbefestigungen, um sie mir anzusehen. Sie scheinen in großer Eile verlassen worden zu sein. In den Unterständen liegt noch allerhand Kram herum. Vor allem Rucksäcke mit viel Munition. Ich schaue mir alles genau an und stelle fest, daß die Stellungen sehr geschickt angelegt und raffiniert getarnt sind. Wir erfahren von unseren Nachrichtenleuten, daß der wichtige Ort Nowo-Petrowskoje mit seinem wichtigen Verschiebebahnhof von Einheiten der 5. Panzerdivision genommen worden ist. Damit ist auch die große Straße Moskau–Istra–Rschew erreicht.

23. November 1941. Der Tag beginnt um 1.35 Uhr mit einem Alarm. In wenigen Augenblicken sind wir in unseren Stiefeln und draußen. Die mitgenommenen Waffen können wir nicht gebrauchen. Der vermutete Feind ist nicht vorhanden. Es ist ein Feueralarm. Der Omnibus des Ia, Major Engels, steht in hellen Flammen. Wir rennen hinzu und versuchen zu löschen und zu retten, was zu retten geht. Wichtiges Kartenmaterial und einige persönliche Dinge des Majors können wir in Sicherheit bringen. Doch mehr ist nicht drin. Bis auf den Motorblock brennt der Bus total aus. Sämtliche Archivunterlagen des Ia werden ein Raub der Flammen und sind unwiederbringlich vernichtet.

Um 10.30 Uhr macht der Stab Stellungswechsel. Nach nur fünf Kilometern Fahrt sind wir in Poskowa, dem neuen Divisionsgefechtsstand. Wir bekommen für 10 Tage Wehrsold, das macht 22,50 RM. Beim Empfang stelle ich fest, daß mein Portemonnaie nicht mehr vorhanden ist. Wahrscheinlich habe ich es verloren. Eine andere Erklärung wüßte ich nicht. Das II. Bataillon des Schützenregiments 14 kämpft bei Rumjanzewo an der Straße Moskau–Rschew. Die Quartiere für die Stabswache werden immer erbärmlicher, je mehr wir uns Moskau nähern. Und die Kälte nimmt von Tag zu Tag zu. Der Eigenbau-Ofen reicht zum Beheizen der Unterkünfte nicht mehr aus. Wir müssen uns einen neuen Ofen anschaffen.

24. November 1941. Ein strahlend schöner Tag. Um 11 Uhr sind wir abmarschbereit zum Stellungswechsel. Wir fahren wieder durch diese einmalige russische Winterlandschaft. Nach zirka zwölf Kilometern Marsch sind wir in Duplewo, dem Divisionsgefechtsstand. Wir haben ebenfalls die große Straße Moskau–Rschew erreicht. Nur wenige Kilometer weiter sind die vordersten Teile der Division in hartem Einsatz. Ananowo, ein Ort kurz vor dem Istra-Stausee, ist bereits gefallen. Die Brücke über die Istra in Buscharowo, unterhalb der Staumauer, ist das nächste Ziel. Sie unversehrt in die Hand zu bekommen, ist für den weiteren Vormarsch auf Moskau von größter Bedeutung. Von dort sind es noch zirka 60 Kilometer Luftlinie bis zum Moskauer Kreml.

25. November 1941. Heute ist Wecken vor Tagesanbruch. Es ist noch nicht hell, da sind wir schon unterwegs. Über Semenkowo erreichen wir das Dorf Ananowo. Gestern noch umkämpft, dient es heute schon als neuer Gefechtsstand. Für die Stabswache ist kein Quartier vorhanden. Die wenigen intakten Häuser sind von den Stabsabteilungen belegt. Wir räumen einen Schafstall aus, schaffen frisches Stroh herbei und kriechen hinein. So haben wir Schutz vor Schnee und Kälte. Obwohl die Temperatur in der Nacht unter minus 20 Grad lag, hat es geschneit. Auch am Tage schneit es leicht. Bevor wir uns um 21.30 Uhr in unsere Decken wickeln, ruft uns der wachhabende Posten nach draußen. Genau ostwärts von uns, jenseits des Hauses, steht ein Dorf in Flammen. Der Himmel ist blutrot.

26. November 1941. Wir liegen noch in Ananowo. Es ist klar, und man hat gute Sicht bis ins Istra-Tal und weit darüber hinaus. Gegen Mittag landet der Kommandierende General* oberhalb Ananowo mit dem Fieseler Fi 156 „Storch". Er wird vom Divisionskommandeur und Offizieren des Stabes begrüßt und auf den nahen Hügel begleitet. Von dort kann man den Frontverlauf gut erkennen und Kampfhandlungen der Panzer verfolgen. Generalmajor Fehn erläutert dem Kommandierenden die Lage.

Vorderste Teile der Division haben die Istra bei Buscharowo überschritten und sind im Vorgehen auf Kurtasowo. Die Orte Skrikowo und Sawkino sind im Zuge der Bildung des Brückenkopfes gestern genommen worden. Mit der heutigen Post erhalte ich endlich den lange erwarteten Film.

29. November 1941. Nachdem der Weitermarsch am 27. und 28. November verschoben wurde, packen wir heute wieder unser Gepäck zusammen. Der Divisionsstab macht Stellungswechsel. Wir folgen den kämpfenden Einheiten über die Istra und erreichen das vor wenigen Tagen schwer umkämpfte Kurtasowo (neuer Divisionsgefechtsstand). Von hier bis zum Kreml sind es noch genau 50 Kilometer Luftlinie! Die Spuren sehr harter Kämpfe sind überall zu finden. Ein 52-Tonnen-Panzer „Josef Stalin" und vier amerikanische Sherman-Panzer** liegen abgeschossen im Gelände. Das uns zugeteilte Quartier müssen wir mit Fahrern und Kradmeldern teilen. Insgesamt 32 Personen hausen in einem großen Raum. Kein Idealzustand für uns von der Stabswache, weil wir durch das ständige Kommen und Gehen zwischen den Wachen nicht zur Ruhe kommen.

* Generalleutnant Heinrich von Vietinghoff, genannt von Scheel, Anm. d. Verl.

** Vermutlich handelt es sich um den sowjetischen KW-2 und den US-amerikanischen M3 „Lee/Grant", Anm. d. Verl.

30. November 1941. Nach einer sehr unruhigen Nacht, während der die berüchtigte „Natascha"* über uns kreiste, gibt es gegen 9.30 Uhr Fliegeralarm. Mehrere russische Schlachtflieger Il-2 greifen mit Bomben und Bordwaffen Kurtasowo an und schießen ein Haus in Brand. Zwei Flugzeuge werden von der Vierlings-Flak abgeschossen. Um 11 Uhr bin ich mit fünf weiteren Kameraden zur Schreibstube befohlen. Der Hauptfeldwebel teilt uns mit, daß wir auf seiner „schwarzen Liste" stehen und daß wir zum Feldreservebataillon versetzt werden. Wir erhalten den Marschbefehl und müssen sofort packen. Wir haben gerade noch Zeit, das Mittagessen an der Feldküche zu empfangen. Danach sind wir marschbereit. Auf einem Lkw geht es in halsbrecherischer Fahrt zurück zum Standort des Feldreservebataillons. Um 18 Uhr sind wir am Ziel unserer Reise. Ich werde mit meinem Freund August Salomon der 3. Kompanie zugeteilt. Wir melden uns bei Leutnant Beinlich, dem Kompanieführer. Die Kompanie ist in einem Kinderheim untergebracht. Die nähere Ortsbezeichnung zu erfahren, ist nicht möglich. Das wird in Zukunft auch nicht so einfach sein, denn beim Feldreservebataillon werde ich keinen Einblick in Karten haben. Und von den Kämpfen in der HKL wird man so gut wie nichts mehr erfahren. Die Verständigung mit den wenigen neuen Kameraden ist gut. Man muß sich einfach umgewöhnen. Die Kompanie besteht praktisch nur aus dem Stammpersonal. Die fronttauglichen Soldaten sind längst an die Schützenregimenter abgegeben worden und dort im Einsatz. So wird es mir auch ergehen.

1. Dezember 1941. Nach der ersten Nacht beim Feldreservebataillon machen wir gleich morgens Stellungswechsel. Auch hier schaffen wir unser persönliches Gepäck sowie das Schreibstubenmaterial auf einen Lkw, und ab geht die Post. Wir fahren über die uns bekannte Vormarschstraße und über den zugefrorenen Istra-Stausee zurück und sind bald in Semenkowo. Hier suchen wir uns ein sauberes Haus als Quartier und ziehen ein. Wir erfahren von unserem Hauptfeldwebel, daß das Feldreservebataillon den Auftrag hat, die Versorgungswege der Division schneefrei zu halten, und rücken auch bald danach mit Schaufeln aus, um diesem Auftrag nachzukommen. Ich bin mit dieser Arbeit sehr zufrieden, auch wenn das Thermometer inzwischen unter minus 25 Grad Celsius abgesunken ist. Ich fühle mich gesund und abgehärtet genug, um mit dieser Witterung fertigzuwerden. Davor schrecke ich nicht zurück. Den ganzen Tag werde ich an der frischen Luft sein, bei ausreichender Bewegung. Und nachts werde ich, von gelegentlichem Wachdienst abgesehen, regelmäßig schlafen können. Ein Dienst, der leichter zu ertragen ist, als vorne im Einsatz stehen zu müssen. Arbeit gibt es jetzt für uns genug. In der vergangenen Nacht hat es ununterbrochen geschneit, und auf den Straßen sind starke Verwehungen entstanden. Deshalb sind wir von Tagesanbruch an bis zum Einbruch der Dunkelheit im Räumeinsatz. Erst bei beginnender Dunkelheit marschieren wir ins Dorf zurück.

6. Dezember 1941. Fast eine Woche bin ich nun beim Feldreservebataillon und denke nicht mehr an die Stabswache. In den sauberen Häusern fühlen wir uns wohl. Außer Schnee zu schaufeln, arbeiten wir für die Küche. Eine Gruppe sorgt für Holz, andere tragen Wasser und schälen Kartoffeln, die hier ausreichend vorhanden sind. Für unsere persönlichen Dinge, wie Körperpflege und Briefeschreiben (meine Feldpostnummer lautet jetzt 15542), haben wir ausreichend Zeit. In unserem Quartier haben wir Gelegenheit, Karten oder Schach zu spielen. Diese relativ schöne Zeit geht nun zu Ende. Beim ersten Antreten heute morgen eröffnet uns der Spieß, daß das Feldreservebataillon, bis auf einen kleinen Stamm, aufgelöst werden soll. Die ersten Abstellungen werden bereits mittags in Marsch gesetzt. Ziel ist die kämpfende Truppe. Um 15 Uhr muß ich auch ab-

* Vermutlich der sowjetische Aufklärer Polikarpov U-2, von den Landsern auch „UvD" oder „Nähmaschine" genannt, Anm. d. Verl.

Sammelstelle für erbeutete russische Waffen in Istra, November/Dezember 1941

marschbereit sein. Ich gehöre einem Sonderkommando an, das wenige Kilometer hinter der HKL die 1. Kompanie des Feldreservebataillons 85 in der Gefangenenbewachung ablösen soll. Mit einem Lkw werden wir zum Gefechtsstand des II. Bataillons des Schützenregiments 13 befördert. Hier werden wir schon erwartet. Wir lösen die Kameraden der 1. Kompanie ab und werden sofort zur Wache eingeteilt. Wir befinden uns im Frontbereich des Bataillons in Jeremejewo. Es ist der Ort, in dem ich der Stadt Moskau am nächsten war. Die vordersten Teile des Bataillons liegen noch weiter südostwärts vor Laduschkino noch 16 Kilometer bis zur Moskauer Stadtgrenze! Aber es geht nicht mehr weiter. Der russische Widerstand wird von Tag zu Tag stärker, und die eigene Kampfkraft nimmt zusehends ab, da keine Reserven vorhanden sind. Von den Kompanien vorne werden starke feindliche Stoßtrupptätigkeit und Gegenangriffe gemeldet. Der Beschuß durch die russische Artillerie wird von Stunde zu Stunde heftiger. Gefangene, die aus der HKL hier eintreffen, sind kältegewohnte Sibirier. Sie gehören gut ausgerüsteten und frischen Truppen an, die Stalin aus dem Fernen Osten herantransportieren läßt und die sofort an die Front in den Kampf geworfen werden. Es sind Burschen, die einen robusten Eindruck machen.

7. Dezember 1941. Das gesamte Wachkommando wird vor Tagesanbruch geweckt und in Alarmzustand versetzt. Die Gefangenen müssen sofort nach hinten geschafft werden. In der Hauptkampflinie ist „dikke Luft". Die Russen greifen die deutschen Stellungen auf breiter Front an. Als Gefangenenbegleiter dieses Fußmarsches werden Alfred Reimann und ich bestimmt. Wir zögern nicht lange und machen uns unverzüglich mit den zahlreichen Russen auf den Weg. Es ist ein anstrengender Marsch durch Schnee und Eis und strenge Kälte (etwa minus 28 bis minus 30 Grad). In mäßigem Tempo nur kommen wir vorwärts. Die Gefangenen sind nicht gerade begeisterte Marschierer. Auch durch Zuruf

Leutnant Joachim Beinlich,
Chef der 3. Kompanie
des Feldreservebataillons 85

August Salomon,
gefallen am 16. September 1942
bei Laptewo

mit „Dawai, dawai" sind sie nicht zu größerer Eile zu bewegen. Wir haben unterwegs große Mühe, daß sie in der Kolonne zusammenbleiben. Nach drei Stunden Marsch sind wir am Bestimmungsort und übergeben die Gefangenen der Feldgendarmerie. Unser Lkw-Fahrer erwartet uns bereits. Nach einer dann folgenden „Höllenfahrt" sind wir in gut einer Stunde im Unterkunftsort des Feldreservebataillons. Dort herrscht große Aufregung. In Eile wird Gepäck und Gerät verladen. Schnell wird das Mittagessen ausgegeben, und schon heißt es „Aufsitzen". Um 13 Uhr ist Abfahrt. Wir fahren über die Versorgungsstraße der Division zurück bis Dawydkowo, das uns durch die Kämpfe des II. Bataillons des Schützenregiments 14 und den Soldatentod des Hauptmanns Kohlhardt beim Vormarsch bekannt ist. Hier beziehen wir neue Quartiere. Zu unserer Freude sind im Ort erhebliche Kartoffelmengen vorrätig. Sie könnten uns viel nützen, falls wir länger hier bleiben. Dazu besteht jedoch wenig Hoffnung, da anscheinend die Lage viel ernster ist, als wir einfachen Soldaten erfahren. Unterwegs haben wir nur gehört, daß die Russen mit massivem Einsatz von Panzern und Infanterie schwere Angriffe gegen die deutsche Front führen und weiter nördlich erhebliche Einbrüche erzielt haben sollen.

10. Dezember 1941. In den beiden vorangegangenen Tagen hat die Kälte etwas nachgelassen. Dafür schneit es ununterbrochen. Mittlerweile liegt der Schnee einen halben Meter hoch. Wir schaufeln unsere vorgegebene Strecke frei, dann halten wir uns in den Quartieren auf. Ich mache mir Wasser heiß und gehe auf Läusejagd. Nach dem Mittagessen fahre ich mit einem Vorkommando nach Chaludkowo. Wir machen Quartier für das Bataillon. Auch hier treffen wir schöne, saubere Häuser an. Ich mache es mir gleich bequem und schreibe einen Brief nach Hause. Angeblich wird dieser Ort unser endgültiges Winterquartier. Die Front soll bis zum Frühjahr jenseits der Istra gehalten werden, um dann im Frühjahr ausgeruht den Angriff auf Moskau wieder aufzunehmen.

11. Dezember 1941. Im Laufe des Vormittages trifft das restliche Feldreservebataillon in Chaludkowo ein. Wir wollen für den Winter vorsorgen und uns entsprechend einrichten. Sofort geht es an die Arbeit. Zunächst schaffen wir Bretter herbei und bauen Betten. Dann holen wir aus einer Feldscheune frisches Stroh und polstern unsere Liegen damit aus. Als wir gerade im Begriff sind, unser Werk zu begutachten und uns auf die kommende Nacht im warmen Bett zu freuen, erhalten wir den Befehl: „Sofort fertigmachen!" Mit dummen Gesichtern stehen wir da und packen unsere Sachen zusammen. Mit noch einigen Kameraden werde ich zur 1. Kompanie des Feldreservebataillons 85 abkommandiert. Den Grund dafür zu erfragen, ist vergebliche Mühe. Fest steht, daß es ein weiterer Nachteil für meine ankommende Post ist, die nun über zwei Anschriften geleitet wird, ehe sie bei mir eintrifft. Wir „Kommandierten" nehmen unser Gepäck auf und marschieren zur 1. Kompanie. Dort melden wir uns bei Stabsfeldwebel Martin Stein, der anstelle eines Offiziers als Kompanieführer eingesetzt ist. Wegen einer vorlauten Äußerung darf ich gleich anschließend zur Wache aufziehen.

12. Dezember 1941. Es wird noch kälter. Dazu kommt ein scharfer Wind auf. Wir versorgen die Küche mit Wasser sowie reichlich Holz und halten uns dann im Quartier auf. Der Stabsfeldwebel muß mich vom ersten Moment an besonders „ins Herz geschlossen" haben, denn ich bin erneut zur Wache eingeteilt, obwohl genügend Mannschaftsdienstgrade zur Verfügung stehen. Ich stehe von 22 bis 24 Uhr, bei 28 Grad Kälte. Kurz vor meiner Ablösung kommt ein Kradmelder und überbringt einen neuen Absetzbefehl. Das Bataillon wird weiter zurückverlegt.

13. Dezember 1941. Um 6 Uhr wird das kleine Häuflein, das sich Kompanie nennt, geweckt. Wir verladen Schreibstubenmaterial und Gepäck auf den Lkw, und los geht die Fahrt. Der eisige Wind weht noch kräftiger, und starkes Schneetreiben hat eingesetzt. Nach nur wenigen Kilometern befinden wir uns in einer endlosen Fahrzeugkolonne, die nur noch schrittweise vorwärtskommt. Alle Soldaten, die die Wagen begleiten, sind abgesessen und mit Schaufeln und Spaten im Einsatz. Jede Fahrzeugbesatzung kämpft gegen die starken Schneeverwehungen. So schnell können wir die Räder nicht freischaufeln, wie der Sturm sie wieder blockiert. Es ist ein fast vergebliches Anrennen gegen die Gewalt der Natur. Nur zentimeterweise kommt die Kolonne vorwärts. Ohne warmes Essen und ohne zu trinken sind wir den ganzen Tag auf den Beinen. Bis auf die Knochen durchgefroren erreichen wir nach Einbruch der Dunkelheit ein restlos überbelegtes Dorf. Wie das Nest heißt, kann ich nicht erfahren. Im Grunde ist es mir auch völlig gleichgültig. Wichtig ist nur noch die Unterkunft. Wir haben das Glück, eine noch leerstehende eiskalte Hütte zu finden, die uns ausreichend Platz bietet. Bei einer Bäckereikompanie nebenan erhalte ich ein kostbares halbes Brot. Das verzehre ich zur Hälfte mit heißem Tee, den ich mir auf einem Esbitkocher zubereite. Danach lege ich mich zu den Kameraden auf den Fußboden und versinke in tiefen Schlaf. Unser vorgegebenes Tagesziel ist nicht erreicht worden.

14. Dezember 1941. Bei Tagesanbruch wird die Fahrt fortgesetzt. Nur die Decken hatten wir von den Fahrzeugen genommen, so gibt es auch nichts zu verladen. Der Schneesturm hat nachgelassen, der Marsch geht weiter. Nur hin und wieder müssen wir Schnee räumen oder den Lkw schieben. Kurz vor 11 Uhr erreichen wir Kamenka, den Ort mit der schönen Kirche, den ich vom Vormarsch her kenne. Nur schwer finden wir ein freies Haus. Für die folgende Nacht werde ich wieder zur Wache eingeteilt. Es ist bitterkalt. Das Thermometer fällt unter minus 30 Grad Celsius. Als Wachtposten muß man ständig in Bewegung bleiben, um Erfrierungen zu vermeiden.

15. Dezember 1941. Von 6 bis 8 Uhr habe ich noch Wache gestanden. Das hindert aber keinen der dafür Verantwortlichen daran, mich gleich anschließend einem Kommando zuzuteilen, das die Aufgabe hat, die Versorgungsstraße nach vorne vom letzten Schnee freizuräumen. Dazu soll auch die Zivilbevölkerung herangezogen werden. Wir fahren mit unserem alten „Ford" über Akulowa nach Laschina. Dort werden die Einwohner aufgefordert, mit Spaten und Schaufeln zu erscheinen und mit uns die Straße vom hohen Schnee zu befreien. Bereitwillig sind bald viele zur Stelle und folgen uns zum Dorfausgang. Bei klarem, sonnigem Wetter und klirrender Kälte schaufeln wir den zugewiesenen Abschnitt frei. Um 15 Uhr haben wir es geschafft. Die Zivilisten, denen wir Landser nichts für ihre Arbeit anbieten können, gehen laut schnatternd nach Hause. Wir fahren mit dem Lkw zurück nach Kamenka. Unterwegs haben wir längeren Aufenthalt durch marschierende Kolonnen, die nicht ausweichen können. Es ist längst dunkel, als wir die Unterkunft erreichen.

16. Dezember 1941. Um 6 Uhr werden wir geweckt. Gerät und Gepäck werden verladen. Das ganze Dorf ist bereits auf den Beinen. Alle hier untergebrachten Wehrmachtteile machen Stellungswechsel weiter zurück. Wir steigen auf unseren Lkw, und die Fahrt geht los. Es ist elend kalt auf dem Wagen. Wir haben das Dorf kaum einen Kilometer hinter uns, da gibt es bereits den ersten Stau. Wir müssen absitzen und werden nach vorne befohlen. Hier sehen wir den Grund des Aufenthalts. Zum ersten Mal bekommen wir Berührung mit Partisanen. Sie haben nachts den Weg vermint und Baumsperren errichtet. Ein Lkw der SS-Division „Reich" ist auf eine Mine gefahren und schwer beschädigt worden. Es werden aus den anwesenden Soldaten Suchtrupps gebildet, die den Spuren im Wald folgen sollen, um die Partisanen zu stellen. Unser Trupp folgt einer frischen Spur im Schnee, die sich aber bald verzweigt und von vielen anderen gekreuzt wird. Es ist ein Irrgarten vieler menschlicher Spuren. Fast zwei Stunden durchkämmen wir das Waldstück, ohne auf ein Lebewesen zu stoßen. Unverrichteter Dinge kehren wir zum Ausgangspunkt zurück. Auf der Straße sind inzwischen die Sperren beseitigt. Wir steigen auf unseren Lkw und folgen der langen Kolonne, die sich inzwischen gebildet hat. Immer wieder treten Stokkungen auf. So vergehen Stunden für wenige Kilometer Wegstrecke. Trotz Verdeck ist die Kälte auf dem Lastwagen kaum auszuhalten. Nur durch ständiges Trampeln mit den Füßen schützen wir uns vor Erfrierungen. Wer bei dieser Kälte allein auf einem Wagen sitzt und einschläft, ist verloren. Am späten Nachmittag steht die Kolonne wieder für längere Zeit auf einer Stelle. Vor uns befindet sich eine wichtige Straßenkreuzung. Der Verkehr an dieser Kreuzung wird von der Feldgendarmerie geregelt. Wir sind wegen der Kälte längst von unserem Lkw abgestiegen, um in Bewegung zu bleiben. Wir laufen an der Kolonne entlang. Es wird schon dunkel. Mit dem Kameraden Hans Schnorrenberg aus Köln bleibe ich zusammen. Gemeinsam wollen wir in das nächste Dorf vorausgehen, um uns in einem Haus aufzuwärmen. Dort wollen wir dann die Ankunft unseres Lkw abwarten und wieder aufsitzen. Gesagt, getan. Wir überqueren besagte Kreuzung geradeaus und sind nach etwa vierzig Minuten Marsch an den ersten Häusern des Dorfes. Hier wimmelt es von Soldaten. Alle gehören der SS-Division „Reich" an. In einem der vollbesetzten Häuser fragen wir, ob wir uns aufwärmen dürfen. Nachdem wir unsere Division genannt haben, wird uns sofort Platz angeboten. Wir bekommen heißen Tee und etwas zu essen. Inzwischen ist es stockdunkel geworden, und der Verkehr draußen ist zum Erliegen gekommen. Von unserem Lkw haben wir nichts zu sehen bekommen, obwohl wir immer wieder danach Ausschau hielten. Wir müssen davon ausgehen, daß er an der Straßenkreuzung eine andere Richtung als wir eingeschlagen hat. Hans und ich sind vom eigenen Haufen getrennt. In der Dunkelheit aufzubrechen und danach zu suchen, ist sinnlos. Wir haben weder Wolldecken noch Wäschebeutel bei uns. Nur das Gewehr, den fast leeren Brotbeutel und das, was wir auf dem Leibe tragen. Wir bleiben während der Nacht bei den SS-Kameraden.

17. Dezember 1941. Sehr früh sind wir beide auf den Beinen und verabschieden uns mit herzlichem Dank von den SS-Kameraden. Wir müssen versuchen, so schnell wie möglich unsere Einheit zu erreichen, wollen wir keinen Ärger bekommen. Die grobe Marschrichtung ist uns klar. Wir müssen den Kolonnen nach Westen bzw. Südwesten folgen. Teils marschieren wir, teils fahren wir als Anhalter mit fremden Lkws – meistens auf dem Trittbrett, trotz der Kälte. Auf den Straßen herrscht ein großes Durcheinander. Fahrzeuge unserer Division bekommen wir jedoch nicht zu Gesicht. Auch Hinweise durch Schilder finden wir keine auf unserem Weg. Und Karten zur Orientierung besitzen wir nicht. Ganz offensichtlich befinden wir uns in einem völlig fremden Divisions-, wenn nicht sogar Armeebereich. An diesem späten Nachmittag erreichen wir ein kleines Dorf, das von zahlreichen Soldaten belegt ist. Am vereisten Brunnen steht ein heruntergekommenes, zottiges Russenpferd, eingespannt in einen landesüblichen Schlitten. Es rührt sich nicht von der Stelle. Niemand scheint dafür zuständig zu sein, als wir in den nächsten Häusern danach fragen. Weil uns das Tier leid tut, „beschlagnahmen" wir das Gespann und wollen es in einen Stall schaffen. Das gelingt uns auf Anhieb nicht. Deshalb suche ich in den paar Häusern so viel Stroh zusammen, daß ich das Tier abreiben kann. Ich gebe ihm ein wenig angewärmtes Wasser zu saufen und das bißchen Stroh zu fressen. Nun reagiert es auf meinen Zuruf, und wir setzen uns langsam in Bewegung. Wir müssen vor allem nach Futter Ausschau halten, damit das Tier wieder etwas zu Kräften kommt. Mit dieser Absicht streben wir dem nächsten, aber abseits der Straße liegenden Dorf zu. Wir haben unendliches Glück. Eine ältere Einwohnerin, die uns mit dem struppigen Pferd kommen sieht, hat Mitleid und zeigt uns nicht nur Stroh, sondern in einer Scheune gutes Heu. Während das Pferd sich satt frißt, kochen wir uns ein paar Kartoffeln, die uns die ältere Frau gebracht hat. Nachdem wir die Kartoffeln gegessen haben, laden wir Stroh und Heu auf den Schlitten und setzen unseren Marsch fort. Bald wird es dunkel. Wir müssen das nächste Dorf anfahren, das mit Soldaten voll belegt ist. Alle sind von der Infanterie, kein Mensch ist von der 5. Panzerdivision, die wir suchen. Die Quartiere sind so voll, daß ich es vorziehe, bei dem Pferd im Stall zu bleiben. Dann kann es uns auch nicht geklaut werden. Jetzt und hier ist alles möglich.

18. Dezember 1941. Lange bevor es hell wird, wecke ich meinen Kameraden Hans. Das Pferd ist ausgeruht und hat zu fressen und zu saufen bekommen. Es macht schon einen ganz anderen Eindruck als am ersten Tag. Die Augen sind jetzt aufmerksam und folgen mir. Die Ohren reagieren, wenn sie einen von uns hören. Willig läßt es sich einspannen. Wir müssen weiter. Wo wir uns derzeit befinden, ist nicht zu erfahren. Irgendwo zwischen Rusa und Gschatsk müssen wir sein. Ohne Karte ist eine Orientierung unmöglich. Stabsstellen, die uns helfen könnten, haben wir noch nicht angetroffen. Man könnte meinen, alle wären ohne Führung auf der Flucht, denn Offiziere, die uns auch Auskunft geben könnten, haben wir noch keine angetroffen. Allein die Rückzugsstraße nach Westen ist Orientierungshilfe. Noch sind unendliche Kolonnen von Kraftfahrzeugen unterwegs. Wir schieben uns mit Pferd und Schlitten einfach dazwischen. Wenn es zu Stockungen kommt, weichen wir auf das freie Feld aus. Wir kommen viel besser voran als die motorisierten Fahrzeuge. Wir setzen uns auch nicht auf den Schlitten, sondern laufen ständig nebenher. Dadurch wird unser Pferd entlastet, und wir selbst bleiben warm.

Am späten Nachmittag biegen wir auf einen kaum erkennbaren Weg von der „Rollbahn" ab. Wir erreichen ein abgelegenes, unbewohntes Nest. In einer Senke liegend, ist es von der Straße aus nicht zu sehen. Deshalb haben wir die Hoffnung, hier Futter für das Pferd und für uns ein paar Kartoffeln zu bekommen. Nur wenige Soldaten einer bespannten Einheit treffen wir hier an. Gleich beim ersten Haus halten wir und bringen das Pferd in den Stall. Zu unserer Überraschung steht hier bereits eine abgemagerte Kuh. Wir finden genügend Futter in einer anderen Scheune vor und versorgen beide Tiere. Unsere Mahlzeit besteht aus Kartoffeln, die wir im Nachbarhaus finden, und Salz, das wir von den Infanteristen erhalten. Während wir essen, sprechen wir über die herrenlose Kuh. Wir haben keinen Menschen gesehen, der sich um sie bemüht hat. Deshalb steht unser Plan fest, sie „mitgehen“ zu lassen. Sie kann unsere Lage bei der Rückkehr zur Kompanie erheblich verbessern. Notfalls könnte sie auch als Tauschobjekt nützlich sein, wo wir doch zur Zeit Selbstversorger sind und jede Gelegenheit wahrnehmen müssen, etwas Eßbares zu bekommen. Nach dem Essen begeben sich alle Hausbewohner bald zur Ruhe. Unseren Liegeplatz wählen wir an der Tür. Wir warten eine Weile, bis wir glauben, daß alle schlafen, dann verschwinden wir lautlos zum Stall. Wir spannen unser Pferd in den Schlitten und binden die Kuh dahinter an. Nun soll es losgehen. Doch unsere Kuh will nicht, wie wir wollen. Ob wir ziehen oder schieben, sie steht wie eine Eins auf der Stelle. Erst als wir ihr mit unserem duftenden Heu dicht vor ihrer Nase herumfuchteln, schnaubt sie und setzt sich in Bewegung. Ihre Schritte sind jedoch so schwerfällig, daß sie von dem Pferd mitgezogen werden muß. So begeben wir uns auf die Reise. Die Nacht ist bitterkalt. Der Himmel ist klar und mit Sternen übersät. Der Mond spendet Licht. Durch den Schnee ist es so hell, daß man den Weg gut sehen kann. Schon nach kurzer Zeit wird klar, daß wir uns dem Tempo der Kuh anpassen müssen und nicht umgekehrt. Wenn sie fällt oder sich vor Entkräftung in den Schnee legt, kriegen wir sie nie wieder auf die Beine. Wir vertrauen auf das Glück.

19. Dezember 1941. Mitternacht ist längst vorbei. Eine große Wegstrecke haben wir noch nicht zurückgelegt. Wir müssen Pausen einlegen, weil die Kuh einfach stehenbleibt. Dann reiben wir ihr das Fell mit Stroh ab, und ich lege ihr meinen Mantel über. Nach mehreren solcher Pausen kriegen wir sie nur noch Schritt für Schritt von der Stelle. Und wenn wir stehenbleiben, stützen wir sie beiderseits ab, damit sie sich nicht hinlegt. Das nächste Dorf ist schon zu erkennen. Ausgerechnet hier ist der Schnee viel weicher und tiefer als sonst, und der Weg wird dadurch noch beschwerlicher. Mit großer Geduld und weiteren Pausen haben wir schließlich den Ortseingang erreicht. Glücklicherweise finden wir einen brauchbaren Stall. Doch Futter ist im ganzen Dorf nicht aufzutreiben. Das letzte Heu und Stroh von unserem Schlitten geben wir der Kuh. Das genügsame Pferd bekommt altes Stroh von einem Hausdach. Das Wasser zum Saufen wärmen wir wieder etwas an. Nun gönnen wir uns selbst zwei Stunden Ruhe. Als wir Soldaten mit Kochgeschirren rasseln hören, werden wir hellwach. An der fremden Feldküche bekommen wir warme Suppe, nachdem die eigenen Leute versorgt sind. Dann machen wir uns wieder reisefertig. Wir hoffen, unsere Kuh hat sich soweit erholt, daß sie weitergehen kann. Wir spannen an und haben Erfolg. Wir bleiben aber auf der größeren Straße und reihen uns hier in die immer noch bestehenden Kolonnen ein. Es geht besser vorwärts, als wir dachten. Kraftfahrzeuge überholen uns ständig. Die Straße ist breit ausgefahren. Während wir so dahinziehen, sehen wir plötzlich zwei Benzinkanister aus dem lockeren Schnee am Straßenrand hervorlugen. Wir können es nicht fassen, aber sie sind bis zum Rand mit Sprit gefüllt. Die hat ein Fahrzeug bestimmt verloren. In unserer Situation ein Fund von unschätzbarem Wert. Wir packen sie auf den Schlitten und decken sie gut zu. Nach einigen Pausen für die Tiere und meist schleppendem Marsch sind wir vor Einbruch der Dunkelheit in einem Dorf, das – wie könnte es anders sein – völlig überfüllt ist. Nur mit Mühe und einer Portion Dreistigkeit gelingt es uns, einen Platz für die Tiere und für uns zu erwischen. Als Futter finden wir altes, verbrauchtes Stroh. Alle Scheunen im Dorf sind wie leergefegt. Wir selbst sind viel zu müde, um uns weitere Gedanken um das Futter zu machen. Jetzt kommt es darauf an, einen Schlafplatz zu sichern. Denn die Unterkunft muß mit fremden Landsern geteilt werden, die ebenfalls nach Schlafgelegenheiten suchen. Die Kanister nehmen wir sicherheitshalber mit ins Haus. Zum Schlafen legen wir sie zwischen uns und binden sie an unseren Handgelenken fest.

20. Dezember 1941. Um 6 Uhr stehen wir auf. Der erste Gedanke gilt den Tieren, ob sie noch vorhanden sind. Als wir uns dem Stall nähern, hat uns das Pferd bereits wahrgenommen. Es wiehert, als wollte es sich als Schicksalsgenosse zu erkennen geben, und begrüßt uns Ankommenden. Kuh und Pferd sind in Ordnung, trotz mangelhafter Fütterung. Bis auf den letzten Halm ist das primitive alte Futter aufgefressen. Da wir kein besseres Futter haben, bekommen beide nur wenig Wasser. Schon des Futters wegen müssen wir weiter. Sie folgen uns willig aus dem Stall. Wir spannen an und fahren auf die Rückzugsstraße. Wir sind früh, und der Verkehr ist noch mäßig. Deshalb kommen wir ganz gut vorwärts. Unterwegs müssen wir uns manchen derben Zuruf gefallen lassen. Wegen des ulkigen Gespanns und unseres Aussehens werden wir oft verhöhnt, ausgelacht und auch beschimpft. Doch wir sind stets guter Laune und bleiben kaum eine passende Antwort schuldig. Im übrigen haben wir inzwischen ein „dickes Fell" bekommen und lassen uns so leicht nicht aus der Fassung bringen. Um die Mittagszeit erreichen wir einen größeren Ort. Hier sehen wir zum ersten Mal auf unserem „langen Marsch" Fahrzeuge unserer Division. Es fällt uns ein Stein vom Herzen. Endlich Fahrzeuge der 5. Panzerdivision. Die Lkws sind mir bestens bekannt, denn sie gehören zur Quartierstaffel des Divisionsstabes, dem ich noch vor vier Wochen angehört habe. Deshalb suchen wir gleich die Küche auf. Hier muß ich Karl Balduff als Koch antreffen, der mit mir von Bad Hersfeld kam. Es ist so. Ihm und seinem Fourier-Unteroffizier Scheithauer biete ich die Kuh zum Schlachten an. Sie sind nicht sehr begeistert davon, denn die abgemagerte Kuh taugt höchstens noch zu einer guten Suppe. Nach langer, eindringlicher Rede und Schilderungen unserer Lage gehen sie schließlich doch auf meinen Vorschlag ein und geben für die Kuh einige Büchsen Schmalzfleisch. Diese Büchsen sind für Hans und für mich mehr wert als die lebende Kuh. Wir beide sind glücklich, daß wir die Kuh auf diese Weise losgeworden sind.

Hier beim Stab erfahren wir endlich, wo das Feldreservebataillon untergebracht ist. Es soll in Warosk liegen*, etwa sechs Kilometer von hier entfernt. An der Stabsküche bekommen wir noch reichlich zu essen, dann machen wir uns auf den Rest des Weges zum Feldreservebataillon. Nach zirka eineinviertel Stunden Marsch sind wir beim Feldreservebataillon. Wir melden uns sofort auf der Schreibstube, wo wir von Spieß und Stabsfeldwebel Stein „empfangen" werden. Als schwere Sünder bekommen wir allerhand zu hören. Man wirft uns schwere Vergehen und Disziplinlosigkeit vor. Von „unerlaubter Entfernung von der Truppe" bis zum „Verfahren vor dem Kriegsgericht" reichen die Vorhaltungen. Erst als wir den Schlitten und das Pferd erwähnen und die vollen Benzinkanister zur Sprache bringen, werden die Mienen und der Ton versöhnlicher. Das hindert sie jedoch nicht daran, uns sofort zur nächsten Wache einzuteilen. Damit sind wir „in Gnaden" entlassen und suchen unser zugewiesenes Quartier auf.

21. Dezember 1941. Kaum ist der Wachdienst überstanden, müssen wir „Sünder" uns zum Sondereinsatz auf der Schreibstube melden. Den ganzen Tag bekommen wir keine Ruhe. Wir beide werden von den Vorgesetzten behandelt wie Verbrecher. An der Küche müssen wir allein für Holz und Wasser sorgen, dann für die beiden Vorgesetzten die Wäsche waschen. Das besorgen wir allerdings nach Landserart: rein ins Wasser, raus aus dem Wasser, rauf auf die Leine, fertig. Zwischendurch versorgen wir das Pferd, das uns ein treuer Freund geworden ist. Es hat uns auf der entbehrungsreichen Reise nicht einen Augenblick im Stich gelassen. Um so härter trifft uns die Auffassung der Schreibstube, die Pferd und Schlitten noch für überflüssig hält. Beides wird als „unnötiger Ballast" bezeichnet und soll abgegeben werden. Man hat bei den „Oberen" die Zeichen der Zeit noch nicht erkannt. Schweren Herzens trennen wir uns von dem treuen Tier und über-

* Richtig ist vermutlich Waraksino, Anm. d. Verl.

lassen es einem älteren Russen, der einen tierfreundlichen Eindruck macht und sich sehr darüber freut. Neuer Kompanieführer der 1. Kompanie wird Leutnant Bauch. Nachmittags ziehen wir in ein anderes Quartier um.

23. Dezember 1941. Seit Anwesenheit des neuen Kompanieführers machen wir Ausreißer wieder normalen Dienst. Punkt 6 Uhr wird geweckt. Die Kompanie rückt aus zum Schneeräumen. Es ist ein klarer Wintertag. Das Thermometer zeigt 30 Grad Kälte. Gestern haben wir schon damit begonnen, eine Straße freizuschaufeln, die für Fahrzeuge unbefahrbar ist und bisher auch von keinem Menschen begangen wurde. Der Schnee liegt fast einen Meter hoch und ist völlig unberührt. Warum wir diesen nicht benutzten Weg freischaufeln müssen, bleibt ein Rätsel. Vielleicht ist es eine Vorsorgemaßnahme, deren Sinn wir Landser nicht beurteilen können. Wir einfachen Soldaten vermuten eher eine Beschäftigungstherapie, weil es am Ende der Strecke keinen Anschluß zu einer befahrbaren Straße gibt. Bei Nichtstun könnte es den Landsern zu wohl werden. Wir stechen mit dem Spaten Schnee in große „Würfel“ aus und schichten sie an der Seite zu einer Mauer auf. Wir arbeiten bis gegen 16 Uhr, dann geht die Sonne allmählich unter. Bis es richtig dunkel ist, sind wir – zum Umfallen müde – im Ort zurück. Wir empfangen Essen und Kaffee und legen uns bald zum Schlafen hin.

Die Feldküche braucht täglich Brennholz.

24. Dezember 1941. Es ist Heiliger Abend. Da wir uns in einem Land befinden, in dem der Bolschewismus herrscht und dazu noch Krieg geführt wird, haben wir zunächst mit dem Weihnachtsfest nichts zu tun. Nach dem Morgenkaffee marschieren wir zum weiteren Schneeräumen hinaus zur gestrigen Arbeitsstelle. Bis zu welchem Punkt wir noch den Schnee entfernen müssen, ist nicht abzusehen. Soweit das Auge reicht, liegt die Straße unter einer unberührten, geschlossenen Schneedecke. Nirgends ist ein Dorf zu sehen oder eine Straße auszumachen, zu der wir einen Anschluß herstellen könnten. Wegen des Heiligen Abends machen wir kurz vor Mittag bereits Schluß und marschieren zur Unterkunft zurück. Wir empfangen Mittagessen und verzehren es, hungrig von der harten Arbeit. Danach schälen wir Kartoffeln für den morgigen 1. Weihnachtsfeiertag. Dann haben wir dienstfrei. Wir richten unser Quartier her. Mit einem Kameraden gehe ich in den nahen Wald und hole einen wunderschönen Tannenbaum. Den stellen wir in der Stube auf und schmücken ihn mit Kerzen, die aus Postsendungen stammen, und mit selbstgefertigtem Baumbehang. Nun mache ich mir einen Kübel Wasser heiß und wasche mich gründlich. Jetzt noch frische Wäsche an, dann kann das Fest beginnen. Bevor wir zur Weihnachtsfeier zusammenkommen, ist Post aus der Heimat eingetroffen. Sie wird noch schnell verteilt. Doch noch wichtiger ist das Brot, das am Beginn der Feier ausgegeben wird. Es ist das erste Brot nach zehn Tagen! Ich bekomme noch eine weitere gute Nachricht von der Schreibstube, daß bei der 3. Kompanie auch noch Post für mich zur Abholung bereitliegt. Nach der offiziellen Feier sitzen wir bei Tee mit Rum gemütlich zusammen. Wir singen Weihnachtslieder und spielen Schach, Skat und Doppelkopf. Der Abend vergeht schnell. Kurz vor Mitternacht legen wir uns schlafen.

25. Dezember 1941. Für den heutigen 1. Feiertag ist kein Dienst angesetzt, trotzdem wird um 6 Uhr geweckt. Nach dem Kaffee gehe ich zur Schreibstube und hole mir die Erlaubnis, zur 3. Kompanie gehen zu dürfen, damit ich meine Post abholen kann. Die 3. Kompanie des Feldreservebataillons liegt zirka zwei Stunden Fußmarsch von hier entfernt in einem anderen Ort. Bevor ich losmarschieren kann, muß ich erst helfen, die Küche mit Wasser zu versorgen. Dann mache ich mich auf den Weg. Es ist klar und sehr kalt (unter minus 30 Grad). Es ist kein bequemer, sondern ein holpriger und mit knöcheltiefem Schnee versehener Weg. Der Marsch durch die frische, reine Luft tut mir gut. Mir wird warm. Bei der 3. Kompanie angekommen, nehme ich zunächst meine Post in Empfang. Dann halte ich mich noch bei den Kameraden in deren Unterkunft auf. Wir tauschen unsere Erfahrungen aus. Sie wissen aber auch keine Neuigkeiten, die wir nicht auch schon wissen. Zum Mittagessen bleibe ich noch. Danach marschiere ich den Weg wieder zurück und treffe wohlbehalten in meinem Quartier ein. Für die kommende Nacht bin ich zum Wachdienst eingeteilt.

26. Dezember 1941. Der 2. Weihnachtsfeiertag beginnt mit einer Überraschung. Nach dem Wecken um 6 Uhr wird bekanntgegeben, daß wir unser Quartier verlassen werden. Stellungswechsel ist befohlen.

Es wird noch Kaffee ausgegeben, dann wird gepackt und verladen. Wir fahren weiter immer Richtung Westen. Unterwegs wird festgestellt, daß wir mit dem Benzinvorrat im Tank nicht weit kommen werden. Unteroffizier Felix Klar und ich erhalten den Auftrag, Sprit zu organisieren. Wie und woher, das ist egal. Das bleibt uns überlassen. Wir machen uns zu Fuß auf den Weg. Unterwegs steigen wir auf einen Lkw, der uns bis in den nächsten größeren Ort mitnimmt. Endlich erfahren wir, wo wir sind, und zwar in Porojetsche, einem landschaftlich schön gelegenen Ort an der Straße Tjagoa–Gschatsk. Es ist eine größere, an der Bahn gelegene Siedlung. Hier haben viele Nachschubeinheiten ihre Stützpunkte eingerichtet. Man sagt uns, daß ein großes Tanklager im Wald außerhalb des Dorfes sein soll.

Dorthin müssen wir. An der Lagerpforte verspricht man uns zwei Kanister Benzin, wenn wir zwei leere Kanister herbeibringen. Diese Auflage habe ich schneller gelöst, als gedacht. Während sich Felix mit den Leuten am Lagereingang noch unterhält, treffe ich wenige Schritte davon entfernt einen hessischen Landsmann. Das ist mein Glück. Mit ein paar Worten habe ich ihn schnell von unserer Not überzeugt. Er entfernt sich mit mir vom Lagertor und besorgt die fehlenden Kanister. Dann dauert es nur noch einen Augenblick, und wir haben den Sprit. Damit wir die schweren Kanister nicht tragen müssen, binden wir sie an einen langen Strick und schleifen sie hinter uns her. Eine gute halbe Stunde marschieren wir, dann haben wir den mangels Bezin liegengebliebenen Lkw erreicht. Nach dem Auftanken wird die Fahrt fortgesetzt. Bei beginnender Dunkelheit sind wir noch nicht am Reiseziel angekommen. Wir übernachten in Pigina-Mitino, in einem Quartier, das von der SS-Division „Reich“ belegt ist. Wir werden kameradschaftlich aufgenommen. Ich bin hundemüde, kann aber nicht einschlafen. Deshalb spiele ich mit dem Wachhabenden der SS mehrere Partien Schach. So vergeht die Zeit schnell bis zum anderen Morgen.

27. Dezember 1941. Um 6 Uhr werden die Schlafenden geweckt. Die Fahrt soll sofort weitergehen. Wir sitzen auf dem Lkw und warten. Doch der Startbefehl bleibt aus. Wegen der strengen Kälte (minus 35 Grad) gehen wir in die warme Unterkunft zurück. Um 10 Uhr ist es dann soweit. Inzwischen hat ein unbeschreiblicher Schneesturm eingesetzt. Wir sitzen auf, aber nicht sehr lange. Dann heißt es schaufeln und schieben. Unterwegs nimmt der Sturm orkanartige Formen an. Der Wind heult und peitscht uns den feinkörnigen Schnee mit Wucht ins Gesicht. Die Haut brennt, als würden unzählige Nadeln auf einmal zustechen. Wir können schaufeln, soviel wir wollen, die Fahrbahn wird nicht frei. Wir arbeiten wie verrückt und kommen trotzdem nur schrittweise vorwärts. Den ganzen Tag über sind wir bei diesem Wetter ununterbrochen im Einsatz. Vollkommen erschöpft erreichen wir den nächsten Ort, Ostrizy. Hier unterbrechen wir die Fahrt und übernachten bei unserer Divisions-Bäckereikompanie. Es gelingt uns nicht, bei den „Kameraden" ein Stück Brot zu bekommen. Es ist mir auch fast egal, denn ich bin derart kaputt, daß ich weder essen noch trinken kann. Ich lege mich in die äußerste Ecke unseres Quartiers und schlafe sofort fest ein.

28. Dezember 1941. Der starke Schneesturm hat etwas nachgelassen. Bei Tagesanbruch brechen wir auf zur Weiterfahrt. Unterwegs müssen wir noch hin und wieder absitzen und schieben, aber es ist kein Vergleich zu den Strapazen von gestern. Den ganzen Vormittag sind wir noch unterwegs. Gegen 13 Uhr etwa erreichen wir endlich das Ziel, die Stadt Gschatsk. In einer ruhigen Straße am östlichen Stadtrand werden uns Quartiere zugewiesen. Es sind stabile Holzhäuser, die einen sauberen Eindruck machen. Wir richten uns ein, so gut es eben geht. Während der Zeit, in der wir ständig unterwegs und nur notdürftig untergebracht waren, haben wir keine Gelegenheit zum Waschen und Rasieren gehabt. Wir sehen alle aus wie die Landstreicher und nicht wie deutsche Soldaten. Das will ich schnellstens ändern. Auch weil Sonntag ist, will ich mich gründlich rasieren und waschen. Leider ist kein Wasser in der Nähe. Der nächste Brunnen ist ein gutes Stück entfernt. Von dort schaffe ich aber Wasser herbei und mache es warm. Nach der Reinigung fühle ich mich wieder wohl. Bevor ich mich schlafen lege, schreibe ich einen Brief nach Hause.

29. Dezember 1941. An diesem Vormittag haben wir endlich Gelegenheit, unsere arg in Mitleidenschaft gezogenen Uniformen und Waffen instand zu setzen. Letztere müssen dringend gereinigt und gefettet werden. Die Stunden vergehen schnell, weil jeder genug zu tun hat, um das Notwendigste zu erledigen. Dann ist Pause bis zum Essenempfang an der Feldküche, die inzwischen auch angekommen ist. Nach dem Mittagessen wird ein Sonderkommando zusammengestellt. Daß ich diesem Kommando angehören werde, bedarf keiner besonderen Erwähnung. Das ist bei dieser Truppe bereits ein ungeschriebenes Gesetz. Wir haben den Auftrag, in einem Gebiet südlich der Stadt Gschatsk vorhandene Viehbestände und Getreidevorräte festzustellen und zu registrieren. Unter Führung von Unteroffizier Felix Klar brechen wir mit unserem persönlichen Gepäck bald auf. Mit dem Lkw werden wir nach Moltschanowa gebracht, dem zukünftigen Standort des Kommandos. Wir beziehen ein ordentliches Quartier und richten uns ein. Zivilbevölkerung ist nicht anwesend.

30. Dezember 1941. Um 6 Uhr stehen wir auf und machen uns frisch. Mit Unteroffizier Felix Klar marschiere ich zum Nachbarort Snoski. Es ist sehr kalt, und der Schnee knirscht unter unseren Stiefeln. Bei einem Stützpunkt für bespannte Wehrmachteinheiten nehmen wir ein Pferd und einen Schlitten in Empfang, damit wir die abgelegenen Dörfer überhaupt erreichen können. Wir starten sofort unseren ersten Einsatz im Rahmen des Auftrages nach Walischowa. Auf dieser ersten Fahrt lernen wir das Pferd kennen und lieben. Es ist eines jener zähen Russenpferde, die durch ihre Ausdauer und Aufmerksamkeit auffallen. Kaum daß das Pferd eingespannt ist und den Schlitten hinter sich weiß, zieht es schon an und trabt los. Unterwegs denkt es nicht daran, in Schrittempo überzugehen. Mit dem Schlitten durch den Schnee zu rennen, scheint diesem Pferd ein besonderes Vergnügen zu sein. Wir müssen es aber hin und wieder zügeln, damit wir uns selbst auch bewegen können. Bei 35 Grad Kälte kann man – trotz Strohpolster – nicht längere Zeit ruhig auf einem Schlitten sitzen. Das würde garantiert – ohne es zu spüren – zu schweren Erfrierungen führen. In Walischowa haben wir unsere Erhebungen bald durchgeführt. Es gibt keine nennenswerten Schwierigkeiten mit der Bevölkerung. Wir notieren das Vieh, das sie uns bereitwillig angeben. Stallkontrolle kommt für uns nicht in Frage. Getreide ist sowieso nicht viel vorhanden. Während der Erhebung hat das Pferd eingespannt in einem Stall gestanden. Wir fahren nun auf direktem Wege zur Unterkunft zurück. Auf dieser Fahrt rennt unser Pferd ohne Unterbrechung bis vor die Stalltür. Bereits um 13 Uhr sind wir in Moltschanowa zurück. Felix und ich sind stocksteif gefroren. Ich bringe das Pferd in den Stall und versorge es mit Futter und Wasser. Dann gehe ich erst in die nahe Banja* und taue mich auf. Erst nach einer guten Stunde verlasse ich das wohltuende kleine Badehaus. Der Rest des Tages ist zum Essen und Ruhen bestimmt.

31. Dezember 1941. Ein Mittwoch. Der letzte Tag eines überaus ereignisreichen Jahres bricht an. Wir sind wieder früh auf den Beinen. Ich muß nach Gschatsk, um für das Kommando Verpflegung und Post zu empfangen. Ich spanne das Pferd ein und sitze noch nicht richtig auf dem Schlitten, da rennt es schon los. Es ist sehr klar und kalt. Vorsichtshalber habe ich noch meine Wolldecke für unterwegs mitgenommen, die ich mir um die Beine schlage. Bis die Sonne am Horizont erscheint, habe ich die große Rollbahn Minsk–Moskau bereits überquert. Die Fahrt mit dem schnellen Pferd macht mir riesigen Spaß. Die strenge Kälte stört mich nicht mehr. Ich bin in bester körperlicher Verfassung und habe mich inzwischen an den harten russischen Winter gewöhnt. Ein Stubenhocker bin ich noch nie gewesen, wenn mich auch meine berufliche Tätigkeit in ein Büro zwang. Aus diesem Grunde übernehme ich freiwillig die zusätzlichen Fahrten nach Gschatsk oder anderswohin. Bei solchen Ausflügen sieht man nicht nur mehr, sondern man erfährt auch mehr. Manche Neuigkeit ist mir da schon zu Ohren gekommen.

In der Stadt angekommen, melde ich mich zunächst auf der Schreibstube und übernehme dort das Allerwichtigste, und zwar unsere Post. Dann empfange ich beim Fourier Verpflegung, Tabakwaren und Getränke für mehrere Tage. Alles packe ich auf den Schlitten und decke es ab, damit ich nichts verlieren kann. Danach mache ich mich sofort auf den Rückweg. Nach rasanter Fahrt bin ich gegen 15 Uhr wieder in Moltschanowa. Ich versorge das Pferd und nehme ein Bad in der Banja. Daß ich mich anschließend im eisigen Pulverschnee wälze, ist schon selbstverständlich und gehört einfach dazu. Wieder angezogen, wird es Zeit, den Silvesterabend einzuleiten. Der beginnt mit dem von mir zubereiteten Abendessen. Es gibt Bratkartoffeln, dazu Brot und Wurst. Dinge, die ich vorher mitgebracht habe. Anschließend gehen wir zum gemütlichen Teil über. Wir spielen Karten, singen Soldatenlieder und tauschen unsere Erlebnisse aus. So lassen wir das abgelaufene Jahr 1941 ausklingen. Mit den letzten Resten des knapp bemessenen Alkohols stoßen wir – uns gegenseitig Glück wünschend – auf das neue Jahr an.

* Russisches Dampfbad, Anm. d. Verl.

Das Jahr 1942

Versetzung zum Schützenregiment 14
Partisaneneinsatz im Raum Wjasma
Kesselschlacht bei Belyi–Olenino
Kämpfe an der Wasusa und bei Rschew
Wintereinsatz bei Karmanowo

1. Januar 1942. Das neue Jahr beginnt, wie das alte geendet hat. Mit strenger Kälte draußen – es werden minus 38 Grad gemessen – und mit einem feststehenden Dienst für uns Soldaten. Unsere Aufgabe als Zählkommando wird fortgesetzt. Um 6 Uhr stehen wir alle auf und machen uns marschfertig. Ich spanne das Pferd in den Schlitten und fahre mit Unteroffizier Felix Klar aufs Land hinaus. Unser heutiges Ziel sind die Orte Rjabzewo und Chmelniki, die etwa 15 bis 18 Kilometer östlich von uns liegen. Ohne ein Wort der Aufmunterung zu brauchen, setzt sich unser Pferd sogleich trabend in Bewegung. Aber nur kurze Zeit lassen wir es nach seinem Willen laufen. Den größten Teil der Strecke marschieren wir vor ihm her, damit wir selbst warm bleiben. In den Ortschaften stellen wir das Pferd in einen Stall unter und gehen dann von Haus zu Haus, um unseren Auftrag zu erfüllen. Etwa um die Mittagszeit sind wir in beiden Ortschaften fertig und treten die Rückfahrt an. Beide hocken wir uns auf den Schlitten und lassen das Pferd nach Herzenslust traben. Wir betrachten derweil die herrlich glitzernde Winterlandschaft unter dem stahlblauen Himmel. Die Sonne ist zwar noch vorhanden, aber ohne jede wärmende Kraft. Im Gegenteil, die Temperatur bleibt tagsüber konstant bei etwa minus 35 Grad, um in der Nacht dann weiter abzusinken. In unserer Unterkunft angekommen, versorge ich schnell das Pferd, dann wird es Zeit, in die Banja zu gehen. Das ist immer eine große Erholung für Körper und Geist. Ich müßte unbedingt meinen Eltern einen Brief schreiben, aber dazu kommt es nicht mehr. Nach dem Abendessen, welches schnell verzehrt ist, bin ich derart müde, daß ich mich sofort in meine Ecke verkrieche und schlafe.

4. Januar 1942. Unser Kommando liegt noch in Moltschanowa. Wir sind täglich unterwegs gewesen und haben die Vieh- und Getreidebestände aufgenommen, sofern überhaupt etwas aufzunehmen war. Wir sind bei diesen Fahrten – alle mit dem Pferd und Schlitten – bis in den Bereich der 20. Panzerdivision gekommen, deren Trosse in den Dörfern südlich der großen Rollbahn Gschatsk–Moskau liegen. Inzwischen bin ich beim Bataillon in Gschatsk gewesen und habe bei der Post Briefe und Päckchen von meinen Eltern vorgefunden. Ein Brief davon war seit Anfang November unterwegs. Die Tagestemperatur sinkt bei herrlichem Winterwetter weiter. In der vergangenen Nacht wurden 40 Grad Kälte gemessen. Und es scheint, als sei der Tiefpunkt noch nicht erreicht.

9. Januar 1942. In den vergangenen Tagen sind wir ständig mit Pferd und Schlitten unterwegs gewesen. Dabei haben wir total abseits liegende Nester aufgesucht, auch solche Dörfer, die nicht von deutschen Soldaten belegt sind. Die Ausbeute an ermittelten Beständen ist nicht groß. Damit kann die einheimische Bevölkerung vielleicht gerade über den harten Winter kommen. Felix Klar und ich sind der Auffassung, daß man nicht unbedingt das letzte vorhandene Gramm registrieren muß. Wir schreiben lediglich die Menge auf, die uns von den Bewohnern angegeben wird.

Nachdem wir den zugewiesenen Bereich erfaßt haben, ist unser Auftrag erfüllt. Das Kommando Moltschanowa wird aufgelöst. Wir bedauern dies sehr. Hier waren wir doch relativ frei, ohne Kontrolle durch Spieß und Schreibstube. Nun kehren wir in den Schoß der Kompanie zurück. Ich bringe unser zuverlässiges Pferd mit dem Schlitten nach Snoski zurück. Es tut mir sehr leid, daß ich mich von dem treuen Tier trennen muß. Es muß halt sein. Wieder in Moltschanowa, packen wir unsere Habseligkeiten zusammen und warten auf den Lkw, der uns nach Gschatsk bringen soll. Erst am späten Nachmittag sind wir in Gschatsk zurück und können unser altes Quartier beziehen.

12. Januar 1942. Hier in der Kompanie machen wir den üblichen Dienst für die Küche, schleppen Wasser herbei und besorgen Brennholz. Das ist in der Stadt weit schwerer als in den Dörfern. Hier fehlt auch jede Art von Zusatzverpflegung. In Moltschanowa konnten wir uns abends mit unserer Fettzuteilung immer wieder Bratkartoffeln machen. Hier sind keine Kartoffeln zu holen, und wir sind deshalb auf die zugeteilte kalte Verpflegung angewiesen. Zur Zeit beträgt die Brotration pro Kopf und Tag 300 Gramm. Das ist nicht gerade üppig. Ich bin über den üblichen Tagesdienst hinaus als Melder für die Schreibstube tätig. Natürlich gehört Schneeschaufeln zu den Standardtätigkeiten.

13. Januar 1942. Auch heute morgen sind wir um 8 Uhr ausgerückt. Etwa anderthalb Kilometer nördlich der Stadt räumen wir eine Seitenstraße zum Dorf Mankino. Trotz der am Himmel blaß sichtbaren Sonne ist es unwahrscheinlich kalt. In der vergangenen Nacht sollen minus 50 Grad erreicht worden sein. Ich habe meinen Fotoapparat mitgenommen und mache Aufnahmen beim Schneeschaufeln. Um den Film bis zum Ende zu belichten (damit ich ihn nach Hause schicken kann), will ich noch einige Sehenswürdigkeiten der Stadt (unter anderem eine sehr schöne Kirche) aufnehmen. Bevor wir unsere Arbeit beenden, hole ich mir bei dem Kommandoführer die Erlaubnis, vorausgehen zu dürfen. Mein Freund August Salomon begleitet mich. Als wir in der Stadt eintreffen und ich die Kirche aufnehmen will, stelle ich zu meinem Entsetzen fest, daß ich den Apparat nicht mehr bei mir habe. Ich war felsenfest davon überzeugt, ihn nach der letzten Aufnahme im Schnee in meiner Übermanteltasche verstaut zu haben. Er ist aber nicht vorhanden. Ich kann das nicht verstehen und bin tieftraurig. Nicht allein wegen der Kamera, sondern wegen der vielen Fotos, die ich noch beim Divisionsstab während des Vormarsches bis vor die Tore Moskaus gemacht habe. Mit August Salomon gehe ich sofort bis zur Arbeitsstelle zurück. Gemeinsam suchen wir den Schnee ab, wo ich fotografiert hatte, doch wir finden die Kamera nicht wieder. Ich bin vollkommen „am Boden zerstört", als wir im Quartier zurück sind.

14. Januar 1942. Als wir heute morgen vor die Tür gehen, glaubt man, alles müsse erstarrt sein. Die Kälte ist ungeheuerlich. Bei der Schreibstube erfahren wir, daß wenige Kilometer nördlich der Stadt die Nachttemperatur mit minus 52 Grad gemessen worden ist. Das ist unvorstellbar für unsere mitteleuropäischen Verhältnisse. Ich habe schlecht geschlafen. Nicht wegen der herrschenden Kälte, sondern der Verlust meines Fotoapparates läßt mich nicht zur Ruhe kommen. Sofort nach dem Kaffee schreibe ich eine Verlustmeldung an den Soldatensender „Ursula" und eine weitere Suchanzeige für die Frontzeitung *Der Blücher*. Ich hoffe und wünsche, daß die Kamera gefunden werde und sich der ehrliche Finder meldet. (Um es vorwegzunehmen: Ich habe sie nicht wiederbekommen.)

20. Januar 1942. Eine Woche ist inzwischen vergangen. Ich bin viel für die Schreibstube unterwegs, und zwar nicht nur zum Bataillonsgefechtsstand, sondern auch zur Ortskommandantur und anderen Dienststellen. Dabei komme ich in der ganzen Stadt herum und zum Bahnhof. Mit dem Lokführer eines Güterzuges habe ich gesprochen, der bis nach Hamburg fahren wird. Wie er mir sagte, soll diese Fahrt seine letzte nach Rußland gewesen sein. Er ist beeindruckt von der hier herrschenden Kälte. Er hat solche Temperaturen noch nie erlebt. Hier herrschen immer noch um 45 Grad unter Null. Die Nachforschungen nach meinem Fotoapparat bleiben weiter ohne Ergebnis. Viele Troßeinheiten unserer Division verlegen weiter westlich in den Raum Wjasma–Semlewo. Der Divisionsstab liegt zur Zeit in Grasnaja-Kartawka, zirka 30 Kilometer nordöstlich Gschatsk.

22. Januar 1942. Ich bin für unsere Kompanie zur Feldpostausgabestelle unterwegs. An der Ausgabe treffe ich Bekannte des Divisionsstabes, die ebenfalls Post in Empfang nehmen. Sie suchen sofort meine Post aus ihren Säcken heraus, die immer noch auf die alte Anschrift eingegangen ist. Ich erhalte ein Päckchen und einen Brief, der am 28. Dezember 1941 zu Hause aufgegeben worden ist. Aus diesem Brief erfahre ich, daß mein jüngerer Bruder Hans als Fallschirmjäger zum Einsatz nach Rußland gekommen ist. In welcher Gegend oder welchem Frontabschnitt er zum Einsatz kommen wird, weiß man offenbar noch nicht.

25. Januar 1942. Unsere Zeit in Gschatsk geht zu Ende. Das Feldreservebataillon macht Stellungswechsel. Wir verlassen die Stadt bereits gegen 8 Uhr und fahren auf der großen Rollbahn Richtung Smolensk. Wir lassen die Stadt Wjasma hinter uns, noch zirka 20 Kilometer, dann biegen wir nach Süden ab. Nach weiteren fünf Kilometern sind wir in Jurkino, ganz in der Nähe des Bahnhofs Semlewo. Hier beziehen wir neue Quartiere. Zum langen Einrichten haben wir keine Zeit, wir müssen sofort zum Schneeräumen ausrücken. Die Straße nach Oreschki und weiter zum Bahnhof Semlewo muß schnellstens freigeräumt werden. Sie ist eine wichtige Verbindung zu den Trossen der Division, die zum großen Teil in Semlewo untergebracht sind. Unser Bataillonsstab bleibt in Wjasma. Wir werden darüber informiert, daß eine russische Stoßarmee nordwestlich Rschew die deutsche Front durchbrochen hat und weit nach Süden vorgedrungen ist. Ihre vordersten Spitzen haben sich mit Partisanen in den Wäldern verbunden und gefährden bereits die große Rollbahn nach Smolensk, die wichtigste Versorgungsstraße im Mittelabschnitt der Ostfront. Nur wenige Kilometer westlich von unserem Standort Jurkino haben die Russen diese Straßenverbindung bereits erreicht und einige Dörfer besetzt. Wegen gleichzeitig hier auftretender verstärkter Partisanentätigkeit stehen wir nachts mit Doppelposten im Ort auf Wache.

29. Januar 1942. Seit wir hier in Jurkino sind, sind wir Tag für Tag ununterbrochen mit Schneeräumen beschäftigt. Die Verbindung nach Oreschki herzustellen, ist uns jedoch noch nicht gelungen. Bei diesem Wetter ist dies auch unmöglich. Es schneit nicht nur Tag und Nacht, sondern die Schneemassen, die wir mühsam tagsüber beseitigen, werden in kürzester Zeit vom Sturm wieder auf die Fahrbahn zurückgeweht. Manchmal müssen wir uns den Rückweg erst wieder freischaufeln, weil dort, wo wir zu schaufeln angefangen haben, am Ende des Einsatzes die gleiche Menge Schnee liegt, als wäre nichts geschehen. Diese Wetterverhältnisse sind für uns Mitteleuropäer unvorstellbar. In unserem Dorf ist man fast völlig von der Außenwelt abgeschnitten. Unsere Verpflegung muß mit Pferdeschlitten aus Wjasma herbeigeholt werden. Die damit beauftragten Soldaten (ich gehöre auch dazu) sind oft tagelang unterwegs. Post erreicht uns zur Zeit keine. Wir ernähren uns hauptsächlich von Kartoffeln, die glücklicherweise noch reichlich im Ort vorhanden sind. Die große Rollbahn nach Smolensk ist durch russische Truppen weiterhin gefährdet. Der Verkehr nach Smolensk wird nur noch mittels stark gesicherter Versorgungskolonnen aufrechterhalten. Einheiten unserer Division sind zum gefährdeten Abschnitt beordert worden, um die wichtige Straße zu sichern. Um Semlewo, wo große Teile der Divisionstrosse untergezogen sind, wird zur Zeit erbittert gekämpft. Der Ort ist von Partisanen und regulären russischen Fallschirmtruppen, die in der Nähe abgesetzt wurden, eingeschlossen. Alle Straßenverbindungen nach Semlewo sind unterbrochen.

Die russischen Fallschirmtruppen, die in der näheren Umgebung abgesprungen sind, haben zusammen mit den Partisanen aus den Wäldern Semlewo angegriffen. Einer meiner Freunde vom Divisionsstab, Ernst Strube, soll bei den Kämpfen in Semlewo gefallen sein. Diese Nachricht macht mich ebenfalls sehr traurig.

31. Januar 1942. Der tagelange Schneefall hat aufgehört. Es ist wieder klar, und man hat gute Sicht. In der vergangenen Nacht konnte man verstärkte feindliche Fliegertätigkeit feststellen. Wir werden in Alarm versetzt. Es sollen ganz in unserer Nähe weitere russische Fallschirmspringer abgesetzt worden sein. Ich bekomme den Auftrag, mit zwei Kameraden bis an den Bahndamm vorzugehen und dann am Bahngleis entlang nach Osten zu erkunden, ob die abgesprungenen Russen eine Gefahr für die Strecke darstellen. Wir machen uns sogleich auf den Weg. Der Schnee ist durchweg fest und gut zu begehen. Das Bahngleis ist bald erreicht. Vom Bahndamm herab beobachten wir während des Marsches genau das Gelände und suchen es nach Spuren ab. Als wir uns einem Waldstück nähern, sind wir besonders vorsichtig. Wir können jedoch im Laufe unserer Erkundung nichts Auffälliges wahrnehmen. Mit dem Ergebnis zufrieden, marschieren wir zurück. Insgesamt sind wir dreieinhalb Stunden unterwegs gewesen. Zum Monatsende hat die Kälte erheblich nachgelassen. Der Holzvorrat unserer Küche ist vollkommen verbraucht. Und ohne Holz kann die Feldküche keinen Kaffee und kein Mittagessen kochen. Die Bevölkerung hat ebenfalls kein Brennholz mehr und redet auf ihren Starost (Bürgermeister/Ortsvorsteher) ein. Mit seiner Billigung wird eine alte Feldscheune – die etwas abseits steht – eingerissen, und die Bewohner und wir werden mit Holz versorgt. In kürzester Zeit war von den vielen Balken der Scheune nichts mehr zu sehen. Nicht einmal eine Streichholzlänge war noch zu entdecken.

1. Februar 1942. Die militärische Lage um uns herum und um die Stadt Wjasma wird von Tag zu Tag ernster. Täglich hört man von Überfällen auf Versorgungsfahrzeuge. Ein Omnibus mit Nachrichtenhelferinnen aus der Heimat soll den Russen auf der Rollbahn in die Hände gefallen sein. Störungen des Bahnverkehrs durch Minen auf der wichtigsten Versorgungsstrecke Smolensk–Wjasma sind alltägliche Erscheinungen geworden. Am schlimmsten muß es jedoch in Semlewo selbst aussehen. Unsere Trosse sind noch eingeschlossen und müssen sich nach allen Seiten verteidigen. Wir sollen deshalb auf der Straße dorthin zum Einsatz kommen oder zur Sicherung der Bahnlinie eingesetzt werden. Näheres wird noch befohlen.

5. Februar 1942. Bei klarem und kaltem Wetter sind wir heute den zweiten Tag unterwegs. Mit unserem Lkw sind wir eine Strecke gefahren, dann vor einem Dorf abgesetzt worden, in dem sich angeblich Partisanen aufhalten sollen. Wir haben den Dorfeingang und -ausgang besetzt und die Häuser einzeln kontrolliert, doch keine Partisanen auffinden können. Wegen der unbekannten Lage in weiteren Dörfern – die oft nicht mit deutschen Truppen belegt sind – haben wir marschierend noch einige andere kontrolliert. Direkte Feindberührung hatten wir nicht. Um so öfter begegneten uns die mißtrauischen Blicke der jeweiligen Einwohner. Das ist nicht verwunderlich, denn diese Gebiete werden von den Partisanen kontrolliert. Sie sind auch über die allgemeine Lage besser informiert als wir. Wir sind ziemlich sicher, daß die Bewohner mit den Partisanen in Kontakt stehen, die sich in dieser Gegend aufhalten. Geschickt verstehen diese es, bei Gefahr rechtzeitig zu verschwinden und sich in den Wäldern zu verbergen. Oft genug werden sie von den mit ihnen in Verbindung stehenden Zivilisten gewarnt. Sie alle sind eine ständige Gefahr für uns deutsche Soldaten und unseren gesamten Nachschub. Unser Auftrag für heute ist erfüllt. Wir bleiben eine Nacht in einem dieser kontrollierten Dörfer und werden nach Jurkino zurückgebracht.

14. Februar 1942. Das Bataillon besteht darauf, einen ständig verfügbaren Melder der Kompanie in seiner Nähe zu haben. Diese Aufgabe hat mir der Kompanieführer aufgetragen und befohlen, mich sofort nach Wjasma in Marsch zu setzen. Auf dem üblichen Wege, zu Fuß und per Anhalter, erreiche ich die Stadt. Ich melde mich dort im Geschäftszimmer und beziehe ein Quartier in einem nahe gelegenen massiven Haus. Ich bin hier gut untergebracht. Wie sich schon bald herausstellt, gehört die Wohnung einer gebildeten russischen Lehrerin, die ausgezeichnet deutsch spricht und ihre alte Mutter bei sich hat. Die Wohnung ist klein, aber gepflegt und ordentlich. Sie hat nur den Nachteil aller Stadtwohnungen in diesem Winter, sie ist zu kalt. Die Menschen besitzen keinerlei Heizmaterial, weder Holz noch Kohlen. Tagsüber suchen sie in den Trümmern gerade soviel zusammen, daß es fürs Kochen reicht. Jedes Stück Holz, das mir begegnet, stecke ich ein, um den beiden Damen damit zu helfen. Als Melder beim Bataillon bin ich nicht nur für die Kompanie unterwegs, sondern für alle möglichen Anliegen des Geschäftszimmers. Im Grunde ist mir gleichgültig, was ich mache, Hauptsache, mir macht der Dienst Freude. Das ist hier eher der Fall als im entfernten Jurkino. Ich bin überwiegend an der frischen Luft und komme dadurch mit sehr vielen, auch fremden Soldaten ins Gespräch. Ich erfahre viel und kann mir selbst ein Bild über die Lage im Lande machen. Weniger schön empfinde ich die Art und Weise, wie das Schreibstubenpersonal mit mir umgeht oder glaubt, umgehen zu können. Ich weiß mich jedoch meiner Haut zu erwehren. Wie ich hier erfahre, wird mein Freund August Salomon seit ein paar Tagen vermißt. Er war als Fahrer eines Lastwagens eingesetzt und mußte auf einem Einsatz im gefährdeten Gebiet seinen Wagen im Stich lassen und vor den Banditen flüchten. Wir hoffen sehr, daß ihm nichts Böses zugestoßen ist und er sich wieder bei seiner Truppe meldet.

15. Februar 1942. An diesem Vormittag habe ich wenig zu tun und dadurch Zeit, ausführlich Briefe zu schreiben. Heute ist sehr viel Post bei mir eingetroffen, ein Grund mehr, sofort zu antworten. Erst am Nachmittag werde ich zum Geschäftszimmer des Bataillons befohlen. Ich bekomme zur Überbringung einen Befehl für meine Kompanie in Jurkino. Etwa gegen 17 Uhr mache ich mich auf den Weg. Auf dem Trittbrett eines Lkw werde ich das größte Stück des Weges mitgenommen. Wegen der beginnenden Dunkelheit entscheide ich mich für einen kürzeren Pfad nach Jurkino. In dem Dorf Korobowo lasse ich mich absetzen und begebe mich auf den Fußweg, der bisher allerdings kaum benutzt worden ist. Als ich bereits Korobowo ein gutes Stück hinter mir habe, sehe ich gerade noch, wie zwei Gestalten in einer abseits des Weges stehenden Feldscheune verschwinden. Kurz darauf werde ich von dort gezielt beschossen. Ich gehe hinter der vorhandenen Schneeblende in Deckung und erwidere mit meinem Karabiner das Feuer. Dann setze ich – in Abständen schießend – den Weg ungehindert fort und erreiche sicher mein Ziel. Nach erfolgter Meldung auf der Schreibstube lege ich mich zu den Kameraden ins bekannte Quartier und schlafe.

16. Februar 1942. Schon am frühen Morgen bin ich über den ungefährdeten Weg zur Rollbahn und per Anhalter nach Wjasma zurückgefahren. Ich treffe dort gerade auf dem Geschäftszimmer ein, als eingegangene Post sortiert und verteilt wird. Ich lasse mir meine Briefe direkt aushändigen. Dabei erfahre ich, daß noch ein älterer Postsack für meine Kompanie vorhanden ist. Auch aus diesem Sack möchte ich meine Post gerne herausnehmen. Ich spreche den Schreibstubenfeldwebel deswegen an, er lehnt es aber schroff ab. Er ist mit zwei weiteren Soldaten durch intensives Skatspielen beschäftigt und hat deshalb „keine Zeit", sich um meine Post zu kümmern. Damit ist für ihn der Fall erledigt. Ich selbst darf meine Post nicht aus dem Sack herausnehmen!

17. Februar 1942. Die wohl wichtigste Neuigkeit dieses Tages habe ich gleich heute morgen erfahren. Mein vermißter Freund August Salomon ist wieder bei seiner Kompanie eingetroffen. Er muß viel Schweres erlebt haben, so ausgehungert und abgerissen, wie er angekommen sein soll.

22. Februar 1942. In den vergangenen Tagen hat sich nichts Besonderes ereignet, das zu berichten lohnt. Ich bin noch in Wjasma stationiert und mache meinen Dienst als Melder, wie er mir aufgetragen wird. Heute ist ein strahlender Sonntag. Die Sonne am Himmel scheint wie lange nicht mehr. Die Luft ist so warm, daß Eis und Schnee tauen. Im Geschäftszimmer liegt nichts an, so daß ich meine alten Freunde beim Divisionsstab aufsuchen kann. Dort liegt aus dem alten Jahr noch eine Menge Post für mich bereit, die ich in Empfang nehme. Es sind hauptsächlich Päckchen, die Süßigkeiten enthalten und für Weihnachten bestimmt waren. Ich erhalte sie gerade im richtigen Moment, denn ich treffe beim Stab meinen Freund August Salomon, der für seine Kompanie hier in Wjasma ist. Das Wiedersehen mit ihm ist Anlaß genug zu feiern. Lange sitzen wir zusammen und haben uns eine Menge zu erzählen. Er berichtet ausführlich von seiner Flucht vor den Partisanen und erzählt, unter welchen Umständen er seinen Lkw hat stehenlassen müssen. Er hatte unwahrscheinliches Glück, daß er nach anstrengendem Marsch auf deutsche Soldaten getroffen ist. Während wir uns unterhalten, verspeisen wir den Inhalt der eingetroffenen Päckchen. Doch die Zeit verrinnt zu schnell. Er muß zu seiner Kompanie zurück. Nachdem mein Freund gegangen ist, schreibe ich noch einen ausführlichen Brief nach Hause. Nur über angenehme Dinge wird berichtet. Auch darüber, daß die tägliche Brotzuteilung wieder 500 Gramm pro Kopf beträgt.

25. Februar 1942. Drei Tage lang taut es nun schon, so warm ist es. Das Wasser steht in großen Pfützen auf den Straßen, und dort, wo es nicht ablaufen kann, haben sich richtige kleine Seen gebildet. Beim Marschieren ist größte Vorsicht geboten, denn der festgestampfte Schnee unter dem Wasser an den Straßenrändern und in den Pfützen ist so glatt wie Eis. Manch einer landet ungewollt in einer tiefen Pfütze und holt sich mehr als nur einen nassen Hosenboden. Die vielbefahrenen Straßen sind bedeckt von Schmelzwasser, und beim Durchfahren werden jedesmal hohe Fontänen zur Seite geschleudert. Als Fußgänger heißt es dann, die Flucht zu ergreifen, will man nicht naß wie ein begossener Pudel dastehen.

26. Februar 1942. Nach dem Aufstehen traue ich meinen Augen kaum. Über Nacht ist der Winter zurückgekehrt. Dabei hatten wir uns so sehr auf die Sonne und die Wärme gefreut. Es ist eiskalt, und ein unangenehmer, scharfer Nordwind fegt über das Land. Nach dem Tauwetter der letzten Tage sind die Straßen heute spiegelglatt. Der Verkehr ruht fast vollkommen. Nur entsprechend gut ausgerüstete Fahrzeuge können sich auf die Piste wagen. Wie ich im Bataillonsgeschäftszimmer erfahre, ist meine Kompanie gestern aus Jurkino abgezogen worden. Sie ist bereits in Wassynki, ganz in der Nähe des Bahnhofs Wjasma-Süd, untergezogen. Ich bin überzeugt davon, daß von diesem Moment an meine Abstellung überflüssig geworden ist. Vorsorglich packe ich deshalb meine Sachen zusammen und warte nur noch auf den Marschbefehl. Wegen der günstigen Gelegenheit gehe ich noch einmal zum Divisionsstab und hole mir dort eingetroffene Post ab. Immer noch bekomme ich Briefe aus dem Monat Dezember, die an die alte Anschrift gingen. Der Brief meines Onkels, der im Südabschnitt eingesetzt ist, war sogar vier Monate unterwegs.

27. Februar 1942. Um 8 Uhr muß ich mich auf dem Geschäftszimmer melden und erfahre, daß ich ab sofort zur Kompanie zurückbeordert bin. Ich nehme mein vorbereitetes Gepäck auf und mache mich auf den Weg nach Wassynki. Nach etwas mehr als einer Stunde komme ich dort an und melde mich auf der Schreibstube. An meiner Funktion als Kompaniemelder hat sich nichts geändert. Darüber hinaus soll ich als Versorgungsfahrer eingesetzt werden. Beide Funktionen lassen sich gut miteinander verbinden. Natürlich unter Verwendung von Pferd und Schlitten, wie sich das bereits seit längerem bewährt hat. Der Winter hat trotz der wenigen warmen Tage alles wieder im Griff. Es liegt noch reichlich Schnee, und es sieht nicht danach aus, daß sich das Wetter bald ändern sollte. Mit dem Kameraden Alfred Reimann – einem Schlesier aus dem Riesengebirge, mit dem ich mich hervorragend verstehe – teile ich mir die Tätigkeit als Versorgungsfahrer. Meistens fahren wir zusammen. Wir kümmern uns gemeinsam um das Pferd und sorgen für das erforderliche Futter.

28. Februar 1942. Der heutige Dienst beginnt im Stall. Das Pferd wird getränkt, braucht aber dringend Futter. Es knabbert an den letzten Halmen. Futter zu besorgen, ist leichter gesagt als getan. Da wir normalerweise keine bespannte Einheit sind, bekommen wir diesbezüglich keine Zuteilung, sondern müssen selbst Pferdefutter „besorgen". Wie und woher, ist unserem Spieß egal. Hier im Dorf ist nichts aufzutreiben, auf dem in der Nähe befindlichen Güterbahnhof Wjasma-Süd ebenfalls nicht. Eine bespannte Einheit, die Futterzuteilung bekommt und die wir darauf ansprechen könnten, ist nicht in unserer Nähe. Also bleibt nur der Weg übers Land. In etwas abseits gelegenen Dörfern bestehen wahrscheinlich die besten Aussichten, an Futter zu kommen. Als letzte Rettung käme Stroh von den Dächern in Betracht. Daß wir nicht ohne Risiko entlegene Dörfer anfahren können, ist uns bewußt. Die Gegend ist Partisanengebiet. Eine Gefahr, die wir auf keinen Fall unterschätzen dürfen. Sie sind überall, tauchen unverhofft auf und haben es besonders auf Einzelfahrzeuge abgesehen. Wir werden auf der Hut sein müssen, damit es uns nicht so ergeht wie meinem Kameraden August Salomon. Bevor wir uns auf Futtersuche begeben, müssen wir uns einer noch dringenderen Angelegenheit zuwenden. Das ist unser Quartier. Hier müssen wir sofort etwas unternehmen, sonst gefährden wir unsere Gesundheit. Es ist äußerlich ein älteres Haus, drinnen jedoch unglaublich verdreckt und schmutzig. Obwohl ein Holzfußboden vorhanden ist, haben wir ihn vor lauter Schmutz nicht erkannt. Dieser Boden ist bestimmt seit Jahren nicht mehr gescheuert worden. Der alte Iwan, der hier mit Frau und Tochter (?) wohnt, spuckt ohne jede Hemmung in der „guten Stube" frei umher, und Ungeziefer gibt es von jeder Sorte und in jeder gewünschten Menge: Wanzen, Läuse, Flöhe, Schaben, Kakerlaken – alles ist reichlich vorhanden. Bisher habe ich so etwas – selbst in Rußland – noch nicht gesehen! Die Einrichtung der Wohnung sieht entsprechend aus. Der Eßtisch und die lange Bank dahinter haben – dessen bin ich sicher – seit ihrem Bestehen noch nie Berührung mit Wasser oder einem Scheuerlappen gehabt. Die Bewohner selbst, der alte Mann, seine Frau und eine Frau mit einem kleinen Jungen, haben zur Reinlichkeit offenbar keine Beziehung. Sie stinken vor Dreck. Für uns heißt es vordringlich, ran an die Arbeit. Während wir Wasser heiß werden lassen, räumen wir die ganze Bude aus. Unsere Wolldecken breiten wir auf dem Schnee auseinander und klopfen sie mit Reisern aus, die wir von nahen Birken abgeschnitten haben. Dann beginnt drinnen das „Revierreinigen". Alles wird solange geschrubbt und gescheuert, bis die Holzdielen zum Vorschein kommen und deren Maserung zu erkennen ist. Wieviele Eimer Wasser wir gebraucht haben, ist nicht zu sagen. Der Fußboden ist nun rein, Tisch und Bank sind wieder wie neu. Als die jüngere Russin uns so hantieren und arbeiten sieht, regt sich offenbar ihr Gewissen. Angesteckt von unserem Tun, wischt sie ebenfalls ihre Wohnecke auf. Sie nimmt sogar den Trennvorhang von der Türöffnung und steckt ihn ins Wasser. Nachdem unser Bereich trocken ist, stellen wir Tisch und Bank wieder an ihren Platz. Nun werden die Decken im Schnee noch tüchtig ausgeschüttelt und mit dem übrigen Gepäck in die Stube gebracht. Zum Abschluß marschieren wir zum nahen Lokschuppen und schrubben uns selbst unter der heißen Dusche tüchtig mit Kernseife. Danach fühlen wir uns in unserer Haut und in der Behausung wesentlich wohler. Die Läuse werden uns – so hoffen wir – für einige Tage in Ruhe lassen.

1. März 1942. Unser Dorf Wassynki bekommt Zuwachs durch weitere deutsche Soldaten. Es sind überwiegend bayerische Landsleute, die direkt aus der Heimat gekommen sind und in der Nachbarschaft Quartiere beziehen. Sie bezeichnen sich als Ski-Jagdkommando und sind für den besonderen Einsatz im Winter ausgebildet und ausgerüstet worden. Es sind vorwiegend junge Burschen, die voller Tatendrang hier angekommen sind und zu ihrem ersten Einsatz kommen sollen. Die Einheit hat noch keine eigene Küche und wird deshalb von uns versorgt. Auch für die kalte Verpflegung ist unsere Kompanie zuständig. Weitere Teile dieses Jagdkommandos liegen bereits als Sicherungen in den Dörfern entlang der Bahnstrecke Wjasma–Juchnow nach Süden. Auch diese Soldaten werden vorübergehend von uns mit warmer und kalter Verpflegung beliefert. Die Versorgung soll – wie immer – mit Pferd und Schlitten durchgeführt werden. Das bedeutet für Alfred Reimann und für mich ein ausgefülltes Tagesprogramm. Vormittags fahren wir in die Stadt oder zum Versorgungsstützpunkt der Division nach Panino, um Post und Verpflegung zu holen. Meistens sind wir um die Mittagszeit in Wassynki zurück. Nach dem Mittagessen fahren wir dann mit kalter und warmer Verpflegung in besonderen Kanistern zu den Skijägern entlang der Bahn bis nach Jurino. In diesen Dörfern suchen wir das Futter zusammen, das unser Pferd so dringend braucht. Es ist leider nicht mehr viel aufzutreiben. Nur selten gutes, taugliches Heu, meistens finden wir minderwertiges Stroh. Mittlerweile kennen wir die Genügsamkeit dieser struppigen, treuen Russenpferde genau und müssen das vorhandene Futter etwas strecken. Die Fahrten zu den verschiedenen Dörfern machen uns immer wieder Freude. Wir fühlen uns frei, da wir die meiste Zeit außerhalb der „Reichweite“ unserer Schreibstube sind. Die Juchnower Bahn wird zur Zeit nur ein kurzes Stück von deutscher Seite befahren. In zirka 30 Kilometern Entfernung sind Strecke und Land fest in Feindeshand. Und bis dorthin stören die Partisanen nach Belieben den Zugverkehr.

5. März 1942. Seit Tagen fahren wir die gleiche Strecke mit dem Versorgungsschlitten ab, von den Soldaten des Jagdkommandos jedesmal sehnlichst erwartet. Die weiteste Entfernung zu ihnen beträgt zirka 14 Kilometer. Sobald die Proviantübergabe durchgeführt ist, müssen wir kehrtmachen. Auf dieser ganzen Strecke ist kein Futter für das Pferd mehr zu finden. Wenn wir aber weiter die Versorgung dieser Soldaten aufrechterhalten sollen, muß Futter beschafft werden. Das Stückchen Brot, das wir von unserer Ration abgeben können, hilft dem Pferd nicht viel. Schon aus diesem Grunde müssen wir, gegen den Rat der Kameraden und Vorgesetzten, die Versorgungsstraße verlassen und in abseits gelegenen Dörfern nach Futter suchen. Eine solche Mission haben wir uns heute für die Heimfahrt vorgenommen. Vorsichtshalber haben wir eine Maschinenpistole und ausreichend Munition eingepackt. Nachdem die Skijäger ihre Rationen empfangen haben, machen wir uns auf den Rückweg. Auf der Hauptstraße kommen wir bald an einen Weg, der nach Nordwesten abgeht und zunächst durch hohen Schnee zu einem Waldstück führt. Diesem Weg folgen wir, weil wir nach der Karte bald das Dorf Ljado erreichen müssen. Wir sind noch nicht weit im Wald, als wir fast in einen Hinterhalt geraten. Nur durch unsere Aufmerksamkeit und schnelles, entschlossenes Handeln kommen wir aus dieser bedrohlichen Lage heraus. Wir hatten auf dem Wege vor uns kurz eine Bewegung gesehen, waren uns aber nicht sicher, ob es ein Mensch oder Tier war. Vorausspähend, mit den Waffen in der Hand, fahren wir vorsichtig weiter. Erst als wir die Spuren im Schnee erreichen und kurz darauf der erste Schuß fällt, wissen wir, daß wir es mit Partisanen zu tun haben. Hinter dem Schlitten in Deckung liegend, feuern wir in den Wald. Unsere Schüsse zeigen Wirkung, denn wir erkennen drei Gestalten, die sich weiter in den Wald zurückziehen. Wir sehen keine Veranlassung, ihnen zu folgen, und setzen unsere Fahrt fort. Mit größter Vorsicht nähern wir uns dem versteckt liegenden Dorf. Es ist nicht von deutschen Truppen belegt. Wir sehen nur wenige Bewohner, die uns durch ihre Fenster mißtrauisch anstarren. Kein Mensch läßt sich durch unsere Gesten dazu bewegen, zu uns herauszukommen. Auf der Suche nach Futter sind wir im richtigen Ort gelandet. In einigen Hausscheunen finden wir in ausreichender Menge sehr gutes Heu. Während einer von uns mit der Waffe draußen sichert, packt der andere Heu und Stroh auf den Schlitten, soviel wir verstauen können. Das Pferd frißt sich währenddessen den Bauch voll. Als Rückweg nehmen wir den direkten Weg nach Norden durchs freie Feld. Der nicht geräumte Weg ist für das Pferd beschwerlicher, doch wir kommen ohne unliebsame Begegnung heil nach Wassynki zurück. Der Tag neigt sich bereits dem Ende zu.

7. März 1942. Trotz des täglichen Dienstes mit Pferd und Schlitten schaffen wir uns einen gewissen Freiraum. Durch unseren guten Kontakt zu den Soldaten des Ski-Jagdkommandos können wir uns Skier ausleihen, um Skilanglauf zu betreiben. Heute soll es losgehen. Für meinen Freund, Alfred Reimann aus dem Riesengebirge, gibt es dabei keine Probleme. Er ist auf solchen Bretteln – wie er sagt – groß geworden. Bei mir sieht das wesentlich anders aus. Ich habe noch nie in meinem Leben solche Dinger an den Füßen gehabt. Deshalb folge ich seinen Anleitungen und komme bald gut damit zurecht. Bei herrlichstem Sonnenschein laufen wir durch tiefen Pulverschnee. Die Tagestemperatur beträgt noch unter minus 30 Grad.

8. März 1942. Heute ist Sonntag mit einem Bilderbuchwetter. Für den Vormittag ist keine Fahrt mit dem Schlitten vorgesehen. Wir hacken etwas Brennholz für die Küche, dann ist Freizeit. Alfred und ich haben sofort wieder die Skier an den Füßen. Wir laufen stundenlang durch den herrlichen Schnee, am Flugplatz Wjasma-Süd vorbei bis vor Barischtschewo und wieder zurück. Wir sind mindestens 15 Kilometer gelaufen. Wir verspeisen unsere Mittagsrationen und begeben uns dann auf Versorgungsfahrt. Von dort sind wir auf dem kürzesten und sichersten Wege bald wieder zurück. Das Pferd wird mit gutem Heu und Wasser versorgt, dann haben wir Ruhe. In unserem Quartier vertreiben wir uns die freien Stunden mit Kartenspiel. Doppelkopf ist zur Zeit „die Masche".

10. März 1942. Mein Dienstplan ändert sich ab heute wieder einmal. Das Ski-Jagdkommando hat eine Feldküche bekommen und versorgt sich selbst. Mit dem Kameraden Reimann bin ich deshalb nur dann noch unterwegs, wenn es die Versorgung unserer Kompanie erfordert. Der übrige Dienst ist langweilig. Das schöne Wetter ist leider zu Ende. Es fängt wieder an zu schneien. Wir hocken die meiste Zeit in unserer Unterkunft, spielen Karten und erledigen unsere Post.

13. März 1942. Man kann es nicht glauben, daß wir schon mitten im Monat März sind. Der russische Winter hat uns weiter fest im Griff. Es ist etwas wärmer geworden, dafür schneit es aber seit zwei Tagen ununterbrochen. Dazu heult ein Sturm, wie wir ihn bisher nur Ende Dezember erlebt haben. Uns bleibt viel zu tun, um den Schnee von der Straße wegzubringen. Man weiß bald nicht mehr wohin damit. Die Schneemassen links und rechts der Straße türmen sich bis zu drei Meter hoch. Neuerdings setzt die Kompanie morgens eine Stunde Unterricht an. Ansonsten kümmern wir uns – wie gehabt – für die Küche um Holz und Wasser. Darin erschöpft sich unser ganzer Dienst. Wie wir erst jetzt erfahren, sind Kampfgruppen der Division an allen möglichen Brennpunkten der Front rund um Wjasma im Einsatz. Von allen Seiten versucht der Feind, den Verkehrsknotenpunkt Wjasma zu erobern. Einige Divisionsteile kämpfen an der Rollbahn, einige bei Sytschewka und das Schützenregiment 14 einschließlich der Pioniere südwestlich und südlich der Stadt. Von allen Fronten werden sehr harte Kämpfe mit schmerzlichen eigenen Verlusten gemeldet.

Durch die Versetzung anderer Kameraden mache ich mir seit einiger Zeit Gedanken über mein eigenes Schicksal. Ich will es nicht nur anderen überlassen, über mich zu entscheiden, sondern will meinen eigenen Einfluß darauf geltend machen, soweit dies möglich ist. Aus diesen Überlegungen heraus ergibt sich automatisch die Frage, ob es sinnvoll ist, überhaupt beim Feldreservebataillon zu bleiben. Da ich unter einer Soldatenkameradschaft mehr verstehe als gelegentliches Zusammensitzen, fühle ich mich hier nicht gut aufgehoben. Ich bin zu der Überzeugung gekommen, hier nicht länger bleiben zu können. Deshalb setze ich mich an den Tisch und schreibe ein entsprechendes Versetzungsgesuch an das Bataillon und bitte um Verwendung bei der kämpfenden Truppe. Meine Sehbehinderung erwähne ich absichtlich nicht.

16. März 1942. Gestern war, was das Wetter betrifft, einer der schrecklichsten Tage überhaupt. Es wurden nicht nur minus 38 Grad (!) gemessen, sondern es herrschte ein Schneesturm von unvorstellbarer Gewalt. Man konnte keine drei Meter weit sehen, und die vom Wind aufgetürmten Schneewehen deckten alles zu. Selbst Lkws waren zwischen den Schneewällen nicht mehr auszumachen. Der Verkehr auf den Straßen war völlig zum Erliegen gekommen. Fahrzeuge, die steckengeblieben sind, mußten freigeschaufelt werden. Zugmaschinen waren pausenlos im Einsatz, damit das Chaos sich in Grenzen hielt. Heute ist es nicht viel besser. Zunächst müssen wir die Dorfstraße freischaufeln. Danach fahre ich mit Pferd und Schlitten nach Wjasma zum Bataillonsstab. Unterwegs kann ich kaum zehn Meter weit sehen, so sehr schneit es immer noch. Über den zu fahrenden Weg mache ich mir keine Gedanken. Ich verlasse mich ganz auf mein Pferd. Ich weiß, es kommt instinktsicher richtig an. Beim Bataillon bin ich über die Menge Post überrascht, die eingegangen ist. Irgendwo haben die Säcke festgelegen und sind erst jetzt ans Ziel gelangt. Mit der wertvollen Fracht fahre ich sofort nach Wassynki zurück und verteile die Post unter den Kameraden. Ich erhalte eine ganze Menge Briefe und Zeitungen. Der größte Teil ist älteren Datums, den ich schon verloren glaubte. Nach dem Essen schreibe ich sofort ausführliche Antwortbriefe.

22. März 1942. Die Woche ist zu Ende. Es hat sich nichts Besonderes ereignet. Der tägliche Dienst ist gleichgeblieben. Heute ist Sonntag. Ein klarer, sonniger Tag. Morgens arbeite ich an der Küche. Ich hacke Brennholz und trage Wasser herbei. Danach schaue ich dem Koch zu, wie er unser Sonntagsmenü vorbereitet. Es gibt Pellkartoffeln und Königsberger Klopse. Er kocht gut und gibt sich immer viel Mühe. Es ist nicht leicht, aus den Mitteln, die ihm zur Verfügung stehen, ein schmackhaftes Essen zuzubereiten. Oft fehlen Gewürze und Zutaten. Bis das Essen fertig ist, laufe ich noch einige Kilometer auf den Skiern. Pünktlich um 12.30 Uhr wird gegessen. Nach dem Essen sitzen wir noch eine Weile an unserem Tisch. Ich will einen vorher begonnenen Brief fortsetzen. Während wir uns sehr lustig unterhalten, wird unsere Aufmerksamkeit in eine andere Richtung gelenkt. Nebenan bei unseren Quartiergebern tut sich etwas. Es ist Läusejagd. Erst sucht die Tochter den Kopf der Mutter ab, dann die Mutter bei der Tochter. Dazwischen räuspert sich der Alte auf dem Ofen und spuckt wieder laut hörbar mitten in die Stube. Ich schimpfe ihn aus, doch ihn stört das nicht. Er benimmt sich, als wären wir nicht vorhanden. Ich lege meinen begonnenen Brief zur Seite und gehe zum Friseur des Jagdkommandos. Dort lasse ich mir die Haare schneiden. Dann schnalle ich mir noch einmal die Skier an die Füße und laufe durch die herrliche Winterlandschaft. Mehr denn je vermisse ich hier meinen Fotoapparat.

27. März 1942. Die Tage vergehen schnell. Lange werden wir sicherlich nicht mehr in diesem gottverlassenen Nest bleiben. Seit gestern hat Tauwetter eingesetzt. Ganz plötzlich – ohne jeden Übergang – ist es warm geworden. Es ist dabei sehr windig. Der Schnee schmilzt in Mengen dahin. Bei meiner Schlittenfahrt nach Wjasma heute morgen mußte ich schon am Fahrbahnrand entlangfahren. Die eigentliche Fahrspur stand voll Schmelzwasser. In der Stadt war es noch viel schlimmer. Hier stand das Wasser in den Straßen bis zu einem halben Meter hoch. Es kann nicht so schnell abfließen, wie es taut. Beim Bataillon erfahre ich, daß mein Freund August Salomon ebenfalls das Feldreservebataillon verlassen will. Er hat sich als Reserveoffizieranwärter beworben und wird zum Schützenregiment 13 kommen. Ich habe von meiner Versetzung noch nichts gehört. Ich rechne aber fest damit, daß sie zum 1. April diesen Jahres wirksam wird.

3. April 1942. Der Monat April beginnt für mich mit einer Enttäuschung: Meine Versetzung ist noch nicht durch. Ich mache den mir übertragenen Dienst in dieser Kompanie, von einer Änderung abgesehen. Seitdem es etwas wärmer ist, wird morgens eine Stunde exerziert. Bald nach dem Kaffeetrinken schirre ich das Pferd ein und fahre nach Wjasma. Das Tauwetter der letzten Tage hält weiter an. Jetzt mit dem Schlitten zu fahren, macht kein Vergnügen mehr. Bis zum Stadtrand geht es noch, da ich seitwärts der Straße auf genügend Schnee ausweichen kann. Doch innerhalb der Stadt sind die Straßen schnee- und eisfrei. Hier muß das Pferd den Schlitten über den Straßenbelag ziehen. Noch ist das weite Land mit einer geschlossenen Schneedecke überzogen. Die schöne Zeit auf den Skiern und mit dem Pferdeschlitten geht unweigerlich zu Ende. Ich hole Post und Verpflegung für die Kompanie und fahre umgehend zurück. Bei der Postverteilung wird mir klar, daß der heutige Tag ein Feiertag ist, es ist Karfreitag.

4. April 1942. Gleich nach dem Aufstehen packe ich schnell noch ein Päckchen. Ich lege wollene Strümpfe hinein, die ich nun entbehren kann, und für meinen Vater Zigarren und Zigaretten. Die gesammelte Post bei der Schreibstube bringe ich noch nach Wjasma. Auch heute fahre ich mit Pferd und Schlitten, weil das der geringste Aufwand ist. Nach der Rückkehr machen wir – zum Erstaunen unserer Russen – großes Revierreinigen, und anschließend gehe ich zum Duschen in den Lokschuppen.

5. April 1942. Ostersonntag. Das Tauwetter hält weiter an. Die Sonne scheint warm. Auf den Wiesen und Feldern ist aber immer noch alles weiß. Die Straßen verwandeln sich langsam in Schlammpfade. Eine noch schlimmere Zeit als der Winter beginnt für die Kraftfahrer. Mein Osterspaziergang heute morgen führt mich zur Ib-Staffel der Division nach Paschenino. Hier treffe ich alte Freunde zum Gedankenaustausch. Ich erfahre, daß die Führungsstaffel noch in Panino liegt und daß dort für Frontkämpfer der Division ein Erholungsheim eingerichtet worden ist. Einige Divisionseinheiten (II. Bataillon Schützenregiment 13 und II. Bataillion Schützenregiment 14) kämpfen nordwestlich Wjasma an der Straße nach Belyi.

7. April 1942. Ostern ist vorbei. Wir verlassen das verwanzte und verlauste Quartier in Wassynki, das uns viele Wochen beherbergt hat, und machen Stellungswechsel. Unser Ziel liegt nicht weit entfernt. Es ist nur einen Kilometer bis auf die andere Seite des Bahngleises nach Nowaja Bosnja. Der Ort befindet sich direkt vor dem Güterbahnhof Wjasma-Süd. Mit Alfred Reimann beziehe ich ein kleines, aber äußerst sauberes, schönes Quartier. Um bei unserer neuen Wirtin nicht unangenehm aufzufallen, gehen wir sofort zum Duschen und wechseln unsere Wäsche. Als wir ins Quartier zurückkommen und die Russin die schmutzige Wäsche sieht, bietet sie sich sofort an, uns diese zu waschen. Natürlich sind wir damit einverstanden. Der Divisionsstab macht ebenfalls Stellungswechsel. Unterwegs sind mir seine Fahrzeuge begegnet, als sie in Richtung Losmino abbogen. Gestern sind jeweils das II. Schützenbataillon der Schützenregimenter 13 und 14 ebenfalls in diese Richtung an mir vorbeigefahren.

10. April 1942. Heute ist ein wunderbarer Tag. Die Sonne steht am Himmel und wärmt mit ihren Strahlen, als wollte sie alles Versäumte der letzten Zeit auf einmal nachholen. Man kann sehen, wie der Schnee dahinschmilzt. Mit unserem Quartier haben wir das Große Los gezogen. Noch nie ist mir bisher eine derart auf Sauberkeit und Ordnung bedachte Russin begegnet, wie unsere neue Quartierswirtin. Sie gleicht all das wieder aus, was die vorige Quartierswirtin versäumt hat. Und freundlich und hilfsbereit ist sie außerdem. Sie tut alles für uns, ohne daß wir sie dazu auffordern. Sie holt jeden Morgen frische Milch und gibt uns – wie selbstverständlich – davon ab. Wir wissen nicht einmal, wo sie diese herholt. Als Gegenleistung versorgen wir sie mit Lebensmitteln und anderen Dingen des täglichen Bedarfs, so gut wir können. Meine privaten Wollsachen, die mir meine Mutter im Laufe des

Winters geschickt hatte, packe ich ein und will sie zurücksenden. Ich denke und hoffe, ich werde sie nicht mehr benötigen. Unsere Wirtin ist darin anderer Meinung. Sie will an ein Ende des Winters noch nicht glauben und wird sicher recht haben.

13. April 1942. Es ist immer noch Tauwetter, und trotzdem liegen noch Unmengen von Schnee an den Straßenrändern und auf dem Feld. Unsere Dorfstraße ist ein Fluß geworden. So ist es überall dort, wo der Untergrund fest ist. Unbefestigte Wege sind längst aufgeweicht und nicht passierbar. Schlecht für alle, die mit einem Fahrzeug unterwegs sein müssen. Mein Freund Alfred ist mit dem Pferd nach Wjasma gefahren. Er muß heute die Post und Verpflegung besorgen. Er bringt uns eine Menge Post mit. Jetzt klappt es mit der Beförderung besser. Einer der erhaltenen Briefe ist vom 29. März 1942, war also sehr schnell hier. Darin teilt mir meine Mutter mit, daß ein am 21. Januar 1942 an mich richtig adressierter Brief vom Feldreservebataillon zurückgekommen ist und daß sie sich deshalb große Sorgen machen. Auch ein Geburtstagspäckchen ist pünktlich für mich eingegangen. Ich freue mich sehr darüber. Um den Eltern die Sorgen zu nehmen, setze ich mich sofort an den Tisch und schreibe einen ausführlichen, vier Seiten langen Brief, der hoffentlich schnell bei ihnen ist. Auf dem Flugplatz Wjasma-Süd ist wieder Betrieb eingekehrt. Die Luftwaffe hat den Platz belegt. Laufend starten heute die flinken Jäger vom Typ Me 109. Dazwischen landen die Ju 52 Transportmaschinen. Heute abend muß ich zur Wache raus. Während der Dunkelheit bin ich bei meinem Rundgang am Straßenrand ausgeglitten und in eine tiefe Pfütze gesegelt. Ich bin durch und durch naß. Nach der Ablösung muß ich alles zum Trocknen aufhängen. Unsere fürsorgliche Wirtin heizt extra den Ofen an, damit meine Uniform wieder trocken wird.

15. April 1942. Seit Tagen warte ich auf den Bescheid zu meinem Versetzungsgesuch. Heute werde ich endlich zur Schreibstube gerufen. Meine Versetzung ist genehmigt. Ich komme zum Schützenregiment 14 und muß mich dort morgen melden. Der Troß des Regiments liegt in der Stadt Wjasma. Ich bin zufrieden, daß ich das Feldreservebataillon endlich verlassen kann. Zu keiner Zeit habe ich mich hier richtig wohlgefühlt. Abends packe ich meine Habseligkeiten zusammen und schreibe noch schnell einen Brief nach Hause, daß ich – wieder einmal – eine neue Anschrift bekommen werde. Von meiner Versetzung zur kämpfenden Truppe schreibe ich vorsorglich nichts. Mein zukünftiges Regiment, das Schützenregiment 14, steht zur Zeit im Einsatz im Ugra-Bogen, wo es schwere Kämpfe zu bestehen hat. Ich erfahre gerade noch, daß der Kommandeur dieses bewährten Regiments, Oberstleutnant Albrecht Erdmann, heute morgen gefallen ist. Das II. Bataillon des Schützenregiments 14 – jetzt mein Bataillon – hat gestern den Ort Scholobowo genommen.

16. April 1942. Vor Tagesanbruch bin ich aufgestanden. Ich renne noch schnell zum Lokschuppen, um zu duschen. Ich weiß nicht, ob ich diese Gelegenheit so schnell wieder bekommen werde. Ich empfange an der Feldküche Kaffee, frühstücke und mache mich sofort auf den Weg nach Wjasma. In etwa einer Stunde habe ich das Regimentsgeschäftszimmer des Schützenregiments 14 erreicht und melde mich dort. Ich werde dem II. Bataillon zugeteilt und von dort der 5. Kompanie zugewiesen. Nur wenige Meter muß ich noch marschieren, dann bin ich auf der Schreibstube meiner neuen Kompanie. Mein erstes Quartier ist ein dunkles Kellerloch, in dem ich weitere Neulinge antreffe, unter anderem den Gefreiten Karl Schönfeld, einen schweigsamen Pommern. Zu meiner Freude treffe ich aber auch hessische Landsleute. Sie sind alte Kompanieangehörige, die beim Kompanietroß ihre Pflicht tun: Hans Ulrich aus Wiesbaden als Fahrer des Hauptfeldwebels und Unteroffizier Georg Ruckes aus Limburg als Küchenchef. Die Kompanie wird zur Zeit von Leutnant Babendererde geführt; der Spieß ist Hauptfeldwebel Hermann Eggelmeyer aus Bremen. Das beherrschende Thema hier beim Troß sind der Einsatz des Bataillons im Ugra-Bogen und der Tod des Regimentskommandeurs Oberstleutnant Erdmann.

17. April 1942. Mein Aufenthalt beim Troß wird nur von kurzer Dauer sein. Wir Neulinge werden mit dem Versorgungsfahrzeug nach vorne fahren und die im Einsatz befindliche Kompanie verstärken. Nach dem Frühstück werden Marschgepäck und Verpflegung für die Kompanien auf einen Lkw verladen, dann sitzen wir auf, und ab geht die Post. Wir durchqueren die Stadt und schwenken dann nach Süden Richtung Ugra-Einsatzraum. Es ist eine teuflische Fahrt. Die Straße ist grundlos, und mehr als einmal stecken wir fest. Schließlich erreichen wir einen Ort, von wo aus es nicht mehr weitergeht. Ab hier kommen nur noch Zugmaschinen zum Einsatz. Während unser Hauptfeldwebel mit dem Bataillon Verbindung aufnimmt, laden wir die gesamte Verpflegung auf die Zugmaschine um. Für uns Ersatz ist kein Platz mehr vorhanden. Wir werden mit dem Lkw nach Wjasma zurückbeordert. Nach einem erneuten „Hindernis-Parcours" sind wir schließlich gegen 22 Uhr wieder beim Troß. Wir legen uns sofort zum Schlafen nieder.

18. April 1942. Bei den herrschenden Straßenverhältnissen kann es Tage dauern, bis wir zum Einsatz nach vorne kommen. Deshalb richten wir uns beim Troß auf längeres Verweilen ein. Unteroffizier August Hugo aus Unna ist unser Gruppenführer. Er ist auch für den Einsatz vorne vorgesehen.

Er führt uns heute in die Stadt, wo wir teilweise zerstörte Häuser einreißen, um Holz zu gewinnen für unsere Küche. Wir laden die Balken auf einen Lkw und transportieren sie zur Küche. Dort wird das Holz zu Brennholz zersägt. Nach dem Mittagessen schreibe ich einen ausführlichen Brief nach Hause und teile meine neue Feldpostnummer 30914 mit.

19. April 1942. Das Wetter in Wjasma ist schön. Die Sonne scheint strahlend vom Himmel und verwandelt auch die letzten Schneereste noch in Wasser. Die Wege ins Kampfgebiet sind noch nicht für Lkws oder Kübelwagen befahrbar. Nur Zugmaschinen halten die Versorgung der Truppe vorne aufrecht. Und das ist schon schwer genug. Nicht immer kommen sie zur rechten Zeit an ihr Ziel, um die eingesetzten Männer zu versorgen. Nach letzten Informationen soll das Bataillon abgelöst werden und nach Wjasma kommen. Deshalb bleibt der Ersatz auch noch beim Troß. Wir schleppen aus abgerissenen Häusern Steine in unsere Seitenstraße und machen Straßenbau, damit wir mit den schweren Fahrzeugen im Ernstfall auf die Hauptstraße kommen können.

23. April 1942. Vergeblich haben wir auf die Kompanie in Wjasma gewartet. Sie ist nicht abgelöst worden, sondern das Gegenteil ist der Fall. Sie ist weiter an der Ugra eingesetzt und soll mit der 98. Infanteriedivision einen russischen Brückenkopf beseitigen. Hier beim Troß wird weiter Straßenbau betrieben. Nach Dienstschluß gehe ich zum Feldreservebataillon und hole dort für mich eingegangene Post ab. Aus Marketenderware bekommen wir eine Menge Zigaretten, die ich zum großen Teil meinem Vater nach Hause schicken werde.

26. April 1942. Die Kompanie ist seit dem 23. April bei Bolschoe Ustje im Einsatz. Sie ist der 98. Infanteriedivision unterstellt und soll dort einen russischen Brückenkopf über die Ugra eindrücken. Es kommt zu schweren Kämpfen, bei denen die Kompanie erhebliche Verluste erleidet. Drei Kameraden sind gefallen und 16 werden verwundet. Und noch ist der Einsatz nicht zu Ende. Auch heute kann ich Post beim Feldreservebataillon abholen. Unser Einsatz vorne läßt noch auf sich warten. Von Tag zu Tag wird er hinausgeschoben. Wir gehen ins Soldatenkino und sehen den Film „Truxa"*.

30. April 1942. Ich bin immer noch beim Troß und warte wie die anderen Neuzugänge auf den Transport in den Einsatzraum. Die Kompanie steht noch im Kampf gegen den russischen Brückenkopf an der Ugra. Bei einem erneuten Angriff auf Pawlowo am 28. April hat die Kompanie wieder schwere Verluste erlitten. Drei Kameraden sind gefallen und

---

* Deutscher Spielfilm von 1937 mit La Jana und Hannes Stelzer in den Hauptrollen, Spielleitung: Hans H. Zerlett, Anm. d. Verl.

20 wurden verwundet, zum Teil schwer. Mein bisheriges Quartier habe ich gewechselt. In der neuen Unterkunft gibt es zwar keine Wanzen, doch einen ständig schreienden Säugling. Die Mutter scheint dies nicht zu stören, sie kümmert sich wenig um das kleine Würmchen. Aus einem Brief meines Bruders erfahre ich, daß sein Bataillon bei Stalino im Süden abgelöst wurde und sich auf dem Transport in die Heimat befindet.

3. Mai 1942. Der Mai ist gekommen! Mit herrlichem Wetter und Wärme beginnt der neue Monat. Kein allmählicher Übergang in den Frühling, wie wir ihn kennen, sondern direkt mit sommerlichen Temperaturen. Die Erdoberfläche ist abgetrocknet, und die ersten Russenfamilien arbeiten in ihren Gärten. Zu meinem Entsetzen stelle ich fest, daß es auf meiner Haut wieder juckt und krabbelt. Ich entdecke Läuse. Mehr denn je vermisse ich die Badegelegenheit im Lokschuppen des Bahnhofs Wjasma-Süd. Von hier aus dorthin zu kommen, ist zu Fuß zu weit und zu zeitraubend.

6. Mai 1942. Ich traue meinen Augen nicht, als ich heute morgen vor die Tür trete. Das schöne Wetter der vergangenen Tage ist vorbei und der Winter zurückgekehrt. Es schneit wie im Januar, und in einer Stunde ist alles weiß. Der Wind ist scharf und kalt. Die Wetterkapriolen sind ungewöhnlich für den Monat Mai. Selbst die Russen sind von diesem Wetterumschwung überrascht. Sie nehmen diese natürlichen Vorgänge aber mit stoischer Ruhe hin. Von meinem Bruder erfahre ich, daß ihr Transport unterwegs angehalten worden ist und aufgeteilt wurde und daß sein Bataillon südlich Leningrad an der Wolchowfront zum Einsatz gekommen ist. Das ist keine schöne Nachricht, ging ich doch von einem Transport nach Deutschland aus.

8. Mai 1942. Der Winter hat Land und Leute wieder fest im Griff. Es ist alles weiß, und hier in Wjasma schneit es noch immer. Dem Wetter entsprechend ist die Stimmung bei uns Wartenden. Die Gefechtskompanie liegt noch an der Ugra. Sie hat Sicherungsaufgaben übernehmen müssen. Wegen der Witterung und der damit verbundenen Wegeverhältnisse sind wir Ersatzleute immer noch beim Troß. Seit Tagen erhalten wir Luftfeldpostmarken. Die damit frankierten Briefe – bis zu zehn Gramm schwer dürfen sie sein – werden per Luftpost befördert. Das geht schneller als üblich. In zehn Tagen ist die Post aus der Heimat in unseren Händen und umgekehrt.

10. Mai 1942. Alle sprechen vom Wetter. Seit gestern ist es urplötzlich wieder warm. Bis heute morgen ist der Schnee gänzlich verschwunden. Die Erdoberfläche ist größtenteils abgetrocknet. Ich werde zur Schreibstube geholt, um dort dem Kompanieschreiber zu helfen. Seit langer Zeit sitze ich wieder einmal an einer Schreibmaschine. Ich schreibe Verlustmeldungen an die Wehrmachtauskunftstelle für Kriegerverluste und Kriegsgefangene (WASt) in Berlin. Eine auffallende Geschäftigkeit ist im Gange. Den Grund dafür kann ich nicht erfahren, ich bin aber sicher, daß eine Veränderung ansteht. Vorsorglich packe ich an diesem Abend noch ein Päckchen mit allem, was mir überflüssig erscheint, und schicke es nach Hause. Auch meine Aufzeichnungen vom vergangenen Jahr sende ich sicherheitshalber mit.

11. Mai 1942. Meine Vermutung war richtig. Es tut sich etwas. Alle für den Einsatz vorgesehenen Soldaten werden aufgefordert, auf Abruf marschbereit zu sein. Das zuletzt bei Pawlowo eingesetzte Bataillon ist abgelöst worden und bleibt zunächst im dortigen Raum liegen. Das gesamte Bataillon hat bei diesen Kämpfen erhebliche Ausfälle gehabt, die unbedingt aufgefüllt werden sollen. Der Ersatz muß deshalb nach vorne befördert werden. Wie das vonstatten gehen soll, ist egal. Sobald sich eine Möglichkeit dazu ergibt, soll es losgehen. Bis es soweit ist, machen wir noch Dienst als Straßenbauer. Ich helfe vorübergehend wieder in der Schreibstube, will aber nicht für längere Zeit dort bleiben.

14. Mai 1942. Heute ist Feiertag, und zwar Christi Himmelfahrt. Das Wetter ist durchwachsen. Gestern hat es noch geregnet. Der Himmel ist zwar wieder heller, aber die Sonne wagt sich nicht so recht hervor. Der Aufenthalt beim Troß in Wjasma will kein Ende nehmen. Ich warte wie meine Kameraden auf den Marschbefehl, um zur Kampfeinheit zu kommen. Untereinander haben wir uns längst angefreundet. Besonders mit dem Kameraden Karl Schönfeld verstehe ich mich ausgezeichnet.

16. Mai 1942. Endlich ist es soweit. Die Tage beim Troß gehen zu Ende. Morgen früh um 6 Uhr müssen wir abmarschbereit sein. Ein letztes Mal überprüfe ich meine Uniform und meine Ausrüstung auf Vollständigkeit. Das Gewehr wird gründlich gereinigt, und die Stiefel werden mit Schuhcreme geputzt. Nachdem alles in Ordnung ist, sehe ich dem kommenden Tag gelassen entgegen. Für den gefallenen Oberstleutnant Erdmann wird Oberst Eugen Kurz neuer Kommandeur des Schützenregiments 14.

17. Mai 1942. Punkt 6 Uhr stehen wir abmarschbereit an der Schreibstube. Ein Lkw wird noch mit Versorgungsgütern beladen, dann heißt es „Aufsitzen". Hauptfeldwebel Eggelmeyer führt den Transport. Wir werden zu dem mir bekannten Bahnhof Wjasma-Süd gebracht, wo wir alles auf einen offenen Güterwaggon umladen und dann selbst darauf Platz nehmen. Nach kurzer Zeit wird eine Lok vor den Zug gespannt, dann setzt er sich in Bewegung. Wir fahren in genau südlicher Richtung einem unbekannten Ziel entgegen.

Der Zug besteht nur aus zwei offenen Waggons und der Lokomotive. Einem Leerwaggon, der aus Sicherheitsgründen vor der Lok hergeschoben wird, und dem von uns besetzten Waggon mit dem Material. Die Sicherheitsvorkehrungen sind erforderlich, da das ganze Gebiet links und rechts der Strecke noch mit Partisanen durchsetzt ist. Es kann jederzeit zu Sprengungen der Gleise kommen. Aus diesem Grunde fährt der Zug auch bewußt langsam. Er muß auf kürzestem Wege halten können. Wir, die Besatzung, hocken mit griffbereiter Waffe auf dem Waggon verteilt und beobachten während der Fahrt aufmerksam das vorübergleitende Gelände. Es ist eine eingleisige Strecke, die noch mit russischer Spur versehen ist und durch viel Wald und ein großes Sumpfgebiet führt. Nur ab und zu kommt man an einem Dorf vorbei oder berührt einen einsamen Haltepunkt. Bahnhöfe in unserem Sinne gibt es an dieser Strecke nicht. Die findet man in Rußland nur in größeren Städten. Die Fahrt selbst ist – von der Anspannung einmal abgesehen – sehr schön. Heute ist ein sonniger, milder Frühlingstag. An den zahlreichen Birken entlang der Strecke zeigt sich das erste Grün. Und zum erstenmal in diesem Jahr höre ich den Kuckuck rufen. Nach etwas mehr als einer halben Stunde Fahrt teilt sich die Strecke, und wir fahren in südöstlicher Richtung weiter. Nach einer weiteren guten halben Stunde haben wir das derzeitige Ende der Bahnlinie erreicht. Mitten im Busch an einem Wegübergang ist plötzlich Ende. Der Zug bleibt stehen. Wir steigen vom Waggon herunter, nehmen unser Gepäck und die Waffen auf und marschieren unter Führung von Unteroffizier August Hugo noch etwa drei Stunden, dann haben wir die Kompanie erreicht. Wir finden sie in dem Ort Klimow-Sawod an dem Flüßchen Tscheschero, nicht weit von der HKL an der Ugra entfernt. Der Ort ist auffallend groß, ein typisch russisches Straßendorf, mit teilweise sehr schönen Häusern. Unteroffizier Hugo meldet uns dem derzeitigen Kompanieführer, Oberleutnant von Wöllwarth. Danach können wir gleich das mitgebrachte Essen in Empfang nehmen und im Freien sitzend verzehren.

Anschließend werden uns Quartiere zugewiesen, bis wir den Zügen zugeteilt werden oder andere Aufgaben erhalten. Am Nachmittag badet die gesamte Kompanie im nahen Fluß. Wir sind erstaunt über die Wassertiefe des nicht sehr breiten Flusses. Über eine Stunde erfrischen wir uns im kristallklaren Wasser. Das erste Bad in freier Natur seit langer Zeit. Es ist ein Hochgenuß!

18. Mai 1942. Nach dem Aufenthalt beim Feldreservebataillon und dem Troß kommt es mir hier vor wie am ersten Tag in der Kaserne. Pünktlich um 6 Uhr wird geweckt, dann waschen und Kaffee trinken, und um 7.30 Uhr ist erstes Antreten zum Dienst. Durch den eingetroffenen Ersatz und genesene Leichtverwundete werden die Züge und Gruppen neu ge-

Feldwebel Ernst Mohr, Zugführer in der 5. Kompanie

ordnet. Ich gehöre dem I. Zug an und bin als Gewehrschütze der 3. Gruppe zugeteilt, die der Gefreite Hans Ebert führt. Zugführer ist Feldwebel Ernst Mohr. Nach der Einteilung marschieren wir zur Ausbildung vor das Dorf. Der ganze Vormittag ist mit Geländedienst und Waffenausbildung ausgefüllt. Der Ton ist rauh, aber herzlich. Es gibt bei der Fronttruppe keine Hinterhältigkeiten oder Schikanen. Hier fühle ich mich vom ersten Moment an aufgehoben. Der Anschluß an die Kameraden in der Gruppe ist schnell gefunden. Mit Karl Schönfeld, der mit mir in die gleiche Gruppe kommt, bin ich bereits befreundet. In Georg Klaus aus Rhoden/Waldeck finde ich einen hessischen Landsmann, und mit August Kiene lerne ich einen Kameraden kennen, wie es keinen besseren gibt. Ich kann es vorwegnehmen: Wir sind Freunde geworden, über Jahre hinaus engste Freunde geblieben und haben uns nie aus den Augen verloren bis zu seinem Tode im August 1944. Er bleibt, wie viele andere, unvergessen.

19. Mai 1942. Den ganzen Vormittag sind wir im Gelände. Wir haben Ausbildung am MG 34. Als ehemaliger Funker und Fahrer wurde ich mit dieser Waffe nicht vertraut gemacht. In der Gefechtskompanie ist es unter Umständen lebenswichtig, auch diese Waffe gründlich zu kennen. Ich gebe mir große Mühe, den Umgang damit zu lernen. Zur Mittagszeit ist der Dienst beendet. Wir essen unsere Mahlzeit und liegen ruhend und dösend in der warmen Sonne. Am späten Nachmittag macht sich die Kompanie marschbereit. Der erwartete Stellungswechsel soll durchgeführt werden.

Bei beginnender Dunkelheit nehmen wir Waffen und Gerät auf und verlassen Klimow-Sawod. Wir marschieren in fast genau westlicher Richtung in die Nacht hinein. Die Nacht ist kühl, und es marschiert sich gut. Nach etwa zwei Stunden machen wir eine kurze Pause. Es muß etwa gegen Mitternacht sein, als wir den Bestimmungsort erreichen. Wir sind in Bogatyri, einem etwas größeren Ort, fast 60 Kilometer südsüdöstlich von Wjasma. Hier beziehen wir Quartiere in leerstehenden Häusern. Zivilbevölkerung ist keine auszumachen. Feldwachen werden zur Sicherung aufgestellt. Der Rest der Kompanie legt sich schlafen.

20. Mai 1942. Nur kurz war die Nacht. Pünktlich wie immer werden wir um 6 Uhr geweckt. Nach dem Kaffee richten wir das Quartier etwas her, dann machen wir leichten Dienst im Gelände. Für die Feldwachen werden zirka 100 Meter vom Ortsrand entfernt Schützenlöcher ausgehoben. Auch hier muß mit feindlichen Angriffen gerechnet werden. Es ist ein sehr schwüler Tag, und am Himmel braut sich ein Gewitter zusammen. Kaum daß wir zur Mittagspause die schützende Unterkunft betreten haben, geht es los mit Blitz und Donner. Und es regnet, als ob das Wasser mit Kübeln aus den Wolken geschüttet würde. Zu diesem Zeitpunkt wird Gefechtsbereitschaft befohlen.

21. Mai 1942. Vormittags machen wir Geländeausbildung in der Gruppe und Ausbildung am MG 34 mit Übungsschießen auf Pappkameraden. Meine Ergebnisse beim Schießen mit dem linken Auge (rechts bin ich fast blind) sind zufriedenstellend. Nach der

Mittagspause bauen wir Feldstellungen, die wir bei einem Angriff besetzen sollen. Damit muß gerechnet werden, denn das ganze Sumpfgebiet rundum ist noch fest in der Hand größerer Partisanengruppen, denen sich nicht nur versprengte reguläre Soldaten angeschlossen haben, sondern auch frisch abgesetzte Luftlandetruppen. Ziel dieser Einheiten ist die Unterbrechung der Nachschubwege und die Vernichtung deutscher rückwärtiger Stützpunkte. Diese russischen Truppen sind ausgezeichnet organisiert, tauchen unverhofft auf, schrecken vor nichts zurück und haben schon manches Opfer gekostet.

23. Mai 1942. Auch heute vormittag sind wir im Gelände. Wir üben richtiges Tarnen und Verhalten im Gelände bei Feindeinsicht. Von den „alten Hasen" können wir „jungen Hüpfer" in dieser Hinsicht sehr viel lernen. Vor dem Essenempfang ist noch eine Stunde Unterricht. Am Ende des Unterrichts wird bekanntgegeben, daß wir morgen zum Einsatz kommen. Die im rückwärtigen Gebiet operierenden feindlichen Truppen müssen ausgeschaltet werden. Wir sehen unsere Waffen nach, ergänzen Munition und füllen die MG-Gurte auf. Früher als sonst legen wir uns schlafen, um am nächsten Morgen ausgeruht zu sein.

24. Mai 1942. Es ist Pfingstsonntag, meine Feuertaufe, mein erster Einsatztag bei der kämpfenden Truppe. Kurz nach Mitternacht werden wir geweckt. Draußen regnet es, als ob sich der Himmel gegen uns verschworen hätte. Während wir uns zum Abmarsch fertigmachen, fahren unsere Panzer durch das Dorf in Bereitstellung. Mit der umgehängten Zeltplane gegen den Regen geschützt, folgen wir um 2 Uhr den Panzern zum Ausgangspunkt des Angriffs. Über unmögliche Wege, die durch unsere Panzer noch mehr aufgewühlt sind, und morastige Felder greifen wir an. Ohne nennenswerten Widerstand wird das Dorf Trofimowo genommen und durchschritten. Dann wenden wir uns nach Westen, greifen Grjada an und nehmen es nach kurzer Gegenwehr (eigene Verluste: Ein Gefallener und vier Verwundete). Weiter geht es im strömenden Regen. Kampflos durchschreiten wir Nowo Petrischtschewo und gehen am Nachmittag gegen Michailowka vor. Da man uns von dieser Seite am wenigsten erwartet, waten wir – bis zur Brust im Wasser – durch einen flachen Sumpfsee. Waffen und Brotbeutel tragen wir über dem Kopf. Da unser Kleinster (Vielhauer) im tiefen See absaufen würde, wird er von dem stämmigsten Kameraden auf die Schulter genommen und muß den Beobachter machen. Ohne einen Schuß abzugeben, erreichen wir das Ufer des Sees und besetzen das Nest kampflos. Einige völlig überraschte Russen sehen wir gerade noch im Wald verschwinden. Bis auf die Haut durchnäßt, beziehen wir als Quartier die ungeheizte Schule. Ich entleere meine mit Wasser vollgelaufenen Stiefel und übernehme die erste Wache.

25. Mai 1942. Pfingstmontag. Wir werden sehr früh geweckt. Darüber sind wir keineswegs traurig, denn mit der nassen Unterwäsche am Leib konnte doch keiner schlafen. Zum Trocknen der Uniformen fehlt der Platz. Es macht auch keinen Sinn, denn es regnet noch immer stark. Der Angriff wird weiter fortgeführt. Wir warten nur auf den entsprechenden Befehl. Verpflegung wird ausgegeben, dann ist es soweit. Angriffsziel ist der Ort Kamenka, wo wir keinen Widerstand vorfinden. Der Feind stellt sich nicht zum Kampf, sondern weicht in den Sumpf aus und verbirgt sich dort. Eigene Sicherungsgruppen gehen an dem Fluß Bolschaja Slotscha entlang, können jedoch nichts Verdächtiges feststellen. Regen und Schlamm sorgen für eine Kampfpause in Kamenka. Wir beziehen Quartiere und hoffen, unsere nassen Uniformen und die Unterwäsche endlich trocknen zu können. Wir wollen den Backofen anheizen, haben jedoch kein Glück damit. Nirgends ist ein Stück trockenes Holz aufzutreiben, um damit Feuer anzuzünden, auch nicht bei den Nachbarhäusern. Unsere Klamotten hängen wir kreuz und quer an Leinen durch den Raum. Wir selbst springen pudelnackt umher, damit die Körper warm bleiben. Zum Schlafen besteht wenig Neigung, denn wir müßten uns ohne alles auf den feuchtkalten Boden hinlegen. Mit Humor und gegenseitigen Frotzeleien überstehen wir die lausige Nacht.

26. Mai 1942. Zu wecken brauchte uns niemand. Wir sind wach und versuchen, erneut Feuer zu machen. Notdürftig bekleidet, gehen zwei Mann durch das Dorf, um trockenes Holz zu suchen. Es ist absolut nichts aufzufinden. In den anderen Quartieren sieht es nicht besser aus. Alle klagen wegen der Nässe. Sämtliche Klamotten hängen noch auf der Leine. Sie trocknen schlecht, trotz offener Tür. Die Luftfeuchtigkeit ist zu hoch. Wir sitzen unbekleidet um den großen Tisch und bringen die Waffen in Ordnung. Den ganzen Tag über kommen wir nicht vor die Tür. An diesem Abend sind wir hundemüde und wollen uns zum Schlafen hinlegen. Es ist gegen 21 Uhr. Plötzlich kommt der Kompaniemelder und brüllt „Alarm". Wir schlüpfen in die noch klammen Klamotten und treten zum Einsatz an. Wir marschieren zirka sechs Kilometer bis an einen Wald in unmittelbarer Nähe des Ortes Gluchowo. Wir meiden das Dorf und bleiben vor dem Waldrand liegen. Jeder wickelt sich in seine Zeltplane und legt sich nieder. Die Erde ist zwar von unten feucht, doch von oben ist es trocken, und die Nacht ist schön warm, eine milde Mainacht. Die am Waldrand postierten Wachen müssen aufpassen.

27. Mai 1942. Um 4 Uhr stehen wir auf, strecken die Glieder aus und machen uns mit einer Handvoll Tau frisch. Nach kurzer Instruktion durch den Kompanieführer dringen wir in den Wald ein. Er soll von Partisanen besetzt sein. In auseinandergezogener Schützenkette – von Mann zu Mann stets Verbindung haltend – durchkämmen wir das riesige Waldstück. Wir treffen auf kurz vorher verlassene Laubhütten und noch glimmende Feuerstellen, doch kein Russe ist zu erblicken. Wir treffen auch nirgends auf Widerstand. Die Partisanen sind wie vom Erdboden verschwunden. Auf einer großen Waldlichtung südlich Budnewka finden wir mehrere große Seidenfallschirme, mit deren Hilfe die Banden aus der Luft versorgt wurden. Wir zerschneiden die Fallschirme, teilen sie auf und nehmen sie samt der wunderbaren Fallschirmschnur mit. Die Aktion wird beendet, als wir Verbindung mit eigenen Truppen bekommen. Der Erfolg war mäßig, weil wir keinen der Waldbewohner erwischt haben. Wir marschieren im großen Bogen durch den Wald nach Kamenka zurück. Insgesamt waren wir sieben Stunden unterwegs. Unser Verpflegungsfahrzeug erwartet uns in Kamenka. Ab sofort werde ich als Zugmelder bei Feldwebel Ernst Mohr eingesetzt.

28. Mai 1942. Wir sind heute ohne Einsatzbefehl. Deshalb bringen wir vordringlich Waffen und Gerät in Ordnung. Danach machen wir noch etwas MG-Ausbildung und leichten Dienst. Sonst haben wir Ruhe. Es ist Zeit zum Entspannen und für mich höchste Zeit, Briefe zu schreiben.

29. Mai 1942. Vormittags findet leichter Dienst im Gelände statt, zunächst Übungen für den Waldkampf, danach Waffenausbildung am MG 34. Während der Mittagspause erhalten wir einen neuen Einsatzbefehl. Wir machen uns fertig und marschieren in die Richtung, aus der wir am Pfingstsonntag gekommen sind. Vorsichtshalber wird auf dem letzten Stück des Marsches je eine Gruppe zirka 500 Meter seitwärts in den Wald beordert, um feindliche Späher oder Gruppen aufzuspüren. Fest steht, daß wir die Tätigkeit der Partisanen nicht ausschalten konnten und daß immer noch Banden in den Sümpfen und Wäldern umherstreifen. Sie stellen sich nicht zum Kampf, sondern weichen aus und verstehen es, sich geschickt zu verbergen. Urplötzlich tauchen sie dann wieder auf, um Überfälle oder Sprengungen vorzunehmen. Schon am ersten Angriffstag sind Panzer und zwei Zugmaschinen unseres Artillerieregimentes auf Minen gefahren und ausgefallen. Nachdem die beiden Gruppen wieder zu uns gestoßen sind, bleiben wir im Wald vor Petrischtschewa liegen. Das Dorf meiden wir bewußt. Die Bevölkerung – sofern vorhanden – muß in ständiger Verbindung mit den Partisanen sein, wenn nicht sogar bei ihnen kampieren. Bei angemessener Sicherung durch verstärkte Posten legen wir uns unter hohen Tannen zum Schlafen nieder. Die Nacht ist mild.

30. Mai 1942. Um 4 Uhr wecken wir uns gegenseitig. Zum Waschen ist keine Gelegenheit gegeben. Wir machen uns fertig zum Weitermarsch. Weit auseinandergezogen durchkämmen wir das Wald- und Sumpfgelände Richtung Trofimowo. Für die etwa sechs Kilometer benötigen wir zwei Stunden, weil wir in den Sümpfen sehr sorgfältig die Strauch- und Buschgruppen überprüfen. Aber auch hier haben wir weder verdächtige Menschen noch Anzeichen für Partisanenaktivitäten feststellen können. Vor Trofimowo sammelt die Kompanie und bezieht im Dorf Quartiere. Abends werden wir mit Verpflegung versorgt. Wir bekommen Sekt, Zigarren und Zigaretten aus Marketenderware. Das Unternehmen Trofimowo gilt als abgeschlossen.

31. Mai 1942. Der letzte Tag des Monats Mai ist ein Sonntag. Damit wir nicht „aus der Übung kommen" und es dem Landser nach dem Sekt (eine Flasche für sieben Mann!) nicht „zu wohl" wird, ist vormittags Dienst im Gelände angeordnet. Zu diesem Dienst muß ich mich als Melder in eine Gruppe einreihen. Wir üben „sprungweises Vorarbeiten im Gelände" und werden warm dabei.

Zur Mittagszeit kehren wir in das Dorf zurück. Die anschließende Pause wird zum Ausruhen genutzt. Während der Ruhe wird „Fertigmachen" befohlen. Punkt 14 Uhr verlassen wir den Ort Trofimowo und marschieren, in aufgelockerter Formation, Richtung Bogatyri. In einer guten Stunde haben wir den Weg zurückgelegt und ziehen im Dorf unter. Die Waffen werden noch nachgesehen, dann sitzen wir bis zum Abend in fröhlicher Runde zusammen. Nach neuesten Parolen sollen wir aus diesem Einsatz herausgezogen werden. Angeblich ist die 5. Panzerdivision für neue Aufgaben vorgesehen. Man spricht von einer Auffrischung in der Heimat, ja, manche wissen bereits, daß die Auffrischung an der französischen Atlantikküste stattfinden soll. Schön wär's!

1. Juni 1942. Irgendwie ist doch der Teufel los. Um 1 Uhr werden wir aus dem Schlaf gerissen. Für 2 Uhr wird Abmarsch befohlen. Es geht pünktlich los. Wir marschieren auf einer etwas festeren Straße, die an der Bahn entlang in Richtung Wjasma führt. Nach etwa zwei Stunden Marsch erreichen wir den Ort Snamenka an der Ugra. Auf der anderen Seite des Flusses liegt Saretschje, wo wir bereits von Schützenpanzerwagen unseres I. Bataillons erwartet werden. Die Kompanie wird auf die Fahrzeuge verteilt, und dann wird sofort aufgesessen. Angeblich bewahrheiten sich die Parolen! Wir fahren in westlicher Richtung. Inzwischen ist es hell geworden. Wir kreuzen die Bahn Wjasma–Kirow, die genau nach Süden führt, und auf der wir angeblich verladen werden sollten. Einen Bahnhof oder eine Verladerampe haben wir nicht zu Gesicht bekommen. Kurze Zeit danach werden wir von drei russischen Schlachtfliegern Il-2 angegriffen. Glücklicherweise sind wir mitten in einem Ort und haben durch die Häuser Deckung. Es ist nichts passiert. Fahrzeuge und Besatzungen sind wohlauf. Die Fahrt wird fortgesetzt. Nach etwa 50 Kilometern erreichen wir den Ort Beresniki. Hier werden Quartiere bezogen. Starke Sicherungen werden an den Ortsausgängen und besonders nach Westen aufgestellt. Die Gegend gilt als sehr unsicher. Das Gebiet bis nach Dorogobusch – also weit im Hinterland der deutschen Front – wird praktisch von Partisanenverbänden und eingesickerten regulären Feindtruppen beherrscht. Diese ständige Bedrohung soll ausgeschaltet werden.

2. Juni 1942. Mit wenigen Leuten wird heute morgen bei einer Feldscheune eine Kampfstellung ausgehoben. Sonst ist jede Bewegung im Dorf zu vermeiden, um dem Feind keine Beobachtung über Truppenstärke und dergleichen zu ermöglichen. Wir bleiben in den Unterkünften, bringen unsere Waffen in Ordnung und gurten Munition. Von Auffrischung und Frankreich ist keine Rede mehr.

Abends werden starke Ortssicherungen aufgestellt, um feindliche Überraschungen auszuschließen. Wir gehen schon zeitig schlafen, denn morgen um 4 Uhr ist Angriffsbeginn.

3. Juni 1942. Bevor es hell wird, werden wir geweckt. Um 3 Uhr verlassen wir Beresniki. Nach einer dreiviertel Stunde Marsch auf der Straße nach Dorogobusch haben wir den Bereitstellungsraum zum Angriff erreicht. Nur kurz ist die Pause, dann gehen wir in zwei

Reihen rechts und links der Straße gegen den Ort Fedorowka vor. Kampflos wird der Ort genommen, und weiter geht's mit Panzerunterstützung gegen den größeren Ort Raslowo. Hier leisten die Russen einigen Widerstand. Doch der wird von den Panzern bald gebrochen. Gegen 11 Uhr ist das Dorf fest in unserer Hand. Der Ort wird nach drei Seiten gesichert, und Spähtrupps werden ausgesandt.

4. Juni 1942. Eigentlich unverhofft geht es weiter. Bevor die Kompanie antritt, gehe ich mit einem Spähtrupp auf Erkundung. Wir haben das erste Waldstück fast durchschritten, als wir Feindfeuer bekommen. Im Bogen durch den Wald marschierend, kehren wir um und erwarten die Kompanie an der Straße. Im weiteren Vorgehen auf Senaja fallen Schüsse, als wir aus dem Wald heraustreten. Mit Unterstützung unserer Panzer wird das Dorf Senaja nach hartem Kampf genommen. Die Russen haben sich auf Gawrjukowo zurückgezogen und verteidigen sich hier zäh. Auch aus dem Wald hinter dem Bach bekommen wir heftiges Feuer. Wir haben die ersten Verluste. Der Gefreite Stolte wird tödlich getroffen, drei weitere Kameraden sind verwundet. Trotzdem dringen wir in Gawrjukowo ein und nehmen es fest in Besitz. Im Handstreich wird die Brücke in Lenkino besetzt. Zirka zwei Kilometer hinter Gawrjukowo – an der Straße nach Wolotschek – bleiben wir am Waldrand liegen.

5. Juni 1942. Sobald es hell wird, macht sich die Kompanie fertig, und es geht weiter. Kurz nach dem Antreten – wir sind vielleicht 50 Meter in den Wald eingedrungen – wird der Kamerad Springer durch eine Tretmine tödlich verwundet. Dadurch aufmerksam geworden, werden auf der Straße weitere Minen ausgemacht, darunter Kastenminen. Die Minen werden sofort dem Bataillon gemeldet, damit sie von Pionieren aufgenommen werden können und nicht noch größeres Unheil anrichten. Weit auseinandergezogen gehen wir nun in Schützenkette links der Straße entlang im Wald vor. Wir sind etwa eine Stunde unterwegs und mitten im Wald, als wir von einem Feuerhagel überfallen werden. Es kommt zu einem erbitterten Waldgefecht, in dessen Verlauf meine Kameraden Bruno Schymura und Georg Klaus (mein Landsmann aus Hessen) fallen. Das gleiche Schicksal erleiden die Kameraden Franz Marouelli und Fritz Seeger vom anderen Zug. Außerdem haben wir sieben Verwundete zu beklagen. Wir lassen uns jedoch nicht aufhalten und brechen den feindlichen Widerstand. Wir durchschreiten den Wald und dringen kämpfend in Wolotschek ein, ehe die Russen sich hier erneut festsetzen können. Nach Beendigung des Kampfes bestatten wir hier unsere fünf Gefallenen. Danach bringen wir die Waffen in Ordnung und erholen uns von dem Gefecht. Es war ein Tag von besonderer Härte, an dem wir die bisher schwersten Verluste in diesem Einsatz erleiden. Die kommende Nacht bleiben wir in Wolotschek. Wir werden verpflegt und gehen zur Ruhe über, selbstverständlich mit entsprechender Ortssicherung.

6. Juni 1942. Der Angriff auf Dorogobusch wird fortgesetzt. Bereits um 3 Uhr sind wir abmarschbereit. Wir bleiben nah am Feind, damit er keine Zeit bekommt, sich festzusetzen. Das nächste Dorf Sekarewo wird durchschritten, ohne daß ein Schuß fällt. Nach einer guten Stunde stehen wir vor Potschinok. Auch hier gibt es keinen Feindwiderstand. Weiter gehen wir beiderseits der Straße vor. Erst bei Malenki Jelowka werden wir von einer „Ratschbumm"* beschossen. Die Kameraden Otto Grünz und Hermann Kanthack werden verwundet. Der Ort selbst ist nicht feindbesetzt. Erst bei Sergejewka treffen wir auf den Feind. Aus einer gut ausgebauten Bunkerstellung auf der Höhe von Braschino werden wir mit sMG-Feuer eingedeckt. Wir liegen im hohen Gras einer Wiese und können uns kaum rühren. Jede unserer Bewegungen wird unter Feuer genommen. Fast zwei Stunden lang liegen wir platt auf dem Boden und kommen nicht vom Fleck. Leut-

* Die „Ratschbumm" ist eine leistungsstarke 7,62 cm-Feldkanone der Roten Armee, bei der Abschuß und Einschlag ungewöhnlich schnell aufeinander folgten , Anm. d. Verl.

nant Pischke wird verwundet. Feldwebel Mohr übernimmt die Kompanie. Ich gehe als Melder mit. Um unnötige Verluste zu vermeiden, ziehen wir uns gruppenweise vorsichtig zurück, wollen die beherrschende Höhe umgehen und von der Südseite her angreifen. Doch dann stehen wir vor einem neuen Hindernis. Der Hochwasser führende Fluß Rjassna ist im Wege. Ich laufe am Ufer entlang und entdecke auf der anderen Seite ein verstecktes Holzboot. Ich schwimme hinüber und schaffe den Kahn ans diesseitige Ufer. Mit diesem Kahn wird die Kompanie übergesetzt. Nun gehen wir ungehindert gegen Braschino vor. Wir wundern uns aber, daß wir von dort kein Feuer mehr erhalten. Der feindliche Bunker ist zum Schweigen gebracht worden und ein Brückenkopf fest in unserer Hand. Wir werden zur Sicherung auf der Höhe vor Braschino bleiben.

7. Juni 1942. Um 2 Uhr treten wir zum weiteren Vormarsch an. Ziel ist die Stadt Dorogobusch am Dnjepr. Bis dorthin sind es noch etwa zehn bis zwölf Kilometer. Doch der Weg ist beschwerlich. Durch Sumpf und Schlamm geht es langsam vorwärts. Als es hell wird, sind wir noch weit vor dem Ort Beresowka. Hin und wieder gibt es Aufenthalt durch feindliche Nachhuten. Sie leisten keinen nennenswerten Widerstand, sondern verschwinden bei unserer Annäherung. Wir erreichen die Stadt Dorogobusch am späten Vormittag und besetzen sie. Sicherheitshalber gehen wir durch die Hausreihen und bleiben bei den letzten Häusern am jenseitigen Stadtrand. Hier quartieren wir uns ein. Als die Stadt bereits fest in unserer Hand ist, wird sie von eigenen Kampfflugzeugen vom Typ Junkers Ju 88 angegriffen und bombardiert. Zum Glück entstehen dadurch keine eigenen Verluste.

Nach den anhaltenden Regenfällen der vergangenen Tage hat sich der Himmel nun aufgeklärt, und die Sonne scheint wieder. Spät am Nachmittag fahre ich mit einer verstärkten Gruppe unter Führung von Unteroffizier Walter Hedeler zu einem Erkundungsauftrag. Aufgesessen auf zwei leichten Panzern, werden wir von einem Funkspähwagen begleitet. Der Auftrag lautet festzustellen, ob die Uscha-Brücke bei Uswjatje noch unversehrt und vom Feind gesichert ist. Falls möglich, soll sie handstreichartig in Besitz genommen und gesichert werden. Die Strecke beträgt etwa 13 Kilometer. Über eine verhältnismäßig sehr gute Straße fahren wir in flotter Geschwindigkeit dem Ziel entgegen. Das Dorf Chatitschka wird durchquert, dann nähern wir uns dem Fluß. Bereits 500 Meter vor der Brücke erhalten wir starkes Feuer, auch durch Panzerbüchsen und „Ratschbumm"-Geschütze. Wir springen von den Panzern und gehen in Deckung. Panzer und Funkspähwagen fahren hinter Feldscheunen. Wir gehen auseinander und in Stellung. Das Feuer wird noch nicht eröffnet. Die Lage wird dem Regiment gemeldet. Von dort erhalten wir den Befehl, kein Risiko einzugehen, sondern die Aktion zu beenden und zurückzukehren. Wir setzen uns vom Feind ab und winken die Panzer herbei. Dann wird aufgesessen. Mit der untergehenden Sonne im Rücken fahren wir nach Dorogobusch zurück.

8. Juni 1942. Wir sind noch in Dorogobusch. Das gibt mir Gelegenheit, den Körper einmal gründlich zu waschen und frische Wäsche anzuziehen. Die Waffen werden in Ordnung gebracht, dann werden wir verpflegt. Ich schreibe noch schnell einen Brief nach Hause. Bevor ich damit fertig bin, heißt es, sich marschbereit zu machen. Um 13 Uhr verlassen wir Dorogobusch und marschieren an der Straße entlang, die wir gestern gefahren sind. Ziel ist Andrejewskoje, der letzte Ort vor der Uscha-Brücke. In gut zwei Stunden Marsch sind wir dort. Wir beziehen Quartiere und sichern den Ort.

9. Juni 1942. Um 4.30 Uhr stehen wir abmarschbereit auf der Dorfstraße. Während des Aufbruchs ist bereits Gefechtslärm vor Uswjatje zu hören. Wir werden etwas vorgezogen, bleiben aber noch untätig. Der Angriff wird von der 6. und 7. Kompanie geführt. Die Russen verteidigen hartnäckig die Brücke und den Ort. Stukas greifen in den Kampf ein. Mit heulenden Sirenen stürzen sie sich vom Himmel. Danach geht es über den Uscha-Fluß. Am Waldrand westlich von Uswjatje hat sich der Feind erneut festgesetzt. Doch hier dauert der

Kampf nicht lange, dann geht es weiter. Wir säubern die freigekämpften Orte Gontscharowa und Gorodok. Nach über 15 Kilometern Marsch und Kampf sind wir endlich um Mitternacht in Michailowka. Wir beziehen Quartiere und legen uns sofort zum Schlafen nieder.

10. Juni 1942. Endlich haben wir den verdienten Ruhetag. Der Einsatz gilt als beendet. Wir sollen Auffangstelle sein für einen jetzt geschlossenen Feindkessel. Wie immer werden zuallererst die Waffen nachgesehen und in Ordnung gebracht. Die dann noch verbleibende Zeit kann jeder nach Belieben nutzen. Ich würde gerne baden, doch der kleine See vor dem Ort sieht nicht besonders einladend aus. Es ist ein Sumpfsee mit grünem Wasser und morastigem Ufer. Der Tag ist auch schon zu weit fortgeschritten, außerdem kann es sein, daß wir alarmiert werden. Deshalb setze ich mich lieber in die letzten Sonnenstrahlen und schreibe einen Brief. Neuer Kompanieführer ist Leutnant Beinlich, der Feldwebel Mohr ablöst. Ich bleibe als Melder im Kompanietrupp.

11. Juni 1942. Entgegen anderslautenden Parolen werden wir heute um 6 Uhr geweckt und zum Antreten befohlen. Angeblich sollen in den Wäldern und Dörfern zwischen der großen Straße nach Smolensk und dem Dnjepr immer noch Partisanen stecken. Ihr Aktionsradius reicht bis zur Bahnlinie nach Wjasma. Wir machen uns gefechtsbereit und marschieren los. Zunächst kontrollieren wir mehrere Dörfer entlang der Straße, dann durchkämmen wir den Wald hinter Kosy bis zum Dnjepr. Wir stehen unmittelbar am großen Strom, der träge dahinfließt. Von dort wenden wir uns nach Osten und marschieren über den Ort Kowali nach Jeltscha. Wir haben den ganzen Tag weder Feindberührung gehabt noch partisanenverdächtige Personen angetroffen. Insgesamt haben wir an diesem Tag 20 Kilometer zurückgelegt, viele davon durch Sumpf und dichten Wald. Während der Nacht bleiben wir in Jeltscha, natürlich bei entsprechender Sicherung.

12. Juni 1942. Kurz nach 2 Uhr ist schon wieder Wecken. Wir machen uns fertig und warten auf den Abmarschbefehl. Aufgabe ist, einen Wald zu durchkämmen, in dem man Schlupfwinkel von Partisanen vermutet. Um das durchführen zu können, muß es erst richtig hell sein. Um 3.30 Uhr ist Abmarsch. Wir überqueren die Straße Dorogobusch–Smolensk und dringen weit auseinandergezogen in den Wald ein. Es ist ein ausgesprochen schöner Hochwald, der mich sehr an meine hessische Heimat erinnert. Er weist einen mächtigen Buchenbestand und riesige Flächen mit Maiglöckchen auf. Der Duft dieser Blumen ist beherrschend und betörend zugleich. Wir sind mehrere Stunden lang in südlicher Richtung unterwegs und haben das Ende des Waldes noch nicht erreicht. Auf einer großen Waldlichtung sammelt die Kompanie und orientiert sich neu. Dann schwenkt sie nach Osten ein, um nach weiteren zwei Stunden Marsch wieder nach Norden abzubiegen. Das letzte Stück des Waldes ist sehr sumpfig, das Vorwärtskommen daher äußerst mühsam. Es ist schon spät am Abend, als wir in Jeltscha ankommen. Das Verpflegungsfahrzeug ist bereits eingetroffen. Es hat eine große Menge Marketenderware mitgebracht. Wir empfangen unsere Verpflegung sowie die Zuteilung und legen uns danach aufs Ohr.

13. Juni 1942. Wieder werden wir sehr früh geweckt. Auf zwei leichten Zugmaschinen aufgesessen, fahren wir zirka 15 Kilometer. Dann durchkämmen wir einen ausgedehnten Wald. Es gilt als sicher, daß sich in diesem Wald Partisanen aufhalten. Deshalb hat man den ganzen Wald umstellt, denn man will ihrer unbedingt habhaft werden. Trotz größter Aufmerksamkeit und Beobachtung haben wir keinen Partisanen aufspüren können. Es ist allen ein Rätsel, wo und wie sich diese Burschen verbergen. Sie sind wie vom Erdboden verschwunden. Etwas enttäuscht von diesem Mißerfolg, marschieren wir zu den Zugmaschinen und werden nach Jeltscha zurückgefahren.

14. Juni 1942. Heute ist Sonntag. Endlich ergibt sich für uns ein Ruhetag, dazu herrscht wunderbares Wetter. Wir bringen Waffen und Gerät in Ordnung, dann können wir uns pflegen und ausruhen. Zuerst gehe ich in den nahen Jeltscha-Fluß schwimmen. Es ist eine

Wohltat, in dem klaren Wasser zu baden. Ich genieße diese herrliche Erfrischung über eine Stunde lang. Mittags brutzeln wir uns selbst etwas zum Essen, dann liegen wir im hohen Gras und schlafen in der warmen Sonne.

16. Juni 1942. Drei Tage sind wir ohne Einsatz. Die Ruhe hat uns allen gut getan. Wir haben nur etwas leichten Dienst gemacht und konnten im übrigen machen, was wir wollten. Heute soll diese Ruhe zu Ende gehen. Deshalb genieße ich den Tag auf meine Weise. Zunächst heize ich die Banja an und nehme ein langes Bad. Zur Abkühlung springe ich in den Jeltscha-Fluß. Dann rolle ich mich in meine Decke und schlafe fest. Vor dem Mittagessen bin ich noch einmal am Fluß. Ich lasse mich von dem träge dahinfließenden Wasser weit flußabwärts treiben und schwimme dann gegen den Strom wieder zurück. Das macht hungrig, deshalb freue ich mich auf das Essen. Wir kochen uns Hühner und haben eine Gans geschlachtet. Das soll für vier Personen reichen. Es ist zuviel für eine Mahlzeit, wie sich bald herausstellt. Was wir nicht aufessen, wird für den Abend verwahrt. Zu dieser feudalen Mahlzeit hat das Verpflegungsfahrzeug noch pro Kopf einen dreiviertel Liter Rotwein und Schokolade mitgebracht. Außerdem ist Post eingetroffen. Ich erhalte viele Briefe und kleine Päckchen mit süßem Inhalt. Ich freue mich sehr darüber. Gegen Abend packen wir Waffen und Gerät zusammen und erfahren, daß der Partisaneneinsatz – ohne den von oben erhofften Erfolg – in dieser Gegend als abgeschlossen gilt. Wir sollen mit den Gefechtsfahrzeugen verlegt werden. Wir liegen in unserem Quartier und warten auf den Befehl dazu.

17. Juni 1942. Der neue Tag hat gerade begonnen, als wir uns zum Abmarsch fertigmachen. In voller Ausrüstung verlassen wir Jeltscha und marschieren mehrere Stunden bis zu den wartenden Fahrzeugen, die uns wegen einer noch in dieser Nacht zerstörten Brücke nicht abholen konnten. Um 9 Uhr sind die Lkws besetzt, und ab geht die Fahrt. Über Dorogobusch und von dort nach Nordosten abbiegend, fahren wir fast bis an das Dnjepr-Ufer gegenüber Molodilowo. Hier heißt es absitzen, Waffen und Gerät aufnehmen und zu Fuß weiter. Zunächst geht es bis an das Flußufer, wo wir mit einer Behelfsfähre über diesen, an seinem Oberlauf schon imposanten, Strom übersetzen. Dann erfolgt der Weitermarsch mit Gefechtsbereitschaft in fast genau südlicher Richtung. Wir sind wieder in einem von Partisanen beherrschten Gebiet. Wir marschieren zirka zwölf Kilometer einen Sumpf- und Waldweg entlang bis zu dem Ort Cholmez. Wir haben unterwegs keine Feindberührung, außerdem wurden keine verdächtigen Personen festgestellt. Ziemlich abgespannt erreichen wir den Ort und suchen uns sofort Quartiere. Das ärmlich aussehende Nest wird nach allen Seiten gesichert.

Als wir uns schon zum Schlafen hinlegen, kommt noch einmal Leben in die Bude. Post ist eingetroffen, natürlich ist dann jeder wach. Alle warten auf Nachricht aus der Heimat. Ich bekomme einen Brief von meinen Eltern, der mich schon nach den ersten Zeilen sehr traurig stimmt. Sie teilen mir mit, daß mein ein Jahr jüngerer Bruder Hans bereits am 22. Mai an der Wolchow-Front gefallen ist. Diese Neuigkeit trifft mich schwer und läßt mich nicht mehr zur Ruhe kommen. Mit meinem Kameraden August Kiene sitze ich noch lange zusammen. Er kann sich gut in meine Situation hineinversetzen, denn ihm ist vor einigen Tagen eine ähnliche Nachricht zugegangen. Einer seiner Brüder, die Soldaten sind, ist im Süden Rußlands gefallen. Wir unterhalten uns noch lange über den Sinn oder Unsinn dieses schrecklichen Krieges in Rußland. Wir sprechen über das Schicksal, das so viele Familien zu Hause tragen müssen und über die Ungewißheit, was sie mit der Dauer des Krieges noch zu erwarten haben. Da wir beide der kämpfenden Truppe angehören, kann es uns ebenso treffen.

18. Juni 1942. Ob ich noch geschlafen habe, kann ich nicht genau sagen. Mein Schädel brummt vor lauter Gedanken und Grübelei. Doch was nützt es mir? Die Frage muß offenbleiben. Schon sehr früh sind wir gefechtsbereit und marschieren erneut zum Einsatz. Unsere Kompanie hat den Auftrag, südlich von Cholmez beginnend, ein großes Waldgebiet zu durchkämmen. Trotz der Frühe des Tages ist es bereits schwülwarm, als wir in den Sumpfwald eindringen, wobei uns Wolken von Stechmücken begleiten. August Kiene ist wieder bei mir. Wir sind mit unseren Gedanken noch nicht hier im Einsatz, sondern bei unseren gefallenen Brüdern und bei unseren Familien zu Hause. Erst als heftige Knallerei vor uns einsetzt, werden wir in die Wirklichkeit zurückgeholt. Unsere Spitzengruppe hat ein hervorragend getarntes Partisanenlager aufgestöbert. Ehe sie unsere Annäherung bemerkt haben, haben es unsere Gruppen schon umstellt. Offenbar fühlten sie sich in ihrem von tiefem Sumpf umgebenen und hinter dichtem Strauchwerk verborgenen Versteck allzu sicher, oder ihre Wache hat nicht genug aufgepaßt. Die Partisanen sind derart überrascht, daß sie keine Gegenwehr mehr leisten können. Nicht einmal ihre Waffen konnten sie erreichen. Keiner der Lagerbewohner konnte entkommen. Mehrere Gefangene werden gemacht und eine Unmenge Handfeuerwaffen, Handgranaten und Munition sichergestellt. Das gefundene Material kann nicht gänzlich abtransportiert werden. Alles wird auf einen Haufen zusammengetragen und in die Luft gesprengt. Dann geht es durch Sumpf und Wald weiter. Als wir in die Nähe eines Baches kommen, sinken wir so tief im Sumpf ein, daß uns die Brühe in die Stiefelschäfte läuft.

Nach diesem überraschenden Erfolg, der per Funk an das Bataillon gemeldet wird, kommen wir bald aus dem Wald heraus und stehen direkt am Ortseingang von Semaschenki. Der Ort wird genau kontrolliert, dann geht es weiter. Noch zirka sechs Kilometer Marsch müssen wir bei brütender Hitze hinter uns bringen, dann kommen wir nach Sytscherbinino, unserem heutigen Tagesziel. Gleich am Dorfeingang beziehen wir saubere Quartiere. Insgesamt sind wir neun Stunden unterwegs gewesen. Das mühsame Vorwärtskommen im Sumpfwald und das drückende Klima haben uns fertiggemacht. Wir empfangen Verpflegung, essen aber nur wenig davon. Übermüdet legen wir uns zum Schlafen nieder. Obwohl ich todmüde bin, kann ich nicht einschlafen. Meine Gedanken sind immer noch zu sehr mit dem Tod meines Bruders und mit meinen Eltern beschäftigt.

19. Juni 1942. Es ist gut, daß wir wieder früh geweckt werden. Ein neuer anstrengender Tag steht uns bevor. Zu meiner eigenen Ablenkung muß ich mich mit der Gegenwart befassen und mich auf die nächsten Aufgaben konzentrieren. Der Krieg kennt sowieso kein Erbarmen. Auch mit uns nicht. Wir können in Ruhe unseren Kaffee trinken, dann erst marschieren wir zu neuem Einsatz weiter.

Wir durchschreiten das Dorf Sytscherbinino und kommen auf die Rollbahn Dorogobusch–Semlewo–Wjasma. Ihr folgen wir nur ein kurzes Stück, dann wenden wir uns dem Wald nördlich davon zu. Hier werden ebenfalls Partisanen vermutet. Auf Sichtweite auseinandergezogen, gehen die Gruppen dann vor. Dieser Marsch ist längst nicht so anstrengend wie der gestrige. Hier haben wir festen Boden unter den Füßen. Die Fahrwege sind allerdings noch verschlammt. Kraftfahrzeuge könnten hier nicht durchkommen. Nach etwa einer Stunde – ohne Feindberührung – sammeln wir vor Kowalewo. Wir passieren den kleinen Ort und marschieren weiter nach Woronowo, wo wir Quartiere beziehen und uns frischmachen. Seit längerer Zeit begegnen uns hier wieder einmal freundliche Menschen. Sie haben Kühe im Stall und bieten uns frische Milch zum Trinken an. Ich lasse mir das Kochgeschirr füllen und gebe Brot im Tausch dafür. Wir werden abends noch von unserer Küche verpflegt und gehen dann bald schlafen.

20. Juni 1942. Wir haben noch keinen Ruhetag. Auf der Suche nach den Partisanen geht es weiter. Wir untersuchen einige Dörfer, unter anderem Leonowo, und durchkämmen die Wälder, die zwischen den Dörfern liegen, ohne daß wir noch etwas Verdächtiges bemerken. Insgesamt haben wir etwa zwölf Kilometer zurückgelegt, dann sind wir in Iwanowka. Das Dorf ist wie ausgestorben. Die meisten Häuser stehen leer. Dieser Umstand erscheint uns sehr verdächtig. Wir schauen genau nach. Nur einzelne ältere Frauen lassen sich sehen. Sie beteuern gestenreich, daß keine Partisanen in der Nähe sind. Hühner, Enten und Gänse sind in großer Zahl vorhanden. Wir haben genügend Zeit, für uns am Abend ein zünftiges Geflügelessen vorzubereiten.

21. Juni 1942. Es ist Sonntag. Wir machen uns fertig und marschieren weiter in nordöstlicher Richtung. Wir durchkämmen hinter Teljotkowo einen ausgedehnten Wald und kommen auf dem Weg dorthin durch mehrere Dörfer, die abgebrannt sind. Diesen Hausruinen schenken wir unsere besondere Aufmerksamkeit, da sie wie ausgestorben wirken, sich aber deshalb besonders gut als Partisanenverstecke eignen. Wir finden nichts Auffälliges.

Der tagelange Einsatz mit dem Ziel, die Partisanentätigkeit völlig auszuschalten, war nicht besonders erfolgreich. Schon während und kurz nach dieser – angeblich abgeschlossenen – Aktion tauchen immer noch Partisanen auf, die Einzelfahrzeuge überfallen und Sprengungen auf Versorgungswegen durchführen. Heute hatten wir keine Berührung mit ihnen. Mehr als 15 Kilometer haben wir zurückgelegt, dann kommen wir ans Tagesziel Besenowo. Es ist ein kleiner Ort an einem verhältnismäßig großen See. Das Wasser sieht zwar klar und sauber aus, ist aber schlecht zu erreichen. Es ist ein Sumpfsee, dessen Ufer tief morastig und mit einem breiten Schilfgürtel umgeben ist. Mit dem heutigen Tag soll der Einsatz im Partisanengebiet abgeschlossen sein. Wir werden verpflegt und bereiten uns auf den Abtransport mit den Fahrzeugen vor.

22. Juni 1942. Sommeranfang, doch welch ein trauriger! Seit dem frühen Morgen regnet es. Und wie es regnet. Es gießt vom Himmel herab, als hätte Petrus alle Schleusen geöffnet. Um 4.30 Uhr stehen wir auf und machen uns marschfertig. Wir erwarten unsere Gefechtsfahrzeuge, die uns abholen sollen. Doch dann heißt es plötzlich, wir müssen den Fahrzeugen entgegenmarschieren. Durch den Regen sind die Wege schon wieder derart unpassierbar, daß die Lkws nicht bis zu uns durchkommen können. Wir hängen die Zeltbahn um, nehmen unsere Waffen und Gerät auf und marschieren zirka sieben Kilometer bis zur Rollbahn in Buschukowo. Hier sind wir noch vor den Fahrzeugen angekommen und warten auf sie. Es dauert aber nicht mehr lange, dann sehen wir sie ankommen. Nach ihrem Eintreffen wird sofort aufgesessen, und ab geht die Fahrt Richtung Wjasma. Die Strecke führt über Semlewo, dem Ort, wo so viele unserer Kameraden bei den schweren Kämpfen im Winter ihre letzte Ruhe gefunden haben. Kurz danach wird das Können der Fahrer einem Härtetest unterzogen, da die sogenannte Rollbahn sich durch den sintflutartigen Regen in kürzester Zeit in eine kaum zu überwindende Schlammpiste verwandelt hat. Wir bleiben mehrmals stecken, müssen von den Fahrzeugen herunter und schieben. Wolkenbruchartiger Regen begleitet uns dann noch während der ganzen Fahrt. Wir sind glücklich, als wir endlich in Wjasma eintreffen. Quartiere stehen schon für uns bereit.

23. Juni 1942. Wir können lange schlafen, es wird nicht geweckt. Nach dem Kaffee-Empfang und dem anschließenden Frühstück bringen wir unsere Waffen und Kleidung in Ordnung. Manches an der Uniform muß genäht und ausgebessert werden. Unsere Schneider und Schuster bekommen viel zu tun. Umgetauscht werden nur die Stücke, die absolut unbrauchbar geworden sind. Im übrigen ist keinerlei Dienst angeordnet. Verpflegung und Marketenderware werden reichlich ausgegeben. Ich erledige vordringlich meine Post. Hauptfeldwebel Eggelmeyer spricht mit mir über ein Urlaubsgesuch, das wegen des Todes meines Bruders von meinen Eltern eingegangen ist. Deshalb wird beim Antreten nachmittags festgestellt, wer von der Kompanie länger als zwölf Monate nicht zu Hause war. Dabei stellt sich heraus, daß ich 22 Monate (die Zugehörigkeit zum RAD mit eingerechnet) von zu Hause weg und damit einer der ersten Urlaubsanwärter bin. Trotzdem muß ich mit einer Wartezeit von fünf bis sechs Wochen rechnen, denn die

Reihenfolge hängt auch von der Zuteilung und der Anzahl der Urlauberplatzkarten ab. An diesem Abend gehe ich beruhigt schlafen.

25. Juni 1942. Gestern und heute haben wir Ruhetage. Es ist keinerlei Dienst angeordnet, sondern man gibt uns Gelegenheit, uns richtig zu erholen und zu entspannen. Dazu gehört auch das Filmprogramm, das in der Stadt angeboten wird. Wir marschieren geschlossen zum Kino und sehen den Film „Wiener Blut"*. Es ist eine angenehme Abwechslung. Ich bin zum Gefreiten befördert worden, nachdem man im Zusammenhang mit der Urlauberangelegenheit festgestellt hat, wie lange ich bereits Soldat bin. Offenbar hatte man mich bei den vorangegangenen Beförderungen vergessen.

26. Juni 1942. Um 7 Uhr stehen wir auf, ohne daß uns jemand wecken mußte. Viel Zeit verwenden wir für Körperpflege, denn im Einsatz kommt der eigene Körper meistens zu kurz. Mit einigen Kameraden gehe ich vormittags schon ins Kino. Es läuft der Film „Truxa", den ich bereits kenne. Aber das macht nichts, denn das Beiprogramm ist auch interessant. Während der laufenden Vorstellung kommt es zu großer Heiterkeit im Saal, als in einer spannenden Szene des Films die Birne des Vorführgerätes mit lautem Knall zerplatzt. Zum Mittagessen sind wir wieder in der Unterkunft. Die Küche hat sich mächtig angestrengt. Es gibt ein ausgezeichnetes Essen mit Pudding als Nachtisch. Während wir noch die Eßgeschirre reinigen, trifft bereits der neue Einsatzbefehl für die Kompanie ein. Ohne Hast packen wir unser Marschgepäck zusammen, sehen die Waffen noch einmal nach und verladen alles übrige auf die Gefechtsfahrzeuge.

Um 17 Uhr ist Aufsitzen auf die Fahrzeuge. Wir fahren zur Verladerampe am Bahnhof Wjasma. Dort versammelt sich das gesamte II. Bataillon, Schützenregiment 14. Ab 18 Uhr werden die Fahrzeuge auf Eisenbahnwaggons verladen. Nachdem der Zug zusammengestellt ist, warten wir auf die Lokomotive. Es ist längst dunkel, und wir stehen immer noch auf dem Güterbahnhof. Wohin die Reise geht, wissen wir nicht.

27. Juni 1942. Es ist kurz nach Mitternacht, als eine Lok vorgespannt wird und der Zug sich in Bewegung setzt. Die meisten Kameraden haben ein Eckchen zum Schlafen aufgesucht. Die Nacht ist schön warm. Ich sitze auf dem offenen Waggon und versuche herauszufinden, wohin die Reise geht. Das ist nach wenigen Kilometern Fahrt nicht schwer zu erraten. Unsere Fahrt geht genau nach Norden, dem Polarstern entgegen. So viel weiß ich von meinem Aufenthalt in und um Wjasma und vom vielen Kartenlesen, das kann nur die Strecke von Wjasma nach Sytschewka–Rschew sein. Nachdem es hell geworden ist, stellt es sich bald als richtig heraus. Am späten Nachmittag erreichen wir den Bahnhof Rschew. Hier wird ausgeladen und auf einer gegenüberliegenden Rampe neu verladen, und zwar auf Waggons der breiteren russischen Spur. Während der beginnenden Nacht stehen wir abfahrbereit auf dem Güterbahnhof Rschew.

28. Juni 1942. Es ist dunkel, als der Zug sich in Bewegung setzt. Nach einer Fahrtzeit von zirka anderthalb Stunden sind wir gegen 4.30 Uhr am Ziel in der Stadt Olenin. Die Fahrzeuge müssen nun von den Waggons herunter. Das ist schnell geschehen. Wir fahren nur bis zum westlichen Stadtrand und beziehen Quartiere. Hier warten wir auf weitere Befehle. Nachmittags wird die Stadt aus großer Höhe von feindlichen Bombern angegriffen. Sie laden ihre Last ab, ohne daß Schaden entsteht. Die Bomben sind auf freiem Feld niedergegangen.

1. Juli 1942. Nach drei Tagen Ungewißheit werden wir heute darüber informiert, daß morgen das Angriffsunternehmen „Seydlitz"** beginnt. Mit diesem Unternehmen sollen

---

* Deutscher Spielfilm von 1942 mit Willy Fritsch, Hans Moser und Theo Lingen in den Hauptrollen, Spielleitung: Willi Forst, Anm. d. Verl.

** Versuch, die sowjetische 39. Armee im Frontvorsprung westlich von Belyi und südlich von Olenin zu zerschlagen, Anm. d. Verl.

die im Winter ins rückwärtige Gebiet durchgebrochenen feindlichen Truppen ausgeschaltet werden. Die 5. Panzerdivision ist an dieser Operation beteiligt. Wir – die 5. Kompanie, Schützenregiment 14 – bereiten uns auf den Abmarsch in den Einsatzraum vor. Im letzten Moment sind noch Neuzugänge eingetroffen, die auf die Züge und Gruppen aufgeteilt werden müssen. Die Kompanie wird neu geordnet. Ich bin wieder als Melder dem Kompanietrupp zugeteilt, sehr zu meiner Freude und der meines Kameraden August Kiene, der bereits seit 14 Tagen im Kompanietrupp Melder ist. Nun sind wir wieder in einer Gruppe zusammen. Die Kompanie wird weiter von Leutnant Beinlich geführt, Kompanietruppführer ist Unteroffizier Heinz Schramm aus Verden/Aller. Nach der Einteilung soll abmarschiert werden. Alle Gegenstände, die nicht unbedingt im Einsatz gebraucht werden, bleiben auf den Troßfahrzeugen zurück. Erst am Nachmittag ist es dann soweit. Es wird Aufsitzen befohlen. Um 16 Uhr verlassen wir die Stadt Olenin und fahren in südwestlicher Richtung davon. Nach etwa 45 Kilometern Fahrt sind wir im Raume Chudulicha–Berasui. Wir sitzen von den Fahrzeugen ab und marschieren noch ein kurzes Stück. Vor Einbruch der Dunkelheit erreichen wir den Bereitstellungsraum für den folgenden Angriff. Wir ziehen in einem Waldstück unter. Wo wir uns genau befinden, kann ich nicht feststellen. Starker Regen prasselt hernieder.

2. Juli 1942. Um 3 Uhr ist das Warten vorbei. Die Spannung löst sich, der Angriff beginnt. Unter massierter Artillerievorbereitung und Einsatz von Fliegern greifen wir an. Gegen 5 Uhr haben wir erste Feindberührung. Es kommt zu einem Gefecht, als wir gegen Berasui 1 vorgehen. Die Russen verteidigen den Ort mit großer Hartnäckigkeit. Wir kommen nur schwer voran, weil der Himmel seine Schleusen geöffnet hat und wir wegen des starken Regens nicht weit sehen können. Ohne Panzerunterstützung brechen wir in den Ort ein und nehmen ihn. Dabei werden ein Zugführer, Feldwebel Schurf, und der Obergefreite Münch verwundet. Letzterer kann aber bei der Kompanie verbleiben. Zur Sicherung des Ortes und des Geländes bleiben wir nachts draußen liegen.

3. Juli 1942. Der Angriff wird weiter vorangetrieben. In Schützenreihe gehen wir gegen den vor uns liegenden Wald vor, durchdringen ihn und entfalten uns dann zum Angriff auf Berasui 2. Der Feind eröffnet schon bald das Feuer. Schwere Waffen haben wir nicht zur Unterstützung bei uns. Wir liegen im freien Feld. Russische Scharfschützen machen uns zu schaffen. Unteroffizier Zeh wird von einem Geschoß tödlich getroffen. Sprungweise arbeiten wir uns dennoch vorwärts. Der Ort wird genommen. Wir verfolgen den fliehenden Feind in den dahinter liegenden Wald. Mitten im Wald ist plötzlich die Hölle los. Hier haben sich die Russen im Unterholz festgesetzt und leisten erbitterten Widerstand. Man kann sie kaum ausmachen. Es knallt an allen Ecken und Enden. Die Baumkrepierer sind besonders gefährlich. Hinter den Bäumen gehen wir in Deckung. Weitere Ausfälle sind zu beklagen. Unteroffizier Janssen und die Kameraden Hurt, Kopf, Dühring und Lambrecht werden verwundet. Gegen Mittag hören wir dann von weiter rechts neuen Kampflärm. Wir bekommen Verbindung mit dem II. Bataillon des Schützenregiments 13. Gemeinsam greifen wir weiter an. Der Russe weicht zurück. Hinter dem Wald erreichen wir die Rollbahn, die wir zu sichern haben.

4. Juli 1942. Bei Tagesanbruch marschieren wir sofort weiter. Wir sichern ein Dorf, das feindfrei ist. Offensichtlich hat man uns hier noch nicht vermutet, denn eigene Artillerie nimmt uns unter Beschuß. Sonst bleibt es ruhig. Die Kompanie hat den Verlust des Obergefreiten Hermann Winsemann zu beklagen, der durch einen Heckenschützen gefallen ist. Eine sofort vorgenommene Suchaktion nach dem Schützen verläuft leider ergebnislos. Er ist wie vom Erdboden verschluckt.

5. Juli 1942. Wieder einmal ist Sonntag. Vom Wetter her gesehen ist heute ein herrlicher Tag. Nach den vergangenen Regentagen ist das eine Wohltat. Endlich kann die Zeltbahn eingerollt bleiben. Die Sonne scheint von einem tiefblauen Himmel. Mit meinem Kameraden August Kiene liege ich im hohen Gras. Wir tauschen unsere Gedanken aus und lassen uns von der Sonne wärmen. Es ist ruhig und keinerlei Kampflärm stört uns. Plötzlich werde ich von unserem Kompanietruppführer gerufen. Ich muß mich sofort fertigmachen und beim Bataillonsstab melden. Ich bin als ständiger Melder zum Stab kommandiert. Dort angekommen, wird zum weiteren Vormarsch aufgebrochen. Die Orte Iskoreno und Wassiljewo werden genommen. Der Stab marschiert nach Charino.

6. Juli 1942. Mit den ersten Sonnenstrahlen sind wir auf den Beinen. Wir machen uns fertig zum weiteren Vormarsch. Der Ort Schisderewo ist heute morgen genommen worden. Damit ist der Weg in das Obscha-Tal frei. Meine Kompanie hat den Kameraden Georg Reck durch Verwundung verloren. Ein weiterer Verwundeter, Obergefreiter Erich Krüger, konnte nach Behandlung beim Arzt zur Kompanie zurückkehren. Durch Umgruppierungen innerhalb der Division bleiben wir noch am Ort. Andere Divisionseinheiten und der Divisionsstab fahren an uns vorüber. Ich stehe mit anderen am Straßenrand und verfolge die Einheiten. Dabei begegnen mir viele bekannte Gesichter. Wir rufen und winken uns zu und freuen uns über das unverhoffte Wiedersehen. Es ist nur ein Augenblick, aber man weiß, der Erkannte lebt noch, ist noch vorhanden. Nachmittags marschieren wir weiter. Zunächst zirka zwei Stunden Fußmarsch bei sengender Sonne, bis wir auf die Fahrzeuge treffen. Gegen Abend erreichen wir unser Ziel. Den Namen des Ortes kann ich nicht erfahren.

7. Juli 1942. Nachdem die 5. Kompanie am Morgen Tjapino genommen hat (ein Schwerverwundeter: Schütze Gerhard Nowack), geht das Bataillon weiter vor. Wir beim Stab liegen noch in der Sonne. Wir sind alle braun wie die Neger. Gegen Mittag kommt ein neuer Einsatzbefehl. Wir marschieren zum Angriff auf Nowo Gridino-Gorbuni. In schneidigem Vorgehen wird der Ort vom Bataillon genommen. Die 5. Kompanie bezieht am westlichen Ortsausgang Quartiere. Sicherungen werden aufgestellt, vor allem nach Süden, wo der Feind nun jenseits der Obscha eingekesselt ist. Mit Ausbruchsversuchen nach Norden muß gerechnet werden. Daher werden starke Sicherungen am ganzen Ort entlang postiert. An diesem Abend und bis in die späte Nacht hinein verstärkt sich die Kampftätigkeit an der gesamten Front. Unsere Artillerie schießt wiederholt Sperrfeuer. Mit dem Verpflegungsfahrzeug kommt Hauptfeldwebel Eggelmeyer nach vorne. Er verspricht mir den Urlaub als einem der nächsten, der fahren wird. Dazu kann es bereits sehr bald kommen.

8. Juli 1942. Das gesamte Bataillon bleibt zunächst in Gorbuni. Als Melder werde ich beim Stab kaum noch gebraucht. Deshalb bemühe ich mich wiederholt, zur 5. Kompanie zurückversetzt zu werden. Unglücklicherweise sind beim Bataillon einige Funker ausgefallen. Ersatz ist noch nicht in Sicht. Deshalb soll ich jetzt als Funker eingesetzt werden und mich mit dem Funkgerät vertraut machen. Weiß der Teufel, wer auf den Gedanken gekommen ist, ich sei als Funker ausgebildet.

Ich habe weder Lust, als Funker beim Bataillon zu bleiben, noch kann ich mit dem Funkgerät umgehen. Meine Ausbildung liegt schon weit über ein Jahr zurück und wurde nicht abgeschlossen, weil ich zum Kraftfahrer umgeschult wurde. Der wichtigste Grund für mich, bei der 5. Kompanie zu bleiben, ist der, daß ich hier meine besten Freunde und Kameraden habe, und ich mich geborgen fühle. Ich werde alles daransetzen, zur 5. Kompanie zurückzukommen.

9. Juli 1942. Gut ausgeschlafen mache ich heute morgen Dienst am Funkgerät. Mit den geltenden Funkunterlagen bin ich nicht vertraut, so ist es mir unmöglich, einen eingehenden Funkspruch zu entschlüsseln. Der Meldestaffelführer muß sich selbst damit befassen. Darüber ist er nicht gerade glücklich, das kommt jedoch meinen Absichten entgegen. Mittags werde ich abgelöst und kann zu meiner Kompanie gehen, um eingegangene Post abzuholen. Ich treffe dort alle meine Freunde. Während ich mich mit August Kiene unterhalte, gibt der Sicherungsposten am Ortsrand Alarm. Aus dem Wald jenseits des Flusses kommen die Russen – zum Teil beritten – und greifen unser Dorf an. In wenigen Augenblicken sind wir in Stellung gegangen und abwehrbereit. Bis an das Flußufer lassen wir sie herankommen, dann empfängt sie ein Feuerhagel aus allen Rohren. Sie kommen nicht über den Fluß hinweg, auch nicht mit den Pferden und haben sehr große Verluste. Der Rest zieht sich in den Wald zurück. Unser Dorf liegt etwas auf einer Anhöhe, so können wir beobachten, wie eigene Truppen rechts und links von uns vorrücken und den Kessel endgültig schließen. Für die eingeschlossenen Russen gibt es kein Entweichen mehr. Am späten Nachmittag hören wir starkes Motorengeräusch aus dem Wald. Kurz danach sehen wir ein russisches Kleinflugzeug (Doppeldecker) aus dem Wald aufsteigen und in niedriger Höhe nach Osten davonfliegen.

10. Juli 1942. Alle meine Bemühungen, beim Bataillon die Kommandierung aufzuheben, sind bisher erfolglos geblieben. Unser Meldestaffelführer vertröstet mich mit der Zuführung von Ersatz. Ich bin darüber ungehalten und fest entschlossen, mit dem Kommandeur oder dem Adjutanten zu sprechen. Ich warte nur auf eine passende Gelegenheit. In der HKL ist es ruhig geworden. Wir bewegen uns frei im Dorf und freuen uns über das schöne Wetter. Fast ist es schon wieder zu heiß. Die Stechmücken machen uns schwer zu schaffen. Besonders nachts sind sie aktiv und stören uns während des Schlafes. Selbst der Mückenschleier kann sie kaum abhalten.

11. Juli 1942. Unsere Lage in Gorbuni ist unverändert. Das Wetter ist es auch. Die Sonne meint es schon zu gut mit uns. Ich möchte am liebsten im nahen Fluß Obscha baden gehen, das ist jedoch nicht erlaubt. Die Gefahr besteht, daß die Russen aus dem Wald heraus ständig unsere Bewegungen beobachten und gegebenenfalls einen weiteren Ausbruchsversuch aus der Umklammerung riskieren. Noch ist der Wald nicht feindfrei, und mit Überraschungen muß gerechnet werden. Mit dem heutigen Tag werden die Schützenregimenter in Panzergrenadierregimenter umbenannt. Ich freue mich über eine Anzahl Briefe, die ich bei der Kompanie in Empfang nehmen kann. Mit Sicherheit hätte ich schon längst in Urlaub fahren können, wenn nicht die Kommandierung zum Bataillon dazwischen gekommen wäre.

12. Juli 1942. Sonntag, ein Sommertag wie aus dem Bilderbuch, mit Motiven für einen Landschaftsfotografen. Es tut mir leid, daß ich noch ohne Fotoapparat bin und diese Bilder nicht festhalten kann. Ich mache weiter Dienst als Funker beim Bataillon und hoffe, daß wir bald abgelöst werden. Die letzten Funksprüche deuten darauf hin. Im Laufe des Vormittags trifft Ersatz aus Neisse ein. Zu meinem Glück befindet sich ein ausgebildeter Funker darunter, der froh ist, daß er beim Bataillonsstab bleiben kann. Niemand ist in diesem Moment glücklicher als ich. Der Meldestaffelführer möchte mich trotzdem beim Stab behalten. Ich erinnere ihn aber an sein Versprechen, das er mir gegeben hat. Mit Zustimmung des Adjutanten kann ich zu meiner Kompanie zurückgehen. Ich melde mich bei Leutnant Beinlich zurück und bin glücklich, daß ich mit August Kiene wieder zusammen sein kann. Am späten Nachmittag wird bekannt, daß das Unternehmen „Seydlitz“ beendet ist. Wir bereiten uns auf den Stellungswechsel vor.

13. Juli 1942. Ich bin schon eine Stunde auf den Beinen, als die Kompanie um 4 Uhr geweckt wird. Wir packen unsere Sachen zusammen und warten, bis die Fahrzeuge eintreffen. Gegen 6.30 Uhr ist es soweit. Die übliche Begrüßung mit den Fahrern und dem Begleitpersonal folgt. Dann verladen wir das schwere Gerät. Noch bleibt uns etwas Zeit bis zur Abfahrt. Kurz vor 9 Uhr besteigen wir die Lkws. In der befohlenen Reihenfolge verläßt das Bataillon den Ort Gorbuni. Bei herrlichstem Wetter fahren wir über die Rollbahn Richtung Wjasma. Die Rollbahn ist knochentrocken, und die Kolonne ist in eine braun-gelbe Staubwolke eingehüllt. Nach etwa 100 Kilometern Fahrt halten wir an einem Waldrand. Die Fahrzeuge fahren unter die Bäume, und wir schlagen unsere Zelte auf. Danach halte ich nach Wasser Ausschau. Hinter dem nächsten Hügel finde ich einen breiten Bach mit klarem, fließendem Wasser. Ich ziehe mich vollkommen aus und stürze mich hinein. Das ist eine Erfrischung! Nachdem ich den Straßenstaub hinweggespült habe, lasse ich mich von der Luft trocknen und ziehe mich an. Wie neugeboren krieche ich in das Zelt und schlafe.

14. Juli 1942. Ohne aufzuwachen, habe ich die ganze Nacht hindurch geschlafen. Selbst von einem Gewitter und dem starken Regen habe ich nichts gemerkt. Ich bin deshalb sehr gut ausgeruht, als wir zur Weiterfahrt rüsten. Die Zelte werden abgebaut, und wir sitzen auf den Fahrzeugen. Kurz nach 5 Uhr setzt sich die Kolonne in Bewegung. Es regnet noch ziemlich stark. Die gestern noch trockene und staubige Rollbahn ist durch den Regen – wie könnte es anders sein – in eine Schlammpiste verwandelt worden. Entsprechend zeitraubend verläuft die weitere Fahrt. Mehr als einmal müssen wir von den Fahrzeugen herunter und schieben. Dann heißt es wieder aufsitzen bis zur nächsten Steigung oder Schlammpfütze. Dort beginnt das Spiel von neuem. Für die insgesamt zirka 60 Kilometer bis Wjasma sind wir acht Stunden unterwegs. Gegen 13 Uhr haben wir das Ziel erreicht.

Am alten Troßstützpunkt beziehen wir die bekannten Quartiere. Wir bringen die verdreckten Uniformen in Ordnung und sehen unsere Waffen nach, dann haben wir Ruhe.

15. Juli 1942. Um 7 Uhr ist die Kompanie aufgestanden, um 8 Uhr muß alles antreten. Es wird leichter Dienst befohlen. Ich muß mich zunächst als Melder in der Schreibstube aufhalten und die üblichen Tätigkeiten verrichten. Hauptfeldwebel Eggelmeyer führt ein längeres Gespräch mit mir. Er meint es gut und ist der Meinung, daß ich „der" Mann für die Schreibstube wäre und dort Dienst tun sollte. Ich bin zwar nicht begeistert von seiner Idee, sie kommt mir aber im gegenwärtigen Zeitpunkt auch nicht ungelegen. So erfahre ich am ehesten, wie – ganz allgemein – mit der Urlaubsregelung umgegangen wird und ob ich tatsächlich einer der ersten Anwärter bin oder nicht.

16. Juli 1942. Nach dem Antreten heute morgen marschiert die gesamte Kompanie zum Baden und Entlausen. Das will ich mir auch nicht entgehen lassen. Nach der Rückkehr melde ich mich auf der Schreibstube. Hier werde ich den Unteroffizier Jan Lindhorst und den Kameraden Gerhard Trautmann unterstützen. Schon an diesem ersten Tag stelle ich fest, daß mir die Büroarbeit doch ziemlich fremd geworden ist und daß es mir auf längere Zeit keine Freude machen wird, ständig hier herumzusitzen. Zunächst helfe ich bei der Erledigung von Nachlaßsachen und Verlustmeldungen. Im wesentlichen besorge ich die ein- und ausgehende Post. Eine Tätigkeit, die mir vom Feldreservebataillon her noch in guter Erinnerung ist. Ab sofort befördert die Feldpost wieder Päckchen bis zu einem Kilogramm Gesamtgewicht. Dazu werden besondere Päckchenmarken an die Soldaten ausgegeben.

18. Juli 1942. Nach einigen Tagen verdienter Ruhe macht die Kompanie ab heute Ausbildung im Gelände. Ich bin weiterhin auf der Schreibstube und helfe dem Rechnungsführer, Unteroffizier Heinz Orlemann, dessen Tätigkeit meinem erlernten Beruf als Bankkaufmann doch sehr nahekommt.

Viel lieber würde ich draußen die Ausbildung mitmachen. Das Wetter ist gut, der Dienst im Gelände macht Spaß. Und diese Ausbildung ist wichtig für den Einsatz an der Front. Das Verständnis untereinander und das Vertrauen in die Kameraden werden dadurch kolossal gefördert. Oft hängen im Ernstfall Leben oder Tod davon ab. Deshalb möchte ich den Geländedienst mit meinen engsten Freunden August Kiene und Eberhard Hahnfeld zusammen verrichten. Da dies durch meine Kommandierung nicht möglich ist, sitzen wir nach Dienstschluß beieinander und tauschen Gedanken aus.

Ausbildung am leichten Granatwerfer, Juli 1942 in Wjasma

19. Juli 1942. Sonntag. Ich habe Telefondienst in der Schreibstube und so Gelegenheit, Briefe zu schreiben. Dazu nehme ich die Schreibmaschine, denn das ist gleichzeitig Übung für mich. Einen letzten Brief schreibe ich an meine Eltern, weil ich davon überzeugt bin, bald in Urlaub zu fahren. Wegen der im Einsatz stark abgewetzten Uniform hat der Spieß dafür gesorgt, daß ich neu eingekleidet worden bin. An diesem Nachmittag findet auf dem Marktplatz in der Stadt ein großes Platzkonzert statt. Es spielt das Musikkorps der 5. Panzerdivision. Der Marktplatz ist mit Soldaten aller hier befindlichen Truppenteile angefüllt, aber auch viele Zivilisten haben sich eingefunden.

25. Juli 1942. Über eine Woche mache ich bereits Schreibstubendienst. In den letzten Tagen war ich öfter beim Rechnungsführer. Er hofft, ebenfalls in Urlaub zu fahren und benötigt einen Vertreter. Zunächst denke ich an den eigenen Urlaub. Im Laufe des Vormittags hole ich Post vom Bataillon. Dabei sind Platzkarten für den Urlauberzug. Hauptfeldwebel Eggelmeyer schreibt persönlich den „Kleinen" Wehrmachtfahrschein aus und zeigt ihn mir. Der Bestimmungsort lautet Gladenbach. Der kann nur für mich sein. Er entläßt mich mit netten Worten, damit ich mein Urlaubsgepäck richten kann. Das ist jedoch längst geschehen. Ich schaue nur noch einmal nach, ob ich nichts vergessen habe.

26. Juli 1942. Es ist Sonntag. Vormittags bin ich auf der Schreibstube. Die Stunden nach dem Mittag vergehen viel zu langsam. Mit meinen engsten Freunden sitze ich bis zum Abendessen noch zusammen. Ein letztes Mal putze ich über meine Stiefel, dann verabschiede ich mich von ihnen. Viele Wünsche werden mir mit auf den Weg gegeben. Gegen 21 Uhr melde ich mich bei Hauptfeldwebel Eggelmeyer sowie dem Kompanieführer Leutnant Beinlich ab und nehme die Urlaubspapiere entgegen. Wenig später mache ich mich auf den Weg zum Bahnhof. Man braucht höchstens eine halbe Stunde bis dorthin, und es ist noch viel Zeit bis zur Abfahrt des Zuges. Ohne jede Hast marschiere ich durch die dunklen Straßen der Stadt. Es ist angenehm kühl, und vom Himmel blinken ungezählte Sterne. Ich bin viel zu früh am Bahnhof, doch von dem Moment an, als ich den Urlaubsschein in den Händen hielt, hatte ich nur noch einen Gedanken: nichts wie weg. Man weiß nicht, was noch kommen kann. Hier am Bahnhof beobachte ich den nächtlichen Rangierbetrieb.

Gültig für „zuschlagfreie Schnellzüge im Urlauberverkehr",
bei Zu- und Anschlußreisen auch für Personenzüge

Kleiner Wehrmachtfahrschein, Teil 2

(Gilt als Fahrausweis und ist bei Beendigung der Reise auf dem Zielbahnhof abzugeben)

für ./. in Buchstaben ./. Personen in der 2. Klasse
für 1 in Buchstaben eine Personen in der 3. Klasse
für ./. in Buchstaben ./. Diensthunde
für Reisegepäck von 1 in Buchstaben eine Personen
zur einmaligen Fahrt auf der Eisenbahn
von Bahnhof Gladenbach (Hessen-Nassau)
nach Bahnhof Wjasma
über Berlin – Brest.
Das Fahrgeld ist zu stunden.

Dienststempel

Ausgefertigt am 25. 7. 1942
Dienststelle 30914.
(Truppenteil)
[illegible]
(Unterschrift, Dienstgrad, Dienststellung)
Leutnant u. Kompanieführer.

543c neu. Hugo Hönicke, Berlin W 62.

Oben: Kleiner Wehrmachtfahrschein vom 25. Juli 1942

Unten: Platzkarte eines Schnellzugs für Fronturlauber (SF-Zug) vom 27. Juli 1942

Platzkarte Nr. III 001.176

gültig am 27 JUL 1942

Das Gültigkeitsdatum bezieht sich auf den Tag der Abfahrt des SF-Zuges vom Ausgangsbahnhof Wjasma

Nur gültig in Verbindung mit dem mit der Nummer der Platzkarte versehenen Urlaubsschein oder Dienstreiseausweis.

27. Juli 1942. Die planmäßige Abfahrt des Zuges nach Deutschland ist auf 2 Uhr festgelegt. Etwa eine halbe Stunde vor der Abfahrt wird der Zug auf das Hauptgleis des Bahnhofs geschoben. Ich habe viel Zeit, mir in den zahlreichen Waggons einen schönen Fensterplatz auszusuchen und unterhalte mich mit dem Zugbegleitpersonal. Ich wundere mich über die geringe Anzahl Urlauber, die hier in Wjasma – dem größten Bahnhof sowie Anfangs- und Endstation vor der Front – bis zur Abfahrt des Zuges noch zusteigen. Nachdem wir Wjasma verlassen haben und auf freier Strecke sind, löst sich erst die innere Spannung. Jetzt bin ich sicher, daß nichts mehr schiefgehen kann.

An den ersten Stationen vorbei, fahren wir durch den mir hinreichend bekannten Bahnhof Semlewo und durch die sich dann anschließenden endlosen Wälder östlich von Smolensk, in denen wir noch vor wenigen Wochen im harten Einsatz standen. Der Morgen dämmert schon, als wir durch den Bahnhof Dorogobusch und langsam über die große Dnjeprbrücke fahren. Zum ersten Mal hält der Zug in Smolensk. Hier steigen erstaunlich viele Urlauber zu. Es geht weiter über Orscha, Borrisow und Minsk. Alles Städte, die ich vor fast einem Jahr in umgekehrter Richtung mit dem Pkw durchfahren habe. Namen, die sich eingeprägt haben und die man nie vergessen wird. Immer weiter geht die Reise, der Tag geht zu Ende. Noch haben wir Rußland nicht verlassen.

E-Schein

Entlausungsschein

Der Inhaber dieser Bescheinigung

Gefr. ... 30914

(Dienstgrad) (Name) (Feldpost-Nummer)

Otto ...

(Leserliche, eigenhändige Unterschrift des Inhabers)

ist heute hier entlaust worden.

Er ist frei von ansteckenden Krankheiten und Ungeziefer und somit zur Benutzung der vorgesehenen Beförderungsmittel zur Erreichung seines Bestimmungsortes zugelassen.

Die Bescheinigung ist in das Soldbuch einzulegen und auf Verlangen den Überwachungsorganen der Wehrmacht vorzuzeigen.

28. JULI 1942

Tagesstempel

Entlausungsanstalt 57

Brest-Litowsk

Stempel der Entlausungsanstalt

DRW 11 41

Entlausungsschein vom 28. Juli 1942

28. Juli 1942. Je weiter wir nach Westen kommen, um so sicherer wird die Strecke. Der Zug fährt mit höherem Tempo. Wir halten noch einmal in Baranowitschi, dann geht es der Grenzstation entgegen. Gegen 9 Uhr erreichen wir Brest-Litowsk. Hier gibt es den bekannten längeren Aufenthalt. Alle Urlauber müssen den Zug verlassen und zur Entlausung gehen. Das ist eine Maßnahme, die unbedingt erforderlich ist, denn kein Urlauber will das Ungeziefer mit nach Hause bringen. Die Entlausung selbst wird in einem Badehaus vorgenommen. Bis alle Urlauber die Entlausung hinter sich haben, vergehen Stunden. Danach sind noch Formalitäten zu erledigen, und für den weiteren Weg ist die Marschverpflegung zu empfangen. Sie ist sehr reichlich und hilft, die lange Bahnfahrt zu überbrücken. Bis der bereitstehende Urlauberzug nach Berlin bestiegen werden kann, ist es 15.30 Uhr. Pünktlich um 16 Uhr wird die Fahrt endlich fortgesetzt. Wir fahren in die Nacht hinein. In Warschau gibt es noch einmal kurzen Aufenthalt. Dann geht es weiter. Ich bin während der gesamten Fahrt wach und verfolge das Geschehen unterwegs.

29. Juli 1942. Kurz nach Tagesanbruch sind wir in Posen. Hier sieht die Welt schon wesentlich freundlicher aus. Der Zug nimmt noch mehr Fahrt auf. Als wir die Oderbrücke überqueren und nach Frankfurt hineinrollen, fällt die Geschäftigkeit der Menschen deutlich auf. Die ersten Urlauber verlassen den Zug. Nach kurzem Aufenthalt setzt er seine

Fahrt fort. Genau um 11 Uhr – nach rund 50 Stunden Bahnfahrt – sind wir in Berlin. Nun muß ich mich sehr beeilen, denn der beste Anschlußzug über Halle nach Kassel fährt bereits um 11.20 Uhr vom Anhalter Bahnhof ab. Also raus aus dem Urlauberzug und rein in die S-Bahn. Ich schaffe es. Im allerletzten Augenblick springe ich in den Zug nach Halle. Von dort geht es weiter nach Kassel. Hier muß ich zwei Stunden warten, bis ich nach Marburg weiterfahren kann. Dann kommt das letzte Stück der Bahnfahrt. Genau um 21 Uhr läuft der Zug in Marburg ein. Der letzte Anschlußzug nach Gladenbach ist weg. Ich muß telefonieren, um mich abholen zu lassen.

Bei den Nachbarn meiner Eltern bekomme ich Verbindung. Ich lasse ausrichten, wo ich bin und daß sie mich abholen sollen. Inzwischen begebe ich mich auf die Ausfallstraße nach Gladenbach. Nach etwa einer halben Stunde sehe ich zwei schmale Lichter auf mich zukommen. Das kann nur der Opel P4 meines Vaters sein. Ich stelle mich an den Rand der Straße und winke. Der Wagen hält. Mein Vater sitzt am Steuer, meine Mutter daneben. Sie können es nicht fassen, daß ich es bin, so aufgeregt und zugleich überrascht sind sie von diesem Wiedersehen. Als letzte Nachricht von mir hatten sie einen eigenen Brief mit dem Vermerk „vermißt" zurückbekommen. Nun stehe ich leibhaftig vor ihnen. Eine ganze Zeit verharren wir auf der Straße, weil sie es nicht fassen können. Ich setze mich ans Steuer, weil mein Vater noch zu aufgeregt ist, wende das Auto und fahre heimwärts. In etwa 20 Minuten haben wir Gladenbach erreicht und sind zu Hause. Noch lange sitzen wir beisammen. Ich muß in allen Einzelheiten berichten und viele ihrer Fragen beantworten, ehe wir dann doch schlafen gehen.

17. August 1942. Mein letzter Urlaubstag hat begonnen. Die Urlaubszeit ist viel zu schnell vergangen. Es waren sehr schöne, erholsame Tage in Gladenbach. Doch jetzt, da diese Zeit zu Ende geht, möchte ich nicht mehr länger bleiben. Eine nicht erklärbare innere Unruhe hat mich erfaßt. Vormittags gehe ich in die Stadt und verabschiede mich von meinen Freunden und Verwandten. Wieder zu Hause, richte ich mein Reisegepäck her. Gegen 18 Uhr verabschiede ich mich von den Eltern und Geschwistern und marschiere zum Bahnhof. Ich gehe alleine, denn Abschiedsszenen am Zug mag ich nicht. Pünktlich um 18.20 Uhr verläßt der Zug den Gladenbacher Bahnhof. In 35 Minuten bin ich in Marburg. Hier habe ich bald Anschluß an den D-Zug nach Berlin, von wo aus ich den Fronturlauberzug nach Brest-Litowsk benutzen muß.

19. August 1942. Nach vielen Stunden Bahnfahrt über Posen und Warschau erreiche ich wieder die Grenzstation Brest-Litowsk. Hier muß das Urlaubsende bestätigt werden. Gleichzeitig erfahre ich an der Frontleitstelle, ob mein Fahrtziel noch Wjasma ist. Es kann ja sein, daß die 5. Panzerdivision inzwischen verlegt worden ist. Das ist aber nicht der Fall. Bis zur Abfahrt des Zuges ist noch etwas Zeit, deshalb schaue ich mir die Umgebung des Bahnhofs näher an. Außer einigen Schwarzhändlern, die mich mehrfach ansprechen, ist jedoch nicht viel zu entdecken.

Rechtzeitig bin ich zur Abfahrt des Zuges am Bahnhof. Zu meinem Entsetzen stelle ich fest, daß ich meine Schießbrille zu Hause liegengelassen habe. Ich habe lediglich das leere Etui bei mir. Schnell schreibe ich eine Karte und stecke sie in den Bahnhofsbriefkasten, in der Hoffnung, daß er bald geleert wird. Dann beginnt das mächtige Drängeln beim Einsteigen und der Kampf um die Plätze im Zug, der total überfüllt ist. Bald setzt er sich in Bewegung. Unterwegs herrscht brütende Hitze, weshalb man es in den Abteilen kaum aushalten kann. In Minsk angekommen, mache ich mich erst einmal frisch. Die Bahnauskunft gibt bekannt, daß wir längeren Aufenthalt haben werden. Ich suche mir im Wartesaal einen freien Platz und schreibe Briefe. Nach zwölf Stunden wird die Fahrt fortgesetzt. Wir fahren durch Borissow und erreichen die kleinere Stadt Tolotschin, dann ist die Reise fürs erste zu Ende. Wegen der hereinbrechenden Nacht wird die Fahrt nicht fortgesetzt. Wir werden durch DRK-Schwestern bestens verpflegt und mit heißem Tee versorgt. Von ihnen erfahre ich, daß der Urlauberzug während der Nacht hier stehenbleiben wird, da die Strecke bis Wjasma laufend von Partisanen gesprengt wird.

21. August 1942. Die letzte Etappe meiner Urlaubsreise beginnt. Der Zug fährt auf dieser Strecke sehr vorsichtig. Besonders in den ausgedehnten Waldgebieten setzt er das Tempo stark herab. Nach Aufenthalten in den Städten Kochanowo, Orscha, Gusino und Smolensk erreichen wir schließlich Wjasma. Es ist schon dunkel, als wir in den Bahnhof einlaufen. Ohne mich noch näher zu informieren, marschiere ich durch die Stadt zur alten Unterkunft. Hier bin ich richtig beim Kompanietroß. Ich lasse mir ein Quartier zuweisen und bringe mein Gepäck unter. Hier erfahre ich gleich, daß die Gefechtskompanie bereits am 4. August alarmiert und in den Raum nordostwärts Sytschewka verlegt worden ist. Schon einen Tag später stand sie im Einsatz an der Wasusa. Das Bataillon ist im Brennpunkt eines russischen Fronteinbruchs eingesetzt worden. Die 5. Kompanie hat dabei in schweren Kämpfen erhebliche Verluste erlitten. Ich notiere:

5. August 1942	Tublewo	gefallen 6, vermißt 2, verwundet 10 Kameraden, darunter mein früherer Zugführer, Feldwebel Ernst Mohr;
6. August 1942	Karamsino	gefallen 4, verwundet 5 Kameraden;
7. August 1942	Babichino	gefallen 2 Kameraden;
9. August 1942	Radionowo	verwundet 5 Kameraden;
10. August 1942	Petschora	verwundet 2 Kameraden;
11. August 1942	Gredjakino	gefallen 6, verwundet 9 Kameraden;
13. August 1942	Cholm-Beresuisky	gefallen 1, verwundet 6 Kameraden;
15. August 1942	Cholm-Beresuisky	verwundet 3 Kameraden;
15. August 1942	Boblewo	verwundet 7 Kameraden.

22. August 1942. Auch nach dem 15. August ist die Kompanie weiter im Einsatz. Sie ist jetzt noch in diesem Kampfraum, in dem der Russe mit großem Einsatz an Menschen und Material versucht, die deutsche Front zu durchbrechen. Es ist ihm bisher nicht gelungen. An diesem Abwehrerfolg hat die 5. Panzerdivision großen Anteil, doch unter weiteren schmerzlichen Verlusten. Die genauen Zahlen sind beim Troß noch nicht bekannt. Ich warte auf ein Fahrzeug, das mich mit nach vorne nimmt. Zur allgemeinen Entspannung gehe ich in das Soldatenkino. Auf dem Weg zurück ins Quartier stelle ich fest, daß es abends schon recht kühl wird.

23. August 1942. Ein Sonntag. Den Vormittag fülle ich aus, indem ich Briefe schreibe. Im übrigen fahre ich regelmäßig mit einem Fahrer zum Bataillonstroß und besorge die Kompaniepost. Das ist eine Marotte von mir, denn aus eigener Erfahrung weiß ich, wie sehr die Kameraden vorne auf eine Nachricht ihrer Angehörigen warten. Ich kann nicht verstehen, daß es unter den Soldaten Menschen gibt, die das nicht begreifen und die Weiterleitung oder Zustellung der eingegangenen Post irgendwie verzögern. Geradezu fuchsteufelswild kann ich werden, wenn Post – ohne ersichtlichen Grund – liegenbleiben soll. Zur Abwechslung gehe ich nachmittags in das Soldatenkino. Der Film „Sonntagskinder"* wird gezeigt. Abends gibt es Fliegeralarm. Mehrere feindlicher Bomber kurven über Wjasma und laden ihre Bomben ab. In unserer Nähe ist keinerlei Schaden entstanden.

24. August 1942. Entgegen meiner sonstigen Gewohnheit schlafe ich heute bis gegen 8 Uhr. Beim Troß ist schon alles in Bewegung. Nach dem Frühstück erkundige ich mich beim Bataillon nach einer Fahrgelegenheit zum Einsatzort. Es ist nichts vorgesehen,

* Deutscher Spielfilm von 1941 mit Carola Höhn, Grethe Weiser und Theo Lingen in den Hauptrollen, Spielleitung: Jürgen von Alten, Anm. d. Verl.

deshalb marschiere ich zum Bahnhof und spreche dort mit dem Transportoffizier über Zugverbindungen. Eine geregelte Zugfolge gibt es nicht. Nur bei Bedarf werden wichtige Transporte durchgeführt. Die Abfahrtszeiten müssen vorher erfragt werden. Nachmittags gehe ich mit einem Teil der Fahrer wieder ins Kino. Es ist die einzige Unterhaltung am Ort und für die Soldaten eingerichtet. Wir sehen den Film „Oh, diese Männer"*. Kurz nach Einbruch der Dunkelheit wird die Stadt erneut bombardiert.

25. August 1942. Mein erster Weg heute morgen führt mich wieder zum Bahnhof, um vielleicht doch eine Zugverbindung zu erfahren. Ich bin es fast leid, hier in Wjasma beim Troß herumzusitzen. Heute habe ich noch kein Glück, doch morgen könnte ein Transport zustandekommen. Nach meiner Rückkehr ist unser Spieß vom vorgezogenen Gefechtstroß eingetroffen. Er fährt bald wieder nach Sytschewka zurück, hat aber keinen Platz mehr für mich. Vor der Abreise macht er noch Andeutungen, daß ich nicht sofort wieder in der Hauptkampflinie eingesetzt werde, sondern eine Urlaubsvertretung übernehmen muß. Weil es vermutlich das letzte Mal ist, gehe ich noch einmal ins Kino. Es läuft der Film: „Eine Nacht im Mai"** mit Marika Rökk.

26. August 1942. Ich bin früh aufgestanden und habe mein Gepäck fertiggemacht. Nach dem Frühstück marschiere ich zum Bahnhof. Dort steht ein mit wenigen Wagen bestückter Güterzug zur Abfahrt nach Sytschewka bereit. Ich steige auf einen offenen Pritschenwagen, auf dem bereits einige Mitreisende Platz genommen haben. In gemütlicher Fahrt geht es nach Norden. Für die zirka 80 Kilometer lange Strecke sind wir mehr als zwei Stunden unterwegs. In Sytschewka angekommen, treffe ich gleich am Bahnhof eine leichte Zugmaschine unseres Bataillons. Der Fahrer nimmt mich mit und bringt mich zum Troß der 5. Kompanie nach Zibino. Der Ort selbst besteht nur noch aus Ruinen. Die Troßfahrzeuge sind auf einer großen Wiese aufgefahren. Hier steht auch das Zelt, in dem die Schreibstube untergebracht ist. Alles spielt sich im Freien ab. Ich begrüße alle Fahrer und melde mich bei Hauptfeldwebel Eggelmeyer. Er bedeutet mir, daß ich meine „Knarre" (das Gewehr) weglegen soll und daß ich den Rechnungsführer, Unteroffizier Heinz Orlemann, vertreten muß. Das „Büro" des Rechnungsführers befindet sich auf dem Bekleidungs-Lkw, der vom Obergefreiten Walter Tödter gefahren wird. Zur Kleiderkammer gehören noch der Schneider, Obergefreiter Hubert Schmitt, und der Schuster, Stabsgefreiter Ernst Drewes. Alle sind altgediente Soldaten, die schon ewig der 5. Kompanie angehören. Das Büro des Rechnungsführers besteht aus einer Kiste mit dikkem Vorhängeschloß, in der empfangene Marketenderware und die Geldkassette aufbewahrt werden. Der Kistendeckel ist Schreibtisch, Eßtisch und Werktisch zugleich. Ansonsten ist der Lkw beladen mit Bekleidung, Wäsche, Stiefeln und anderen Ausrüstungsgegenständen. Und nachts dient er der Besatzung als gemütliches „Schlafzimmer". Nach der ersten Information schaue ich mir die Gegend noch etwas an und stelle fest, daß wir auf einer Anhöhe liegen und man weit nach Osten bis über den Fluß Wasusa hinweg sehen kann. An seinen Ufern wird noch immer erbittert gekämpft.

27. August 1942. Heute bin ich mit der Sonne aufgestanden. Es wird ein schöner Tag werden. Zum Dienstbeginn bin ich im „Büro" des Rechnungsführers und lasse mich in die Geheimnisse seiner Tätigkeit einweihen. Es geht um die Besoldung der Kompanie und um den Empfang und die Verteilung der Marketenderware. Letzteres geschieht immer in Abstimmung mit dem Kompaniechef bzw. dem Hauptfeldwebel. Da mir der Um-

* Deutscher Spielfilm von 1941 mit Paul Hörbiger, Jane Tilden und Grethe Weiser, Spielleitung: Herbert Marischka, Anm. d. Verl.

** Deutscher Spielfilm von 1938 mit Marika Rökk, Viktor Staal und Karl Schönböck in den Hauptrollen, Spielleitung: Georg Jacoby, Anm. d. Verl.

gang mit Zahlen geläufig ist, macht mir die Einarbeitung keine besonderen Schwierigkeiten. In kurzer Zeit bin ich mit den Abrechnungen vertraut. Unteroffizier Orlemann ist froh, eine gute Vertretung zu haben, und daß er schon bald in Urlaub fahren kann.

Während der Mittagszeit mache ich mit Unteroffizier Orlemann noch einen Gang zum Bataillonstroß, damit ich den Zahlmeister, Oberzahlmeister Günther, und seinen Gehilfen, Unteroffizier Jung, kennenlernen kann. Mit diesen Vorgesetzten werde ich zukünftig zu tun haben. Auf dem Rückweg stelle ich fest, daß unser Lkw-Platz – so schön die Spätsommerwiese auch ist – als Standort nicht gut gewählt worden ist. Abgesehen davon, daß wir auf dem Hügel gut einsehbar sind, steht in der Nähe eine Batterie Heeresartillerie in Feuerstellung. Wenn die losballert, versteht man sein eigenes Wort nicht mehr. Außerdem zieht sie das Feuer russischer Fernartillerie auf sich. Die ersten Einschläge davon konnte ich heute morgen bereits feststellen. Sie lagen nur noch nicht gut genug.

28. August 1942. Nach einer verhältnismäßig kühlen Nacht – ich muß mich erst wieder an die veränderten Verhältnisse gewöhnen – sehe ich heute morgen einen wunderschönen Sonnenaufgang. Um mich wieder körperlich in Form zu bringen, laufe ich eine Runde von etwa zwei Kilometern und mache mich frisch mit eiskaltem Brunnenwasser. Ich hole mir Kaffee an der Feldküche und frühstücke. Inzwischen steht die Sonne hoch und scheint von einem azurblauen Himmel. Von der nahen Front an der Wasusa ist erhebliche Kampftätigkeit zu vernehmen. Auf dem Dach des Führerhauses stehend, kann ich mit dem Fernglas den genauen Frontverlauf erkennen. Deutlich sieht man die Einschläge hüben wie drüben. Auch Fahrzeugbewegungen bei den Russen sind gut auszumachen. Genausogut kann der Russe unsere Höhe einsehen. Eine daran vorbeiführende Versorgungsstraße nimmt er oft unter Artilleriebeschuß. Unteroffizier Heinz Orlemann gibt mir heute die letzten Informationen und übergibt mir den abgestimmten Kasseninhalt samt Schlüssel.

29. August 1942. Nach einem Lauf durchs Gelände, den ich weiter ausgedehnt und verschärft habe, mache ich mich frisch und empfange Kaffee. Danach befasse ich mich mit meiner neuen Tätigkeit. Ich bin hier mit meinem Los zufrieden. Ich habe als Rechnungsführer eine Aufgabe zu erfüllen und mit dem mir anvertrauten Geld eine Verantwortung übernommen. Unteroffizier Orlemann hat sich verabschiedet und fährt heute nach Wjasma, um von dort aus seinen Urlaub anzutreten. Ich mache mich an die Arbeit. Falls ich anderweitig Unterstützung brauche, kann ich jeden unserer Fahrer ansprechen. Mit allen habe ich guten Kontakt. Besonders mit Erwin Sabellek verstehe ich mich ausgezeichnet. Er ist ein sogenannter „alter Hase", der sich so leicht kein X für ein U vormachen läßt. Als Fahrer des Verpflegungs-Lkw ist er mir mit seinen Erfahrungen eine wertvolle Stütze. Beim Empfang von Marketenderware ist er immer dabei. Seine Bekanntschaft verhilft uns überall zu kleinen Vorteilen. Aber nicht nur deshalb mag ich ihn sehr, sondern ich schätze ihn wegen seiner Uneigennützigkeit und seiner Hilfsbereitschaft. Er ist Freund und Kamerad zugleich.

30. August 1942. Es ist Sonntag. Noch haben wir wunderbares Sommerwetter. Meinen Lauf morgens habe ich auf acht Kilometer ausgedehnt. Den Dienst als Rechnungsführer kann ich mir nach Belieben einteilen. Ich bin vollkommen frei. Heute ist Löhnung der Kompanie. Nach dem Essen sitze ich mit den Fahrern zusammen. Wir sprechen über frühere Jahre und Einsätze der Kompanie. Die Kameraden Walter Tödter, Erwin Sabellek, Otto Stamme, Ernst Drewes, Peter Angenendt und Hubert Schmitt sind schon lange bei der 5. Kompanie und wissen eine Menge von früher zu erzählen. Ich bin sehr froh, wenn ich schon nicht bei den Kameraden vorne sein darf, in diesem Kreis der „Alten" aufgenommen zu sein. Es sind alles Mordskerle, die das Herz auf dem „rechten Fleck" haben.

31. August 1942. Der Monat August geht zu Ende. Heute würde mein Bruder Hans 20 Jahre alt. Nun ruht er schon über zwei Monate in russischer Erde. Mit dem Gedanken, daß er bereits tot ist und ich ihn nie mehr wiedersehen werde, kann ich mich nur schwer abfinden. Wieviel schwerer muß der Verlust für meine Mutter sein. Er war so voller Lebenslust und Tatendrang. Er ist freiwillig Soldat geworden und hat die Eltern und die Heimat nie wiedergesehen. Ich habe mich inzwischen einigermaßen an die hier herrschenden Verhältnisse gewöhnt. Die Gefechtskompanie ist noch im Einsatz an der Wasusa. Sie hat seit dem 5. August nicht nur feindliche Angriffe abgewehrt, sondern schwere Kämpfe tapfer bestanden. In den letzten Tagen haben die Kämpfe an Heftigkeit nachgelassen. Mit Erwin Sabellek gehe ich zum Bataillon und empfange Marketenderware.

2. September 1942. Ich bin eben aufgestanden, um meinen Geländelauf anzutreten, als östlich von uns ein Höllenlärm losbricht. Die feindliche Artillerie schießt aus allen Rohren. Bis in unsere Nähe schlagen Granaten schweren Kalibers ein. Von den benachbarten Artilleristen erfahren wir, daß die Russen erneut zum Angriff angetreten sind. Sie wollen unsere Front ins Wanken bringen. Wir können mit dem Fernglas die feindlichen Panzer beobachten, wie sie gegen die Stellungen vorgehen, und sehen die Mündungsfeuer ihrer Kanonen aufblitzen. Gegen 10 Uhr wird Alarmbereitschaft befohlen. Mehrere Stukas und Ju 88 erscheinen über uns und greifen in die Kämpfe ein. Nach jedem Bombeneinschlag spüren wir, wie die Erde bebt, und sehen die schwarzen Sprengwolken in den Himmel steigen. Auch russische Flugzeuge greifen in die Schlacht ein. Unsere Messerschmitt Bf 109 sind zur Stelle. Wir beobachten die Luftkämpfe. Fünf feindliche Flugzeuge werden nach Luftkämpfen über unseren Köpfen abgeschossen. Nachmittags ebbt die Kampftätigkeit etwas ab. Wir empfangen Post. Ich freue mich sehr über einen Brief meines Freundes August Salomon. Er kämpft mit seinem I. Bataillon des Schützenregiments 13 ebenfalls an der Wasusa.

5. September 1942. Wegen der Alarmbereitschaft, die noch nicht aufgehoben worden ist, schränke ich den Frühsport etwas ein. Ich bleibe in der Nähe der Fahrzeuge, damit ich jederzeit erreichbar bin. Wegen der Kampfhandlungen kann es plötzlich zu einem Stellungswechsel kommen, aber auch ein Einsatz mit der Waffe ist nicht ausgeschlossen. Die schweren Abwehrkämpfe in der HKL halten mit unverminderter Härte an. Der Feind versucht mit massiertem Panzereinsatz, die Front unserer Division zu durchbrechen. Bisher ohne Erfolg, dank der hervorragenden Unterstützung durch die Luftwaffe. Deren Einsätze beobachten wir mit großer Anteilnahme, wissen wir doch, daß sie unseren Kameraden vorne spürbare Entlastung bringen. Ich mache meinen Dienst als Rechnungsführer. Im Moment habe ich nicht viel zu tun, so daß ich von meinem Beobachtungsposten aus das Geschehen an der Front verfolgen kann.

6. September 1942. Ungewöhnlich lange habe ich heute morgen geschlafen. Es ist bereits 8 Uhr, als ich von dem Lkw herabsteige, um mich frisch zu machen. Den Frühsport lasse ich ausfallen. Nicht weil Sonntag ist, bin ich so spät, sondern weil alle beim Troß gestern spät schlafen gingen. Wir saßen noch in gemütlicher Runde beisammen, als in der HKL der Rabatz anfing. Der Teufel schien los zu sein. Dem Feuer nach zu urteilen, scheint der Russe alles auf eine Karte setzen zu wollen. Wir sahen in ständiger Folge am Nachthimmel aufsteigende Leuchtzeichen, die den Verlauf der Front genau anzeigten. Feindliche Batterien aller Kaliber feuerten, was die Rohre hergaben. Die Einschläge kamen immer näher, bis vor das Ruinendorf. Die eigene Batterie eröffnete bald das Feuer. Bis Mitternacht dauerte der Krach, dann gab es etwas Ruhe. Erst dann krochen wir in die Zelte und auf die Fahrzeuge. Wir hatten uns zu früh gefreut. Kaum hatten wir uns hingelegt, da kam Motorengeräusch am Himmel auf. Die berüchtigte „Nähmaschine", auch „Natascha" genannt, kreiste genau über unserem Standort. Sie warf ihre Bomben in der Nähe ab, ohne Schaden anzurichten. Erst als dieser Störenfried abgeflogen war, konnten wir beruhigt sein und einschlafen. Heute morgen ist es so ruhig, als sei nichts geschehen.

Die Sonne steht schon hoch am Himmel, als wir unseren Kaffee an der Feldküche abholen. An der HKL ist ebenfalls Ruhe eingekehrt. Der Angriff des Feindes ist mit hohen Verlusten für ihn abgeschlagen worden. Nirgends in diesem Abschnitt hat er die Front aufreißen können.

10. September 1942. Seit drei Tagen ist es an der Front ruhig. Jetzt hören wir verstärkten Kampflärm aus nördlicher Richtung. Anscheinend versucht der Feind jetzt, dort die deutsche Front ins Wanken zu bringen. Den ganzen Tag über rumort es. Ich denke an die Kameraden, die da vorne sitzen und den Angriff erwarten. Im Laufe des Nachmittags empfangen wir Wintermäntel für die Kompanie. Tagsüber ist es noch warm, doch während der Nacht wird es empfindlich kalt. Die Mäntel werden bald gebraucht werden. Vor Einbruch der Dunkelheit werden wir noch aufgefordert, Marketenderware zu empfangen. Die dafür vorhandene Kiste ist bereits randvoll. Es wird Zeit, daß die Kameraden in der HKL abgelöst werden, damit die Ware ausgegeben werden kann.

12. September 1942. Heute begleite ich das Versorgungsfahrzeug zur Gefechtskompanie in die HKL. Am späten Nachmittag wird gestartet, damit wir bei einbrechender Dunkelheit vorne am Kompaniegefechtsstand sind. Es ist bekannt, daß das letzte Stück des Weges vom Feind eingesehen werden kann, deshalb müssen wir dort die völlige Dunkelheit abwarten. Unsere Ankunft melde ich sofort dem Kompanieführer. Zugleich erhalten wir den Befehl, umgehend zum Troß zurückzufahren und mit den Lkws nach vorne zu kommen. Die Kompanie wird in dieser Nacht noch abgelöst und muß zurücktransportiert sein, bevor es hell wird. Wir laden sofort die Essenbehälter sowie die kalte Verpflegung ab und machen uns auf den Weg zurück. Beim Troß angekommen, verständige ich den Spieß und Unteroffizier Ernst Kohlwey, den Kfz-Staffelführer. In wenigen Minuten sind die Lkws fahrbereit. Nur an Fahrern hapert es. Weil auch für sie die Urlaubsregelung gilt, ist ein Fahrzeug zur Zeit nicht besetzt. Im Ernstfall muß dann einer vom übrigen Personal einspringen. Außer meiner Person ist jedoch keiner greifbar, der Lkw fahren kann. Wegen meiner verminderten Sehkraft äußere ich zwar Bedenken, aber die zählen in wichtigen Momenten nicht. „Du schaffst das schon", ist die dann vertretene Auffassung. Ich überlege auch nicht lange und setze mich ans Steuer des Lkw. Mein Beifahrer ist der Hauptfeldwebel selbst. Er kennt die Strecke und wird unterwegs aufpassen, daß nichts passiert. Wir sind Führungsfahrzeug. Ich fahre – trotz Dunkelheit – nicht zimperlich, denn wir müssen uns beeilen, damit wir den vereinbarten Abholpunkt rechtzeitig erreichen. Die Strecke ist einsehbar und deshalb gefährlich. Zum Teil führt der Weg über einen errichteten Knüppeldamm, der nur langsam befahren werden kann. Bis zur Einfahrt auf den Damm geht alles gut. Auf dem Knüppeldamm zunächst auch. Eine abknickende Stelle der Strecke wird mir jedoch zum Verhängnis. Bis ich die Richtungsänderung erkannt habe, ist es passiert. Der Aufschrei des Hauptfeldwebels kommt zu spät. Statt der Abknickung zu folgen, bin ich weiter geradeaus gefahren. Es gibt ein Krachen, einen Stoß, und wir stehen. Ich verlasse das Führerhaus und besehe mir den angerichteten Schaden. Am Wagen selbst ist nichts festzustellen. Mit dem rechten Vorderrad bin ich über den Rand des Knüppeldammes hinweggefahren. Die Vorderachse des Lkw sitzt auf dem Längsbalken auf, und das Rad hängt über dem mit Wasser gefüllten Graben in der Luft. Der Spieß kann es zwar nicht fassen, bleibt aber gelassen! Es wäre ja auch alles nicht so schlimm, könnten die nachfolgenden Fahrzeuge an mir vorbei. Dazu ist keine Ausweichstelle geschaffen worden. Jetzt hilft weder Lamentieren, noch wohlgemeinte Ratschläge, jetzt zählt nur Handeln und Zupacken. Die Winde wird vom Wagen geholt und am Wagenrahmen angesetzt. Hinten wird ein Abschleppseil angebracht und der nächststehende Lkw angespannt. Mit vereinten Kräften wird gearbeitet. Dann ist es soweit. Der erste Versuch mißlingt. Der schwere Motor drückt die Winde nach der Seite weg, noch ehe das Rad auf dem Damm Halt

Obergefreiter Paul Peiffer (links) und Unteroffizier August Kiene in der HKL

finden kann. Eine weitere Winde wird hinzugenommen. Wir schuften wie die Irren, denn die Zeit drängt, und die Kompanie wartet. Dann kann der zweite Versuch gestartet werden. Es klappt! Der Wagen steht wieder auf dem Damm. Schnell wird das Gerät aufgeladen und weiter. Es darf nichts mehr schiefgehen. Ich stiere in die Dunkelheit hinaus, sehe aber deshalb kein bißchen mehr. Glücklich kommen wir noch zur rechten Zeit bei der wartenden Kompanie an. Ohne Verzögerung wird Gerät und Munition aufgeladen und aufgesessen. Dann geht es denselben Weg zurück. Der neue Tag dämmert schon, als wir über den verhängnisvollen Knüppeldamm rollen. Bevor es richtig hell wird, haben wir die gefährlichen Stellen mit Feindeinsicht hinter uns gelassen. Wohlbehalten kommen wir auf unserer Wiese bei Zibino an. Eine Fahrt, die man so schnell nicht vergessen wird.

13. September 1942. Es ist Sonntag. Eigentlich wäre ein Ruhetag verdient gewesen. Aber dazu kommt es nicht. Schon bald nach der Ankunft wird Kaffee ausgegeben. Dann bekomme ich viel zu tun. Marketenderware kann ausgegeben werden. Danach ist Waffen- und Gerätereinigen. Während die Kämpfer damit beschäftigt sind, ihre Waffen in Ordnung zu bringen, habe ich Gelegenheit, mit meinen engsten Freunden August Kiene und Karl Schönfeld zu sprechen. Sie berichten von den schweren Einsätzen und ihren persönlichen Erlebnissen dabei. Die Russen haben immer wieder versucht, in die Stellung einzudringen. Vergeblich! Doch sie erzählen auch von den Verlusten, die in den eigenen Reihen eingetreten sind, und von den Verlusten des Feindes, die um ein Vielfaches höher sind. Meine Freunde sind von diesen Bildern noch tief beeindruckt.

Mittags wird direkt an der Feldküche das Essen empfangen. Danach heißt es: „Fertigmachen zum Stellungswechsel!" Das gilt jetzt für alle. Auch der Troß zieht um. Gegen 15 Uhr ist Abmarsch für das Bataillon. Wir fahren in nördlicher Richtung, näher nach Rschew. Unterwegs geht es wieder über einen Knüppeldamm. Gut, daß es sie gibt. Wo blieben sonst die schweren Fahrzeuge. Sie würden im Morast versinken. In einem Wald bei Medwedewo ziehen wir unter. Die Fahrzeuge stehen weit auseinander zwischen den Bäumen und gegen Fliegersicht getarnt. Dann wird es auch schon dunkel. Zeit, sich auf den Wagen zu verkriechen und gestern entgangenen Schlaf nachzuholen.

14. September 1942. In einer Besprechung beim Kompanieführer wird beschlossen, den entbehrten letzten Sonntag nachzuholen. Mit einem kurzfristigen Einsatz der Kompanie ist nicht zu rechnen, da sie auf Abruf bereitstehen muß. Aus diesem Grunde soll der heutige Tag wie ein Feiertag gestaltet werden. Für die Küche bedeutet das, ein besonderes Essen muß auf den Tisch. Ich muß großzügig Marketenderware ausgeben. Sämtliche Alkoholvorräte werden an die Gruppen verteilt. Noch ist das Wetter angenehm, so daß man im Freien sitzen kann. Unter dem schon leicht verfärbten Laub der Birken sitzt die Kompanie und ißt und trinkt. Unteroffizier Heinz Schramm spielt auf dem Akkordeon.

Dazu werden Lieder gesungen. Abends ist viel Stimmung im Wald. Wegen der Nähe zur Front dürfen wir kein Feuer anzünden. Damit könnte man es länger aushalten, denn es wird schon empfindlich kühl. Der Wind hat auf Nordwest gedreht. Das bedeutet nichts Gutes. Ein Wetterwechsel ist in Sicht. Deshalb verkriechen wir uns in die Zelte oder auf die Fahrzeuge. Die „Natascha" ist wieder auf Patrouillenflug.

15. September 1942. Das II. Bataillon, Panzergrenadierregiment 14 ist Armeereserve. Bei Ruhe an der Front kann dies zu längerem Aufenthalt führen, umgekehrt aber auch plötzlichen Einsatz bedeuten. Die Unterbringung der Kompanie in Zelten ist keine gute Lösung. Der Wald liegt in Reichweite feindlicher Artillerie, und nachts macht die „Nähmaschine" die Gegend unsicher. Es wird deshalb befohlen, stabile Bunker zu bauen. Sofort geht's an die Arbeit. Jetzt ist es noch trocken, da macht die Arbeit im Walde Spaß. Jede Gruppe baut sich ihren Bunker. Für den Kompanietrupp und für die Schreibstube wird ein separater Bunker errichtet. Die Fahrer und das Troßpersonal ziehen es vor, weiter auf ihren Fahrzeugen zu schlafen. Zur Sicherheit graben diese in Fahrzeugnähe Dekkungslöcher, in denen sie bei Beschuß oder bei Fliegeralarm Schutz finden können.

16. September 1942. Der allgemeine Bunkerbau wird fortgesetzt. Eile ist jetzt geboten. Der Himmel macht kein so freundliches Gesicht mehr. Es ist nur noch eine Frage der Zeit, bis der Regen einsetzt. Bis dahin müssen die Bunker stehen und abgedeckt sein, sonst ist die ganze Arbeit umsonst gewesen. Zwischen den Gruppen ist ein Wettkampf im Gange. Gegen Mittag werden die ersten Gruppen mit ihren Bunkern fertig. Die anderen Gruppen folgen. Für die Inneneinrichtung werden noch Birkenstangen herbeigeholt. Ohne Pause wird gesägt, gehämmert und gebaut.

Am späten Nachmittag streife ich noch einmal durch den Wald. Ich habe Pilze gesehen. Während ich noch unterwegs bin, fängt es an zu regnen. Ohne sehr weit zu gehen und lange zu suchen, finde ich ein ganzes Kochgeschirr voll schönster Pilze. Ich putze sie und schmore sie in guter Butter. Sie schmecken vorzüglich. Ich nehme mir vor, zur Aufbesserung meiner Abendverpflegung noch öfter solche leckeren Pilze zu schmoren. Hoffentlich habe ich noch oft die Gelegenheit dazu. Inzwischen wird es Zeit, sich unter die Wagenplane zu verkriechen. Der Regen wird heftiger und dringt durch das Blätterdach des Waldes. Die Gruppen sind froh, daß sie ihre Bunker rechtzeitig fertiggestellt haben. Sie können jetzt im Trockenen sitzen.

17. September 1942. Der Regen hält an. Das bedeutet Nässe und Feuchtigkeit überall. Die Trampelpfade durch den Wald werden zu Schlammpfaden. Die Zugänge zum Schreibstubenbunker und zum Kompaniegefechtsstand sowie die Verbindungen von Bunker zu Bunker müssen mit Knüppelrosten ausgelegt werden. Für die Versorgungsfahrer und Kradmelder beginnt eine schlimme Zeit.

18. September 1942. Heute meint es Petrus mit uns besonders gut. Es regnet Bindfäden vom Himmel, und kälter ist es auch geworden. Die Kompanie muß antreten. Der Arzt ist mit seinem Sani gekommen, um wieder einmal zu impfen. Wie oft ich schon eine Spritze in die Brust oder in den Arm bekommen habe, weiß ich nicht mehr. Auf dem Antreteplatz bilden sich die ersten größeren Pfützen. Hier wird in Kürze ein kleiner Teich entstehen, wenn es so weiterregnet. Und wie sollen die Uniformen getrocknet werden? Öfen sind noch nicht in den Bunkern, und Steine, um welche bauen zu können, gibt es nicht. Mit Walter Tödter und Ernst Drewes sitze ich auf dem Lkw. Wir haben einen Spritkocher angezündet und unsere Röcke zum Trocknen unter das Wagendach aufgehängt.

19. September 1942. Der Regen hat noch nicht nachgelassen. Der an sich schon sumpfige Wald ist kaum noch zu durchschreiten. Man muß auf den Roststegen bleiben, wenn man nicht im Morast versinken will. Trotzdem wird während des ganzen Vormittags an der Verbesserung der Stege und den Bunkereinrichtungen gearbeitet. Wir vom Troß hal-

Oben: Eine Arbeit ohne Ende: Holztransport zum Bunkerbau

Unten: Im Kompaniegefechtsstand in vorderster Stellung: Feldwebel Mohr (Mitte) mit Waffenmeister- und Sanitätsunteroffizier

ten uns überwiegend auf den Lkws auf. Nur zum Essen- und Verpflegungsempfang steigen wir von den Wagen herunter. Ab und zu werde ich zur Schreibstube gerufen, um als Rechnungsführer Weisungen und Wünsche entgegenzunehmen. Am späten Nachmittag, als kein Mensch mehr daran denkt, wird die Gefechtskompanie alarmiert. Sie muß sich sofort fertigmachen und abmarschbereit sein. Der Kompanieführer ist bereits zur Einweisung beim Bataillonsgefechtsstand. Wenig später marschieren sie los. Ich ziehe mich auf den Lkw zurück. Der Troß bleibt im Wald. Die Fahrzeugwache müssen wir übernehmen.

20. September 1942. Es ist Sonntag. Auch wir beim Troß bereiten uns auf den Abmarsch vor. Vormittags warten wir auf den Marschbefehl. Wir empfangen noch Mittagessen an der Küche. Dann heißt es „Fertigmachen". Mit den Fahrzeugen der anderen Kompanien fahren wir im Bataillonsverband in nördlicher Richtung davon. Nach einer Fahrt über schlüpfrige Wege erreichen wir den Bahnhaltepunkt Paschino südlich Rschew. Dort treffen wir die Kompanie wieder. Die ersten Fahrzeuge des Bataillons werden auf einen Transportzug verladen. Es geht langsam, weil die Verladerampe nicht für schwere Fahrzeuge geeignet ist. Dann wird es dunkel, und es geht nichts mehr. Wir fahren abseits der Bahn in Deckung, weil feindliche Artillerie den Bahndamm unter Beschuß nimmt. Wir schlafen auf den Fahrzeugen. Eine „Nähmaschine" kreist über dem Bahnkörper und stört.

21. September 1942. Früh am Morgen sollen wir verladen werden. Dann bleiben wir doch am Waldrand stehen. Abwarten ist die Devise. So vergeht der ganze Tag. Wir halten uns auf einem in der Nähe befindlichen Hauptverbandplatz auf. Hier herrscht Hochbetrieb. Am laufenden Band treffen die Sanitätskraftwagen (Sankas) mit Verwundeten ein, laden aus und fahren wieder zur Front. Für manchen ist es die sichere Station auf dem Weg in die Heimat. Für viele aber auch die letzte Station ihres so jungen Lebens. Gleich ein Stückchen weiter ist der Soldatenfriedhof, auf dem die Toten zur letzten Ruhe gebettet werden. In mehreren langen Reihen stehen dort die Birkenkreuze mit den Namen und den Einheiten, in deren Reihen die Gefallenen gekämpft haben.

Bei beginnender Dunkelheit setzt der Beschuß durch feindliche Artillerie wieder ein. Das Gelände wird von einer Batterie Kaliber 17,2 cm-Geschützen unter Feuer genommen. Wir gehen abends zum Hauptverbandplatz. Dort sind uns Plätze zum Schlafen angeboten worden. Nur unser Wachposten bleibt bei den Fahrzeugen. An diesem Abend kommen wir aber nicht zur Ruhe, sondern müssen außerhalb der Zelte Deckung suchen. Die „Natascha" ist der Ruhestörer. Gleich mehrere Maschinen sind am Himmel und machen die Gegend unsicher. Sie werfen Bomben und Eisenteile auf Verdacht herunter. Der geringste Lichtschein ist das Ziel ihrer Angriffe. Und das Zelt des Hauptverbandplatzes ist trotz Kennzeichnung (Rotes Kreuz) kein Hinderungsgrund. Ich zähle insgesamt 114 Einschläge in dieser Nacht. Soweit mir bekannt wird, sind alle Bomben im freien Gelände niedergegangen. Weder Menschen noch Fahrzeuge sind zu Schaden gekommen.

22. September 1942. Erst weit nach Mitternacht ist am Himmel Ruhe eingekehrt. Wir lassen uns im Hauptverbandplatz die Schlafplätze zuweisen. Um 2.30 Uhr legen wir uns zum Schlafen nieder. Als wir aufwachen, ist es bereits 12 Uhr mittags. Kein Mensch hat uns gestört oder geweckt. Wir sind ausgeruht und empfangen an der Feldküche das Essen. Danach stehen wir bei unseren Fahrzeugen und warten. Kein Mensch weiß, warum es nicht weitergeht. Am späten Nachmittag rollen die Fahrzeuge der 7. Kompanie zur Rampe. Langsam geht es voran. Bis wir von der 5. Kompanie an der Reihe sind, ist es wieder stockdunkel. Die Fahrzeuge auf die Waggons zu bringen, ist schon eine fahrerische Glanzleistung. Es geschieht alles ohne Aufregung oder Hast in kurzer Zeit. Dann heißt es wieder warten. Bis auf die Wache, die jetzt am Bahndamm postiert ist, gehen wir zum Hauptverbandplatz schlafen. Ehe wir uns hinlegen, unterhalten wir uns mit frisch eingetroffenen Verwundeten, die unmittelbar vor Rschew eingesetzt waren. Sie berichten von den schweren Kämpfen und vom pausenlosen Anrennen des Feindes gegen die deutschen Stellungen. Sie wollen die Stadt Rschew.

23. September 1942. Es ist schon taghell, als wir heute morgen das große Zelt verlassen. Wir müssen zum Bahndamm, um uns Kaffee zu holen. Der Zug steht noch, mit den Fahrzeugen beladen, auf dem Verladegleis. Nur die Lokomotive ist noch nicht vorgespannt. Deshalb müssen wir weiter warten. Im Laufe des Mittags überlegt man, ob die Lkws auf den Waggons bleiben können, weil sie bei einem Fliegerangriff unbeweglich der Vernichtung ausgesetzt sind. Bei dem derzeit wolkenverhangenen Himmel ist jedoch ein Angriff aus der Luft nicht zu erwarten. So vergeht der Tag, und noch ist keine Lokomotive in Sicht. Ich sitze auf unserem Fahrzeug und schreibe Briefe. Als bei Einbruch der Dunkelheit immer noch keine Lok angekommen ist, gehen wir wieder zum Verbandplatz. Die Zelte sind warm, und in dem Strohpolster liegt es sich gut. Doch wir finden keinen freien Platz. Die Plätze sind alle mit Verwundeten belegt, ja, die Zelte sind überfüllt. Viele Verwundete sind bereits behandelt und warten auf den Abtransport. Wer ein wenig Glück hat oder eine spezielle Behandlung braucht, kommt in ein Heimatlazarett. Und laufend werden neue Verwundete eingeliefert. Viele der armen Kerle sehen furchtbar aus. Nicht nur wegen ihrer durchbluteten Verbände, sondern wegen ihres Gesichtsausdrucks. Sie sind ausgemergelt und kaum ansprechbar. Ihre Kleidung ist durchnäßt und verdreckt. Sie müssen schreckliche Tage hinter sich haben. Trotz herrschenden Platzmangels dürfen wir in dem Zelt mit Leichtverwundeten bleiben. Wir können uns nicht hinlegen, doch wir sitzen bei den Verwundeten und sprechen mit ihnen. Die meisten sind von der Infanterie. Seit Wochen sind sie ununterbrochen im Einsatz am Feind. So verrinnt die Zeit. Draußen regnet es, was vom Himmel herunter kann. Das hat auch eine gute Seite. So bleiben wir wenigstens von der „Nachteule" unbelästigt.

24. September 1942. Mitternacht ist längst vorbei, als die Zugwache im Zelt erscheint und uns zur Abfahrt ruft. Wir sind schnell am Zug und steigen auf unsere Fahrzeuge. Die langersehnte Lok ist schon vorgespannt und steht unter Dampf. Es regnet noch immer. Ich habe mich zum Fahrer ins Führerhaus gesetzt, um festzustellen, wohin die Reise geht. Punkt 3 Uhr gibt die Lok ein kurzes Signal, dann setzt sich der Zug in Bewegung. Wir fahren wenige Kilometer bis vor Rschew und biegen nach Westen ein. Es ist die Strecke nach Olenino, die wir im Sommer gefahren sind. Während der Fahrt durch den langen Wald hinter Tschertolino stehen Posten auf den Waggons, um keine unangenehmen Überraschungen zu erleben. Es wird gerade hell, als wir in Olenino einlaufen. Gegen 7 Uhr fahren die ersten Fahrzeuge von dem Transportzug herunter. Nach kurzer Fahrt erreichen wir den Ort Woronino, etwa sechs Kilometer südlich der Stadt, und ziehen in die Katen ein. Unsere Wagenbesatzung bleibt auf dem Fahrzeug und schläft auch dort.

25. September 1942. Um 6 Uhr stehe ich auf. Ich hole mir Wasser aus einem Brunnen, mache es heiß, wasche und rasiere mich. Während wir am Kaffeetisch sitzen, erhalten wir den Befehl: „Zum Abmarsch fertigmachen". Es soll weitergehen. Doch dann wird der Befehl zurückgenommen. Den Tag bleiben wir in Woronino. Es wäre ein ruhiger Aufenthalt, würde man nicht das Grollen der Front hören. Spät abends muß ich noch zum Bataillonsstab, um Marketenderware zu empfangen. Hier erfahre ich, daß Generalleutnant Fehn, den ich aus meiner Zeit beim Divisionsstab gut kenne, die Division verlassen wird. Die 5. Panzerdivision bekommt mit Generalmajor Eduard Metz einen neuen Kommandeur.

26. September 1942. Nachdem es gestern fast den ganzen Tag geregnet hat, ist es heute wenigstens von oben trocken. Man hat uns früh geweckt und Abmarschbereitschaft befohlen. Für Kaffee und Frühstück ist gerade noch Zeit. Dann ist Abmarsch. Wir fahren nach Olenino zurück. Zu aller Überraschung ist der Bahnhof das Ziel. Wir verladen die

Fahrzeuge wieder auf einen Transportzug und sind gespannt, wohin die Reise diesmal geht. Bis alle Fahrzeuge des Bataillons verladen sind, ist es Nachmittag. Wir fahren genau in die Richtung zurück, aus der wir vorgestern gekommen sind. Eine Situation, die für den einfachen Soldaten schwer zu begreifen ist und bei ihm Kopfschütteln hervorruft. Er soll sich ja auch darüber keine Gedanken machen, sondern erhaltene Befehle befolgen. Nach drei Stunden vorsichtiger Fahrt erreichen wir den Verschiebebahnhof Montschalowa. Er liegt zwölf Kilometer westlich Rschew und ist von lauter Wald umgeben. Hier werden die Fahrzeuge ausgeladen und unmittelbar neben den Gleisen in Deckung gefahren.

Für die Kampfstaffel der Kompanie liegt ein neuer Einsatzbefehl vor. Sie wird sofort verpflegt, reichlich mit Marketenderware versorgt und macht sich zum Abmarsch fertig. Die Kompanie wird kurz vor Einbruch der Dunkelheit mit den Fahrzeugen an die Wolgafront gebracht. Dort soll sie vorübergehend Infanterie ablösen. Die Stellungen liegen direkt am Ufer des großen Stromes.

27. September 1942. Es ist Sonntag. Die Lkws sind von ihrer Fahrt nach vorne wieder zurück. Die Kompanie ist im Abschnitt der 87. Infanteriedivision eingesetzt und dieser unterstellt. Sie hat unmittelbar an der großen Wolga bei Lepeticha die Uferstellung besetzt. Wir beim Troß beginnen mit dem Bunkerbau. Zunächst bauen wir einen Bunker für die Schreibstube, in den ich mit einziehen soll. Ich ziehe es jedoch vor, auf dem Lkw zu bleiben, zumal das Wetter umgeschlagen ist. Nach den vielen Regentagen scheint nun die Sonne. Sofort sind feindliche Flieger wieder am Himmel. Das Bahnhofsgelände liegt außerdem in Reichweite russischer Artillerie. Die ersten Salven ihrer Geschütze haben uns heute morgen bereits aus dem Schlaf gerissen. Die Einschläge lagen verdammt nahe an den Fahrzeugen, obwohl der Verschiebebahnhof das eigentliche Ziel ist.

29. September 1942. Durch heftigen Artilleriebeschuß werde ich aus dem Schlaf gerissen. Einige schwere Koffer schlagen in unmittelbarer Nähe unserer Fahrzeuge ein. Ich ziehe es vor, von dem Wagen herabzusteigen und den vorbereiteten Splitterschutzgraben aufzusuchen. Nach dem Feuerüberfall, bei dem die Fahrzeuge viele Splitter abbekommen haben, wird es wieder ruhig. Ich mache mich frisch und erledige meine dienstlichen Arbeiten. Morgen ist der Monat zu Ende, dann ist die Löhnung für die gesamte Kompanie fällig. Zu diesem Zweck baue ich mit einem aufgefundenen Kistendeckel einen behelfsmäßigen Tisch im Freien und arbeite in der noch wärmenden Sonne.

30. September 1942. Die Gefechtskompanie ist in der vergangenen Nacht an der Wolga abgelöst worden und inzwischen hier beim Troß eingetroffen. Sie berichten von einer ruhigen Stellung am großen Wolgastrom, wo Freund und Feind unbehelligt bis ans Wasser gehen konnten, um Wasser zu holen. Sie haben sich über den Fluß hinweg Worte zugerufen und sich wie im tiefsten Frieden gefühlt. Der Aufenthalt der Kampfstaffel hier ist begrenzt. Der nächste Einsatz steht unmittelbar bevor. Seit gestern hören wir starken Kampflärm aus Rschew. Die Stadt liegt unmittelbar im Frontbereich. Seit Monaten wird sie mit beiderseitigem enormen Einsatz an Menschen und Material umkämpft und hat erhebliche Opfer gekostet. Die Russen setzen alles daran, diesen Eckpfeiler der deutschen Front aus den Angeln zu heben. Sie ist die derzeit am häufigsten im Wehrmachtbericht genannte Frontstadt im Osten. Die 5. Panzerdivision ist mit der Masse noch an der Wasusa eingesetzt. Nur das Panzergrenadierregiment 14 ist bei Rschew im Einsatz, weil es als Armeereserve zur Verfügung stand.

1. Oktober 1942. Der Oktober beginnt mit dem ersten Nachtfrost. Dann geht die Sonne auf, und es wird ein wunderschöner Tag. Die Anwesenheit der Gefechtskompanie macht beim Troß eine Menge Arbeit. Ich gebe reichlich Marketenderware aus und habe danach Gelegenheit, mit all meinen Freunden zu sprechen. Ich freue mich über ihre hervorragende Stimmung und möchte am liebsten wieder bei ihnen sein. Es tut mir sehr leid, daß Unteroffizier Orlemann noch nicht aus dem Urlaub zurück ist, denn dann könnte ich zum Kompanietrupp zurückgehen. Die Gefechtskompanie macht sich vor Einbruch der Dunkelheit fertig und wird nach Rschew-Süd gebracht. Das Panzergrenadierregiment 14 ist dorthin befohlen und der 6. Infanteriedivision unterstellt. Die Russen haben bei schweren Kämpfen im Bereich dieser Division einen Fronteinbruch erzielt. Dieser Fronteinbruch der Russen soll schnellstens bereinigt werden, damit er nicht noch ausgedehnt werden kann. Der Feind sieht dort eine Schwachstelle in der Front, die er ausnutzen will. Er zieht weitere sehr starke Kräfte zusammen, auch Panzer. Er läßt nicht locker, den Eckpfeiler Rschew aus der deutschen Front herauszubrechen. Es wird ein schwerer Gang für das Panzergrenadierregiment 14 werden.

2. Oktober 1942. Kurz nach dem Aufstehen setze ich mich an meinen Behelfstisch und schreibe schnell noch einen Brief. Die Post soll mit dem zur Abfahrt bereitstehenden Verpflegungswagen noch weggehen. Seit dem frühen Morgen hören wir die Abschüsse eigener Artillerie, die auf der anderen Seite des Waldes steht. Salve auf Salve jagen aus den Rohren der Geschütze. Es ist das Feuer zur Angriffsvorbereitung. In der HKL vor Rschew ist der Teufel los. Kurz nach dem Kaffeetrinken treffen bereits die ersten Verwundeten der Kompanie hier ein. Sie berichten von einem für unwahrscheinlich gehaltenen harten Einsatz. Das Bataillon hat um 5 Uhr angegriffen. Ziel ist die Wiedergewinnung der alten HKL, die vor Tagen verlorengegangen ist. Der Kampfabschnitt des Bataillons befindet sich direkt an der Bahn hart nordöstlich am Stadtrand von Rschew. Zunächst ging der Angriff gut vorwärts, doch dann wurden die Angreifer aus nächster Nähe furchtbar empfangen. Die Russen stecken in den ausgebauten Stellungen unserer Infanterie und verteidigen sich zäh. Durch den Angriff unserer Truppen ist ihre Artillerie nervös geworden. Sie beschießt systematisch das gesamte rückwärtige Frontgebiet mit großkalibrigen Geschützen. Bevorzugt sind lohnende Ziele, wie das Bahngelände und die am Wald stehende eigene Artilleriestellung.

3. Oktober 1942. Von unseren Kameraden vorne kommen keine guten Nachrichten. Die Kompanie liegt weiter im heftigen Gefecht mit einem verbissen kämpfenden Feind. Angriff und Gegenangriff wechseln in schneller Folge. Der umkämpfte Bahndamm hat schon mehrmals den Besitzer gewechselt. Auf Handgranatenwurfweite liegen sich die Kämpfer gegenüber. Entsprechend der Härte der Kämpfe sind die beiderseitigen Verluste hoch. Den Verlauf der Kämpfe verfolgen wir mit größter Aufmerksamkeit. Jeder Verwundete von dort wird umsorgt und ausgefragt. Durch einen dieser Männer erfahre ich, daß mein Freund August Kiene noch wohlauf ist.

4. Oktober 1942. Ich bin sehr früh aufgestanden und habe mich frisch gemacht, während feindliche schwere Artillerie das Bahngelände mit zahlreichen Granaten eindeckt. Nennenswerte Schäden sind dadurch bei uns nicht entstanden. Gespannt warten wir heute morgen auf die ersten Nachrichten von unseren Kameraden. Über den Bataillonstroß erfahren wir, daß der Russe mit frischen Kräften die Stellungen des Bataillons angegriffen hat. Die Kompanien behaupten aber ihren Kampfabschnitt trotz erheblicher Ausfälle.

Unser Rechnungsführer, Unteroffizier Orlemann, ist aus dem Urlaub zurück. Ich übergebe ihm nach der Begrüßung wieder seine Unterlagen und die Kasse. Damit bin ich meinen Aufgaben beim Troß entbunden und hoffe, bei Gelegenheit wieder in die Kampfstaffel eingereiht zu werden. Es kommt aber nicht so, wie ich es mir vorstelle. Hauptfeldwebel Eggelmeyer läßt mich kommen und spricht mit mir über meine Verwendung. Im Grunde weiß er, daß ich zur Kampfstaffel zurück will. Er redet auf mich ein, daß der Fahrer unseres Wagens in Urlaub fahren könnte, wenn ein anderer den Wagen übernimmt. Meine eingeschränkte Sehfähigkeit – die er kennt – erwähnt er nicht. Ich bin zwar nicht begeistert von dem Vorschlag, doch er weiß auch, daß ich dem Kameraden Walter Tödter den Urlaub nicht vermasseln werde. Also willige ich ein. In jedem Fall würde ich mich bei einem Urlaubsanspruch eines Kameraden so verhalten. Jeder Soldat in Rußland kennt die ungeheure Anziehungskraft eines Heimaturlaubs. Der Spieß ist zufrieden, und Walter Tödter ist glücklich über diese Lösung. Er übergibt mir sein Fahrzeug, wobei ich hoffe, daß ich nicht so oft fahren muß. Ich schreibe noch schnell einen Brief, den ich dem Urlauber mit auf die Reise geben will. So ist der Brief schneller bei mir zu Hause als mit der Feldpost.

Beim Essenempfang an der Küche stelle ich fest, daß heute Sonntag ist. Zum Nachtisch gibt es nämlich Pudding. Das Wetter ist immer noch gut. Nach dem Essen lege ich mich an einer geschützten Stelle in die Sonne und lasse mich von ihren Strahlen wärmen.

5. Oktober 1942. In der vergangenen Nacht ist die vor Rschew eingesetzte Kompanie abgelöst worden. Zwei Transport-Lkw reichen aus, um den Rest der Kämpfer herzubringen. Von der vorher kampfstarken und kampfgewohnten Kompanie ist nur noch ein klägliches Häuflein müder, abgespannter Krieger übriggeblieben. Es sind noch 21 Mann, davon noch sieben mit leichten Verwundungen. Mein Freund August Kiene ist bei den 14 Unversehrten. Er berichtet mir Einzelheiten von den schweren Kämpfen am Bahndamm. Auf der einen Seite haben sie gelegen, auf der anderen Seite des Dammes die Russen. Hauptsächlich mit Handgranaten wurde der Nahkampf geführt. Erkannte Handgranaten wurden noch im Flug mit dem Gewehrkolben zurückbefördert, damit die Sprengkraft in den eigenen Reihen keinen Schaden anrichten konnte.

Nun sind sie abgekämpft und müde, trotzdem stolz, daß es den Russen nicht gelungen ist, die eigene Front zu erschüttern. Alle Troßangehörigen bemühen sich um die abgekämpften Kameraden und helfen, wo sie helfen können. Sie begeben sich bald zur Ruhe in die Zelte.

6. Oktober 1942. Die abgelösten Kameraden schlafen noch fest, während beim Troß längst Hochbetrieb herrscht. Nach und nach kommen sie aus den Zelten gekrochen, um an der Feldküche frischen Kaffee zu empfangen. Danach ist Waffen- und Geräteinstandsetzen. Unser Schneider und der Schuster bekommen eine Menge zu tun. Uniformröcke sind beschädigt, Hosen zerrissen. Vieles muß ersetzt oder erneuert werden. Kochgeschirre sind durchschossen, Lederzeug ist zerschlissen. Frische Wäsche wird ausgegeben. Ich helfe überall, auch bei der Ausgabe der Marketenderware, die wir in den Kisten verwahrt hatten. Mittags gibt es ein besonders gutes Essen mit Nachtisch. Trotz der schweren Tage ist die allgemeine Stimmung gut. Dazu trägt auch das sonnige Wetter bei, das uns in diesen Oktobertagen erfreut. Das Regiment bleibt als Armeereserve hier im Raume Rschew.

8. Oktober 1942. Nach zwei Ruhetagen macht die Kompanie wieder leichten Dienst. Von den umliegenden Verbandplätzen sind die ersten Genesenden eingetroffen, die leicht verwundet waren. Die Züge und Gruppen müssen neu formiert werden, um die entstandenen Lücken aufzufüllen. Die Soldaten der neugebildeten Gruppen müssen diese Ruhegelegenheit wahrnehmen, um sich untereinander besser kennenzulernen. Das ist wichtig für den Zusammenhalt der Truppe und die Kampfmoral. Es hat den Anschein, als gingen die schönen Herbsttage zu Ende. Der Himmel ist grau, und es ist merklich kühler geworden.

9. Oktober 1942. Wir sind – wie immer – früh aufgestanden, haben uns gewaschen und an der Küche Kaffee empfangen. Beim Antreten wird uns der nächste Stellungswechsel mitgeteilt. Unser Regiment ist aus der Armeereserve entlassen und kehrt in den Einsatzraum der Division zurück. Ohne die sonst übliche Hast werden Waffen und Gerät auf die Lkws verladen und die Fahrzeuge aufgetankt. Bald danach brechen wir auf. Bei trokkenem, aber kühlem Wetter verlassen wir den Wald am Bahnhof Montschalowa. Wie zum Abschied schickt uns die russische 17,2 cm-Batterie ein paar schwere Brocken als Gruß hinterher. Wir fahren Richtung Rschew, um dann nach Süden abzubiegen. Nach zirka 55 Kilometern Fahrt sind wir in Ossuga, einem Ort am gleichnamigen Fluß. Nach kurzer Pause und Neuorientierung geht es weiter nach Bolschoe Kropotowo. Hier beziehen wir ganz ordentliche Quartiere. Mein erster Weg führt mich zur Banja, die ich bei der Ankunft gesehen habe. Ich klemme frische Wäsche unter den Arm, schleppe Holz und Wasser herbei und setze die Banja in Gang. Ich nehme ein gründliches Bad. Danach bin ich wieder „Mensch" und für anderes zu haben.

10. Oktober 1942. Das schöne Herbstwetter der letzten Tage ist vorbei. Draußen regnet es in Strömen. Die Kompanie kann zufrieden sein, daß sie ordentliche Quartiere hat. Für uns Fahrer beginnt eine schlimme Zeit. Wohl dem, der nicht unterwegs sein muß. Auch an den stehenden Fahrzeugen ist ständig etwas zu tun. Unser Kompanieführer, Leutnant Beinlich, hat allerdings von den Fahrern und den übrigen Leuten vom Troß seine eigene Meinung. Er ist der Auffassung, daß die Troßsoldaten im Vergleich mit den vorne eingesetzten Kameraden ein geradezu ruhiges Leben führen können und deshalb noch mehr für die kämpfenden Kameraden in Anspruch genommen werden müßten. Er ordnet an, daß die Wäsche der im Einsatz befindlichen Soldaten – ab sofort – vom Troßpersonal zu waschen ist. Mindestens einmal in der Woche soll die Wäsche in der Kampfstaffel gewechselt werden können, auch bei einem Einsatz in der HKL.

12. Oktober 1942. Der gestrige Sonntag verlief ohne besondere Ereignisse. Heute packen wir unsere Sachen zusammen. Wir machen Stellungswechsel. Aus welchen Gründen auch immer, wir fahren einen Ort weiter nach Malenkoe Kropotowo. Hier ist es in den Quartieren längst nicht so sauber wie in dem Ort vorher. Die Schreibstube zieht es daher vor, ihr Zelt aufzubauen. Wir Fahrer sind von den Häusern nicht abhängig. Wir schlafen sowieso auf den Fahrzeugen.

13. Oktober 1942. Entsprechend der Anordnung von Leutnant Beinlich hat die gesamte Kompanie die Wäsche gewechselt. Sie wird eingesammelt und von uns Troßangehörigen gewaschen. Wir machen das wie die Russenfrauen. In großen Kübeln wird die Wäsche gekocht und danach im nahen Bach gespült. Problematisch ist das Trocknen. Es regnet zwar im Moment nicht, aber wo sollen wir die Leinen hernehmen, um die viele Wäsche aufzuhängen. Wir müssen sie auf Zäune und Hecken verteilen. Während alle Waschmänner voll beschäftigt sind, gibt es plötzlich Feueralarm. Das Schreibstubenzelt steht in Flammen. Wir lassen alles stehen und liegen und rennen zur Brandstelle. Bis wir dort ankommen und das erste Wasser haben, sind Teile des Mobiliars mit wichtigen Unterlagen nicht mehr zu retten.

14. Oktober 1942. Durch eingetroffenen Ersatz aus Neisse und genesene Kranke bzw. Verwundete ist die Gefechtskompanie aufgefüllt worden. Sie trifft Vorbereitungen für einen erneuten Einsatz. Das Bataillon wird im Divisionsabschnitt an der Wasusa zum Einsatz kommen. Wir vom Troß packen ebenfalls unsere Sachen zusammen und fahren nach Bolschoe Kropotowo zurück, wo allerdings unsere schönen Unterkünfte inzwischen von anderen Einheiten belegt sind. Wir müssen uns gewaltig einschränken und mit den weniger schönen Quartieren des Ortes vorliebnehmen.

15. Oktober 1942. Unsere Fahrzeuge sehen aus, als wären wir hunderte Kilometer unterwegs gewesen. Dabei sind wir nur von einem Ort zum anderen gefahren. Der Zustand der Verbindungswege entspricht der Jahreszeit. Im Laufe des Nachmittags fahren einige Gefechtsfahrzeuge nach Malenkoe Kropotowo und holen die Einsatzkompanie ab, um sie zur HKL zu bringen. Ich begleite den Transport, um mich als zukünftiger Einweiser mit dem Weg und dem Einsatzort vertraut zu machen. Wegen Feindeinsicht im frontnahen Gelände und der miserablen Wegeverhältnisse endet die Fahrt schon zehn Kilometer vor der Hauptkampflinie. Hier muß die Kompanie absitzen. Waffen, Munition und das Gerät werden aufgenommen, und im Fußmarsch geht's weiter. Mit dem Gerät und Gepäck ist es ein beschwerlicher Weg quer durch offenes Gelände. Mittlerweile ist es dunkel geworden. Mehr als einmal muß vorne angehalten werden, weil die schweren Munitionskisten mitsamt ihren Trägern im Graben oder in einem Granattrichter gelandet sind. Ich gehe als zukünftiger Einweiser mit an der Spitze, damit ich den Weg zur HKL genau kennenlernen und mir einprägen kann. Wir sind fast drei Stunden unterwegs, bis wir endlich die Stellung erreicht haben und froh, daß wir am Kompaniegefechtsstand das schwere Gerät und die Munitionskisten ablegen können. Die folgende Ablösung erfolgt ohne Hast in aller Ruhe. Der Feind darf nichts merken. Ab und zu geht zwar drüben eine Leuchtkugel hoch, doch sonst bleibt alles ruhig. Die HKL befindet sich zur Zeit vor den fast völlig zerstörten Ortschaften Cholm-Beresuisky und Gredjakino, zwischen den Flüssen Ossuga und Wasusa. Während der Ablösung treffe ich einen Landsmann aus Katzenelnbogen im Taunus. Er heißt Hubert Mallmann. Nach vollzogener Ablösung marschiere ich mit den anderen Trägern zu unseren Fahrzeugen. Dort angekommen, fahren wir zur Unterkunft nach Bolschoe Kropotowo zurück. Mitternacht ist lange vorbei, als wir dort ankommen. Wir reinigen Stiefel und Uniformen, ehe wir uns zum Schlafen niederlegen.

Unser bewährter Fahrer Willi Staats aus Bremen

16. Oktober 1942. Wir sind noch längst nicht ausgeruht, als wir heute morgen geweckt werden. Der Troß muß die Quartiere räumen und das Dorf verlassen. Wir fahren nur etwa fünf Kilometer, dann sind wir in dem kleinen Ort Paschki, unmittelbar am Fluß Ossuga. Hier halten wir am Ortseingang an. Der Spieß und Unteroffizier Ruckes, unser Küchenchef, gehen in das Dorf, um nach Quartieren zu schauen. Das ganze Nest ist belegt mit Trossen der Infanterie. Nach Kontaktaufnahme mit den Einheiten wird ein Haus am Ortseingang für unsere Schreibstube freigemacht. Das ist alles.

Die Kraftfahrzeuge müssen hinter den Häusern abgestellt werden, weil die Straßenseite bereits mit Fahrzeugen zugestellt ist. Einen Versuch, die Lkws einzugraben, scheitert an dem zu hohen Grundwasserspiegel. Wir tarnen sie gegen Fliegersicht, so gut es eben geht. Ein wenig enttäuscht sind wir Fahrer, daß wir keine richtige Unterkunft haben. Wir schlafen noch auf den Fahrzeugen. Tagsüber möchten wir jedoch einen Raum haben, in dem wir uns aufhalten und wo wir unsere meist nassen Uniformen trocknen können. Darüber macht man sich keine weiteren Gedanken. Uns wird stattdessen geraten, Bunker zu bauen. Mir bleibt keine Zeit, darüber lange nachzudenken. Ich muß mich fertigmachen, um als vorgesehener „Pfadfinder" mit dem Verpflegungsfahrzeug nach vorne zu fahren. Hauptfeldwebel Eggelmeyer fährt mit, um die Stellung der Kompanie kennenzulernen. Fahrer des Kfz 15 ist Willi Staats, der am häufigsten diese Fahrten durchführt. Wir fahren denselben Weg wie bei der gestrigen Ablösung. In der Nähe der Stellungen für unsere schweren Infanteriegeschütze (sIG) geht es nicht mehr weiter. Jeder von uns nimmt einen Essenbehälter auf den Rücken, und jeweils zwei Mann tragen eine Kiste mit kalter Verpflegung. So bepackt, machen wir uns auf den Weg zum Kompaniegefechtsstand. Ohne Orientierungsschwierigkeit gehe ich durch das Gelände, wenn auch der Spieß den richtigen Weg inzwischen anzuzweifeln beginnt. Unbeirrt gehe ich aber weiter, obwohl man bei dieser Dunkelheit die Hand nicht vor den Augen sieht. Mein guter Orientierungssinn hat mich noch nie im Stich gelassen. Auch heute nicht. Sicher erreichen wir den Kompaniegefechtsstand und geben Essen und

Verpflegung an die Essenholer aus. Sicher bringt uns Willi Staats nach Paschki zurück, das wir kurz nach Miternacht erreichen.

17. Oktober 1942. Heute morgen müssen sämtliche Troßangehörige vor der Schreibstube antreten. Wir werden erneut daran erinnert, daß wir es um ein Vielfaches besser haben als die Gefechtskompanie und daß wir diese Besserstellung durch mehr und härtere Arbeit ausgleichen müssen. Als Unterkünfte für uns und für die Schreibstube sollen wir Bunker bauen, Munition nach vorne schaffen und die Kompaniewäsche waschen. Daß wir auch noch für die Küche arbeiten müssen, wird nicht besonders erwähnt. Es ist selbstverständlich. Nach dem Antreten soll sofort mit dem Bunkerbau für die Schreibstube begonnen werden. Das ist ja auch am dringendsten, denn die sogenannten Schreibstubenhengste haben ja „nur" ein altes Russenhaus, in dem sie arbeiten und wohnen müssen. Unterkünfte für die Fahrer sind nicht so wichtig, jeder Lkw hat ja ein Führerhaus, das ist ausreichend Wohnung und Aufenthaltsort zugleich. Wir holen Schaufeln, Spaten und Spitzhacken herbei und beginnen mit den Ausschachtungsarbeiten für den Bunker. Wir kommen schnell in die Erde. Nachmittags muß ich mich fertigmachen und wieder mit dem Verpflegungsfahrzeug nach vorne fahren. Die Fahrt verläuft ohne Besonderheiten. Um Mitternacht sind wir in Paschki zurück.

18. Oktober 1942. Man läßt mich heute etwas länger schlafen, weil ich zwei Nächte unterwegs gewesen bin. Zum Essenempfang bin ich rechtzeitig an der Küche. Heute fahre ich nicht als Einweiser nach vorne, sondern muß mit einem Lkw Munition transportieren. Zunächst fahre ich zum Munitionslager Scherebzewo und lade dort Munition für das gesamte Bataillon. Schwer beladen fahre ich dann über Arestowo–Krjukowo nach vorne bis zur sIG-Stellung. Hier werden die Kisten abgeladen, denn eine Weiterfahrt ist nicht möglich. Inzwischen ist es Nacht geworden. Um nicht mit leerem Wagen zurückzukommen, fahre ich ganz vorsichtig nach Cholm-Beresuisky, um Balken und Bretter für unsere Bunker aufzuladen. Das Dorf liegt unmittelbar an der HKL und ist restlos zusammengeschossen. Hier gibt es geeignetes Baumaterial aus Holz in Hülle und Fülle. Ich packe auf den Wagen, soviel ich laden kann. Dann trete ich die Rückreise an. Ich muß sehr vorsichtig fahren, um auf den schlechten Wegen keinen Federbruch zu riskieren. Ohne Ladung wäre ich jedoch nicht weit gekommen, die unbelasteten Antriebsräder hätten im Morast durchgedreht. Mit Glück und Geschick bin ich in den frühen Morgenstunden in unserem Unterkunftsort zurück.

19. Oktober 1942. Nach wenigen Stunden Schlaf geht es wieder raus. Alles, was Hände hat, ist beim Bau des Schreibstubenbunkers versammelt. Der Bau soll fertig werden, bevor Frost und Schnee einsetzen. Bei dem derzeitigen Regenwetter machen Erdarbeiten kein Vergnügen. Nach getaner Arbeit sieht jeder aus, als wäre er selbst aus der Erde hervorgezogen worden. Man weiß nicht, wie man die Stiefel trocknen soll. Der grobe Dreck wird abends abgewaschen, und tags darauf geht's mit Erdarbeit weiter. Höheren Ortes hat man inzwischen erkannt, daß bei den derzeitigen Wegeverhältnissen mit den Lkws nicht mehr viel auszurichten ist. Deshalb hat man uns zwei Hiwis* mit Pferden und Wagen zugeteilt. Sie sollen die erforderlichen Transporte, wie Munition und dergleichen, zur vordersten Stellung übernehmen. Da ich mit Menschen und Pferden umgehen kann und die nötigen Ortskenntnisse zur HKL habe, werde ich zur Betreuung und Begleitung der Hiwis bestimmt. Ich habe mich daran gewöhnt, in dieser Kompanie allmählich „das Mädchen für alles" zu sein. Und das zusätzlich zu meinen eigentlichen Aufgaben, versteht sich!

* Hiwi = Hilfswilliger; das sind Russen, die freiwillig im Dienste der deutschen Wehrmacht stehen, Anm. d. Verl.

Meine Arbeit als Lkw-Fahrer bleibt davon unberührt. Die erste Fahrt mit beiden Hiwis trete ich heute nachmittag an. Vorher mache ich mich mit ihnen bekannt und zeige ihnen, wo sie die Pferde unterbringen können. Den Stall beurteilen sie gut, dort wollen sie auch ihren Schlafplatz einrichten. Verpflegt werden sie von unserer Küche. Dann beladen wir die Panjewagen mit Munitionskästen, und die erste Fahrt kann beginnen. Bei Einbruch der Dunkelheit haben wir die Hälfte der Wegstrecke zurückgelegt. Es stellt sich schon bald heraus, daß beide Hiwis ganz schlaue Burschen sind. Sie und ihre einheimischen Pferde sind mit den harten Anforderungen unterwegs bestens vertraut. Die überall morastigsten Wege durchfahren sie, als seien sie nicht vorhanden. Orientierungsschwierigkeiten gibt es bei ihnen nicht, obwohl weder Karte noch Kompaß zur Verfügung stehen. Sie fahren so sicher, als bewegten sie sich in ihrer engsten Heimat und hätten nie etwas anderes getan. In der sIG-Stellung laden wir die Munition ab und fahren umgehend nach Paschki zurück. Eine problemlose erste Fahrt.

20. Oktober 1942. Die Uhr zeigt kurz nach 2 Uhr, als wir in Paschki ankommen. Die beiden Hiwis versorgen ihre Pferde und legen sich zu ihnen in den Stall. Ich klettere auf den Lkw, mache mir dort ein Licht und schreibe einen ausführlichen Brief nach Hause, weil ich sonst nicht dazu komme. Ich habe ein schlechtes Gewissen, denn seit zehn Tagen habe ich meinen Eltern nicht mehr geschrieben. Danach lege ich mich unter die Decke und schlafe. Bei Tagesanbruch werden wir von der Wache geweckt. Wir arbeiten weiter am Bunker. Der Schreibstubenbunker geht seiner Vollendung entgegen. Nun können auch die Fahrer an den Bau von Unterkünften denken. Einige verzichten freiwillig. Sie begnügen sich mit ihrem Platz auf den Fahrzeugen.

Nach dem Mittagessen muß ich mich zunächst um den übernommenen Lkw kümmern. Dieser ist noch von der letzten Fahrt her total verdreckt. Das stört sowohl den Schirrmeister, Unteroffizier Jupp Bruckmüller, als auch den Kfz-Staffelführer, Ernst Kohle, sehr. Mit der Reinigung bin ich noch nicht ganz fertig, da kommen die Hiwis mit ihren Gespannen schon angefahren. Es ist auch allerhöchste Zeit für die Fahrt nach vorne, denn es wird allmählich dunkel. Ich hole mein Gewehr herbei, und ab geht's Richtung HKL. Heute transportieren wir gegurtete MG-Munition. Die Fahrt verläuft ohne Pannen. Wir fahren über die sIG-Stellung hinaus bis in eine Mulde hinter dem vordersten Graben. Während die Hiwis abladen, melde ich unsere Ankunft am Kompaniegefechtsstand. Auf dem Rückweg werde ich sehr müde. Ich hänge dem Hiwi Alex meine Knarre über und lege mich lang ausgestreckt auf das Stroh im Wagen. Wenn ich auch durch das Gepolter nicht einschlafen kann, kommen doch meine Knochen etwas zur Ruhe. Mitternacht ist längst vorbei, als wir in Paschki zurück sind.

21. Oktober 1942. Erwin Sabellek erwartet mich, als ich zum Schlafen auf den Lkw klettern will. Er führt mich in einen kleinen Bunker, den er fertiggestellt hat. Es ist ein rechteckiges Erdloch, etwa gut einen Meter tief, abgedeckt mit ein paar von den Balken und Brettern, die ich vorgestern von vorne mitgebracht habe. Der Innenraum ist gerade so groß, daß zwei Mann darin liegend Platz haben und sich sitzend aufhalten können. Auf dem Boden ist gegen aufsteigende Feuchtigkeit eine Zeltbahn ausgebreitet, darauf liegt eine Lage Stroh. Die Heizung besteht aus seitlichen Nischen, in die brennende Hindenburglichter oder Esbitkocher aufgestellt sind. Eine weitere Nische auf der kalten Seite dient uns als Kühlschrank. Der schräge Ein- und Ausgang ist mit einer alten Sofadecke verhangen, der einzige „kulturelle" Komfort unserer Behausung.

Ich bin froh und meinem Kameraden Erwin Sabellek dankbar, daß er mir diesen Schlafplatz in seinem Bunker angeboten hat. Ich wußte nicht, daß er schon vor unserem Gespräch mit dem Bau begonnen hatte. Keinen Handschlag konnte ich daran mithelfen, lediglich die Balken und Bretter beisteuern, die ich für alle mitgebracht hatte. Aber so ist er einfach, Kamerad durch und durch.

Genauso selbstverständlich sorgt er während der Abwesenheit für meine kalte Verpflegung, ohne auch nur ein Wort darüber zu verlieren. In dieser Nacht hat er heißen Tee bereitstehen und belegte Brote zurechtgemacht. Ohne ihn hätte ich vor Übermüdung keinen Bissen mehr zu mir genommen, sondern mich sofort zum Schlafen hingelegt. Das läßt er aber nicht zu. Erst als alles aufgegessen ist, läßt er mich in Ruhe, und wir können schlafen.

22. Oktober 1942. Allzulange habe ich nicht geschlafen. Draußen wird es nicht richtig hell. Es regnet wieder einmal in Strömen, wie so oft in den letzten Tagen. Die Wege sind nur noch Schlamm und Morast. Selbst die Dorfstraße ist mit unseren Lkws nicht mehr zu befahren. Nur Zugmaschinen oder allradgetriebene Fahrzeuge kommen noch vorwärts. Wichtigstes Transportmittel ist das Pferdegespann geworden. Ich werde zur Schreibstube gerufen und muß vom Rechnungsführer die vorhandene Marketenderware übernehmen. Unteroffizier Heinz Orlemann ist erkrankt. Das ist kein Problem.

Am späten Nachmittag stehen die Hiwis mit ihren Pferdefuhrwerken zur Abfahrt bereit und warten auf mich. Sie haben die Munition bereits aufgeladen. Ich bin schnell fertig, und die Fahrt geht in eine stockdunkle Nacht hinein. Trotz Morast und undurchdringlicher Dunkelheit – mit Regen – finden die Pferde mit traumwandlerischer Sicherheit unterwegs die richtige Fahrspur. Die beiden Hiwis und ich verlassen uns auf die Tiere und halten uns am Wagen fest. Wir laufen nebenher und versinken an einigen Stellen des Weges so tief im Morast, daß uns die Brühe in die Stiefelschäfte hineinläuft. Wir erreichen die vordere Mulde und laden ab. Wir fahren aber nicht leer zurück, sondern begeben uns erst in das zerschossene Dorf und laden Brennholz für die Küche. Dann treten wir den Rückweg an. Die Pferde haben es jetzt noch schwerer. Die Tiere müssen trotz ihres Instinkts unterwegs Schwerstarbeit verrichten. Die beiden Hiwis wissen aber genau, was sie den Pferden zumuten können. Wenn es dann gar nicht mehr geht und die Tiere stehenbleiben, laden wir einen Teil des Holzes ab. Ist die schwer passierbare Stelle überwunden, wird angehalten und das Holz wieder aufgeladen. Es vergehen zwar Stunden bei dieser Fahrt, aber wir kommen nicht mit leeren Händen zurück. Der Morgen graut bereits, als wir Paschki erreichen.

23. Oktober 1942. Todmüde krieche ich in den kleinen Erdbunker. Ich kann einfach nichts mehr essen. Ich schlafe sofort ein und merke nicht, als Erwin Sabellek den Bunker verläßt. Trotzdem habe ich nicht lange geschlafen. Zunächst arbeite ich bis mittags für den Rechnungsführer. Danach habe ich Kfz-Dienst, und bei einsetzender Dunkelheit beginnt wieder der Munitionstransport. Auf der Rückfahrt sollen wir möglichst viel gutes Holz mitbringen. In diesem Rhythmus geht das schon einige Tage. Dann zwei bis drei Stunden oder auch weniger Schlaf, und das Ganze beginnt von vorn. Auch das ist ein geregeltes Leben, und man gewöhnt sich sogar daran.

25. Oktober 1942. Es ist Sonntag. Früher war das in der Regel ein Ruhetag. Bei uns hier aber nicht. Auch die Kameraden an der Front kennen den Sonntag nicht. Der Krieg kennt keinen Ruhetag. Auch bei schlechtestem Wetter findet er nicht im Saale statt. Ich stelle fest, daß ich seit Tagen meine Aufzeichnungen sträflichst vernachlässigt habe, weil ich nicht dazu gekommen bin. Mein Dienst geht fast rund um die Uhr. Als ich heute morgen von der Küche zurückkomme, werde ich von meinem „Stubenkameraden" Erwin gerufen. Er zeigt auf unseren Bunker, der nicht mehr vorhanden ist. Durch die anhaltenden Regenfälle ist das Erdreich so tief aufgeweicht, daß die Seitenwände dem Druck von oben nicht mehr standgehalten haben. Der Bunker ist in sich zusammengesackt. Ein Glück für uns, daß es nicht während der Nacht geschah. Wir wären lebendig begraben worden. Sofort beginnen wir mit dem Wiederaufbau. Wir räumen die alte Balkenlage auf die Seite und müssen neu ausschachten. Während wir beide in der Erde wühlen, werde ich zur

Schreibstube gerufen. Unser Spieß empfängt mich mit süßsaurem Gesichtsausdruck und sagt mir, daß Unteroffizier Orlemann hohes Fieber bekommen hat und sofort ins Lazarett gebracht werden mußte. Ich soll „meines Amtes" walten, das heißt, die Vertretung des Rechnungsführers voll übernehmen. Viel ändert sich dadurch ja nicht, ich werde mich nur weniger um das mir anvertraute Kraftfahrzeug kümmern können, sehr zum Leidwesen des Schirrmeisters. Zur Zeit wird ja kaum gefahren, und deshalb ist das auch nicht so tragisch. Um die Aufgabe als Transportbegleiter der Hiwis komme ich deshalb aber nicht herum. Das würde ich auch nicht wollen und die beiden Russen sicher auch nicht.

Der Schirrmeister, Feldwebel Jupp Bruckmüller

Sie wissen, daß ich alles für sie besorge, was irgendwie herangeschafft werden kann und daß ich mich in jeder Beziehung für sie einsetze. Ich weiß jetzt schon, daß es mir sehr leid tun wird, sollten sie nicht mehr für uns fahren und versetzt werden. Es sind absolut zuverlässige, ehrliche und brauchbare Burschen. Wie an den Tagen vorher, stehen sie abfahrbereit zur rechten Zeit mit beladenem Wagen vor der Schreibstube. Wir fahren die bekannte Wegstrecke zur HKL. Jeder Schritt und jeder Handgriff sind uns zur Routine geworden. Wir fahren heimwärts wieder in Cholm-Beresuisky vorbei und laden Holz. Weil das Holz für meine Unterkunft bestimmt ist, suchen die beiden Hiwis besonders schöne Balken und Bretter aus. Wir halten uns damit zwar länger auf, aber das hat nichts zu sagen. Nach der Rückkehr laden wir das Holz an der Baustelle bei Erwin Sabelleks Wagen ab, damit es in Bunkernähe greifbar ist. Ich schlafe auf dem Lkw.

26. Oktober 1942. Nach knapp zwei Stunden Schlaf bin ich wieder auf den Beinen. Ich helfe zunächst Erwin beim Bunkerbau, damit wir das Erdloch bald oben abdecken können. Von den anderen Fahrern bekommen wir Unterstützung, nachdem sie inzwischen wieder Kompaniewäsche waschen und in Ordnung bringen mußten. Für die Abdeckung des Bunkers und zum Abstützen der Decke reicht unser Holz noch nicht aus. Ich muß zwischendurch zur Schreibstube. Dort ist eine Menge Arbeit aufgelaufen. Ich nehme mir auch einfach die Zeit, meinen Eltern einen längst überfälligen Brief zu schreiben. Am späten Nachmittag erfolgt wieder die bekannte Fahrt mit den Hiwis nach vorne.

28. Oktober 1942. Ein Tag verläuft hier wie der andere. Ich bin völlig ausgelastet. Für persönliche Dinge bleibt mir nur wenig Zeit. Meine Tagebuchnotizen werden zwangsläufig vernachlässigt, was mir sehr leid tut. Man kann nicht alle Begebenheiten für längere Zeit im Kopf behalten. Und meine Briefschulden wachsen bei jedem Posteingang mehr an. Die für ein Bad dringend notwendige Banja habe ich seit über einer Woche nicht mehr betreten können. Unser neuer Bunker ist auch heute noch nicht fertig, weil ich dabei kaum helfen kann. Erwin arbeitet allein. Zum Glück hat der Regen nachgelassen. Das Wetter scheint sich zu ändern. Heute morgen war die Erde erstmalig leicht gefroren. Wir sind froh darüber, weil es dann von oben trocken wird. Die Russen werden an der Front sofort aktiv. Ihre Artillerie belegt das Dorf mit schweren Granaten. Bei der üblichen Fahrt nachmittags zur HKL ist es auch unruhiger. Mehrere Ortschaften, Straßenkreuzungen und andere Ziele liegen unter ständigem feindlichen Artilleriebeschuß. Im völlig zerschossenen Cholm-Beresuisky laden wir wieder Holz für unseren Bunker. Als wir das Nest gerade hinter uns haben, geht dort ein heftiger Feuerschlag nieder.

30. Oktober 1942. Nach wenigen Stunden Schlaf bin ich sehr früh in unserem Schreibstubenbunker. Ich muß die Monatsabrechnung der Kompanie fertigstellen. Zum Mittagessen bleibe ich an der Feldküche, die direkt an der Schreibstube steht. Danach gehe ich zu unserem fertigen Bunker, zu dessen Bau ich wenig beitragen konnte. Erwin hat – aus Jux – zum Richtfest eingeladen. Der neue Bunker ist solide gebaut, die Inneneinrichtung muß noch hergerichtet werden. Heute ist es länger hell als sonst. Nach den verregneten Wochen scheint endlich die Sonne wieder. Das wirkt sich sofort positiv auf die Stimmung aus. Pünktlich wie immer fahre ich mit den Hiwis zur Stellungsmulde bei Gredjakino. Der Weg ist für Mensch und Tier noch beschwerlicher geworden. Nur zwei Nächte Frost haben die Schlammlöcher und morastigen Wege in holprige Pisten verwandelt. Die Pferde haben es sehr schwer. Auch uns, die wir nebenher marschieren müssen, geht es nicht besser. Es ist kein Marschieren mehr, es ist nur noch ein Vorwärtsstolpern. Wo es möglich ist, weichen wir auf Felder oder Wiesen aus. Ich muß während der Fahrt aufpassen, daß wir keine Munition verlieren. Die Hiwis sind bei den Pferden. Die armen Tiere dampfen trotz der Kälte, die abends spürbar wird. Die Rückfahrt wird nicht besser, denn wir haben Holz geladen. Mehr als einmal muß angehalten werden, um herabgefallene Holzbalken aufzusammeln. Insgesamt sieben Stunden sind wir in dieser Nacht unterwegs, dann erst sind wir in Paschki zurück.

1. November 1942. Der November beginnt mit Frost und klarem Wetter. Es ist noch kein starker Frost, aber die Erdoberfläche ist schon trocken und fest. Die Sonne stellt den alten Zustand zwar immer wieder her, aber es ist viel mehr Leben im Dorf, als bei dem ständigen Regen. Unsere Lkws stehen noch unberührt an Ort und Stelle. Solange uns die Pferdegespanne zugeteilt sind, werden die Munitionstransporte mit ihnen durchgeführt. Wir werden noch mehr Bunker bauen, da wir längere Zeit in Paschki bleiben sollen. Die Lkws müssen splittersicher eingegraben werden. Die ersten Vorbereitungen für den Winter werden getroffen.

2. November 1942. Unsere Bunkereinrichtung ist soweit hergestellt, daß wir jetzt darin schlafen können. Wie immer hatte Erwin Sabellek für meine Verpflegung bestens gesorgt. Ich bin zwar durch den anstrengenden Marsch nach vorne sehr müde, aber während ich mein Brot esse, unterhalten wir uns noch. Früh bin ich aufgestanden und arbeite in der Schreibstube. Später baue ich für den Lkw ein Dach aus Stroh. Es ist Tarnung und Schutz gegen einsetzenden Schneefall zugleich. Mit letzterem müssen wir rechnen, denn die Sonne hat sich hinter den Wolken verkrochen. Es bleibt kühl. Bei beginnender Dunkelheit bin ich mit den Hiwis unterwegs. Wir fahren Munition.

4. November 1942. Ich komme nicht dazu, meine Tagebuchnotizen fortzuführen, so sehr werde ich zur Zeit von allen Seiten mit Beschlag belegt. Ich bin in der Schreibstube, als Unteroffizier Orlemann aus dem Lazarett zurückkommt. Er sieht sehr schlecht aus und kann seine Aufgaben noch nicht vollständig übernehmen. Ich muß ihn weiter unterstützen. Vor allem die Angelegenheiten mit dem Bataillonszahlmeister muß ich regeln. Empfang von Marketenderware und deren Abrechnung gehören genauso dazu, wie die täglichen Meldungen an das Bataillon. Meine anderen Funktionen als Fahrer und Hiwi-Begleiter bleiben davon unberührt.

5. November 1942. Der erste Nachtfrost war nur von kurzer Dauer. Mit Verschwinden von Kälte und Sonne verschlechtern sich auch die Wege wieder. Die Pferdegespanne hatten schon, ohne daß ich dies wußte, eine andere Unterkunft bezogen. Sie stehen uns aber weiter zur Verfügung. Mein Tagespensum beim Troß ist bis auf die letzte Minute dienstlich ausgefüllt. Vormittags Rechnungsführer, Mittagessen, dann Fahrzeugpflege, Bunkerbau und nachts Munitionstransport. Ab sofort lasse ich die Pferdefuhrwerke eine Stunde eher anspannen, da es früher dunkel wird. So sind wir zeitiger vorne in der Mulde. Das Abladen der Kästen geht schnell. Ich melde die gelieferte Menge dem Kompanietruppführer und trete sofort den Rückweg an. Es ist zur Gewohnheit geworden, auf der Rückfahrt Holz mitzunehmen. Trotz einer schweren Ladung sind wir heute vor Mitternacht in Paschki zurück.

6. November 1942. Nach einer mäßig kalten Nacht wird es vormittags urplötzlich sehr kalt. Der Wind bläst scharf aus Nordost und schüttelt uns gewaltig durch. Die Erde erstarrt. In wenigen Stunden ist der vorher durchnäßte Boden knochenhart gefroren. Zur Fahrt nach vorne ziehe ich den Mantel über. Die beiden Russen finden die Witterung „charoscho“ (gut). Sie sind absolute Naturburschen und mit den Witterungsverhältnissen bestens vertraut. Ihr Improvisationstalent und ihre Anpassungsfähigkeit sind schon erstaunlich. Sie werden in dieser Hinsicht mit jeder Schwierigkeit fertig. In allen vergangenen Nächten habe ich nicht einmal erlebt, daß sie irgendwie in Verlegenheit geraten sind. Ich habe in diesen Wochen manch Brauchbares von ihnen lernen können.

7. November 1942. Seit langer Zeit konnte ich wieder einmal fast sechs Stunden schlafen. Nach dem Kaffee bin ich in der Schreibstube. Wegen der plötzlichen strengen Kälte wird die Schreibstube in das Russenhaus zurückverlegt. Der Bunker muß umgebaut werden, damit man ihn auch beheizen kann. Ich mache meinen gewohnten Dienst. Es ist nicht ausgeschlossen, daß wir bei jetzt gefrorenem Boden die Kraftfahrzeuge wieder in Betrieb nehmen. Noch ist es nicht soweit. Pünktlich wie immer stehen die Hiwis zur Munitionsfahrt bereit. Heute ist es noch ein Gespann mehr, dann kann die Fahrt morgen entfallen. Wir laden besonders viel, weil der Boden fest ist. Unterwegs schlagen die Hiwis einen kürzeren Weg ein. Dazu müssen wir allerdings über einen zugefrorenen Wassergraben. Ich bin zwar skeptisch ob dies gelingt, vertraue ihnen aber. Zwei Fahrzeuge kommen ungehindert über den Graben, das letzte Fuhrwerk bricht ein. Wir müssen einen Teil der Kisten abladen, damit der Wagen leichter wird und in die Speichen greifen. Ich will selbst mit zugreifen und rutsche in den Graben hinein. Das Wasser läuft mir in den Stiefelschaft. Das alles hält uns unerwartet auf. Dann geht's unverzüglich weiter. In der Mulde wird abgeladen. Ich melde mich beim Kompanietrupp, dann zum bekannten Holzplatz und aufladen. Vollbeladen mit Holz fahren wir zurück. In Paschki angekommen, habe ich große Mühe, die Stiefel von den Füßen zu bekommen.

8. November 1942. Es ist Sonntag. Ich bin schon früh auf den Beinen und gehe sofort nach dem Kaffee in die Schreibstube. Dort will ich mit meinen Arbeiten beginnen, aber dazu kommt es nicht. Der Hauptfeldwebel „verordnet“ mir einen Ruhetag. Ich werde nicht zum Dienst eingeteilt. Auch der Munitionstransport entfällt. Ich bin sehr froh darüber, kann ich doch endlich einmal persönliche Dinge erledigen. Seit dem 15. Oktober bin ich – ohne Pause – ständig im Einsatz. Den Ruhetag will ich nutzen. Zunächst hole ich mein persönliches Gepäck vom Wagen und packe alles aus. Ich sehe Wäsche und Strümpfe nach und ordne alles neu. Dann putze ich mein gesamtes Lederzeug einschließlich der Stiefel gründlich. Vor dem Mittagessen gehe ich zum benachbarten Infanterietroß in die Banja. Hier schwitze ich tüchtig, und während ich auf der Bank hocke, kocht meine schmutzige Wäsche auf dem offenen Feuer. Die Wäsche wird noch auf den Zaun gehängt, dann gehe ich zum Essenempfang. Danach lege ich mich in unseren kleinen Bunker und schlafe. Nach beendeter Mittagsruhe erledige ich meine Post. Ich habe viele Briefe erhalten, die zu beantworten sind. Unter anderem einen Brief meines Freundes Eberhard Hahnfeld. Er schreibt von schönen Urlaubstagen zu Hause und daß ab Anfang Oktober die Waffenschule beginnt. Zwischenzeitlich ist er zum Unteroffizier befördert worden. Bei Einbruch der Dunkelheit bin ich bei den Fahrern im Bunker. Von hier werde ich zur Schreibstube gerufen. Als Preis für den Ruhetag muß ich bis 24 Uhr die Telefonwache übernehmen. Während dieser Zeit schreibe ich noch Briefe. Dann gehe ich schlafen.

9. November 1942. Ich werde auf der Schreibstube nicht mehr benötigt. Der Rechnungsführer ist wieder gesund, und nur wenn Not am Mann ist, soll ich einspringen. Ich wende mich nun dem mir anvertrauten Lkw zu. Wir verbessern außerdem die Einrichtung der Bunker. Damit geht es langsam voran, weil wir nur wenige Fahrer sind. Am späten Nachmittag fahre ich Munition mit den Hiwis.

10. November 1942. Der Winter hat das Land fest im Griff. Wenn auch noch keine Schneeflocke gefallen ist, so hat der Frost doch alles erstarren lassen. Die Erde ist bereits steinhart. Wir arbeiten an unseren Bunkern und an der Fahrzeugpflege. Ich muß meinen Wagen zu einer Fahrt fertigmachen. Nach dem Mittagessen fahre ich zum Divisionsmunitionslager nach Scherebzewo. Mein Beifahrer ist Hans Arndts. Wir laden eine große Menge Munition und bringen sie nach vorne in die sIG-Stellung. Wir laden ab und fahren in Richtung Paschki zurück. Wir beeilen uns, denn es beginnt, dunkel zu werden. Normalerweise führt der festgefrorene, aber holprige Weg halbkreisförmig an einem nicht sehr kleinen Sumpfsee entlang. Der See ist inzwischen fest zugefroren, und wird von der Mehrzahl der Fahrzeuge als Abkürzung genutzt. Diesen Weg wollen wir auch einschlagen, damit wir schneller vorankommen und früher in unserem Quartier sind. Die Auffahrt auf den See geht gut. Ich beschleunige das Tempo auf der spiegelglatten Eisfläche während der Überfahrt und setze es erst wieder herab, als das gegenüberliegende Ufer in Sicht kommt. Bevor wir jedoch den festen Boden unter den Reifen haben, brechen wir am Uferrand ein. Dort ist das Eis bekanntlich hohl und brüchig, außerdem mit Schilfrohr durchsetzt. Dem Gewicht des schweren Motors hat das Eis hier nicht standgehalten. Das ergibt einen nicht einkalkulierten, ungewollten Aufenthalt. Wir holen die Winde vom Wagen und drücken den Lkw auf das feste Eis zurück. Ein neuer Versuch, etwas weiter seitlich den Eisrand zu überbrücken, geht ebenfalls schief. Wieder muß der Wagen auf das dickere Eis zurückbefördert werden. Beim nächsten Versuch setze ich alles auf eine Karte. Ich fahre einen großen Bogen und beschleunige das Tempo. Mit erhöhter Geschwindigkeit überwinde ich den verhängnisvollen Seerand. Wir kommen wieder auf den alten Weg und sicher in Paschki an. Ich tanke den Wagen voll und will mich zur Ruhe begeben. Doch dann muß ich mich schon wieder fertigmachen. Ein neuer Fahrbefehl liegt vor. Mit Willi Preuten als Beifahrer muß ich nach Siderowo fahren, um Waffenöl und MG-Munition zu holen. Wir haben nicht so schwer wie vorher geladen, denn der Weg von hier zur HKL ist in sehr schlechtem Zustand. Er ist nicht nur durch den Frost holprig, sondern weist viele von Kettenfahrzeugen ausgefahrene Spuren und Löcher auf. Trotz vorsichtiger Fahrweise bekommt der Wagen einen Federbruch an der rechten Hinterachse. Mit gebrochener Feder fahren wir bis in die sIG-Stellung. Das kostet viel Zeit. Einen Teil des Waffenöls laden wir hier ab, dann fahren wir noch bis in die Mulde. Hier wird der Rest abgeladen und Leergut aufgeladen. Bevor wir zur Rückfahrt aufbrechen können, müssen wir auf einen Kameraden warten. Er ist durch einen Kopfsplitter verwundet und muß schnellstens zum Arzt. Deshalb müssen wir ihn mitnehmen. Es ist der Gefreite Dressel von unserer Kompanie. Der Sanitäter gibt zu bedenken, daß die Schädeldecke von einem Granatsplitter durchschlagen worden ist und daß wir unverzüglich und mit äußerster Rücksicht auf den Verwundeten zum Truppenverbandsplatz fahren sollen. Wir machen uns auf den Weg. Ich fahre vollkonzentriert und vorsichtig, damit nicht zu große Erschütterungen entstehen, die dem Verwundeten schaden könnten. Mitternacht ist längst vorbei.

11. November 1942. Die Morgendämmerung zieht bereits herauf, als wir auf dem Hauptverbandplatz eintreffen. Wir fragen den Posten nach dem diensttuenden Arzt und melden den mitgeführten Verwundeten sofort bei ihm. Er schaut sich den Verwundeten gleich auf dem Wagen an und läßt ihn dann ins Haus bringen. Wir legen ihn auf einen langen Tisch. Dann entfernt er den Notverband und besieht sich die Verwundung. Nach kurzer Untersuchung kommt er zu der Entscheidung, daß der Granatsplitter sofort her-

Technischer Dienst an den Fahrzeugen,
ganz rechts steht August Salomon, gefallen am 16. September 1942 bei Laptewo.

aus muß. Willi Preuten und ich halten den Verwundeten auf dem Tisch fest und sind Zeugen, wie der Arzt mit ruhiger Hand den Splitter aus der Schädeldecke entfernt. Er beglückwünscht danach unseren Kameraden wegen seines unermeßlichen Glücks, das er trotzdem hatte. Der Splitter hat zwar die Schädeldecke durchschlagen, das darunterliegende Gehirn aber nicht verletzt. Ohne den geringsten Laut hat unser Kamerad die Behandlung bei vollem Bewußtsein über sich ergehen lassen. Hinterher hat er nur den einen Wunsch, an einer Zigarette ziehen zu dürfen. Der Doktor zündet sich selbst eine an und läßt ihn auch nur den einen Zug machen. Dann wird er in einen Raum nebenan gebracht, wo er sich entspannen und ausruhen kann. Noch unter dem Eindruck des eben Erlebten stehend, fahren Willi und ich mit unserer Ladung nach Nikonowo weiter, wo wir das Leergut abladen. Dann erst geht es zurück zur Unterkunft nach Paschki. Mittlerweile ist es heller Tag. Der Dienst beim Troß hat begonnen. Sofort nach der Ankunft melde ich unserem Schirrmeister den Federbruch an dem Lkw. Er ist sauer, obwohl er genau weiß, daß unsere Mercedes-Lkws darin höchst anfällig sind. Es ist nicht der erste Federbruch an diesem Fahrzeugtyp und wird auch nicht der letzte sein. An der Fahrweise hat es nicht gelegen. Leider ist keine Ersatzfeder vorrätig. Der Instandsetzungstrupp muß erst eine besorgen.

Ohne eine Ruhepause einzulegen, mache ich den laufenden Dienst mit. Zunächst säubere ich den Wagen, dann baue ich an einem Dach weiter. Zwischendurch muß ich zur Schreibstube kommen. Beim Bataillon ist Marketenderware zu empfangen. Mit Erwin Sabellek fahre ich im Kfz. 15 von Willi Staats nach Bolschoe Kropotowo. Der Empfang der Ware dauert länger als vorgesehen, deshalb bekommen wir nach unserer Rückkehr verspätet Mittagessen. Danach kann ich mich wieder für den Munitionstransport mit dem Lkw fertigmachen. In der HKL ist es auffallend ruhig. Das ist nicht immer ein gutes Zeichen. Auf der Rückfahrt bringen wir Holz aus Cholm-Beresuisky mit. Wir fahren wieder über den zugefrorenen See. Dieses Mal gibt es keinen Aufenthalt, und deshalb sind wir bereits um 23 Uhr in Paschki zurück. Ich falle fast um vor Müdigkeit.

12. November 1942. Fast sieben Stunden habe ich geschlafen. Ich bin ausgeruht und bereite mich auf den Dienst vor. Heute morgen ist es bitterkalt. Ich setze meine Arbeit an dem Schutzdach für den Lkw fort. Zur üblichen Zeit am Nachmittag fahre ich mit den Hiwis nach vorne. Mittlerweile kennen die Pferde die Strecke so genau, daß man sie nicht mehr an der Leine führen muß. Die beiden Kutscher und ich laufen nur noch nebenher. Zum Aufsitzen ist es zu kalt. Wir laden Munition ab und Holz wieder auf. Wir nehmen auch heute den Weg über das Eis. Diese Strecke ist doch wesentlich kürzer, so sind wir um 23 Uhr wieder in Paschki. Als ich in den Bunker krieche, liegt mein Freund Erwin Sabellek bereits in tiefem Schlaf. Der Esbitkocher brennt noch, so daß der fertige Tee schön heiß ist. Ich esse eine Kleinigkeit und lege mich dann auch hin.

13. November 1942. Um 6 Uhr stehen wir auf. Wir holen unseren Kaffee an der Feldküche. Draußen ist es saumäßig kalt. Ich esse eine Scheibe Brot mit Wurst. Danach beginnt der Dienst. Ich gehe zur Schreibstube und zum Instandsetzungstrupp. Die Ersatzfeder für den Lkw ist eingetroffen. Ich nehme sie mit zum Wagen und beginne sofort mit den Reparaturarbeiten. Etwas abseits vom Wagen zünde ich mir ein Feuer an, damit ich mir ab und zu Hände und Füße aufwärmen kann. Am Wagen mache ich Muttern und Schrauben mit der Lötlampe warm, um eine Montage bei dieser Kälte überhaupt zu ermöglichen. Die schwierigste Arbeit ist der Ausbau der gebrochenen Feder. Immer wieder muß ich die Arbeit unterbrechen, um mir Hände und Füße am Feuer zu wärmen. Doch meine Ausdauer wird belohnt. Die neue Feder ist bald an ihrem Platz. Danach bin ich total durchgefroren. Meine Hände spüre ich kaum noch. Ich melde den Wagen fahrbereit, dann wird es Zeit für den Marsch nach vorne. Darüber bin ich sehr froh, denn dadurch komme ich in Bewegung und kann meine Füße aufwärmen. Erst als wir die Munition am Ziel abladen, ist mir insgesamt wärmer geworden. Auch während der Rückfahrt bleibe ich auf den Beinen. Genau um Mitternacht sind wir in Paschki zurück. Ich trinke heißen Tee mit Rum, den mir mein treuer Freund und Kamerad Erwin bereitgestellt hat. Dann lege ich mich zum Schlafen hin.

14. November 1942. Mit den anderen Kameraden stehe ich um 6 Uhr auf. Draußen ist es verdammt kalt. Wenn ich nachts unterwegs bin, spüre ich nichts davon. Ich laufe zur Küche und hole heißen Kaffee für Erwin und mich. Wir frühstücken kurz. Ich muß zur Schreibstube kommen. Beim Bataillon sind Filzstiefel und warme Bekleidung eingetroffen, die abgeholt werden müssen. Die Anzahl der Stiefelpaare ist begrenzt. Sie sollen der Kampftruppe vorn in der Stellung zur Verfügung stehen und sind hauptsächlich für die gedacht, die im Graben Posten stehen müssen. Beim Eintreffen in der Schreibstube wird die Winterkleidung erst einmal unter Verschluß genommen. Auch an diesem Nachmittag fahre ich mit dem Munitionstransport nach vorn. Es wird noch kälter. Der scharfe Nordost fegt über das Land. Wir halten uns beim Abladen nicht lange auf, sondern fahren umgehend zurück. Wir haben kein Holz geladen und hocken uns auf die Fuhrwerke. Die Hiwis treiben die Pferde zur Eile an. Im scharfen Trab jagen wir über das Eis des zugefrorenen Sees und über den holprigen Weg. Es ist eine Höllenfahrt, welche die beiden Hiwis noch lustig finden. Sie geben den Pferden keine Ruhe, bis wir in Paschki sind. Als ich dort vom Wagen steige, habe ich kein Gefühl mehr in meinen Gliedern. Erst langsam taue ich in unserem kleinen Bunker wieder auf. Heißer Tee mit viel Rum hilft mir dabei. Trotz großer Müdigkeit kann ich nicht einschlafen. Meine Knochen tun mir weh, Hände und Füße kribbeln entsetzlich.

15. November 1942. Es ist Sonntag. Nach den Erfahrungen mit der Kälte in den letzten Nächten tausche ich heute morgen meine Lederstiefel um. Sie müssen mindestens zwei

Nummern größer sein, damit ich Strümpfe und Fußlappen anziehen kann. Der Dienst ist unverändert hart. Wir arbeiten an unseren Fahrzeugen. Nur zum Essenempfang wird die Arbeit unterbrochen. Während wir unsere Kochgeschirre leeren, fängt es ganz fein an zu schneien. Der Wind nimmt an Stärke zu und wird zum eisigen Schneesturm. Ich denke an den Winter des Vorjahres und an die armen Kerle, die jetzt vorn im Graben auf Posten stehen müssen. Ich bereite mich auf den Munitionstransport vor. Als ich mich in der Schreibstube abmelden will, höre ich, daß der Transport ausfallen soll. Nicht etwa wegen des fürchterlichen Wetters, sondern weil das Bataillon in den nächsten Tagen herausgelöst werden soll. Noch soll es nicht „amtlich" sein, doch Erwin Sabellek hat dasselbe auch beim Verpflegungsamt erfahren. Ich bin froh, daß ich bei diesem Wetter nicht stundenlang unterwegs sein muß. Abends kursieren bereits die tollsten Parolen in den Quartieren. Die Phantasien haben wieder freien Lauf. Man spricht nicht nur von der üblichen Ablösung aus der Stellung, sondern vom Herauslösen der Division aus der Ostfront. Von der notwendigen Auffrischung in Ostpreußen bis zur Verlegung ins französische Paradies reichen die Vorstellungen. Daraus entwickelt sich ein abendfüllender Gesprächsstoff für uns Soldaten. Und jeder Hinzukommende weiß eine neue Version, die „aus sicherer Quelle stammt". Doch alle sind sich darin einig, da muß was dran sein. Mit diesem Gedanken gehen wir schlafen.

16. November 1942. Nach einer Nacht voller Träume hat uns die rauhe Wirklichkeit wieder. Das Schlagwort „Ablösung" ist zwar noch in aller Munde, aber man denkt schon wieder etwas nüchterner. Wir sind es ja gewohnt, uns schnell auf mögliche Veränderungen einzustellen. An den Bunkern wird ab sofort nichts mehr verbessert. Unsere Aufmerksamkeit gilt den Fahrzeugen. Sie müssen zur Stunde X hundertprozentig in Ordnung sein. Ein Fahrer vom rückwärtigen Troß ist hierher beordert worden, um den Lkw von mir zu übernehmen. Ich werde frei für besondere Aufgaben, die ich dann wahrnehmen soll. Auch heute entfällt der Transport nach vorn. Die Hiwis sind – ohne Kommentar – plötzlich weg, ich habe sie nicht mehr zu sehen bekommen.

17. November 1942. Ich bin sehr früh auf heute morgen, weil ich es nicht gewöhnt bin, lange zu schlafen. Nach dem Kaffee bin ich auf der Schreibstube. Im Laufe des Vormittages wird unsere Ablösung zur Gewißheit. Das Vorkommando der 78. Infanteriedivision trifft ein und meldet sich bei unserem Hauptfeldwebel. Unser Kompanieabschnitt bei Gredjakino wird von der 3. Kompanie, Infanterieregiment 195, übernommen. Die Ablösung soll in der Nacht vom 18. zum 19. November durchgeführt werden. Ich werde als Einweiser bestimmt, der die Infanterie nach vorne begleiten muß.

18. November 1942. Es ist Buß- und Bettag, ein Feiertag. Ein Feiertag auch für die Kompanie, weil die Ablösung bevorsteht. Alle bei uns freuen sich darauf. Ich bin sicher, am meisten freuen sich die Kameraden, die seit einigen Wochen vorne im Dreck liegen.

Die Mittagszeit ist vorbei, als die Soldaten des I. Bataillons des Infanterieregiments 195 bei uns in Paschki eintreffen. Ich mache mich fertig und melde mich beim Führer der 3. Kompanie des Infanterieregiments 195 zur Einweisung. Unsere Lkws stehen bereit, um sie so weit wie möglich nach vorn zu bringen. Darüber sind sie sehr erstaunt. Das ist ihnen noch nicht oft passiert, daß sie zur HKL gefahren werden und die Waffen und Munition nicht schleppen müssen. In der Regel müssen sie solche Strecken marschieren. Bis zur sIG-Stellung wird gefahren. Als wir dort eintreffen, ist es dunkle Nacht. Hier wird abgesessen, Waffen und Gerät werden abgeladen. Das letzte Stück bis zur HKL muß marschiert werden. Alles muß möglichst lautlos ablaufen, damit der Feind nicht aufmerksam wird und das Gelände unter Feuer nimmt. Auf dem Marsch zur eigenen Panzerstellung führe ich an der Seite des Kompanieführers. Unterwegs ist er skeptisch, ob wir uns auf dem richtigen Weg befinden. Ich erkläre ihm, daß ich die Strecke oft genug gelaufen und meiner Sache absolut sicher bin. Durch die vielen Märsche und Fahrten mit den Hiwis kenne ich den Weg genau, wenn auch das Gelände durch die neue Schneedecke ein völlig verändertes Aussehen angenommen hat. Alle Zweifel an der Richtigkeit des Weges werden bald beseitigt, denn wir haben die Panzerstellung genau an der von mir bezeichneten Stelle erreicht. Dort erwarten uns die Einweiser aus dem vordersten Graben. Mein Auftrag ist ausgeführt. Dann erhalte ich aber einen neuen Befehl. Ich muß mich sofort zum Bataillonsgefechtsstand in Marsch setzen und soll mich dort zur Verfügung halten. Als ich dort eintreffe, wartet bereits ein Kfz. 15 auf mich. Fahrer ist der Obergefreite Friedel Wunde. Mit ihm fahre ich nach Siderowo und melde mich beim Ordonnanzoffizier des Regiments. Mitternacht ist bereits vorbei, als ich mich dort zum Schlafen hinlegen kann.

19. November 1942. Nach einigen Stunden Ruhe werde ich vom Posten geweckt. Ich melde mich auf dem Regimentsgeschäftszimmer. Dort sind inzwischen Unteroffizier Halbe und Obergefreiter Ernst Theis (Fahrer) mit einem Kfz. 15 unserer Kompanie eingetroffen. Wenig später kommt noch Oberleutnant Brüning hinzu und erklärt uns, daß wir mit ihm auf Vorkommando fahren. Wir sollen Quartiere machen für das dann abgelöste II. Bataillon des Panzergrenadierregiments 14. Die Abfahrt wird auf 10.30 Uhr festgesetzt. Ab 10 Uhr müssen wir bereits abfahrbereit sein. Bis dahin habe ich noch etwas Zeit und schaue mich im Dorf um. Ich habe Schilder unseres Divisionsstabes entdeckt. Ich treffe meinen Freund Isi Gries. Wir haben uns ewig lange nicht mehr gesehen und tauschen Neuigkeiten aus. Dann muß ich mich verabschieden.

Pünktlich um 10 Uhr verlassen wir mit dem Kfz. 15 Siderowo. Über hartgefrorene Straßen, die nur mit feinem Schnee bedeckt sind, fahren wir ins rückwärtige Frontgebiet. Nach zirka einer Stunde Fahrt treffen wir in der Stadt Sytschewka ein. Hier in der Stadt sollen wir uns nach Quartieren umsehen. Die Kommandantur hat uns die Ausbildungsschule zugewiesen. Dort fahren wir zunächst hin. Als wir das Innere des Gebäudes besichtigen, sind wir sehr betroffen. Die Räume sind zwar groß und bieten viel Platz, aber für eine eben aus der HKL abgelöste Kampftruppe halten wir diese Unterkunft für eine Zumutung. Es ist ein eiskalter Bau aus Steinen, der lange Zeit leer gestanden hat. Entweder fehlen Türen oder vorhandene lassen sich nicht schließen, außerdem sind viele Fensterscheiben kaputt. Öfen, um die Räume zu beheizen, sind nicht vorhanden.

Ehe wir durch erneutes Suchen Zeit verlieren, beschließen wir, die Räume herzurichten. Es wird ohnehin nur eine vorübergehende Bleibe für die Kameraden sein. Wir machen uns sofort an die Arbeit. Bis die Kompanie hier eintrifft – sie wird morgen erwartet –, können wir allerhand bewerkstelligen. Wir fahren zu mehreren Dienststellen in der Stadt und zum Bahnhof, um das notwendige Material zu beschaffen. Doch wir müssen bald erkennen, daß dies in einer frontnahen und erheblich zerstörten Stadt nicht so einfach ist. Stroh als Schlafunterlage finden wir am Bahnhof. Pappkarton oder Sperrholz zum Abdichten der Fenster sind Mangelware. Wir nehmen alles, was uns nutzen kann und was wir auftreiben können. Doch Öfen gibt es nirgends. Wir empfangen am Bahnhof Verpflegung und fahren zur Unterkunft zurück. Es bleibt uns gerade so viel Zeit, daß wir den besten Raum für die Nacht herrichten können, dann ist es dunkel, und wir verkriechen uns ins Stroh.

20. November 1942. Zeitig sind wir auf den Beinen. Heute erwarten wir das Eintreffen der Kompanien. Wir arbeiten den ganzen Vormittag noch an der Verbesserung der Räume. Dann geht uns das Material aus. Mittags melden wir uns beim Vorkommandoführer, Oberleutnant Brüning, zur Entgegennahme neuer Befehle. Hier erfahren wir, daß das Bataillon noch nicht eintreffen wird, und daß wir die hergerichteten Quartiere freigeben müssen. Weitere Weisungen sind abzuwarten. Insofern können wir uns frei bewegen. Weil es überall kalt ist, gehen wir nachmittags ins beheizte Soldatenkino. Abends holen wir uns an der Frontleitstelle reichlich Verpflegung. Für die Nacht suchen wir das alte Quartier auf. Es hat noch keine neuen Bewohner gefunden.

21. November 1942. Seit 6 Uhr sind wir auf. Unteroffizier Halbe meldet sich beim Kommandoführer. Es liegt nichts vor. Wir bleiben während des Vormittages abrufbereit in der kalten Unterkunft. Wir liegen im Stroh und warten. Draußen ist es sehr ungemütlich. Es schneit unaufhörlich. Um 12 Uhr melden wir uns wieder bei Oberleutnant Brüning. Wir müssen ein Telefonat mit dem Regiment abwarten. Dann schließlich wird eine neue Entscheidung getroffen. Das derzeitige Quartier muß dem I. Bataillon des Panzergrenadierregiments 14 kurzfristig zur Verfügung stehen. Für das Regiment sollen neue Quartiere außerhalb Sytschewka gesucht und bereitgestellt werden. Wir verlassen die Stadt und fahren in Richtung Wjasma. Der Auftrag lautet, möglichst größere Dörfer ausfindig zu machen, die nicht zu weit auseinanderliegen. In den ersten beiden Dörfern hinter der Stadt haben wir kein Glück. Wir schauen uns die Häuser an, aber sie sind belegt. Es ist dunkel geworden, deshalb bleiben wir im letzten Ort. Ich treffe keinen Zivilisten, der mir den Ortsnamen sagen könnte, und deshalb kann ich ihn auch nicht notieren.

22. November 1942. Es ist Sonntag. Wir fahren früh zur Verbindungsaufnahme nach Sytschewka. Zwei andere Dörfer etwas südwestlich werden uns zugewiesen, die wir uns ansehen sollen. Sie sind beide von der Organisation Todt belegt, die hier im Straßenbau eingesetzt ist. Für das Regiment sind keine ausreichenden Quartiere vorhanden. Über Mittag bleiben wir noch, dann fahren wir weiter. Unterwegs geraten wir in einen starken Schneesturm. Der feine Schnee fegt durch jede Ritze unseres Verdecks. Wegen Schneeverwehungen kommen wir nur langsam vorwärts. Nach einigem Aufenthalt, verbunden mit Schneeräumen, erreichen wir den Ort Konopatino. Hier bleiben wir für die folgende Nacht in einem kleinen, aber sauberen Haus am Ortseingang.

23. November 1942. Nachdem wir ausgeschlafen haben, schauen wir uns die Häuser des Dorfes genauer an. Es ist kein großer Ort, aber die Häuser sind durchweg sauber und ordentlich. Für das II. Bataillon des Panzergrenadierregiments 14 sind die Quartiere ausreichend. Wir fahren nach Sytschewka und melden Oberleutnant Brüning den neuen Stand. Jetzt erfahren wir, warum das Bataillon noch nicht hier eingetroffen ist. Am Tage nach der Ablösung hat der Russe die gerade übergebene Stellung bei Gredjakino mit Panzern und Infanterie angegriffen und besetzt. Noch am Abend des 19. November wurde das eben erst abgelöste Bataillon alarmiert und hat am 20. November früh um 4.30 Uhr die alte HKL im Gegenstoß zurückgenommen. Seit dieser Zeit sind die Kompanien wieder im Einsatz. Wir bekommen den Auftrag, die Quartiere in Konopatino bis auf weiteres freizuhalten. Wir holen uns am Bahnhof Verpflegung und fahren sofort nach Konopatino zurück. Während der Abwesenheit hat die Russin unseres Hauses Tisch, Bank und den ganzen Raum geschrubbt und saubergemacht. Sie bietet sich an, unsere Wäsche zu waschen. Von diesem Angebot mache ich sofort Gebrauch. Ich mache klar, daß ich die Wäsche unter allen Umständen bis zum nächsten Morgen trocken haben muß. Ich habe nämlich keine zweite Garnitur bei mir, damit ich gleich die Wäsche wechseln könnte. Der rüstige Großvater des Hauses führt mich in die nahe Banja, in welcher alles zum Baden vorbereitet ist. Bei minus 10 Grad Außentemperatur schwitze ich mir den Dreck vom Leibe. Nach der von ihm verabreichten eiskalten Dusche mit zwei Eimern Wasser rolle ich mich in meine Decke und schlafe herrlich.

24. November 1942. Zur gewohnten Zeit um 6 Uhr bin ich wach und stehe auf. Meine Wäsche liegt trocken und gebügelt auf meinem Sitzplatz. Ich gehe an die Tür des Nebenraumes, wo sich die Russin aufhält und gebe ihr zum Dank zwei Dosen Ölsardinen und ein halbes Brot. Nach dem Frühstück fahren wir nach Sytschewka. Von Oberleutnant Brüning erfahren wir, daß die 8. Kompanie heute in Konopatino eintreffen wird. Wir holen uns am Bahnhof noch Verpflegung, weil sie hier besonders reichhaltig ausfällt, und gehen dann noch ins Soldatenkino. Vor dem Kino treffen wir Willi Preuten und Bernd Müller von unserer Kompanie. Sie berichten von dem plötzlichen Einsatz des Bataillons, das, kaum abgelöst, wieder in den Kampf mußte. Nach der Filmvorstellung fahren wir nach Konopatino zurück. Unterwegs fängt der Kübelwagen an zu kochen. Ernst Theis, unser Fahrer, stellt fest, daß der Kühler leckt und Wasser nachgefüllt werden muß. Wir fahren vorsichtig in das nächste Dorf und halten an, um möglichst heißes Wasser zu bekommen. Ich gehe in ein Haus, an dessen Seite Fahrzeuge der 1. Panzerdivision abgestellt sind. Hier habe ich großes Glück. Ein Schlachterzug dieser Division ist bei der Arbeit. Sie haben reichlich heißes Wasser vorrätig und zeigen Verständnis für unsere prekäre Lage. Wir bekommen Wasser, soviel wir benötigen. Bei dem sich inzwischen angebahnten Gespräch mit dem Metzger stellen wir an der Sprache übereinstimmend fest, daß wir hessische Landsleute sind und daß er aus Lauterbach stammt. Als er hört, daß ich aus Gladenbach bin, antwortet er mir mit schallendem Gelächter. Wir haben gemeinsame Bekannte. Die beste Freundin meiner Schwester, Marie Theis, ist mit ihm verwandt.

Als wir uns verabschieden, holt er für jeden von uns einen Kranz frischer Leberwurst aus dem Kessel und gibt sie uns mit. Wir bedanken uns für diese Köstlichkeit und fahren nach Konopatino. Im Quartier angekommen, fallen wir wie die hungrigen Wölfe über die frische Leberwurst her und essen einen Teil davon sofort auf.

25. November 1942. Unser Fahrer, Ernst Theis, fährt nach Sytschewka, um den defekten Kühler zu reparieren. Unteroffizier Halbe und ich bleiben in unserem Quartier zurück. Er bemüht sich – als waschechter Berliner –, der „Tochter des Hauses" Deutsch zu vermitteln. Ich höre interessiert zu und amüsiere mich köstlich. Es ist zum Totlachen! Warmes Mittagessen empfangen wir ab sofort an der Küche der 8. Kompanie. Dadurch brauchen wir nicht mehr ständig nur Brot zu essen.

26. November 1942. Ich bin früh aufgestanden, obwohl dazu keine besondere Veranlassung bestand. Wir haben keinen Auftrag für heute, außer auf weitere Weisungen zu warten. Als ich vor die Tür trete, bläst mir ein scharfer Wind aus Nordost um die Ohren. Der Wind ist mit feinem Schnee vermischt. Er trägt deutlich das Grollen der Front hierher. Ich denke an die Kameraden, die jetzt noch im Einsatz stehen. Gemessen an ihren Entbehrungen und Strapazen ist der Aufenthalt hier die reinste Erholung, auch gegenüber den anstrengenden Tagen von Paschki. Ich betrachte den gemütlichen Aufenthalt hier als eine kleine ausgleichende Gerechtigkeit. Unser Fahrer erhält die Nachricht, daß er bald in Urlaub fahren kann und wartet auf seine Ablösung.

27. November 1942. Ein neuer Tag hat begonnen. Wir sitzen in unserem sauberen Quartier und warten auf Nachrichten oder Befehle. Draußen halten der Schneesturm und die beißende Kälte an. Auf den Straßen selbst ist nicht sehr viel Schnee zu sehen. Der Wind fegt sie blank. Der Gefreite Beinlich trifft bei uns ein und soll Ernst Theis als Fahrer ablösen, damit er seinen Urlaub antreten kann. Wir erhalten eine Menge Post, die auf der Schreibstube für uns verwahrt worden ist. Außerdem erfahren wir, daß die Kompanien – außer der 8. – weiter in schwerem Abwehrkampf stehen. Bei der Übergabe des Kfz. 15 wird festgestellt, daß beide Hinterfedern gebrochen sind. Die Reparatur soll gleich morgen in Sytschewka vorgenommen werden.

28. November 1942. Sofort nach dem Kaffee fahre ich mit dem Gefreiten Beinlich nach Sytschewka zur Werkstattkompanie. Ersatzfedern für das Fahrzeug sind vorhanden, Ein- und Ausbau der Federn müssen wir selbst vornehmen. In der Werkstatthalle ist jede Ecke besetzt, deshalb müssen wir die Arbeit im Freien auf der Straße durchführen. Bei 18 Grad Kälte ist das kein Vergnügen. Ohne jeden Schutz vor dem kalten Wind bauen wir die kaputten Federn aus. Dabei gibt es nicht nur kalte Finger, sondern wir sind bald durchgefroren bis auf die Knochen. Zum Aufwärmen ist leider keine Gelegenheit vorhanden. Deshalb laufen wir immer wieder auf der Straße ein Stück auf und ab. Nachdem wir die neuen Federn eingebaut haben, fahren wir zum Bahnhof und holen Verpflegung. Der Furier kennt mich inzwischen und bedient uns außerordentlich freigiebig. Nebenan bekommen wir heißen Kaffee und können am warmen Ofen unsere kalten Glieder aufwärmen. Danach fahren wir nach Konopatino zurück. Wir sind glücklich, in unserem sauberen Quartier zu sein. Unsere Hauswirtin ist in dieser Beziehung einsame Spitze. Im Gegensatz zu so vielen anderen Frauen, die uns bisher in Rußland begegneten, ist sie sehr auf Reinlichkeit bedacht. Sie ist ständig mit Putzen, Scheuern oder Waschen beschäftigt, besonders zum Wochenende. Sie achtet darauf, daß wir beim Betreten der Stube die Füße abtreten. Und sie bietet sich immer wieder an, uns die Wäsche zu waschen. Ich vertröste sie auf morgen, weil ich ein Dampfbad damit verbinden will. Todmüde lege ich mich an diesem Abend zum Schlafen hin.

29. November 1942. Ich bin froh, einen kleinen Taschenkalender zu besitzen, sonst wüßte ich nicht, daß heute Sonntag ist. Da nichts Besonderes anliegt, will ich etwas für die Reinlichkeit und für meine Gesundheit tun. Auch wegen der gestern erlittenen Kälte ist die Banja gerade das Richtige. Der alte Russe ist schon draußen in Aktion, ohne daß ich ihn besonders dazu aufgefordert habe. Alle im Hause sind aufmerksam, sehr hilfsbereit und dankbar, weil wir ihnen von unseren Lebensmitteln abgeben. Während der Alte sich mit dem Holz und dem Feuer befaßt, schleppe ich aus der nahen Wasusa frisches Wasser herbei. Sobald alle Tonnen gefüllt sind, hocken wir uns auf die Holzpritschen. Die therapeutisch-fachmännische Betreuung übernimmt der erfahrenere Russe. Er erklärt mir gestenreich die Vorzüge einer Banja und ihre richtige Anwendung. Als ich vor Hitze schon Schluß machen will, hält er mich zurück und bearbeitet meinen ganzen Körper mit Birkenruten. Dann noch einmal schwitzen, und ganz zum Schluß folgt die eiskalte Abkühlung im Wasserfaß. Danach empfiehlt er mir, eine Stunde zu schlafen. Diesen Rat befolge ich gern. Ich bin wie neugeboren. Dann ist Mittagszeit, und wir holen Essen – auch für die Russenfamilie – an der Küche der 8. Kompanie. Wir erfahren, daß das Bataillon immer noch bei Gredjakino im Einsatz steht, daß die Ablösung aber unmittelbar bevorstehen soll.

30. November 1942. Wir wissen ehrlich nicht, womit wir das verdient haben, daß es uns so gut geht. Im Augenblick sind keinerlei dienstliche Obliegenheiten zu erfüllen. Nur warten auf Abruf bzw. auf das Eintreffen der Kompanien. Ich verschaffe mir Bewegung, indem ich am Flußlauf der Wasusa entlangwandere. Bis zum übernächsten Dorf marschiere ich teils auf dem zugefrorenen Fluß, teils am Ufer entlang. Beim nächsten Dorf treffe ich einen älteren Russen, der durch ein Loch im Eis nach Fischen angelt. Er ist ziemlich erfolgreich. Am Eisloch erkenne ich, daß das Eis der Wasusa mindestens 20 Zentimeter dick ist. Nach etwa drei Stunden Marsch bin ich wieder in meiner Unterkunft.

2. Dezember 1942. Heute bekommen wir endlich direkte Verbindung zu unserer Kompanie. Ein Fahrzeug vom Küchenstützpunkt trifft ein und bringt Nachrichten und unsere Post mit. Wir erfahren, daß die Kompanie aus der HKL herausgelöst worden ist und sich in Stamjatino befinden soll. Sie waren in Gredjakino vier Tage von Russen eingeschlossen und haben sich den Weg aus der Umklammerung freikämpfen müssen. Alle Bemühungen des Feindes gegen die Stellungen des Bataillons, die Eingeschlossenen zu vernichten oder zur Aufgabe zu zwingen, wurden abgewiesen.

4. Dezember 1942. Wir rechnen mit dem baldigen Eintreffen des Bataillons in Konopatino. Wir gehen noch einmal durch die freien Quartiere und überzeugen uns davon, daß alles in Ordnung ist. Platz ist bestimmt genug vorhanden. Nach dem Mittagessen bin ich mit unserem Alten an der Wasusa. In der Nähe der Banja hält er im Eis ein Loch offen.

Nicht nur zum Wasser holen, auch er fischt im Fluß mit einer primitiven Angelschnur. Aber es klappt. Ich mache ihm klar, daß ich abends noch ein Bad nehmen will. Das findet er „charoscho". Ich trage Wasser in die Banja, die er anheizt. Bevor es dunkel wird, hocke ich auf der Holzpritsche. Er hat seine Birkenruten griffbereit und bearbeitet mich fachmännisch damit. Nach dem Bad esse ich etwas und lege mich bald zum Schlafen nieder.

5. Dezember 1942. Kurz nach dem Aufstehen erfahren wir, daß der Rest des Bataillons heute hier in Konopatino eintreffen wird. Wir finden alles dafür Notwendige bestens vorbereitet. Gegen 10.30 Uhr erscheinen die ersten Fahrzeuge am Dorfeingang. Mit großer Freude werden sie empfangen. Oberleutnant Beinlich, der Kompaniechef, ist nicht mehr dabei. Er wurde kurz vor dem Ausbruch aus der Umklammerung noch verwundet. Ich kümmere mich um die Unterbringung der Gruppen in den vorbereiteten Quartieren. Die Kameraden sind froh, endlich eine warme Stube vorzufinden. Trotz der Entbehrungen in letzter Zeit machen die meisten einen ausgezeichneten Eindruck. Die allgemeine Stimmung ist sehr gut, und sie sind voller Stolz, daß es dem Russen trotz großer Anstrengungen nicht gelungen ist, die eigene Front zu durchbrechen. Besonders herzlich ist das Wiedersehen mit den Freunden August Kiene und Karl Schönfeld. Sie schildern mir ausführlich den Verlauf der harten Kämpfe und ihre persönlichen Eindrücke davon. In einem Tagesbefehl der Division wird die Tapferkeit und Haltung des Bataillons während dieser Kämpfe besonders gewürdigt.

6. Dezember 1942. Es ist Sonntag. Die eingetroffene Gefechtskompanie darf bis 8 Uhr schlafen. Nach dem Kaffeetrinken werden vordringlich Waffen und Gerät nachgesehen und in Ordnung gebracht. Danach sind die Uniformen und das Lederzeug an der Reihe. Schneider und Schuster bekommen viel zu tun. Alle vom Troß sind für die abgelösten Kämpfer tätig. Seit dem frühen Morgen bin ich mit dem Alten an der Banja. Hier organisiere ich den Badebetrieb. Gruppenweise werden die Kameraden zum Baden aufgerufen. Dazu wird frische Wäsche ausgegeben. Ohne Pause trage ich Wasser vom Fluß herbei. Der Alte ist der bewährte Heizer. Bis zur Ausgabe des Mittagessens ist die Kompanie bis auf den letzten Mann gebadet und frisch eingekleidet. Die gesammelte schmutzige Wäsche wird an Ort und Stelle gekocht und von Frauen aus dem Dorf gewaschen. Dafür bekommen sie und ihre Familien Brot und warmes Essen an der Feldküche. Heute ist das Essen besonders reichlich und gut. Nicht nur, weil Sonntag ist, sondern weil die Kompanie aus dem Einsatz gekommen ist. Das Essen besteht aus Salzkartoffeln mit Gulasch und hinterher Schokoladenpudding. Nachmittags ist Putz- und Flickstunde angesetzt, denn es wird bekannt, daß der Divisionskommandeur morgen das Bataillon besuchen wird.

7. Dezember 1942. Ein ganz besonderer Tag für das II. Bataillon. Morgens werden Stiefel und Koppelzeug noch einmal gewienert, und dann wird im offenen Viereck kompanieweise angetreten. Punkt 10 Uhr erscheint der Kommandeur der 5. Panzerdivision, Generalmajor Metz, am Antreteplatz. In seiner Begleitung befinden sich unser Regimentskommandeur Oberst Kurz und weitere Offiziere. Zunächst spricht der Kommandeur anerkennende Worte zu den Soldaten. Dann werden die Tapfersten jeder Kompanie von ihm persönlich ausgezeichnet. Meine Freunde August Kiene und Karl Schönfeld sind unter den Ausgezeichneten. August erhält das Eiserne Kreuz 1. Klasse, Karl Schönfeld das Eiserne Kreuz 2. Klasse und viele andere Kameraden ebenfalls. Nach dem folgenden Mittagessen ist der Rest des Tages dienstfrei. Bei den Gruppen und Zügen werden die Verleihungen gefeiert. Dazu wird vom Verpflegungswagen und aus der Marketenderei jede Menge Schnaps ausgegeben.

8. Dezember 1942. Die 5. Panzerdivision hat einen neuen Einsatzbefehl erhalten. Die wenigen Tage angenehmer Ruhe sind schnell vorbei. Die kampferprobte Division wird im Raum Kopelewo–Karmanowo, etwa 40 Kilometer nördlich Gschatsk, eingesetzt. Dort soll sie die 2. Panzerdivision ablösen. Angeblich ist es eine sehr ruhige Stellung, die unserer stark geschwächten Division auch zur Auffrischung dienen soll. Die Vorfreude auf den ursprünglich vieldiskutierten rückwärtigen Auffrischungsraum mit seinen Vorzügen und Bequemlichkeiten ist wie eine Seifenblase geplatzt.

Nach dem Essen macht sich die Kompanie abmarschbereit. Ich packe ebenfalls meine Waffe und Gepäck zusammen, hoffe ich doch, mit den Kameraden eingesetzt zu werden. Um zum Kompanietrupp zurückzukehren, muß ich mich bei Hauptfeldwebel Eggelmeyer abmelden. Ehe ich ein Wort über die Lippen bringe, winkt er sofort ab. Ich muß beim Troß bleiben. Ab morgen muß ich eine weitere Urlaubsvertretung machen, damit der Kompanieschreiber Gerhard Trautmann in Urlaub fahren kann. Bei dieser Entscheidung muß ich wohl kein sehr glückliches Gesicht gemacht haben, denn Spieß und Kompanieführer geben mir zu bedenken, daß jeder seinen Heimaturlaub haben will und haben soll und daß außer mir kein geeigneter Ersatz in der Kompanie aufzutreiben sei. Ich sehe das alles ein, kann mich aber trotzdem nur schwer damit abfinden. Ein wenig traurig, schaue ich den Fahrzeugen nach, als die Gefechtskompanie am frühen Nachmittag Konopatino verläßt. Bis zum späten Abend habe ich mich noch nicht damit abgefunden. Bei Erwin Sabellek, der sich über mein Bleiben freut, ertränke ich den Kummer in Alkohol.

9. Dezember 1942. Pünktlich zum Dienstbeginn bin ich auf der Schreibstube. Der glückliche Urlauber Gerhard Trautmann packt seine Sachen zusammen. Mit ihm fährt mein Freund Karl Schönfeld, der beim Troß zurückgeblieben ist. Beide werden mit anderen Urlaubern des Bataillons zum Bahnhof Sytschewka gefahren. Wir packen die Schreibstubenkisten und unsere persönliche Habe zusammen. Wir werden der Kompanie in den neuen Einsatzraum folgen. Als schon alles verladen und abfahrbereit ist, wird die Fahrt auf morgen verschoben.

10. Dezember 1942. Früh bin ich in der Schreibstube. Unsere Fahrzeuge sind abmarschbereit. Wir warten auf den Marschbefehl. Punkt 9 Uhr verlassen wir Konopatino. Zunächst fahren wir in südlicher Richtung. In Nowo Dugino biegen wir nach Osten ab und erreichen Tessowo. Nun fahren wir nordostwärts weiter bis Korenskoje. Insgesamt sind wir etwa 75 Kilometer gefahren. Gleich im ersten Haus des Dorfes richten wir die Schreibstube ein. Dort werden ebenfalls das Personal der Küche und Erwin Sabellek untergebracht. Ein weiteres Haus in der Nähe wird von dem Schuster Ernst Drewes und den beiden Schneidern Hubert Schmitt und Paul Smandek bezogen. Die Kfz-Fahrer und der Waffenmeister sind in einem dritten Haus eingezogen. Daran anschließend folgen Trosse der anderen Kompanien und des Bataillonsstabes.

11. Dezember 1942. Vormittags erledige ich vordringliche Schreibarbeiten. Nach Auffassung höherer Dienststellen ist der Aufenthalt in Korenskoje für längere Zeit vorgesehen. Wir gehen davon aus, daß wir Weihnachten hier verleben und über den Jahreswechsel hinaus auch noch hier sein werden. Deshalb halten wir es für zweckmäßig, uns entsprechend einzurichten. Besonders ist dabei an den Bau von Betten gedacht, damit wir nicht ständig nachts auf dem Fußboden liegen müssen. Wir benötigen vier Schlafstellen. Je eine für den Hauptfeldwebel, für seinen Fahrer Hans Ulrich für Unteroffizier Jan Lindhorst und für mich. Um Platz zu sparen, einigen wir uns auf zwei doppelstöckige Betten an einer Wand. Mit Hans Ulrich mache ich mich bald an die Arbeit. Geeignetes Holz und Bretter finden wir genügend in unserer Scheune. Nebenan wird ebenfalls gezimmert und gebaut. Dort richten sich die Köche mit Georg Ruckes, Eugen Spielmann und Kurt Nitschke sowie Erwin Sabellek, der Fahrer des Verpflegungswagens, häuslich ein. Von den Häusern abgesetzt, beginnen die Fahrer mit dem Bau eines Bunkers. Sie haben große Anfangsschwierigkeiten, weil der Boden knochenhart und tiefgefroren ist.

12. Dezember 1942. Auf der Schreibstube habe ich mich schnell wieder eingearbeitet. Wir haben eine Menge zu tun, denn die Veränderungsmeldungen aus dem letzten Einsatz bei Gredjakino sind noch zu machen. Auch die Post gehört zu meinem Aufgabengebiet, wie die fast täglichen Gänge zum Bataillonsgeschäftszimmer. Hauptfeldwebel Eggelmeyer führt ein längeres Gespräch mit mir. Er ist der Meinung, ich sollte die Offizierlaufbahn einschlagen. Von diesem Vorschlag bin ich nicht begeistert und will es auch nicht. Die Küche hat sich im Kalender geirrt und um einen Tag vertan. Es gibt heute das Essen für den Sonntag (Salzkartoffeln und Gulasch), obwohl erst Sonnabend ist.

13. Dezember 1942. Es ist Sonntag, das heißt für mich Badetag. Gleich nach unserer Ankunft in Korenskoje habe ich mich nach der Banja umgesehen. Nicht weit von unserem Haus finde ich sie in einem Garten. Reichlich Brennholz ist auf der Rückseite gestapelt, und ein Brunnen ist ganz in der Nähe. Ich trage Wasser in die Bottiche und mache ein starkes Feuer unter die aufgeschichteten Natursteine. Nach einer halben Stunde etwa sind diese so heiß, daß ich das Wasser über die Steine gießen kann. Es zischt und dampft, wobei ich auf die erhöhte Pritsche krieche und mich dem heißen Dampf aussetze. Ich schwitze tüchtig und übergieße abschließend den Körper mit eiskaltem Brunnenwasser. Nach dem Bad frühstücke ich und schreibe dringende Dienstpost.

Mein Freund August Kiene wird zum Unteroffizier befördert und zum Kriegsoffizierbewerber (KOB) ernannt. Aus der Küche gibt es heute Graupensuppe, weil gestern bereits das Sonntagsessen ausgegeben worden ist. Durch unsere Verlegung in den neuen Einsatzraum ist bei der Postzustellung eine Verzögerung eingetreten. Das Wetter ist winterlich schön. Es ist sonnig, klar und kalt. Die Schneemenge ist bescheiden. Bisher brauchte man noch keine Schaufel in die Hand zu nehmen, um zu räumen. Die Straßen sind für die Fahrzeuge – von etwas Glätte abgesehen – gut befahrbar. An diesem Nachmittag gehe ich bis zum Birkenwald in Frontnähe. Es ist absolut ruhig an der Front. Es fällt kein Schuß.

14. Dezember 1942. Als ich heute morgen aus dem Fenster schaue, traue ich meinen Augen kaum. Es ist nicht mehr weiß draußen. Das Wetter ist umgeschlagen. Die Luft ist warm, und es taut. Der Schnee ist fast restlos verschwunden. Nur in Waldecken ist noch welcher zu sehen. Auf den festgefahrenen Straßen bilden sich erste Pfützen. Die wässerige Oberfläche ist spiegelglatt. Auf dem Wege zum Bataillon muß ich deshalb höllisch aufpassen, damit ich nicht falle und in einer Pfütze lande. In der Schreibstube habe ich eine besondere Arbeit zu erledigen. Eingegangene Päckchen für gefallene oder wegen Verwundungen abwesende Kameraden müssen zur Rücksendung versandfertig gemacht werden. Hans Ulrich hilft mir dabei. Unteroffizier Lindhorst kontrolliert. Wir öffnen jedes einzelne Päckchen, nehmen verderbliche Lebensmittel heraus und senden den Rest des Inhalts an den Absender zurück. In der Regel sind es die Eltern, Verwandte oder Geschwister. Es ist eine mühsame Tätigkeit, die aber sehr gewissenhaft ausgeführt werden muß. Sie duldet auch keinen Aufschub. Die aussortierten Lebensmittel – Kuchen, Wurst, Butter, Käse – gehen mit dem Versorgungsfahrzeug nach vorne, damit sie an die Gruppen verteilt werden können.

15. Dezember 1942. Gestern noch Tauwetter, heute wieder Temperatursturz. Gleichzeitig setzt Schneefall ein und überzieht das Land in kürzester Zeit mit einer weißen Decke. Auf den Straßen und Wegen bildet sich Schneematsch, der das Fortkommen erschwert. Bei Dienstbeginn wird unerwartet erhöhte Alarmbereitschaft befohlen. Zunächst wissen wir nicht, was los ist, weil kein Kampflärm zu hören ist. Doch dann erfahren wir, daß ein russischer Stoßtrupp beim I. Bataillon des Panzergrenadierregiments 13 eingebrochen ist. Gegen Mittag wird die Alarmbereitschaft aufgehoben. Die Angelegenheit ist im Gegenstoß bereinigt worden. Nach Dienstschluß in der Schreibstube ziehe ich in den neuen Bunker unserer Fahrer um, der unter schwierigen Umständen fertiggestellt worden ist. Es ist ein geräumiger, sehr stabiler Bunker mit doppelstöckigen Schlafplätzen und mit einem Tisch, an dem alle Bewohner Platz haben. Die Bunkerdecke besteht aus einer doppelten Balkenlage, die mit einer hohen Schicht Erde abgedeckt ist. Selbst bei starkem Beschuß bietet er ausreichend Sicherheit und Schutz und ist wärmer als ein zugiges Russenhaus. Unser Schirrmeister, Unteroffizier Jupp Bruckmüller, ist dabei, aus selbstgebauten Einzelteilen und Teilen alter Funkgeräte einen Rundfunkempfänger zu basteln. Die übrige Bunkerbesatzung hilft dabei auf Anweisung, Kleinteile zu bauen, und schaut im übrigen interessiert zu.

16. Dezember 1942. An der HKL ist es wieder ruhig. Durch einen Gegenstoß unserer 7. Kompanie ist die Lage bei den 13ern bereinigt worden. Dabei hat der Russe erhebliche Verluste gehabt. Auf der Schreibstube nimmt die Arbeit durch eingehende Post zu. Die mit großer Spannung erwarteten ersten Weihnachtssendungen aus der Heimat sind eingetroffen.

17. Dezember 1942. Der Winter hat das Land fest im Griff. Die Temperaturen sind stetig gefallen und liegen nachts bei minus 28 Grad Celsius. Tagsüber ist es herrlich. Die Sonne scheint von einem blauen Himmel, und die Schneeflächen glitzern, als wären sie mit hochkarätigen Brillanten besetzt.

18. Dezember 1942. Bei dem täglichen Gang zum Bataillonsgeschäftszimmer wird mir dort ein schwerer Postsack ausgehändigt. Es handelt sich hauptsächlich um Briefpost. Bei der Kompanie angekommen, mache ich mich sofort an die Verteilung. Weiß ich doch aus eigener Erfahrung, mit welcher Ungeduld die Heimatpost von allen erwartet wird. Es macht mir Freude, die Post sofort nach Eingang den Empfängern am Ort auszuhändigen. Es ist jedesmal spannend, wenn ich als „Briefträger" die Unterkünfte mit einer Hand voller Briefe betrete und in erwartungsvolle Gesichter sehen kann. Auch Enttäuschung ist dann deutlich ablesbar, wenn für einen Kameraden kein Brief dabei war. Die Post ist ein wichtiger, wenn nicht gar der wichtigste Motivationsgeber der Soldaten. Für die Kameraden in der HKL trifft das auf jeden Fall zu. Für sie wird die Post dem Verpflegungswagen mitgegeben.

Heute abend bin ich bei den Fahrern im Bunker. Ich will dabei sein, wenn das von Jupp Bruckmüller selbstgebaute Rundfunkgerät die ersten Töne von sich gibt. Ich komme gerade zur rechten Zeit. Mit großer Spannung verfolgen die um den Tisch Sitzenden Jupps Versuche, erste Piepser oder Töne hereinzubekommen. Es gelingt ihm. Mehr aber nicht. Jupp Bruckmüller läßt sich, trotz Frotzeleien, nicht beirren. Er ist zuversichtlich, daß er bald Musik und Nachrichten empfangen kann. Ich selbst wäre auch froh, wenn wir von der Außenwelt etwas hören könnten, denn die Schreibstube mußte ihren Wehrmachtempfänger dem Kompaniegefechtsstand nach vorne geben.

19. Dezember 1942. Heute ist wieder ein ganzer Sack Post für die Kompanie eingegangen. Für mich sind erste Weihnachtspäckchen dabei. Ich muß mich sehr beeilen mit der Sortierarbeit, damit das Versorgungsfahrzeug die Post mitnehmen kann. Abends bin ich wieder bei den Fahrern im großen Bunker. Hier ist es interessant und lebhaft, weil eine anregende Unterhaltung zustandekommt. Die Spannung um Jupp Bruckmüllers Radio hat zugenommen. Der Empfang ist geschafft. Jetzt geht es darum, welche Sender bzw. Stationen zu empfangen sind. Nach einigen Kopplungsversuchen und kleinen Veränderungen sind mehrere Sender „drin", auch der beliebte Soldatensender Belgrad. Aufmerksam verfolgen wir die ersten Nachrichten aus der Heimat mit dem Wehrmachtbericht. Besonders beliebt ist aber die Musiksendung aus Belgrad mit dem Lied von „Lilli Marleen" um 22 Uhr, das Lale Andersen singt. Danach gehen wir meist schlafen.

20. Dezember 1942. Wir empfangen beim Bataillon die Weihnachts-Sonderverpflegung für die Kompanie. Wir sind erstaunt, welche Mengen an guten Dingen für die Soldaten an der Front herangeschafft werden. Wir erhalten pro Kopf einen Christstollen, Kekse, eine Flasche Rotwein, Weinbrand, Schokolade, Zigaretten, Zigarren und andere Kleinigkeiten. Außerdem sind für die in der Hauptkampflinie eingesetzten Soldaten noch separate Frontkämpferpäckchen dabei. Der Inhalt dieser Päckchen ist sehr beliebt und immer höchst willkommen.

23. Dezember 1942. Das seit Tagen schon bestehende herrliche Winterwetter hält an. Nachts sinken die Temperaturen auf minus 30 Grad. Tagsüber gibt es nur Sonnenschein von einem stahlblauen Himmel. Wenn es so bliebe, wäre es ein ideales Weihnachtswetter. Der Dienst in der Schreibstube ist nicht sehr anstrengend. Zur Zeit sind nur noch wenige Schreibarbeiten zu erledigen, da vorne kaum personelle Veränderungen stattfinden. Nur die ein- und ausgehende Post ist zu besorgen. In meiner Freizeit halte ich mich fit. Ich laufe große Strecken durch den Schnee und betätige mich körperlich, indem ich für die Küche Holz hacke. Außerdem halte ich die Banja in Betrieb, damit Soldaten aus der HKL ein Bad nehmen können. Sie werden gruppenweise nach einem zeitlich festen Plan zum Baden und Wäschetausch hierher geschickt. Meine Bemühungen um körperliche Fitneß sind darauf gerichtet, jederzeit für die HKL einsatzbereit zu sein. Inzwischen komme ich erneut zu der Überzeugung, daß ich auf keinen Fall länger beim Troß bleiben werde, als ich unbedingt muß. Rechnungsführer, Fahrer, Schreiber und dergleichen mehr, das entspricht nicht meinen Vorstellungen von einer kämpfenden Truppe, der ich ja angehöre. Sobald Gerhard Trautmann aus dem Urlaub zurück ist, will ich wieder zur Kampfstaffel zurück. Heute abend bin ich bei den Fahrern im Bunker. Als das Versorgungsfahrzeug aus der HKL zurückkommt, ist mein Freund August Kiene dabei. Wir freuen uns über das Wiedersehen und haben uns viel zu erzählen. Er wird in den nächsten Tagen seinen Heimaturlaub antreten. Ich freue mich mit ihm!

24. Dezember 1942. Heiliger Abend in Korenskoje. Meine zweite Weihnacht im Osten, zirka zwei Kilometer hinter der vordersten Linie. Mit wunderbarem, sonnigem Winterwetter beginnt dieser Tag. Vormittags sind wir alle dienstlich stark beschäftigt. Aus einem etwas zurückliegenden Nachbarort haben wir uns zwei Russenfrauen kommen lassen, die uns den Tisch und den Fußboden scheuern. Aus dem Wald in Frontnähe hat Hans Ulrich einen Tannenbaum mitgebracht, den er auch schmücken wird. Ich räume den ganzen Bürokram der Schreibstube in eine Ecke und stelle den Tisch mitten in die große Stube, damit wir alle daran Platz haben. Dann werde ich zum Bataillon gerufen. Im letzten Moment ist noch eine ganze Menge Weihnachtspost eingetroffen. Das wird eine Freude auslösen. Hans Ulrich muß mir beim Sortieren helfen, damit das Versorgungsfahrzeug die Post nach vorne mitnehmen kann. Auch die empfangene Sonderverpflegung wird heute an die Kameraden in der HKL ausgeliefert. Nachdem das alles erledigt ist, gehe ich noch in die Banja und bade. Um 18 Uhr sind wir in der Schreibstube versammelt und feiern in guter Stimmung den Heiligen Abend.

25. Dezember 1942. In der Schreibstube herrscht noch Ruhe. Dienstlich liegt nichts an. Deshalb fahre ich – kurz entschlossen – als Begleiter mit Hans Ulrich zu unserem Versorgungstroß nach Wjasma. Wir fahren durch Slatoustowo, dem Divisionsgefechtsstand. Hier halten wir kurz an. Ich treffe Alfred Herrmann, einen meiner Kameraden aus Bad Hersfeld. Von ihm erfahre ich, daß mein Freund August Salomon als Unteroffizier bereits am 16. September 1942 in den schweren Kämpfen bei Laptewo an der Wasusa gefallen ist. Diese Nachricht trifft mich schwer und macht mich sehr nachdenklich. Er war ein außerordentlicher Mensch mit aufrichtigem Charakter und ein jederzeit treuer und äußerst verläßlicher Kamerad. Beim Stab erfahren wir auch, daß unser Divisionskommandeur, Generalmajor Metz, für die Leistungen der Division bei den Kämpfen an der Wasusa das Ritterkreuz erhalten hat. Wir sind rechtzeitig in Korenskoje zurück, um

Weihnachtsfeier der Fahrer im Bunker bei Korenskoje, Dezember 1942

zum Essen ein Stück Weihnachtsgans in Empfang zu nehmen. Nach dem Essen mache ich noch Aufnahmen im Schnee mit August Kiene, der heute noch seine Urlaubsreise antritt und Post von mir mit nach Hause nimmt.

26. Dezember 1942. Die Weihnachtsfeiertage gehen viel zu schnell vorüber. Ich erledige nur die wichtigen dienstlichen Angelegenheiten. Alles andere wird zur Seite gelegt. Vordringlich beantworte ich erst einmal die zahlreich erhaltenen Weihnachtsbriefe und bedanke mich für den Inhalt der vielen Pakete und Päckchen. Von dem Inhalt kann ich noch eine ganze Zeit zusätzlich zehren. Nach dem Essen marschiere ich zirka zwei Stunden durch den Birkenwald in Frontnähe. Abends sitze ich bei den Fahrern am Radio, um von dort aus später meinen Wachdienst anzutreten.

27. Dezember 1942. Wir sind alle schockiert von einem Vorfall, der sich in der HKL im Abschnitt unserer Kompanie ereignet hat. Der Regimentsadjutant, Oberleutnant Alfred Standhartner, ist in der vergangenen Nacht vor den eigenen Kampfständen zu Tode gekommen. Offenbar hat er, von der Nachbarkompanie kommend, beim Stellungsdurchgang unsere Kampfstände verfehlt und ist im Niemandsland umhergeirrt. Einer der Posten hat ihn für einen feindlichen Späher gehalten, sofort Alarm gegeben und ihn dabei mehrmals angerufen. Als er sich weder mit der Parole noch anderweitig zu erkennen gab, wurde das Feuer eröffnet. Man konnte ihn nur noch tot bergen. Warum er auf die Anrufe nicht geantwortet hat, wird sein Geheimnis bleiben. Als Frontoffizier mußte er wissen, daß er sich in der HKL bewegt, in welcher Gefahr er sich befindet und wie er sich in diesem Gefahrenbereich zu verhalten hat. Aus unerfindlichen Gründen ist das nicht der Fall gewesen.

28. Dezember 1942. Weihnachten ist vorbei. Der Tod des Adjutanten ist noch „das" Gesprächsthema. Die Handlungsweise des Postens in vorderster Stellung war korrekt. Es war Nacht, und vor der Stellung befindet sich ein bewachsenes Sumpfgelände, das durch den Frost gut begehbar ist. Die bis an die einzelnen Kampfstände heranreichenden Bäume und Sträucher bieten gute Deckungsmöglichkeiten für einen herannahenden Feind, zumal der zehn Zehntimeter hohe Schnee jedes Geräusch verschluckt. Alle Soldaten in der HKL waren zu erhöhter Aufmerksamkeit angehalten worden, da die Stellung schon mehrmals das Ziel russischer Späh- und Stoßtrupps gewesen ist. Der Offizier mußte wissen, daß er sein Leben aufs Spiel setzt, wenn er sich den Kampfständen in der HKL von der Feindseite her nähert und auf den Anruf des Postens nicht reagiert.

29. Dezember 1942. Auf der Schreibstube ist es ruhig geworden. Es sind keinerlei schriftliche Arbeiten zu erledigen. Ich muß mich nur in der Nähe aufhalten, damit das Telefon abgenommen werden kann. In der Regel ist entweder der Hauptfeldwebel oder Unteroffizier Lindhorst anwesend. Nach dem Essen marschiere ich am Gschat-Fluß entlang. Er ist genauso mit einer dicken Eisdecke versehen, wie alle anderen Gewässer in Rußland. Ich marschiere bis Bolschoe Grebenino, dann hinüber zum Birkenwald und auf dem Versorgungsweg zurück nach Korenskoje. Über zwei Stunden bin ich unterwegs.

Abends bin ich bei den Fahrern im Bunker. Ich höre Musik aus dem Radio. Jupp Bruckmüller hat einige Veränderungen vorgenommen und dadurch einen noch besseren Empfang erreicht.

30. Dezember 1942. Meine dienstlichen Sachen in der Schreibstube habe ich schnell erledigt. Danach arbeite ich für die Küche. Mit Erwin Sabellek säge ich dicke Balken in Stücke und spalte sie zu Brennholz für den Kessel. Nach den Feiertagen habe ich viel Zeit zum Nachdenken gehabt. Den Bürokram möchte ich so schnell wie möglich hinter mich bringen. Um mich abzulenken, fahre ich mit dem Versorgungsfahrzeug nach vorne. Ich schaue mir die eigene Stellung näher an. Wegen des Sumpfes konnte man nicht in die Erde gehen. Deshalb hat man aus Palisaden und Ästen oberirdische Kampfstände angelegt. Gegen Beschuß mit schweren Waffen bieten diese wenig Schutz. Man kann nur hoffen, daß es weiter so ruhig bleibt wie bisher. Ehe wir zurückfahren, hören wir aus Lautsprechern von drüben Musik und eine Einladung „an die Soldaten der 5. Panzerdivision". Der Feind weiß also genau, wer ihm gegenüber liegt. Das ist erstaunlich.

31. Dezember 1942. Der letzte Tag eines ereignisreichen Jahres. Der Krieg ist noch voll im Gange. Er hat viele Menschenleben gekostet. Ich habe gute Freunde und meinen Bruder verloren. Ein Ende ist nicht abzusehen. Unsere 5. Kompanie beschließt das Jahr in und vor Korenskoje. Der Ort liegt etwa 45 Kilometer nordwestlich der Stadt Gschatsk, im Mittelabschnitt der Ostfront. Wir befinden uns fast noch auf demselben Breitengrad wie zum Jahresende 1941, doch zirka einhundert Kilometer weiter westlich.

Am frühen Nachmittag beginnen wir in der Schreibstube mit der Feier zum Jahreswechsel. Aus der Marketenderei und zur Verpflegung wird reichlich Alkohol ausgegeben. Bis Mitternacht sind einige Flaschen geleert. Und immer wieder taucht eine neue Flasche auf. Das Troßpersonal ist geschlossen in der Schreibstube versammelt und stößt auf das neue Jahr an. Bis in die frühen Morgenstunden hinein wird gefeiert. Die erforderliche Bettschwere zum Schlafen wird erreicht.

Das Jahr 1943

Einsatz bei Schisdra
Auffrischung in Djatkowo
Versetzung zum Feldersatzbataillon
Rückkehr zum Panzergrenadierregiment 14

1. Januar 1943. Nach der feuchtfröhlichen Silvesterfeier habe ich bis 8 Uhr geschlafen. Mein Kopf ist noch schwer und benommen, und ich habe großen Durst. Ich besorge mir an der Feldküche frischen Kaffee, um den Durst zu löschen. Dann erst hole ich mir aus dem Brunnen einen Eimer Wasser und stecke den Kopf hinein. Das eiskalte Wasser tut mir gut. Fast lautlos, damit die anderen nicht aufwachen, ziehe ich mich an und verlasse die Unterkunft. Draußen ist es wunderbar klar und kalt. Der frische Wind pfeift mir um die Ohren. Ich marschiere bis zum Birkenwald und einmal rund um unseren Ort. Nach zirka zwei Stunden Marsch durch den verharschten Schnee bin ich wieder in unserem Quartier. Mein Kopf ist klar und ohne Beschwerden. Jetzt habe ich Hunger. Das Essen an der Küche ist noch nicht fertig. Nach dem Essen besorge ich die Post beim Bataillon. Anliegende Schreibarbeiten lege ich zurück bis morgen. Gegen Abend bin ich mit Hans Ulrich nebenan bei der Küchenbesatzung. Wir sind mit drei Hessen, einem Pfälzer und einem Niedersachsen alles Außenseiter in der schlesisch-sudetendeutschen Division. Auch gegenüber dem Stamm der Kompanie, der aus dem Raume Bremen/Verden kommt, sind wir eine Minderheit. Trotzdem, oder gerade deswegen, verstehen wir uns untereinander so gut.

3. Januar 1943. Es ist Sonntag. Vormittags erledige ich einige Schreibarbeiten, die gestern angefallen sind. Danach folgt der täglich fällige Gang zum Bataillon. Das Wetter hat sich geändert. Es ist richtig mild geworden, fast frühlingshaft. In der Mittagssonne beginnt der Schnee zu tauen. Erste Pfützen bilden sich auf der Dorfstraße. Die Badezeit in der Banja habe ich auf den späten Nachmittag verlegt. Da das Dampfbad nicht in Betrieb war, muß ich Feuer machen und Wasser schleppen. Dann genieße ich das Bad. Abends bin ich bei den Fahrern, um dort Musik zu hören. Die neuesten Nachrichten und der Wehrmachtbericht werden mit Spannung erwartet. Die Berichte von anderen Frontabschnitten in Rußland interessieren uns besonders. Vom Südabschnitt der Ostfront werden schwere Kämpfe bei Stalingrad* gemeldet. Von anderen Frontabschnitten lauten die Meldungen ähnlich. Hier bei uns ist es noch immer verhältnismäßig ruhig. Vielleicht ist es die berühmte Ruhe vor dem Sturm.

5. Januar 1943. Das Wetter macht Kapriolen. Die Temperatur ist weiter angestiegen. Es ist warm und taut. Der Schnee wird pappig und naß. Nur weil der Boden gefroren ist, sind die Wege noch gut befahrbar. Mit einigen Fahrern und anderen Kameraden vom Troß marschiere ich an diesem Vormittag nach Petschischinka ins Frontkino. Wir sehen den Film

---

* Seit dem 22. November 1942 sind deutsche Truppen, unter anderem die 6. Armee, und verbündete rumänische Verbände in Stärke von etwa 250.000 Mann im Raum Stalingrad eingeschlossen, Anm. d. Verl.

„Immer nur Du"*. Die Kinobesucher unterhalten sich köstlich. Hauptfeldwebel Eggelmeyer ist erkrankt und bleibt im Hause. Er spricht mit mir über eine weitere Urlaubsvertretung nach Trautmanns Rückkehr. Jetzt dreht es sich um den Urlaub von Feldwebel Jan Lindhorst, der ermöglicht werden soll. Ehrlich gesagt, habe ich wenig Lust zu noch längerer Schreibstubentätigkeit, kann mich aber – aus den bekannten Gründen – dem Ansinnen nicht verschließen. Es gibt tatsächlich keinen anderen in der Kompanie, der einspringen könnte. Ich habe mich in der Personalliste davon überzeugt. Zur Spätvorstellung geht die übrige Schreibstubenbesatzung ins Kino. Ich bleibe als Telefonwache im Hause. Ich bin allein und kann meine Post erledigen. Später hat mich mein Landsmann Hans Ulrich aus Wiesbaden eingeladen. Er feiert nebenan seinen 33. Geburtstag. Er ist einer der ältesten, aber agilsten in der Kompanie. Zur Feier spielt unser Kamerad Link aus Köln auf der Ziehharmonika. Es ist ein schöner Abend mit viel Stimmung. Ehe wir schlafen gehen, will unser Musikus „zo Foß noh Kölle jonn"**. Das ist immer sein wehmütiger Abschluß als echter Kölner, und meistens stehen ihm dann die Tränen in den Augen.

8. Januar 1943. Nach den warmen Tagen am Anfang der Woche ist das Thermometer wieder auf 20 Grad unter Null gesunken. Bei jedem Tritt knirscht der Schnee unter den Stiefeln. Ich gehe weiter meiner gewohnten Tätigkeit in der Schreibstube nach. Dabei gibt es nichts Außergewöhnliches festzuhalten. Weil mir genügend Zeit zur Verfügung steht, überprüfe ich den Inhalt meiner Packtasche. Alle persönlichen Dinge, die nicht unbedingt nötig sind, packe ich zusammen und schicke sie nach Hause. Abends bin ich bei den Fahrern im großen Bunker. Hier halte ich mich am liebsten auf, und zwar wegen der abwechslungsreichen Unterhaltung mit den Kameraden, wegen der Musik und der Nachrichtensendungen im Rundfunk.

11. Januar 1943. Ein weiteres Absinken der Temperatur ist zu registrieren. Der Wind hat sich gedreht und bläst scharf aus Nordost. Die Sonne ist endgültig vom Himmel verschwunden, und der anfangs feine Schneefall entwickelt sich zum Schneesturm. Im vergangenen Jahr war ich diesem Sturm über Tage und Wochen vollständig im Freien ausgesetzt. Jetzt sitze ich die meiste Zeit in der warmen Schreibstube. Nur auf dem Weg zum Bataillon treibt der Wind mir den Schnee ins Gesicht.

Die Kameraden Gerhard Trautmann und Karl Schönfeld sind heute aus ihrem Urlaub zurückgekommen. Gerhard Trautmann nimmt seine Arbeit in der Schreibstube wieder auf. Mein Freund Karl bleibt zur Eingewöhnung noch einige Tage hier beim Troß. Ich arbeite ebenfalls weiter in der Schreibstube. Der Spieß hat mit dem Kompanieführer abgeklärt, daß ich die Urlaubsvertretung von Feldwebel Lindhorst übernehmen muß. Mit der Einarbeitung kann ich schon beginnen.

15. Januar 1943. Feldwebel Jan Lindhorst hat seinen Urlaub angetreten. Mit Gerhard Trautmann teile ich mir die Schreibstubenarbeit auf. Wir erledigen viele Dinge gemeinsam, so auch die Wege zum Bataillon, um die eingegangene Post abzuholen. Zur Erinnerung an diese Zeit mache ich mitten in Korenskoje eine Aufnahme. Das Besondere und zugleich Ungewöhnliche in dieser Stellung ist die anhaltende Ruhe. Der gesamte Bataillonsabschnitt ist davon betroffen. Selten hört man einen Schuß fallen. Auch die schweren Waffen schweigen. Nur aus den angrenzenden Frontabschnitten ist hin und wieder Geschützdonner zu hören. Im Südabschnitt der Ostfront wird dagegen mit großer Erbitterung gekämpft. Nur spärliche Nachrichten erreichen uns von dort.

---

* Deutscher Spielfilm von 1941 mit Johannes Heesters und Dora Komar in den Hauptrollen, Spielleitung: Karl Anton, Anm. d. Verl.

** Zeile aus dem Lied „Heimweh nach Kölle" von Willi Ostermann, ein 1936 geschriebenes und sehr populär gewordenes Mundartlied in kölschem Dialekt, Anm. d. Verl.

17. Januar 1943. Genau wie im vergangenen Jahr um diese Zeit sinkt die Außentemperatur auf den tiefsten Stand. Morgens werden minus 42 Grad gemessen. Die Kälte allein stört mich aber nicht, weil es trocken ist. Das Wetter ist schön. Die Sonne scheint ohne große Kraft. Gesundheitlich bin ich in bester Verfassung. Ich gehe regelmäßig sonntags in die Banja. Und wenn ich Verlangen danach habe, gehe ich auch während der Woche noch einmal. Durch ständige Körperpflege und regelmäßigen Wäschetausch bin ich – Gott sei Dank – von den Läusen verschont. Darüber hinaus nehme ich jede Gelegenheit wahr, mich an der frischen Luft zu bewegen. Kein Weg ist mir zu weit. Das alles will ich tun, um meine Einsatzfähigkeit für die Kampfstaffel zu erhalten. Ich freue mich über ein gestern noch aus der Heimat eingetroffenes Paket. Es beinhaltet einen großen Kuchen, der uns den heutigen Sonntagskaffee versüßen wird. Ich habe ihn morgens probiert und stelle ihn nachmittags zum Kaffee für die Schreibstubenkameraden auf den Tisch. Wir kochen feinsten Bohnenkaffee und lassen uns den Kuchen schmecken. Welch ein Luxus hier in Rußland!

19. Januar 1943. Von unserem Frontabschnitt ist nichts Besonderes zu vermelden. Es ist absolut ruhig. Diese Ruhe wird schon von vielen als unheimlich bezeichnet. Deshalb ist es uns unverständlich, daß ab sofort Urlaubsperre in Kraft treten soll. Diese Sperre kann nur mit der Entwicklung an anderen Frontabschnitten zusammenhängen. Ich vermute, das hat mit den Kämpfen bei Stalingrad zu tun. Die von dort durchsickernden spärlichen Nachrichten sind nicht gerade von Optimismus geprägt. Aber auch im Nordabschnitt sind bei Welikije Luki schwere Kämpfe im Gange. Wie dem auch sei, wir müssen unsere Urlaubshoffnungen zurückschrauben. Das gilt auch für mich, stehe ich doch in der Reihe der Anwärter mit ganz obenan.

24. Januar 1943. Während der ganzen verflossenen Woche ist nichts Besonderes passiert, wenn man von dem Neuschnee einmal absieht. Inzwischen ist es weiter klar und kalt. Die Bäume sind von Rauhreif und Eiskristallen überzogen. Die Sonne scheint und bringt alles zum Funkeln. Man muß die Augen zeitweise verschließen, so stark wird man geblendet. Ich stelle das heute fällige Dampfbad zurück und marschiere mit einem Kommando von Fahrern und anderen Troßangehörigen in den Birkenwald, um Bäume zu fällen. Wir unterstützen damit unsere Kameraden in der HKL, die mit den Birken ihre Stellungen ausbauen wollen. Es sind weitere Kampfstände und Sichtblenden zu errichten, die wegen des nahen Sumpfsees oberirdisch angelegt werden müssen. Von Gruppe zu Gruppe soll auf diese Weise eine nicht einsehbare Verbindung entstehen, praktisch wie ein Palisadenzaun, der von der Feindseite her nicht unbemerkt überwunden werden kann. Die Arbeit an der frischen Luft bekommt mir sehr gut und macht ungeheuren Spaß. Wir arbeiten, als würden wir im Akkord bezahlt. Gegen 15 Uhr stellen wir die Arbeit ein und marschieren nach Korenskoje zurück. Von der Waldarbeit mit Axt und Säge bin ich hungrig geworden und lasse mir an der Küche das Kochgeschirr randvoll füllen. Danach werde ich schnell müde. Zum Hören der Nachrichten bleibe ich aber noch bei den Fahrern, dann spaziere ich zur Schreibstube und lege ich mich bald auf meine Schlafstelle.

27. Januar 1943. Ich habe kaum geschlafen, so sehr haben mir während der Nacht Zahnschmerzen zu schaffen gemacht. Das ist etwas völlig Neues, denn damit hatte ich bisher überhaupt noch nichts zu tun. Der Hauptfeldwebel rät mir deshalb, noch heute zur Zahnstation zu gehen, die sich in der Nähe der Sanitätskompanie befinden soll. Sofort nach dem Frühstück mache ich mich auf den Weg. Ich marschiere der Beschilderung nach, die mich durch mehrere Ortschaften führt. Nach gut zweieinhalb Stunden Marsch bin ich am Ziel in Bolschoi Cholmez. Die Zahnstation ist nicht schwer zu finden. Ich melde mich dort an und muß warten. Die dann folgende Untersuchung ergibt, daß insgesamt drei Zähne behandelt werden müssen. Einer davon ist nicht mehr zu retten. Er muß raus. Zunächst werden die beiden behandelt, die plombiert werden sollen. Sie werden aufgebohrt und mit einer Füllung versehen. Ich bekomme einen neuen Termin und trete den Rückmarsch an. In der gleichen Zeit wie am Vormittag lege ich die Strecke nach Korenskoje zurück.

28. Januar 1943. Ich habe gut geschlafen, die Zahnschmerzen sind verschwunden. Ich gehe wieder dem üblichen Dienst nach. Doch der Wille wird immer stärker, nicht auf ewig beim Troß zu bleiben. Ich möchte keine weitere Urlaubsvertretung übernehmen, so sehr ich auch dafür Verständnis habe. Ich will wieder zur Kampfstaffel. Mit Hauptfeldwebel Eggelmeyer habe ich darüber ausführlich gesprochen. Er kann meine Einstellung zwar nicht verstehen, will mir aber keine Hindernisse in den Weg legen.

29. Januar 1943. Bereits um 7 Uhr verlasse ich Korenskoje, um zum festgesetzten Termin bei der Zahnstation zu sein. Es ist wunderbares Wetter. Die Nacht war kalt, aber kein Lüftchen regt sich. Als ich die Gschat-Brücke hinter mir habe, geht die Sonne als glühendrote Scheibe im Osten auf. Die Schneeflächen funkeln im grellen Morgenlicht, und aus den Dörfern steigt der Rauch aus den Kaminen kerzengerade in den Himmel. Rundum zeigen sich Landschaftsbilder wie aus dem Märchenbuch. In jeder Richtung und nach jedem zurückgelegten Kilometer bieten sich mir andere Motive, einfach zauberhaft. Ich bin von diesem Anblick so fasziniert, daß ich die Zeit nicht registriere, die ich unterwegs bin. Auf einmal bin ich am Ziel. In der Zahnstation brauche ich nicht lange zu warten. Die beiden Zahnfüllungen werden erneuert und ich kann gehen. Der Rückmarsch ist ebenso faszinierend schön. Gegen 13 Uhr erreiche ich die Unterkunft Korenskoje. Nach dem Essen bin ich in der Schreibstube. Es ist eine Menge Post eingegangen, die verteilt werden muß.

31. Januar 1943. Es ist Monatsende und Sonntag. Über sieben Wochen sind wir nun schon in Korenskoje. In dieser Zeit war es in der HKL derart ruhig, daß wir nicht einen Kameraden durch Feindeinwirkung verloren haben. Wir registrieren diese Tatsache mit Freude und einigem Erstaunen, weil es das bisher noch nicht gegeben hat. Nur Erkältungen und leichtere Erkrankungen haben in der Kompanie zu einigen Ausfällen geführt. Die Stellung ist ganz ungewöhnlich ruhig. Die russische Artillerie ist sonst immer aktiv. Ganz selten wird von vorn minimale Spähtrupptätigkeit gemeldet. Mit dem Monatsende verabschiedet sich auch das herrliche, trockene und kalte Winterwetter. Dicke Wolken haben die Sonne verdrängt. Feiner Schneefall hat eingesetzt. Ich erledige Schreibarbeiten. Oberleutnant Eduard Kraus, Chef der 6. Kompanie des Panzergrenadierregiments 14, ist am 25. Januar mit dem Ritterkreuz ausgezeichnet worden. Und unser verwundeter Kompaniechef, Oberleutnant Beinlich, der sich mittlerweile im Lazarett befindet, erhält am 3. Februar das Deutsche Kreuz in Gold.

Abends bin ich bei den Fahrern im Bunker. Dem Wehrmachtbericht zufolge hat die 6. Armee in Stalingrad kapituliert. Goebbels und Göring nehmen dazu im Rundfunk Stellung, ohne das ganze Ausmaß der Tragödie zu nennen. Wir erfahren zwar nichts Genaues, haben aber bestimmte Vorstellungen über die Größenordnung einer Armee und was es bedeutet, wenn eine solche Armee untergeht. Für uns hier an der Front ist nur schwer vorstellbar, was die vielen tausend Soldaten nun in einem unbekannten Schicksal erdulden müssen. Sie werden in russische Gefangenschaft gehen, ohne zu wissen, ob sie die Heimat je wiedersehen. Unvorstellbar!

2. Februar 1943. Gleich nach dem Frühstück mache ich mich auf den Weg zur Zahnstation. Der Weg ist nicht so schön wie sonst. Durch den Wind und den feinen Schnee sind starke Verwehungen entstanden. Es ist ein ziemlich anstrengender Marsch, denn ich muß durch knietiefen Schnee stapfen. Bei der Zahnstation angekommen, bin ich am ganzen Körper naß geschwitzt. Ich muß sowieso warten und setze mich in das geheizte Wartezimmer. Es sind noch mehrere Patienten anwesend. Gegenstand unserer Unterhaltung ist Stalingrad. Was hat sich da in Wirklichkeit abgespielt? Diese Frage wird leidenschaftlich diskutiert. Wir wollen und können es nicht glauben, daß eine ganze deutsche Armee – das sind viele tausend bewaffnete Soldaten – von den Russen eingeschlossen wurde und kapituliert haben soll. Nach der Behandlung trete ich unverzüglich den Rückmarsch an. Sechs Stunden bin ich heute unterwegs gewesen, die Behandlung und Wartezeit eingerechnet. Ich erfahre noch, daß der Kommandeur unseres Panzergrenadierregiments 14, Oberst Kurz, nicht mehr bei uns ist. Sein Nachfolger seit dem 1. Februar 1943 ist Oberstleutnant Hans-Gert von Baath. Nach dem Mittagessen schreibe ich einen langen Brief nach Hause. Für meine anstehende Beförderung zum Obergefreiten benötige ich wegen meiner Bezahlung eine Bescheinigung des Arbeitgebers. Gegebenenfalls muß ich Kriegsbesoldung bei der zuständigen Gebührnisstelle in Olmütz beantragen.

3. Februar 1943. Wir haben eine Menge Post zu verteilen. Ich erhalte mehrere Briefe von zu Hause. Ich bin erstaunt, wie schnell diese Post hier eingetroffen ist. Genau eine Woche ist der jüngst datierte Brief unterwegs gewesen. Ich setze mich sofort hin und beantworte den Brief meines Vaters, weil er glaubt, von mir Näheres über Stalingrad zu erfahren. Er ist der Auffassung, daß wir an der Front mehr wissen, als durch den Wehrmachtbericht bekanntgegeben wird. Ich muß ihn jedoch enttäuschen, denn das ist nicht der Fall. Ich werde ihn deshalb mit meiner Mitteilung nicht beruhigen können. Wir haben aber tatsächlich keine anderen Informationen als er, sondern auch nur den Rundfunk als Quelle.

4. Februar 1943. Alle Fahrer und beim Troß verfügbaren Soldaten werden heute morgen zum Schneeräumen befohlen. Der Fahrweg zur HKL ist streckenweise zugeweht und muß freigemacht werden. Ich melde mich sofort zu dieser Arbeit, kann ich doch dann der Schreibstube entfliehen. Um 8 Uhr ist Abmarsch. Nach einer Viertelstunde erreichen wir bereits die ersten Verwehungen. Die Arbeit an der frischen Luft macht Spaß. Wir schaufeln, bis wir den Waldrand erreicht haben. Im Wald ist der Weg noch frei. Bevor wir den Rückweg antreten, mache ich noch Aufnahmen. Gegen 15 Uhr marschieren wir zur Unterkunft zurück und empfangen an der Feldküche das Mittagessen. Bis zum Abendessen bin ich in der Schreibstube und helfe bei der Abfertigung der Tagespost.

5. Februar 1943. Am heutigen Tag bin ich genau zwei Jahre Soldat. Vom Lebensalter her noch einer der Jüngsten, doch gemessen an den Rußlanderfahrungen schon ein „alter Hase". In der Zeit meines Einsatzes bei der Division habe ich ungeheuer viel erlebt und gesehen. Alles mögliche habe ich hinter mir, und keine Tätigkeit hat mich bisher abgeschreckt. Meine derzeitige Verwendung als „Schreiberling" ist nichts dagegen. Es ist reine Schreibtischtätigkeit ohne jede körperliche Beanspruchung. Wenn ich nicht aus freien Stücken morgens laufen würde, hätte ich Bedenken, total „einzurosten". Wenn ich mir gegenüber ehrlich bin, gefällt mir dieser Dienst überhaupt nicht. Das Soldatenleben habe ich mir im Grunde anders vorgestellt. Nicht als Stubenhocker, sondern draußen im Einsatz habe ich mich gesehen. Die Arbeit im Büro macht mir beileibe nichts aus, ich habe sie als Zivilist gelernt und ausgeübt. Doch deshalb brauchte ich nicht Soldat zu werden. Mit korrekten und ehrlichen Vorgesetzten habe ich normalerweise keine Probleme. Doch der Einsatz unmittelbar in vorderster Front ist eine völlig andere Welt. Nur dort in der Gefahr entsteht grenzenloses Vertrauen. Dort wird Kameradschaft im wahrsten Sinne des Wortes praktiziert. Und nur dort findet man die Freunde, auf die man sich in jeder Situation und zu jeder Zeit felsenfest verlassen kann. Alle Kämpfer an der Front sind eine verschworene Gemeinschaft, die in jeder Gefahr fest zusammen hält.

8. Februar 1943. Tagelang hat sich nichts Besonderes ereignet. Selbst das Wetter hat sich nicht verändert. Kurz nach 6 Uhr verlasse ich unsere Unterkunft und marschiere über den bekannten Weg zur Zahnstation nach Bolschoi Cholmez. Es ist klirrend kalt, und bei jedem Schritt knirscht der Schnee unter den Stiefeln. Es macht mir Freude, frei durch das flache Land zu marschieren. Die Kälte schreckt mich absolut nicht, auch nicht der weite Weg. Daran habe ich mich längst gewöhnt. Ja, die Kälte ist mir viel lieber als die sommerliche Hitze. Der optische Eindruck dieser Landschaft hält mich gefangen. Er ist wieder überwältigend schön. Man kann sich nicht sattsehen daran. Beim Zahnarzt angekommen, plombiert er mir einen meiner Zähne und gibt mir einen neuen Termin. Danach marschiere ich nach Korenskoje zurück. In der Schreibstube ist nicht viel zu tun. Gerhard Trautmann hat das bißchen Arbeit schon erledigt. Wir holen noch gemeinsam die Post vom Bataillon und verteilen sie. Abends bin ich bei den Fahrern im Bunker.

10. Februar 1943. Während von der Nordfront und dem Südabschnitt in Rußland anhaltend schwere Kämpfe gemeldet werden, ist es an unserem Frontabschnitt weiterhin ruhig. Man weiß nicht so recht, was man davon halten soll. Das Verhalten des Feindes wird uns langsam unheimlich. Entweder, er hat seine Hauptkräfte vor diesem Abschnitt ganz abgezogen, oder es ist ein großer Bluff. Nur selten werden russische Spähtrupps vor der HKL beobachtet. Nichts deutet aber darauf hin, daß es zu ernsten Kampfhandlungen kommen könnte. Bei uns ist inzwischen von Ablösung die Rede. Angeblich soll die Division doch noch in einen Auffrischungsraum verlegt werden. Ich kann an die Parolen nicht so recht glauben, denn wir haben vor kurzem erst Ersatz aus Neisse bekommen.

11. Februar 1943. In der Schreibstube ist nichts zu tun. Nach meinem üblichen Morgenlauf erledige ich die eingehende Post und spaziere mit Gerhard Trautmann zum Bataillon. Danach wende ich mich der Körperpflege zu. Ich gehe in die Banja und wasche danach meine dreckige Wäsche. Ich stelle fest, daß ich, bis auf den einen Zahn, in guter körperlicher Verfassung bin. Durch die Mittagsmeldung erfahren wir von der HKL, daß ein feindlicher Stoßtrupp plötzlich vor der Kompanie aufgetaucht und es zu einer Schießerei gekommen ist. Der Panzergrenadier Ulitzka wurde dabei von einem Infanteriegeschoß tödlich getroffen. Sonst sind keine eigenen Ausfälle zu beklagen.

12. Februar 1943. Im Laufe der Nacht ist starker Sturm aufgekommen. Der gleichzeitig einsetzende feine Schneefall wird durch jede Ritze geweht. Alle Troßangehörigen werden nach dem Morgenkaffee aufgeboten, um den Versorgungsweg zur eingesetzten Kompanie freizuschaufeln. Wir arbeiten wie die Besessenen, doch es hilft alles nichts. Gegen die Gewalten der Natur sind wir machtlos. Der Wind ist zu stark und arbeitet schneller als unsere ganze Gruppe. Als wir mittags zurückmarschieren, ist der Weg genauso zugeweht, als wäre seit Stunden keine Schaufel bewegt worden. Bevor das Versorgungsfahrzeug mit der Verpflegung nach vorn fährt, gehen wir wieder raus und beseitigen die gröbsten Verwehungen.

13. Februar 1943. Der Schneesturm hat noch nicht nachgelassen. Mit unverminderter Stärke fegt er über das flache Land. Jede Geländevertiefung wird ausgeglichen. Wir müssen nach dem Kaffee wieder mit Schaufeln erscheinen und den Weg nach vorn frei machen. Zu den rückwärtigen Stäben und Versorgungseinrichtungen werden außer den stationierten Soldaten auch Zivilisten zum Räumen eingesetzt. Als wir gegen Mittag zur Unterkunft zurückmarschieren, läßt der Sturm plötzlich nach. Der Wind dreht, und der feine Schnee geht in dicke Flocken über. Es wird wärmer.

14. Februar 1943. Ein ruhiger Sonntag. Schon vor dem Frühstück heize ich die Banja an und nehme ein erfrischendes Bad. In der Schreibstube liegt nichts vor, was von mir erledigt werden müßte. Mit Rücksicht auf die Ablösungsgerüchte ordne ich mein gesamtes Gepäck und schicke einen Teil privater Wintersachen nach Hause. Danach zerlege ich meinen Karabiner in alle Einzelteile und reinige ihn gründlich. Nachmittags bin ich bei den Fahrern im Bunker. Dort ist alles versammelt, was beim Troß Beine hat, um das Wunschkonzert aus Berlin zu hören.

15. Februar 1943. Mein letzter Termin beim Zahnarzt ist fällig. Es ist noch sehr früh, als ich mich auf den Weg mache. Die bekannte Strecke zur Zahnstation lege ich in zweieinhalb Stunden zurück. Ohne lange Wartezeit komme ich zur Behandlung. Nach einer

Betäubungsspritze wird die Wurzel des nicht mehr zu heilenden Backenzahnes gezogen. Der Zahnarzt kommt dabei ganz schön ins Schwitzen. Er ist genauso froh wie ich, als der Zahn endlich draußen ist. Nach dem Eingriff trete ich sofort den Rückweg an. In Korenskoje angekommen, mache ich mir einen Becher Kamillentee und spüle damit die Wunde. Bereits nachmittags habe ich mich an die Zahnlücke gewöhnt und verspüre keinerlei Beschwerden mehr.

17. Februar 1943. Ich bin froh, daß ich meine Zähne in Ordnung bringen lassen konnte. Jetzt wäre es zu spät dazu. Heute wird offiziell bekannt, daß die gesamte 5. Panzerdivision aus diesem Abschnitt herausgelöst und verlegt wird. Die Ablösung der Kompanien in der HKL steht unmittelbar bevor. Von Auffrischung in der Heimat – oder weiter rückwärts – spricht niemand mehr. Vorsorglich sende ich noch ein Päckchen mit gesammelten Andenken nach Hause, damit sie nicht verlorengehen.

18. Februar 1943. Heute erwarten wir die Vorkommandos unserer Ablösung in Korenskoje. Es dauert bis zum frühen Nachmittag, als das erste Fahrzeug mit dem Vorkommando eintrifft. Wir sind baß erstaunt, daß es Soldaten unseres Kradschützenbataillons sind. Wir hatten viel eher mit einer fremden Infanterieeinheit gerechnet. Solche festen Stellungen gehören an und für sich in den Aufgabenbereich der Infanterie. Die eigentliche Ablösung trifft erst kurz nach Einbruch der Dunkelheit ein und wird dann nach vorne geführt.

19. Februar 1943. Kurz nach Mitternacht ist die Kompanie abgelöst. Der junge Tag hat längst begonnen, als unsere Soldaten hier beim Küchenstützpunkt eintreffen. Die Ablösung ist reibungslos und ohne Störung durch den Feind vollzogen worden. Die Kompanie wird noch mit heißem Tee versorgt und in wenigen Häusern für die halbe Nacht untergebracht. Gleich nach Dienstbeginn spreche ich mit Hauptfeldwebel Eggelmeyer wegen meiner weiteren Verwendung. Nach seiner Rücksprache mit dem Kompanieführer wird entschieden, daß ich die Schreibstube verlassen kann. Diese Entscheidung wird von mir mit großer Zufriedenheit aufgenommen. Ab sofort bin ich wieder Melder im Kompanietrupp. Unteroffizier Heinz Schramm ist noch Kompanietruppführer. Ich melde mich bei ihm und bin von diesem Augenblick an wieder in der Kampfstaffel. In der Führung der Kompanie tritt ab sofort ein Wechsel ein. Nach Hauptmann Kob ist Leutnant Dieter Mundt der neue Führer der 5. Kompanie. In den Quartieren herrscht emsige Betriebsamkeit. Waffen und Gerät werden überprüft und in Ordnung gebracht. Das gleiche gilt für die Uniformen und die persönlichen Dinge. Einige genesene Kranke und Leichtverwundete, die sich beim Troß aufgehalten haben, werden den Zügen und Gruppen zugeteilt. Die Kompanie hat eine Kampfstärke von insgesamt 95 Mann erreicht. Das ist enorm viel und bedeutet eine gewaltige Kampfkraft.

20. Februar 1943. Nach dem Mittagessen muß ich mich fertigmachen und als Quartiermacher der Kompanie vorausfahren. Wir fahren mit einem Kfz. 15. Die Fahrt ist nicht schön. In dicken Flocken fällt der Schnee unterwegs vom Himmel und klebt auf der Windschutzscheibe. Auf der Straße geht die weiße Pracht sofort in Matsch über. Darunter ist gefrorener Boden, deshalb ist die Straßendecke spiegelglatt. Unser Fahrer, Ernst Theis, ein Könner seines Fachs, bleibt davon unberührt. Er fährt so sicher, als wäre er auf der Avus. Nach zirka drei Stunden erreichen wir die Stadt Wjasma, unser heutiges Ziel. In der Nähe unseres alten Troßstützpunktes halten wir Quartiere bereit. Erst gegen Mitternacht treffen die Fahrzeuge des Bataillons mit den Soldaten ein. Gepäck und Gerät bleiben auf den Lkws. Nur das Allernotwendigste wird für ein paar Stunden Ruhe mit in die Quartiere genommen.

22. Februar 1943. Der starke Schneefall hat aufgehört. Das Wetter spielt verrückt. Tagsüber taut es, so warm ist es, und nachts ist es bitterkalt. Die Straßen werden zu Eisbahnen. In dem zugigen Kübel habe ich mir eine starke Erkältung geholt. Vormittags bleiben wir in Wjasma. Als die Küche gerade das Mittagessen ausgibt, wird unerwartet erhöhte Alarmbereitschaft befohlen. Danach verladen wir Gerät und Gepäck auf die Fahrzeuge. Keiner weiß, wohin die Reise geht. Viel dummes Zeug wird dahergeredet. Gegen 16 Uhr erreicht uns der Befehl zum Abmarsch. Die Fahrzeuge formieren sich zur Kolonne. Kurz vor Einbruch der Dunkelheit geht es in geschlossener Formation auf die große Rollbahn Richtung Smolensk. Es geht nach Westen, näher zur Heimat hin! Während der Fahrt keimen neue Hoffnungen auf, werden neue Wünsche wach, Vermutungen geäußert, die tollsten Phantasien ausgespuckt. Smolensk–Minsk–Brest-Litowsk–Frankfurt/Oder–Heimat, dahinter verblaßt jeder andere Gedanke. Was wollen wir noch mehr? Wunschträume!

23. Februar 1943. Mit der Stadt Smolensk ist der nächstliegende Punkt zur Heimat erreicht. Die Kolonne biegt hier nach Süden ab. Bei Tagesanbruch ziehen wir zur Tarnung in einem Wald unter, um die Luftaufklärung des Feindes zu erschweren. Am hellen Tage sollen Bewegungen auf der Straße möglichst vermieden und die Fahrt nicht fortgesetzt werden. Wir warten den späten Nachmittag ab. Die Stadt Roslawl haben wir hinter uns und befinden uns auf der Straße nach Brjansk.

24. Februar 1943. Mitternacht ist vorbei, als wir durch die Stadt Brjansk fahren. Ab hier fahren wir in südostwärtiger Richtung weiter und erreichen die Stadt Karatschew. Wenige Kilometer hinter dieser Stadt halten wir auf freier Strecke an. Die Kompanie wird verpflegt. Über den Fortgang der Fahrt und das Ziel ist man sich nicht schlüssig. Der Tag geht zu Ende. Wir schlafen – so gut es geht – auf den Fahrzeugen.

25. Februar 1943. Frühmorgens erhalten wir neue Befehle. Die Kolonne muß wenden, dann fahren wir nach Brjansk zurück. Von dort geht es in genau nördlicher Richtung weiter. Es ist hell, als wir über die Desnabrücke und durch Ordschonikidsegrad fahren. Hier verlassen wir die feste Straße und fahren auf sandigen und sumpfigen Wegen weiter. Wir kommen durch viel Wald an Ljubochna vorbei und durch Djatkowo, einem etwas größeren Ort mit Bahnstation. Hinter Djatkowo wird eine Marschpause eingelegt. Verpflegung wird ausgegeben. In Ruhe wird dies alles abgewickelt. In etwa einer Stunde wird der Marsch fortgesetzt. Nach insgesamt fast 600 Kilometern Fahrt erreichen wir die Stadt Schisdra. Es wird schon dunkel. Wir fahren noch etwa 20 Kilometer auf der Straße Richtung Bukan, dann sind wir offensichtlich am Ziel. Bei einer 8,8 cm-Flakstellung heißt es absitzen. Waffen und Gerät sind zu überprüfen, der Munitionsbestand ist umgehend aufzufüllen. Alles muß möglichst schnell und lautlos vor sich gehen. Wir ahnen nichts Gutes. Wir befinden uns im unmittelbaren Frontbereich. Weiter östlich und nach Norden hin erhellen laufend Leuchtkugeln die Nacht. Dort ist die Hauptkampflinie. Das wissen wir nur zu genau. Nach dem Absitzen werden die Fahrzeuge nach hinten in Marsch gesetzt. Der Kompanieführer, Leutnant Mundt, muß zur Einweisung zum Bataillon. Es wird ernst.

Ich notiere mir – eigentlich unbewußt und ohne besonderen Auftrag – die Namen der Anwesenden und ermittle die Stärke der Einsatzkompanie. Aus meiner Tätigkeit in der Schreibstube weiß ich, wie wichtig solche personellen Aufzeichnungen für spätere Nachforschungen sein können.

Die Kampfstärke beträgt:	1 Offizier, 15 Unteroffiziere, 77 Mannschaften = 93 Soldaten.
Offizier:	Leutnant Dieter Mundt, Kompanieführer
Unteroffiziere m. Portepee:	Oberfeldwebel Erich Nettelmann; Feldwebel Karl-Heinz Herrmann; Feldwebel Werner Otzdorff
Unteroffiziere o. Portepee:	Walter Bunk; Alfred Gass; Walter Maennchen; Erwin Micke; Josef Pilz; Heinrich Rohe; Karl Heinz Schramm; Arnold Schwering; Ernst Staaden; Max Wilde; Gustav Wittwer; Walter Wurzel

Obergefreite:	Rudolf Batzik; Paul Damm; Alois Geißler; Hans Walter Grünert; Karl Klinkhammer; Klose; Josef Kosytorz; Alfred Müller; Paul Peiffer; Karl Schönfeld; Gerhard Staisch; Günter Lichtenberg
Gefreite:	Hans Arndts; Georg Broll; Werner Dix; Johannes Dragon; Bruno Erler; Willi Förster; Wilhelm Gebauer; Bernhard Härtel; Erwin Heinrich; Karl Hermann; Fritz Hoffmann; Peter Jakubik; Alfons Jeziorski; Erich Kaintoch; Hermann Kettler; Hubert Klosa; Erhard Klose; Johann Kraus; H. Leske; Heinrich Madla; Georg Reck; Georg Rieger; Johann Schwarzer; Karl Seewald; Helmut Sowa; Josef Steiner; Michel Stillenmunkes; Paul Supik; Herbert Otrzonsek; Erich Utzig; Otto Will; Alfred Zimmermann
Obergrenadiere:	Hans Flechsig; Paul Wochnik; Johann Woznik
Grenadiere:	Fritz Block; Franz Bojko; Paul Czmiel; Josef Ferfecki; Wilhelm Gebauer; Erwin Gerat; Paul Glombeck; Franz Gmusdeck; Paul Goll; Josef Granitzny; Otto Grundmann; Kurt Handtke; Paul Haltorf; Josef Heczko; Georg Hoffmann; Franz Jarzombek; Leo Kandziora; Paul Kloppich; Guido Kreher; Alfred Lachnit; Lichtenberg; Kurt Löffler; Ruprecht Pischzek; Georg Ploch; Johann Raszka; Alois Schaffer; Bruno Sowka; Sturz; Franz Waretzki; Franz Witzik

26. Februar 1943. In langer Schützenreihe marschieren wir – der Kompanietrupp an der Spitze – zu neuem Einsatz. Die Nacht ist kalt. Während des Marsches wird uns wärmer. Um 1.30 Uhr etwa erreichen wir die Siedlung Krestjanskaja Gora. Hier erwarten uns Einweiser der 211. Infanteriedivision. Östlich dieser Siedlung, entlang des Jasenok-Baches, sollen wir mit dem Bataillon eine Auffangstellung bilden und den Einbruch des Feindes abriegeln. Zwischen der 208. und der 211. Infanteriedivision ist der Gegner eingebrochen und hat eine Lücke aufgerissen. Diese Lücke sollen wir schließen und halten. Gegen 2 Uhr hat die 5. Kompanie den zu besetzenden Abschnitt an der Siedlung Bore erreicht. Aber, o weh! Wie sollen wir hier einen Feind aufhalten, der mit schweren Panzern und starken Kräften angreift? Stellungen oder Deckungslöcher, die eine Verteidigung ermöglichen würden, sind keine vorhanden. Wir befinden uns auf einer völlig freien Fläche ohne jeden Schutz. Der Boden ist tief und knochenhart gefroren. Verzweifelt versuchen die Gruppen, mit dem Spaten in die Erde zu kommen. Doch es ist aussichtslos. Ohne schweres Gerät ist hier nichts zu machen. Nur die dünne Schneedecke, die vorhanden ist, wird mit den Händen zusammengekratzt, um etwas Sichtschutz zu erhalten. Auf dem hartgefrorenen Boden müssen die Grenadiere, auf dem Bauch liegend, in Stellung gehen. Schutzlos sind sie jedem Feindfeuer ausgesetzt. In dieser unmöglichen Lage erwarten die Soldaten, hinter ihren Waffen liegend, den Angriff des Gegners. Der Kompaniegefechtsstand wird etwa in der Mitte des Kompaniebereichs eingerichtet. Wir haben Glück, daß wir in der Nähe eines Hauses ein Erdloch finden, in dem wir gerade Platz haben. Es ist eine im freien Feld errichtete Vorratsmiete, in der zwei Fässer Sauerkraut aufbewahrt werden. Gegen 5 Uhr wird ein Überläufer zum Kompaniegefechtsstand gebracht. Das ist meistens ein sicheres Zeichen für den bevorstehenden Angriff. Wenig später wird ein starker Spähtrupp an der Jasenokbrücke gemeldet. Dann folgen auch schon die ersten Granatwerfereinschläge. Russische Artillerie schießt sich ein. Bereits um 6 Uhr – wir haben noch keine wesentlichen Beobachtungen auf der Feindseite machen können – werden bereits die ersten Ausfälle gemeldet. Als es langsam heller wird stellen wir fest, daß

Feldwebel Ernst Staaden, der Panzerknacker, nach seiner Genesung.

wir an einem Vorderhang wie auf dem Präsentierteller liegen. Es setzt leichter Schneefall ein. Als es danach aufklart beobachten wir, wie die Russen auf der anderen Seite des Baches – ungestört – mehrere „Ratschbumm"-Geschütze in Stellung bringen. Erste feindliche Panzer tauchen auf. Sie und die „Ratschbumm" eröffnen sofort das Feuer im direkten Beschuß. Die Ziele liegen hinter uns in Krestjanskaja Gora und im Kompaniebereich. Jede vom Feind erkannte Bewegung wird unter Feuer genommen. Auch das von uns gemiedene Haus nebenan ist ein beliebtes Ziel. Wir hatten es für die Erstversorgung von Verwundeten vorgesehen, lassen diese Absicht aber fallen. Leider ist kein eigener Artilleriebeobachter (AB) bei uns, der die beim Feind erkannten Ziele bekämpfen lassen könnte. So vergeht der Tag. Der erwartete Großangriff ist ausgeblieben. Die Russen schaffen weitere frische Kräfte heran. Kurz vor Beginn der Dunkelheit tritt ein starker Stoßtrupp mit einem Panzer gegen unsere Stellungen an. Der Stoßtrupp wird zusammengeschossen, der Panzer sucht nach hinten das Weite. Eigene Verluste sind eingetreten. Insgesamt sind drei Unteroffiziere und ein Mann gefallen und vier Mann verwundet worden. Bei Dunkelheit versuchen die Gruppen, erneut in die Erde zu kommen. Es ist aussichtslos. Wir werden mit einer warmen Mahlzeit und kalter Verpflegung versorgt.

27. Februar 1943. Kurz nach Mitternacht vernehmen wir drüben starkes Motorengeräusch. Es ist uns nicht unbekannt. Es ist das Motorengeräusch schwerer russischer Panzer, die sich unseren Stellungen nähern. Aus allen Rohren feuernd, fahren sie im Abschnitt unseres I. Zuges wie wild umher. Ihre Absicht ist klar. Sie wollen unsere Stellungen mit Gewalt durchbrechen. Eigene Panzer oder Pak, die hier eingreifen könnten, sind nicht vorhanden. Die Russenpanzer ziehen sich – eigentlich ohne ersichtlichen Grund – auf einmal wieder zurück. Gegen 4.30 Uhr wird erneut Panzeralarm gegeben. Mit aufgesessener Infanterie brechen sechs Panzer in unsere Stellung ein. Erneut entbrennt ein ungleicher Kampf: Mann gegen Panzer. Die aufgesessene Infanterie wird von den Panzern getrennt. Unteroffizier Staaden nimmt den Kampf mit den stählernen Kolossen auf. Er vernichtet einen Panzer im Nahkampf und setzt einen zweiten außer Gefecht. Dabei wird er selbst schwer verwundet. Trotz heftiger Gegenwehr fahren die Panzer wild schießend im Gelände umher. Sie dringen in den Bereich der 7. Kompanie ein. In dem Durcheinander ist bei uns die Verbindung zwischen Kompanieführer und dem I. Zug abgerissen. Von Leutnant Mundt erhalte ich den Befehl, den Zugführer zu suchen und die Verbindung wiederherzustellen. Unter ständigem Beschuß von drüben renne ich über die weite Schneefläche und erreiche den Zugabschnitt. Doch hier ist nirgends ein Lebenszeichen zu vernehmen, nur eisiges Schweigen. Den Zugführer kann ich nicht finden. Auf der Suche nach einem Gruppenführer oder einem noch Lebenden mache ich eine fürchterliche Entdeckung. Ich finde mehrere tote Kameraden zwischen den Spuren der Panzerketten. Ihre Leiber sind bis zur Unkenntlichkeit zerfetzt. Sie sind von den Panzern in ihren unzureichenden Stellungen überrollt worden. Ich bin zutiefst erschüttert! Diese Männer haben buchstäblich bis zum letzten Atemzug gekämpft. Zwischen den unförmigen Klumpen von Uniformfetzen und Körperteilen suche ich nach Soldbüchern und Erkennungsmarken, damit die Identität der Toten festgestellt werden kann. Wie viele Kameraden außerdem verwundet wurden und ob sich auch welche in Sicherheit bringen konnten, kann ich nicht feststellen. Ich habe keinen Lebenden angetroffen. In diesem Moment nehme ich nicht wahr, ob Russen in meiner Nähe sind und ob ich von sonst jemand gesehen werde. Es herrscht Totenstille rundum. Ich renne zum Kompaniegefechtsstand zurück und melde die vorgefundene Lage. Ehe Leutnant Mundt etwas unternehmen kann, wird unser Kompanieabschnitt erneut mit einem für unwahrscheinlich gehaltenen Feuerhagel überschüttet. Der nächste Angriff ist offenbar in Vorbereitung. Schwere Artillerie und Granatwerfer trommeln, Panzer und „Ratschbumm" beteiligen sich im direkten Beschuß. Inzwischen ist es etwas heller geworden. Das Trommelfeuer läßt nach. Jetzt müßte der Angriff des Feindes folgen. Es geschieht nichts. Die Lücke in unserer Front, die sich nachts aufgetan hat, wird vom Feind nicht genutzt. Während des ganzen Tages hält der direkte Beschuß an. Die „Ratschbumm" schießt auf alles, was sich bewegt.

Immer wieder ist auch das nebenan stehende Wohnhaus das Ziel eines schweren Panzers. Wegen der Kälte hatten wir den schwerverwundeten Obergefreiten Müller dort untergebracht. Als wir ihn vor den Panzergranaten in Sicherheit bringen wollen, müssen wir selbst Schutz suchen. Bevor wir ihn erreichen können, wird er unter den Trümmern des zusammengeschossenen Hauses begraben. Er konnte nicht mehr geborgen werden. Abends versuchen wir, die Verluste festzustellen. An diesem Tage hat die Kompanie insgesamt fünf Unteroffiziere und 34 Mann verloren. Davon sind sieben gefallen, 24 verwundet und acht Mann werden noch vermißt. Trotz der erheblichen Verluste kann die Stellung gehalten werden. Bei den beiden anderen Kompanien des Bataillons wird die schreckliche Bilanz nicht viel besser ausgefallen sein.

28. Februar 1943. In dieser Nacht ist niemand von uns zur Ruhe gekommen. Die verbliebenen Kameraden sind in Gruppen neu geordnet worden. Die Stellung ist jedoch nur sehr dünn besetzt. An Schlaf ist nicht zu denken. Jeder ist auf seinem Posten. Gespannt lauschen wir zur Feindseite, von wo anhaltend starker Motorenlärm zu hören ist. Der Feind hat frische Panzerkräfte herangeschafft. Gegen 5 Uhr beginnt das Trommelfeuer mit schweren Waffen. Fast eine Stunde deckt er uns ein, dann werden die ersten Panzer gemeldet. Anhand des Mündungsfeuers der Kanonen erkennen wir drei schwere Panzer unmittelbar an der Brücke. Sie feuern aus dem Stand, ohne daß sie von unserer Seite bekämpft werden. Wo sind unsere Panzer? Wo sind die Panzerjäger? Wo ist die 8,8 cm-Flak? Alles Fragen, die wir uns stellen und auf die wir keine Antwort wissen. Als die Feuerwalze weiter nach hinten verlegt wird, erfolgt der erwartete Angriff mit Panzern. Drei T-34 mit aufgesessenen Schützen fahren, wild schießend, mit erheblichem Tempo genau auf der Naht zwischen unserer und der 7. Kompanie durch die Stellung hindurch Richtung Krestjanskaja Gora. Gegen 8.30 Uhr tauchen weitere Panzer an der gestrigen Einbruchstelle auf. Die Panzer selbst sind nicht aufzuhalten. Die ihnen folgende Infanterie kommt nicht über den Fluß. Sie wird niedergehalten. Doch jetzt besteht die Gefahr, daß wir vom übrigen Bataillon abgeschnitten und eingeschlossen werden. Es wird Absetzen und Sammeln im Wäldchen südlich Krestjanskaja Gora befohlen. Das ist leichter gesagt, als getan. Wir müssen über eine vollkommen freie Fläche von zirka 800 Metern laufen und dabei einige Verwundete mitführen. Es gelingt uns, indem wir uns weit auseinandergezogen sprungweise zurückziehen. Mit Geschick und Anstrengung erreichen wir den angegebenen Wald. Die noch vorhandenen vier Unteroffiziere und 21 Mann werden schnell zu drei Gruppen geordnet und sofort am Waldrand eingesetzt. Vorsorglich notiere ich den vorhandenen Personenkreis, damit wir die eingetretenen Verluste überhaupt ermitteln können. Die neuen Gruppen sichern nach Osten und nach Süden, weil die Verbindung zum rechten Nachbarn abgerissen ist.

Der von unserer kampfstarken Kompanie verbliebene Rest nach einem etwa 60stündigen Kampf, aufgenommen am 28. Februar 1943, nach dem Sammeln gegen 10 Uhr, setzt sich zusammen aus:

Leutnant Mundt, Kompanieführer; Unteroffizier Schramm, Kompanietruppführer
Unteroffiziere: Micke, Rohe, Wurzel
Obergefreite: Batzik, Geißler, Klose, Kraus, Lichtenberg, Peiffer
Gefreite: Erler, Heinrich, Jakubik, Kaintoch, Kloppich, Madla, Rieger, Will
Grenadiere: Förster, Grundmann, Glombeck, Kreher, Pichzek, Sturz, Witzik

Nach dieser Bestandsaufnahme steht fest, daß aus dem I. Zug des Oberfeldwebel Nettelmann niemand mehr vorhanden ist. Der gesamte Zug ist komplett ausgefallen. Mit diesem kümmerlichen Trupp gehen wir in Stellung und verteidigen diese gegen einen immer wieder anrennenden Feind.

In dem Wäldchen, in das wir uns zurückgezogen haben, haben wir Glück im Unglück. Wir können den entstandenen Munitionsmangel beheben. Im Wäldchen befindet sich ein von der Infanterie errichtetes Munitionslager, das erhebliche Bestände aufzuweisen hat. MG- und Gewehrmunition ist kistenweise vorhanden. Auch die uns längst ausgegangene Munition für Leuchtpistolen finden wir in großen Mengen vor. In einem fast leeren Munitionsbunker richten wir den Kompaniegefechtsstand ein. Danach werde ich zum Bataillonsgefechtsstand geschickt, um unseren Standort und die Lage zu melden. Ich treffe den Kommandeur, Major Kurt Stieber, an den ersten Häusern der Siedlung Krestjanskaja Gora. Ich melde ihm auch die vorgefundenen Munitionsbunker und deren Bestände. Im Laufe des Nachmittages haben wir keine direkte Feindberührung. Im nördlich Krestjanskaja gelegenen Bataillonsabschnitt ist derweil der Teufel los. An diesem Abend wird für den Kompaniebereich ein besonderer Wachplan aufgestellt, damit jeder Soldat ein paar Stunden Schlaf bekommen kann. Die Verluste des Tages stelle ich wie folgt fest: ein Unteroffizier und sechs Mann sind verwundet worden und vier Mann werden noch vermißt, insgesamt sind das heute elf Ausfälle. Der verbliebene Rest hat nicht einmal ein Drittel der normalen Kampfstärke.

1. März 1943. Während der Nacht ist es vor unserem Abschnitt relativ ruhig geblieben. Doch schon am frühen Morgen setzt das Trommelfeuer der schweren Waffen wieder ein. Nach einer Stunde etwa hören wir die bekannten Motorengeräusche der schweren Panzer und den Knall ihrer Kanonen. Auch beim rechten Nachbarn ist jetzt Gefechtslärm zu vernehmen. Wir sitzen in unserem Wäldchen wie auf einem Pulverfaß. Wenn ein Munitionsbunker von einer Artilleriegranate getroffen wird, fliegt das ganze Lager und wir mit in die Luft. Nachdem es hell geworden ist, sehen wir mehrere russische Panzer mit aufgesessener Infanterie im Angriff auf Krestjanskaja Gora. Ich bekomme den Befehl, zum Bataillon Verbindung aufzunehmen. Als ich aus dem Wald heraustrete, sehe ich bereits die ersten Feindpanzer vor mir die Straße überqueren. Ich melde dies sofort Leutnant Mundt, der die Kompanie zusammenrufen läßt, um die Straße gegen die nachfolgende Infanterie zu sichern. Ungeachtet der Feindbewegungen will ich die Verbindung zum Kommandeur, Major Stieber, herstellen. Auf dem Weg zum Bataillonsgefechtsstand muß ich mich, um nicht sofort ausgemacht zu werden, an der die Straße säumenden Schneeblende entlangpirschen. Dabei komme ich fast an unserer sIG-Stellung vorbei. Dort sehe ich eine Gruppe Soldaten in Tarnhemden, die ich für Geschützbedienungen der 8. Kompanie halte. Wegen der weißen Tarnhemden, die im Winter auch von den Russen getragen werden, kann ich zunächst keinen Unterschied erkennen. Erst als ich mit „Ruki werch!“ (Hände hoch) angerufen werde, wird mir blitzschnell klar, daß ich Russen vor mir habe. Mit einem Sprung auf die andere Seite der Schneeblende gelingt es mir, Deckung zu finden und weiterzukommen. Und unwahrscheinliches Glück hat mich vor den Geschoßgarben aus ihren Maschinenpistolen bewahrt, die mir um die Ohren pfeifen. Mit ein paar weiteren Sprüngen bin ich auf der Straße und erreiche in einem Bogen das erste Gebäude des Ortes. Mit großer Vorsicht nähere ich mich einer weiteren Gruppe von Soldaten, die hinter dem nächsten Haus stehen und sich bei Anruf glücklicherweise als eigene Soldaten herausstellen. Es sind Angehörige des Stabes, die sich gesammelt haben. Auf die Frage nach dem Kommandeur erhalte ich keine eindeutige Antwort. Einige sagen, er sei gefallen, andere behaupten, er sei verwundet in russische Hände geraten. Genaueres kann ich nicht erfahren. Nur noch soviel, daß der Bataillonsgefechtsstand von den Russen besetzt ist und daß die Russen nicht weit vor diesen Häusern liegen. Als ich mich hinter dem Haus hervorwage, um mich zu vergewissern, erhalte ich sofort Feuer aus einer MPi. Auch seitwärts an der jenseitigen Häuserreihe sehen wir die Russen näherrücken. Mit der versammelten Gruppe des Stabes gehe ich auf den Verbindungsweg zurück. Nach kurzer Zeit treffe ich dort die Reste der Kompanie mit Leutnant Mundt, die sich auch aus dem Wald abgesetzt haben und auf Aschkowo zurückgehen. Die Kunde vom Verlust des Kommandeurs spricht sich schnell herum. Der Ausfall dieses in vielen Kämpfen bewährten und bei den Soldaten beliebten Kommandeurs ist ein schwerer Schlag für das Bataillon und für die Division. Kurz vor Aschkowo werden die zurückgehenden Teile des II. Bataillons des Panzergrenadierregiments 14 von einem Offizier des I. Bataillons aufgehalten und zur Bildung einer neuen HKL eingewiesen. Auf dem Höhenrücken, etwa 200 Meter vor dem Ort, richten wir uns erneut zur Verteidigung ein. Hier haben wir ebenso wenig Deckung wie vor Bore. Es ist lediglich etwas mehr Schnee vorhanden, den wir als Sichtschutz vor uns aufschütten. Noch sind wir vom Feind unbehelligt, aber das wird nicht mehr lange so bleiben. Noch an diesem Nachmittag taucht in einiger Entfernung ein leichter Panzer auf und fühlt vor. Er wird aus Aschkowo heraus in Brand geschossen. Das gibt uns großen Rückhalt. Man weiß jetzt, daß hinter uns panzerbrechende Waffen stehen, und daß man nicht schutzlos den Russenpanzern ausgesetzt ist. Ein kurz darauf im Gelände erscheinender Spähtrupp wird nahe herangelassen und vernichtet. Bis zum Einbruch der Dunkelheit haben wir dann Ruhe. Die Verluste des 1. März notiere ich wie folgt: Unteroffizier Gass gefallen, Obergefreiter Damm schwer, Grenadier Woznik leicht verwundet.

2. März 1943. Während der Nacht haben unsere Wachen mehrmals Alarm gegeben. Es sind offensichtlich mehrere Suchtrupps der Russen unterwegs, die nach dem nicht zurückgekehrten Spähtrupp suchen. Durch das Aufsteigen der abgeschossenen Leuchtkugeln haben sie in etwa unsere neue Stellung ausmachen können. Es ist deshalb kein Wunder, daß beim ersten Licht des neuen Tages das gesamte Gelände vor Aschkowo unter Artilleriefeuer liegt. Fest an den Boden gepreßt warten wir jedesmal die Einschläge ab, um danach umso aufmerksamer das Vorgelände zu beobachten. Es dauert auch nicht mehr lange, dann sehen wir – noch weit entfernt – die ersten Panzer auftauchen. Es kommen noch einige mit aufgesessener Infanterie hinzu. Dann formieren sie sich zum Angriff und rollen auf unsere Stellungen zu. Doch sehr weit kommen sie nicht. Unsere Panzerabwehrkanonen (Pak) auf Selbstfahrlafetten und eigene Panzer schießen sieben Feindpanzer ab, der Rest wendet sich zur Flucht. Die Infanterie wird von uns niedergehalten. Sie liegen stundenlang im Schnee und bewegen sich nicht. Erst gegen Abend, als es dämmerig wird, kommt Leben in den Schnee. Die noch können, ziehen sich – teils kriechend – weiter zurück. Der Angriff ist gescheitert. Wir haben einen unserer besten Kameraden verloren. Unser Gefreiter Helmut Sowa, von allen nur Bubi gerufen, allseits beliebt wegen seines ungetrübten Breslauer Humors und stets bei guter Stimmung, wurde von einer Granate tödlich getroffen. Sein beliebter und oft geäußerter Ausspruch vom „Steckschuß im linken Ohrläppchen" als geeignetem „Heimatschuß" hat sich auf eigenartig tragische Weise erfüllt.

3. März 1943. Nach sternklarer und sehr kalter Nacht – die Temperatur liegt bei minus 30 Grad – machen wir vor Tagesanbruch Stellungswechsel. Aber nicht weit. Die Hauptkampflinie wird bis auf etwa 100 Meter an den Ortsrand von Aschkowo zurückgenommen. Wir weichen nicht dem Druck des Feindes, sondern finden besseren Schutz in einem Straßengraben. Dadurch verschaffen wir auch den hinter uns stehenden Panzern und Pak auf Selbstfahrlafetten ungehindertes Schußfeld. Ohne Störung durch den Feind, richten wir die neue Stellung her, überirdisch, nur aus aufgeschichteten Schneeblöcken bestehend, die wir am Grabenrand aufschichten. Als wir damit fertig sind, scheint die Sonne und wärmt uns mit ihren Strahlen. Doch unsere Freude an der Ruhe und der Sonne währt nicht sehr lange. Schwere feindliche Artillerie beschießt Aschkowo. Einzelne Granaten schlagen in unserer Nähe ein. Nach einer Pause sind es schwere Granatwerfer, die unseren Stellungsbereich heimsuchen. Die Splitterwirkung auf dem gefrorenen Boden ist enorm. Dabei habe ich einiges Glück, denn ich werde von einem Granatsplitter erwischt. Er durchschlägt das Panzerkampfabzeichen auf der linken Brusttasche und bleibt in meinem Soldbuch stecken. Ich selbst bin unverletzt.

Aus dieser Stellung wird es möglich, die Soldaten einzeln für kurze Zeit in das Dorf zu schicken, damit sie sich in einem Haus aufwärmen und waschen können. Vor allen Dingen müssen die Stiefel einmal von den Füßen, wozu seit dem ersten Tag unseres Einsatzes erst jetzt Gelegenheit besteht. Es wird eine entsprechende Einteilung vorgenommen und sofort mit dem Dorfrundgang begonnen. Das uns am nächsten stehende Haus wird zum Aufenthaltsort bestimmt. Am späten Nachmittag ist die Reihe auch an mir. In dem Haus herrscht großes Gedränge. Von den verschiedensten Einheiten sind hier Soldaten, die Wärme oder für kurze Zeit Entspannung suchen. In einem alten Eimer, den ich im leeren Stall finde, hole ich Wasser herbei und wasche Oberkörper und Füße. Anschließend wasche ich meine Strümpfe und die Strickhandschuhe. Meine Strümpfe hänge ich zum Trocknen vor den großen Backofen, und meine Handschuhe lege ich auf den Ofensims. Ich will mich eben mit meinen nackten Füßen auf einer Bank niederlassen, als die Tür aufgerissen wird und Hauptmann Zigenhorn, Führer des I. Bataillons, im Raume steht. Mit seiner Pistole herumfuchtelnd, fordert er uns schreiend auf, sofort das Haus zu verlassen und uns in die Stellung zu begeben. Er beschimpft uns als Feiglinge und Drückeberger und droht, jeden zu erschießen, der nicht augenblicklich seinem Befehl Folge leistet. Wir versuchen ihm zu erklären, daß wir uns mit Erlaubnis unseres Kompanieführers hier aufhalten, doch die Einwendungen nimmt er nicht zur Kenntnis. Er tobt unbeeindruckt weiter. Naß, wie meine Strümpfe noch sind, ziehe ich sie an und verlasse als letzter den Raum. Ich melde mich sofort bei Leutnant Mundt zurück und melde auch den Vorfall mit Hauptmann Zigenhorn. Jetzt erst stelle ich fest, daß ich meine Strickhandschuhe auf dem Ofensims liegengelassen habe. Auch wegen meiner nassen Strümpfe und der damit verbundenen Erfrierungsgefahr schickt mich Leutnant Mundt sofort in das Dorf zurück. Als ich in dem Haus wieder ankomme, sind meine Handschuhe verschwunden. Sie haben in der Zwischenzeit einen neuen Besitzer gefunden. Ich ziehe meine Stiefel wieder aus und hänge die Socken zum Trocknen auf. Währenddessen hocke ich vor dem warmen Ofen und versuche, einen Brief zu schreiben. Es gelingt nicht ganz, denn es wird allmählich dunkel, und ich sehe nichts mehr. Meine Socken sind inzwischen getrocknet. Ich kann sie wieder anziehen und begebe mich zum Kompaniegefechtsstand zurück. Ausfälle heute: Grenadier Kloppich, verwundet.

4. März 1943. Nach einer ruhigen Nacht beginnt mit dem Hellwerden starker Beschuß auf unsere Stellung und auf Aschkowo. Ich bin auf dem Wege aus der Stellung zum Kompaniegefechtsstand, als der Artilleriespuk der Russen beginnt. Großkalibrige Geschosse heulen heran und detonieren mit unheimlicher Wucht auf dem hartgefrorenen Boden. Ein Zittern geht bei jedem Einschlag durch den Erdboden. Dazwischen erfolgen die kurzen Einschläge der schweren Granatwerfer und der gefürchteten „Ratschbumm". Es ist ein ungeheuerer Feuerzauber mit starker Splitterwirkung. Wir drücken uns in den Graben und warten auf das Ende des Geschoßhagels. Vorerst sind jedoch noch keine Angriffsabsichten der Russen zu erkennen. Erst als die Feuerwalze über uns hinweg ist, stellen die Posten fest, daß das Gelände vor uns „in Bewegung" kommt. Sie geben Alarm. Unbemerkt von uns haben sich die Russen während der Nacht unseren Stellungen auf zirka 80–100 Meter genähert und dort im Schnee gelegen. Mit „Urräh" greifen sie an. Die Selbstfahrlafetten werden alarmiert. Unsere MGs und die Gewehre feuern in die Angreifer. Dann folgen die Geschütze im Direktbeschuß. Die Wirkung ist furchtbar. Der Angriff dauert keine halbe Stunde, dann sehen wir nur noch einzelne Russen nach hinten streben. Es sind Verwundete, denn sie tragen keine Waffen mehr. Bis auf etwa 30 Meter sind die Angreifer an unsere Stellungen herangekommen. Ungezählte Tote liegen im Schnee. Die Sonne steht inzwischen am Himmel, und die Schneefläche funkelt, daß mir die Augen schmerzen. Im Laufe des Vormittages beobachten wir, wie einzelne für tot gehaltene Russen sich im Schnee liegend nach hinten arbeiten, dann plötzlich aufspringen und verschwinden. Sofern sie keine Waffen mit sich führen, lassen wir sie ungehindert laufen. Trotz des heftigen Beschusses und des Infanteriekampfes haben wir keine Ausfälle zu beklagen. Der Fahrer des heutigen Verpflegungswagens ist Hans Ulrich. Ganz selbstverständlich läßt er mir seine Handschuhe da, damit ich meine Hände bei der Kälte wieder schützen kann. Trotzdem ist eine Erkältung im Anzug. Ich bekomme Schnupfen und muß husten.

5. März 1943. Nach der gestrigen Abfuhr läßt der Russe uns heute den ganzen Tag in Ruhe. Nur einzelne Granatwerfereinschläge stellen wir fest. Seine Angriffsabsichten gibt er aber noch nicht auf. Heute probiert er es bei unserem linken Nachbarn. Dort liegt das I. Bataillon unseres Regiments, das von dem „ungehaltenen" Hauptmann Zigenhorn geführt wird. Das Feuer aller schweren Waffen ist auf diesen Abschnitt konzentriert. Wir müssen auf der Hut sein, denn schon oft hat der Russe ohne jede Vorbereitung angegriffen oder mit einem Stoßtrupp versucht, die Stellung aufzureißen. Der Angriff beim I. Bataillon wird unter hohen Verlusten für den Feind abgewiesen. Nach Einbruch der Dunkelheit werden wir – ohne vorherige Ankündigung – mit unserer Ablösung überrascht. In aller Ruhe wird diese vollzogen. Dann marschieren wir durch Aschkowo bis zur Straße Schisdra–Bukan. Dort warten unsere Lkws. Total abgekämpft und ausgelaugt klettern wir auf die Fahrzeuge. Sie bringen uns nach Dynnaja-West. Hier stehen Quartiere für unsere Unterbringung bereit. Die Reaktion auf die Strapazen der harten Tage stellt sich erst dann ein. Beim Anblick der Häuser ist kaum noch einer zu halten. Endlich eine trockene Liegestatt und ein Dach über dem Kopf! Sie stürmen in die Häuser und liegen sofort flach. Jeder schläft, wo er sich gerade hingestreckt hat, und keine Macht der Welt wäre jetzt in der Lage, die Landser wieder auf die Beine zu bringen. Der Kompanietrupp übernimmt die Wache für die erste Nacht.

6. März 1943. Wegen des Wachdienstes habe ich nur wenige Stunden geschlafen. Trotzdem bin ich einer der ersten, der an diesem Morgen aufsteht. Ich hole mir am Brunnen einen Eimer Wasser und wasche mich gründlich von Kopf bis Fuß. Dann ziehe ich frische Wäsche an und fühle mich wie neugeboren. Nach und nach kommen alle auf die Beine und machen sich ebenfalls frisch. Das Frühstück ist nur kurz. Die Zeit ist dazu zu kostbar. Wichtiger sind die Waffen und das Gerät. Vieles ist in Mitleidenschaft gezogen worden. Fehlendes muß ersetzt werden. Der Waffenmeister, Unteroffizier Kropp, und sein Gehilfe haben viel zu tun. Bei den Bekleidungsstücken ist es ähnlich. Auch hier muß instandgesetzt und ersetzt werden. Damit alles in Ordnung kommt, wird fleißig gearbeitet. Wir wissen nur zu gut, daß wir bei der derzeitig angespannten Lage an der Front jeden Moment abgerufen werden können. Abends werden wir vom Troß versorgt. Zur Verpflegung bekommen wir eine Schnapszuteilung. Der Alkohol wird mir – so hoffe ich – gegen den Schnupfen helfen. Wir sitzen im Quartier und hören am Wehrmachtempfänger Musik des Soldatensenders Belgrad. Nach dem beliebten Schlußlied „Lilli Marleen" gehen die meisten schlafen. Ich mache freiwillig Telefonwache. Das gibt mir Gelegenheit, endlich einen Brief nach Hause zu schreiben.

7. März 1943. Es ist Sonntag. Daß wir noch im Ruhequartier liegen, trifft sich gut. Wegen der Telefonwache bin ich zeitig auf. Alle anderen schlafen noch. Vor der Tür höre ich das ununterbrochene Grollen der Front. Russische Artillerie schießt bis vor das Dorf, wo eine eigene Batterie in Feuerstellung steht. Diese eröffnet gerade das Feuer. Salve auf Salve verläßt die Rohre. In der HKL ist einiges los. Wir haben eben das Frühstück beendet, schon gibt es Alarm. Wir machen uns fertig und stehen in kurzer Zeit einsatzbereit vor den Quartieren. In diesem Moment kommt der katholische Divisionspfarrer Gehrmann, den ich in Döberitz gefahren habe, an den Häusern entlang. Er erkennt mich sofort und begrüßt mich herzlich. Wir freuen uns über das Wiedersehen nach langer Zeit. Er ist hier, um beim Bataillon einen Feldgottesdienst abzuhalten. Durch die plötzliche Alarmierung kommt es jedoch nicht dazu. Der Krieg wartet nicht, bis der Gottesdienst beendet ist. Er unterhält sich mit mir einige Minuten und läßt sich von unserem letzten Einsatz berichten. Er weiß von der Schwere dieser Kämpfe durch seinen Aufenthalt auf dem Hauptverbandplatz. Er wünscht mir und der Kompanie viel Soldatenglück und schenkt mir zum Abschied eine Dose „Scho-ka-kola". Kurz danach ist Abmarsch. Wir marschieren etwa zwei Kilometer zur Rollbahn Schisdra–Bukan. An dieser Rollbahn bilden wir im Straßengraben eine Sicherungslinie, mit Anschluß an die Stellungen einer 8,8 cm-Flak und einer 2 cm-Vierlingsflak. Wir haben uns noch nicht richtig zur Verteidigung eingerichtet, als rechts vor uns russische Panzer aufkreuzen. Sie haben die vorderste Stellung durchstoßen und kurven jetzt im Gelände umher. Wir sind Zeuge, wie einer nach dem anderen von der 8,8 cm-Flak abgeschossen wird. Russische Infanterie ist jedoch nicht zu sehen.

Gegen 15 Uhr trifft ein Panzerverband der 9. Panzerdivision auf der Rollbahn bei uns ein. Mit diesen Panzern sollen wir einen Gegenstoß machen und die alte HKL wiedergewinnen. Nach nur kurzer Einweisung treten wir mit den Panzern zum Angriff an. Es wird schon langsam dunkel, als wir die freie Fläche vor uns überschreiten. Eine einzelne Pak feuert, ohne etwas zu treffen. Der Angriff geht stockend vorwärts, obwohl wir von vorne keinen Feindwiderstand verspüren. Kampflos erreichen wir den nächsten Höhenrücken. Hier wird der Angriff gestoppt. Wir sichern den Panzerverband rundum. Eigene Verluste sind nicht eingetreten. Der Gefreite Zimmermann hat einen Splitter abbekommen, kann aber bei uns bleiben. Der Panzerverband der 9. Panzerdivision hat auf der Höhe den Verlust des Kommandeurs zu beklagen. Er ist im offenen Turm getroffen worden.

8. März 1943. Noch in der Dunkelheit des eben angebrochenen Tages ziehen wir uns mit den Panzern auf die Ausgangsstellung zurück. An der Rollbahn besetzen wir wieder die Stellung im Straßengraben. Im Laufe des Tages haben wir keine Feindberührung. Ich werde zum Bataillon, das jetzt von Hauptmann Herzog geführt wird, als Melder abgestellt. Der Bataillonsgefechtsstand befindet sich in einem primitiven Bunker, hart an dieser Rollbahn, in Höhe der Straße nach Dynnaja-Ost.

9. März 1943. Während der Nacht war ich sehr oft mit Meldungen und Befehlen unterwegs. Auch kurz nach Mitternacht verlasse ich den Kommandeursbunker mit einem Befehl. Bevor ich aus dem Bunkerbereich trete, will ich mir – ganz gegen meine sonstige

Gewohnheit – eine Zigarette drehen. Dazu setze ich mich auf einen hier liegenden Baumstamm. Während ich Tabak und Papier aus meiner Tasche krame, taucht im Bunkereingang eine lange Gestalt im Kradmantel auf. Nur für den Bruchteil einer Sekunde habe ich das Gesicht im Schein der Bunkerbeleuchtung gesehen, und schon habe ich die Person erkannt. Es ist Peter Büsch, ein Mitbewohner meines Elternhauses. Im Vorübergehen ergreife ich seinen Mantelärmel und spreche ihn an. Wegen der Dunkelheit erkennt er mich nicht sofort, doch dann ist die Freude groß. Wir können es selbst kaum fassen und sind vom Zufall überwältigt, der uns mitten in der Nacht, im weiten Rußland, auf dem Schlachtfeld zusammengeführt hat. Peter Büsch ist Oberleutnant in der 208. Infanteriedivision und führt zur Zeit die Reste einer Kompanie. Wir tauschen kurz unsere Erlebnisse aus, dann beschließen wir, beiden Eltern einen gemeinsamen Kartengruß zu senden. Zu diesem Zweck müssen wir in den Kommandeursbunker kriechen, denn wir benötigen eine Lichtquelle. Peter berichtet meinem Kommandeur kurz von dem nicht alltäglichen Zusammentreffen und dem Wunsch, eine Karte nach Hause zu schreiben. Spontan öffnet Hauptmann Herzog eine Flasche Kognak und trinkt mit uns auf das nicht alltägliche Wiedersehen und unser aller Wohl. Die Zeit drängt. Schnell schreiben wir beide Postkarten, dann müssen wir uns trennen. Beim Verlassen des Bunkers ruft uns Hauptmann Herzog „ein gesundes Wiedersehen in der Heimat" nach. Sein Wunsch ist in Erfüllung gegangen. Genauso zufällig wie in Rußland haben wir uns 20 Jahre später in Gladenbach wiedergetroffen. Nach herzlichem Abschied von Peter Büsch mache ich mich auf den Weg zu meiner Kompanie. Ich habe den Befehl für die Kompanie, daß die Stellung geräumt werden kann, und sie in warme Quartiere nach Dynnaja-West verlegen soll. Dieser Befehl wird ohne Zögern ausgeführt. Auf dem Marsch nach Dynnaja bin ich mit den Gedanken noch ganz bei dem Treffen mit Peter Büsch. Bei unserer Ankunft in den Quartieren ändert sich die Kompanieführung. Oberleutnant Friedrich Frank tritt an die Stelle von Leutnant Mundt, der zum Bataillonsstab geht. Ich bedauere den Wechsel, aber ändern kann ich es nicht.

10. März 1943. Es war eine kurze Nacht. Ich habe nicht schlafen können, weil meine Gedanken noch zu sehr mit dem unverhofften Treffen von gestern beschäftigt waren. Zur Ablenkung hatte ich die Telefonwache übernommen. Als ich dann so müde war, daß ich hätte schlafen können, werden wir alarmiert. Eile ist geboten. Ich wecke sofort die Kompanie und mache mich selbst für den Abmarsch fertig. Ich marschiere der Kompanie voraus zum Bataillonsgefechtsstand, um weitere Befehle zu empfangen. Wenig später folgt die Kompanie bis zur Rollbahn. Dort erwarte ich sie bereits. Der Auftrag lautet, nach Werchnjaja Akimowka zu marschieren und auf der Höhe ostwärts davon eine Sicherung aufzubauen. Etwa gegen 9 Uhr treffen wir dort ein. Natürlich ist auch hier keine Stellung vorhanden, sondern wir müssen uns erst eine schaffen. Mühsam wird versucht, die hartgefrorene Erde aufzuhacken. Ich muß zurück zum Bataillonsgefechtsstand, um dort als Melder bereitzustehen. In dem kleinen Bunker krieche ich in die äußerste Ecke und schlafe sofort ein. Nach etwa zwei Stunden Schlaf bin ich wieder fit. Tagsüber ist nichts Besonderes passiert. Der Frontabschnitt vor uns ist verhältnismäßig ruhig. Weiter nördlich bei Bukan ist neuerdings der Schwerpunkt der Kämpfe. Dort liegt das Panzergrenadierregiment 13. Hin und wieder schickt die russische Artillerie eine Salve Granaten herüber. Sie gilt der Artilleriestellung am Ortsrand Dynnaja-West.

Gegen 23 Uhr ist im Bataillonsbunker die Fernsprechleitung gestört. Da kein Nachrichtenmann zur Stelle ist, werde ich vom Adjutanten auf Störungssuche geschickt. Außerhalb des Bunkers muß ich erst das richtige Kabel suchen. Indem ich es durch die Hand gleiten lasse, folge ich ihm durch das Gelände. Es ist die wichtige Leitung zum Regiment. Eine gute halbe Stunde bin ich bereits auf der verschneiten, ebenen Fläche unterwegs, als ich im Mondlicht aus der Ferne eine Gestalt auf mich zukommen sehe. Das kann nur der Störungssucher des Regiments sein. So ist es auch. Wir treffen uns genau an der Stelle, wo das Kabel durch eine Granate zerrissen wurde. Doch was für eine Freude über das Zusammentreffen ist das! Der Störungssucher ist kein anderer als mein Freund Helmut Wenzel, mit dem ich bei der Stabswache den General bewacht habe. Seit dieser Zeit haben wir uns nicht wiedergesehen. Ich wußte auch nicht, daß er inzwischen bei unserem Regimentsnachrichtenzug gelandet ist. Während wir die Störung beheben und die Verbindung kontrollieren, tauschen wir Erlebnisse aus. Mindestens eine gute Stunde sitzen wir – allein auf weiter Flur – noch beieinander, ehe wir uns trennen und zurückgehen.

11. März 1943. Nach der Störungssuche hatte ich mich hingelegt. Nach kurzem, tiefen Schlaf werde ich geweckt. Ich muß zur Kompanie und ihr einen neuen Einsatzbefehl überbringen. Er lautet: Die 5. Kompanie marschiert nach Oslinka und übernimmt dort Sicherungsaufgaben beim Kommandeur eines Infanterieregiments. Ich fahre mit einem Pkw voraus, um im Ort Quartiere zu machen. In Oslinka angekommen, melde ich mich bei dem Ortskommandanten. Am Nordausgang des Ortes wird mir ein Haus für die Kompanie zugewiesen. Nach Eintreffen der Kompanie werden Doppelposten am Nordausgang aufgestellt. Kurze Zeit später verlangt der Kommandeur außerdem die Aufstellung zweier Posten am Südausgang. Das ist aber noch nicht alles. Entgegen des auf Ortssicherung beschränkten Auftrages werden wir zur äußeren Sicherung des Ortes befohlen. Ostwärts Oslinka lösen wir eine auf der Höhe 200 eingesetzte Infanterie-Pionierkompanie ab. Wir wundern uns darüber, daß nicht einmal Pioniere halbwegs vernünftige Kampfstände bzw. Unterkünfte errichtet haben. Auch von einem Stellungsbau kann hier keine Rede sein. Einige aus dem Ort herbeigeschleppte Balken und Bretter, mit etwas Schnee und Erde angehäuft, bilden den einzigen Schutz. Wir vom Kompanietrupp versuchen mit herumliegenden Balken und Brettern, eine niedrige Hütte aufzubauen. Es gelingt nur unter Schwierigkeiten. An diesem Abend erfahre ich durch die Begleiter des Versorgungsfahrzeugs, daß das Kfz. 15 des Kompanietrupps in Dynnaja-West ausgebrannt ist. Mit dem Wagen ist unser gesamtes Gepäck, einschließlich Privatsachen, vernichtet worden. Auch mein Fotoapparat ist dabei verbrannt, was mir sehr leid tut.

12. März 1943. Während der ganzen Nacht haben wir am Ausbau unserer Stellung gearbeitet. Am frühen Morgen schießt sich eine russische 17,2 cm-Batterie auf unseren Höhenrücken ein. Wir bilden praktisch die zweite Kampflinie hinter der Infanterie. Nachdem es richtig hell geworden ist, können wir die eigentliche Hauptkampflinie gut übersehen. Den ganzen Tag über kommt es zu keinen ernsthaften Kampfhandlungen.

13. März 1943. Um nicht ständig regungslos im freien Gelände zu verharren, beschließen wir, für den Kompaniegefechtsstand doch noch einen Bunker zu bauen. Wir gehen mit mehreren Kameraden ins Dorf hinunter und tragen Balken und brauchbare Bretter zusammen. Bei dieser Gelegenheit haben wir eine Spitzhacke „organisieren" können. Sie ist ganz wichtig, um überhaupt in den gefrorenen Boden zu gelangen. Unterstützt werden wir dabei durch die Sonne, die heute zum Vorschein gekommen ist und die Temperaturen ansteigen läßt. Während wir uns mit Spitzhacke und Spaten abmühen, in die Erde zu kommen, müssen wir hin und wieder volle Deckung suchen. Die feindliche 17,2 cm-Batterie streut systematisch das Gelände ab. Ausfälle durch den Beschuß haben wir nicht. Wir arbeiten den ganzen Tag. Nachmittags werden wir unverhofft von den Resten eines Infanteriebataillons abgelöst. Wir marschieren in das Dorf und übernehmen hier die Sicherung der Ortsausgänge. Nachts gehen wir noch Doppelstreifen durch den Ort, damit der Regimentskommandeur der Infanterie ruhig schlafen kann. Endlich finde ich Zeit, einen Brief nach Hause zu schreiben.

14. März 1943. An diesem Sonntag liegen wir noch zur Sicherung des Regimentsstabes der Infanterie in Oslinka. Von unserem Bataillon erhalten wir die Nachricht, daß das Unterstellungsverhältnis beendet ist und daß wir zur eigenen Division zurückkehren sollen. Der Kommandeur des Infanterieregiments gibt uns aber noch nicht frei. Unsere Posten stehen weiter an den Ortsausgängen. Endlich, am späten Abend, können wir unsere Wachen einziehen und bekommen Befehl, nach Dynnaja-Ost zu marschieren. Das geschieht unverzüglich. Als wir den Ort erreichen, sehen wir unsere Fahrzeuge dort stehen. Die Fahrer schimpfen, weil sie seit Stunden schon auf uns warten. Wir klettern auf die Fahrzeuge und fahren bis nach Kondrykino. Hier werden wir auf saubere Quartiere verteilt. Das Versorgungsfahrzeug ist eingetroffen und teilt warme und kalte Verpflegung aus.

15. März 1943. Als ich aufwache, ist der Morgen weit fortgeschritten. Damit wir ausschlafen konnten, wurde nicht geweckt. Viele liegen noch flach. Ich mache mir Wasser zurecht, rasiere und wasche mich gründlich. Jeder hat frische Wäsche bekommen. Die Küche und die übrigen Troßfahrzeuge sind inzwischen eingetroffen. An der Küche duftet es nach gebratenem Fleisch. Mittags gibt es ein ausgezeichnetes Essen. Die Köche, Eugen Spielmann und Kurt Nitschke, haben sich wieder einmal angestrengt. Als Nachspeise gibt es Pudding. Der Nachmittag ist ausschließlich der Waffen- und Gerätepflege vorbehalten. Munition muß neu gegurtet werden. Einige ehemals Verwundete und Kranke sind genesen und werden den Gruppen zugeführt. Marketenderware wird ausgegeben. Ich kann in aller Ruhe meine aufgelaufenen Briefschulden erledigen. Es wird höchste Zeit.

16. März 1943. Noch einmal konnten wir lange schlafen. Kein Mensch hat uns aufgeweckt. Trotzdem bin ich zeitig aufgestanden. Draußen ist herrliches Wetter. Die Sonne scheint warm wie im Mai. Die dünne Schneedecke taut schnell weg. Die braune Erde ist überall zu sehen und verwandelt sich in Matsch. Auf den Wegen – auch in den Dörfern – bilden sich die bekannten Pfützen. Die Frühjahrsschlammperiode kündigt sich an. Kurz vor Mittag heißt es: „Kompanie fertigmachen". Es hat aber keine Eile. Wir können noch in aller Ruhe das Essen verzehren. Danach ist Antreten zum Überprüfen der Waffen und Ausrüstung. Um 15 Uhr steigen wir auf die Gefechtsfahrzeuge und steuern einem unbekannten Ziel entgegen. Zunächst fahren wir bis zur Stadt Schisdra mit der großen Kathedrale. Dort treffen wir mit den Resten des II. Bataillons des Panzergrenadierregiments 13 zusammen und werden zur Kampfgruppe Henrici vereint. Nachdem die Einteilung und Führung der Gruppen organisiert ist, setzen wir die Fahrt fort. Wir fahren bis zum Ortsausgang Dubischtsche und verlassen hier die Fahrzeuge. Wir marschieren noch etwa zwei Kilometer, dann warten wir die Dunkelheit ab, um ungestört die vorderste Stellung erreichen zu können. Hier lösen wir Panzergrenadiere der 9. Panzerdivision ab, deren Soldaten sich über die Ablösung mächtig freuen. Dieser Panzerdivision sind wir auch unmittelbar unterstellt. Mit dem Besetzen der Hauptkampflinie werde ich als Melder zum Stab Henrici abgestellt. Ich melde mich dort am Gefechtsstand. Mit Meldern anderer Einheiten beziehe ich einen Bunker, unmittelbar am Gefechtsstand des Kampfgruppenkommandeurs.

17. März 1943. Bei Tagesanbruch stellen wir Melder bald fest, daß unser Bunker eine sehr primitive und fast baufällige Unterkunft ist, die nur wenig Schutz bietet. Wir beginnen sofort mit dem weiteren Ausbau. Vor allen Dingen muß die Abdeckung verstärkt und abgedichtet werden, damit es bei Regenwetter innen trocken bleibt. Wir schleppen frisch gefällte Bäume herbei und packen sie noch auf das Bunkerdach. Dann wird mit Stroh abgedeckt und Erde aufgeschüttet. In der Stellung ist es ruhig. Nachts stehen wir Wache am Kommandeursbunker.

18. März 1943. Bei schönstem Frühlingswetter arbeiten wir an unserem Bunker. In den Pausen lassen wir uns von der Sonne bescheinen. Wir arbeiten den ganzen Tag. Die Front ist ruhig. Am Abend muß ich zur eigenen Kompanie marschieren und mich bei Oberleutnant Frank melden. Ich werde zum Obergefreiten befördert. Jetzt gehöre ich mit zum „Rückgrat der Armee". Leider haben wir keinen Tropfen Alkohol, um die Beförderung auch zu feiern.

19. März 1943. Bei Tagesanbruch beginnt eigene Artillerie in unserem rechten Abschnitt zu schießen. Damit wird der Angriff zur Wiedergewinnung der alten HKL eingeleitet. Hauptmann Friedrich-Karl Henrici und wir Melder beobachten vom Gefechtsstand aus das Vorgehen eigener Truppen am rechten Flügel. Die Reste vom II. Bataillon des Panzergrenadierregiments 13 und andere sind hier im Einsatz. Nach unseren Beobachtungen kommt der Angriff gut voran. Der Kommandeur ist jedenfalls zufrieden. Die Kampfgruppenteile des II. Bataillons des Panzergrenadierregiments 14 sind noch in ihren Stellungen und warten auf den Befehl zum Angriff. Auf den Stellungen liegt russisches Störungsfeuer. Dabei gibt es einige Verluste. Die 5. Kompanie hat drei Verwundete.

20. März 1943. Der Angriff wird fortgesetzt. Es ist ein harter Kampf, der in dem unübersichtlichen Wald- und Kusselgelände stattfindet. Deshalb geht es nur langsam vorwärts. Die Russen verstehen es, sich geschickt zu verbergen und lassen sich überrennen. Danach kämpfen sie im Rücken unserer Soldaten weiter. Um diesen Kampfmethoden zu begegnen, muß jeder Holzstoß und jeder Strauch genau untersucht werden. Oft liegen sich die Kämpfer nur auf wenige Metern gegenüber. In der Nacht kommt der Angriff zum Erliegen. Die erreichte Stellung wird gehalten.

21. März 1943. Frühlingsanfang. Das Wetter ist danach. Es ist warm und sonnig. Im Wald ist noch viel Schnee vorhanden. Der Angriff wird auch heute fortgesetzt. Die Kampfgruppe des II. Bataillons des Panzergrenadierregiments 14 muß jetzt in die Kämpfe eingreifen. Den entsprechenden Befehl überbringe ich an Oberleutnant Frank und nehme selbst am Angriff teil. Zu unserer Unterstützung fährt ein eigener Panzer mit. Wir arbeiten uns fast lautlos durch das Buschgelände an den Feind heran. Plötzlich empfängt uns wütendes Abwehrfeuer. Es knallt überall, ohne daß wir den Feind richtig ausmachen können. Wir haben die ersten Ausfälle. Gegen Mittag werden wir zur Säuberung des gewonnenen Geländes etwas nach halbrechts verschoben. Auch hier werden wir aus nächster Nähe beschossen. Wir treffen auf eine größere Gruppe des Feindes, die sich zäh verteidigt. Die Russen werden umgangen und bemerken zu spät, daß sie in der Falle sitzen. Trotzdem verteidigen sie sich noch. Bei dieser Aktion wird unser Kompanieführer, Oberleutnant Frank, durch eine MPi-Garbe aus nächster Nähe tödlich getroffen. Die Feinde, unter denen sich zwei Offiziere befinden, müssen sich ergeben und werden gefangengenommen. Am späten Nachmittag machen wir noch einen Vorstoß. Wir gewinnen an Boden, doch das Angriffsziel, die alte HKL, wird nicht ganz erreicht. In Wartestellung verlieren wir noch unseren beliebten Kompanietruppführer, Unteroffizier Heinz Schramm, durch einen tragischen Unfall. Wegen des anhaltenden MG- und MPi-Feuers der Russen hatte er hinter unserem Begleitpanzer Deckung gesucht, um eine Meldung abzusetzen. Der Panzer wird offenbar von den Russen erkannt und erhält plötzlich Treffer von einer Panzerbüchse. Unvermittelt setzte er sich darauf rückwärts in Bewegung. Das geschieht so schnell, daß sich Unteroffizier Schramm nicht mehr in Sicherheit bringen kann. Er wird von den Panzerketten erfaßt und überfahren. Sofort wird er in einer Zeltbahn nach hinten geschafft, doch auf dem Weg zum Arzt erliegt er seinen schweren Verletzungen. Das ist ein herber Verlust für die Kompanie. Insgesamt habe ich folgende Verluste notiert: Außer den Toten wurden noch sechs Kameraden verwundet. Es war doch kein schöner Frühlingsanfang für die 5. Kompanie.

22. März 1943. Während der Nacht bin ich bei der Kompanie geblieben. Oberfeldwebel Zimmann hat die Führung übernommen, Unteroffizier Jäger den Kompanietrupp. Im Morgengrauen wird der Panzer zurückbeordert. Wir sichern mit den wenigen verbliebenen Männern die gestern erreichte Linie. Vormittags noch greifen die Russen an und wollen uns die gewonnene Stellung wieder entreißen. Nach einem heftig geführten Gefecht müssen sie sich zurückziehen. Dann bleibt es ruhig. Bei völliger Dunkelheit werden wir an diesem Abend abgelöst. Wir marschieren nach Dubischtsche und kriechen in einem Haus unter. Wir sollen als Armeereserve hier zur Verfügung stehen.

23. März 1943. Seit den Einsatztagen vor Aschkowo habe ich Beschwerden mit den Augen. Durch die ständig funkelnden Schneeflächen und das blendende Sonnenlicht ist meine Sehkraft stark beeinträchtigt worden. Jetzt, da wir nicht mehr in der HKL eingesetzt sind, will ich deswegen den Arzt aufsuchen. Der Truppenverbandplatz ist gleich nebenan. Der Arzt prüft die Augen und stellt fest, daß ich dringend eine neue Brille haben muß. Mit dem nächsten Fahrzeug fahre ich noch heute zum vorgezogenen Troß nach Schisdra-Nord. Hier werde ich bestens versorgt.

24. März 1943. Sehr früh muß ich mich auf der Schreibstube melden, wo Hauptfeldwebel Eggelmeyer ein längeres Gespräch mit mir führt. Er will wissen, ob ich meine Entscheidung – zur Kampfstaffel zu gehen – noch für richtig halte. Antwort: Ganz klar, ja! Von hier aus fahre ich mit dem Kurierfahrzeug zurück zum Troßstützpunkt nach Djatkowo. Es ist schönstes Frühlingswetter, und es wäre eine herrliche Fahrt, könnten die Wege etwas besser sein. Durch das Tauwetter der letzten Tage gibt es überall Morast und kein Durchkommen. Der Fahrer des Kübels hat seine liebe Not, nicht steckenzubleiben. Wir brauchen Stunden, bis wir die 35 Kilometer zurückgelegt haben. Bei der Ankunft in Djatkowo werde ich von Troßangehörigen umringt. Ich muß ausführlich von den Einsätzen berichten, auch von meinen persönlichen Erlebnissen. Sie wissen bereits, daß nur wenige Soldaten der vorher starken Kompanie die schweren Kämpfe überstanden haben. Der tragische Tod von Unteroffizier Heinz Schramm hat alle berührt und betroffen gemacht. Er war sehr lange in der Kompanie, bekannt und beliebt, weil er in Ruhezeiten die Kameraden mit seinem Akkordeon unterhalten hat. Unter den bereitgehaltenen Quartieren suche ich mir ein kleines, aber sauberes Haus aus. Die Bewohner, eine Russin mit ihren Kindern im Alter von sechs und acht Jahren, nehmen mich auf.

25. März 1943. Viel geschlafen habe ich in dieser Nacht nicht. Ich stehe früh auf und erkundige mich nach einer Badegelegenheit. Sie ist nicht weit. Im Garten hinter der Schreibstube ist eine kleine Banja, die dafür bestens geeignet ist. Ich trage genügend Wasser herbei und heize sie an. Inzwischen besorge ich mir frische Wäsche. Nach dem Bad und nachdem ich Kaffee getrunken habe, gehe ich zum Bataillonsarzt, um das weitere Vorgehen in Sachen Brille zu erfragen. Er erklärt mir, daß er zu wenig von Augenerkrankungen versteht und ich zur näheren Brillenbestimmung zu einem Augenarzt nach Brjansk ins Lazarett muß. Mit einem Krankenzettel werde ich entlassen. Nun muß ich eine Fahrgelegenheit abwarten, die mich nach Brjansk mitnehmen kann. An diesem Nachmittag trifft die Gefechtskompanie mit dem vorgezogenen Küchentroß hier in Djatkowo ein.

26. März 1943. Nach der Eingewöhnung in die fast zivilisatorischen Verhältnisse hier habe ich in dieser Nacht ausgezeichnet geschlafen. Ich bin ausgeruht aufgestanden und schaue mir zunächst einmal die Umgebung etwas näher an. Ich stelle fest, daß Djatkowo eine landschaftlich sehr schön gelegene Kleinstadt ist, die sich gut als Luftkurort eignen würde. Alle Häuser sind verhältnismäßig groß und machen einen durchweg sauberen Eindruck. Im Gegensatz zu den bäuerlich geprägten Dörfern gibt es hier einen Sportplatz sowie eine große Banja für die Bevölkerung. Auch eine Glasfabrik ist am Ort, deren Erzeugnisse bei jeder Familie in der guten Stube stehen. Selbst ein Krankenhaus ist vorhanden, das zur Zeit auch als deutsches Lazarett genutzt wird. Etwas außerhalb befindet sich ein großer Weiher, der sich im Sommer gut zum Baden eignen dürfte. Auch über einen Bahnanschluß verfügt der Ort. Die eingleisige Strecke Brjansk–Ljudinowo–Wjasma führt hier durch, wird aber zur Zeit in diesem Abschnitt nicht befahren. Sehr starke Partisanenverbände stecken in den ausgedehnten Wäldern rundum und lassen einen geregelten Bahnbetrieb nicht zu. Sie sind eine ernste Gefahr für alle Transportwege, auch für die hier liegenden Truppen.

27. März 1943. Sehr spät habe ich gestern abend noch erfahren, daß ich mich um 6 Uhr beim Regimentsstab einfinden soll. Mit dem Ersatzteilfahrzeug kann ich bis zur Werkstattkompanie mitfahren. Der Fahrer ist froh, daß er wegen des unsicheren Weges einen Beifahrer hat. Bevor wir abfahren, schließt sich noch ein Sanka an. Dann geht's auf große Fahrt nach Brjansk. Die Entfernung beträgt etwa 50 Kilometer. Sobald wir Djatkowo verlassen, sind wir im Wald. Dort geht die bis dahin befestigte Straße in einen Sandweg über. Man fährt weich wie auf einem Teppich, solange der Weg noch fest ist. Wir kommen durch Ljubochna, wo unser Divisionsstab liegt. Dann sind wir wieder von dichtem Wald umgeben. Der Weg wird schlechter, es kommt Sumpf und Morast. Teilweise sind die Fahrspuren bis auf eine Breite von einhundert Metern ausgefahren. Da hilft nicht nur fahrerisches Können, sondern eine Portion Glück gehört auch dazu. Sofern der Wagen steckenbleibt, müssen die Räder aus dem Dreck befreit und mit Ästen und Zweigen unterlegt werden. Dem Sanka passiert es. Wir müssen ihm helfen. Wir sind froh, als wir die Sumpfgegend hinter uns haben und auf festem Weg weiterfahren können. Nachmittags erreichen wir unser Ziel. Die Werkstattkompanie liegt in dem Ort Tschaikowitschi. Auf der Schreibstube erfahre ich, daß morgen ein Pkw nach Brjansk fahren muß. Das genügt mir. Ich suche ein Quartier auf und bleibe nachts hier.

28. März 1943. Es ist Sonntag. Es ist noch sehr früh, als wir mit dem Kübel-Pkw die Werkstattkompanie verlassen. In einer halben Stunde sind wir bereits in der Stadt. Der Fahrer fährt mich bis vor das Lazarett und setzt mich dort ab. Ich bin froh, so früh im Lazarett zu sein, hoffe ich doch, gleich dem Augenarzt vorgestellt zu werden. An der Annahme muß ich sehr lange warten. Stunde um Stunde vergeht, ohne daß ich aufgerufen werde. Ungeduldig geworden, spaziere ich auf dem Flur auf und ab, in der Hoffnung, einen Arzt zu erwischen. Ich habe Glück. Bald läuft mir einer über den Weg. Ich spreche ihn ungeniert an. Er fragt kurz nach dem Grund meines Besuches, dann winkt er ab. Er erklärt mir, daß an eine Augenuntersuchung – wenn keine Verletzung vorliegt – vorerst nicht zu denken ist. Das Lazarett ist mit Schwerverwundeten derart überbelegt, daß eine Brillenbestimmung frühestens in drei Wochen durchgeführt werden kann. Damit muß ich mich zufriedengeben. Ehe ich das Lazarett verlasse, habe ich noch einen Auftrag zu erledigen. Der Kompanietruppführer, Unteroffizier Friedel Jäger, hat mich gebeten, sofern es die Zeit erlaubt, seinen Bruder aufzusuchen. Der Bruder soll als Koch in einem Lazarett tätig sein. Ich frage einen hier Bediensteten und erfahre, daß ich im richtigen Lazarett bin. Er zeigt mir den Weg zur Küche und schickt mich dorthin. Ich finde Friedels Bruder bei der Essenvorbereitung. Die Begrüßung ist freundlich und der Kontakt schnell hergestellt. Er bietet mir sofort Kaffee und ein Frühstück an, was ich nicht ausschlage. Dabei kommt es zu einer längeren Unterhaltung. Er erkundigt sich genau nach seinem Bruder und will alle Einzelheiten unserer letzten Einsätze wissen. Er ist froh, daß der Bruder wohlauf ist und seine Kompanie jetzt in Ruhe liegt. Durch die vielen Lazaretteinweisungen hat er natürlich von den schweren Kämpfen erfahren, die die Division hatte bestehen müssen. Zum Mittagessen bin ich in der großen Küche eingeladen. Ich speise mit dem Küchenpersonal. Nach dem Essen gehe ich kurz zur Frontleitstelle, um mich um eine Fahrgelegenheit nach Djatkowo zu ekümmern. Dafür ist es zu spät. Ich gehe ins Lazarett zurück und halte mich hier auf. Mit Unterstützung des Bruders versuche ich noch einmal, doch noch eine ärztliche Untersuchung zu bekommen. Es ist aussichtslos. Für die anstehende Nacht bekomme ich ein Bett in der Personalunterkunft des Lazaretts.

29. März 1943. Mit dem Lazarettkoch stehe ich auf. Unter der Dusche kann ich mich frisch machen. Dann frühstücke ich mit dem Küchenpersonal. Nach dem guten Frühstück verabschiede ich mich. In seiner Position als Koch ist es ganz selbstverständlich, daß ich für den Bruder ein ordentliches Freßpaket mitnehmen muß. Mit diesem Paket unterm

Arm verlasse ich das Lazarett. Unweit davon begegnet mir ein Lastkraftwagen unseres Bataillons. Ich halte ihn an und kann sofort einsteigen. Er ist bereits auf der Fahrt zurück nach Djatkowo. Das nennt man Glück! Er muß noch eine Besorgung erledigen, dann verlassen wir Brjansk und überqueren die Desnabrücke. Nach zügiger Fahrt haben wir bald die „Urwaldpiste“ erreicht. Auch hier kommen wir gut durch, denn das Fahrzeug ist ein allradgetriebener Diesel. Beim Divisionsstab in Ljubochna halten wir noch einmal kurz an. Dann geht es aber bis Djatkowo weiter. Insgesamt haben wir etwa drei Stunden gebraucht, bis wir am Ziel sind. Nach der Ankunft gehe ich sofort zu Friedel Jäger und überbringe ihm das Paket und die Grüße seines Bruders. Klar, daß ich jede Einzelheit aus dem Lazarett berichten muß.

30. März 1943. Mittlerweile steht fest, daß die 5. Panzerdivision im Raume Ljubochna–Djatkowo zur Auffrischung verbleiben wird. Die Truppenteile werden nach und nach mit Ersatz aufgefüllt und werden Ausbildung betreiben. Der erste Transport aus Neisse ist bereits eingetroffen. Auch Genesene aus frontnahen Lazaretten sind wieder zur Kompanie gekommen. Die Kompanie kann nun neu eingeteilt werden und mit Ausbildung beginnen.

1. April 1943. Die Kompanie wird nach dem neuen Dienstplan geweckt. Dann ist Kaffee-Empfang und um 7 Uhr Antreten. Die Züge und Gruppen werden neu eingeteilt. Danach beginnt der Dienst im Gelände. Auch die Fahrer und das übrige Troßpersonal müssen mit raus. Bis 11 Uhr bleiben wir im Gelände, dann marschieren wir zum Mittagessen.

2. April 1943. Auch heute macht die Kompanie vormittags Dienst nach Plan. Hauptsächlich stehen Geländeausbildung und Schießen im Gelände auf dem Programm. Der Nachmittag steht zur freien Verfügung. Aber nur deshalb, weil in den meisten Quartieren auf dem Fußboden geschlafen werden muß. Das soll abgestellt werden. Die Gruppen sollen sich Betten bauen. Auch in unserem Quartier wollen wir richtige Betten haben. Aus Schuppen und Scheunen tragen wir das notwendige Material herbei und fangen an zu arbeiten. Bis zum Abendessen haben wir es geschafft. Jeder hat ein eigenes Bett mit einem Strohsack. Unsere schlaue Russin hat die Säcke irgendwo besorgt und gewaschen. Es sind stabile, große Säcke, die sich hervorragend als Schlafsäcke eignen.

4. April 1943. Morgens machen wir Dienst im Gelände. Während einer Pause sitzen wir alle in gemütlicher Runde am Waldrand zusammen. Es werden Witze erzählt und über Freizeitgestaltung gesprochen. Von aktivem Sport ist die Rede und von einem Aufenthaltsraum, in dem sich alle zwanglos treffen können. Dort sollte auch ein Rundfunkgerät stehen, damit alle Soldaten Gelegenheit haben, die täglichen Nachrichten und Unterhaltungssendungen zu hören. Zeitungen und Zeitschriften sollen beschafft werden, Schach- und Kartenspiele zur Verfügung stehen. Das zu organisieren und aufzubauen, wäre an sich die Aufgabe eines Vorgesetzten. Keiner fühlt sich jedoch dazu berufen. Deshalb werde ich mit Zustimmung aller Unteroffiziere beauftragt, diese Gedanken aufzugreifen und möglichst bald in die Tat umzusetzen. Mir fällt dies nicht schwer. Schon an diesem Nachmittag habe ich genug Sportbegeisterte für eine Fußballmannschaft zusammen. Für ein Soldatenheim nach meinen Vorstellungen bestehen im Kompaniebereich die besten Voraussetzungen. Ein geräumiges und schönes Holzhaus, das den Russen ehemals als Magazin diente und leersteht, bietet sich geradezu dafür an. Es wird – auf meinen Vorschlag hin – vom Spieß und den Zugführern besichtigt und für gut befunden. Für den Innenausbau werde ich ab sofort vom Dienst befreit, ebenso der Kamerad Heini Laing, ein geschickter Schreiner aus dem Westfalenland, auf dessen Mithilfe ich bestehe. Wir beide besprechen kurz, wie der Innenraum gestaltet werden soll und die Vorgehensweise dazu. Noch an diesem Nachmittag beginnen wir mit der Arbeit.

5. April 1943. Wie vereinbart, sind wir pünktlich um 7 Uhr an der „Baustelle“. Wir messen den Raum aus und machen uns eine Skizze, wie wir uns die Ausgestaltung vorstellen.

Am Eingang zum Soldatenheim, die Kameraden Münch, Rock, Laing, Franke, April 1943

Zunächst müssen wir Material beschaffen. Hauptsächlich benötigen wir Holz. Wir fahren mit einem Lkw zum großen Sägewerk am Stadtausgang und schauen dort nach, was für unsere Zwecke brauchbar ist. Wir finden ausreichend Material zur Herstellung von Tischen, Bänken und Holztafeln als Dekoration der Wände. Alles wird aufgeladen und zum Magazin gefahren. Wir haben vor, den Innenraum mit den Holztafeln auszukleiden und mit der Flamme einer Lötlampe die Oberfläche zu gestalten. Ein sofort durchgeführter Versuch an einer Tafel ist vielversprechend. Heini und ich arbeiten wie besessen, bis es dunkel wird, und wir nichts mehr sehen können. Das Wetter ist zur Zeit gut. Es ist schön warm, und nur an einigen geschützten Ecken liegt noch etwas Schnee. In der Kompanie ist nach den schweren Kämpfen wieder Stimmung eingekehrt. Dabei hilft auch, daß die ersten Heimaturlauber fahren konnten.

10. April 1943. Eine Woche lang haben wir hart gearbeitet, täglich von morgens 7 Uhr bis zum Einbruch der Dunkelheit. Während dieser Zeit haben wir nur zum Mittagessen kurz die Arbeit unterbrochen. Nach Dienstschluß haben allerdings auch noch andere Kameraden mit angepackt. Das Soldatenheim steht kurz vor seiner Vollendung. Nur noch Tische und Bänke sind zu zimmern. Der holzgetäfelte Innenraum ist phantastisch geworden. Nachmittags arbeiten wir noch an der Herstellung der Außenanlage. Der Eingang wird mit einer Veranda aus jungen Birken verziert und rechts und links davon ein Vorgärtchen angelegt. Allzu Neugierigen wird jetzt der Zutritt zum Innenraum verwehrt, um die Spannung bis zur morgigen Eröffnung zu erhalten.

11. April 1943. Es ist Sonntag. Das von meinem Kameraden Heini Laing und mir errichtete „Soldatenheim der 5. Kompanie" wird seiner Bestimmung übergeben. Um 9 Uhr ist die offizielle Eröffnung. Die gesamte Kompanie ist erschienen, um daran teilzunehmen. Alle sind begeistert und zollen Anerkennung. Es wird lediglich bedauert, daß keine Brauerei in der Nähe ist, um einen Bierausschank zu ermöglichen. Doch es geht auch ohne Bier. Da ich für die Errichtung gesorgt habe, werde ich vom Spieß auch mit der Betreuung des Heimes beauftragt. Deshalb verlege ich mein Quartier hierher in einen kleinen Nebenraum, den ich erst noch herrichten muß. Als ich meiner bisherigen Quartierswirtin klarmache, daß ich ausziehen werde, ist ihr das gar nicht recht. Ja, sie ist beleidigt und glaubt, daß mir ihr Haus nicht gut genug sei. Auch die Kinder sind traurig. Gestenreich versuche ich, ihnen den wahren Grund zu erklären. Die Mädchen gehen mit mir zum Heim, um sich zu überzeugen. Nachmittags ist das Soldatenheim bis auf den letzten Platz besetzt. Alle wollen das Wunschkonzert hören, das vom Sender Berlin gesendet wird.

Der neue Kompanieführer, Oberleutnant Heinrich Rein

13. April 1943. Heute ist mein Geburtstag. Ich werde 22 Jahre alt. Ich nehme wenig Notiz davon. Für mich ist es ein Tag wie jeder andere. Draußen regnet es. Nach dem Antreten muß ich mit Heini Laing zur Schreibstube kommen. Wir bekommen einen neuen Auftrag. Wir sollen für das Soldatenheim einen Sandkasten bauen. Dieser Sandkasten soll an der noch freien Eingangsseite aufgestellt werden und dazu dienen, die Unterführer mittels eines modellierten Geländes taktisch zu schulen. Wir machen uns schon bald an die Arbeit. Holz liegt noch genug hinter dem Gebäude. Nachmittags sind wir mit dem Kasten fertig. Sand holen wir vor der Haustür. Dort gibt es genug, denn hier ist überall Sand. Mit Eimern füllen wir den Kasten und modellieren ein Gelände. Die Fertigstellung wird dem Hauptfeldwebel gemeldet.

19. April 1943. Wie jeden Tag ist die Kompanie zum Dienstbeginn vor der Schreibstube angetreten. Mit dem Hauptfeldwebel tritt ein Offizier vor die Kompanie, der als neuer Kompanieführer vorgestellt wird. Es ist Oberleutnant Heinrich Rein. Er begrüßt die Kompanie und läßt sich die Zug- und Gruppenführer vorstellen, wobei er jedem die Hand reicht. Dann marschiert die Kompanie zur Ausbildung ins Gelände. Nach anstrengender Übung wird eine Pause eingelegt. Während dieser Zeit sucht der neue Kompanieführer den Kontakt mit den Soldaten. Im Verlauf seiner Runde kommt er auch zu mir. Schon nach wenigen Worten müssen wir beide lachen. An der Aussprache hat man schnell herausgehört, daß wir Landsleute sind. Nach meiner Herkunft befragt, erkläre ich, daß ich in Gießen geboren bin und daß meine Soldatenzeit in Marburg begonnen hat. Bei dem Wort Gießen gerät er bereits ins Schwärmen und erzählt von seiner unvergeßlichen Rekrutenzeit beim Infanterieregiment 116. Als er hört, daß mein Vater schon im Ersten Weltkrieg diesem Regiment angehört hat, ist reichlich Gesprächsstoff vorhanden. So wird die Übungspause unplanmäßig verlängert. Die umstehenden Kameraden verfolgen interessiert unsere Unterhaltung. Schließlich stellt sich heraus, daß wir mehrere gemeinsame Bekannte haben und daß er meinen Wohnort Gladenbach selbstverständlich kennt.

Unsere Geländeübung wird fortgesetzt. Sie wird beendet, als es Zeit ist, das Mittagessen zu empfangen. Nachmittags nehme ich nicht am allgemeinen Dienst teil, sondern habe im Soldatenheim zu tun. Ich muß Tische und Bänke verstellen, denn am 20. April 1943 soll im Soldatenheim ein gemütlicher Abend der Offiziere und Unteroffiziere stattfinden, zu dem auch der Kommandeur, Hauptmann Hans Herzog, eingeladen ist. Als Helfer hole ich mir den Kameraden Karl Münch hinzu, der Bursche von Oberleutnant Rein geworden ist. Er soll mich morgen als Ordonnanz unterstützen.

20. April 1943. Anläßlich des Geburtstages von Adolf Hitler hat die Kompanie dienstfrei. Aus diesem Anlaß wird Sonderverpflegung ausgegeben. Zusätzlich zur Verpflegung erhält jeder Soldat ein Frontkämpferpäckchen, Schokolade, Zigaretten und Schnaps. Ich benutze die freie Zeit vormittags, um ins Dampfbad zu gehen. Ich halte mich dort lange auf und schwitze tüchtig. Rechtzeitig zum Essen bin ich im Kompaniebereich zurück. Es gibt ein besonders gutes und reichliches Essen mit viel Pudding.

Nachmittags treffe ich mit Karl Münch die letzten Vorbereitungen für den gemütlichen Abend. Gläser haben wir aus der Glasfabrik besorgt. Von der Küche und aus der Marketenderei tragen wir allerhand Flaschen herbei mit verschiedenen alkoholischen Getränken. Die Küche hat sich besondere Mühe gegeben und einen eigenen Schokolikör hergestellt. Selbstverständlich wird der Likör, wie auch die anderen Schnäpse, von Karl und von mir sofort „getestet". Wir müssen ja schließlich wissen, was wir ausschenken, und ebenso klar ist, daß wir nicht nur die Oberkellner spielen, sondern einen Teil von den Köstlichkeiten abbekommen wollen. Es wäre sehr schlimm, wenn wir nach der Feier mit leeren Händen daständen. Unsere Helfer und nächsten Kameraden würden uns das nie verzeihen. Bereits vor 19 Uhr sind die Offiziere und Unteroffiziere der Kompanie in dem mit frischem Birkengrün geschmückten Saal versammelt. Pünktlich erscheint der Kommandeur. Er wird von Oberleutnant Rein mit netten Worten am Eingang begrüßt. Voller Bewunderung über die Ausgestaltung des Raumes durchschreitet der Kommandeur mit Oberleutnant Rein den Saal und geizt nicht mit anerkennenden Worten. An der Seite von Oberleutnant Rein nimmt er in der Mitte der im offenen Viereck aufgestellten Tische Platz. Der Abend beginnt mit einem Essen, um das sich unser Küchenchef, Unteroffizier Georg (genannt Schorsch) Ruckes, persönlich gekümmert hat. Es wird kräftig zugelangt, denn für den dann folgenden Alkoholgenuß braucht jeder eine gute Grundlage. Die Tische sind nach dem Essen bald abgeräumt, und die ersten Gläser werden gefüllt. Wir, die Bedienung, haben unter uns ausgemacht, zunächst nur die „scharfen Sachen" auszuschenken, um die Stimmung anzuheben. Erst zu vorgerückter Stunde gehen wir zu den milderen Schnäpsen und dem vielgepriesenen Likör über. Damit überhaupt etwas von dem Likör übrigbleiben kann, haben wir uns vorsorglich an der Küche mit Tee eingedeckt. Diesen Tee, mit reichlich Rum versetzt, füllen wir – wegen der Farbe – in die bereits leeren Likörflaschen und schenken damit die Gläser voll. Nur bei Schorsch Ruckes und dem Kommandeur können wir uns das nicht erlauben. Von ihnen wissen wir, daß sie eine Menge vertragen können und auch dann noch eine feine Zunge haben. Viele sind bereits in einer Verfassung, in der es besser wäre, nichts Alkoholisches mehr zu trinken. Sie konsumieren Tee mit Rum und merken den Unterschied nicht. Mitternacht ist vorbei, als sich die lustige Gesellschaft auflöst. Bis auf einige Ausnahmen sind das Unteroffizierkorps sowie alle Offiziere mit dem Kommandeur an der Spitze voll wie die Haubitzen. Jetzt beginnt für uns Ordonnanzen der anstrengendste Teil des Abends. Wir haben alle Hände voll zu tun, die „Angeschlagenen" von Schnapsideen und unsinnigen Mutproben abzubringen und ohne großes Aufsehen in ihre Quartiere zu befördern. Bis der letzte der „Mohikaner" dort ist, wo er hingehört, vergehen viele Stunden.

21. April 1943. Nachdem wir alle gut in den Quartieren wissen, gehen wir „Bediensteten" selbst zum gemütlichen Teil über. Wir sichten die trinkbaren Bestände – ohne Tee mit Rum – und feiern mit Freunden bis in den Morgen hinein. Wann und wie wir schlafen gegangen sind, weiß ich nicht. Als ich mit schwerem Kopf aufwache, stelle ich fest, daß ich mit Karl Münch im Sandkasten liege. Die Sonne scheint bereits durch die Fenster. Unsere Freunde sind noch alle im Raum versammelt. Die anderen liegen auf Tischen und Bänken. Manche sind aus ihrem Rausch kaum zu wecken. Nur kaltes Wasser hilft. Ich schnappe mir mein Waschzeug und gehe runter zum Bach. Dort stecke ich den Kopf in das fließende, kalte Wasser. Das wiederhole ich mehrmals. Danach geht es mir besser. Nun gehe ich in den wüst aussehenden Saal zurück und wecke die noch Schlafenden unsanft auf. Sie müssen verschwinden. Die Kaffeeausgabe an der Küche ist bereits vorüber. Zum Essen fehlt mir der Appetit. Ich beginne sofort mit den Aufräumarbeiten. Karl Münch hilft mir auch hierbei. Er ist kurz im Quartier gewesen und hat festgestellt, daß sein neuer Chef noch tief und fest schläft. Im gesamten Kompaniebereich ist kein Unteroffizier zu sehen. Erst um die Mittagszeit erscheinen die ersten auf der Bildfläche. Von diesem Abend wird noch oft bei der 5. Kompanie des Panzergrenadierregiments 14 die Rede sein. In den Gruppen hat sich der tolle Abend schnell herumgesprochen. Sie sind pünktlich zum Antreten erschienen. Doch der Dienst entfällt auch für sie. Sie werden zum Waffenreinigen in die Unterkünfte geschickt.

23. April 1943. Es ist Karfreitag, also Feiertag. Die Kompanie holt den ausgefallenen Dienst von vorgestern nach. Ich helfe vormittags in der Schreibstube. Hierbei spreche ich mit Hauptfeldwebel Eggelmeyer wegen des Sportbetriebes. Seit über 14 Tagen ist Fußball eine beschlossene Sache, doch ernstlich hat sich noch nichts getan. Wir haben bisher zwanglose Bolzereien vorgenommen, doch zu einem richtigen Spiel gegen die anderen Kompanien ist es noch nicht gekommen. Ich schlage vor, daß man mit den anderen Kompanien einen Wettbewerb (Bataillonsmeisterschaft) austragen sollte. Das gibt der ganzen Angelegenheit etwas Reiz. In diesem Sinne telefoniert er mit den übrigen Hauptfeldwebeln. Sie sind einverstanden und wollen Fußballmannschaften aufstellen. Das erste Spiel soll bereits am 26. April (Ostermontag) gegen die 7. Kompanie stattfinden. Ich werde mit den Vorbereitungen beauftragt. Einheitliche Hemden hatte ich vor gut einer Woche bei unserem Schneider in Auftrag gegeben. Eine schwarze Turnhose hat jeder bei seiner Ausrüstung. Als Fußballschuhe müssen die normalen Schnürschuhe herhalten. Für diesen Nachmittag ist für alle Fußballer Training anberaumt, damit eine Mannschaft gefunden werden kann.

24. April 1943. Vormittags macht die Kompanie Geländeausbildung. Ich bin mitgegangen, obwohl es mir freigestellt worden ist. Mir macht der Dienst im Freien ausgesprochen Spaß. Dort finde ich am ehesten den Kontakt zu den Kameraden, die neu hinzugekommen sind. Zum Essenempfang sind wir aus dem Gelände zurück. Um 14 Uhr ist Training für die Fußballmannschaft. Das dauert etwa eine Stunde. Danach muß ich im Soldatenheim tätig werden. Ich muß die Tische und Bänke enger zusammenrücken, um weitere Sitzgelegenheiten zu schaffen. Für 17 Uhr ist eine Feier für alle Kompanieangehörigen anberaumt. Bis auf die Wachen ist alles versammelt. Der Raum ist zum Bersten voll. Gruppenweise werden Getränke verteilt. Neben Schnaps, der als Zuteilung für jeden empfangen wurde, werden auch Flaschen aus der Marketenderei verabreicht. Es kommt einiges an Getränken zusammen, so daß jeder mehr erhält, als er normalerweise vertragen kann. Die Feier dauert bis in die Nacht hinein, und der Alkohol verfehlt seine Wirkung nicht. Einige Kameraden reißen sich zusammen und bleiben stocknüchtern, andere wiederum nicht. Die Vernünftigen amüsieren sich über die, die es richtig „erwischt“ hat, und helfen später, die betrunkenen Kameraden in die Quartiere zu schaffen. Dabei gibt es noch aufregende Szenen, aber auch jede Menge zu lachen.

25. April 1943. Ostersonntag. Die Kompanie hat dienstfrei und kann nach der gestrigen Feier nach Belieben ausschlafen. Ich habe nur wenig länger als sonst geschlafen. Mein Kopf ist klar. Ich absolviere meinen Frühsport und mache mich am fließenden Wasser frisch. Es ist ein wunderbarer Frühlingstag. Die Sonne scheint schon recht warm. Die Wiesen sind sattgrün, und die ersten Blumen blühen. Bei diesem Anblick kann man den Krieg vergessen und sich wie im Urlaub fühlen. Der Tag ist wie geschaffen für eine ausgedehnte Waldwanderung. Doch hier um Djatkowo ist es nicht ratsam, alleine durch den Wald zu gehen. Er steckt voll von Partisanen. Man spricht von einigen tausend, die sich hier rundherum versammelt haben. Statt dessen begebe ich mich in mein Soldatenheim und räume alles an seinen angestammten Platz. Bis ich damit fertig bin, ist der Vormittag vorüber. Nach dem Mittagessen liege ich hinter dem Heim an geschützter Stelle in der Sonne. Um 15 Uhr gehe ich zum Feldlazarett und besuche meinen Divisionskameraden Isi Gries, der als Kranker dort eingeliefert worden ist. Nach der Rückkehr esse ich etwas von meiner Abendverpflegung und sitze bis Sonnenuntergang vor dem Soldatenheim. An Unterhaltung fehlt es nicht, denn immer mehr andere Kameraden kommen hinzu. Es ist ein beliebter Treffpunkt geworden

26. April 1943. Ostermontag. Alle sind wir gespannt auf das erste Fußballspiel. Unser Gegner, die 7. Kompanie, hat bereits ein Spiel hinter sich. Zur rechten Zeit sind unsere Trikothemden fertiggeworden. Auch einheitliche Sporthosen wurden von unseren schlauen Schneidern noch angefertigt und werden an die Spieler ausgegeben. Das Trikot besteht aus leichter Fallschirmseide, die wir im vergangenen Jahr südlich Wjasma bei der Partisanenbekämpfung erbeutet hatten, mit einem gelben Kragen. Die Hosen sind dunkelbraun. Unser Sportdreß sieht ganz gut aus.

Nach dem Mittagessen und der sich anschließenden Ruhepause marschiert die Kompanie um 14 Uhr geschlossen zum Sportplatz an den Nordrand der Stadt. Der Platz liegt sehr schön und befindet sich in einem gut bespielbaren Zustand. Wenige Minuten später trifft die 7. Kompanie ein. Beide Mannschaften einigen sich auf Leutnant Bernhard Lohmann (5. Kompanie) als unparteiischen Schiedsrichter. Dann kann das Spiel beginnen. Pünktlich um 15 Uhr ist Anstoß. Wir spielen – wie vorgesehen – in folgender Aufstellung:

Willi Staats

H. Eggelmeyer — Gerh. Sobotta

E. Kaintoch — Ernst Theis — J. Deutscher

J. Morczinek — W. Zimmann — Edm. Zmija — E. Sabasch — Otto Will

Zum Spiel ist nicht allzuviel zu sagen. Nach einer sehr mäßigen Leistung verlieren wir es sang- und klanglos mit 1 zu 3 Toren. Torschütze unseres Ehrentreffers ist Edmund Zmija. Ein bißchen enttäuscht sind wir schon, als wir zur Unterkunft zurückmarschieren. Unsere Kameraden, die als Zuschauer dabei waren, geizen nicht mit passenden Kommentaren und Frotzeleien. Wir wollen die Niederlage schnellstens vergessen. Als wir am Soldatenheim zurück sind, ist Post aus der Heimat eingetroffen. Ich bekomme einen Brief meiner Eltern und mehrere kleine Päckchen mit Keksen und Süßigkeiten. Ich wundere mich über die Schnelligkeit der Postbeförderung, denn Brief und Päckchen sind gerade etwas länger als eine Woche unterwegs gewesen.

27. April 1943. Nach ruhigen, mit Feiern und Sport ausgefüllten Ostertagen wird die Kompanie heute um 3 Uhr geweckt. Um 4 Uhr sind wir im Gelände. Wir machen anstrengenden Dienst. Das Wetter ist dafür wie geschaffen. Es ist von oben trocken und nicht kalt. Als es richtig hell wird und die Sonne zum Vorschein kommt, macht es noch mehr Spaß. Ab 7 Uhr wird ein neues Kurzwellenfunkgerät vorgeführt und ausprobiert. Irgend jemand hat verlauten lassen, daß ich als Funker ausgebildet worden bin. Deshalb muß ich sofort wieder am Lehrgang für das neue Gerät teilnehmen und soll dann mein Wissen an andere Soldaten weitergeben. Alle Ausreden und Versuche, mich davon fernzuhalten, helfen nichts. Oberleutnant Rein besteht darauf. Gegen 10 Uhr machen wir

Leutnant Lohmann, Gast, W. Staats, E. Theis, G. Sobotta, H. Eggelmeyer, E. Kaintoch, O. Will, W. Zimmermann, E. Sabasch, J. Deutscher, Edm. Zmija, J. Morcinek

Funkpause. Wir liegen am Waldrand und lassen uns von der Sonne bescheinen. Dabei fühle ich mich in die Zeit der Ausbildung in Marburg versetzt, als wir mit dem schweren Funkgerät „Dora 2" durchs Gelände trabten. Dort hatten wir bei den Übungen schon viel Spaß. Ich schreibe währenddessen einen Brief nach Hause. Bis mittags bleiben wir im Gelände, dann marschieren wir zu den Unterkünften zurück und holen unser Mittagessen. Nachmittags werden die Waffen gereinigt und die Uniformen wieder in Ordnung gebracht. Die Sonne verkriecht sich allmählich hinter den Wolken. Das Wetter schlägt um. Abends fängt es an zu regnen.

1. Mai 1943. Der Wonnemonat Mai beginnt, nicht mit Sonnenschein und milder Luft, sondern mit Regen und unfreundlicher Kälte. Seit Tagen ist das Wetter schlecht. Es regnet fast ununterbrochen. Die Wege haben sich wieder schnell in die bekannten Morastpisten verwandelt. Der Dienst im Gelände wird aufrechterhalten, wenn wir auch dreckig wie die Schweine von dort zurückkehren. Im Ernstfall an der Front fragt auch keiner nach dem Wetter, und wie schmutzig man wird. Hier können wir die Uniformen immer wieder säubern, wenn wir auch oft nicht wissen, wie wir sie ohne Sonne trocknen sollen. Viel Zeit wird auf das Reinigen der Waffen und Geräte verwendet. An sich soll der Nachmittag frei und den persönlichen Dingen vorbehalten sein. Aber das ändert sich etwas. Der neue Dienstplan für die kommende Woche ist weit strenger angelegt. Man könnte glauben, wir wären in der Kaserne. Sogar der Stubendurchgang fehlt nicht. Das kann mich jedoch überhaupt nicht erschüttern. Nachdem ich meine Stiefel und Uniform gesäubert habe, erledige ich meine Briefschulden. Ich beantworte Briefe von Freunden und schreibe ausführlich nach Hause. Ich bedanke mich für das Paket mit dem wunderbaren Kuchen, der so frisch hier angekommen ist, als käme er direkt aus der Backstube. Bei einer Tasse Bohnenkaffee schmeckt er ausgezeichnet.

Gratulation zum Eisernen Kreuz 2. Klasse am 8. Mai 1943

5. Mai 1943. Die Tage in Djatkowo vergehen schnell. Der Dienst verläuft nach Plan. Vormittags geht es zur Ausbildung ins Gelände. Heute steht „Schießen mit dem MG auf Brustscheiben" auf dem Dienstplan. Das Wetter hat sich gebessert. Es ist wieder trocken, und man macht sich nicht so schmutzig. Während wir zum Essenfassen an der Küche stehen, werden der Kompanie Offiziere zugeführt. Unter ihnen erkenne ich sofort meinen Freund Eberhard Hahnfeld. Ich freue mich riesig über sein Erscheinen und vor allen Dingen darüber, daß er zur 5. Kompanie gekommen ist. Er ist als Leutnant von der Waffenschule zurück und begrüßt mich herzlich. Nachdem er den offiziellen Teil erledigt und gegessen hat, besucht er mich in „meinem" Soldatenheim. Wir feiern ein freudiges Wiedersehen. Es gibt eine Menge zu erzählen. Er berichtet vom Lehrgang auf der Waffenschule und dem anschließenden Urlaub zu Hause im Warthegau. Ich berichte ihm von meinen Erlebnissen und von den harten Einsätzen im Februar/März nördlich von Schisdra. Die Stunden vergehen wie im Fluge. Es ist schon spät, als ich ihn zu seinem Quartier begleite.

6. Mai 1943. Durch das Wiedersehen mit Eberhard Hahnfeld ist mir fast entgangen, daß auch mehrere Unteroffiziere und Mannschaften als Ersatz aus Neisse angekommen sind. Viele mir bekannte Gesichter sehe ich wieder. Mit ihnen ist die Kompanie auf eine beachtliche Stärke angewachsen. Die Züge und Gruppen müssen neu geordnet und zusammengestellt werden. Danach beginnt sofort der Dienst im Gelände. Es ist ungeheuer wichtig, daß sich die neuformierten Gruppen untereinander kennenlernen und aneinander gewöhnen. Das Wetter bessert sich zusehends. Die Tagestemperaturen steigen allmählich an. An den noch immer kahlen Bäumen zeigen sich die ersten grünen Spitzen. Zu meiner Überraschung höre ich den Kuckuck rufen. Das ist für mich ein untrügliches Zeichen, daß der Frühling nicht mehr fern ist. Die ersten Urlauber sind aus der Heimat zurück. Die weitere Abfertigung geht nur schleppend voran. Ich stehe auf der Anwärterliste ganz oben, habe aber noch nichts Näheres dazu gehört.

8. Mai 1943. Inzwischen ist das Wetter wunderbar. Die Sonne scheint vom wolkenlosen Himmel. Der Dienst im Gelände macht Freude. Heute marschieren wir früher als sonst zur Unterkunft zurück. Für 11 Uhr ist Antreten der gesamten Kompanie im Dienstanzug mit Stahlhelm befohlen. Keiner weiß, warum. Doch dann gibt es bald Klarheit. Der Kommandeur, Hauptmann Herzog, kommt mit dem Kübel vorgefahren. Er begrüßt die Kompanie, dann müssen die noch anwesenden Schisdra-Kämpfer vor die Front der Kompanie treten und werden ausgezeichnet. Ich erhalte das Eiserne Kreuz 2. Klasse. Der Nachmittag ist dienstfrei. Ich mache das Soldatenheim noch sauber und höre dann um 17.30 Uhr die neuesten Nachrichten. Ernst Theis vom Instandsetzungstrupp leistet mir dabei Gesellschaft. Bevor ich schlafen gehe, spaziere ich noch zum großen Weiher, wo in der Abenddämmerung einige alte Russen mit Erfolg angeln.

Mein Freund Eberhard Hahnfeld (links) als junger Leutnant in Djatkowo im Mai 1943

9. Mai 1943. Es ist Sonntag. Ein Glück, daß der Tag dienstfrei ist. Das Wetter ist besonders gut. Es ist angenehm warm, und der Wind weht leicht. Deshalb will ich den Vormittag zur Reinigung meines Gepäcks nutzen. Ich beginne jedoch mit Körperpflege. Danach hole ich an der Küche Kaffee und frühstücke in aller Gemütsruhe. Anschließend bringe ich meine Packtasche und den Tornister ins Freie und räume alles aus. Mit Seife und Bürste schrubbe ich die Uniform, wasche Strümpfe und Fußlappen und reinige Packtasche und Tornister. Während diese Gegenstände trocknen und lüften, wird der übrige Inhalt nachgesehen. Alles, was nicht mehr gebraucht wird, sortiere ich aus. Zum guten Schluß putze ich noch sämtliches Lederzeug. Dann ist bereits Mittagszeit. Nach dem Essen lege ich mich ins Gras und sonne mich. Ich bin fest eingeschlafen und werde von Kameraden geweckt, um zum Sportplatz zu gehen. Heute findet das nächste Fußballspiel statt. Meine Sportausrüstung habe ich schnell beisammen und kann mich den Freunden anschließen. Wir spielen in etwas veränderter Aufstellung gegen die Stabskompanie des II. Bataillons. Wir finden schnell zu unserem Spiel und sind den Kameraden vom Stab haushoch überlegen. Am Ende heißt das Ergebnis 4 zu 1 für uns. Die Torschützen sind Edmund Zmija mit zwei Treffern, sowie Erich Sabasch und J. Morczinek mit je einem Treffer.

12. Mai 1943. Der tägliche Dienstablauf ist unverändert geblieben, für die Fußballer auch das Training. Bereits heute findet das nächste Spiel auf dem Sportplatz in der Stadt statt. Gegner ist die 8. Kompanie, deren Mannschaft als äußerst stark eingestuft wird. Sie hat bisher noch kein Spiel verloren. Das heutige Spiel ist über weite Strecken ausgeglichen. Wir spielen gut und haben viele Torchancen, können sie jedoch leider nicht verwerten. Der gegnerische Torhüter ist eine Klasse für sich und hält bravourös. Nachdem mir das 1 zu 0 gelungen war, verlieren wir doch noch deutlich mit 1 zu 3 Toren. Der Spielverlauf wird mit dem Ergebnis auf den Kopf gestellt und auf dem Rückweg leidenschaftlich diskutiert. Wir haben etwas zu unglücklich verloren. Ich erfahre auf der Schreibstube, daß ich morgen eine Gelegenheit habe, wegen meiner noch ausstehenden Augenuntersuchung nach Brjansk zu fahren. Diese Gelegenheit will ich mir nicht entgehen lassen. Gegen Abend richte ich einige Sachen für die Fahrt. Die drei Wochen Wartezeit sind vorüber. Es wird Zeit, daß ich eine neue Brille bekomme. Hoffentlich fahre ich nicht wieder umsonst. Ich melde mich auf der Schreibstube und beim Kompanieführer ab. Dabei erfahre ich, daß unser Kompaniechef aus Schönbach bei Marburg stammt.

13. Mai 1943. Vor 6 Uhr bin ich aufgestanden. Um 7 Uhr bin ich beim Bataillonsgefechtsstand, wo ich mich zur Fahrt nach Brjansk melde. Ein Versorgungsfahrzeug des Bataillons wird mich mitnehmen. Bevor wir die Reise antreten, werden wir vom Kfz-Staffelführer eindringlich auf die Partisanengefahr aufmerksam gemacht. Wir bekommen die Weisung, auf keinen Fall im Wald anzuhalten und nicht während der Dunkelheit das Gebiet zu durchfahren. Danach starten wir, nachdem wir uns vorher noch von der Feuerbereitschaft unserer Waffen überzeugt haben. Die Fahrt verläuft ohne jeden Zwischenfall. Durch den ausgefahrenen Weg und notwendige Umwege wird es später Nachmittag, bis wir in die Stadt hineinfahren. An einer Straßenkreuzung lasse ich mich absetzen und gehe zu Fuß zum Lazarett. Ich versuche, sofort einen Arzt zu erreichen, das gelingt mir aber nicht. So wende ich mich wieder der Lazarettküche zu, wo ich den Bruder unseres zum Feldwebel beförderten Friedel Jäger treffe. Er versorgt mich mit Essen und Getränken und beschafft mir ein Quartier für die Nacht. Während des ganzen Abends sitzen wir in der Küche und unterhalten uns. Es ist schon sehr spät, als wir uns schlafen legen. Doch kaum liegen wir in den Betten, da gibt es Fliegeralarm. Die Stadt wird von russischen Bombern angegriffen. Wir stehen sofort auf und verfolgen im Lazaretthof die Bombenabwürfe und Einschläge. Sie gelten offensichtlich dem großen Verschiebebahnhof, der sich am östlichen Stadtrand befindet. In unserer Nähe wird jedenfalls kein erkennbarer Schaden angerichtet. Deshalb gehen wir bald wieder in unsere Betten und schlafen.

14. Mai 1943. Gewohnheitsmäßig stehe ich um 6 Uhr auf. In einem bestens ausgestatteten Baderaum rasiere und dusche ich mich. Danach packe ich meine Habseligkeiten zusammen und gehe zur Küche. Hier bekomme ich Frühstück. Zum Essen kann ich mir viel Zeit lassen, denn vor 9 Uhr ist kein Arzt zu erreichen. Angemeldet bin ich bereits. Pünktlich beginnt der Untersuchungsbetrieb. Ich komme sofort an die Reihe. Der Augenarzt untersucht mich gründlich. Damit bin ich aber noch nicht fertig. Zu meiner Überraschung reicht mich der Augenarzt an seine Kollegen weiter, die mich anschließend total auf den Kopf stellen. Als Ergebnis dieser Untersuchungen verschreibt man mir nicht nur eine neue Brille, sondern erklärt mir, daß ich nicht fronttauglich bin und deshalb nicht bei der kämpfenden Truppe eingesetzt werden darf. Meine Verwendung sei bestenfalls „garnisondienstverwendungsfähig Heimat" (gvH). Natürlich weiß ich das alles aus meinem Musterungsbefund und den früheren Untersuchungen, aber ich äußere mich nicht dazu. Nach kurzer Wartezeit bekomme ich den schriftlichen Befund in einem verschlossenen Umschlag ausgehändigt und bin damit entlassen. Zum Mittagessen bleibe ich in der Lazarettküche. Nach dem Essen verabschiede ich mich bald und will versuchen, in der Stadt noch eine Rückfahrgelegenheit zu erreichen. Das gelingt mir aber nicht mehr, deshalb bleibe ich während der Nacht im Bunker der Frontleitstelle. Abends gibt es Fliegeralarm.

15. Mai 1943. Schon sehr früh mache ich mich auf den Weg in die Stadt. Ich marschiere zur Desnabrücke, weil dort alle Fahrzeuge in Richtung Djatkowo vorüberkommen müssen. Per Anhalter komme ich mit verschiedenen Divisionsfahrzeugen weiter, zuletzt auch noch durch das schwierige Waldstück. Unterwegs ist mir der ärztliche Befund immer wieder durch den Kopf gegangen. Wie wird der Truppenarzt entscheiden, und wie wird sich die Kompanie verhalten? Werde ich zum Ersatztruppenteil nach Neisse versetzt, oder kann ich im rückwärtigen Frontgebiet Verwendung finden? Das alles geht mir durch den Kopf. Es will mir nicht einleuchten, daß ich von meinen Kameraden und Freunden getrennt werden soll. Am liebsten würde ich den Befund einfach verschwinden lassen. Mir graut es mehr vor Kasernenmauern und fremden Vorgesetzten als vor den Gefahren der Front. Während ich noch darüber nachdenke, sind wir – von Partisanen unbehelligt – in Djatkowo angekommen. Es ist später Nachmittag, als ich mich auf der Schreibstube zurückmelde. Hier noch möchte ich den Lazarettbefund erst gar nicht herausrücken, doch der Spieß fragt sofort danach. So kommt es eben, wie es kommen muß. In allernächster Zeit wird eine Entscheidung fallen müssen. An diesem Abend gehe ich mit gemischten Gefühlen schlafen.

16. Mai 1943. Gut, daß heute Sonntag ist. Wie gewohnt mache ich meinen Frühsport. Nach dem Frühstück bin ich im Soldatenheim. Ansonsten lasse ich mich von der Sonne bräunen. Wir haben herrliches Wetter. Damit ich mir keinen Sonnenbrand hole, schmiere ich mir Olivenöl aus einer Sardinenbüchse auf Arme und Schultern. Ich stinke zwar wie ein alter Fisch, aber ich hoffe, daß mir das Öl auf meiner empfindlichen Haut hilft. Nach dem Mittagessen ruhe ich an einem schattigen Platz hinter dem Soldatenheim. Um 15 Uhr marschieren die Fußballbegeisterten zum Sportplatz. Wir bestreiten das nächste Spiel gegen die 9. Kompanie. Die Mannschaft wurde auf einigen Posten verändert, und das bewährt sich gut. Wir gewinnen das Spiel mit 2 zu 0 Toren. Die Torschützen sind Oberfeldwebel Zimmann und unser Kleinster, Josef Morczinek.

17. Mai 1943. Der Dienst in der Kompanie ist unverändert. Aufgrund des vorgelegten Lazarettbefundes darf ich ab sofort keinen Geländedienst mitmachen. Vielmehr soll ich in der Schreibstube Verwendung finden. Davor graut es mir am meisten. Immer öfter werde ich zum Wachdienst eingeteilt. Diese Maßnahme verstehe ich im Zusammenhang mit dem Arztbefund überhaupt nicht mehr. Seit gestern haben wir einen neuen Divisionskommandeur, und zwar Generalmajor Felix Faeckenstedt.

19. Mai 1943. Die Kompanie trifft Vorbereitungen für einen Einsatz gegen Partisanen, die in letzter Zeit immer frecher und dreister werden. Es häufen sich die Meldungen über Fahrzeuge, die auf Minen gefahren sind oder überfallen wurden. Es wird von höherer Stelle befohlen, daß die Wegstrecke nach Brjansk nur noch in Kolonne befahren werden darf. Die Fahrzeuge müssen sich vor Fahrtantritt zu festgesetzten Zeiten vor dem Waldeingang sammeln. Dann wird im Schutze eines leichten Panzers die Fahrt angetreten. Auf diese Weise sollen die Überfälle eingedämmt werden.

20. Mai 1943. Die Tage der Ausbildung und des Sportverkehrs sind vorerst vorbei. Die Kompanie ist heute morgen zum Einsatz gegen die Partisanen abgerückt. Mehrere Divisionen stehen bereit, um einen entscheidenden Schlag gegen das Partisanenunwesen zu führen. Ob es gelingt, muß man abwarten. Mir sind die harten Einsätze des vergangenen Jahres noch in guter Erinnerung. Es war um dieselbe Zeit, als wir durch die Sumpfwälder südwestlich von Wjasma hindurch mußten und nur selten einen Partisanen zu Gesicht bekommen haben. Das Panzergrenadierregiment 14 wird bei Tschernjatitschi eingesetzt. Im Verband des Regiments operiert das II. Bataillon im Raume südwestlich Maleschino/Godunowka. Im Soldatenheim ist es ruhig geworden. Die Schreibstube sowie der Troß der Kompanie bleiben in Djatkowo. Aufgrund des neuen Arztbefundes darf ich nicht mit der Kompanie ausrücken. Ich mache hauptsächlich Dienst in der ungeliebten Schreibstube und stehe nachts Wache. Persönlich bin ich enttäuscht, weil man mir von offizieller Seite keinen reinen Wein einschenkt. Man munkelt von Versetzung, mehr aber auch nicht. Ich erfahre auch kein klärendes Wort wegen meines Urlaubs. Ich weiß genau, daß ich längst hätte unterwegs sein müssen, wäre die Reihenfolge korrekt eingehalten worden. Diesbezüglichen Fragen weicht man aus. Solches Verhalten von Vorgesetzten finde ich ungerecht, zumal ich den Urlaubsanspruch bei dieser Kompanie erworben habe.

Durch eine ebenfalls mögliche Versetzung, die noch gar nicht feststeht, werde ich um den Urlaub betrogen.

23. Mai 1943. Sonntag. Die Kompanie befindet sich noch im Partisaneneinsatz. Ich erledige meinen Dienst in der Schreibstube sorgfältig, wie sich das gehört. Meine Hauptaufgabe ist die Bearbeitung der ein- und ausgehenden Post. Darin habe ich ja genügend Erfahrung sammeln können. Für alle Urlaubsanwärter sind schlechte Nachrichten eingetroffen. Die Zuteilung der Urlauberfahrkarten wird mit sofortiger Wirkung stark reduziert. Das betrifft mich auch. Es gibt inzwischen noch andere Anzeichen, daß es mit der Ruhe an der Front bald vorbei ist. Wir stellen verstärkte Fliegertätigkeit fest, und diese Flieger werfen in Mengen Propagandamaterial ab. Die deutschen Soldaten werden darin zum Überlaufen aufgefordert. Auch die erhöhte Aktivität der Partisanen paßt in dieses Bild.

27. Mai 1943. Aus einem Brief meiner Eltern erfahre ich, daß englische Flieger die Edertalsperre angegriffen haben und die Staumauer durch Luftminen zerstörten. Die ausströmenden Wassermassen haben große Schäden angerichtet. Die Brücke der Main-Weser-Bahn ist weggerissen worden, und in den Dörfern ist eine Menge Vieh umgekommen.

30. Mai 1943. Es wird bekannt, daß die Kompanie aus dem Partisaneneinsatz zurückkommt. Kurz vor dem Mittagessen treffen die Soldaten in Djatkowo ein. Endlich kommt wieder Leben in den Ort. Ich bin froh, meine Freunde gesund wiederzusehen. Alle sehen sie prächtig aus. Von Sonne und Wind gebräunt und bei bester Laune. Die Kompanie ist noch vollzählig. Sie hat keine Feindberührung gehabt, von den Partisanen selbst nichts gesehen. Lediglich ihre Lager, in denen die Feuerstellen noch brannten, konnten aufgespürt werden. Genau dies entspricht ihrer Taktik. Sich geschickt verbergen und nicht dem offenen Kampf stellen, sondern aus dem Hinterhalt operieren. Das ist ihr Erfolgsrezept! Immerhin sollen zirka 1.000 Partisanen von den miteingesetzten Truppenteilen gefangengenommen worden sein. Ganz umsonst ist die Kompanie nicht im Walde gewesen. Unteroffizier Robert Hampel hat eine ungewöhnliche „Beute" eingebracht. Er hat vier junge Füchse auf dem Arm, die sie aus ihrem Bau ausgegraben haben.

Nachmittags gehen wir gemütlich zum Sportplatz. Heute spielen wir gegen die 7. Kompanie, gegen die wir im ersten Spiel verloren haben. Diesmal drehen wir den Spieß um. In geänderter Formation spielen wir überlegen und gewinnen hoch mit 4 zu 0 Toren. Torschützen sind die Kameraden E. Zmija, E. Sabasch und Erwin Heinrich. Wir stehen im Endspiel um die Bataillonsmeisterschaft. Nach dem Spiel gehen wir mit der gesamten Mannschaft zum großen Weiher und baden. Das Wasser ist herrlich frisch. Man muß aufpassen, daß man den Untergrund nicht zu sehr aufwühlt. Der Teichgrund ist verschlammt. Wir stellen fest, daß das Gewässer sehr fischreich ist. Wir bleiben eine Stunde am Wasser, ehe wir unsere Quartiere zum Abendessen aufsuchen.

6. Juni 1943. Ein Tag vergeht wie der andere, und so Woche um Woche. Die Kompanie hat in den letzten Tagen keinen geregelten Dienst gemacht. Heute ist Sonntag. Das schöne Wetter bleibt erhalten, trotz Gewitter, das wir gestern noch hatten. Die dadurch hervorgerufene Abkühlung hat nicht angehalten. Im Gegenteil. Es ist hochsommerlich heiß. Viele Kameraden liegen tagsüber in der Sonne und sind braun wie die Neger. Ich kann mir das nicht leisten. Gar zu schnell habe ich einen Sonnenbrand, den ich nicht gebrauchen kann. Nachmittags gehe ich mit Kameraden zum Baden. Trotz intensiver Sonneneinstrahlung ist das Wasser kühl und erfrischend.

8. Juni 1943. Das Wetter ist uns gewogen. Die Gefechtskompanie macht vormittags nur leichten Dienst. Sonst sind wir unbehelligt und frei. Vom Krieg selbst ist hier nichts zu spüren. Die Front ist viele Kilometer weit entfernt. Trotz angekündigter Versetzung rechne ich damit, noch von hier aus in Urlaub fahren zu können. Neuerdings spricht die Schreibstube wieder von einer Versetzung nach Neisse, eventuell über das Feldersatzbataillon. Ich halte nichts von diesen Aussagen, sie sollen lediglich als „Beruhigungspille" dienen. Der ganze Hickhack um die Versetzung läßt mich inzwischen kalt. An diesem Nachmittag marschieren wir geschlossen zum Sportplatz. Das entscheidende Spiel um die Bataillonsmeisterschaft soll ausgetragen werden. Unser Gegner ist die 8. Kompanie, der wir schon einmal unterlegen waren. Für den Gewinner sind einige Flaschen Schnaps ausgesetzt worden. Natürlich hoffen wir, daß wir das Spiel gewinnen. Wegen der sommerlichen Hitze ist der Anstoß um 16 Uhr. Wir finden nicht zu unserer Form und verlieren glatt mit 1 zu 4. Unseren Ehrentreffer erzielt Unteroffizier Werner Kropp.

9. Juni 1943. Unerwartet wird die Kompanie gegen 6 Uhr alarmiert. Wir müssen vollzählig antreten. Die Gefechtskompanie und alle beim Troß entbehrlichen Soldaten müssen sich fertigmachen zum Abmarsch. Sie sind zur Unterstützung eines Brückenbaukommandos bestimmt, das an der Bolwa vor Uleml eine neue Brücke errichtet. Bis zur Baustelle sind es etwa zwölf Kilometer. Ich muß gegen meinen Willen beim Troß bleiben. Zeitweise bin ich auf der Schreibstube. Hartnäckig hält sich ein umlaufendes Gerücht, wonach wir aus Rußland herausgezogen werden sollen. Die Division soll angeblich nach Deutschland oder Frankreich verlegt werden. Die Quartiermacher sollen bereits unterwegs sein. Es wäre zu schön, um wahr zu sein.

11. Juni 1943. Ich bin – wie immer – früh auf. Bei diesem Wetter kann ich nicht lange schlafen. Den Frühsport und das frische Wasser des Baches habe ich längst hinter mir. Ich bin auf dem Weg zur Feldküche, als unser Schreiber mir entgegenkommt. Ich muß sofort auf der Schreibstube helfen. Für die Division ist erhöhte Alarmbereitschaft befohlen. Das heißt, es muß gepackt werden. Die beim Brückenbau an der Bolwa eingesetzte Kompanie muß sofort mit den Lkws zurückgeholt werden. Da nicht genug Fahrer verfügbar sind, muß ich einmal mehr einspringen. Ich übernehme den Wagen von Willi Preuten. In kurzer Zeit sind alle fahrbereit. Auf trockenem Feldweg fahren wir zur Baustelle. Es ist nicht weit. Keine halbe Stunde. Die Kompanie kann aufsitzen, dann geht es zurück. Unmittelbar nach dem Eintreffen in Djatkowo wird gepackt. Ich baue das Gerät des Soldatenheims ab. Wir verladen Gepäck und Gerät auf die Fahrzeuge und warten auf den Befehl zum Abmarsch. Es vergeht noch viel Zeit, und dann war alles Fehlanzeige. Der Alarm wird aufgehoben. Alle Aufregung war umsonst. Sicher war aber etwas dran. Wir werden sehen! Nur, was unbedingt notwendig ist, wird von den Lkws heruntergeholt, die alten Quartiere werden bezogen.

12. Juni 1943. Alles ist wieder in dem Zustand, als wäre nichts gewesen. Die Schreibstube hat ihren Betrieb aufgenommen. Ich bin zur Unterstützung eingesetzt. Während des Vormittags macht mir der Spieß noch eine erfreuliche Mitteilung. Sofern die Kompanie noch Urlauberplatzkarten erhält, kann ich am 14. Juni die Reise in die Heimat antreten. Darüber freue ich mich sehr. Ich bin darauf vorbereitet. Wenn es sein muß, bin ich in zehn Minuten reisefertig. Die Alarmbereitschaft ist noch nicht ganz aufgehoben, deshalb halten sich die Gruppen verfügbar. Keiner darf den Kompaniebereich verlassen. Die Fahrer müssen sich in der Nähe der Fahrzeuge aufhalten. Durch das warme Wetter sitzen die Kameraden vor den Quartieren, spielen Schach, Skat oder unterhalten sich bis in die Nacht hinein. Ich sitze an diesem Abend lange mit Eberhard Hahnfeld zusammen. Er hofft, daß ich noch in Urlaub fahren kann und gibt mir seine Heimatadresse. Er bittet mich, unbedingt auf der Rückfahrt vom Urlaub seine Eltern im Warthegau aufzusuchen.

13. Juni 1943. Es ist Pfingstsonntag. Wir haben das Frühstück eben hinter uns, als „Fertigmachen" befohlen wird. Die Quartiere werden geräumt, Gerät und Ausrüstung auf die Fahrzeuge verladen. Jeden Augenblick wird der Abmarschbefehl erwartet. Die Gruppen halten sich in der Nähe ihrer Fahrzeuge auf, jederzeit zum Aufsitzen bereit. Bis zur Mittagszeit hat sich noch nichts geändert. Die Küche hat das Mittagessen fertig, weiß aber nicht, ob sie mit der Ausgabe beginnen kann. Schließlich wird doch Essen empfangen.

Danach warten. Weitere Stunden vergehen, als plötzlich Entwarnung gegeben wird. Wieder keine Abfahrt. Neue Parolen und Gerüchte machen die Runde. Nur das Notwendigste für die Nacht und die Waffen werden von den Fahrzeugen heruntergenommen. Nach der Dämmerung geht's zum Schlafen in die alten Quartiere.

14. Juni 1943. Pfingstmontag. Normalerweise ist das ein Feiertag. Ob er mir Glück bringt? Noch früher als sonst bin ich aufgestanden. Mein Reisegepäck habe ich noch einmal überprüft und griffbereit gelegt. Nach dem Kaffee gehe ich zur Schreibstube. Es gibt dort nichts zu tun, denn das Inventar ist bereits verladen. Darum geht es mir auch gar nicht. Ich frage unverblümt nach dem Urlaubsschein. Es wird mir erklärt, daß ich mit ziemlicher Sicherheit nach Neisse kommen werde und man deshalb die Urlauberplatzkarte einem anderen Kameraden zur Verfügung gestellt hat. Man will mir ein Schreiben mitgeben, damit ich vom Ersatztruppenteil aus ohne Wartezeit in den Heimaturlaub gehen kann. Über diese Offenbarung bin ich derart enttäuscht, daß ich den Raum sofort verlasse. Ich fühle mich total verschaukelt und werte die Entscheidung, ganz gleich, von wem sie getroffen wurde, als große Schweinerei. In meinem Quartier überlege ich lange, ob ich mich nicht höheren Orts beschweren soll. Erst nach einem längeren Gespräch mit meinem erfahrenen Freund Erwin Sabellek, der mir von diesem Schritt abrät, kehrt Ernüchterung ein. Ich muß mich mit den Tatsachen abfinden. Alles Weitere will ich an mich herankommen lassen. Es tut mir nur leid, daß ich meinen Eltern diesbezüglich Hoffnungen gemacht habe.

15. Juni 1943. Die Ereignisse von gestern haben meine gute Laune nicht verderben können. Ich bin früh aus dem Bett und laufe eine größere Strecke als sonst. Ich freue mich über das herrliche Wetter und die wunderschöne Natur. Nachdem ich fertig angezogen bin, gehe ich nicht zum Kaffee holen, sondern zur Molkerei. Seit einigen Tagen kann man hier entrahmte Vollmilch und frische Buttermilch bekommen. Beides schmeckt sehr gut und ist gekühlt ein ausgezeichnetes Mittel gegen den Durst. Die Milch ist sehr billig. Für einen Liter bezahlen wir fünf Pfennige. Für vier Personen holen wir 15 Liter. Damit sie kühl bleibt, hängt die Kanne stets im fließenden Bach. Regulärer Dienst wird nicht gemacht. Ich richte das bereits abgebaute Soldatenheim wieder her, daß man sich darin aufhalten kann. Nachmittags spielen wir auf unserem Bolzplatz Fußball. Obwohl das Turnier beendet ist, haben wir mit der 6. Kompanie ein Spiel vereinbart. Es soll morgen stattfinden.

16. Juni 1943. Trotz eingeschränkter Alarmbereitschaft verstärkt sich jetzt der Eindruck, als sollten wir noch länger hier bleiben. Ich beschäftige mich überwiegend im Soldatenheim. Vom Herauslösen der Division und dem „Leben wie Gott in Frankreich" ist mittlerweile keine Rede mehr. Die vom Wetter begünstigten Tage vergehen viel zu schnell. An diesem späten Nachmittag gehen unsere Sportsfreunde zum Fußballplatz. Wir spielen gegen die 6. Kompanie und sind anscheinend vollkommen aus dem Tritt, denn wir verlieren sang- und klanglos mit 1 zu 4 Toren.

20. Juni 1943. Es ist Sonntag. Die Lage bei der Kompanie ist unverändert. Wir verharren alle im Wartestand. Wegen der nicht endgültig aufgehobenen Alarmbereitschaft ist eine gewisse Unruhe unverkennbar. Gegen 9 Uhr – viele wollten zum Feldgottesdienst gehen – wird plötzlich erhöhte Alarmbereitschaft befohlen. Die Fahrer werden angewiesen, die Fahrzeuge marschbereit zu machen und aufzutanken. Dann werden Waffen und Gerät verladen. Ich kann mich nicht beteiligen, denn ich gehöre nicht der Kampfstaffel an. Dann ist es soweit. Ich muß Abschied nehmen von meinen vielen guten Freunden und verläßlichen Kameraden, die nun die Fahrzeuge besteigen, um einem ungewissen Schicksal entgegenzufahren. Besonders schwer fällt mir der Abschied von meinem Freund Eberhard Hahnfeld. Viel Soldatenglück gebe ich ihm als Wunsch mit auf den Weg. Die Motoren werden angelassen, und die Fahrzeugkolonne setzt sich langsam in Bewegung. Ich stehe betroffen da und schaue den abrückenden Kameraden nach. Ich verlasse das Soldatenheim und quartiere mich bei der Russin mit den Kindern wieder ein. Dort wohne ich näher zur Schreibstube und befinde mich zwischen den Fahrern der Troßfahrzeuge, die hiergeblieben sind. Meine neue und alte Quartierswirtin freut sich, daß ich wieder einziehe, denn sie hatte doch angenommen, bei ihr wäre es mir nicht gut genug gewesen. Zur Begrüßung reicht sie mir eine Schüssel Walderdbeeren, die die Kinder morgens im Wald gepflückt haben. Ich revanchiere mich mit einer großen Kanne Milch, die ich aus der Molkerei herbeihole.

26. Juni 1943. Fast eine Woche ist vergangen. Von der Gefechtskompanie wissen wir nur, daß sie bei Berestna zum Stellungsbau eingesetzt worden sein soll. Wir beim Troß verleben ruhige Tage. Das Wetter ist schön, die Verpflegung gut, was will der Soldat noch mehr? Und trotzdem bin ich im Unterbewußtsein nicht zufrieden. Ich gehe oft zum Schwimmen an den Weiher. Fische, die ich angele, bringe ich meiner Wirtin. Sie ist froh darüber. In der Schreibstube erfahre ich endlich, daß meine Versetzung endgültig ist. Aber nicht zur Heimatgarnison nach Neisse, sondern zum Feldersatzbataillon. Ich bin nicht allein betroffen. Mein Schicksal teilen auch die Freunde Josef Polotzek und Horst Kruszik. Um mein Gepäck zu erleichtern, sende ich noch Tabakwaren und überflüssigen Kram nach Hause. Ich bin nicht sicher, ob ich beim Feldersatzbataillon dazu kommen werde.

Am späten Nachmittag gehe ich durch die Stadt und schaue nach, wo das Feldersatzbataillon untergebracht ist. Ich finde das Bataillon an der Straße nach Ljubochna.

1. Juli 1943. Die Tage des Monats Juni sind schnell vorübergegangen. Die letzten Stunden bei der 5. Kompanie des Panzergrenadierregiments 14 sind angebrochen. An der Feldküche empfange ich noch Kaffee und verabschiede mich bei den beiden Köchen und meinen Landsleuten Hans Ulrich und Georg Ruckes. Nach dem Frühstück treffe ich meine Schicksalsgenossen. Wir melden uns auf der Schreibstube ab. Ein bißchen beschleicht mich schon ein eigenartiges Gefühl, als ich hier Abschied nehme, habe ich doch manche Stunde in dieser Umgebung verbracht. Wir drei Versetzten nehmen unser Gepäck auf, verlassen den Kompaniebereich und marschieren auf dem kürzesten Weg durch das Feld zum Feldersatzbataillon. Wir melden uns auf dem dortigen Geschäftszimmer und werden der 3. Kompanie zugeteilt, der ich 1941/42 schon einmal angehört und nicht in bester Erinnerung habe. Dort werden wir vom Hauptfeldwebel in Empfang genommen. Er weist uns in der Nähe ein Quartier zu. Hier treffen wir auf Soldaten, die das Stammpersonal der Kompanie darstellen und offensichtlich froh sind, durch uns Verstärkung zu erhalten. Da ich den Betrieb noch in unguter Erinnerung habe, wundert es mich nicht, daß wir Neuankömmlinge an diesem Nachmittag bereits für den Wachdienst eingeteilt werden. Mir ist klar, daß wir in Zukunft außer zum Wacheschieben auch für jede andere Arbeit herangezogen werden. Die Kompanie besteht nur auf dem Papier. In Wirklichkeit sind es wenige Mann Stammpersonal, denen es darauf ankommt, möglichst weitab vom Schuß ihre Stellung zu halten. Unsere neue Feldpostanschrift hat die Nr. 30521 E.

3. Juli 1943. Die ersten Tage beim Feldersatzbataillon sind genauso verlaufen, wie ich sie vorausgesagt habe. Tagsüber wird reine Beschäftigungstherapie betrieben und rund um die Uhr Wache geschoben. Die Neuankömmlinge werden zu den Arbeiten herangezogen, die das Stammpersonal mit Freuden abwälzen kann. Dazu gehören zum Beispiel für die Küche Holz besorgen, Wasser schleppen, Kartoffeln schälen und dergleichen mehr. Kameradschaftliche Kontakte zwischen dem sogenannten „Stamm" und uns „Neuen" darf man hier nicht erwarten. Dabei spielt es keine Rolle, daß wir aus einer Grenadierkompanie mit Fronterfahrung kommen. Nur der Hauptfeldwebel hebt sich etwas von den anderen ab und erkennt uns voll als Kompanieangehörige an. Viele Fahrzeuge der Kampftruppen verlassen die Stadt. Sie folgen ihren Einheiten, die seit Tagen in den Raum Uljanowo verlegt haben. Die in Djatkowo verbliebenen Trosse werden wegen der Partisanengefahr an den Ausfallstraßen der Stadt zusammengelegt und müssen nachts Streifendienste durchführen.

8. Juli 1943. Der tägliche Dienst bei der Kompanie erschöpft sich in den Arbeiten für die Küche. Gelegentlich muß für die Schreibstube ein Botengang ausgeführt werden, dazu werde ich dann herbeigerufen. Man hat herausgefunden, daß ich mich in den Schreibstubendingen bestens auskenne. Bei dieser Gelegenheit spreche ich den Hauptfeldwebel an. Aus einigen Bemerkungen des Kompanieschreibers habe ich den Eindruck gewonnen, daß man hier den Grund meiner Versetzung überhaupt nicht kennt. Ich mache den Spieß darauf aufmerksam, daß ich aufgrund ärztlichen Befundes nicht mehr bei der kämpfenden Truppe eingesetzt werden darf und dieser Befund dem hiesigen Truppenarzt vorliegen müsse. Er will sich danach erkundigen.

10. Juli 1943. Heute morgen bin ich nicht ausgeschlafen. Die häufigen Unterbrechungen meiner Nachtruhe durch das viele Wachestehen stecken mir gehörig in den Knochen. Seit meiner Versetzung muß ich aus dem gleichen Grunde den gewohnten und beliebten Frühsport aufgeben. Nach dem Morgenkaffee gehe ich zur Schreibstube. Ich will endlich wissen, wie es um meinen Urlaubsanspruch steht und ob der ärztliche Befund aus dem Lazarett hier vorliegt. Letzterer ist nicht vorhanden, er muß beim ehemaligen Bataillon angefordert werden. Bezüglich Urlaub erfahre ich nur ein Achselzucken. Ich bin stinksauer. Auf die Frage des Kompanieschreibers, ob ich nicht in der Schreibstube Dienst machen will, erwidere ich mit einem klaren Nein, obwohl ich weiß, daß das meine Lage entscheidend verbessern könnte. Ich habe aber keine Lust, während des Sommers den ganzen Tag auf der Schreibstube zu hocken und mich von einem „Oberschreiber" kommandieren zu lassen. Körperliche Arbeit in der frischen Luft hält mich eher fit. Sie ziehe ich jeder Bürotätigkeit vor. Das kann ich später noch lange genug tun, wenn ich es schaffe, mit heiler Haut und gesunden Knochen aus diesem Krieg nach Hause zu kommen. Zunächst aber bin ich noch hier im „gelobten Rußland". Um nicht noch mehr zu versauern, will ich mich anderweitig beschäftigen. Ich will versuchen, mich mit der russischen Sprache zu befassen. Dazu werde ich den Kontakt mit den Nachbarskindern herstellen. Das gelingt mir bald. Sie merken sehr schnell, daß man sich mit ihnen befaßt und man es gut mit ihnen meint. In großer Zahl kommen sie vor mein Quartier und warten, bis ich für sie Zeit habe. Dann machen wir Unterricht auf Gegenseitigkeit. Sie versuchen sich in Deutsch, ich in Russisch, wobei ich bald feststellen muß, daß sie mir bereits ein gutes Stück voraus sind. Leider fehlt mir ein geeignetes Wörterbuch, um besser voranzukommen.

11. Juli 1943. Das tägliche Einerlei des Dienstes wird nur unterbrochen durch die Kinder. Kurz vor Mittag erscheinen die ersten und bringen mir eine Zwei-Liter-Glaskaraffe gefüllt mit Walderdbeeren. Ich gebe ihnen dafür deutsches Geld und schicke sie in die Molkerei, damit sie Milch kaufen können. Ich gebe ihnen noch Brot, das ich durch die Erdbeeren erübrigen kann. Auch für mich bringen sie aus der Molkerei Milch mit, die ich über die vorher gezuckerten Erdbeeren schütte. Ich erkläre den Kindern, warum ich die Erdbeeren später mit der Milch esse, und lasse sie das Milch-Erdbeergemisch versuchen. Sie sind begeistert und rennen nach Hause, um es ihren Müttern zu sagen. Abends löffle ich meine Köstlichkeit als Nachspeise zum Abendbrot.

13. Juli 1943. Immer wieder wird von offizieller Seite auf die Gefahr durch die Partisanen hingewiesen. Bisher ist in unserem Bereich noch nichts vorgekommen. Die ständigen Streifen zwischen den Einheiten werden strikt durchgeführt. Nachts werden sie in unregelmäßigen Abständen gelaufen. Als ich heute zum Essenempfang gehe, sehe ich die Kinder aus dem Wald kommen. Es muß Unmengen von Beeren geben, denn sie sind höchstens zwei Stunden im Wald gewesen und ihre Gefäße sind bis zum Rand gefüllt. Unsere Verpflegung ist in Ordnung. Der Koch versteht sein Handwerk, und die kalte Verpflegung ist ausreichend. Ab und zu ist das Brot knapp. Die Mutter eines Nachbarkindes gibt mir aus dem Garten einen Rettich, den ich dankbar annehme. Danach erscheinen die Kinder wieder mit ihren Glaskaraffen. Sie haben Erdbeeren und Heidelbeeren. Jeder möchte mir seine Beeren zuerst verkaufen, denn sie wissen, daß ich Geld dafür gebe. Ich nehme von jedem etwas, bis meine Schüssel gefüllt ist, und gebe jedem Geld für Milch. Sie rennen in die Molkerei und bringen auch mir Milch mit. Der Umgang mit ihnen macht mir großen Spaß.

16. Juli 1943. Im Dienst bei der Kompanie gibt es nicht die geringste Abwechslung. Es herscht ein stupides Einerlei Tag für Tag. Im Laufe des Vormittags wird unter strengstem Stillschweigen bekannt, daß wir voraussichtlich morgen Stellungswechsel machen. Ich bin froh, daß die Kameraden Polotzek und Kruszik bei mir sind. Sonst wäre das Leben ganz fürchterlich eintönig. Bei den Kindern finde ich stets Freude. Trotz ärmlicher Verhältnisse sind sie sehr zufrieden und aufgeweckt dazu. Auch heute tragen sie Beeren herbei. Ein letztes Mal befasse ich mich mit ihnen, doch länger als sonst. Ich darf und kann es ihnen nicht sagen, daß wir morgen Djatkowo – wahrscheinlich für immer – verlassen. Um so betroffener bin ich, als sie mir zum Abschied nacheinander um den Hals fallen und mir so zu verstehen geben, daß sie wissen, daß wir Djatkowo verlassen werden. Ich bin sprachlos darüber, wie gut und genau sie informiert sind. Wir bereiten unser Gepäck zum Verladen vor.

17. Juli 1943. Nach der Wache am frühen Morgen lege ich mich nicht mehr zum Schlafen hin. Wenig später werden die anderen Kameraden geweckt, um aufzustehen. Wir verladen die Kisten der Schreibstube auf den Lkw und unser Gepäck dazu. Zum Kaffeeholen und Frühstücken bleibt noch genügend Zeit. Dann heißt es aufsitzen. Gegen 9 Uhr verlassen wir Djatkowo, dieses landschaftlich schön gelegene Städtchen, in dem ich fast vier Monate zugebracht habe. Bei der Abfahrt winken die Kinder und rufen mir ein vielstimmiges „do swidanja“ (auf Wiedersehen) nach, bis wir im Walde verschwunden sind. Zunächst fahren wir durch den Partisanenwald Richtung Brjansk. Einige Kilometer hinter Ljubochna fahren wir nicht geradeaus weiter, sondern biegen tiefer in den Wald hinein. Hier halten wir an und schlagen die Zelte auf. Sofort werden Wachen aufgestellt. Keiner weiß, was hier eigentlich „gespielt“ wird. Nur die Tatsache ist zu uns durchgesickert, daß die Division bereits im Raume Uljanowo im Einsatz und in schwerem Abwehrkampf steht.

19. Juli 1943. In aller Frühe werden die Zelte abgebaut und die Fahrzeuge beladen. Ohne Frühstück wird aufgesessen und gestartet. Wir fahren jetzt nach Osten und kommen durch viele Dörfer. Wie sie im einzelnen heißen, kann ich nicht erfahren und auch nicht ausmachen. Mir steht keine Karte zur Verfügung. Nach stundenlanger Fahrt erreichen wir einen Ort, in dem Divisionstrosse liegen. Hier halten wir an. Durch neugierigen Zufall sehe ich den Verpflegungswagen der 5. Kompanie. Dann kann Erwin Sabellek nicht weit sein. Ich springe von unserem Wagen herab und laufe in Richtung Verpflegungsfahrzeug. Da kommt mir Erwin Sabellek schon entgegen. Er hat mich sofort vom Führerhaus aus erkannt. Nach kurzer, herzlicher Begrüßung geht er mit bis zu unserem Wagen, damit der mir nicht davonfahren kann. Dann berichtet er von der Kompanie. Seit dem 12. Juli sind sie im Einsatz und haben an diesem Tag und dem 13. Juli 1943 schreckliche Ausfälle gehabt. Bei einem eigenen Angriff mit Panzern über eine Höhe in der Nähe von Stariza sind sie von feindlichen Panzern erwartet und zusammengeschossen worden. Über die Hälfte der Kompanie ist ausgefallen. Viele meiner Freunde sind nicht mehr da. Allein zehn Gefallene hat die Kompanie zu beklagen, darunter mein bester Freund Eberhard Hahnfeld. Keiner von den Gefallenen konnte geborgen werden, um ein würdiges Grab zu erhalten. Die Kompanie wurde von den angreifenden russischen Panzern überrollt. Für die eigenen Panzer endete der Kampf ebenfalls mit hohen Verlusten an Menschen und Kampfwagen.* Hauptfeldwebel Eggelmeyer ist nicht mehr bei der 5. Kompanie. Er wurde

* Die Division erlitt folgende Verluste: 26 Gefallene, 116 Verwundete und 8 Vermißte. 14 Feindpanzer wurden abgeschossen, von eigenen Panzern sind nur noch 81 einsatzbereit (von ursprünglich 110), Anm. d. Verl.

einen Tag später auf der Rollbahn unweit Medynzewo durch Granatsplitter schwer verwundet. Ich erfahre nur schlechte Nachrichten. Dann müssen wir das Gespräch abbrechen und uns verabschieden. Ich muß aufsitzen, die Fahrt geht weiter. Ich bin sehr traurig über das Vernommene und kann es wieder nicht fassen. Der Tod meines Freundes Eberhard geht mir sehr nah. Nach nur kurzer Fahrt ziehen wir in einem Wald unter. Der Ort, wo wir anhalten, müßte Berestna gewesen sein. Genau kann ich das nicht erfahren. Wir sind in der Nähe der HKL, denn das Rumoren der Front ist gut zu hören. Laufend sind auch russische Schlachtflieger am Himmel. Wir erhalten eine neue Feldpostnummer, sie lautet 56233 E. Ich teile sie sofort per Luftpost meinen Eltern mit.

21. Juli 1943. Wir liegen im Wald und machen Küchendienst. Dann plötzlich werden wir zusammengerufen. Wir sollen uns für den Einsatz in der HKL bereithalten. Das Feldersatzbataillon wird als Alarmeinheit nach vorne beordert. Genau diese Befürchtung hatte ich seit Beginn der Versetzung. Ohne entsprechende Ausrüstung und Bewaffnung und ohne geeignetes Führungspersonal sollen wir die Russen aufhalten. Es muß in der HKL sehr schlimm aussehen, wenn sogar das Feldersatzbataillon aufgeboten werden muß. Ich bin darüber sehr empört, weil ich auf ärztliche Anordnung aus der kämpfenden Truppe entfernt worden bin. Und jetzt soll ich auf einmal wieder gut genug dafür sein. Wer soll dafür Verständnis haben, ich kann mich nirgendwo beschweren oder dagegen auflehnen. Die Kämpfe müssen bei den im Gefecht stehenden Einheiten hohe Verluste gekostet haben.

23. Juli 1943. Es ist ein heißer Sommertag. Der Einsatzbefehl für das Bataillon liegt vor. Die Gesamtstärke entspricht etwa einer Grenadierkompanie. Für einen normalen infanteristischen Einsatz sind wir unzureichend ausgerüstet. Nicht ein Maschinengewehr ist vorhanden, auch keine Panzernahkampfmittel. Viele besitzen nicht einmal einen Stahlhelm. Wer den Haufen anführt, ist unbekannt. Der Bataillonsführer, Hauptmann Wilhelm Drewes, hat das I. Bataillon des Panzergrenadierregimentes 13 übernommen. Die Vorbereitungen für diesen Einsatz und die Befehle, die erteilt werden, deuten auf eine erhebliche Kopf- und Führungslosigkeit hin. So ist es nicht verwunderlich, daß der Spieß mit nach vorne marschiert. Nach etwa zwei Stunden Marsch sind wir in einem Waldstück, das durchschritten wird. Hier bekommen wir den Auftrag, am Waldrand eine Auffangstellung zu bilden. Wir graben uns Schützenlöcher. Mit Horst Kruszik als Stellungsgenosse grabe ich mich in die Erde ein und warte auf die Dinge, die da kommen sollen. Es ist lange hell, von feindlicher Annäherung ist nichts zu spüren. Deshalb schreibe ich einen Brief nach Hause. Als es dunkel wird, sitzen wir – noch immer lauschend – in der Stellung. Es ist totenstill. Nur das Zirpen der Grillen oder der Schrei eines Vogels ist zu hören. Weiter nördlich von uns hören wir MG-Feuer und einzelne Schüsse fallen. Wir beide versuchen, abwechselnd im Deckungsloch zu schlafen, das gelingt uns jedoch nicht.

24. Juli 1943. Bevor es hell wird, werden wir aus unseren Deckungslöchern zusammengerufen. Wir marschieren an riesigen Getreidefeldern vorbei bis auf eine Anhöhe. Der Marsch hat mir gutgetan, denn die Nacht ist kühl. Auf der Höhe angekommen, bilden wir eine neue Sicherungslinie. Am Rande eines langgezogenen Getreidefeldes graben wir uns in die Erde ein. Wir müssen uns beeilen, denn der Morgen dämmert schon. Vor unseren Erdlöchern erstrecken sich Wiesen mit hohem Gras, die bis zum jenseitigen Waldrand reichen. In diesem Wald sollen bereits die Russen stecken. Von der Höhe herab haben wir sehr gute Fernsicht nach Nordwesten in das Lowatjankatal. Dort entbrennt ein heißer Kampf. Deutlich können wir die Artillerieeinschläge auf beiden Seiten beobachten. Dann sehen wir mehrere russische Panzer gegen ein Dorf anrollen. Am Mündungsfeuer ihrer Kanonen erkennen wir, wie Granate um Granate das Rohr verläßt. Einige Panzer bleiben liegen. Schwarze Rauchwolken steigen hoch. Sie sind von unseren Waffen abgeschossen worden.

Eine ganze Zeit beobachten wir das grausige Geschehen im Tal. Auch den Waldrand gegenüber behalten wir im Auge, damit wir von dort nicht überrascht werden. Noch ist es ruhig im Abschnitt. Ab und zu schauen wir nach links und rechts, wo die Kameraden sitzen. Die Stellungslöcher sind so weit auseinander, daß nur Sichtverbindung besteht. Es gibt weder einen Führer, der die Stellung kontrolliert, noch einen Kompaniegefechtsstand. Wir sind uns vollkommen selbst überlassen. Nach einigen Stunden ständiger Aufmerksamkeit höre ich aus dem Wald gegenüber erste Granatwerferabschüsse. Daß die uns gelten, weiß ich sofort. Soviel Gespür habe ich noch aus meinen früheren Einsätzen behalten. Ehe ich den Kopf eingezogen habe, sind die Einschläge da. Sie liegen verdammt nahe an unseren Deckungslöchern. Mehrere Salven folgen. Danach beobachten wir, wie der Waldrand in „Bewegung" kommt. Die Russen greifen an. Horst Kruszik und ich halten mit unseren Karabinern zwischen die Angreifer. Doch die Russen kommen immer näher. Von unseren wenigen Karabinern lassen die sich nicht aufhalten. Ein Blick nach rechts und links genügt, um festzustellen, daß die Löcher leer sind. Bis auf 30 Meter sind die Russen heran, dann verlassen wir das Deckungsloch. Mit einem Satz sind wir im Kornfeld. MPi-Garben zischen dicht an uns vorbei. Horst Kruczik wird verwundet. Zum Glück kann er noch laufen. Als wir das Kornfeld hinter uns haben und einem vor uns liegenden Gehöft zustreben wollen, stellen wir fest, daß die Russen uns zuvorgekommen sind. Sie haben uns seitwärts überlaufen und sind bereits in dem Bauernhof. Weiter im hohen Getreide Schutz suchend, gelingt es uns, am Gehöft vorbeizukommen und offenes Gelände zu gewinnen. Auf einem Weg, der am Hang entlang ins Tal führt, erreichen wir einen Wasserlauf, an dessen Böschung wir auf mehrere versprengte deutsche Soldaten treffen. Teils sind sie von uns, teils aber auch von anderen Einheiten. Die Angst steht allen noch ins Gesicht geschrieben. Keiner weiß wohin. Wer ist für diesen Abschnitt und für den Einsatz verantwortlich? Es scheint keinen Verantwortlichen zu geben. Weder Offizier noch Unteroffizier ist hier. In diesem Moment wird mir die ganze Unzulänglichkeit dieses Haufens bewußt. Nicht auszudenken, was zu tun bliebe, wenn es Verwundete oder Gefallene gegeben hätte. Die Meldebehörden und Angehörigen würden niemals den wahren Sachverhalt über das Einzelschicksal erfahren. Die Personalien der zum Einsatz gekommenen Soldaten sind nicht einmal festgehalten worden, wie das bei einer geordneten Einheit der Kompanietruppführer vornimmt.

Da ich bei den Anwesenden – inzwischen haben sich noch einige eingefunden – totale Unentschlossenheit feststelle, fordere ich sie auf, meinem Befehl zu folgen. Ich schlage die allgemeine Richtung „nach hinten" ein und hoffe, bald das nächste Dorf zu erreichen, um mich dort bei einem Einheitsführer zu melden. Auf dem Marsch dorthin treffen wir unseren Hauptfeldwebel. Der ist heilfroh, ja, fast glücklich, daß er das Häuflein Soldaten seiner Kompanie wiedersieht. Er führt uns in das Dorf zurück, wo wir noch weitere Versprengte des Feldersatzbataillons vorfinden. Das Dorf dürfte Frolowo sein. Die hier Versammelten haben Hunger und Durst. Seit über 24 Stunden hat es weder kalte noch warme Verpflegung gegeben, von Kaffee oder Tee ganz zu schweigen. Kein Mensch fühlt sich für uns zuständig. Bei einer ordnungsgemäß geführten Truppe wäre das ein unmöglicher Zustand. Aus dem Dorfbrunnen holen wir uns frisches Wasser und verzehren die letzten Reste, die wir in unseren Brotbeuteln vorfinden. Der Spieß hat uns derweil irgendwo gemeldet und kommt mit neuem Einsatzbefehl zurück. Inzwischen ist es stockdunkel geworden.

25. Juli 1943. Mitternacht ist vorbei, als wir wieder in Richtung HKL marschieren. Wir folgen einem Einweiser, der dem Hauptfeldwebel mitgegeben worden ist. Nach einem einstündigen Marsch machen wir an einem Naturgraben halt. Hier sollen wir eine neue Auffangstellung bilden. Der Graben ist trocken und etwa mannstief. Wir graben uns in die Böschung Deckungslöcher und warten den neuen Tag ab. Wo wir uns genau befinden, kann keiner sagen. Auch der Hauptfeldwebel weiß es nicht. Ich erfahre nur soviel, daß wir im Raume Berestna-Katunowka eingesetzt worden sind. Auf die Frage, ob wir verpflegt werden und wer uns mit Munition versorgt, weiß er ebenfalls keine Antwort. Bei Tagesanbruch gehen rechts an uns anschließend weitere Soldaten in Stellung. Sie haben nicht den schützenden Graben, sondern müssen sich Stellungslöcher ausheben. Ich vermisse heute die aufgehende Sonne. Sie bleibt hinter Wolken versteckt. Fast sieht es nach Regen aus. Durch das Tal vor uns haben wir weite Sicht. Im Vordergrund sind Wiesen, dahinter goldgelbe Getreidefelder, die sich über den Hang hinweg bis zum Horizont hinziehen. Während des ganzen Vormittags haben wir vergeblich nach den Russen Ausschau gehalten. Wir sind auch nicht beschossen worden. Wir liegen abwechselnd im Gras und holen den Schlaf nach, den wir seither nicht bekommen haben. Mittags werden wir aus der Stellung herausgezogen. Wir marschieren nach hinten. In einem Waldstück treffen wir auf den Gefechtstroß des I. Bataillons des Panzergrenadierregiments 13. Hier lassen wir uns nieder. Ein Alpdruck ist von mir genommen. Ich habe keine Angst vor einem Einsatz. Nur vor den Bedingungen, unter dem dieser stattfand, graute es mir. Endlich bekommen wir etwas Warmes zu essen. Anschließend erhalten wir auch kalte Verpflegung. Bei einer zahlenmäßig vorgenommenen Anwesenheitsprüfung stellt der Spieß fest, daß einige Kameraden fehlen. Er fragt nach Namen, die keiner kennt. Keiner der Anwesenden kann dazu etwas sagen, weil einer den anderen vor dem Einsatz nicht gekannt hat. Abends zelten wir im Wald und verkriechen uns darin.

26. Juli 1943. Tief und fest habe ich geschlafen. Es ist noch sehr früh, als wir geweckt werden. Deshalb befürchte ich schon, daß es wieder nach vorne zum Einsatz geht. Ein Mannschafts-Lkw des II. Bataillons des Panzergrenadierregiments 13 fährt vor. Wir müssen aufsitzen und verlassen den Wald. Wir werden weiter zurückbefördert. Nach nicht allzulanger Fahrt kommen wir an eine zerstörte Brücke. Das Flüßchen könnte die Dubna sein. Ich kann es nicht ermitteln, da weit und breit kein dörfliches Anwesen zu sehen ist, wo man fragen könnte. Hier werden wir abgesetzt und sind dazu bestimmt, die Pioniere beim Aufbau der Brücke zu unterstützen. Wir sollen im nahen Fichtenwald Bäume fällen und zur Baustelle schaffen. Im Wald suchen wir zunächst eine geeignete Stelle für unser Lager. Da wir in Reichweite russischer Artillerie sind, graben wir uns in die Erde ein. Unsere Küche und Gepäckfahrzeuge werden hier im Wald erwartet. An diesem Nachmittag beginnen wir mit der Arbeit. Vorher werden wir Arbeitsgruppen mit verschiedenen Aufgaben zugeteilt. Ich gehöre zu den „Holzfällern". Ein Pionierfeldwebel zeichnet uns die etwa gleichstarken Bäume an, die wir fällen sollen. Die Bäume werden in Handarbeit angeschlagen und umgesägt, dann entastet und auf vorbestimmte Längen zugeschnitten. Danach müssen die schweren Stämme aus dem Wald heraus und zur Brücke geschafft werden. Das ist harte Knochenarbeit. Vor allem das Herausschleppen aus dem Wald ist wegen des Unterholzes sehr anstrengend und nicht ungefährlich. Bei dieser Arbeit müssen die „Holzfäller" mit anfassen. Jedesmal werden sechs Mann benötigt, um einen Stamm aus dem Wald herauszuschleppen. Trotzdem ist mir die harte Arbeit lieber, als ohne kameradschaftlichen Zusammenhalt in der HKL eingesetzt zu werden. Nach getaner Arbeit kriechen wir heute todmüde in die Zelte.

27. Juli 1943. Die Nacht ist schnell vorbei. Ich habe nichts gehört und nichts davon gemerkt, daß die „Natascha" hier war und in der Nähe Bomben abgeworfen hat. Bereits um 5 Uhr werden wir geweckt. Am Waldrand fließt ein klarer Bach vorbei, dort machen wir uns frisch. An der Feldküche empfangen wir heißen Kaffee und essen etwas. Dann geht es sofort an die Arbeit. Ohne Unterbrechung werden die starken Bäume gefällt und die Stämme hergerichtet. Wir sind ganz bei der Sache, wissen wir doch, wie wichtig im Ernstfall die Brücke sein wird. Nach der morgendlichen Kühle wird es auch im Wald sehr

Holzfällen zum Brückenbau

warm. Wir ziehen die Hemden aus und arbeiten mit nacktem Oberkörper. Mittags machen wir nur kurze Pause, um an der Feldküche das Essen zu empfangen. Wir bekommen reichliches und gutes Essen. Unser Koch ist ein Meister seines Faches. Wir sehen ihn oft während der Freizeit durch den Wald und die Felder streifen, um Kräuter und Pilze zu sammeln. Pilze, die wir während der Arbeit finden, sammeln wir ebenfalls ein und bringen sie zur Küche. Heute haben wir eine große Anzahl Pfifferlinge angebracht. Der Koch schmort sie uns zum Abendbrot. Nach dem Abendessen wird nichts mehr getan. Dann liegen wir nur noch vor den Zelten. Nach langer Pause ist endlich Post aus der Heimat eingetroffen. Ich erhalte sieben Briefe und einige kleine Päckchen mit Süßigkeiten. Noch bevor die Sonne ganz verschwunden ist, liege ich in meiner Zeltecke und schlafe. Die Ruhe während der Nacht ist die beste Erholung.

28. Juli 1943. Seit dem frühen Morgen fällen wir Bäume am laufenden Band und entasten sie. Bis zur Mittagszeit haben wir die erforderlichen Stämme für die Brücke im Wald liegen. Nach kurzer Mittagspause schleppen wir die glatten Stämme zum Sammelplatz am Waldrand. Dort werden sie vom nächsten Arbeitstrupp auf den Lkw verladen und zur Brücke gebracht. Während dieser Arbeiten heulen schwere russische Granaten heran. Sie gelten offensichtlich der eben erst erbauten Brücke, denn die Einschläge liegen genau in dieser Richtung. Einige Granaten schlagen kurz vor unserem Wald ein. Es sind schwere Brocken, denn sie hinterlassen riesige Trichter, die sich bald mit Wasser füllen. Die heute stechende Sonne verschwindet auf einmal, und ein Gewitter braut sich zusammen. Mit den ersten Blitzen und dem Donner fallen wahre Sturzbäche an Wasser vom Himmel herunter. Heftiger Sturm kommt auf. Wir rennen zu unserem Lager, um die Zelte nachhaltig zu sichern. Gerade im letzten Moment können wir noch Schlimmeres verhindern.

29. Juli 1943. Der Holzfällertrupp hat seine Arbeit im Wald beendet. Deshalb marschieren wir zur Baustelle und helfen den Pionieren bei der Fertigstellung der Brücke. Die letzte Fuhre Stämme wird aus dem Wald herbeigeschafft und zugerichtet. Von der feindlichen Artillerie ungestört, arbeiten wir wieder bei strahlendem Sonnenschein. Nach der Mittagspause geht die Brücke ihrer Vollendung entgegen. An beiden Seiten der Brücke wird noch ein Geländer angebracht, dann beenden die letzten Aufräumungsarbeiten den Brückenbau. Um 16 Uhr wird die Brücke für den Verkehr freigegeben. Bevor die Pioniere abfahren, möchte ich von ihnen etwas über die hiesige Örtlichkeit und den Namen des Flüßchens erfahren, aber sie wissen es auch nicht. Damit ist unser Kommando beendet. Wir marschieren in unser Lager und ruhen uns aus. Bevor wir uns in die Zelte verkriechen, gehen wir mit unserem Koch in den Wald, um Pfifferlinge zu sammeln. Für den morgigen Sonntag hat er uns ein besonders Essen versprochen. Wir brauchen nicht weit zu gehen, wir kennen die Stellen schon. Nach dem gestrigen Gewitterregen sind die Pilze buchstäblich aus dem Boden geschossen. Noch nie in meinem Leben habe ich solche Mengen dieser goldgelben Edelpilze auf engstem Raum zusammen gesehen. Und je weiter wir in den Wald vordringen, desto mehr Pilze finden wir.

1. August 1943. Es ist Sonntag. Unsere Ruhe dauerte nicht lange. Bereits am gestrigen Abend haben wir einen neuen Auftrag erhalten. Wir sind Straßenbauer geworden. Im Verlauf der Straße, die von der neuen Brücke nach hinten führt, sind nasse Stellen auszubessern. Wir bauen Knüppeldämme. Das Holz holen wir aus dem Wald. An diesem Sonntag arbeiten wir bis Mittag. Dann marschieren wir zum Lager und empfangen Essen. Darauf freuen wir uns schon. Es gibt Salzkartoffeln mit Rindergulasch und Pfifferlingen, als Nachspeise Waldmeisterpudding. Das Essen ist umwerfend köstlich und so reichlich, daß wir nachfassen können. Der Nachmittag ist dienstfrei. Die meisten Kameraden sitzen vor den Zelten und schreiben. Auch ich schreibe einen ausführlichen Brief nach Hause und schicke meinem Vater ein Päckchen mit Zigaretten, die ich im Überfluß vorrätig habe.

2. August 1943. Durch das neue Arbeitskommando sind wir um 5 Uhr aufgestanden. Um 6 Uhr ist Antreten, danach marschieren wir zur Baustelle. Bevor wir abrücken, gibt mir der Hauptfeldwebel zu verstehen, daß ich noch kurz zu ihm kommen soll. Er sagt mir dienstlich, daß mein Urlaubsanspruch vom Feldersatzbataillon anerkannt worden ist, und ich der nächste Urlauber bin. Er ist „nur" noch abhängig vom Eintreffen der Platzkarte. Von dieser Offenheit bin ich überrascht, nehme mir aber vor, nicht eher daran zu glauben, bis ich den unterschriebenen Schein in meinen Händen halte. In dieser Beziehung habe ich genug Erfahrungen sammeln können. Als „gebranntes Kind" folge ich schnell den anderen zur Baustelle und nehme dort gelassen an der Arbeit teil.

Wir arbeiten hart während des ganzen Tages, wegen strahlenden Sonnenscheins mit entblößtem Oberkörper. Es ist erstaunlich, daß selbst im Hochsommer die schlechten Wegstrecken in Rußland nie ganz austrocknen. Wenn auch nur eine feuchte Stelle bleibt, verwandelt diese sich beim nächsten Regen in ein unüberwindliches Hindernis. Rußland ist nicht nur in dieser Beziehung ein rätselhaftes Land. Nicht einmal die großen Rollbahnen machen eine Ausnahme. Die Landschaft hier gefällt mir gut. Sie gleicht sehr meiner hessischen Heimat. Es ist ein hügeliges Land mit fruchtbaren Getreidefeldern, saftigen, mit Blumen übersäten Wiesen und herrlichem Hochwald. Da wir mittags keine Pause machen, wird die Arbeit um 17.30 Uhr beendet. Zurück im Lager, können wir uns waschen und sofort Essen empfangen. Bis zur Nachtruhe gehört der Abend uns.

8. August 1943. Es ist wieder Sonntag. Während der ganzen Woche sind wir beim Straßenbau eingesetzt gewesen. Besonderes hat sich in dieser Zeit nicht ereignet. Ich habe keine Briefe geschrieben und eigenartigerweise keine Aufzeichnungen gemacht. Warum ich so gleichgültig bin, weiß ich nicht zu erklären. Wir arbeiten bis mittags, dann geht's ins Lager zurück. Das Essen unseres Kochs ist wieder ausgezeichnet, natürlich erneut mit Pfifferlingen. Ich müßte einmal dringend meine Unterwäsche wechseln. Das geht aber nicht, da sich meine zweite Garnitur im Gepäck beim rückwärtigen Troß befindet, der gut 30 Kilometer von hier entfernt liegt. So bleibt keine andere Wahl, als die Wäsche, die ich auf dem Körper trage, auszuziehen, zu waschen und aufzuhängen. Bei der derzeit herrschenden tropischen Temperatur ist dies kein Problem. Sie ist schnell trocken, und ich kann sie wieder anziehen. Während die Wäsche trocknet, liege ich auf unserer Wiese am Bach.

11. August 1943. Unsere Arbeit an der Straße ist beendet. Wir brechen unsere Zelte ab und machen Stellungswechsel. Es tut uns schon leid, daß wir diesen Wald mit seinem Pilzreichtum verlassen sollen. An das Zigeunerleben in den Zelten haben wir uns gewöhnt. Wir waren den ganzen Tag in der freien Natur. Nun bauen wir unser Lager ab und verladen das bißchen Hab und Gut auf den Lkw. Über die Straße, die wir tagelang ausgebessert haben, fahren wir zum Troß des Feldersatzbataillons zurück. In einem Ort, dessen Namen ich wieder nicht erfahren kann, beziehen wir saubere Quartiere, die ohne einheimische Bevölkerung sind. Noch an diesem Nachmittag mache ich Wasser heiß und wasche mich gründlich. Endlich kann ich frische Wäsche anziehen. Die schmutzige Wäsche koche ich sofort mit reichlich Kernseife. Ich hoffe, daß sie einigermaßen sauber wird.

12. August 1943. Einige Trosse, die mit uns im Dorf liegen, packen ihre Sachen zusammen und verladen. Es sind Fahrzeuge unserer Pioniere. Von einem Fahrer erfahre ich, daß die kämpfenden Teile der Division abgelöst worden sind und sich auf dem Marsch in einen neuen Einsatzraum befinden sollen. Die gesamte Division wird verlegt. Wir machen Dienst für die Küche und stehen Wache.

13. August 1943. Im Laufe des Tages kommen weitere Trosse unserer Division durch das Dorf. Bei uns sind noch keine Anzeichen einer Verlegung erkennbar. Spät abends um 22 Uhr werde ich noch zur Schreibstube gerufen. Der Hauptfeldwebel überreicht mir Urlaubsschein und Platzkarte für den nächsten Urlauberzug. Ich bin total überrascht. Durchziehende Fahrzeuge sind nicht mehr zu erwarten, deshalb ist es zur Abreise zu spät. Ich gehe in mein Quartier und lege mich schlafen.

14. August 1943. Vor zwei Wochen war es mein heimlicher Wunsch, zum heutigen Geburtstag meiner Mutter zu Hause zu sein. Nun bin ich glücklich, daß ich abreisen kann. Sehr früh bin ich deshalb aufgestanden. Ich mache mich frisch und hole mir an der Küche eine Feldflasche voll Kaffee für unterwegs. Dann mache ich mich auf den Weg. Zunächst habe ich zwei Stunden Fußmarsch vor mir, bis ich eine Straße mit Fahrzeugverkehr erreichen kann. Per Anhalter geht es von dort weiter. Mit den beiden ersten Fahrzeugen komme ich noch nicht weit. Erst mit dem dritten Wagen schaffe ich die restliche Strecke bis zur Stadt Brjansk. Noch ein kurzes Stück muß ich marschieren, dann bin ich am Bahnhof. Ich habe großes Glück. Der Fronturlauberzug steht zur Abfahrt bereit. Ich habe eben in einem Abteil Platz genommen, als der Zug sich in Bewegung setzt. Ich war keine Minute zu früh am Bahnhof. Jetzt erst darf ich mich als Urlauber fühlen. In langsamer Fahrt rollen wir nach Norden, der nächsten Station Roslawl entgegen. Hier steigen zahlreiche Urlauber zu. In schneller Fahrt geht es bis Smolensk, wo bereits viele Urlauber auf den einfahrenden Zug warten.

15. August 1943. Weiter geht die Reise. Auf der langen Strecke nach Minsk haben wir unfreiwilligen Aufenthalt. Die Partisanen sind aktiv gewesen. Was genau passiert ist, erfahren wir nicht. Wir halten auf freier Strecke und warten. Doch dann geht es weiter. Zwischen Minsk und Baranowitschi muß die Lokomotive Wasser nehmen. Viele Zivilisten haben sich auf dem kleinen Bahnhof eingefunden und bieten Eier, Butter und geschlachtete Hühner zum Tausch an.

16. August 1943. Nach der langen Fahrt durch das sommerliche Rußland erreichen wir heute die Grenzstation Brest-Litowsk. Hier müssen wir durch die Entlausung und die Urlaubspapiere abstempeln lassen. Die Prozedur dauert – bekanntlich – mehrere Stunden. Ab hier zählen die gewährten Urlaubstage. Gegen 16 Uhr setzt sich dann der Urlauberzug nach Deutschland in Bewegung. Über Warschau–Posen geht die Fahrt nach Frankfurt/Oder.

17. August 1943. Am frühen Morgen treffen wir in Berlin ein. Ich orientiere mich über die Anschlüsse Richtung Kassel–Marburg und begebe mich dann zum Anhalter Bahnhof. Hier habe ich die besten Verbindungen Richtung Kassel. Nach einer recht zügigen Fahrt ohne besondere Vorkommnisse erreiche ich in Marburg sogar noch einen Anschlußzug nach Niederwalgern. Um 17 Uhr treffe ich am Ziel in Gladenbach ein und bin kurz danach bei meinen Eltern im Hause. Es wird ein langer Abend, denn ich muß ausführlich von meinen Erlebnissen und von den Ereignissen an der Front berichten. Trotz Ermüdung von der langen Reise kann ich nicht sofort einschlafen. Im Zimmer ist es zu warm, und ein derart weiches Bett bin ich nicht mehr gewöhnt.

18. August 1943. Als ich morgens aufwache, liege ich nicht im Bett, sondern davor auf dem Bettvorleger. Ohne daß es mir bewußt geworden ist, habe ich nachts den Schlafplatz gewechselt. Nach dem Aufstehen und dem Frühstück gehe ich in die Stadt, um meine Verwandten, Bekannten und Freunde aufzusuchen. Besonders freue ich mich über das Wiedersehen mit meinem Onkel Hans, der bei der 9. Infanteriedivision im Süden Rußlands kämpft und auch als Urlauber zu Hause ist. Auf dieser Runde mache ich aber auch eine neue Bekanntschaft. Bei einer Schulfreundin, die eine Lebensmittelfiliale leitet, lerne ich ein reizendes Mädchen aus Königsberg kennen. Sie ist jung und sehr hübsch mit großen, dunklen Augen. Wir treffen uns noch ein paarmal, dann muß sie – leider – nach Hause zurück. Dieser Begegnung schließt sich ein langer Briefwechsel an. Zu dieser Zeit ahne ich noch nicht, daß ich von Januar 1945 an – praktisch vor ihrer Haustür in Metgethen – letzte Kämpfe bestreiten werde.

6. September 1943. Nach sehr schönen, erholsamen Tagen, die vom Wetter begünstigt sind, geht die Urlaubszeit zu Ende. Mein Onkel Hans ist schon auf dem Weg nach Rußland. Seine Division ist im Süden eingesetzt. Wenn ich ganz aufrichtig bin, bin ich froh, daß ich abreisen kann. Ein unbestimmbares Gefühl zieht mich in die Ferne und zur Division zurück. Obwohl ich weiß, daß ich zum ungeliebten Feldersatzbataillon muß und nicht zu den Kameraden der Einsatzkompanie kann, drängt es mich zurück. Ich packe in Ruhe meine Sachen zusammen und lege alles für die Reise zurecht. Noch einmal spaziere ich über die bekannten Wege rund um die Stadt und durch den geliebten Wald.

7. September 1943. Nach der Abschiedsrunde bei den Freunden und Bekannten, bin ich in den letzten Stunden noch zu Hause. Es gibt immer noch viel zu erzählen. Meine Mutter hat ein sehr gutes Mittagessen zubereitet, das die Familie gemeinsam einnimmt. Danach verabschiede ich mich von allen und marschiere zum Bahnhof. Pünktlich um 12.30 Uhr verläßt der Zug Gladenbach. In Marburg steige ich in den fahrplanmäßigen D-Zug nach Berlin. Gegen 19 Uhr etwa treffe ich in Berlin ein. Den direkten Anschlußzug habe ich nicht erreichen können. In der Bahnhofshalle schreibe ich noch eine Karte nach Hause, ehe ich mich nach den weiteren Anschlüssen erkundige. Nur wenig später fährt der nächste Zug nach Warschau. Mit ihm verlasse ich Berlin.

8. September 1943. Weiter geht die Fahrt über Warschau bis zur Grenze nach Brest-Litowsk. Ich erledige die erforderlichen Formalitäten und erkundige mich an der Frontleitstelle nach dem Standort meiner Division. Ich erfahre, daß sie jetzt im Raume Roslawl kämpft und daß dieser Ort der Zielbahnhof ist. Ich empfange Verpflegung und übernachte in der Übernachtungsstelle für Fronturlauber.

9. September 1943. Gegen 8.30 Uhr etwa verlasse ich mit dem Frühzug für Urlauber die Grenzstation Brest-Litowsk. Der Zug ist gut besetzt. Unter den Mitreisenden in meinem Abteil ist es sehr ruhig. So recht will keine Unterhaltung in Gang kommen. Alle dösen vor sich hin, mit den Gedanken noch bei ihren Lieben zu Hause. Das gleichmäßige Rattern des Zuges und die eintönige Landschaft lassen keine rechte Stimmung aufkommen. Doch das ändert sich dann schlagartig. In Baranowitschi halten wir an. Hier erfahren wir, daß die mit uns verbündeten Italiener kapituliert haben und sogar gegen uns kämpfen sollen. Nun ist auf einmal Leben in den Abteilen. Wie ein Lauffeuer breitet sich die Meldung aus. Jetzt ist Gesprächsstoff vorhanden. Wir sind bald in Minsk und setzen die Fahrt bis Smolensk fort, das wir zu später Nachtstunde erreichen.

10. September 1943. In Smolensk haben wir längeren Aufenthalt. Die Fahrt wird fortgesetzt, als es schon richtig hell ist. Kurz vor 10 Uhr sind wir in Roslawl. Mitarbeiter der Frontleitstelle nehmen uns in Empfang. Ich werde zum Gefechtsstand 5. Panzerdivision eingewiesen, der sich 25 Kilometer südlich Jelnja in Osimoje befinden soll. Mit meinem Urlaubsgepäck begebe ich mich an die alte Poststraße, die von Roslawl über Wjasma nach Moskau führt. Auf ihr muß ich etwa 40 Kilometer bis Jakimowitschi fahren und mich dann an der Desna entlang nach Norden orientieren. Ich stehe noch nicht lange an der Straße, als ein Wagen der 5. Panzerdivision angefahren kommt. Ich habe wieder einmal großes Glück. Es ist ein Lkw, der direkt zum Stab nach Mokroje will. Der Fahrer kennt den Weg und ist bereit, mich mitzunehmen. Ich klettere auf den offenen Wagen, und ab geht die Fahrt. Die Sonne steht hoch am Himmel, und es ist heiß. Durch die anhaltende Trockenheit und den Verkehr ist die Rollbahn in eine erdfarbene Staubwolke gehüllt. Teils sitzend, teils hinter dem Führerhaus stehend, werde ich unterwegs tüchtig durchgeschüttelt. Nach etwa 80 Kilometern Fahrt haben wir endlich den Zielort erreicht. Ich kann kaum noch atmen. Über und über bin ich von dem lehmigen Staub der Rollbahn bedeckt. Meine Nasenlöcher sind durch den Staub verklebt. Der Rachen tut mir schon weh, und die Augen kann ich kaum noch öffnen. Bevor ich überhaupt etwas unternehmen kann, muß ich mich vom Dreck befreien. Zunächst reinige ich die Uniform. Dann besorge ich mir im nächsten Haus einen Eimer, hole mir Wasser und wasche mich. Erst nachdem ich Mund und Nase tüchtig freigepustet habe, geht es mir besser. Ich melde mich auf dem Divisionsgeschäftszimmer und frage nach dem Standort des Feldersatzbataillon. Ich bin nicht wenig überrascht, als man mir eröffnet, daß ich den Weg hierher hätte vermeiden können. Das Feldersatzbataillon ist vor wenigen Tagen in die Nähe der Stadt Roslawl verlegt worden und befindet sich in Sednewo. Ich muß also den gesamten Weg, den ich bis hierher zurückgelegt habe, wieder zurückfahren. Ich erfahre auch, daß Generalmajor Ernst-Felix Faeckenstedt nicht mehr Kommandeur der Division ist. Da ich beim Divisionsstab die Gelegenheit habe, frage ich auch gleich, welchen Weg es gibt, um am elegantesten vom Feldersatzbataillon loszukommen. Auskunft des Feldwebels: „Kein Problem!" Einfachster und schnellster Weg sei die Bewerbung als Kriegsoffizier (KOB). Ich bitte ihn, eine derartige Bewerbung aufzusetzen, die ich dann sofort unterschreibe. Sie ist dann auch gleich an der richtigen Stelle der Division.

Eine Fahrgelegenheit zurück gibt es heute nicht mehr. Ich lasse mich verpflegen und marschiere bis Strjana, damit ich näher an der Rollbahn nach Roslawl bin. Für die hereinbrechende Nacht suche ich mir einen Unterschlupf bei der Infanterie. Da die wenigen Häuser belegt sind, finde ich einen Schlafplatz bei den Pferden im Stall. Hier ist es warm, und Stroh ist genug vorhanden. Von der langen Fahrt ermüdet, schlafe ich bald ein.

11. September 1943. Gut ausgeruht, werde ich durch die Kühle des Morgens aufgeweckt. Ich mache mich frisch und lasse mir an der Küche Kaffee geben. Mit einem Pferdegespann fahre ich nach Cholmez zur Rollbahn. Nach kurzer Wartezeit werde ich von einem Lkw aufgenommen. Dann geht es in flotter und staubiger Fahrt den ganzen Weg zurück, den ich gestern gekommen bin. Gegen 11 Uhr bin ich in Roslawl und eine Stunde später beim Feldersatzbataillon in Sednewo.

Wie es sich gehört, melde ich mich sofort auf der Schreibstube. Danach kann ich an der Feldküche Mittagessen empfangen und mir einen Platz in den Quartieren aussuchen. Ich wähle das Haus, wo meine Freunde Josef Polotzek und Horst Kruszik untergebracht sind. Josef Polotzek ist ziemlich aufgeregt, denn er darf in Urlaub fahren. Er wartet auch nur noch auf die Platzkarte. Abends sitzen wir lange zusammen. Ich berichte von meinem Urlaub, und er berichtet mir von den Ereignissen in der Division. Vor allen Dingen erzählt er von unserer ehemaligen 5. Kompanie im Panzergrenadierregiment 14. Nach meinem Urlaubsantritt ist sie wiederholt in schwere Kämpfe verwickelt worden und hat erhebliche Verluste gehabt. Am 15. August bei Latyschi, am 23.–25. August bei Muschikowo, am 30. August bei Iwanowka und am 7. September bei Klin, zirka 25 Kilometer südlich Jelnja. Insgesamt mußte die Front im Mittelabschnitt durch den starken Druck des Feindes ein ganz erhebliches Stück nach Westen zurückgenommen werden.

12. September 1943. Schnell habe ich mich wieder an den üblichen Kompaniedienst beim Feldersatzbataillon gewöhnt. Praktisch ist immer noch nur Stammpersonal anwesend. Der glücklichste unter uns ist heute der Urlauber Josef Polotzek. Er hat seine Platzkarte bekommen und ist derart aufgeregt, daß er nicht seine sieben Sachen zusammenbringt, die er mitnehmen will. Ich helfe ihm beim Einpacken und bringe ihn zu dem schon wartenden Fahrzeug. Ein kurzer Abschied, und er ist weg. Danach werde ich zur Aushilfe in die Schreibstube gerufen. Ich muß dienstliche Post erledigen.

14. September 1943. Heute ist ein neues Tagesprogramm vorgesehen. Für die Küche soll ein Kartoffelvorrat angelegt werden. Die dafür vorgesehenen Knollen müssen aber erst noch geerntet werden. Dazu wird ein Kommando zusammengestellt, dem neben mir mehrere Soldaten angehören. Wir haben den Auftrag, mit einem Lkw bis dicht hinter die HKL zu fahren, dort Kartoffeln zu ernten und soviel wie nur möglich mitzubringen. Wir machen uns sofort fertig, und ab geht die Fahrt. Nach etwa 30 Kilometern erreichen wir das beschriebene Dorf, und gleich hinter dem Dorf finden wir die Kartoffelfelder. Es ist für unsere Verhältnisse in Deutschland ein unvorstellbar großer Acker. Fraglich ist auch, ob diese Riesenfelder jemals vor dem Winter abgeerntet werden können. Das Land ist flach wie eine Tischplatte und so weit das Auge sehen kann, nur mit Kartoffeln bestellt. Dort, wo das Kraut am stärksten abgestorben ist, machen wir uns an die Arbeit. Das Wetter ist ideal. Die ausgegrabenen Knollen lassen wir in einer breiten Reihe auf der Erde liegen, damit sie abtrocknen. Nachdem wir ein ganzes Stück Land abgeerntet haben, beginnen wir mit dem Aufladen. Wir müssen sie mit Eimern und Körben direkt auf den Wagen schütten, denn Säcke haben wir nicht zur Verfügung. Gegen 15 Uhr fahren wir zur Kompanie zurück. Unser Koch und der Spieß sind nicht wenig erstaunt über die Menge, die wir mitgebracht haben. Die beiden machen sich Gedanken, wo die Kartoffeln bleiben sollen, denn unvermutet ist für morgen eine Verlegung des Bataillons vorgesehen.

15. September 1943. Nach dem Kaffee packen wir unsere Sachen zusammen und beladen die Fahrzeuge. Dabei gibt es einige Schwierigkeiten mit dem Platz, weil auf dem größten Fahrzeug die Kartoffeln so viel Platz beanspruchen. Wir wollen die Knollen aber auf keinen Fall zurücklassen. Dann wäre unsere anstrengende Arbeit auf dem Feld umsonst gewesen. Mit Brettern teilen wir den Lkw kistenähnlich ab und schaufeln die Kartoffeln in die so entstandenen Fächer. Dann bringen wir das übrige Gerät unter. Als wir zur Abreise fertig sind, wird der Marschbefehl zurückgenommen. Alle Hetze und Aufregung war umsonst. Wir laden persönliches Gepäck sowie die Schreibstubenkiste wieder ab und richten unsere Quartiere zum Verbleiben ein.

16. September 1943. Heute morgen erfahre ich, daß die Division vor einigen Tagen aus dem Abschnitt südlich Jelnja herausgezogen und an der Desna bei Woronowo eingesetzt worden ist. Hier hat der Russe die deutsche Hauptkampflinie angegriffen und bei der 321. Infanteriedivision einen tiefen Einbruch erzielt. Die feindlichen Panzerspitzen sind bis über die Desna vorgestoßen und haben die Bahn Roslawl–Brjansk erreicht. Neuer Divisionskommandeur ist seit heute Oberst Karl Decker. Wir bleiben noch in Sednewo, müssen aber auf Abruf sofort abmarschbereit sein.

17. September 1943. Wir machen uns fertig zum jederzeit möglichen Stellungswechsel. Das heißt, wir sind auf Abruf bereit. Wir warten nur noch auf den Abmarschbefehl. Doch der Tag geht vorüber, und es ist nichts geschehen. Wir bleiben in Sednewo und beziehen die alten Quartiere.

18. September 1943. Bereits um 5 Uhr werden wir geweckt. Eine Stunde später sitzen wir auf den Fahrzeugen und verlassen Sednewo. Wir fahren auf die alte Poststraße, die von Roslawl nach Südwesten führt. Auf dieser Straße bewegt sich inzwischen die gesamte 5. Panzerdivision, die in einen anderen Kampfraum verlegt wird. Während der Fahrt haben wir wunderbares Spätsommerwetter. Wegen Platzmangels auf dem hinteren Teil des Lkw habe ich mir auf dem Führerhaus einen Sitzplatz eingerichtet und bin gleichzeitig Fliegerbeobachtungsposten. Unterwegs werden wir von vielen Divisionseinheiten überholt. Mit jedem Kilometer Fahrt nach Westen glaubt man, den Krieg hinter sich zu lassen. Doch der Eindruck täuscht. Die Eile der Kolonne unterwegs läßt vielmehr die Vermutung zu, daß es irgendwo brennt und der Einsatz der Division dringend ist. Die anderen Fahrzeuge des Feldersatzbataillons sind uns weit voraus. Mit unserem alten Karren können wir das allgemeine Marschtempo nicht einhalten. Der Motor unseres Ford ist nicht in Ordnung und streikt mehrmals. Dann müssen wir anhalten und nachschauen. Der Fahrer, Willi Buseke, schimpft zwar jedesmal wie ein Rohrspatz, bringt die Kiste aber immer wieder zum Laufen. Kurz vor dem Sonnenuntergang erreichen wir den größeren Ort Kritschew und suchen uns hier ein Quartier. Dabei treffe ich auf Kameraden meiner früheren 5. Kompanie. Ich sitze mit den alten Kameraden zusammen und tausche Erlebnisse aus. Wie sie berichten, ist von meinen Freunden der Kampfstaffel in der 5. Kompanie niemand mehr vorhanden. Sie sind bei den schweren Kämpfen gefallen oder verwundet worden. Oberleutnant Rein ist schon lange nicht mehr Kompaniechef, sondern wurde zum Regimentsstab versetzt, da sein einziger Bruder in Rußland gefallen ist. Leutnant Lohmann ist verwundet, ebenso Leutnant Woynar, der nur kurze Zeit bei der Kompanie war. Die Kompanie wird von Leutnant Winkler geführt.

19. September 1943. Alle Einheiten unserer Division, die für die Nacht hier untergezogen sind, machen sich fertig zur Weiterfahrt. Auch wir vom Feldersatzbataillon sollen die Fahrt fortsetzen. Doch der Motor unseres Wagens streikt. Ich werde beauftragt, mit dem Fahrer bei dem Wagen zu bleiben und alles zu versuchen, den Motor zum Laufen zu bringen. Auf keinen Fall soll der Wagen mit der wertvollen Kartoffelfracht stehenbleiben. Willi Buseke und ich machen uns sofort an die Arbeit. Wir bauen das schadhafte Getriebe aus. Wir finden zwar die Ursache, können den Schaden aber nicht beheben, weil uns das erforderliche Ersatzteil fehlt. Ans ständige Improvisieren gewöhnt, gelingt es uns trotzdem, den Motor zum Laufen zu bringen. Wir haben noch etwas Zeit, bis wir zum Ablaufpunkt vorziehen und uns auf der Rollbahn in die allgemeine Fahrzeugkolonne einordnen. Dann wird die Fahrt fortgesetzt. Langsam und vorsichtig fahrend, kommen wir weiter. Unterwegs haben wir keine reine Freude. Immer wieder müssen wir anhalten, um dem Getriebe auf „die Sprünge zu helfen“. Längst ist kein Divisionsfahrzeug mehr zu sehen. Nur fremde Fahrzeuge fahren an uns vorbei, deren Insassen uns mitleidig und mit Staunen betrachten, doch nicht helfen können. Am späten Nachmittag ziehen wir in einem Dorf unter. Wir sind Selbstversorger und wissen uns zu helfen. Hühner bekommen wir gegen Kartoffeln. Wir fangen an zu brutzeln und essen danach.

20. September 1943. Wir sind heute morgen nur wenige Kilometer gefahren, dann kommen wir nicht mehr weiter. Die Karre bleibt einfach auf baumloser, freier Strecke stehen. Rundum sind Wiesen und Felder, und noch ist kein Dorf in Sicht. Der Motor macht uns großen Kummer. Fast sind wir mit unserem Latein am Ende. Wir halten Fahrzeuge anderer Divisionseinheiten an und hoffen auf Unterstützung. Doch alle sind in Eile und haben ihre eigenen Probleme. Schließlich kommt ein schwerer Lkw unseres Artillerieregiments – ein Nachzügler – vorüber. Wir halten ihn an. Der erbarmt sich unser und schleppt uns bis in das nächste Dorf. Hier bauen wir erneut das Getriebe aus, müssen aber einsehen, daß wir ohne Ersatzteil kaum noch etwas bewerkstelligen können. Wir sind schon froh, daß wir genug Treibstoff haben. Aus diesem Grunde müßten wir den Wagen nicht stehenlassen. Deshalb basteln wir noch einmal an einem Ersatzteil herum und bauen es verändert ein. Danach essen wir etwas. Wir wollen nicht so leicht aufgeben.

21. September 1943. Nachdem wir gestern nicht weit gekommen sind, probieren wir es heute noch einmal. Wenn es nicht klappen sollte, wollen wir die Karre endgültig stehenlassen. Eines aber steht fest: Falls wir unsere Entscheidung immer weiter hinausschieben, kann es passieren, daß wir den Anschluß an die Division endgültig verlieren. Wie sollen wir dann das Feldersatzbataillon finden? Karten stehen uns als Fahrer eines Einzelfahrzeugs nicht zur Verfügung. Die Bevölkerung würde sich über die vielen Kartoffeln riesig freuen! Nur kurz essen wir etwas, dann lassen wir den Motor an und fahren auf die Rollbahn. Ohne viel zu schalten, rollen wir langsam über die Straße. Dieser letzte Versuch bringt uns noch einige Dörfer weiter, doch dann kommt plötzlich das vermeintlich endgültige „Aus". Wir stehen vor einem Ortseingang. Ich zögere nicht lange und gehe in das Dorf hinein, um Hilfe zu suchen. Wie so oft, steht mir auch dieses Mal das Glück zur Seite. Ich bin noch nicht weit in den Ort gegangen, da erkenne ich schon Fahrzeuge der alten 5. Kompanie. Dann kann der Instandsetzungstrupp mit Unteroffizier Jupp Bruckmüller nicht mehr weit sein. Ich finde ihn am I-Trupp-Wagen und schildere unsere Schwierigkeiten. Ein Lächeln huscht über sein Gesicht. Das kenne ich zu gut, das bedeutet Hilfe. Mit Gerhard Sobotta, seiner „rechten Hand" und unverwüstlichem Helfer, wird der Getriebeschaden eindeutig festgestellt. Dieser Schaden wird mit vereinten Kräften am Nachmittag behoben. Das Getriebe schaltet wieder einwandfrei. Der Wagen kann fahren. Willi Buseke und ich sind überglücklich und bedanken uns herzlich. Wir spenden Kartoffeln für das Abendessen. Nach der Arbeit sitzen wir noch lange mit den alten Kameraden zusammen und erzählen. In dieser Umgebung habe ich keine Eile mehr. Wir bleiben bei den Kameraden der 5. Kompanie und feiern bis in die Nacht hinein im Quartier von Erwin Sabellek ein freudiges Wiedersehen.

22. September 1943. Nach erholsamen Schlaf bin ich sehr früh aufgestanden. Ich mache mich frisch und wecke Willi Buseke. Wir fahren zur Rollbahn und ordnen uns in die Fahrzeugkolonne ein. Für uns kommt es darauf an, das Feldersatzbataillon zu finden. Wir fahren an Tscherikow vorbei und folgen anderen Divisionsfahrzeugen. Dann verlassen wir die alte Poststraße hinter Propoisk und steuern in genau südliche Richtung. Kreuz und quer geht es durch viele Ortschaften, ohne eine Spur des Feldersatzbataillon zu entdecken. Ein Glück für uns, daß das Wetter noch mitspielt. Es ist immer noch sonnig und schön. Sonst wären wir mit Sicherheit aus manchen Dörfern nie wieder herausgekommen. Die durchfahrene Gegend ist voller Seen, Sümpfe und Bäche. Wir übernachten in einem sauberen Ort.

23. September 1943. Weiter geht unsere Suche nach dem Feldersatzbataillon. Wir fahren auf die große Rollbahn zurück. Nur ganz selten sehen wir noch ein Fahrzeug der eigenen Division. Nachdem wir noch einige Kilometer auf der alten Poststraße gefahren sind, treffen wir auf der Höhe von Dowsk an der Straßenkreuzung das erste Hinweisschild der Division. Wir verlassen die alte Poststraße Warschau–Moskau und fahren nach

Süden. Wir befinden uns jetzt auf der Rollbahn Richtung Gomel. In einem kleinen Ort, nördlich Gomel, dessen Namen ich nicht erfahren kann, unterbrechen wir die Fahrt zum Übernachten. Es wird schon dunkel, als wir uns ein Quartier suchen

24. September 1943. Nach einer Strecke von etwa 25 Kilometern entdecken wir endlich ein Hinweisschild des Feldersatzbataillons. Wir befinden uns in Krasnogorski und sind endlich bei der Kompanie gelandet. Als wir uns beim Spieß zurückmelden, schaut er uns wie fremde Wesen an. Mit uns hat er sicherlich nicht mehr gerechnet. Seine erste Frage gilt dem Lkw. Als er hört, daß der Wagen wieder einwandfrei läuft und mit voller Ladung vor der Tür steht, entringt sich doch ein tiefer Seufzer seiner Brust. Wir empfangen warmes Essen und die doppelte Portion kalte Verpflegung. Wir beziehen im Kompaniebereich Quartier und richten uns ein für die Nacht. Ich schreibe noch schnell einen Brief an meine neue Freundin aus Königsberg, damit sie erfahren kann, daß ich wieder in Rußland gelandet bin. Wir selbst haben seit unserem Aufenthalt in Sednewo noch keine Post empfangen und warten sehr darauf. Auf der ganzen Strecke unterwegs hatten wir sowieso keine Verbindung zum Bataillon, wo eventuell hätte Post eingehen können. Das wird sich hoffentlich bald ändern.

25. September 1943. In den gestrigen späten Abendstunden sind wir doch noch zur Weiterfahrt aufgebrochen. Bei völliger Dunkelheit haben wir die Stadt Gomel durchquert. Unheimlich, weil kein Mensch auf den Straßen zu sehen war, auch keine deutsche Militärstreife. In der Stadt sind wir nach Westen abgebogen und fahren nun auf der Rollbahn an Retschiza vorbei. Wir kommen über die große Dnjeprbrücke südlich der Stadt. Wenige Kilometer hinter der Brücke verlassen wir die Rollbahn und biegen nach Süden ein. In einem sauberen Dorf ziehen wir vorläufig unter.

Das Feldersatzbataillon muß Platz machen. Wir laden unser Gepäck auf die Fahrzeuge und verlegen weiter nach Süden. Etwa zwölf Kilometer sind wir noch gefahren, dann haben wir den kleinen Ort Krasnopolje erreicht. Hier werden wir zunächst bleiben. Es ist ein schön gelegener Ort am diesseits hohen Ufer des mächtigen Stroms Dnjepr. Und man glaubt sich ins Schlaraffenland versetzt. Alle Bewohner haben Rinder und Schweine, teilweise Schafe, Hühner und Gänse in so großer Zahl, daß man sie nicht zählen kann. Unser Hauswirt besitzt allein 30 Gänse. Und er ist damit noch auf der bescheidenen Seite der Besitzer. Wir richten unser Quartier ein und machen dann den üblichen Kompaniedienst: Wasser holen, Holz besorgen, Kartoffeln schälen und nachts Wache stehen. Wir sind in der Kompanie gerade so viele Soldaten, daß wir zwei Wachgruppen bilden können. Bei dieser Einteilung hat man einen Tag Wache und den nächsten Tag frei. Wegen der tagelangen Reise erhalten wir heute doppelte Portionen Kaltverpflegung, dazu Schokolade und pro Kopf eine Flasche Sekt, außerdem noch mit zwei Mann eine Flasche Schnaps. Natürlich wird an diesem Abend gefeiert. Bereits zum Abendessen herrscht ausgelassene Stimmung.

26. September 1943. Es ist Sonntag. Unser Dienst ist schnell beendet. Ich helfe ein wenig in der Schreibstube. Bei dieser Gelegenheit spreche ich mit dem Hauptfeldwebel über meine Versetzung. Der Spieß ist der Meinung, daß das Feldersatzbataillon sowieso ganz aufgelöst wird, und die gesamte Mannschaft zu anderen Einheiten kommen wird. Seit mehreren Tagen, bedingt durch den Stellungswechsel, ist keine Feldpost eingegangen. Dadurch entfällt das Beantworten von Briefen. Ich schreibe trotzdem ausführlich meinen Eltern und bereite sie schonend darauf vor, daß sie wieder mit meiner Versetzung und mit einer neuen Feldpostnummer rechnen müssen. Ich berichte ihnen auch von dem schönen Ort hier am westlichen Dnjeprufer, der hoch über dem dahinfließenden, gewaltigen Strom liegt.

28. September 1943. Nach drei Tagen Aufenthalt in diesem wunderbaren Dorf am Dnjepr kann man sagen, daß wir uns bestens eingelebt haben. Hier gibt es zum Leben alles, was das Herz begehrt. Neben unserem üblichen Dienst für die Küche und die Schreibstube leben wir fast wie die Fürsten. Wir gehen deshalb nicht mehr so regelmäßig zur Feldküche, obwohl wir wissen, daß unser Koch ein Meister seines Faches ist und sich immer große Mühe macht. Wir wollen ihn durch unser Fernbleiben auch nicht verärgern. Aber wir können unsere eigenen Vorräte kaum bewältigen. Die russische Bevölkerung hier leidet ebenfalls keine Not. Sie bieten uns immer wieder Geflügel und auch Schweine zum Schlachten an. Unser Hauswirt, ein älterer Russe, ist um unser aller leibliches Wohl ständig besorgt. Es vergeht kein Abendessen ohne Bratkartoffeln und zusätzliches Fleisch. Der letzte Schrei sind Kartoffelpuffer, die wir in Schweineschmalz braten. Ich spreche wieder mit dem Hauptfeldwebel wegen meiner Versetzung. Er ist der Auffassung, daß es damit ganz schnell gehen könnte, weil er glaubt, daß das gesamte Feldersatzbataillon aufgelöst wird.

29. September 1943. Man kann sagen, daß wir uns richtig eingewöhnt haben, und zur Bevölkerung ein recht gutes Verhältnis besteht. Wenn wir etwas haben wollen, brauchen wir es nur zu sagen. Unser russischer Hauswirt besorgt alles. Am Nachmittag haben wir ein Ferkel erstanden, das wir als Spanferkel zubereiten wollen. Es wird geschlachtet und knusprig braun gebraten. Wir sind acht Soldaten im Quartier und haben das Ferkel bis auf einen kleinen Rest aufgegessen. Es hat uns gut geschmeckt, doch die verzehrte Menge und das junge Fleisch bleiben nicht ohne Wirkung. Im Laufe der Nacht gerät das Haus in Bewegung. Aus dem Schlaf heraus, rennt einer nach dem anderen nach draußen. Alle haben dasselbe Ziel, die Latrine. Das verspeiste Ferkel hat einen „durchschlagenden" Erfolg zu verzeichnen. Der am Vortag ausgeteilte Kräuterschnaps kam zur rechten Zeit. Er wird als Medizin eingesetzt und verfehlt seine Wirkung nicht. Er normalisiert die Darmtätigkeit wieder. Den Rest des Schweins überlassen wir dem Hauswirt. Auch das Kalbfleisch, das wir noch hatten, haben wir ihm gegeben. Er bedankt sich und macht uns klar, daß er sich revanchieren wird. Wir lassen uns überraschen. Abends noch kommt endlich die langerwartete erste Post. Ich freue mich ganz besonders über den ersten Brief meiner Urlaubsbekanntschaft aus Königsberg. Sie schreibt mir einen sehr netten Brief über ihre Reise nach Ostpreußen und hofft, daß ich ihren Brief auch beantworte. Sonst kommt die Post noch sehr spärlich. Von meinen Eltern habe ich noch nichts wieder gehört. Es muß sich erst wieder alles einspielen nach unserer Verlegung hierher.

30. September 1943. Seit wir aus dem Raume Roslawl verlegt worden sind, haben wir nur wenig Post erhalten. Die Umleitung der Post in den neuen Einsatzraum nimmt Zeit in Anspruch, und wir müssen warten, bis es soweit ist. Wir machen den üblichen Dienst, der in kurzer Zeit erledigt ist. Danach haben wir Freizeit. Ich spaziere mit einem Kameraden zum Dnjeprufer, das auf dieser Seite hoch über dem Flußbett liegt. Auf dem Steilufer stehend, hat man einen herrlichen Blick über den Strom und das jenseitige Ufer hinweg. In einem breiten Bett fließt der Dnjepr träge dahin. Das jenseitige Ufer ist nicht genau auszumachen, weil es flach ist und das Wasser bis in den Wald hineinreicht. Drüben ist kein Dorf zu sehen, nur Wasser und Wald. Auf dieser Seite reiht sich dagegen ein Dorf an das andere. Wir sind nicht weit von unserem Quartier entfernt. In wenigen Minuten sind wir wieder in der Unterkunft zurück. Zwischenzeitlich hat unser russischer Hauswirt – von uns unbemerkt – einen jungen Hammel geschlachtet und spendiert uns davon die beiden Keulen. Wir verwahren sie bis zum Abend, denn wir müssen mittags an der Küche Essen empfangen, wollen wir nicht unseren Koch verärgern. Mit Unterstützung des Alten besorge ich einige Häuser weiter einen riesigen Kopf Weißkohl, der das Abendessen abrunden soll. Zur kalten Verpflegung erhalten wir am Abend aus Marketenderbeständen pro Kopf (!) zwei Flaschen Schnaps und zwei Flaschen Sekt. Das soll wohl ein gemütlicher Abend werden. Ich muß mich zurückhalten, denn ich muß Wache stehen.

3. Oktober 1943. Es ist Sonntag. Die Tage fliegen nur so dahin. Hier beim Feldersatzbataillon gibt es nichts Neues. Wir leben gut und hören von den Ereignissen an der Front sehr wenig. Morgens beim Antreten werde ich einem Kommando zugeteilt, das eingetroffenen Ersatz zu den Panzergrenadieren begleiten soll. Auch aus unserem Stammpersonal werden einige abgestellt. Ich freue mich auf dieses Unternehmen, denn ich kann mir die Umgebung ansehen und treffe unterwegs vielleicht auch Freunde. Nach dem Kaffee machen wir uns fertig und fahren mit zwei Fahrzeugen los. Unser Dorf haben wir bald hinter uns. Dann sind wir im freien Gelände. Die ganze Gegend, wohin man schaut, besteht nur aus Sand. In einer tollen Fahrt über nicht enden wollende Feldwege – nur selten ein Dorf berührend – erreichen wir den Divisionsgefechtsstand. Von hier werden wir zum Panzergrenadierregiment 14 weitergeleitet. Beim Regimentsgefechtsstand setzen wir den Ersatz ab. Ich frage nach meinem Freund Helmut Wenzel, der aber nicht zu erreichen ist. Bei den Nachrichtenleuten erfahre ich, daß das II. Bataillon bei Kolyban und Koporinka eingesetzt ist. Hauptmann Kraus führt das Bataillon. Danach fahren wir bis zum Divisionsgefechtsstand zurück, der in Sawitschi liegt. Hier übernachten wir.

4. Oktober 1943. Sehr früh sind wir aufgestanden. Wir machen uns fertig und starten zur Rückfahrt. Zunächst fahren wir auf einer befestigten Straße nach Norden bis Bragin, dann biegen wir aber nach Nordosten ein. Nach einer wilden Fahrt über sandige Feldwege sind wir nachmittags wieder in unserem Dorf am Dnjepr. Hier hat sich inzwischen nichts Neues ergeben. Wir säubern uns vom Staub, reinigen die Waffen und berichten von unserem Einsatz.

5. Oktober 1943. Pünktlich sind wir zum Frühappell angetreten. Der Hauptfeldwebel erklärt uns, daß wir mit dem bisherigen Dienst nicht ausgelastet sind. Als ob wir das nicht selbst wüßten. Der Vormittag müsse sinnvoller ausgefüllt werden. Nur wie? Ab sofort wird daher Exerzieren auf dem Dienstplan stehen. Nur Kranke sollen für die Küche tätig werden. Solange das schöne Wetter anhält, wird uns der neue Dienst nichts anhaben. Es ist trocken bei angenehmen Temperaturen. Auf dem sandigen Boden kann man sich kaum schmutzig machen. Es bleibt abzuwarten, wie lange der Dienstplan gelten soll. Der nächste Stellungswechsel kommt bestimmt. Denn wir haben erfahren, daß die Russen nördlich der Pripjetmündung mit starken Kräften den Dnjepr überwunden haben. Teile unserer Division konnten den Einbruch zunächst stoppen, die Bildung eines Brückenkopfes diesseits des Stroms jedoch nicht verhindern. Die 2. Panzerdivision ist zur Unterstützung eingetroffen. Ihre Fahrzeuge sehen wir auf der Straße, die am Dnjepr entlang führt.

6. Oktober 1943. Wir machen Dienst nach Plan. Die erste Stunde wird exerziert. Das finden wir total idiotisch, weil wir nicht zur Parade ausgebildet sein müssen, sondern um im Feindesland mit der Waffe umzugehen. Alles andere ist dummes Zeug und wird nicht gebraucht. Nach Dienstschluß freuen wir uns über die Post aus der Heimat, die endlich eingetroffen ist. Ich bekomme zwei Briefe von zu Hause, die am 22. und 25. September aufgegeben worden sind. An unserer Verpflegung hat sich nichts geändert. Wir bekommen ausgezeichnetes Essen und haben zusätzlich abends Fleisch und Eier zur Verfügung. Bei einer freundlichen Russin in einem abseits stehenden Haus tausche ich neuerdings Brot gegen frische Möhren, die ich dann roh esse.

9. Oktober 1943. Bei wunderbarem Wetter verbringen wir den Vormittag im Gelände. Wir üben Schießen auf Brustscheiben. Dieser Dienst ist jedem begreiflich zu machen und wird ohne Murren ausgeführt. Nach dem Mittagessen wird bekannt, daß wir uns auf den nächsten Stellungswechsel vorbereiten sollen. Die persönlichen Dinge haben wir schnell zusammengepackt. Ich werde zur Schreibstube gerufen, um zu helfen. Die Verlegung ist amtlich. Wir verlassen das „Schlaraffenland“. Es tut uns leid, daß wir von hier fortgehen, denn was uns nun erwartet, wissen wir nicht.

10. Oktober 1943. Um 6 Uhr werden wir geweckt. Bereits um 7 Uhr liegt der Marschbefehl vor. Die Kisten der Schreibstube und Gepäck sind schnell verladen. Unser stets fürsorglicher Alter ahnt nichts Gutes, als er das eifrige Treiben und das Beladen des Lkw sieht. Besorgt zieht er mich beiseite und fragt, ob „alle Germanskis fort". Ich verneine zunächst seine bange Frage und will ihm Mut machen. Er äußert seine Angst mit dem Satz: „Russki soldat nix gutt" – immerhin meint er seine eigenen Landsleute – und behält seine Skepsis bei. Ich entgegne ihm, daß es doch seine Landsleute sind, die nach uns kommen und er darüber doch froh sein müßte. Dazu macht er eine unzweideutige Handbewegung (mit einem Messer) zum Hals hin und tut so, als zielte er mit einer Pistole. Er weiß mehr, als er mir gegenüber zu erkennen gibt. Dann verabschiede ich mich von ihm. Keines weiteren Wortes fähig, steht der alte Mann mit Tränen in den Augen kopfschüttelnd an seinem Hoftor, als wir die Fahrzeuge besteigen und ihn in seiner schönen Heimat am großen Strom zurücklassen. Wir haben das Dorf längst hinter uns, da sehen wir ihn immer noch am Gartenzaun stehen. Er tut mir sehr leid. Über sandige Wege und durch tiefe Kiefernwälder fahren wir nach Süden. In der Nähe des Divisionsgefechtsstandes ist unsere Reise zu Ende. Wir ziehen im Wald unter, schlagen die Zelte auf und beginnen sofort mit dem Bunkerbau. Wir müssen damit rechnen, daß das schöne Wetter jeden Tag zu Ende gehen kann. Dann wollen wir eine feste Behausung haben. Was wir befürchtet haben, trifft hier zu: Kein Schlaraffenland mit Selbstversorgung und allabendlicher Zusatzverpflegung.

13. Oktober 1943. Wir liegen noch in Zelten. Der Bunkerbau beschränkt sich zunächst auf die für die Schreibstube und den Kompanieführer. Als beide Unterkünfte dann fertig sind, können wir mit dem Bau unserer eigenen Bunker beginnen. Wir müssen uns beeilen, denn der Wind hat gedreht, und es ist spürbar kühler geworden. Noch scheint die Sonne, aber das kann sich hier im Land schnell ändern. Im vergangenen Jahr hatten wir um diese Zeit bereits Kälte und Schnee. Durch den Bunkerbau wird jeder andere Dienst zurückgestellt. Nachts müssen verstärkte Wachen aufziehen. Die Umgebung wird auch hier von Partisanen unsicher gemacht.

15. Oktober 1943. Wir haben es geschafft! Unser Bunker ist bezugsfertig. Ganz schnell holen wir noch trockenes Stroh vom Feld und stopfen damit unsere Strohsäcke für die Pritschen. Wir sind gerade im richtigen Augenblick fertiggeworden. Dann beginnt der Regen. Während wir die Zelte abbauen und die letzten Decken in den Bunker schaffen, gießt es in Strömen vom Himmel herunter. In punkto Verpflegung sind wir ganz auf unsere Küche und die dort empfangenen Portionen angewiesen. Die eigenen Vorräte aus dem Dorf am Strom sind so gut wie aufgebraucht.

17. Oktober 1943. Ein Sonntag. Heute will ich mich vor allen Dingen gründlich waschen. Seit wir im Wald liegen, bin ich noch nicht dazu gekommen. In dem völlig zerschossenen Dorf am Waldrand gibt es nur einen Brunnen. Der ist sehr tief, hat aber nur wenig Wasser, das gerade für unsere Küche ausreicht. Für die Körperpflege müssen wir Zeltbahnen aufspannen und das Regenwasser auffangen, das in einer alten Wanne gesammelt wird. Nach der Morgentoilette helfen wir an der Küche. Der Nachmittag ist frei. Ich schaue mir das zerstörte Dorf etwas näher an. Dabei entdecke ich eine Herdplatte, die wir gut zum Bau eines Bunkerofens verwenden könnten. Ziegelsteine sind auch vorhanden. Der Herd ist bald fertig. Wegen des Regenwetters beginnen wir, Lattenroste zu bauen, um in dem nassen Sand noch vorwärtszukommen. Einige Kameraden haben erste Läuse festgestellt. Ich habe noch keine entdecken können. Darüber bin ich froh und werde aufpassen.

18. Oktober 1943. Beim Dienst an der Küche sind wir sehr naß geworden. Es regnet immerzu. Damit wir uns trocknen können, müssen wir den Eigenbauherd anfeuern und ausprobieren. Zuerst qualmt er fürchterlich, doch nachdem der Rauchabzug einmal richtig durchgezogen hat, brennt er gut. Die Kochplatte wird sehr schnell heiß, und die um die Feuerstelle herum befindlichen Ziegel geben die gespeicherte Wärme noch lange hinterher ab. Vor kalten Nächten brauchen wir uns nicht zu fürchten. Wir müssen genügend trockenes Holz besorgen und lagern. Platz genug ist unter den Pritschen.

Nicht weit von unserem Lager liegen Teile des Divisionsstabes und der Nachrichtenabteilung. Ab heute müssen wir dort die Nachtwache mit übernehmen. Ich bin dieser Wachgruppe zugeteilt. Darüber bin ich ganz froh, denn beim Stab ist immer etwas los. Das kenne ich noch von früher. Die große Divisionsfunkstelle ist rund um die Uhr besetzt, und das Wehrmachtradio läuft ständig. Man hört Musik und kann sich unterhalten. Die zwei Stunden Wache vergehen sehr schnell.

21. Oktober 1943. Wie jeden Tag stehen wir auch heute um 6 Uhr auf. Beim Antreten um 7 Uhr sagt mir der Spieß, daß meiner Bewerbung als Kriegsoffizierbewerber entsprochen worden ist und meiner Versetzung nichts mehr im Wege stehen dürfte. Ich bin über diese Mitteilung sehr froh und hoffe, daß ich zu meiner alten Kompanie, der 5., kommen kann. Der Divisionsgefechtsstand hat heute morgen abgebaut und macht Stellungswechsel. Auch für uns trifft das zu. Zunächst mache ich noch Dienst an der Küche. Nach dem Essen packen wir unsere Sachen und bereiten uns auf den Abmarsch vor. Es tut uns sehr leid, daß wir den mühsam errichteten Bunker verlassen müssen. Den gemauerten Herd lassen wir stehen, doch die Herdplatte nehmen wir mit. Sie kann uns später noch gute Dienste leisten.

22. Oktober 1943. Sofort nach dem Frühstück verladen wir Gepäck und Kisten und verlassen den sandigen, doch schönen Kiefernwald. Wir fahren zirka zwei Stunden, dann sind wir auf der großen Rollbahn, die von Retschiza nach Süden führt. Diese Rollbahn ist Versorgungsstraße der Division und muß vor Überfällen durch Partisanen gesichert werden. Wir erreichen ein Dorf, direkt vor einem großen Wald gelegen, in den diese Rollbahn hineinführt. Das Dorf selbst macht einen sauberen Eindruck und hat ansprechende Häuser. Wir beziehen das erste Haus des Dorfes am Waldrand. Für mich ist die Tatsache wichtig, daß sich direkt bei unserem Haus ein Brunnen befindet, der bis zum Rand mit Wasser gefüllt ist. Ein abgeernteter Kartoffelacker ist auch in der Nähe, der bei näherer Betrachtung noch einige Knollen erwarten läßt, die sich noch in der Erde verborgen halten. Der Divisionsgefechtsstand ist gestern nach Nowo Stepanowo umgezogen.

23. Oktober 1943. Es ist Sonntag. Draußen herrscht ein Wetter, wie man es sich für diese Jahreszeit nicht besser wünschen kann: Blauer Himmel und Sonne, die noch wärmt. Da kein besonderer Dienst angeordnet ist, will ich den Vormittag zur Körperpflege und zum Wäschewaschen nutzen. Außerhalb des Gartens zünde ich ein Feuer an und stelle mehrere Gefäße mit Wasser auf. Dann fülle ich noch ein Faß mit kaltem Wasser. Nachdem ich mich gründlich gereinigt und frische Wäsche angezogen habe, wasche ich sofort meine schmutzige Unterwäsche. Danach ist es Zeit, an der Feldküche das Mittagessen zu empfangen. Nach dem Essen schlendere ich durch die nahen Wiesen und genieße den herrlichen Herbsttag. Weit darf ich mich nicht von unserem Quartier entfernen, denn die Umgebung ist bandengefährdet. Darauf verschwende ich jedoch keinen Gedanken, sondern lasse mich von den Bildern beeindrucken, die ich hier sehe. Der Wald zeigt sich in den schönsten Herbstfarben, und die Birkengruppen in den Wiesen davor ergänzen das Ganze zu herrlichen Motiven.

Abends werden wir zu einem Streifendienst eingeteilt, der von 18 Uhr bis morgen früh 6 Uhr gelaufen werden soll. Jede Streife besteht aus vier Mann, die in unregelmäßigen Abständen während der Nacht zum nächsten Stützpunkt laufen muß. Damit sollen Übergriffe der Banden auf die Rollbahn verhindert werden. Tagsüber suchen Spähtrupps den langgestreckten Wald ab, mit dem Ziel, einen Gefangenen einzubringen. Man will Informationen über die Stärke der Partisanen gewinnen.

Beim Feldersatzbataillon am 23. Oktober 1943: Körperpflege und Wäsche in freier Natur

24. Oktober 1943. Um 6 Uhr ist Dienstbeginn. Beim Antreten werden wir in verschiedene Arbeitstrupps eingeteilt, die danach – mit Äxten und Sägen ausgerüstet – zu den Stützpunkten im Wald ausrücken. Die Pioniere haben bereits Blockhäuser und hohe Umzäunungen errichtet, die wir vervollständigen und weiter ausbauen sollen. Um die Stützpunkte herum fällen wir die Bäume, um eine Sicherheitszone zu schaffen. Das gewonnene Holz wird in die Umzäunung gebracht und dort weiterverarbeitet. Wir arbeiten hart den ganzen Tag. Mit hungrigen Mägen marschieren wir am späten Nachmittag in unsere Unterkunft zurück. Wir empfangen warmes Essen sowie die Verpflegung und legen uns bald schlafen, denn während der Nacht müssen wir Wache stehen.

25. Oktober 1943. Die heutige Streife durch den dunklen Wald, der ich angehöre, ist erst nach Mitternacht aufgebrochen. Der Marsch bis zum Stützpunkt und zurück, der teils im Straßengraben, teils aber auch etwas waldeinwärts – möglichst geräuschlos – durchgeführt wird, dauert immerhin gute zwei Stunden. Es ist nichts Besonderes vorgekommen. Nach der Rückkehr legen wir uns sofort zum Schlafen hin. Doch schon bald werden wir aus dem tiefsten Schlaf geweckt. Wir müssen antreten und empfangen ein leichtes MG und die entsprechende Munition. Angeblich ist in dem Wald, auf der anderen Seite der Rollbahn, eine bewaffnete Partisanengruppe gesehen worden. Diese Gruppe sollen wir aufspüren und unschädlich machen. Nach der Einweisung marschieren wir sofort los. Ab Mitte des Dorfes folgen wir einem Weg, der in nordwestlicher Richtung in den Wald hineinführt. Sobald wir den Waldrand erreicht haben, bilden wir eine Schützenkette und dringen in den Wald ein. Es ist wunderbarer Hochwald mit Buchen, alten Eichen und guten Sichtverhältnissen. In einen Hinterhalt zu geraten, ist schwer vorstellbar. Nach etwa einer Stunde hören wir weit voraus erste menschliche Stimmen. Nun sind wir gespannt, doch schon bald stellen wir fest, daß die Stimmen nicht von Partisanen, sondern von Frauen und Kindern stammen, die hier Pilze sammeln. Obwohl die Pilzsammler einen völlig harmlosen Eindruck machen, werden sie einzeln zur Rede gestellt. Wir wollen vor allem wissen, wo sie wohnen, denn unser Dorf an der Straße ist von Zivilbevölkerung frei. Wir folgen ihnen deshalb zu ihren Häusern. Bald erreichen wir ein kleines Dorf, das vollkommen versteckt mitten im Walde liegt. Ein idealer Unterschlupf für Partisanen. Nach Auskunft der Frauen ist hier auch noch nie ein deutscher Soldat gewesen. Wir durchsuchen sorgfältig jedes Haus und jeden Schuppen, ohne ein Versteck entdecken zu können. Verdächtig ist trotzdem, daß nicht ein einziges männliches Wesen unter den Bewohnern anzutreffen ist. Da uns weiteres Suchen im Wald sinnlos erscheint, betrachten wir den Auftrag als erledigt. Wir marschieren über den einzigen Weg, der zur Rollbahn führt, in unser Dorf zurück. Auf der Schreibstube wird mir mitgeteilt, daß ich mich für einen Unterführerlehrgang bereithalten soll, der in den nächsten Tagen hier im Dorf beginnt. Von den Panzergrenadierregimentern sind die Ausbilder für den vorgesehenen Lehrgang bereits eingetroffen.

26. Oktober 1943. Beim Antreten verkündet der Spieß, daß der Dienst wieder nach Dienstplan durchgeführt werden soll. Sämtliche gvH-Männer, die neu im Feldersatzbataillon sind, müssen sich heute beim Arzt zur Nachuntersuchung vorstellen. Ich bleibe davon ausgenommen, weil ich als Kriegsoffizierbewerber feststehe und meine Versetzung bereits beschlossene Sache ist. Ich absolviere den üblichen Dienst an der Küche, und zwar Holz besorgen und Wasser tragen. Danach habe ich genügend Zeit, meine Klamotten nachzusehen, damit sie bei Beginn des Lehrgangs in Ordnung sind. Nachmittags kommen die gvH-Kameraden vom Arzt zurück. Sie machen nicht die glücklichsten Gesichter. Die eigentliche Untersuchung war kurz und schnell beendet. Der Befund steht fest. Ihre Hoffnung, doch in die Heimat zum Ersatztruppenteil zu kommen, werden enttäuscht. Sie erhalten ausnahmslos den Tauglichkeitsgrad „garnisionsverwendungsfähig Feld" (gvF). Sie werden genauso in Rußland bleiben müssen wie ich. Abends werden wir zur Streife an der Rollbahn eingeteilt.

27. Oktober 1943. Wie vom Hauptfeldwebel gestern angekündigt, tritt der neue Dienstplan in Kraft. Beim Antreten wird er laut vorgelesen. Er entspricht genau dem Dienstplan einer Kaserne. Selbst Putz- und Flickstunde ist darin enthalten. Als ob uns das noch erschüttern könnte! Beim nächsten Stellungswechsel ist alles vergessen und alles wieder anders. Und der kommt bestimmt. Das ist so sicher, wie das Amen in der Kirche. Das schöne Herbstwetter ist leider vorbei. Schlagartig hat es sich in der vergangenen Nacht geändert. Es ist plötzlich kalt geworden, und der Himmel ist mit schweren Wolken verhangen. Die Witterung deutet – fast sicher – auf den ersten Schnee hin. Unsere abendliche Selbstversorgung mit Bratkartoffeln wurde eingestellt. Auf den abgeernteten Feldern ist nichts mehr zu holen. Nur Zwiebeln finden wir noch hier und da in den Gärten.

28. Oktober 1943. Heute werde ich zum Unterführerlehrgang abgestellt. Ich nehme das Gewehr sowie mein Handgepäck und marschiere nur ein paar Häuser weiter zum Bataillonsstab. Dort melde ich mich an. Im Laufe des Vormittags treffen weitere Lehrgangsteilnehmer ein. Sie kommen von den verschiedensten Einheiten, vor allem von den Panzergrenadieren. Ich treffe zwei alte Bekannte der 5. Kompanie, den Obergefreiten Erfurt und den Gefreiten Hahn. Von ihnen erfahre ich die Ereignisse der letzten Zeit und höre, daß die Kompanie vorne in einer verhältnismäßig ruhigen Stellung liegen soll.

29. Oktober 1943. Ehe der Lehrgang richtig begonnen hat, ist er für mich schon wieder beendet. Ich werde zurückgerufen. Ich muß meine Sachen packen und mich zum Panzergrenadierregiment 14 in Marsch setzen. Meine Versetzung ist perfekt. Schnell sind meine Sachen zusammengepackt, dann besteige ich ein bereitstehendes Kfz. 15. Es bringt mich zum Regimentsgefechtsstand. Etwa um die Mittagszeit treffe ich dort ein. Ich melde mich beim Adjutanten, der mich dann zum derzeitigen Regimentskommandeur Oberstleutnant Brede führt. Es kommt zu einem offen geführten, unterhaltsamen Gespräch. Zum Schluß der Unterhaltung fragt er mich, ob ich hinsichtlich der Einheit einen besonderen Wunsch hätte. Ich bejahe die Frage und nenne meine frühere 5. Kompanie. Dieser Wunsch wird mir gewährt und damit bin ich entlassen. Das Kfz. 15 bringt mich dann zum Kompanietroß. Hier fühle ich mich sofort wieder „zu Hause". Beim Troß will ich mich gar nicht lange aufhalten, sondern fahre mit dem Versorgungsfahrzeug heute noch in die HKL zur Gefechtskompanie. Es ist stockdunkle Nacht, als wir am Kompaniegefechtsstand eintreffen. Die Kompanie liegt zur Zeit im sogenannten „nassen Dreieck", oberhalb der Pripjetmündung in den Dnjepr, vor dem Ort Kolyban. Ich melde mich bei Leutnant Winkler, der zur Zeit die Kompanie führt. Er weist mich dem Zug von Feldwebel August Hugo zu, wo ich als stellvertretender Gruppenführer der 2. Gruppe zugeteilt werde. Mein Gruppenführer ist der mir seit langer Zeit bekannte Stabsgefreite Alfons Murke, ein in vielen Einsätzen bewährter Kämpfer und vorzüglicher Kamerad. Ich freue mich sehr über das Wiedersehen mit ihm und den übrigen bekannten Kameraden, die ich noch antreffe. Viele meiner besten Freunde fehlen. Sie sind gefallen oder als Verwundete in der Heimat. Besonders freue ich mich, daß ich Karl Schönfeld unter den Anwesenden antreffe, der im vergangenen Jahr zur gleichen Zeit mit mir zur 5. Kompanie gekommen war. Wir unterhalten uns noch lange.

30. Oktober 1943. Der neue Tag hat längst begonnen, als ich mich zum Schlafen niederlege. Ich kann aber nicht einschlafen. Ich muß mich erst wieder an die Grabenatmosphäre gewöhnen. Deshalb stehe ich wieder auf, um mir das eigene Stellungssystem anzuschauen und einzuprägen. Zunächst gehe ich durch den linken Abschnitt. Die Kompanie hält einen durchgehenden Graben besetzt, der stellenweise wegen des hohen Grundwasserspiegels nicht tief genug ist. An vielen Stellen werden noch Kampfstände errichtet und bereits vorhandene ausgebaut. Die Stellung ist ruhig. Nachmittags lege ich mich schlafen, da ich abends mit einem Spähtrupp raus muß. Genau 24 Stunden bin ich in der Hauptkampflinie. Mir kommt es vor, als sei ich nie weg gewesen. Das kameradschaftliche Verhalten unter den Grabenkämpfern und ihre absolute Zuverlässigkeit stehen über den Gefahren, denen man hier ausgesetzt ist. Meine innere Ruhe und Gelassenheit kehrt wieder zurück. Deshalb will ich die vier Monate Aufenthalt beim Feldersatzbataillon schnell vergessen. Unter Führung von Feldwebel August Hugo gehen wir gegen 21.30 Uhr mit vier Mann auf Spähtrupp. Der Auftrag lautet, den möglichst genauen Verlauf der russischen Stellung zu erkunden. Bis auf Hörweite schleichen wir uns an den feindlichen Graben heran. Insgesamt zwei Stunden sind wir unterwegs, dann kehren wir in den eigenen Graben zurück.

31. Oktober 1943. Vom Spähtrupp zurück, lege ich mich schlafen. Bei Tagesanbruch bin ich auf den Beinen. Ich gehe durch den rechten Kompanieabschnitt bis zu unserem Nachbarn, der 6. Kompanie, die von Leutnant Franz Klösel geführt wird. Im Graben stehen nur die Beobachtungsposten. Die übrigen Soldaten halten sich in Erdbunkern auf, jederzeit bereit, einem Alarm zu folgen. Von den Russen bekommen wir niemanden zu Gesicht. Es fällt den ganzen Tag über nicht ein Schuß. Eine derart ruhige Stellung habe ich bisher noch nicht erlebt. Es ist Sonntag, vielleicht ist das der Grund. Ich schreibe meinen Eltern einen Brief. Am Abend bin ich an der Grabenwache beteiligt, die alle zwei Stunden abgelöst wird. Es sind keine besonderen Vorkommnisse zu melden.

1. November 1943. Im Laufe dieses Tages bin ich wiederholt im Graben und beobachte das vor uns liegende Gelände. Ich präge mir markante oder auffällige Punkte genau ein, denn wir haben den Auftrag, über mehrere Tage durch Spähtrupps das Gelände in allen Einzelheiten zu erkunden, damit am Ende der Spähtruppserie durch gewaltsames Eindringen in den russischen Graben ein Gefangener eingebracht werden kann. Die Divisionsführung will über den gegenüberliegenden Feind genauer unterrichtet sein. Nachmittags ruhe ich mich aus. Gegen 22 Uhr verlassen wir vier Späher unter Führung von Feldwebel Hugo den Graben und begeben uns ins Vorfeld. Wir durchstreifen das Gelände bis vor den russischen Graben und kehren dann zur Minengasse zurück.

4. November 1943. Am frühen Morgen sind wir wieder im eigenen Graben und geben Entwarnung. Es sind keine besonderen Vorkommnisse geschehen. Am Tage schlafe ich, und vor Mitternacht bin ich – jetzt als Führer – mit dem Spähtrupp im Niemandsland unterwegs. Das bisher noch trockene Wetter ist vorbei. Es ist kalt und regnerisch. Im Graben und in den Kampfständen macht der Regen nicht viel aus. Durch den sandigen Boden sickert das Wasser schnell ab. Nur in den tiefer gelegenen Abschnitten, wo es ohnehin sumpfig ist, sammelt sich das Wasser an und wird zu einer schwarzen Brühe. Für unser Spähtruppvorhaben ist der Regen nicht gut. Das Anschleichen ist schwierig. Längere Zeit im nassen Gras zu verharren ist unangenehm. Die Russen müssen etwas von unserer Aktivität mitbekommen haben, denn als wir uns ihrer Stellung nähern, schießen sie pausenlos Leuchtkugeln. Um uns herum wird das Gelände taghell erleuchtet, und das erschwert somit jede Bewegung. Mit größter Vorsicht treten wir den Rückweg durch das nasse Kusselgelände an. Wir kommen wohlbehalten, jedoch vollkommen durchnäßt, in unserem Graben an. Die Klamotten müssen auf dem Körper trocknen, denn in unseren Bunkern haben wir keine Öfen.

5. November 1943. Der weiter anhaltende Regen hat die Abdeckung des Gruppenbunkers durchdrungen. Gleich nach Tagesanbruch machen wir uns an die Arbeit und verstärken die Abdeckung. Die Arbeit läßt sich durchführen, da starker Nebel die Feindeinsicht behindert. Wir legen noch eine weitere Balkenlage drauf und geben ihr etwas mehr Neigung. Dann erst setzen wir Grasnabenstücke an, die auch der besseren Tarnung dienen. Im Laufe des Vormittags hört der Regen auf. Es wird schnell heller, und die Sicht ist ausgezeichnet. Es wird auf einmal kalt. Innerhalb kürzester Zeit fällt die Temperatur unter den Gefrierpunkt. Mit Feldwebel August Hugo und Alfons Murke gehe ich wieder auf Spähtrupp. Wir schleichen eine große Strecke vor der russischen Stellung entlang. Erst nach Mitternacht sind wir im eigenen Graben zurück.

6. November 1943. Nach dem Spähtrupp durch die klare Luft schlafe ich lange. Erst gegen Mittag gehe ich mit Alfons Murke durch den Graben. Das Gelände vor der eigenen Stellung ist uns in allen Einzelheiten bekannt. Für die kommende Nacht ist das angekündigte Stoßtruppunternehmen vorgesehen. Es soll vom Pionierzug der 8. Kompanie unter Führung von Feldwebel Englisch durchgeführt werden. Wir werden als Sicherung den Pionierzug begleiten. Wir werden verpflegt und verzehren das warme Essen, als die Pioniere bei uns im Graben eintreffen. Bald danach machen wir uns bereit.

7. November 1943. Um Mitternacht verlassen wir den Graben und tasten uns durch die Minengasse. Zum Vorgehen wählen wir das Sumpfgelände im linken Abschnitt. Wir sind der Meinung, daß der Feind uns aus dieser Richtung am wenigsten erwartet und wir so am ehesten in seine Stellung eindringen können. Zunächst verläuft auch alles nach Plan. Doch kurz bevor wir den russischen Graben erreichen, schlägt uns starkes MPi- und MG-Feuer entgegen. Wir werden in Deckung gezwungen und können uns kaum noch bewegen. Laufend gehen Leuchtkugeln hoch und erhellen die Nacht. Die Russen müssen durch Horchposten oder andere Beobachtungen gewarnt worden sein. Nach einiger Zeit läßt das Feuer etwas nach. Wir machen einen neuen Versuch, in den Graben zu gelangen, aber auch dieser Versuch scheitert. Wir erhalten Befehl, uns abzusetzen und zu sammeln. Von dort kehren wir dann, aber ohne Gefangenen, in den eigenen Graben zurück. Als ich geweckt werde, um die nächste Wache anzutreten, bin ich wieder topfit. Inzwischen hat das Land sein Gesicht verändert. Auf die Kälte folgt der Schnee. In unserem Abschnitt bleibt es ruhig. Nach meiner Ablösung krieche ich in den Bunker und schreibe Briefe. Dabei stelle ich fest, daß Sonntag ist und erfahre, daß mein Landsmann Hubert Mallmann aus Katzenelnbogen gefallen ist.

8. November 1943. In der Stellung bleibt es ruhig. Deshalb genügen nur wenige Beobachtungsposten im Graben. Bei einbrechender Dunkelheit werden die Grabenwachen verstärkt. Der Rest der Kompanie arbeitet am Ausbau der Kampfstände. Wir müssen damit rechnen, daß die Russen mit einem Stoßtruppunternehmen – wie unser gestern – vor der Stellung auftauchen. Aus diesem Grunde werden Horchposten vor der Stellung postiert. Mit Franz Witzik – einem Oberschlesier – übernehme ich den ersten Posten im Niemandsland. Durch die vorangegangenen Spähtrupps kennen wir einen Fuchsbau unter einer mächtigen Eiche. Diesen Fuchsbau betrachten wir als dafür vorzüglich geeignet. Wir müssen nur den Einstieg etwas breiter und unter den Wurzeln etwas mehr Platz schaffen. Dann ist das der optimale Standort für einen Horchposten. Während einer aufpaßt, arbeitet der andere. Wir haben es schnell und lautlos geschafft. Mit umherliegenden Zweigen decken wir das Einstiegsloch ab, so daß wir von außen nicht zu erkennen sind. So hocken wir still da und lauschen in die Nacht hinein, nur gelegentlich flüsternd ein Wort wechselnd. Bevor es hell wird, verlassen wir unseren Posten und gehen in den Graben zurück.

14. November 1943. Es ist Sonntag. Während der abgelaufenen Woche hat sich in unserem Stellungsbereich nichts Besonderes ereignet. Es haben keine Kampfhandlungen oder Schießereien stattgefunden. Nur täglich um dieselbe Zeit – wenn abends das Verpflegungsfahrzeug ankommt – schießt der Russe mit einer 17,2 cm-Kanone in die Nähe des Versorgungsweges. Franz Witzik und ich haben jede Nacht in unserem Fuchsbau auf Horchposten gesessen. Etwa einhundert Meter vor dem eigenen Graben hockten wir im Niemandsland. Nach und nach haben wir uns das Loch noch etwas bequemer gemacht und mehr mit Strauchwerk getarnt. Darin ist gerade so viel Platz, daß wir sitzen können. In diesen langen und einsamen Nächten habe ich Franz Witzik als einen unerschrockenen, zuverlässigen Kameraden kennengelernt, der mit seinem Humor und seinen Einfällen nie Langeweile aufkommen läßt. Wir haben während dieser ganzen Zeit keine feindlichen Berührungen. Weder mit Spähtrupps noch mit Angriffsabsichten und brauchen unseren Horchposten nicht vorzeitig zu verlassen. Für die kommende Nacht wird der Horchposten nicht besetzt. Dafür werde ich beauftragt, mit einem Spähtrupp zu erkunden, ob der feindliche Graben stärker als bisher besetzt ist. Kurz nach 17 Uhr verlassen wir den eigenen Graben und gehen durch das Minenfeld. Zunächst bis zu unserem Horchpostenstand. Von hier folgen wir dem früheren Spähtruppfad bis zur Straße, die direkt nach Kolyban führt. An dieser Stelle lasse ich zwei Mann als Sicherung zurück. Mit Franz Witzik gehe ich im Straßengraben weiter vor, bis wir nicht weiter können. Unbemerkt liegen wir zirka 15 Meter vor dem russischen Graben und horchen. Deutlich hören wir Stimmen. Ab und zu glimmt eine Zigarette auf. Wir verharren eine Weile und lauschen gespannt. Wir setzen uns etwas ab und schleichen an der Stellung entlang, um dem Ort Kolyban näher zu sein. Nirgends ist jedoch vermehrte oder hörbare Geschäftigkeit wahrzunehmen. Vorsichtig treten wir den Rückweg an, um die beiden Sicherungsposten abzuholen. Dann geht es mit gleicher Aufmerksamkeit in den eigenen Graben zurück. Wenige Minuten vor Mitternacht mache ich Meldung am Kompaniegefechtsstand.

16. November 1943. Der Tagesablauf in der Stellung beginnt wie immer. Die verstärkten Wachen werden eingezogen. Nur die Beobachter stehen in den Kampfständen. Wie jeden Morgen verfolge ich mit dem Glas den Weg unseres gestrigen Spähtrupps. Ich bin zufrieden mit dem Weg, den wir zurückgelegt haben. Nachmittags bespreche ich das Ergebnis mit dem Zugführer Feldwebel Hugo. Nach Eintreffen des Versorgungsfahrzeugs wird bekannt, daß wir abgelöst werden sollen.

17. November 1943. Als niemand mehr damit rechnet, trifft unsere Ablösung doch noch ein. Es sind die Kameraden unserer Aufklärungsabteilung 5. Für den Kompanieabschnitt ist nur ein Zug vorgesehen. Hoffentlich geht das gut. Die Ablösung erfolgt geräuschlos und schnell. Die Gruppen sammeln an einem Punkt hinter dem Kompaniegefechtsstand. Dann geht es im Fußmarsch noch eine halbe Stunde zurück. Hier treffen wir unsere wartenden Fahrzeuge. Es heißt „Aufsitzen" und ab geht die Fahrt. Irgendwo „brennt" es, denn es wird ein scharfes Tempo gefahren und nur eine kurze Pause eingelegt. Nach zirka 80 Kilometern durchfahren wir den Ort Malodusch. Kurz danach biegen wir von der Straße ab. In einem Waldstück ziehen wir unter und machen uns gefechtsbereit. Wir bleiben auf den Fahrzeugen sitzen. Unser Verpflegungsfahrzeug kommt und gibt Essen aus.

18. November 1943. Es ist noch stockdunkel, als wir am frühen Morgen von den Fahrzeugen geholt werden. Wir marschieren eine halbe Stunde durch offenes Gelände und sind dann in einem Hochwald. In diesem Wald stellt sich das II. Bataillon zum Angriff bereit. Die 6. und 7. Kompanie sind mit den Panzern voraus. Wir, die 5. Kompanie, befinden uns etwas dahinter als Reserve. Angriffsziel ist das von Russen besetzte Romanowka. Der Angriff soll mit aufgesessenen Schützen auf den Panzern im überraschenden, schnellen Antritt ausgeführt werden, ehe der Feind sich darauf einstellen kann. Beim Antritt aus dem Wald heraus kommt der Angriff gut voran. Doch bevor das russische Grabensystem erreicht ist, geraten die Panzer in eine Pak-Falle. Mörderisches Feuer schlägt ihnen entgegen. Mehrere Totalausfälle an Panzern sind zu verzeichnen, und weitere werden beschädigt. Die Grenadierkompanien haben schwere Verluste. Auch bei uns treten erste Verluste auf. Feindliche schwere Artillerie und Granatwerfer decken uns mit Granaten ein. Viele Baumkrepierer machen uns zu schaffen, bringen Tod und Verderben. Wir graben uns im Wald ein und sichern nach Osten. Wir warten auf neue Befehle. Die intakten Panzer haben sich zurückgezogen. Der Artilleriebeschuß hält den ganzen Tag über an. Unsere Verluste sind: Gefreiter Schmiga gefallen und fünf Kameraden verwundet.

19. November 1943. In den frühen Morgenstunden erhalten wir Befehl, uns abzusetzen. Wir gehen den Weg zurück, den wir gekommen sind. Wir müssen weiter marschieren, denn die Fahrzeuge sind zurückbeordert worden. Auf diesem Marsch kommen wir an einer Feuerstellung unseres Artillerieregiments (AR) 116 vorbei. Am Rande einer Ansiedlung sind Artilleristen dabei, Gräber für ihre Gefallenen auszuheben. Auf einem der dort liegenden Holzkreuze lese ich unvermittelt den Namen Bruno Maserkowsky. Wie ein Blitz fährt es mir durch den Kopf. So hieß doch einer der Schulfreunde meines Bruders. Ich halte an und frage nach dem Gefallenen. Es stellt sich heraus, daß es tatsächlich der Vermutete ist. Er ist erst vor wenigen Tagen als Leutnant zum Artillerieregiment 116 gekommen und war bei dem gestrigen schweren Angriff als Vorgeschobener Beobachter (VB) eingesetzt. Nun findet er hier seine letzte Ruhe. Ich beeile mich, die davonmarschierende Kompanie einzuholen. Noch lange beschäftigt mich der Gefallene. Wir laufen noch ein ganzes Stück, bis wir die Fahrzeuge erreichen. Wir sitzen auf und fahren über die Rollbahn weiter. In einem der nächsten Dörfer treffen wir den Gefechtstroß. Wir werden verpflegt, fahren dann aber sofort wieder los. Im nächsten Dorf bleiben wir für die Nacht und sichern. Wo die Russen schon oder eigene Soldaten noch sind, ist nicht klar. Irgendwo steht die 4. Panzerdivision in schwerem Abwehrkampf. Wir sollen Entlastung bringen.

20. November 1943. Wir fahren wieder ein kurzes Stück auf der Rollbahn und gehen am Rande einer Siedlung in Stellung. Die Feindlage ist auch hier unbekannt. Zur Aufklärung wird ein verstärkter Spähtrupp gebildet, der von Leutnant Winkler selbst geführt wird. Ich gehöre ab sofort wieder als Melder dem Kompanietrupp an und gehe deshalb mit dem Spähtrupp. Wir betreiben Aufklärung durch den ausgedehnten Wald in Richtung Kobylewo. Nach kurzer Einweisung gehen wir rechts und links einer befestigten Straße vor. Eine Gruppe voraus, eine zweite Gruppe etwas rückwärts versetzt auf der anderen Seite des Weges. Beide Gruppen halten Sichtverbindung. Den Hauptweg immer im Auge behaltend, dringen wir tiefer in den Wald ein. Der Hochwald erlaubt uns gute Sicht, auch nach den Seiten. Nach einiger Zeit treffen wir auf frische Pferdespuren. Es muß ein größerer Reitertrupp gewesen sein. Mit drei Mann folgen wir den Spuren bis auf eine große Waldlichtung, ohne daß wir Roß und Reiter zu Gesicht bekommen. Wir beeilen uns, die

Hauptgruppe wieder zu erreichen. Fast am Ende des Waldes kommen uns zwei deutsche Soldaten entgegen. Sie haben uns nicht bemerkt, sind aber froh, auf eigene Truppen zu stoßen. Es sind Versprengte der 4. Panzerdivision, die uns berichten, daß ihre Einheit fast aufgerieben wurde. Sie versichern uns auch, daß das Dorf Kobylewo feindbesetzt ist. Wir gehen noch bis zum Waldrand vor, können den Ort, der in einer Mulde liegt, jedoch nicht einsehen. Wir erkunden nicht weiter, sondern ziehen uns auf die Ausgangsstellung zurück. Abends werden wir abgelöst. Wir marschieren zur Rollbahn, wo die Lkws untergezogen sind. Wir werden verpflegt und bekommen Schnaps. Zur Aufbewahrung haben wir kein Gefäß. Wir trinken und singen. Dann müssen wir aufsitzen und fahren in die Nacht hinein. Auch während der Fahrt trinken wir noch und sind lustig. Dann werde ich müde, lege mich auf das Gepäck hinter dem Führerhaus und schlafe fest ein.

21. November 1943. Durch lautes Gepolter und Stimmen werde ich plötzlich geweckt. Es ist noch alles dunkel. Der Wagen steht. Ich richte mich in dem Gepäck auf und stelle fest, daß ich alleine bin. Die Stimmen sind die meiner Kameraden, die in diesem Moment auf den Lkw wieder aufsteigen und mit ihren Waffen und dem Gerät einigen Krach verursachen. Im ersten Moment denke ich, ich träume. Mit einem Brummschädel und noch nicht ganz da, frage ich die Kameraden, was los ist. Ich erfahre folgende Geschichte: Nach zunächst ruhiger Fahrt – die meisten schlafen bereits in irgendeiner Stellung – kommt die Fahrzeugkolonne zwischen 2 und 3 Uhr plötzlich zum Stehen. Im gleichen Moment beginnt an der Kolonnenspitze eine heftige Knallerei. Russische Truppen haben die Rollbahn gesperrt und beschießen die vorderen Fahrzeuge. Daraufhin werden die Wagenbesatzungen alarmiert. Sie müssen im Halbkreis rechts und links der Straße vorgehen und die gesperrte Rollbahn freikämpfen. Nur die Fahrer sind bei den Fahrzeugen geblieben. Von diesen Vorgängen habe ich nicht das Geringste bemerkt. Man versichert mir, daß man mehrmals versucht hat, mich zu wecken, doch alles umsonst, ich war nicht wach zu kriegen. Wenn ich mir vorstelle, wie diese Situation hätte enden können, wären die Fahrzeuge den Russen in die Hände gefallen, dann graut es mir. Es läuft mir eiskalt den Rücken hinunter. In diesem Moment steht für mich unwiderruflich fest, daß ich nie mehr während eines Einsatzes Alkohol zu mir nehmen werde. Nachdem alle Kameraden wieder auf den Fahrzeugen sitzen, wird die Fahrt fortgesetzt. Wir erreichen an der Rollbahn einen Stützpunkt, der vom I. Bataillon, Panzergrenadierregiment 13, besetzt ist. Hier erfahre ich, daß wir uns an der Rollbahn von Sachtschewje nach Glinnaja-Sloboda befinden und tatsächlich von den Russen eingeschlossen waren. Bei den nächtlichen Kämpfen ist der Obergefreite Zielosko gefallen, und fünf Kameraden sind verwundet worden. Wir bleiben als Sicherung am Stützpunkt, das I. Bataillon des Panzergrenadierregiments 13 rückt ab. Etwa um die Mittagszeit verlassen wir mit unseren Fahrzeugen den Stützpunkt an der Rollbahn und folgen einem neuen Einsatzbefehl. Zunächst fahren wir nur durch Sumpfwald, dann erreichen wir die Bahnlinie Kalinkowitschi–Gomel. Auf der Nordseite der Gleise fahren wir an diesen entlang, bis etwa zehn Kilometer südwestlich Nowinki. Wir verlassen die Fahrzeuge und marschieren noch etwa eine Stunde, dann bauen wir mitten im Wald vor dem Ort eine Sicherungslinie auf. Wir graben uns in den sumpfigen Boden ein. Bis in Brusthöhe kommen wir in die Erde, dann stoßen wir auf Grundwasser. Abends hören wir die Russen in Nowinki singen. Sie feiern ihre letzten Erfolge. Bis in die Nacht hinein trägt der Wind ihre Lieder zu uns herüber.

22. November 1943. Unsere Stellung verläuft quer durch den lichten Kiefernwald, der mit einigen Schneisen durchzogen ist. Die vorhandenen Waldlichtungen nutzen wir, indem wir unsere Stellungen so anlegen, daß wir genügend Schußfeld haben. An den durchgehend mit Kiefern bewachsenen Stellen müssen wir Schußfeld schaffen. Hier werden die dünnen Kiefern gefällt. Mit den Stangen bauen wir Sichtblenden und tarnen die

Der Verfasser als Obergefreiter und kurzzeitiger Kompanietruppführer bei Leutnant Winkler

Stellung, die nur aus Schützenlöchern für jeweils zwei Mann besteht. Im Laufe des Vormittags werde ich von Leutnant Winkler mit der Führung des Kompanietrupps beauftragt. Bis zu diesem Zeitpunkt haben wir noch keine feindliche Annäherung beobachten können. Erst im Laufe des Nachmittags können wir einen russischen Spähtrupp beobachten. Wir verhalten uns ruhig und nehmen an, daß er uns nicht entdeckt hat. Zu weiteren Feindberührungen kommt es nicht. Im Laufe des Abends hören wir wieder die schwermütigen Lieder der Russen aus Nowinki. Ich stelle erstmals die Stärke der Kompanie fest. Es sind der Kompanieführer, vier Unteroffiziere und 46 Mannschaftsdienstgrade, dazu ein VB bestehend aus sechs Mann, insgesamt 57 Soldaten Grabenstärke.

23. November 1943. Während der Nacht ist es ruhig geblieben. Durch den gestrigen Spähtrupp gewarnt, haben wir verstärkte Posten ausgestellt. Bevor es hell wird, wird erneut ein Spähtrupp gemeldet. Er verschwindet, ohne sich unserer Stellung zu nähern. Kurz nachdem es hell geworden ist, schießt sich ein Granatwerfer auf unsere Stellung ein. Die Einschläge liegen jedoch weit hinter uns. Etwa eine halbe Stunde später beginnt der Beschuß durch eine ganze Anzahl Granatwerfer schweren Kalibers. Sie gefährden uns Gott sei Dank nicht, da die Einschläge über uns hinweggehen. Kurz darauf erscheinen die ersten Russen am Ende einer Schneise. Wir lassen sie auf zirka 60–80 Meter herankommen, dann setzt schlagartig das Abwehrfeuer ein. Der Hauptstoß richtet sich gegen die Mitte der Kompanie, wo wir auch mit dem Kompanietrupp liegen. Es gelingt dem Feind nicht, in die Stellung einzubrechen. Eine Stunde später greift er nach heftigem Granatwerferbeschuß erneut an. Jetzt versucht er es mit Schwerpunkt im linken Abschnitt, doch auch da kassiert er eine herbe Abfuhr. Bei diesem Angriff fällt unser Kleinster, der Gefreite Walter Vielhauer, durch Herzschuß. Dort, wo er gefallen ist, haben ihn seine Gruppenkameraden zur letzten Ruhe gebettet. Außer ihm mußten wir einen Verwundeten (Gefreiter Thünker) versorgen. Mit diesem Angriff der Russen ist die Angriffslust in unserem Abschnitt offenbar beendet. Man hat den Eindruck, als suchten sie einen Schwachpunkt in der HKL, um diese zu durchbrechen. Kurz nach Mittag beobachten wir, wie die Russen in etwa Bataillonsstärke an unserer Stellung vorbeiziehen, Richtung linker Nachbar. Wir geben sofort eine telefonische Meldung an das Bataillon durch. Kurz danach vernehmen wir starken Gefechtslärm von links. Vor unserem Abschnitt bleibt es ruhig. Abends erhalten wir den Befehl, uns zum Bahndamm hin abzusetzen und bis an den Haltepunkt Poselok-Nachow zu marschieren. Dort sind neue Befehle abzuwarten. Vom Feind ungestört, ziehen wir uns aus dem Wald zurück und marschieren zirka sieben Kilometer. Dort erwartet uns das Versorgungsfahrzeug. Wir werden verpflegt und erhalten Befehl, vor dem Ort eine neue Sicherungslinie aufzubauen.

24. November 1943. Entlang des Dorfes, mit Front nach Osten, geht die Kompanie in Stellung und gräbt sich ein. In einem der wenigen Häuser richte ich den Kompaniegefechtsstand ein. Leutnant Winkler hält sich noch bei den Gruppen auf. Die Stellung ist nicht befriedigend, weil der Wald zu nahe an das Dorf heranreicht. Die Entfernung zum Waldrand beträgt höchstens 50 Meter. Der Feind findet beste Voraussetzungen, sich uns unbemerkt zu nähern. Größte Wachsamkeit ist auf unserer Seite geboten. Um 6 Uhr lege ich mich für ein paar Stunden zur Ruhe nieder. Bereits gegen 10 Uhr bin ich wieder auf den Beinen. Bis dahin ist keine Annäherung des Feindes beobachtet worden. Den ganzen Tag über bleibt es ruhig. Anscheinend folgt der Feind nur zögernd unseren Absetzbewegungen. Bei beginnender Dunkelheit ist es immer noch ruhig. Etwas weiter nördlich von uns steigen erste Leuchtkugeln in den Himmel. Bei uns ist bis Mitternacht kein Feindkontakt festzustellen.

25. November 1943. Auch der neue Tag beginnt ruhig. Es sind keine Meldungen von den Gruppen eingegangen. Erst nachdem es richtig hell ist, wird ein russischer Spähtrupp am Waldrand gegenüber erkannt. Wir sind auf der Hut und werden uns nicht überraschen lassen. Ohne Vorbereitung durch schwere Waffen werden sie nicht angreifen. Gegen Mittag taucht drüben ein weiterer Trupp Russen auf. Sie zeigen keine Angriffsabsichten und ziehen sich nach einer Weile in den Wald zurück. Bis zum Einbruch der Dunkelheit bekommen die Wachen keinen Russen mehr zu Gesicht. Kurz danach trifft unser Versorgungsfahrzeug ein. Wir werden verpflegt und erhalten Post. Dann bekommen wir Befehl, uns gegen 23 Uhr aus der Stellung zu lösen und als Nachhut der Absetzbewegung des Bataillons zu folgen. Kurz vor der angegebenen Zeit sprengt ein Pionierkommando die bewohnbaren Häuser des Dorfes. Die Kompanie sammelt am Bahndamm und marschiert auf diesem – unter Sicherung nach rückwärts – etwa 14 Kilometer nach Westen.

26. November 1943. Nach einem anstrengenden Marsch von mehr als drei Stunden über die Schwellen des Bahndammes erreichen wir den Straßenübergang Alexandrowka–Buda. Hier werden wir in einen Abschnitt eingewiesen, der als neue Stellung ausgebaut werden soll. Die rechte Grenze ist der Bahndamm, der noch zu unserem Kompaniebereich gehört. Dieser Bahndamm bildet gleichzeitig die Divisionsgrenze. Als rechter Nachbar schließt sich die 292. Infanteriedivision an. Von hier aus verläuft die HKL dann in genau nördlicher Richtung durch den Wald und vor Golowitschi entlang. Noch vor dem Morgengrauen sind die einzelnen Zugabschnitte zugeteilt und besetzt. Dort, wo die Stellung durch den dichten Wald führt, muß noch Schußfeld geschaffen werden. Das wird mit Unterstützung des Pionierzuges sofort in Angriff genommen. Die anderen Gruppen graben sich in die Erde ein. Die Einzelstellungen werden so ausgerichtet, daß daraus ein durchgehender Graben entstehen kann. In der Nähe einer Baumgruppe soll der Kompaniegefechtsstand eingerichtet werden. Wir beginnen ohne Zögern mit den Ausschachtungsarbeiten. Der Boden ist leicht und deshalb kommen wir schnell in die Erde. Trotz vorangegangenen Nachtmarsches wird den ganzen Tag über hart gearbeitet.

Währenddessen stehen Soldaten auf Posten und halten Wache. Erst als die notwendigen Kampfstände fertig sind, wird eine kurze Arbeitspause eingelegt. Danach wird mit den Verbindungsgräben begonnen. Wir hoffen, daß der Feind nur zögernd folgt und wir die Zeit für den Stellungsbau nutzen können. Bis zum Eintreffen des Versorgungsfahrzeugs sind noch keine Feindkontakte gemeldet worden. Wir unterbrechen unsere Schanzarbeiten, damit das Essen warm eingenommen werden kann. Für die Nacht wird ein Plan erstellt, nach dem sich jeder zu richten hat (ausgenommen nur der Kompanieführer): zwei Stunden Posten stehen, zwei Stunden schlafen, zwei Stunden arbeiten, bis zum Tagesanbruch. Morgen wird es eine Neuregelung geben, entsprechend der Feindlage. Die Nacht geht schnell vorüber.

27. November 1943. Durch Fleiß und Ausdauer sind wir in dieser Nacht mit dem Stellungsbau gut vorangekommen. Noch existiert kein durchgehender Graben. Dort, wo im Wald die Bäume gefällt werden mußten, wurden diese nach hinten geschafft. Sie sollen beim Bunkerbau verwendet werden. Das Schußfeld beträgt hier nur 40 Meter und ist reichlich knapp. Eine feindliche Annäherung ist noch nicht festgestellt worden. Aus diesem Grunde wird laufend gearbeitet. Die Wachen und die Horchposten im Wald werden verstärkt und zu besonderer Aufmerksamkeit angehalten. Den ganzen Tag über bleiben wir ungestört. Kurz vor Einbruch der Dunkelheit hat ein Posten drüben die ersten russischen Soldaten ausgemacht. Anlaß genug, die Wachen weiter zu verstärken.

28. November 1943. Unsere Anstrengungen sind nicht umsonst gewesen. Bis zum Morgengrauen ist es gelungen, den Stellungsgraben im gesamten Kompanieabschnitt mit einem Verbindungsstück zum Kompaniegefechtsstand fertigzustellen. Die MG-Kampfstände der Gruppen sind ausgebaut. Jetzt müssen noch sichere Unterkünfte erstellt werden. An Baumaterial mangelt es nicht. Der nahe Wald liefert die Stämme, und was dann noch fehlt, holen wir aus dem Dorf Golowitschi, das unbewohnt ist. Wegen der Feindsicht stellen wir tagsüber die Arbeiten ein. Nur die Posten beobachten das Gelände. Feindliche Bewegungen werden nicht erkannt. Auch nicht, als ich mit Leutnant Winkler die neue Stellung abgehe. Die Ruhe auf Seiten der Russen ist uns trotzdem nicht geheuer. Bei Einbruch der Dunkelheit werden die Wachen verstärkt. Trotz Vorsorge sind wir überrascht, als einer der Posten plötzlich Alarm schlägt. Sofort geht die Ballerei los. Ein russischer Stoßtrupp versucht, in unseren Graben einzudringen. Ohne das geringste Geräusch zu verursachen, hat er sich bis auf 30 Meter unserer Stellung genähert. Dann erst ist der Posten aufmerksam geworden und hat Alarm geschlagen. Mit wenigen greifbaren Leuten geht der Gruppenführer aus dem Graben heraus und vernichtet den Stoßtrupp bis auf den letzten Mann. Eigene Ausfälle sind nicht eingetreten. Dann ist Ruhe. In dieser Nacht beginnen wir mit dem Bunkerbau unter ständiger Sicherung.

29. November 1943. Die Nacht verläuft ohne besondere Vorkommnisse. Die Arbeit wird bei Tagesanbruch dort eingestellt, da der Feind das Gelände einsehen kann. Wir beim Kompanietrupp können den Bunkerbau unbesorgt fortsetzen. Wir befinden uns in einer flachen Mulde, die noch durch einige Bäume zur Feindseite hin abgeschirmt wird. In der gesamten Stellung bleibt es am Tage ruhig. Am späten Nachmittag kommt es zu einer Schießerei am Bahndamm, als unvermutet ein Spähtrupp auftaucht. Dabei werden die Kameraden Czaika und Rahmann verwundet. Der Kompanietrupp bezieht den noch nicht fertigen Bunker in der Mulde

30. November 1943. In der Stellung hat sich nichts Besonderes ereignet. Noch während der Dunkelheit in der Frühe sind 30 Soldaten einer Landesschützeneinheit bei uns eingetroffen. Sie sollen im rechten Kompanieabschnitt eingesetzt werden. Es handelt sich dabei um Männer, die unsere Väter sein könnten. Durch das Einschieben der Landesschützen muß sich die Kompanie weiter nach Norden ausdehnen und einen weiteren

Teilabschnitt übernehmen. Der Kompaniegefechtsstand hat dadurch eine ungünstige Lage bekommen und muß verlegt werden. Das ist auch günstiger für die Anfahrt des Versorgungsfahrzeuges, dessen Weg von Norden her durch schützenden Wald führt. Nachmittags erfolgt erster Beschuß durch russische Artillerie und Granatwerfer. Der Kompanietrupp beginnt abends mit dem Bunkerbau im Wald. Der Gefechtsstand bleibt aber noch am alten Platz, bis der neue Bunker bezogen werden kann.

1. Dezember 1943. Der Verlauf der Nacht war ruhig. Sobald es hell ist, beginnt russische Artillerie damit, sich aus verschiedenen Richtungen und mit unterschiedlichen Kalibern auf unseren Abschnitt einzuschießen. Das sind deutliche Zeichen für Angriffsabsichten. Deshalb wird darauf gedrungen, die vorhandenen Kampfstände noch besser auszubauen und gut getarnte Ausweichkampfstände zu errichten. Großes Kopfzerbrechen – im Falle eines Angriffes – macht uns der Abschnitt, der direkt durch den dichten Wald führt. Das überschaubare Schußfeld beträgt zwar jetzt 60–80 Meter, doch konnte das gesamte Unterholz in der zur Verfügung stehenden Zeit nicht entfernt werden. Das begünstigt die feindliche Annäherung erheblich, besonders bei Nacht. Das derzeitige Wetter ist für russische Verhältnisse als mild zu bezeichnen. Die Temperaturen schwanken um den Gefrierpunkt. Gelegentlich schneit es etwas, dann wieder geht der Schnee in Regen über. Der Stellungsgraben ist am Boden nicht überall trocken. Die weitere Umgebung zählt zum Pripjetgebiet, und dieses ist mit seinen vielen Nebenflüssen als das größte Sumpfgebiet Westrußlands bekannt. Der Grundwasserspiegel ist entsprechend hoch, deshalb steht im Graben auch stellenweise das Wasser. Wir tragen zusätzlich Gummistiefel, damit wir wenigstens trockene Füße behalten. Der Kompaniegefechtsstand ist aus diesem Grunde auch nur zirka 1,30 Meter hoch. Trotz der feuchtkalten Witterung und der widrigen Umstände ist der Krankenstand in der Kompanie sehr niedrig.

2. Dezember 1943. Mitternacht ist nicht ganz eine Stunde vorüber, als unser Posten am Kompaniegefechtsstand Alarm schlägt. Ich hocke im Bunker als Telefonwache. Ich schreie die schlafenden Kameraden wach und bin sofort mit meiner Waffe draußen im Freien. Noch keine 50 Meter von unserem Bunker entfernt bewegen sich – bereits hinter unserer Stellung im offenen Gelände – eine ganze Anzahl Gestalten auf uns zu. Eigene Kameraden können es unmöglich sein. Von rückwärtigen Stellen ist niemand angekündigt, der jetzt eintreffen könnte. Es müssen also Russen sein, die hier herumschleichen. Das ist bedenklich. Während Leutnant Winkler und der Rest des Kompanietrupps aus dem Bunker stürzen, fordere ich die Russen durch Anruf auf, sofort stehenzubleiben. Als Antwort eröffnen sie das Feuer. Zum Glück haben wir ein Maschinengewehr am Gefechtsstand, das der Waffenmeistergehilfe Otto Tschech sofort in Stellung bringt. Mit den ersten Garben aus dem MG werden die Russen in Deckung gezwungen. Einzeln verschwinden sie jetzt in das Kusselgelände dahinter. Inzwischen hat sich der VB mit seinem Funker zu uns gesellt. Es kommt zu einem Schußwechsel, an dem sich auch Teile der Grabenbesatzung beteiligen. Die Dunkelheit verhindert genauere Beobachtungen. Wir bleiben in Stellung, bis es hell wird. Die Russen stecken in den Büschen hinter der Stellung. Wir können sie nicht mehr ausmachen. Feldwebel Hugo wird beauftragt – sobald es die Sicht erlaubt –, mit den in seinem Abschnitt entbehrlichen Leuten das Kusselgelände zu säubern. Unterdessen rätseln wir über die Herkunft einer solch starken Feindgruppe. Sie müssen die HKL irgendwo unbemerkt durchbrochen haben. Gegen 9 Uhr geht der Zug Hugo gegen die Eindringlinge vor. Es kommt zu einem erbitterten Gefecht. Die Russen verteidigen sich zäh. Erste Ausfälle sind auf unserer Seite zu verzeichnen. Doch Feldwebel Hugo verstärkt den Druck. Es gelingt den Russen, sich weiter zurückzuziehen und sich in dem Ort Golowitschi erneut festzusetzen. Angesichts unserer Ausfälle wird das Unternehmen vorerst abgebrochen. Vier verwundete Kameraden sind auf unserer Seite zu beklagen, und meine beiden Freunde Alfred Schönthier und Franz Kupka werden noch vermißt. Als wir nach ihnen suchen, finden wir sie tot zwischen den Büschen. Ich bin erschüttert. Das ist ein herber Verlust für die Kompanie. Die beiden galten als besonders verläßliche und tapfere Kameraden. Sie werden abends mit dem Versorgungsfahrzeug nach hinten geschafft und auf dem Soldatenfriedhof Duditschi beigesetzt. In der HKL bleibt es den Tag über ruhig, obwohl wir damit rechnen müssen, daß der Feind weitere Kräfte zur durchgesickerten Gruppe nachzuschieben versucht. Bei beginnender Dunkelheit ist die gesamte Kompanie im Graben bzw. zur Sicherung des rückwärtigen Geländes aufgeboten. Dem Bataillon ist die Feindgruppe in Golowitschi gemeldet worden. Diese Maßnahmen erweisen sich sehr bald als richtig, denn gegen 21.30 Uhr wird Alarm geschlagen. Genau an der Stelle, wo die HKL in den Wald einmündet, versucht eine weitere starke Gruppe Russen – zunächst lautlos – unseren Graben zu überwinden. Sie werden rechtzeitig erkannt und abgewiesen. Das Bataillon hat den Alarmzug (Feldwebel Staaden) nach Golowitschi entsandt, der die durchgesickerten Russen unschädlich machen soll.

3. Dezember 1943. Bis zum Tagesanbruch bleibt die erhöhte Alarmbereitschaft bestehen. Es hat keine weitere Feindberührung gegeben. Der Zug von Feldwebel Hugo wird erneut aufgeboten, das Kusselgelände gegen Golowitschi abzuriegeln. Die dort befindliche Feindgruppe wird vom verstärkten Alarmzug des Bataillons angegriffen und ausgeschaltet. Der eingesetzte Zug Hugo geht in den Graben zurück. Er meldet zwei Verwundete. Der Obergefreite Krumbach erhält einen Bauchschuß. Er wird sofort zum Truppenarzt geschafft. Wie wir später erfahren, konnte er nicht mehr gerettet werden und verstarb auf dem Hauptverbandplatz. Er ist in Gorotschitschi beigesetzt worden. In der HKL herrscht wieder Ruhe. Bei einem Granatwerferüberfall werden zwei weitere Kameraden verwundet. Es ist kälter geworden, aber noch ist keine feste Schneedecke vorhanden.

4. Dezember 1943. Während der verflossenen Nacht sind keine besonderen Vorkommnisse aufgetreten. Morgens gibt es geringes Artilleriestörfeuer, das uns aber nicht beeindruckt. Wir arbeiten mit den Pionieren an der Fertigstellung des Waldbunkers für den Kompanietrupp. Es wird eher ein Blockhaus, weil wir wegen des Grundwassers nur zirka einen Meter in die Erde gehen können. Wir werfen oben und rundum genug Erde an, daß ein wirksamer Schutz gegen Beschuß und Wärmeverlust gegeben ist. Damit gewinnen wir einen Deckungsgraben, der im Ernstfalle zur Rundumverteidigung genutzt werden kann. Diesen Graben verbinden wir durch einen Laufgraben mit dem vorderen Stellungsgraben.

5. Dezember 1943. Es ist Sonntag. Der neue Bunker ist mitsamt der Inneneinrichtung fertig. Jetzt kann der Kompaniegefechtsstand dorthin verlegt werden. Jeder im Kompanietrupp hat seinen Schlafplatz, und für mollige Wärme sorgt ein Ofen, der mit eingebaut wurde. Einen stabilen Tisch hatten wir uns vorher schon besorgt. Der Feldfernsprecher muß verlegt werden, dann sind wir komplett.

6. Dezember 1943. Während der Nacht ist es in der Stellung durchgehend ruhig geblieben. Im Laufe des Vormittags liegt wiederholt Störungsfeuer durch 17,2 cm-Kanonen und Granatwerfer im Kompaniebereich. Die Granatwerfereinschläge liegen gefährlich nahe am Graben. Mit dieser Waffe wissen die Russen hervorragend umzugehen. Die derzeit naßkalte Witterung hat erste Krankmeldungen zur Folge. Die Kranken werden zum Arzt geschickt, kommen jedoch alle wieder zurück. Sie haben Erkältungen und bekommen Tabletten zum Einnehmen.

8. Dezember 1943. Im ganzen Kompanieabschnitt ist es auffallend ruhig. In der russischen Stellung ist keine Bewegung zu erkennen. Als ob sie abgezogen worden wären. Auch das artilleristische Störfeuer hat seit gestern aufgehört. Dafür ist im weiter nördlich gelegenen Divisionsbereich anscheinend der Teufel los. Seit den frühen Morgenstunden rumort es dort ununterbrochen. An diesem Abend verabschieden sich drei sehr glückliche Kameraden aus der Stellung. Sie fahren mit dem Versorgungsfahrzeug zurück zum Troß, um von dort ihren Heimaturlaub anzutreten. Sie schaffen es noch, Weihnachten zu Hause zu sein.

12. Dezember 1943. Es ist Sonntag. Ich nehme es mit Verwunderung zur Kenntnis, denn oft weiß man nicht, welchen Wochentag wir gerade haben. In der HKL wird zwischen Werktag und Sonntag kein Unterschied gemacht. Der Krieg geht allemal weiter. Seit Mitternacht habe ich Telefonwache. Das ist die beste Gelegenheit, einige Briefe an Angehörige zu schreiben. Ich weiß, daß sie ständig auf Nachricht warten, und das erst recht, seit ich im Einsatz bin. Ich kann sie alle beruhigen. Hier ist seit Tagen nichts mehr los gewesen. Absolute Ruhe herrscht an der Front. Gegen 8 Uhr marschiere ich zum Bataillonsgefechtsstand, um mich in einer dort eingerichteten Banja zu baden. Das bekommt mir gut nach so langer Zeit oberflächlicher Reinigung. Bei dieser Gelegenheit besuche ich meinen alten Freund Unteroffizier Werner Coords, der als Bataillonsgefechtsschreiber Dienst tut. Eine halbe Stunde halte ich mich bei ihm auf, dann muß ich zurück in die Stellung. Um die Mittagszeit verrät mir Leutnant Winkler, daß er die Kompanie verlassen wird und als Adjutant zum Bataillon geht. Diese Veränderung bedauere ich, ohne den Nachfolger zu kennen. Er versucht mich zu trösten, indem er mir mitteilt, daß ich zum Unteroffizierlehrgang gemeldet bin und unbedingt daran teilnehmen soll. Voraussichtlich wird dieser Lehrgang Anfang Januar beginnen und im rückwärtigen Gebiet stattfinden. Mit dem Versorgungsfahrzeug am Abend trifft der neue Kompanieführer hier ein. Es ist Leutnant Bernhard Lohmann, bei den Fahrern aus Friedenszeiten bestens bekannt. Ich kenne ihn nur flüchtig aus Djatkowo, bevor ich zum Feldersatzbataillon versetzt wurde. Ich bin sicher, ihn hier näher kennenzulernen.

13. Dezember 1943. Über den Verlauf der Nacht werden keine besonderen Vorkommnisse gemeldet. Es bleibt ruhig. Der neue Kompanieführer begibt sich morgens zum Stellungsdurchgang in den Graben. Er hat sich lange dort aufgehalten. Als er zum Kompaniegefechtsstand zurückkommt, macht er nicht das freundlichste Gesicht. Er ist nicht bei bester Laune und mit vielen Dingen, die er beim Stellungsdurchgang in Augenschein nahm, nicht einverstanden. Er bemängelt den Ausbau der Stellung insgesamt und kritisiert den Standort der Waffen. Nach seiner Auffassung muß in der Kompanie ab sofort „ein anderer Wind wehen" und mehr Disziplin einkehren. Über diese Bemerkung, die ja seinen Vorgänger betrifft, mache ich mir meine eigenen Gedanken. Alle sind schon heilfroh, daß es in der Stellung weiter ruhig ist. Wenn von drüben ein „anderer Wind" weht, wird sich die Meinung von Leutnant Lohmann schnell ändern. Davon bin ich überzeugt. Jedenfalls war Leutnant Winkler nach meinem Verständnis ein sachlich und menschlich hervorragender Kompanieführer. Er genoß bei allen Kompanieangehörigen großen Respekt und war sehr beliebt und angesehen. Ich bedauere die – wahrscheinlich – höheren Orts getroffene Veränderung sehr.

14. Dezember 1943. Die Russen lassen uns weiter in Ruhe. Irgendwelche verdächtigen Bewegungen können nicht beobachtet werden. Der neue Kompanieführer ist in der Stellung unterwegs. Er will mit den Zugführern den Einsatz der Gruppen und der MGs neu festlegen. Ich wäre gerne dabei, bin aber wegen der Telefonwache an den Kompaniegefechtsstand gebunden. Im Laufe des späten Nachmittags bekommen wir Ergänzung vom Ersatzbataillon aus Neisse. Es sind drei Unteroffiziere und 14 Mann, die uns verstärken sollen. Viele waren schon früher bei der Kompanie. Ich freue mich über das Wiedersehen mit meinem alten Freund Karl Schönfeld, der auch mitgekommen ist. Auch Unterfeldwebel Gustav Behr meldet sich bei Leutnant Lohmann. Die beiden kennen sich aus ihrer aktiven Zeit beim Infanterieregiment 65 in Verden. Der Ersatz wird umgehend auf die Gruppen und Züge aufgeteilt. Danach hat die Kompanie folgende Gliederung und Stärke:

Kompanietrupp: 1/2/4 = 7 (1 Offz./2 Uffz./4 Mannsch. = Gesamtstärke 7)
Reservegruppe: 1/7 = 8
I. Zug: 1/4/20 = 25
II. Zug: 5/20 = 25
Granatwerfer: 1/4 = 5
Gesamtstärke: 2/13/55 = 70

15. Dezember 1943. In der Stellung herrscht absolute Ruhe. Bevor der Kompanieführer durch den Graben geht, hat er mir und dem neu eigetroffenen Unterfeldwebel Behr noch etwas zu sagen. Er findet es nicht in Ordnung, daß „nur" ein Obergefreiter (das bin ich) die Stellung des Kompanietruppführers bekleidet. Nach seiner Auffassung gehört an diese Stelle wenigstens eine Autoritätsperson mit mindestens Unteroffizierdienstgrad. Mir ist sofort klar, was das heißt. Deshalb bleibt Unterfeldwebel Behr nach seiner Ankunft auch gleich im Kompaniegefechtsstand. Ich habe persönlich nichts gegen ihn. Ich kenne ihn ja nicht. Ich weiß lediglich, daß er früher als Ausbilder mit Leutnant Lohmann zusammen in Verden war. Ich werde sozusagen zum Obermelder (eine neue Funktion bei der Deutschen Wehrmacht!) und Stellvertreter des Kompanietruppführers gemacht. Er macht mir auch klar, daß ich im Kompanietrupp bleiben werde und die Arbeiten und Tätigkeiten, die ich bisher verrichtet habe, unverändert weiterführen soll. Ich frage mich nur, welche Tätigkeiten dann noch für den eigentlichen Kompanietruppführer zu erledigen bleiben. Er soll wohl nur die Stellung ausfüllen. Für den Nachmittag werden sämtliche Zug- und Gruppenführer in den Kompaniegefechtsstand befohlen. Leutnant Lohmann hält eine lange Rede. Er erklärt ausführlich die personellen Veränderungen im Kompanietrupp – das betrifft wiederum mich – und verlangt insgesamt mehr Disziplin in der Kompanie und größere Anstrengungen jedes einzelnen. Zum Ende seiner Ausführungen befiehlt er, den Stellungsbau mit allen Mitteln zu beschleunigen und zu verbessern.

Drei glückliche Urlauber (Unteroffizier Stege, Gefreiter Richrath und Gefreiter Probst) fahren mit dem Versorgungsfahrzeug zum Troß, um von dort nach Hause zu fahren. Vielleicht schaffen sie es noch, bis Weihnachten bei ihren Lieben zu sein.

16. Dezember 1943. Keine Meldungen aus der Stellung. Alles ist ruhig. Keine Feindbeobachtungen. Leutnant Lohmann verlangt die Anfertigung einer genauen Stellungskarte des Kompaniebereichs mit Bewaffnung und Kampfständen usw. Ich muß diese Aufgabe übernehmen.

21. Dezember 1943. Für die Ausgabe der zu erwartenden Sonderverpflegung stelle ich die personelle Grabenstärke der Kompanie wie folgt fest:

Leutnant Bernhard Lohmann, Kompanieführer;

Kompanietrupp:		**Reservegruppe:**		**Granatwerfergruppe:**	
Ufw.	Behr	Uffz.	Chall	Uffz.	Rohe
Ogfr.	Will	Ogfr.	Schönfeld	Ogfr.	Eschke
Gefr.	Woznik	Gefr.	Stöhr	Gefr.	Babilon
Gren.	Zeitler	Gren.	Hoffmann	–"–	Mrugalla
Uffz.	Hoffmann	Gefr.	Schäfer	Gren.	Grabsch
Gefr.	Moschner	Gren.	Straub		
		–"–	Gottwald		

I. Zug: Lt. Thöndel, Zugführer; Ogfr. Erfurt, Melder; Ogfr. Niehaus, Sani

1. Gruppe		2. Gruppe		3. Gruppe	
Fdw.	Hofauer	Uffz.	Jarisch	Gefr.	Poppe
Gefr	Gieron	Ogfr.	Kantzy	Gefr.	Sowa
–"–	Werner	Gefr.	Bratek	–"–	Weise
–"–	Röder	–"–	Klose	–"–	Ider
–"–	Woytullek	–"–	Knauer	Gren.	Lorenzl
Gren.	Ferfecki	Gefr.	Gielnik	–"–	Plintke
		Gren.	Fleischer	–"–	Biskup

II. Zug: Fw. Hugo, Zugführer; Ogfr. Hahn, Sani; Gefr. Barucha, Melder

4. Gruppe		5. Gruppe		6. Guppe	
Uffz.	Zmija	Uffz.	Lichtenberg	Uffz.	Löwenstein
StGefr.	Dürnegger	Gefr.	Baumgarten	Ogfr.	Beck
Gefr.	Granitzny	–"–	Hartmann	Gefr.	Groß
–"–	Wachowski	–"–	Sturz	–"–	Gerat
–"–	Freier	Gren.	Glatzl	–"–	Klein
Ogren.	Sasse	–"–	Lindner	Gren.	Kaiser
–"–	Weigelt	–"–	Turba	–"–	Roth

Artillerie-VB		Bataillonsfunker		Gesamtstärke:
Olt.	Gering	Uffz.	Nelessen	Kompanietrupp 1/2/4 = 7
Uffz.	Markwardt	Ogfr.	Bulitz	Res.-Gruppe 1/6 = 7
–"–	Groß	Kan.	Toetz	Gran.-Werfer 1/4 = 5
–"–	Zilinker			I. Zug 1/2/20 = 23
Ogrf.	Brosser			II. Zug 4/20 = 24
–"–	Hartmann			5. Kompanie 2/10/54 = 66
				Ari-VB 1/3/2 = 6
				Funktrupp 1/2 = 3
				Gesamtstärke: 3/14/58 = 75

Es herrscht weiter absolute Ruhe an der Front. Das Versorgungsfahrzeug trifft sehr frühzeitig ein. An Sonderverpflegung, außer der üblichen Verpflegungsportion, sind eine Menge schöner Dinge mitgekommen. Für die gesamte Grabenbesatzung gibt es 32 Flaschen Weinbrand, Frontkämpferpäckchen, Schokolade und Tabakwaren. Diese begehrten Dinge gerecht zu verteilen, ist meine Aufgabe. Überall dort, wo ich mit den Weihnachtsgaben erscheine, werde ich mit großer Erwartung und Freude empfangen. Man ist zuversichtlich, daß es über Weihnachten ebenso ruhig bleibt wie bisher und ist deshalb bei guter Stimmung. Damit das äußere Bild auch weihnachtlich wirkt, hat Schneefall eingesetzt. Es ist noch nicht viel Schnee gefallen, aber es ist doch überall weiß, und die Tannen sehen wie verzuckert aus.

23. Dezember 1943. Seit Mitternacht habe ich im Kompaniegefechtsstand die Telefonwache übernommen. Das ist die wiederkehrende Gelegenheit, meine Briefpost zu erledigen. Ich schreibe ausführlich nach Hause und kann mich für viele erhaltene Briefe und Pakete bedanken. Ich habe einen schönen Kuchen und ein Glas Bienenhonig erhalten. Die mehrmals täglich eintreffenden Meldungen aus der Stellung sind beruhigend. Es gibt keine besonderen Vorkommnisse. Mit dem eintreffenden Versorgungsfahrzeug erhalten wir weitere Zuwendungen. Jeder im Graben bekommt einen Dresdner Christstollen, außerdem Verpflegungsschnaps und Tabakwaren.

24. Dezember 1943. Heiliger Abend in vorderster Stellung. Die Meldungen von den Gruppen und Zügen sind beruhigend. Keine außergewöhnlichen Beobachtungen wurden gemacht. Am Vormittag machen wir beim Kompanietrupp Revierreinigen. Während Leutnant Lohmann in der Stellung unterwegs ist, stellen wir den Bunker „auf den Kopf". Er wird gründlich gereinigt und ordentlich aufgeräumt. Mit frischem Tannengrün schmücken wir das Innere unseres Bunkers aus. Für einen Tannenbaum reicht der Platz nicht aus. Unser Versorgungsfahrzeug vom Troß kommt besonders früh. Bereits um 16.30 Uhr trifft es am Gefechtsstand ein. Es kann ungehindert bis hierher fahren, denn der Weg führt durch nicht einsehbaren Wald. Wir bekommen ein sehr gutes Essen und reichlich kalte Verpflegung. Bei der Verpflegungsausgabe stelle ich fest, daß es wärmer geworden ist. Der wenige Schnee wird pappig und schmilzt dahin.

Nachdem alle Gruppen mit Essen und Verpflegung versorgt sind und das Fahrzeug wieder abgefahren ist, setzen wir uns im weihnachtlich geschmückten Bunker um den Tisch und unterhalten uns. Allgemeiner Gesprächsstoff ist das Weihnachtsfest zu Hause bei unseren Familien. Wir essen Plätzchen, die uns die Angehörigen geschickt haben und trinken dazu Tee mit Rum. Im Radio hören wir ein Weihnachtskonzert für Soldaten, das von einem Soldatensender ausgestrahlt wird.

Gegen 20 Uhr mache ich einen Gang durch die Stellung. Die Luft tut mir gut. Es ist überhaupt nicht kalt, und tatsächlich hat Tauwetter eingesetzt. Das habe ich bisher in Rußland noch nicht erlebt. Seltsames Wetter in dieser Zeit und für dieses Land, wo in den vergangenen Jahren um diese Zeit mindestens 25 bis 30 Grad Kälte normal war! Durch den Graben gehe ich bis zu der Anhöhe, wo Feldwebel August Hugo in seinem Zugbunker sitzt. Hier halte ich mich etwas länger auf, um mich mit seinem jungen, pfiffigen Melder Ernst Barucha zu unterhalten. Am hellen Tage hat man von hier aus gute Sicht und kann die gegenüberliegende Seite überblicken. Doch in dieser Nacht ist die Front mucksmäuschenstill, und nichts ist zu sehen. Nirgends ist ein Schuß zu hören. Weiter nördlich geht ab und zu eine Leuchtkugel hoch, die für kurze Zeit den Frontverlauf ahnen läßt. Das ist alles. Aus mehreren Gruppenbunkern in der Nähe hören wir den Gesang von Weihnachtsliedern. Ernst Baruch und ich schauen uns an und haben dieselben Gedanken. Was ist das für eine verkehrte und verrückte Welt! Weihnachtlicher Friede während eines grausamen Krieges. An anderen Frontabschnitten ist der Teufel los. Wir trennen uns dann. Im großen Bogen gehe ich hinter der Front zum Wald zurück und zum Kompaniegefechtsstand.

25. Dezember 1943. Als ich heute morgen aus dem Bunker komme, um mich mit Schnee frisch zu machen, traue ich meinen Augen nicht. Die weiße Pracht ist bis auf ein paar armselige Reste verschwunden. Es ist warm wie im Frühling und vom Winter nichts mehr zu spüren. Und vom Schnee ist nichts zu sehen. An tiefer gelegenen Stellen ist der Graben mit Wasser halbvoll gelaufen. Die vor wenigen Tagen ausgegebenen Filzstiefel sind für diese Verhältnisse nicht zu gebrauchen. Es ist gut, daß wir beim Umtausch einige Gummistiefel zurückbehalten haben. Sie werden den Posten und den Meldern zur Verfügung gestellt, damit sie keine nassen Füße bekommen. Als das Versorgungsfahrzeug eintrifft, erhalte ich noch ein nachträgliches Weihnachtsgeschenk. Es ist die Mitteilung, daß ich am 1. Januar 1944 in Luniniez (das liegt weit zurück, fast in Polen) sein muß, um an der Armeewaffenschule einen Lehrgang für Unterführer anzutreten. Das Städtchen, das einmal polnisch war, liegt an der Bahnstrecke Brest-Litowsk–Kalinkowitschi am Pripjet, etwa 250 Kilometer östlich von Brest-Litowsk. Die eingehende Post beschert mir noch eine große Anzahl Briefe und Weihnachtspäckchen, wobei ich froh bin, sie noch vor meiner Abreise zu erhalten.

26. Dezember 1943. Der 2. Weihnachtsfeiertag ist ein Sonntag. Draußen ist es immer noch sehr mild. Aus der HKL kommen keine besonderen Meldungen. Es bleibt ruhig. Am späten Nachmittag übergebe ich alle Meldeunterlagen und von mir angefertigte Grabenskizzen an Unterfeldwebel Behr. Auch über die Verpflegungsstärke und die Munitionsbestände bei den Zügen unterrichte ich ihn genau. Danach gehe ich noch einmal die ganze Stellung ab. Bei den Posten verweile ich, um mich über die Lage zu informieren. Von meinem schweigsamen, aber immer zuversichtlichen Freund Karl Schönfeld verabschiede ich mich schon jetzt, nicht ahnend, daß es ein Abschied für immer wird.

27. Dezember 1943. Vom Feind keine Meldungen. Unsere Stellung ist durch das Tauwetter in einen fürchterlichen Zustand gebracht worden. Nur Schlamm und Wasser bedecken die Grabensohle. Stellenweise sind die Grabenwände eingebrochen. Das Wasser wird mit Stahlhelmen aus dem Graben geschöpft. Es gibt viel Arbeit, die entstandenen Schäden zu beseitigen. Äste und Zweige werden als Flechtwerk zum Abstützen der Grabenwände angebracht. Die Grabensohle wird mit dünnen Baumstämmen ausgelegt, um sie überhaupt begehbar zu machen. Die Uniformen der Grabenbesatzung sehen den Grabenwänden entsprechend aus. Sie sind kaum noch als Soldaten zu erkennen. Erdarbeiter könnten nicht schlimmer aussehen. Gegen Mittag gehe ich durch die Stellung und verabschiede mich von meinen Freunden und Kameraden. Lange halte ich mich doch noch bei Karl Schönfeld auf, der in seinem Kampfstand auf Posten steht. Ich wünsche ihm und allen in der Kompanie viel Soldatenglück und ein gesundes Wiedersehen bei meiner Rückkehr vom Lehrgang. Drüben bei den Russen ist nichts zu sehen. Nur schwer läßt sich überhaupt deren Stellungsverlauf ausmachen. Ihre Stellung befindet sich zwischen Gebüsch und Wald, kaum erkennbar, so hervorragend ist sie getarnt. Als das Versorgungsfahrzeug eintrifft, habe ich meine Sachen gepackt und bin zum Mitfahren bereit. Ich esse noch mit dem Kompanietrupp die warme Mahlzeit. Danach melde ich mich bei Leutnant Lohmann und Unterfeldwebel Behr vorschriftsmäßig zum Lehrgang ab. Bei völliger Dunkelheit verlassen wir den Kompaniegefechtsstand in der Hauptkampflinie und fahren Richtung Troß. Das Kfz. 15 bringt mich sicher zum Küchenstützpunkt nach Osipowa Rudnja.

28. Dezember 1943. Nach einer gut durchschlafenen Nacht gehe ich gleich morgens in die Banja. Ich bade lange und verbrauche eine Menge Wasser. Danach ziehe ich mir frische Wäsche an und bringe meine Uniform in Ordnung. Nach dem Frühstück treffe ich noch einige Vorbereitungen für den Lehrgang. Schreibmaterial und Meldeblock bekomme ich auf der Schreibstube. Mittagessen empfange ich mit den Fahrern an der Feldküche. Kurz nach dem Essen fahre ich mit Willi Kost zurück zum eigentlichen Bataillonstroß. Im dortigen Geschäftszimmer treffe ich Oberfeldwebel Bolik von der 6. Kompanie, der zur Waffenschule nach Luniniez abkommandiert ist. Wir haben denselben Weg, aber noch keinen Marschbefehl und keinen Fahrausweis. Wir bleiben hier. Abends sitzen wir lange zusammen und berichten gegenseitig vom Geschehen an der Front.

29. Dezember 1943. Ohne die geringste Störung haben wir geschlafen. Wir sind zeitig auf und machen uns reisefertig. Nach dem Kaffee warten wir auf das Fahrzeug, das uns zum Bahnhof Kalinkowitschi mitnehmen soll. So vergeht der gesamte Vormittag. In aller Gemütsruhe können wir noch das Mittagessen einnehmen. Dann endlich ist es soweit. Ein Versorgungsfahrzeug des Bataillons wird uns mit in die Stadt nehmen. Der Fahrer hält mit seinem Lkw vor unserem Quartier. Wir nehmen unser Gepäck auf und besteigen den Wagen. Bis zum Bahnhof Kalinkowitschi ist es nicht sehr weit, höchstens zwölf Kilometer. Doch wir brauchen für diese Strecke fast eine Stunde. Die sogenannte Straße ist in einem erbärmlichen Zustand. Das Tauwetter hat sie fast unpassierbar gemacht. Wir fahren durch einen See, in dem nur ein paar Stangen aus dem Wasser hervorgucken und die Straße markieren. Wer die angegebene Richtung zwischen den Stangen verläßt, ist verloren. Auf beiden Seiten der normalerweise sowieso auf einem Damm verlaufenden Straße ist nur Sumpf, der jetzt durch das Tauwetter in einen großen Sumpfsee verwandelt worden ist.

Kein Fahrzeug wird dort jemals wieder herauskommen, wenn es hineingeraten ist. Durch Ruhe und Kaltblütigkeit unseres Fahrers gelangen wir sicher in die Stadt und zum Bahnhof. Bis zur Abfahrt des nächsten Zuges nach Westen haben wir noch viel Zeit. Ein Eisenbahner sagt uns, daß die Abfahrt bestimmt nicht vor 18 Uhr sein wird. Kalinkowitschi ist Endstation vor der Front. Züge, die hier enden, fahren auch bald wieder ab. Die wichtigen Lokomotiven bleiben nur kurz am Bahnhof, um sie keiner Zerstörungsgefahr auszusetzen. Hier gibt es keinen gültigen Fahrplan und keine Abfertigung. Gegen 16 Uhr trifft der erwartete Güterzug ein. Dessen Lok soll nach den Rangierarbeiten vor unseren Zug gespannt werden. Es dauert eine Weile, bis der Rangierbetrieb beendet ist und der neue Zug abfahrbereit auf dem Bahnsteig steht. In der Mehrzahl sind es Güterwagen, an die man zwei Personenwagen für Mitreisende angekoppelt hat. In einem dieser Wagen nehmen wir Platz. Dann geht es bald los. Es ist genau 18 Uhr. Längst ist es dunkel geworden. Wir können uns im Abteil nicht sehen, weil die Wagen unbeleuchtet sind und bleiben. Wir sind schon froh, daß die Wagen beheizt sind und wir unterwegs nicht frieren müssen. Im gleichmäßigen Takt bummelt der Zug über die Gleise. Schneller fahren darf er nicht, weil die Strecke stark bandengefährdet ist. Wir richten uns auf eine lange Reise ein. Anfangs halten wir noch auf kleinen Stationen, um Zusteiger aufzunehmen. Doch dann geht es stundenlang ohne Aufenthalt weiter. Etwa um Mitternacht erreichen wir den Ort Staruschki. Hier halten wir längere Zeit.

30. Dezember 1943. Als der Zug sich erneut in Bewegung setzt, versuche ich etwas zu schlafen. Es gelingt mir nur für kurze Zeit, dann werde ich durch die Kälte wach. Es dauert noch ein paar Stunden, bis der Tag graut und wir etwas sehen können. Viel ist es nicht. Die Strecke führt hauptsächlich durch Wald. Nur gelegentlich bekommen wir offenes Gelände zu Gesicht. Felder, Wiesen und auch einmal ein Dorf fallen im Schnee kaum auf. Es vergehen Stunden einsamer Fahrt. Im Laufe des Vormittags fahren wir dann endlich in den Bahnhof Luniniez ein. Wir sind am Ziel. Am Bahnhof legen wir unser Gepäck ab und gehen in die Stadt. Auf der Kommandantur erfahren wir den Weg zur Waffenschule. Ich muß zum Westausgang der Stadt zur Armeeschule und Oberfeldwebel Bolik in eine andere Richtung. Hier trennen sich unsere Wege. Ich marschiere durch das Städtchen zur Schule der Armee. Ich melde mich auf dem gerade erst eingerichteten Geschäftszimmer und erfahre, daß sich die Schule noch im Aufbau befindet und daß ich der erste eingetroffene Lehrgangsteilnehmer bin. Weder das Ausbildungspersonal noch die Lehrgangsräume sind vollständig. Der Lehrgang beginnt erst am 3. Januar 1944. Bis dahin soll alles aufgebaut sein. Der zukünftige Hauptfeldwebel und eine Schreibkraft sind das bisher diensttuende Personal der Schule. In tadellosem Zustand präsentieren sich die Wohn- und Schlafräume sowie die Waschanlagen. Letztere sind für mich sehr wichtig. Da ich der erste Lehrgangsteilnehmer bin, kann ich mir mein Bett im Schlafsaal aussuchen. Ich entscheide mich für das Bett am Fenster und bringe mein Gepäck in den dazugehörigen Spind. Bis zum Beginn des Lehrgangs kann ich nach Auskunft des zuständigen Personals tun und lassen, was ich will. Ich mache mich frisch und lasse mir an der Küche etwas zu essen geben. Danach spaziere ich in die Stadt. Dort will ich mich umsehen. Viel zu entdecken gibt es nicht. Von Interesse sind das Kino und die Aufenthaltsräume im Bahnhofsgebäude. Ganz in der Nähe befindet sich ein Frisiersalon. Dort lasse ich mir die Haare schneiden. Beim Friseur erfahre ich, daß es hinter dem Bahnhof ein Duschbad für Wehrmachtangehörige gibt. Das ist eine sehr gute Nachricht. Vom Friseur aus gehe ich zunächst in das Kino, denn dort beginnt die Vorstellung des bekannten Films „Die Wirtin zum weißen Rössel".* Im Kino sind noch viele

* Deutscher Spielfilm von 1943 mit Otto Graf, Dorit Kreysler und Leni Marenbach in den Hauptrollen, Spielleitung: Karl Anton, Anm. d. Verl.

Plätze frei. Nach der Vorstellung lasse ich am Ausgang alle Besucher an mir vorübergehen, in der Hoffnung, irgendein mir bekanntes Gesicht zu entdecken. Oft ist mir der Zufall dabei zu Hilfe gekommen. Das ist leider heute nicht der Fall. Anschließend suche ich das Bad auf und dusche lange.

Nach dem Bad marschiere ich zur Schule zurück, ich habe Hunger bekommen. Während meiner Abwesenheit sind weitere Lehrgangsteilnehmer eingetroffen. Es sind alles Soldaten aus kämpfenden Einheiten, die untereinander schnell Kontakt haben. Viele der Ankommenden sind bei der Infanterie und kämpfen im gleichen Frontabschnitt wie die 5. Panzerdivision.

31. Dezember 1943. Das Jahr 1943 geht zu Ende. Erstmals seit meinem letzten Urlaub habe ich wieder in einem richtigen Bett geschlafen. Ich bin ausgeruht und einer der ersten, die sich im Waschraum frisch machen. Nach dem Morgenfrühstück räume ich den Spind ein und unterhalte mich mit meinen unmittelbaren Bettnachbarn. Es sind ausnahmslos tadellose Kerle, die das Herz auf dem rechten Fleck haben. Die meisten kommen von der Infanterie. Auch von unserer Nachbardivision in der HKL, der 292. Infanteriedivision, sind zwei Obergefreite hier angekommen.

Pünktlich um 12 Uhr gibt es das Mittagessen, das in einem großen Speisesaal eingenommen wird. Bald nach dem Mittagessen spaziere ich durch die Stadt zum Bahnhof. Hier nehme ich in dem großen beheizten Aufenthaltsraum Platz und lese die ausliegenden bunten Zeitschriften. Ich schreibe noch einige Briefe, die ich einem Urlauber in die Hand drücke, der auf den Zug zur Grenze wartet. Dann ist es Zeit, zur Schule zurückzugehen. Um 18 Uhr gibt es Abendessen. Auf dem Weg zur Schule fängt es an zu regnen. Der auf dem Gehsteig festgetrampelte Schnee ist schlüpfrig-glatt. Es beginnt wieder zu tauen. Eigentlich kein schöner Jahresausklang. In der Unterkunft verspeise ich einen Teil meiner kalten Verpflegung. Anschließend unterhalte ich mich mit einem Neuankömmling. Danach lege ich mich bald zum Schlafen hin. Ich träume friedlich in das neue Jahr hinein. Vom Silvesterkrach habe ich nichts gehört und nichts gesehen.

Das Jahr 1944

**Vom Ptitsch zum Drut nördlich Rogatschew
Kämpfe bei Kowel und in der Turjastellung
Der Zusammenbruch der Heeresgruppe Mitte
Einsatz in Kurland, Litauen und Ostpreußen**

1. Januar 1944. Das neue Jahr beginne ich weitab von der Front in der Kampfschule des Armee-Oberkommandos 2 in Luniniez. Das Städtchen liegt im Gebiet der Pripjetsümpfe zirka 250 Kilometer ostwärts Brest-Litowsk an der Bahnverbindung Warschau–Gomel. Bis zum Pripjetfluß sind es nur wenige Kilometer. Die Bevölkerung ist gemischt polnisch-russischer Herkunft. Die Schule befindet sich ganz am äußersten westlichen Stadtrand, so daß wir bereits nach wenigen Schritten im freien Gelände sind. Fast überall ist Sumpf. An den Erhebungen, wo der Sumpf aufhört, besteht der Boden aus Sand. Das Land ist durchweg eben mit wenigen Bodenerhebungen. Den ersten Tag des neuen Jahres bin ich nicht so früh wie sonst aufgestanden. In aller Gemütsruhe trinke ich Kaffee und verbringe den Vormittag in der Unterkunft. Draußen ist es nicht schön. Es ist naßkalt, und der fallende Schnee ist mit Regen vermischt. Auf den Straßen der Stadt haben sich große Pfützen gebildet. Nach dem Mittagessen wird es mir in der Schule zu eng. Ich muß hinaus, um mir Bewegung zu verschaffen. Trotz des miserablen Wetters marschiere ich der Ausfallstraße nach, erreiche über einen Feldweg den Bahndamm und gehe dort entlang zum Bahnhof. Im Bahnhof verweile ich etwas und trinke bei den Rot-Kreuz-Schwestern eine Tasse Kaffee, den sie stets vorrätig haben. Durch die Stadt gehe ich zur Schule zurück.

2. Januar 1944. Es ist Sonntag. Noch ist Ruhetag für die Lehrgangsteilnehmer. Die letzten Aspiranten sind heute vormittag eingetroffen. Alles ist für den Beginn morgen vorbereitet. Schreibmaterial wird ausgegeben, und die Pläne für den Wochendienst werden ausgehängt. Der tägliche Dienst beginnt um 7 Uhr und endet um 19 Uhr, unterbrochen durch eine Stunde Mittagspause. Nach Dienstschluß müssen schriftliche Arbeiten erledigt und Aufgaben gelöst werden. Es wird einiges verlangt.

3. Januar 1944. Der Lehrgang beginnt. Schon das Wecken durch den UvD ist fremd. Dann waschen, Betten bauen, Kaffee trinken usw. Alles läuft ab wie in der Kaserne. Zum ersten Unterricht versammeln wir uns in einem großen Hörsaal. Die Ausbilder werden vorgestellt. Es sind alles erfahrene und ausgezeichnete Front-Unteroffiziere, die wegen Verwundungen nicht mehr in der HKL eingesetzt werden können. Hier sollen sie ihre Erfahrung und ihr umfassendes Wissen an die angehenden Unteroffiziere weitergeben. Nach dem Unterricht wird sich schnell umgekleidet, und dann geht es ins Gelände. Die Geländeausbildung bildet den Schwerpunkt unseres Lehrganges. Nur zur Mittagspause sind wir kurz in der Schule. Danach geht es sofort wieder hinaus, bis wir abends müde zurückkommen.

12. Januar 1944. Die Tage beim Lehrgang fliegen nur so dahin. Man nimmt uns ganz schön ran und schont uns nicht. Urplötzlich ist es kalt geworden. Seitdem bin ich gesundheitlich nicht ganz auf der Höhe. Seit gestern habe ich einen tüchtigen Schnupfen. Die Nase läuft entsetzlich, sonst behindert mich die Erkältung nicht. Das Essen schmeckt mir ausgezeichnet, und nachts kann ich hervorragend schlafen. Der Lehrgang geht unverändert weiter. Ich habe weder mit dem Lehrstoff noch mit den Ausbildern Schwierigkeiten. Durch einen Kurierfahrer der Division, den ich zufällig beim Mittagessen treffe, erfahre ich allerlei Neuigkeiten von der Front. Er berichtet, daß die Division seit dem 8. Januar in schweren Abwehrkämpfen steht und die HKL zurückgenommen werden mußte. Ganz besonders hart wurde mein Bataillon getroffen, wo der Feind am ersten Tag einen tiefen Einbruch erzielen konnte. Der Bataillonsstützpunkt Osipowa-Rudnija ist verlorengegangen. Nach den Aussagen des Fahrers haben die Grenadierkompanien schwere Verluste gehabt. An diesem Nachmittag ist früher als sonst Dienstschluß, damit wir uns für eine vorgesehene Nachtübung etwas ausruhen können. Ich nehme die Gelegenheit wahr, um noch schnell einen Brief zu schreiben. Pünktlich um 22 Uhr rücken wir zur Nachtübung aus.

16. Januar 1944. Es ist Sonntag, der auch während des Lehrgangs ein Ruhetag ist. Um den Rest meiner Erkältung loszuwerden, gehe ich in die Badeanstalt. Ich nehme frische Wäsche mit. Zu dieser frühen Zeit ist noch nicht viel los, und das Wasser ist schön heiß. Ich dusche eine ganze Weile, immer abwechselnd heiß und kalt. Das bekommt mir außerordentlich gut. Danach ziehe ich mich an und fühle mich wesentlich besser. Ich halte mich noch eine Zeit im Aufenthaltsraum auf, bevor ich durch die Kälte zur Schule zurückgehe. Ich bekomme die erste Post von zu Hause. Dann ist Zeit zum Mittagessen. Während der Pause lege ich mich in mein Bett und schlafe eine Stunde. Von meiner Erkältung spüre ich nichts mehr. Abends geht der Lehrgang geschlossen zu einer Varieté-Vorführung ins Soldatentheater, das hier – weit hinter der Front – errichtet worden ist.

22. Januar 1944. Heute soll der letzte Lehrgangstag sein. Wir treffen Vorbereitungen für die Rückkehr zur Truppe. Ich habe Zigarren und Zigaretten gesammelt, die ich nach Hause schicken will. Noch machen wir Dienst im Gelände. Während der Mittagspause erfahren wir, daß der Lehrgang verlängert wird. Das ist eine völlig neue Situation. Nach Dienstschluß packe ich vorsorglich das Päckchen mit Tabakwaren für meinen Vater und bringe es noch zur Armeepoststelle, die gegenüber liegt.

23. Januar 1944. Sonntag – Ruhetag. Durch die unvorhergesehene Verlängerung des Lehrgangs haben wir einen ruhigen Tag. Draußen ist schlechtes Wetter. Seit Tagen regnet es. Die Temperaturen liegen ständig über dem Gefrierpunkt, und es taut kräftig. Die Straßen sind mit Pfützen übersät, und das Wasser läuft nicht ab. Die meisten Schüler haben keine Lust, bei diesem Wetter vor die Tür zu gehen. Wir sitzen im Speisesaal und unterhalten uns. Gesprächsstoff sind die Ereignisse an der Front. Dort stehen unsere Kameraden in schweren Kämpfen. Näheres haben wir bisher nicht erfahren können. Wir wissen nur das, was der Wehrmachtbericht über die Kämpfe am Pripjet bekanntgegeben hat. Die HKL mußte weiter zurückgenommen werden. Nach der Mittagspause habe ich keine Ruhe in der Unterkunft. Ich nehme mein Waschzeug und spaziere in die Stadt. Unterwegs wird mir warm. Es ist wie im Frühling. Ich gehe zur Badeanstalt und dusche lange. Anschließend halte ich mich etwas auf dem Bahnhof auf. Ein aus Richtung Kalinkowitschi einfahrender Lazarettzug hält. Aus geöffneten Abteilfenstern schauen viele Verwundete heraus. Ich frage sie nach Angehörigen der 5. Panzerdivision. Es meldet sich ein Unteroffizier vom Panzergrenadierregiment 13. Von ihm erfahre ich, daß die Stadt Kalinkowitschi bereits am 13. Januar von den Russen eingenommen wurde, und die Division weiter in schwerem Abwehrkampf steht. Nach diesen nicht sehr erfreulichen Nachrichten mache ich mich auf den Weg zur Schule.

28. Januar 1944. Diese letzte Lehrgangswoche ging wie im Fluge vorüber. Trotz schlechten Wetters sind wir täglich im Gelände gewesen. Und bis in die Nacht hinein wurden schriftliche

Arbeiten erledigt. Heute ist der letzte Lehrgangstag. Zum Abschluß ist eine großangelegte Übung im Gelände angesetzt, bei der wir unsere erworbenen Kenntnisse unter Beweis stellen müssen. Eine ganze Anzahl hoher Offiziere, die als Führerreserve bei der Armee stationiert sind, werden der Übung beiwohnen und als Kampfrichter fungieren. Gleich zu Beginn muß ich übungsweise einen Zug im Gegenstoß gegen eingebrochenen Feind führen. Eine Aufgabe, die ich aus der Praxis her bestens kenne. Auf diese Art und Weise werden alle Lehrgangsteilnehmer geprüft und bewertet. Nach dem Ende der Übung marschieren wir zur Schule und versammeln uns im Speisesaal. Hier werden die einzelnen Übungen kritisch besprochen und phasenweise erläutert. Danach erfahren wir unsere Beurteilungen. Ich bin sehr zufrieden, denn ich schneide als einer der besten Teilnehmer des Lehrgangs ab. Damit ist der Lehrgang auch zu Ende. Nach dem Abendessen wird im großen Saal eine Abschiedsfeier veranstaltet, verbunden mit einer Varieté-Vorstellung. Wir haben viel Freude an diesem Abend und gehen zu vorgerückter Stunde in bester Stimmung schlafen.

29. Januar 1944. Nach der ausgedehnten Feier gestern haben wir heute durchweg länger geschlafen. Zum Frühstück sind wir rechtzeitig im Speisesaal. Danach gehe ich noch einmal zur Badeanstalt, denn man weiß nicht, wann und wo die nächste Gelegenheit dazu geboten wird. Das Wetter ist immer noch schmuddelig. Vom Schnee ist nicht mehr viel zu sehen. Vom Bad zurück, ist gleich Mittagszeit. Nachmittags gehe ich nicht mehr vor die Tür. Ich schreibe diverse Briefe, in denen ich die Veränderung meiner Postanschrift mitteile.

30. Januar 1944. Die letzte Nacht in der Schule ist vorüber. Das Bett, in dem ich so gut schlafen konnte, wird für einen neuen Lehrgangsteilnehmer bezogen. Nach dem Kaffee haben wir viel Zeit, uns zur Abreise fertigzumachen. Bis zur Abfahrt eines Zuges Richtung Osten halten wir uns in der Schule auf. Wir bekommen noch Mittagessen. Kurz danach gibt man uns die Zugabfahrt und den voraussichtlichen nächsten Haltepunkt vor der Front bekannt. Die Endstation heißt Muljarowka. Von dort aus muß jeder auf eigene Faust seine Division zu erreichen versuchen. Bald nehmen wir das Gepäck auf und marschieren zum Bahnhof. Der Zug steht dort abfahrbereit. Wir steigen ein und müssen noch eine Weile bis zur Abfahrt warten. Gegen 15 Uhr verlassen wir Luniniez. Zur Abreise hat sich das Wetter schlagartig verändert. Es ist frostig-kalt und der Boden wieder hart gefroren. Auf den Straßen ist es spiegelglatt. Die Birken entlang der Bahn sind mit Eis überzogen und funkeln in der fahlen Sonne.

31. Januar 1944. Nach einer schier endlosen Bummelfahrt durch die Nacht und diversen Aufenthaltsorten erreichen wir an diesem Vormittag die Endstation Muljarowka. Wir sind am Ziel. An einem Meldekopf am Bahnhof erfahren wir unsere Divisionsstandorte, dann trennen sich unsere Wege. Ich erfahre, daß die 5. Panzerdivision nördlich von hier am Fluß Ptitsch eingesetzt ist. Das II. Bataillon des Panzergrenadierregiments 14 soll in Slobodka I liegen. An der nächsten größeren Straßenkreuzung treffe ich ein Versorgungsfahrzeug meines Regiments, das mich bis nach Kopatkewitschi mitnimmt. Von hier sind es nur wenige Kilometer Fußmarsch über den Fluß Ptitsch, und ich bin in Slobodka. Hier finde ich schnell die 5. Kompanie. Es ist nur ein kläglicher Rest von der Kompanie, die ich vor gut vier Wochen verlassen habe. Sie liegen in Ruhequartieren. Geführt wird die Kompanie von meinem Freund, Leutnant August Kiene. Wir freuen uns riesig über das Wiedersehen. Von ihm erfahre ich Einzelheiten zu den Kämpfen seit dem 8. Januar. Schon am ersten Kampftag wurden Leutnant Lohmann und Unterfeldwebel Behr verwundet. Außerdem hatte die Kompanie weitere schwere Ausfälle: Die Kameraden Ditzel, Ferfecki, Gottwald und Schäfer werden vermißt. Danach folgten verlustreiche Einsätze bei Jakimowitschi und Wischa. Die Kompanie war auf weniger als 30 Soldaten zusammengeschrumpft und wurde nach drei Wochen Einsatz in eine Ruhestellung geschickt. Einige der Leichtverwundeten sind zurückgekehrt, so daß die Kampfstärke etwas über 50 Köpfe beträgt. Nun gilt es, die Kompanie neu zu ordnen und aufzustellen. August Kiene hat mir wieder den Kompanietrupp übertragen. Ohne langes Zögern beginne ich mit der Arbeit. Da ich keine Aufzeichnungen von meinem Vorgänger übernehmen kann, muß ich vorab eine generelle Bestandsaufnahme erstellen. Zu diesem Zweck gehe ich durch die Quartiere, um alle personell zu erfassen. Bei dieser Gelegenheit begrüße ich die Soldaten, die jetzt zur Kompanie gehören, und vor allem die Kameraden, die ich seit langer Zeit kenne. Immer wieder berichten sie von ihren Erlebnissen während der vergangenen Kämpfe. Auch über das Schicksal der dabei gefallenen Kameraden erfahre ich Einzelheiten. So höre ich, daß mein treuer Freund Karl Schönfeld bereits kurz nach Beginn des russischen Angriffs am 8. Januar gefallen ist. Die mir von seinem Tod berichten, erwähnen besonders, wie er unerschütterlich bis zuletzt seinen Kampfstand verteidigt hat. Er ist durch Granatsplitter ums Leben gekommen. Er und einige weitere gefallene Kameraden konnten leider nicht geborgen werden. Schon Tage vorher, am 2. Januar 1944, wurde ein weiterer Freund von mir, Unteroffizier Edmund Zmija, durch einen Scharfschützen so schwer verwundet, daß er noch am gleichen Tag auf dem Hauptverbandplatz verstorben ist. Die Verwundung war so schwer, daß jede Hilfe zu spät kam. Er wurde auf dem Ehrenfriedhof in Duditschi beigesetzt. Seine Freude über ein gelungenes Tor beim Fußballspiel wird mir unvergessen bleiben. Während ich diesen tragischen Dingen zuhöre, mache ich Aufzeichnungen über anwesende Unteroffiziere, MG-Schützen, vorhandene Bewaffnung, Munition und Ausrüstung. Fehlendes muß beim Troß angefordert und kurzfristig nach vorne geschafft werden. Bei der angespannten Lage ist nicht damit zu rechnen, daß wir noch mehrere Tage in Ruhe verbringen können. Anhand der Aufzeichnungen werde ich gemeinsam mit dem Kompanieführer die einzelnen Gruppen neu formieren und die Zug- und Gruppenführer bestimmen. Mit dem Versorgungsfahrzeug kommen weitere ehemals Kranke und als geheilt entlassene Verwundete von Truppenverbandplatz und Feldlazarett zurück.

Die personellen Aufzeichnungen ergeben folgenden Personenkreis:

Leutnant August Kiene, Kompanieführer.

Uffz.	Döbler	Ogfr.	Reck, Georg	Gefr.	Blanke	Gren.	Bremer
–"–	Hoffmann	–"–	Staniwoga	–"–	Böger	–"–	Firnis
–"–	Hülsmann	–"–	Strauß	–"–	Czmiel	–"–	Gregor
–"–	Kluge	–"–	Tröstl, Fritz	–"–	Gärtner	–"–	Hansen
–"–	Leske	–"–	Will	–"–	Gebauer	–"–	Hoffmann
–"–	Lichtenberg	Gefr.	Berner	–"–	Groß	–"–	Kroeger
–"–	Seidler	–"–	Heger	–"–	Kensicki	–"–	Lücking
–"–	Stephan	–"–	Kusch	–"–	Lutz	–"–	Pahl
–"–	Strunz	–"–	Lorenzl	–"–	Nimser	–"–	Reck
Stgfr.	Dürnegger	–"–	Mrugalla	–"–	Probst	–"–	Rönnau
–"–	Murke	–"–	Röder	–"–	Schuster	–"–	Schacht
Ogfr.	Raabe	Ogren.	Neumann	Gren.	Benda	–"–	Schalck
Gren.	Schmid, Leo	Gren.	Schmidt, H.	–"–	Schütze	–"–	Wehrhahn
		–"–	Wrobel	–"–	Wendland		

1. Februar 1944. Bis spät in die Nacht hinein habe ich mit Leutnant August Kiene im spärlich beleuchteten Quartier zusammengesessen. Wir haben die Aufstellung der Kompanie und deren Bewaffnung bis in alle Einzelheiten durchgesprochen. Wir werden zwei unterschiedlich starke Züge bilden: Der I. Zug mit drei Gruppen und der II. Zug mit zwei Gruppen. Dazu kommt der Kompanietrupp. Wir legen Wert darauf, daß bestehende Freundschaften nicht getrennt werden. Ehemalige Gruppen und deren Führer sollen beisammen bleiben können. Die Vollständigkeit wird dann durch jüngere Kameraden hergestellt. Andererseits müssen wir auch darauf achten, daß die jüngeren Soldaten entsprechend ihrer Ausbildung zu den Waffen in den Gruppen passen. Vorrangig ist die Kampfkraft der Gruppe. Mindestens zwei gut ausgebildete MG-Schützen sollten in der Gruppe vertreten sein. Nach dem dienstlichen Teil sprechen wir über alles, was uns sonst bewegt, auch über unsere privaten Dinge. Dabei stellen wir fest, daß sich gegenüber früher, als wir Melder im Kompanietrupp waren, nichts verändert hat. Wir verstehen uns blind. Das unbedingte Vertrauen in den anderen hat durch die vorübergehende Trennung keineswegs gelitten. Eher ist das Gegenteil der Fall. Da jeder in seiner neuen Stellung noch mehr Verantwortung zu tragen hat, fühlen wir uns noch stärker miteinander verbunden. Wir sprechen die gleiche Sprache und denken und handeln in einer Übereinstimmung, die uns immer wieder selbst verblüfft. Nur kurz haben wir geschlafen, dann sind wir wieder mobil. Wir lassen die Kompanie antreten und führen die Zug- und Gruppeneinteilung durch. In dieser Gliederung und mit vorhandener Bewaffnung sind wir einsatzbereit:

Kompanietrupp: 1/1/3
I. Zug: 5/29
II. Zug: 3/13
Gesamtstärke: 1/9/45 = 55

2. Februar 1944. Noch einmal haben die Soldaten lange schlafen können. Inzwischen herrscht reges Treiben in den Quartieren. Die Waffen werden überprüft, Sachen werden instandgesetzt und MG-Munition gegurtet. Viele schreiben Briefe. Ich selbst komme noch nicht dazu, obwohl ich durch meine längere Abwesenheit eine große Menge aufbewahrte Post in Empfang nehmen konnte. Im Laufe des Vormittags werden die Kompanieführer zum Bataillonsgefechtsstand befohlen. Das ist ein sicheres Zeichen, daß es mit der Ruhe in Slobodka bald vorbei ist. Ich gehe deshalb noch einmal durch die Quartiere und stelle fest, ob Ausrüstungsgegenstände fehlen. Dann kommt August Kiene vom Bataillon zurück. Die Kompanie muß sich auf den nächsten Einsatz vorbereiten. Das Nachschubfahrzeug versorgt uns noch mit warmer und kalter Verpflegung. In Ruhe kann das warme Essen verzehrt werden. Mitgekommene Waffen und Ausrüstungsgegenstände werden verteilt. Dann heißt es „Kompanie fertigmachen". Mit dem letzten Licht des Tages verlassen wir das Dorf und marschieren zur HKL. Auf dieser Seite des Flusses etwa drei Kilometer am Fluß entlang, dann über die Brücke des Ptitsch und noch ungefähr zwei Kilometer nach Norden. Das Panzergrenadierregiment 14 verteidigt am Ptitsch noch einen Brückenkopf. Wir lösen unser I. Bataillon ab. Es ist keine schöne Stellung, denn das Gelände ist durchweg sumpfig und der Stellungsgraben nur etwa 1 bis 1,20 Meter tief. Immerhin sind einige Erdbunker vorhanden, die von den Gruppen bezogen werden können. Der Kompanietrupp befindet sich etwas abgesetzt von der Stellung hinter einer leichten Bodenerhebung. Nach der Einweisung und Ablösung der alten Grabenbesatzung übernehme ich im Kompaniegefechtsstand die erste Bunkerwache. So komme ich endlich dazu, einen Teil meiner erhaltenen Post zu beantworten.

3. Februar 1944. Nach Tagesanbruch verlasse ich mit Leutnant August Kiene den Gefechtsstand, um aus gedeckter Position hinter unserem Bunker das vor der Stellung befindliche Gelände einzusehen. Von hier aus hat man einen guten Überblick. Weit schauen wir über eine unendlich erscheinende Ebene, die nur gering bewachsen ist. Hier und da ist ein Busch oder ein Strauch zu sehen, sonst nur dürres, braunes Sumpfgras. Vom Schnee ist nicht mehr viel zu sehen. Er ist größtenteils weggetaut. Deshalb wissen wir auch nicht, ob das Sumpfland vor uns überhaupt begehbar ist. Die russische Stellung uns gegenüber können wir auf Anhieb nicht ausmachen. Sie muß sehr weit entfernt sein, denn dazwischen liegt ein nicht erkennbarer Sumpfsee, der uns nur aus der Karte bekannt ist. Wir müssen einen ständigen Beobachter postieren, der bei Bewegungen feststellen kann, wo der Feind überhaupt sitzt. Die Kampfstände in der Stellung sind durch aufgeschüttetes Erdreich entstanden, die dem Gelände angepaßt wurden. Zur Verteidigung ist das ein gutes Gelände, weil man sich hervorragend tarnen kann und die eingesetzten MGs ideales Schußfeld haben. „Freund Iwan" dürfte es sehr schwer haben, hier Angriffserfolge zu erzielen.

4. Februar 1944. Die Nacht war klar, aber nicht kalt. Ich habe mir vorgenommen, morgens nach dem Aufstehen wieder mein Abhärtungstraining durchzuführen. Hinter dem Gefechtsstand mache ich einen Eimer Wasser heiß, rasiere und wasche mich gründlich und übergieße meinen völlig nackten Körper mit eiskaltem Wasser aus dem Sumpf. Dann erst frühstücke ich in unserem Bunker. Aus der Stellung sind bisher keine Meldungen über Feindbeobachtungen eingegangen. Unser Kompanieabschnitt ist absolut ruhig. Nur aus dem benachbarten linken Abschnitt ist etwas Kampflärm zu hören. Wir haben die erste Krankmeldung (Gefreiter Gebauer).

5. Februar 1944. Heute vor drei Jahren bin ich in Marburg Soldat geworden. Inzwischen sind davon zwei Jahre und fünf Monate vergangen, die ich mit der 5. Panzerdivision an der Ostfront stehe. Nicht immer war es bei den vorangegangenen Kämpfen und in den Stellungen so ruhig wie hier. Aus dem Kompanieabschnitt werden keine Vorkommnisse gemeldet. Aus gedeckter Stellung am Kompaniegefechtsstand versuchen wir wieder, die russische Stellung auszumachen. Es gelingt uns nicht, weil wir keine Bewegungen im feindlichen Gelände erkennen können. So vergeht der Tag, ohne daß auch nur ein einziger Schuß fällt. Etwa eine Stunde nach Einbruch der Dunkelheit kommt das Versorgungsfahrzeug zu uns. Es bringt Leutnant Lohmann mit. Seine Verwundung von Anfang Januar ist ausgeheilt. Er bringt die Weisung mit, daß er „seine" 5. Kompanie übernehmen wird und Leutnant August Kiene ab sofort die 7. Kompanie führen soll. August und ich sind wie vom Blitz getroffen. Wir haben nicht geahnt, daß wir uns nach so kurzer gemeinsamer Zeit wieder trennen müssen. Für mich ist das ein absolut schwarzer Tag. Doch Befehl ist Befehl, und Lohmann ist der dienstältere Offizier, der diesen Anspruch wohl geltend machen kann. Die Übergabe der Kompanie nimmt kaum Zeit in Anspruch, dann verläßt uns mein Freund, Leutnant August Kiene, nach kurzem Abschied. Er hat keinen weiten Weg, denn die 7. Kompanie ist unser unmittelbarer rechter Nachbar. Darüber bin ich sehr froh, können wir uns doch öfters sehen. Zwei Neuerkrankungen (Unteroffizier Seidler und Grenadier Schaffer) werden zum Truppenarzt geschickt.

6. Februar 1944. Als ich heute morgen aus dem Bunker komme, um mein kaltes Bad zu nehmen, ist es richtig warm. Man könnte glauben, der Frühling möchte Einzug halten, so warm ist es auf einmal. Doch in Rußland darf man sich von solchen Wetterkapriolen nicht täuschen lassen. Bis gegen 10 Uhr etwa scheint die Sonne, dann ändert sich das Wetter schlagartig. Der Wind dreht, und der Himmel bewölkt sich schnell. Auch im Kompanietrupp ist die Stimmung nicht, wie sie sein soll. Der Weggang von Leutnant Kiene hat die Stimmung getrübt. Leutnant Lohmann hat den ersten Stellungsdurchgang hinter sich. Obwohl im Graben alles ruhig ist und der ausgedehnte Sumpf davor einen zusätzlichen Schutz vor feindlichen Überraschungen bietet, hat er einiges zu bemängeln und will Änderungen vornehmen. Das war nicht anders zu erwarten. Auch die Gliederung der Kompanie findet nicht seine Zustimmung. Ich fordere ihn auf, frei und offen zu sagen, was ihm nicht gefällt, damit man es schnellstens ändern kann. Er muß sich das erst noch überlegen. Um etwas Ablenkung und Unterhaltung zu haben, gehe ich bis zum Eintreffen des Versorgungsfahrzeuges in den nahen

Zugbunker, wo Unteroffizier Stephan mit seinem Zugtrupp sitzt.

7. Februar 1944. Es ist absolut ruhig in der Stellung. Trotzdem darf man sich nicht dazu verleiten lassen, offen im Gelände herumzulaufen. Es würde die eigene Stellung verraten und feindliche Scharfschützen herausfordern. Tagsüber müssen deshalb alle Bewegungen eingeschränkt werden. Nur die Ablösung der eigenen Posten muß sein und wird entsprechend vorsichtig durchgeführt. Mit dem Versorgungsfahrzeug bekommen wir weiteren personellen Zuwachs. Ein Offizier und zwei Mann sind eingetroffen. Es sind Leutnant Claus Lange, der Obergefreite Paul Peiffer und der Gefreite Dietrich Lapaque. Leutnant Lange übernimmt den I. Zug, während Unteroffizier Stephan nun den II. Zug führen wird. Wegen Platzmangels bewohnen beide Zugführer denselben Bunker.

Zugführer Unteroffizier Engelbert Hülsmann

8. Februar 1944. Während im Norden und Süden der Brückenkopfstellung erheblicher Kampflärm zu vernehmen ist, bleibt es im eigenen Kompanie-Abschnitt noch ruhig. Wir müssen aber auf der Hut sein, denn seit gestern abend tobt ein Schneesturm, durch den man keine drei Meter weit sehen kann. Der Schneesturm hat während der ganzen Nacht angehalten und ist noch nicht zur Ruhe gekommen. Wir sind froh, daß wir die Winterbekleidung noch nicht abgegeben haben, denn es ist auch empfindlich kalt dabei. Die Posten in den Kampfständen werden stündlich abgelöst und zu erhöhter Aufmerksamkeit angehalten. Zusätzlich sind während der Nacht Streifen unterwegs, damit nicht doch noch Feindkräfte unbemerkt einsickern können. An diesem Nachmittag versucht der Kompanieführer, mit einem Melder die Stellung abzugehen. Er kommt bald wieder zurück, da der flache Laufgraben zugeweht und nicht zu erkennen ist. Stellenweise sind beide bis zum Bauchnabel im Schnee versunken und nur mühsam vorwärts gekommen. Unserem Versorgungsfahrzeug ergeht es nicht besser. Es kommt mit Verspätung an, da der richtige Weg nicht zu erkennen ist. Wir hatten schon einen Lotsen entgegengeschickt. Zwei Kranke (Gefreiter Czmiel und Grenadier Pahl) fahren zurück, um sich beim Arzt zu melden.

9. Februar 1944. Der Sturm hat zwar während der Nacht nachgelassen, der Schneefall aber nicht. Als ich heute morgen den Bunker verlassen will, muß ich erst den Eingang freischaufeln. Und die weißen Flocken tanzen weiter vom Himmel herunter. Für die Morgentoilette spare ich das Wasser. Stattdessen ziehe ich mich aus, laufe ein paar Schritte und wälze mich im frischen Schnee. Dann reibe ich mich damit ab und trockne mich. Nun schlüpfe ich in meine Wäsche und in die Uniform.

Nach dem Morgenkaffee setzt sich Leutnant Lohmann zu mir, um die Kompaniegliederung zu besprechen. Er ist mit der derzeitigen Einteilung nicht einverstanden. Er ist der Meinung, daß das hiesige Gelände geradezu ideal für den Einsatz eines sMG wäre und die Personalbesetzung für die Aufstellung eines sMG-Zuges ausreichen müßte. Die Feuerkraft der Kompanie könnte dadurch erheblich gesteigert werden. Zunächst muß ich in den Gruppen feststellen, ob genügend Soldaten mit sMG-Ausbildung vorhanden sind. Zu diesem Zweck mache ich mich auf den Weg durch die Stellung. Dabei spreche ich auch mit den beiden Zugführern und mit Unteroffizier Engelbert Hülsmann, der den sMG-Zug führen soll. Er ist der richtige Mann dafür. Nachdem ich einen Unteroffizier und neun Mann mit entsprechender Ausbildung ermittelt habe, trage ich dem Kompanieführer eine neue Gliederung der Kompanie vor. Er ist damit einverstanden. Die 5. Kompanie, Panzergrenadierregiment 14, sieht nach der Umgruppierung am 10. Februar 1944 im Brückenkopf am Ptitsch so aus:

Lt. Lohmann, Bernhard, Kompanieführer

Kompanietrupp:		**sMG-Zug:** Uffz. Hülsmann			
Ogfr.	Will	Ogfr.	Staniwoga	Uffz.	Döbler
Ogfr.	Tröst	Gefr.	Heger	Gefr.	Böger
Gren.	Bremer	–"–	Schuster	–"–	Nimser
		Gren.	Hoffmann	Gren.	Benda
Uffz.	Hoffmann (Sani)	–"–	Wrobe	–"–	Schmidt

I. Zug: Lt. Lange, Zugführer; Uffz. Kluge, Gefr. Probst; Melder

1. Gruppe		2. Gruppe		3. Gruppe	
Uffz.	Lichtenberg	Ogfr.	Peiffer	StbGfr.	Murke
Gefr.	Lapaque	Ogfr.	Reck,Georg	Gefr.	Lorenzl
Gren.	Hansen	Gefr.	Berner	–"–	Röder
–"–	Wendland	–"–	Blanke	Gren.	Schütze
–"–	Rönnau	–"–	Mrugalla	–"–	Gregor
–"–	Reck	–"–	Kensicki	–"–	Kroeger
–"–	Pahl	–"–	Groß	–"–	Schalck
–"–	Lücking	–"–	Firnis		

II. Zug: Uffz. Stephan, Alfons, Zugführer; Gefr. Kusch, Melder

4. Gruppe		5. Gruppe		abwesend	
Uffz.	Strunz	Uffz.	Leske	Gefr.	Gebauer, krank
				Gren.	Gsell, krank
StGfr.	Dürnegger	Ogfr.	Raabe	–"–	Schäffer, krank
Ogfr.	Strauß	Gefr.	Czmiel	Ogfr.	Göddecker, kommandiert
Gefr.	Lutz	–"–	Gärtner	Ogren.	Neumann, Urlaub
Gren.	Müthling	Gren.	Wehrhahn		
–"–	Hopp	–"–	Schmid, Leo		
Gefr.	Spranecky	–"–	Gerbracht		

10. Februar 1944. Im Laufe des Vormittags gebe ich in der Stellung die Umgruppierungen bekannt. Es ist weiterhin ruhig. Ich gehe bis zum Gefechtsstand der 7. Kompanie, zu August Kiene, durch die HKL. Wir sitzen im Schnee und unterhalten uns lange, während es weiter in dicken Flocken schneit. Der Himmel sieht aus, als wollte es überhaupt nicht mehr aufhören. Bis ich zum eigenen Gefechtsstand zurück bin, dunkelt es schon. Leutnant Lohmann hat mich bereits vermißt. Wenig später trifft das Versorgungsfahrzeug ein. Es bringt die angeforderten Waffen und Ausrüstungen für das sMG mit. Die Umgruppierung wird nach dem Essen vorgenommen. Der sMG-Zug verlegt in die Nähe des Gefechtsstands, damit unbeobachtet MG-Ausbildung betrieben werden kann.

11. Februar 1944. In der Stellung herrscht absolute Ruhe. Es gibt keinen Beschuß und keine Beobachtungen beim Feind. Um etwas Abwechslung zu haben, sitze ich bei Leutnant Claus Lange und Unteroffizier Alfons Stephan im Bunker. Beide sind unkomplizierte Vorgesetzte und prächtige Kameraden, mit denen „man Pferde stehlen kann". Faule Kompromisse kennen sie nicht. Dadurch gibt es absolut keine Mißverständnisse. Mit dem Verpflegungsfahrzeug abends kommt der Hauptfeldwebel nach vorne. Er bringt Auszeichnungen und Beförderungen mit, auch meine Beförderung zum Unteroffizier. Hier in vorderster Stellung läßt sich dafür kein großartiges Zeremoniell durchführen, wie es sonst üblich ist. Deshalb wird die Beförderung im Gefechtsstand vom Kompanieführer vorgenommen, und damit hat es sich. Auf die damit verbundene kleine Feier wird jedoch nicht verzichtet. Der Spieß hat dafür eine Flasche mitgebracht. Nach der Versorgung der Kompanie mit Essen und Verpflegung wird im Gefechtsstandbunker auf meine Beförderung angestoßen. Die Wirkung bleibt nicht aus. Zu vorgerückter Stunde kommt es dann zwischen mir und Leutnant Lohmann zu einer heftigen Auseinandersetzung. Grund ist seine Bemerkung zu meiner gerade eben erst erfolgten Beförderung (die er wahrscheinlich nicht eingereicht hätte). Er ist der Auffassung, diese Beförderung sei nicht gerechtfertigt und gibt als Grund meine Einstellung zu den Untergebenen an. Er hält mir vor, ich sei im Umgang mit den Soldaten „zu kameradschaftlich", und deshalb könnte es nie zu einem gesunden Vorgesetztenverhältnis kommen. Zwischen Vorgesetztem und Untergebenen müßte immer eine erkennbare Distanz bestehen. Dies sei bei mir nicht der Fall. Auf meine Einlassung, ich wüßte ja nicht, wo er Soldat geworden sei, aber mir sei schon als Rekrut in Marburg die Kameradschaft als „vornehmste Tugend der Deutschen Wehrmacht" gepredigt worden, weiß er keine passende Antwort. Und daß im Falle einer persönlich schwierigen Lage oder Verwundung im Kampf nicht das Vorgesetztenverhältnis von Bedeutung sei, sondern das Vertrauen in den Kameraden und das kameradschaftliche Verhalten untereinander, sagt ihm offenbar nicht viel. Auch weitere Einlassungen zu diesem Thema will er nicht gelten lassen. Nach dieser Unterstellung von ihm als Vorgesetzten bin ich derart aufgebracht, daß ich den Kompaniegefechtsstand verlasse. Ich gehe nebenan in den Zugbunker und ertränke meinen Ärger – entgegen meiner früheren Zusicherung und den Ratschlägen der beiden Zugführer – im Alkohol.

12. Februar 1944. Mit einem schweren Brummschädel werde ich an diesem Morgen wach. Ich verlasse den Bunker, ziehe mich aus und wälze mich splitternackt im tiefen Schnee. Dann reibe ich mich noch tüchtig damit ab, bevor ich mich wieder anziehe. Ich trinke heißen Kaffee und esse etwas. Danach mache ich mich auf den Weg durch die Stellung zu meinem Freund August Kiene. Unterwegs setzt Schneesturm ein. Man kann kaum etwas sehen, doch der kalte Wind bekommt mir gut. Bis ich am Gefechtsstand der 7. Kompanie bin, geht es meinem Kopf schon wesentlich besser. Mit August Kiene, der sich über meine Beförderung ehrlich freut – er hatte sie eingereicht –, stoße ich erneut an. Wir sind uns beide einig, daß Lohmanns Äußerungen auch ein Seitenhieb gegen die Einreichung darstellt. Er muß damit leben. Nach etwa zwei Stunden Aufenthalt trete ich den Rückmarsch an. Ich gehe nicht der Stellung nach, sondern stapfe quer durch das Gelände und den tiefen Schnee. Total müde von der Anstrengung komme ich am Bunker an. Ohne mich weiter an etwas zu stören, krieche ich auf meine Holzpritsche und schlafe sofort fest ein. Als das Versorgungsfahrzeug erscheint, bin ich restlos klar und auf dem Posten. Ich erledige meine dienstlichen Angelegenheiten gewissenhaft wie immer. Der Stabsgefreite Dürnegger fährt mit dem Kfz zurück; er ist zu einem Gasschutzlehrgang kommandiert. Auch der Grenadier Schalck muß mitfahren, er hat sich Erfrierungen zugezogen und soll sich vom Arzt untersuchen lassen.

14. Februar 1944. Der heutige Vormittag verläuft ohne jede Störung durch den Feind. Nur der Himmel zeigt sich wenig freundlich. Er ist mit grauen Wolken verhangen, und es schneit ohne Unterlaß. Nach der Mittagszeit geht der Schnee in Regen über. Innerhalb einer Stunde steht das Wasser in den Gräben und Kampfständen so hoch, daß fast kein

Durchkommen mehr ist. Wagt man es trotzdem, riskiert man zweierlei: Entweder das Wasser läuft einem in die Stiefel, oder der Stiefel des Standbeins saugt sich im Morast so fest, daß er vom Fuß gezogen wird. Die Chance, trockene Füße zu behalten, ist sehr gering. Auch in den ungünstig liegenden Bunkern hat sich das Grundwasser angesammelt und steigt zusehends weiter an. Allen Widrigkeiten zum Trotz müssen die Kampfstände von aufmerksamen Posten besetzt sein. Gegen 16.30 Uhr ist es schon dunkel. Etwa um diese Zeit erreicht uns per Funk der Befehl, daß der Brückenkopf aufgegeben werden soll. Unter größter Vorsicht – damit beim Feind kein Verdacht entsteht – werden erste Vorbereitungen getroffen. Dann wird der genaue Ablauf der Räumung bekanntgemacht. Unter Zurücklassung von Sicherungen räumen die einzelnen Gruppen genau nach Zeitplan ihren Stellungsbereich und sammeln an einem vorher festgelegten Punkt. Von dort wird die Kompanie geschlossen nach Slobodka I marschieren, um über die einzige Brücke des Ptitsch das westliche Ufer zu erreichen. Der Marsch zur Brücke ist sehr anstrengend. Solange wir uns noch im losen Schnee bewegen, ist dies zwar kräfteraubend, doch wir kommen vorwärts. Anders wird es dann, als wir die eigentliche Straße erreichen. Hier wird der Marsch zur Schinderei. Die festgefahrene Schneedecke ist durch den anhaltenden Regen spiegelglatt. Und überall hat sich das Wasser in großen Pfützen gesammelt, deren Tiefe man in der Dunkelheit nicht erkennen kann. Es ist reines Vorwärtstasten und -straucheln. Die Waffen, das mitgeführte Gerät und die schweren Munitionskisten beeinträchtigen Balance und Fortkommen. Nicht wenige müssen mit dem harten und nassen Boden Bekanntschaft machen oder landen in einer der tiefen Pfützen. Derbe Flüche begleiten den ganzen Marsch zur Brücke. Wer vorher noch einigermaßen trocken davongekommen war, bekommt jetzt ganz bestimmt nasse Füße. Der Hochwasser führende Fluß hat die Brücke längst erreicht und sie im Mittelteil auf einer langen Strecke überflutet. Dort muß jeder hindurch und sehr aufpassen, daß er von der Strömung nicht umgeworfen und mitgerissen wird. Es ist schon ein Wunder, daß die Brücke überhaupt noch steht und von den Wassermassen noch nicht weggerissen wurde. Wir sind glücklich, als wir das westliche Ufer erreicht haben. Wer nun gedacht hat, daß wir in warme Quartiere unterziehen und uns trocknen können, hat sich gewaltig getäuscht. Wir bekommen auf dieser Seite des Flusses einen Sicherungsabschnitt zugewiesen, müssen dorthin marschieren und ihn besetzen. Am Ziel angekommen, beginnen wir sofort mit dem Stellungsbau.

15. Februar 1944. Wie vorgesehen, sind die ersten Kampfstände entlang des Flusses bei Tagesanbruch besetzt. Endlich können wir uns umsehen und orientieren. Der Ptitsch ist auch hier über die Ufer getreten. Die Flußniederung ist überspült. Die Stellung verläuft etwas davon abgesetzt. Auch hier konnten wir beim Ausheben nur so tief in die Erde gehen, wie es das Grundwasser und die Nähe des Flusses erlauben. Der Kompanietrupp sitzt in einer alten Feldscheune, die kaum Schutz bietet. Wir hatten bei der Suche in der Nacht und bei den Geländeverhältnissen aber keine andere Wahl.

Tagsüber können wir uns nicht blicken lassen, denn der gesamte Abschnitt ist einsehbar. Auf der Feindseite wird bis zum Mittag noch keine Annäherung beobachtet. Wir sind froh, daß endlich der Regen aufgehört hat und der Himmel klarer wird. Der Wind dreht auf Ost, und es wird deutlich kälter. Für den weiteren Ausbau unserer Stellung fordere ich Beile, Sägen und Nägel an. Wegen der Kälte bestelle ich Handschuhe und Kopfschützer. Nachdem es dunkel geworden ist, wird der Stellungsbau fortgesetzt. Wir suchen uns einen geeigneten Platz für den Kompaniegefechtsstand. Die einzeln stehende alte Scheune fällt in dem offenen Gelände zu sehr auf. Bei der geringsten Bewegung wird sie das Ziel russischer Artillerie und der gefürchteten Granatwerfer sein, dessen bin ich sicher. Mit dem Versorgungsfahrzeug kommen der Obergefreite Stöhr und der Gefreite Babilon zur Kampfstaffel zurück. Grenadier Schäffer meldet sich krank, er muß zum Arzt.

16. Februar 1944. Meine Wetterprognose stellt sich als richtig heraus. Während der Nacht hatten wir Frost. Es ist klar und kalt. Die Sicht über den Fluß reicht weit. Doch das uns bekannte Gelände ist mit Birken, Erlen und anderen Büschen stark durchsetzt und bietet den Russen bei der Annäherung ausreichenden Schutz. Obwohl wir noch keine Bewegungen feststellen konnten, muß der Feind bis zum Flußufer vorgerückt sein. Mindestens ein Artillerie-VB sitzt uns bestimmt gegenüber und hat unseren Stellungsverlauf erkannt. Etwa gegen Mittag schießt sich eine Batterie auf uns ein. Die Einschläge liegen verdammt gut. Eine Stunde später beschießt eine weitere Batterie (17,2 cm) unseren Abschnitt. Sie hat es auf das Wegekreuz seitlich des Kompaniegefechtsstands abgesehen. Der Gefreite Gebauer wird in seinem Loch von Granatsplittern erwischt und muß zum Verbandplatz. Er ist der erste Verwundete in dieser Stellung. Die Gefreiten Lutz, Böger und Grenadier Wrobel werden zur Stabskompanie abkommandiert.

17. Februar 1944. Im Laufe der vergangenen Nacht ist der Stellungs- und Bunkerbau mit aller Kraft fortgeführt worden. Das trocken-kalte Wetter begünstigt unsere Arbeit. Für die Posten in den Kampfständen, die auf Wache stehen, sind Filzstiefel angefordert worden. Tagsüber müssen die Arbeiten aufhören. Immer um die gleiche Zeit schießt die russische Artillerie Störfeuer. Unverhofft werden wir aufgefordert, ein Vorkommando zu stellen. Das kann nur unsere Ablösung bedeuten. Unteroffizier Lichtenberg und Grenadier Lücking werden deswegen zum Bataillonsgefechtsstand in Marsch gesetzt. Beim Eintreffen des Versorgungsfahrzeugs bekommt unsere Vermutung weitere Nahrung. Es wird wieder einmal davon gesprochen, daß die Division zur Auffrischung verlegt werden soll. Angeblich sind Teile des Kradschützenbataillons auf dem Weg nach Deutschland. Schön wär's! Solche Nachrichten gehen immer wie ein Lauffeuer durch die Stellung. Die Entsendung eines Vorkommandos und das schöne Wetter beflügeln die Phantasie aller Soldaten. Alle sprechen von der Auffrischung im Reich. „Eingeweihte“ wissen bereits, daß wir nach Ostpreußen kommen. Und wieder andere verlegen den Auffrischungsraum gleich nach Frankreich. Alle Panzerdivisionen kommen dorthin, warum nicht auch wir? Es herrscht eine Stimmung in der Kompanie, als wäre der Krieg für immer vorbei. Im Gegensatz zu den verbreiteten Parolen sehe ich die Dinge viel nüchterner. Ohne Pessimist sein zu wollen, glaube ich nicht an eine Verlegung weit zurück. Dafür gibt es deutliche Anzeichen. Noch werden Urlaubszuteilungen vorgenommen, und die gäbe es nicht, wenn man in das Heimatgebiet oder nach Frankreich käme. Auch soll Ersatz aus Neisse unterwegs sein, der dann unnötig wäre. An diesem Abend trifft ein Vorkommando der 292. Infanteriedivision ein. Die Ablösung ist sicher.

18. Februar 1944. Mitternacht ist vorbei, als wir uns nach der Ablösung in der Nähe des Kompaniegefechtsstands versammeln. Ohne den geringsten Lärm marschieren wir zurück. Es ist sehr kalt, doch der Marsch ist nicht beschwerlich, weil die Erde hartgefroren ist. Die Luft ist klar und rein, und die Stimmung in der Kompanie ist hervorragend. Alle glauben an die Auffrischung in der Heimat. Nach etwa einer Stunde sind wir in Kopatkewitschi und beziehen am Westausgang des Ortes Quartiere. Hier treffen wir unser Vorkommando wieder. Es weist uns in die Häuser ein, wo wir uns sofort zum Schlafen niederlegen. Um 6 Uhr bin ich auf den Beinen und mache mich frisch. Damit der Bart auch runter kommt, mache ich mir Wasser heiß. Ich bringe meine Uniform – so gut es eben geht – in Ordnung und erledige Schreibarbeiten. Im Laufe des Tages werden Waffen und Ausrüstungen überprüft und in Ordnung gebracht. Munition wird aufgefüllt und gegurtet. Aus dem Ersatztruppenteil Neisse in Schlesien ist Ersatz eingetroffen. Ein Unteroffizier (Stabsfeldwebel Heise) und 13 Mann: Die Obergefreiten Küpper, Schmitt, Weniger, Wochnik; die Gefreiten Block, Rother, Supik, Wagner, Witzik; Obergrenadier Flechsig und die Grenadiere Grabsch, Nemet und Schacht. Die Kompanie wächst durch diese Zugänge auf eine Kampfstärke von 2/11/61 = 74 Soldaten. Wer jetzt immer noch glaubt, es geht zur Auffrischung nach Deutschland, dem ist nicht zu helfen.

19. Februar 1944. An sich hätte ich gerne noch etwas geschlafen, aber ich bin sehr früh wach. Mich fröstelt etwas, und ich bin ein wenig erkältet. Ich mache mich frisch und gehe durchs Dorf. Der Boden ist steinhart gefroren. In den Quartieren herrscht noch Ruhe. Nur die Wachen spazieren wegen der Kälte auf und ab. Von der nahen Front ist kein Laut zu hören. Allmählich wird es hell. In unserem Quartier trinke ich warmen Kaffee und esse eine Kleinigkeit. Anschließend bespreche ich mit Leutnant Lohmann die Aufteilung der Ersatzleute. Vorrangig werden die beiden vorhandenen Züge auf normale Stärke gebracht. Mit dem Rest der vorhandenen Soldaten wird eine Alarmgruppe gebildet, die Unteroffizier Stephan führen soll. Der II. Zug wird von Stabsfeldwebel Heise übernommen. Abends treffen unsere Gefechtsfahrzeuge ein. Die Kompanie bleibt noch in Kopatkewitschi.

20. Februar 1944. Es ist Sonntag. Unsere Ruhe geht zu Ende. Um 5 Uhr ist Wecken. Die Kompanie macht sich fertig. Waffen und Gerät werden verladen. Noch bevor es hell wird, verlassen wir wegen Feindeinsicht das Dorf. Die Fahrt geht zunächst gut voran. Die Wege sind durch den Frost trocken und fest. Dann plötzlich stoppt die Kolonne. Partisanen haben eine Bachbrücke in die Luft gesprengt. Es gibt unbeabsichtigten Aufenthalt. Ein Ausweichen ins Gelände ist wegen der Sümpfe nicht möglich. Es muß ein Behelfsübergang gebaut werden. Die Handwerker und Praktiker müssen herbei. Sie schaffen es. Dann geht es weiter. Mit zunehmender Sonneneinstrahlung werden die Wege schlechter und die Fahrt schwieriger. Wir erreichen den Ort Glusk, den wir ohne Aufenthalt durchfahren. Bei einem kurzen Halt wenig später erfahren wir, daß im Raume Rogatschew schwere Kämpfe entbrannt sind. Bevor wir auf der Rollbahn nach Bobruisk ankommen, gibt es erneut ungewollten Aufenthalt durch Partisanen. Als wir schließlich die Rollbahn erreichen und nach Osten abbiegen, bin ich sicher, wohin die Reise geht. Ganz bestimmt nicht in den Auffrischungsraum, von dem ständig die Rede war. Für mich ist klar, daß wir zum Einsatz kommen. Und zwar wieder als Feuerwehr, möglichst schnell. Der Traum von der Fahrt nach Deutschland oder Frankreich platzt wie eine Seifenblase. Vorerst darf sich nur einer auf die Heimat freuen. Das ist der Grenadier Firnis, der morgen in Urlaub fahren kann. Kurz nach Einbruch der Dunkelheit fährt die Kolonne scharf rechts ran und hält. Wir werden mit Essen und kalter Verpflegung versorgt. Für ein Nickerchen im Sitzen reicht noch die Pause, dann geht es weiter.

21. Februar 1944. In den frühen Morgenstunden fahren wir durch die Stadt Bobruisk und bleiben auf der großen Straße, die nach Rogatschew am Dnjepr führt. Weiter geht die Fahrt. Dann gibt es kurzen Aufenthalt. Ein Einweiser ist da und soll uns weiterführen. Das Tempo wird verschärft. Vorne in der HKL scheint wieder einmal der Teufel los zu sein. Warum sonst die Eile? Es ist stockdunkle Nacht, als wir die Stadt Rogatschew durchfahren. Am Ortsausgang halten wir an. Die Lage an der Front scheint nicht klar zu sein. Ein Kradmelder des Bataillons fordert von der Kompanie zwei erfahrene Soldaten für ein Aufklärungsunternehmen. Der Stabsgefreite Alfons Murke und der Obergefreite Georg Reck werden dazu bestimmt und in Marsch gesetzt. Nach kurzer Wartezeit fahren wir noch etwa zehn oder zwölf Kilometer in nordöstlicher Richtung, dann geht es nicht mehr weiter. Nicht weit vor uns sehen wir schon die Leuchtkugeln zum Himmel steigen. Dort ist die Front. Schwere russische Artillerie beschießt das Hinterland. Ganz in der Nähe unseres Standortes schlagen erste Granaten ein. Es ist einmal mehr „dicke Luft" in der HKL. Leutnant Lohmann wird zur Einweisung zum Kommandeur gerufen. Die Kompanie nimmt derweil die Waffen auf und folgt einem Melder des Bataillons. Wir treffen den Kompanieführer an der Straße wieder. Dann verlassen wir bald die Straße und marschieren über Wiesen und Felder in die Nacht hinein. Angelehnt an einen Bahndamm beziehen wir nordöstlich von

Terechowa eine Sicherungsstellung, die unbedingt gehalten werden soll. Der Feind ist bei der 31. Infanteriedivision durchgebrochen. Wir graben uns ein. Vor uns ist ein Bachlauf mit sumpfigem Gelände. Nördlich von uns sind heftige Artillerieduelle im Gange.

22. Februar 1944. Bei Tagesanbruch sitzen wir in unseren Löchern und warten auf die Dinge, die da kommen sollen. Bis zur Mittagszeit haben wir keine feindliche Annäherung beobachten können. Es bleibt noch ruhig. Weiter südlich ist die Hölle los. Gegen 13 Uhr erhalten wir den Befehl, uns abzusetzen, ohne daß wir einen Russen zu Gesicht bekommen haben. Nördlich des Ortes Dobriza gehen wir erneut in Stellung. Während wir noch an unseren Stellungslöchern buddeln, gibt der Posten Alarm. Vor uns taucht in gebührendem Abstand ein russischer Spähtrupp auf. Nach den ersten Schüssen verschwindet er schnell. Darüber hinaus bleibt es ruhig. Es wird dunkel. Ohne Feindberührung werden wir erneut zurückbefohlen. Weiter nördlich ist starker Kampflärm zu hören. Die Einbruchsstelle konnte nicht geschlossen werden. An einem bestimmten Punkt graben wir uns ein und sichern. Der Grenadier Schütze geht zurück, um in Urlaub zu fahren.

23. Februar 1944. Etwa eine Stunde nach Mitternacht setzen wir uns befehlsgemäß weiter ab. Im Eilmarsch gehen wir bei Blisnezy über den Drut und bauen am Westufer des Flusses eine neue Sicherungsfront auf. Die neue Stellung verläuft etwas abgesetzt vom Fluß auf einem Steilhang, der zur Talseite hin felsig ist und schroff abfällt. Die von Nord nach Süd langgestreckte Felskuppe ist teilweise bewaldet und bietet gute Deckungsmöglichkeiten. Durch den erhöhten Standort haben wir gute Sicht über das vor uns liegende Drut-Tal und entsprechendes Schußfeld bis weit vor die links und rechts anschließenden eigenen Truppenteile. Linker Nachbar ist das I. Bataillon des Panzergrenadierregiments 13, rechts von uns liegt August Kiene mit der 7. Kompanie unseres Panzergrenadierregiments 14. Sofort nach Eintreffen auf der Höhe werden Posten aufgestellt und wird mit dem Stellungsbau begonnen. Wir gehen davon aus, daß der Feind scharf nachdrängt und uns keine Zeit lassen will, eine stabile Front aufzubauen. Angeblich soll er im Nachdrängen den Fluß bereits überschritten haben. Gegen 10.30 Uhr gibt's den ersten Alarm. Wir greifen zu den Waffen und gehen in Stellung. In breiter Front greift russische Infanterie ohne Artillerievorbereitung an. Im massierten Feuer unserer MGs wird der Angriff blutig abgewiesen. Danach setzen wir den Stellungsbau fort. Es ist Leutnant Lohmanns Ziel, ohne Pause weiterarbeiten zu lassen, damit schnellstens Kampfstände und ein Graben zur Verfügung stehen. Es ist seine Absicht, diesen von der Natur begünstigten Platz in eine uneinnehmbare Festung auszubauen. Ich werde beauftragt, einen Plan auszuarbeiten, der die Wachen und Arbeitszeiten jeder Gruppe für den Tagesablauf genau regelt. Erst wenn der durchgehende Graben fertiggestellt ist, soll der Plan aufgehoben werden. Der Kompanietrupp baut zunächst nur einen behelfsmäßigen Unterstand, um dann noch mit einem Verbindungsgraben zur Stellung zu beginnen. Ein gemeldeter Kranker (Grenadier Hansen) fährt mit dem Versorgungsfahrzeug zum Troß zurück, ebenso ein glücklicher Urlauber (Grenadier Schäffer).

24. Februar 1944. Im Laufe der Nacht werden mehrere russische Spähtrupps im Vorgelände ausgemacht und bekämpft. Ein in den frühen Morgenstunden vor dem I. Zug auftauchender Stoßtrupp wird bis auf den letzten Mann vernichtet. In dem Bachgrund, der die Grenze zwischen uns und dem I. Bataillon des Panzergrenadierregiments 13 bildet, muß eine stärkere Feindgruppe durchgesickert sein. Sie schafft bei den 13ern einige Verwirrung. Die Feindgruppe wird mit Unterstützung einer Infanteriekompanie im Laufe des Vormittages gestellt und ausgeschaltet. Den ganzen Tag über wird am Ausbau der Stellung gearbeitet. Bei Alarm wird das Arbeitsgerät mit der Waffe vertauscht und anrennender Feind bekämpft. Die Angriffe sind überwiegend auf den Abschnitt der 7. Kompanie gerichtet, weil dort die besseren Bedingungen dafür gegeben sind. Dort stehen nicht die steilen Felsen als Hindernis im Wege. Unsere Waffen greifen dann aber flankierend wirkungsvoll in den Kampf ein. Bei einbrechender Dunkelheit bekommen wir weitere Verstärkung zugeführt. Ein Fliegerabwehrzug in Stärke von 1/2/10 = 13 Mann, eine Alarmgruppe mit 1/8 = 9 Mann, ein vorgeschobener Beobachter der Artillerie mit zwei Funkern sowie ein Funktrupp des Bataillons werden im Kompanieabschnitt eingesetzt. Der festungsähnliche Standort wird verstärkt. Irgendwer hat für die Stellung bereits eine passende Bezeichnung erdacht und in Umlauf gebracht. Ab sofort sind wir die „Lohmann-Bastion". Während der Verpflegungsausgabe trifft uns ein Feuerüberfall russischer Artillerie. Die Einschläge liegen zu unserem Glück weit hinter uns. Unteroffizier Strunz ist erkrankt und fährt mit zurück zum Arzt.

25. Februar 1944. Abwechselnd mit dem Kompanieführer gehe ich nachts durch den Stellungsgraben und kontrolliere die Posten. Heute gehe ich kurz nach Mitternacht. Ich bin noch nicht weit vom Kompaniegefechtsstand entfernt, als ich aus unserem Graben weit links Leuchtzeichen aufsteigen sehe. Ich wende mich sofort dorthin, um nach dem Grund zu sehen. Inzwischen fallen Schüsse. Ich beeile mich und komme gerade recht, als eine wilde Schießerei im Gange ist. Ein feindlicher Stoßtrupp hat versucht, in den Graben einzudringen. Der Grabenposten hat die Annäherung rechtzeitig bemerkt und seine Gruppe alarmiert. Der Feind ist bis auf Handgranatenwurfweite herangekommen. Im Schein der Leuchtkugeln sind sie dann genau auszumachen. Sie werden mit Maschinenpistolen und Handgranaten bekämpft. Ihre Waffen können uns kaum erreichen, weil wir auf dem Kamm der Felsböschung im toten Winkel sitzen. Viele Rotarmisten des Stoßtrupps bezahlen die Annäherung mit ihrem Leben. Verwundete schreien, und nur einzelne verschwinden im Schutze der Dunkelheit. Dann ist es wieder ruhig. Ich setze meinen Gang durch den Graben fort. Bei den Posten halte ich mich immer etwas auf. Auch bei den Zugführern, die unterwegs sind. Eine ganze Zeit unterhalte ich mich mit Unteroffizier Engelbert Hülsmann, dem sMG-Zugführer. Mit ihm verbindet mich eine ebenso herzliche Freundschaft, wie mit den anderen Soldaten, die ich längere Zeit kenne. Als ich das Ende unseres Kompanieabschnittes erreicht habe, mache ich nicht kehrt, sondern gehe weiter zur 7. Kompanie, um meinen Freund August Kiene aufzusuchen. Er ist gerade aufgestanden. Wir lehnen an seinem Bunkereingang und erwarten die bald aufgehende Sonne. In diesem Moment eröffnen die Russen mit schweren Waffen das Feuer auf die deutschen Stellungen. „Ratschbumm" und andere Artillerie decken uns ein. Hauptsächlich betroffen ist der rechts von uns anschließende Abschnitt der Infanterie. Nach kurzer Zeit – es ist jetzt hell genug – sehen wir russische Infanterie in erheblicher Stärke aus Blisnezy heraus zum Angriff antreten. In mehreren Wellen rennen sie gegen die deutschen Stellungen an. Die 7. Kompanie ist noch davon betroffen. August Kiene eilt zu seinen Kampfständen. Ich mache mich schleunigst auf den Weg zurück. Unser sMG, das am rechten Flügel steht, hat „Feuer frei" bekommen. Auch in unserem Abschnitt greift der Feind an. Bei unserer Bewaffnung hat er jedoch keine Chance. Auch bei der 7. Kompanie gelangt er nicht in den Graben. Das uns unterstützende 2 cm-Flak-Geschütz meldet fünf Verwundete durch „Ratschbumm"-Beschuß. Wir selbst haben einen Verwundeten (Unteroffizier Leske) durch Granatsplitter. Dann ist der Spuk wieder vorbei, und wir können weiter in der Stellung und an den Bunkern arbeiten. Bei einem weiteren Kontrollgang durch die Stellung am Nachmittag begegnet mir im Laufgraben zum Kompaniegefechtsstand eine mir fremde Person in deutscher Offiziersuniform. Da kein weiterer Beobachter oder Offizier des Regiments beim Kompaniegefechtsstand angekündigt ist, halte ich ihn für einen Russen in deutscher Uniform, der die Stellung auskundschaften will (es wäre nicht der erste Fall dieser Art). Verdächtig ist mir die nagelneue Uniform und die neue Schirmmütze, die normalerweise – auch von Offizieren – in der HKL nicht getragen wird. Ich stelle ihn deshalb zur Rede und fordere ihn auf, sich beim Kompanieführer zu melden. Es kommt zu einem Wortwechsel, in dessen Verlauf ich mit Gewalt drohe, wenn er die Gepflogenheiten der Hauptkampflinie nicht beachten will. In diesem Moment kommt Leutnant Claus Lange durch den Graben hinzu. Der fremde Offizier muß bald einsehen, daß meine Aufforderung an ihn korrekt ist, und geht mit uns zum Kompaniegefechtsstand. Es stellt sich heraus, daß er eben aus Deutschland als Ersatz gekommen ist – daher auch die neue Uniform – und noch nie in der HKL eingesetzt war. Eine Rückfrage beim Artillerie-VB klärt alles auf. Als Vertreter der eigenen Artillerie ist er uns willkommen. Wir beseitigen alle Mißverständnisse mit einem Schluck aus der Pulle. Mit einem Zug aus derselben Pulle verabschieden wir danach Leutnant Claus Lange, der nach Manki zum Bataillonsgefechtsstand befohlen ist. Ich bedaure sehr, daß er uns verlassen muß, und hoffe nur, daß die Verbindung zu ihm nicht abreißt. Seine aufrichtige Gesinnung und seine freie, offene Art, mit den Soldaten umzugehen, hat ihn allseits beliebt gemacht. Bei einem Feuerüberfall der russischen Artillerie wird Stabsfeldwebel Heise durch Splitter verwundet. Die Gefreiten Grabsch und Babilon melden sich krank und werden nach der Verpflegungsausgabe zum Truppenarzt mitgenommen.

26. Februar 1944. Während der vergangenen Nacht ist es verhältnismäßig ruhig geblieben. Beim obligatorischen Kontrollgang durch die Stellungen wurde nichts Besonderes gemeldet. Störfeuer der feindlichen Artillerie geht über uns hinweg und richtet keinen Schaden an. Die „Lohmann-Bastion" wird weiter ausgebaut. Für jedes MG werden mehrere Kampfstände errichtet, so daß bei gezieltem Beschuß schnell ausgewichen werden kann. Größten Wert wird auf gute Tarnung der MG-Stände gelegt. Nach dem Weggang von Leutnant Lange und dem Ausfall des Zugführers Heise führen jetzt Unteroffizier Stephan den I. Zug und Unteroffizier Hülsmann den II. Zug. Im Laufe des Nachmittages trifft weitere Verstärkung bei uns ein. Vier Unteroffiziere und 14 Mann Pioniere sind uns zugeteilt worden. Die Verpflegungsstärke im Abschnitt der Kompanie beträgt inzwischen 106 Soldaten. Eine feindliche „Ratschbumm" feuert im direkten Beschuß auf unsere Felsstellung. Die Splitterwirkung ist enorm groß. Der Gefreite Spranecki wird durch Granatsplitter verwundet. Weitere Ausfälle sind der Unteroffizier Kluge, der Gefreite Block und Grenadier Hopp, die sich krank melden und zum Arzt geschickt werden.

27. Februar 1944. Es ist Sonntag. Nur durch einen Blick in den Taschenkalender wird man dessen gewahr. Die Russen gönnen uns die Sonntagsruhe nicht. Wir haben uns kaum von unserem Lager erhoben, als schwere Artillerie unseren Abschnitt unter Feuer nimmt. Es sind ganz dicke Brocken (21 cm-Kanone), die auf unserem Felsen detonieren. Bei jedem Einschlag bebt unser Behelfsbunker, daß die Erde durch die Abdeckung rieselt. Dann setzt die „Ratschbumm" ein. Gleich aus mehreren Batterien eröffnen sie das Feuer. Das ist eine Angriffsvorbereitung. Wir sind schnell auf unseren Posten. Bald sehen wir die erdfarbenen Gestalten in großer Zahl durch das Tal auf uns zukommen. In aller Ruhe warten wir ihr Näherkommen ab. Der Angriff zielt auf die Nahtstelle zu unserem linken Nachbarn. Dort geraten die Russen genau vor die Rohre der Zwillingsflak. Außerdem befindet sich unser Artillerie-VB in dieser Ecke. Ich sitze bei ihm im Graben, als die ersten Salven seiner Batterie angefordert werden. Die Einschläge liegen genau zwischen den Angreifern. Dann folgt Salve auf Salve. Das Flak-Geschütz setzt ein und unsere zahlreichen MGs ebenfalls. Hier gibt es für die Russen nichts zu holen. So, wie sie in Massen anrennen, so fallen sie auch. Es ist furchtbar, so etwas mit ansehen zu müssen. Nach dieser verlustreichen Abfuhr bleibt es ruhig. Nur die „Ratschbumm" wird aktiv, sobald sich einer bei uns im Graben blicken läßt. Zwischen den Bäumen wird jetzt ungehindert an Gruppenbunkern gearbeitet. Beim Eintreffen des Versorgungsfahrzeugs ist der Kampflärm längst beendet.

28. Februar 1944. Als Leutnant Lohmann früh vom Stellungsdurchgang zurückkommt, ist er nicht bei bester Laune. Offensichtlich ist ihm eine Laus über die Leber gelaufen. Für 10 Uhr setzt er daher eine Zugführerbesprechung an. Außerdem ist er mit dem Kompaniegefechtsstand nicht zufrieden. Das waren wir anderen von Anfang an nicht! Ich mache mich sofort mit ihm auf den Weg, um einen geeigneteren Standort zu suchen. Am Hinterhang der Felskuppe legen wir einen Platz fest, wo auch das Versorgungsfahrzeug gut anfahren kann. Hier beginnen wir sofort mit den Ausschachtungsarbeiten. Die uns zugeteilte Pioniergruppe unterstützt uns beim Bau. Sie fällt Bäume für die Bunkerabdeckung. Ich unterbreche die Arbeit für die Zugführerbesprechung. Die von Lohmann kritisierten Punkte sind: 1. das Nachlassen der soldatischen Haltung und damit verbundene dienstliche Nachlässigkeiten, 2. mangelnde Waffen- und Körperpflege und 3. nicht konzentriertes sMG-Schießen. Nach seiner Auffassung ist der Einsatz in der Hauptkampflinie kein Grund, die soldatischen Tugenden zu vernachlässigen. Außer gelegentlichem Störfeuer der russischen Artillerie bleibt es tagsüber ruhig. Nachmittags gehe ich durch die Stellung bis zu August Kiene. Bei Dunkelheit bin ich am Gefechtsstand zurück. Dann kommt das Versorgungsfahrzeug.

29. Februar 1944. Heute beschert uns das Schaltjahr einen zusätzlichen Tag. Während ich beim Gang durch die Stellung bin, feuert die „Ratschbumm" in unseren Abschnitt. Mehrere Geschütze beteiligen sich an der Schießerei. Eine Stunde später schießt russische Artillerie wieder. Zum Glück liegen die Einschläge alle zu weit hinten. Die zum Angriff erwartete Infanterie läßt sich nicht blicken. Der Neubau des Kompaniegefechtsstands macht Fortschritte, da man tagsüber am Hinterhang arbeiten kann. Das Wetter meint es nicht so gut. Es ist unfreundlich, naßkalt und fängt an zu schneien. Das schmuddelige Wetter macht sich mit steigendem Krankenstand bemerkbar. Die Obergefreiten Wochnik und Weniger, die Grenadiere Gregor und Bremer, sowie ein Pionier haben Fieber und werden zum Arzt geschickt. Mit dem Versorgungsfahrzeug kommen Unteroffizier Chall, die Gefreiten Lux und Straub sowie der Grenadier Veith in die Stellung zurück.

1. März 1944. Wie ein Schneemann komme ich vom Kontrollgang zum Gefechtsstand zurück. Es schneit immer noch in dicken Flocken. Ich klopfe den Schnee von der Uniform und krieche in unseren Bunker. Es wird allmählich hell. Ich liege kaum unter der Decke, als die ersten Granateinschläge unseren Bunker erzittern lassen. Alle Insassen sind gleich wach. Sofort bin ich auf den Beinen und draußen. Der Kompanieführer und die Melder folgen. Dann geht der Zauber erst richtig los. Ein unwahrscheinlich starkes Trommelfeuer deckt den gesamten Frontabschnitt ein. Es zischt und kracht, daß man sich kaum untereinander verständlich machen kann. Mit ein paar Sprüngen durch den Laufgraben bin ich im vordersten Graben. Alle Soldaten sind auf ihren Posten und erwarten den Angriff der Russen. Lange dauert es nicht. Trotz des Schneegestöbers sehen wir sie kommen. Wie vor Tagen, lassen wir die Angreifer auf günstige Schußentfernung herankommen, dann erst wird „Feuer frei" gegeben. Gleichzeitig setzt Beschuß durch Zwillingsflak und eigene Artillerie auf die Sperrfeuerräume ein. Es kommt zu einem über Stunden anhaltenden Kampf, weil immer wieder neue Angriffswellen gegen unsere Stellung anrennen. Doch in diesem Abschnitt bleiben alle Versuche des Feindes im massierten Feuer aller Waffen stecken. Die vordersten Angreifer erreichen nicht einmal den Stacheldraht am Fuße unseres Felsens. Die Russen haben entsetzliche Verluste. Die Toten kann man nicht mehr zählen. Sie liegen an vielen Stellen übereinander. Stunden danach hört man noch Verwundete schreien und stöhnen, ohne daß ihnen geholfen werden kann. Wir können nichts tun für sie. Weniger schwer Verwundete sieht man nach hinten eilen. Unsere eigenen Verluste sind zahlenmäßig gering, doch schmerzlich. Der Grenadier Heinrich Schmidt ist gefallen. Gefreiter Josef Wagner wird so schwer verwundet, daß er den Transport zum Arzt nicht überlebt. Nach dem tagelangen, vergeblichen Anrennen gegen unsere Felsbastion müßten die Angreifer eigentlich die Nase voll haben. Die Gruppen ziehen sich – bis auf die selbstverständlichen Grabenwachen – in ihre Bunker zurück. Anhaltendes Störfeuer der „Ratschbumm" folgt auf dem Fuße, ohne größeren Schaden anzurichten. Die Russen müssen unheimlich große Munitionsvorräte für diese Kanone vorrätig haben. Viele Treffer prallen an der steilen Felswand ab oder rauschen über die Kuppe hinweg. Beim Eintreffen des Versorgungsfahrzeuges teilt mir der Hauptfeldwebel mit, daß die nächste Urlauberplatzkarte für mich reserviert sei. Sobald sie eintrifft, kann ich den Heimaturlaub antreten. Bei dem Grabendurchgang abends besuche ich meinen Freund August Kiene und frage, ob ich im Urlaub etwas für ihn erledigen kann.

2. März 1944. Trotz später Rückkehr vom Grabendurchgang bin ich heute morgen bestens ausgeruht. Als ich vor den Bunker trete, um mich zu waschen, ist es fast frühlingshaft warm. Und gestern hat es noch so heftig geschneit, als wollte der Winter nie aufhören. Mit dem frischen Schnee fahre ich mir übers Gesicht und reibe mir den gesamten Oberkörper ab. Anschließend frühstücke ich eine Scheibe Brot und begebe mich dann in den vordersten Graben. Dort angekommen, höre ich von drüben das bekannte Abschußgeräusch russischer Granatwerfer. Die Einschläge liegen fast ausnahmslos zu weit hinten. Aber ganze Serien gehen im Kompaniebereich nieder. Die „Ratschbumm" ist ebenfalls aktiv. Jede kleinste Bewegung wird sofort unter direkten Beschuß genommen. Nichts deutet jedoch auf einen infanteristischen Angriff hin. Eigene personelle Verluste sind nicht eingetreten. In kurzer Zeit bin ich am Kompaniegefechtsstand zurück und schreibe in der warmen Sonne noch einen Brief nach Hause.

3. März 1944. Irgendwie muß das vergebliche Anrennen gegen unsere Stellungen Eindruck gemacht haben. Seit den frühen Morgenstunden werden wir mit Granaten aller Kaliber reichlich eingedeckt. Der Russe versucht, uns mit seinen schweren Waffen sturmreif zu machen. Die Einschläge sind weit gestreut und unberechenbar. Es ist sehr gefährlich, sich außerhalb des Grabens zu bewegen. Durch den felsigen Untergrund und durch Baumkrepierer ist die Splitterwirkung jedes Granateinschlages sehr hoch. Selbst im Graben ist es notwendig, immer den Stahlhelm zu tragen, sonst sind Kopfverletzungen zu befürchten. Die Luft ist „eisenhaltig". Durch solche Granatsplitter haben wir zwei Verwundete. Den Gefreiten Czmiel und den Grenadier Wehrhahn hat erwischt. Beide können jedoch nach ärztlicher Behandlung bei der Kompanie bleiben.

4. März 1944. Während ich nach Mitternacht zur Kontrolle durch den Graben gehe, verhält sich der Feind auffallend ruhig. Kein Störfeuer durch Granatwerfer oder andere schwere Waffen ist zu verzeichnen. Die Ruhe scheint mir verdächtig. Mir schwant, er führt etwas im Schilde. Ich bleibe länger als sonst bei den Grabenposten und fordere sie zu erhöhter Aufmerksamkeit auf. Es wird jedoch keine feindliche Annäherung gemeldet. So sehr ich selbst auch in die Dunkelheit lausche, ich kann nichts feststellen. Und doch habe ich das Gefühl, daß etwas nicht stimmt. Dessenungeachtet will ich mich zur Ruhe begeben. Doch daraus wird nichts. Mit einer vorher nie gekannten Wucht trommelt der Russe plötzlich unseren gesamten Abschnitt ab. Alle schweren Waffen, die er zur Verfügung hat, sind offenbar daran beteiligt. Er will unsere Bastion sturmreif schießen. Wir hocken auf der Grabensohle und erwarten jeden Augenblick den Angriff der Infanterie. Plötzlich hört das Feuer auf. Von Angreifern ist aber nichts zu sehen. Nach einer Pause von etwa zwei Stunden geht es von neuem los. Granaten aller Kaliber schlagen bei uns ein. Es gurgelt und zischt, daß man glaubt, die Hölle habe sich aufgetan. Wieder erwarten wir den infanteristischen Angriff. Es tut sich aber nichts. Durch den starken Beschuß haben wir leider drei Ausfälle zu beklagen, alle durch Kopfverletzungen im Graben. Der Grenadier Alwin Gregor wird tödlich getroffen, der Obergefreite Hubert Schmidt und der Grenadier Günther

Kroeger sind verwundet und müssen zum Arzt. Beim Eintreffen des Versorgungsfahrzeugs ist alles ruhig. Als sei den ganzen Tag über nichts gewesen. Der Gefreite Lipfert ist mit dem Fahrzeug nach vorne gekommen und kann zu seiner Gruppe zurückkehren.

5. März 1944. Es ist Sonntag und erstaunlich ruhig an der Front. Nur ganz einzelne Granatwerfereinschläge werden gemeldet. Nach dem Trommelfeuer von gestern muß man drüben wohl glauben, hier sei alles tot. Der Grenadier Kempa ist erkrankt und wird zum Arzt geschickt.

6. März 1944. Während des Grabendurchgangs ist nichts Besonderes vorgekommen. Ich war bei Leutnant August Kiene, um mich zu verabschieden. Über eine Stunde habe ich mich bei ihm aufgehalten. Wir unterhalten uns über das vergebliche Anrennen des Feindes und dessen enorme Verluste. Auch vor dem Stellungsabschnitt der 7. Kompanie liegen zahllose tote Russen, die noch nicht geborgen und weggeschafft worden sind. Ich denke, daß ich heute oder morgen zum Troß zurückfahren kann, um mein Urlaubsgepäck zu richten. Der neue Kompaniegefechtsstand ist fertig. Der Kompanietrupp zieht um. Der Bunker ist sehr geräumig und bietet allen ausreichend Platz. Außerhalb des Bunkers kann man sich frei bewegen, weil keine Feindeinsicht besteht. Das Versorgungsfahrzeug kann unbemerkt bis an den Bunker heranfahren. Eine Gruppe der unterstellten Pioniere wird abgezogen. Sonst gibt es keine besonderen Vorkommnisse zu notieren.

7. März 1944. Auch heute bleibt es während des ganzen Tages ruhig. Nur hin und wieder wird leichtes Störfeuer gemeldet. Mit dem Versorgungsfahrzeug kommt Feldwebel Bruckmüller, unser Schirrmeister, als Begleiter nach vorne. Er begrüßt mich mit der Mitteilung, daß er meinen Urlaubsschein in der Tasche hat. Leutnant Lohmann muß ihn nur noch unterschreiben. Mein Nachfolger, Unteroffizier Rudi Chall, ein waschechter Berliner, ist bereits von mir in die Aufgaben des Kompanietruppführers eingewiesen worden. Ich übergebe ihm einige wichtige Meldeunterlagen sowie Notizen und betrachte die Übergabe als vollzogen. Doch damit ist mein Nachfolger nicht zufriedengestellt. Er besteht auf Übergabe der kompletten Meldetasche. Das lehne ich allerdings ab, weil ich genau weiß, daß er selbst eine besitzt. Er hat es aber auf meine abgesehen, weil es sich dabei um eine erbeutete russische Tasche handelt und nicht um eine aus Wehrmachtbeständen. Die werde ich aber nicht hergeben, weil ich ihr einen hohen Erinnerungswert beimesse. Sie ist ein Andenken an den ersten Russenüberfall auf den Divisionsstab am Abend des 5. Oktober 1941 in Arnischizy, als ich meine Feuertaufe erhielt. Ich habe sie damals einem gefallenen russischen Offizier vom Koppel entfernt und dem Ic der Division, Hauptmann Kohlhardt, übergeben. Er bezeichnete die sichergestellten Unterlagen als außerordentlich interessant und wichtig. Von ihm erhielt ich die leere Tasche als Souvenir an den Überfall zurück. Nun sehe ich nicht ein, daß ich sie hier lassen soll, zumal eine Meldetasche beim Troß angefordert werden kann. Schließlich schaltet sich Leutnant Lohmann in die Auseinandersetzung ein und verlangt, daß ich die Tasche übergeben soll. Das ist des Guten zu viel. Es kommt mit ihm zu einem heftigen Wortwechsel, in dessen Verlauf er mich vor die Alternative stellt, Tasche oder Urlaubschein. Ohne auch nur eine Sekunde zu zögern, knalle ich ihm den Urlaubschein, den ich bereits in meinen Händen hielt, wieder auf den Tisch. Mit dieser Reaktion hatte er nicht gerechnet. Er lenkt sofort ein und reicht mir den Urlaubschein zurück. Jupp Bruckmüller und mein Nachfolger stehen erstaunt und kreidebleich daneben. Eine solche Reaktion hatte keiner von mir erwartet. Nach beendeter Verpflegungsausgabe verabschiede ich mich von den Kameraden des Kompanietrupps und melde mich beim Kompanieführer dienstlich korrekt ab. Er entläßt mich mit der Bemerkung, daß ich nach Urlaubsrückkehr nicht mehr Kompanietruppführer sein werde, was mir, offen gesagt, in diesem Moment vollkommen egal ist. Ohne mich umzusehen, steige ich in das Kfz. 15 ein und fahre mit Jupp Bruckmüller und Willi Staats in die Nacht hinaus zum Küchenstützpunkt.

Führerhauptquartier, den 2. März 1944

Das Oberkommando der Wehrmacht gibt bekannt:

Nördlich Rogatschew griffen die Bolschewisten mit zusammengefaßten Kräften auf schmaler Front an. Grenadiere und Panzergrenadiere vereitelten alle Durchbruchsversuche und fügten dem Feind, durch Artillerie und Flakartillerie wirksam unterstützt, hohe blutige Verluste zu. In diesen Kämpfen hat sich die schlesische 5. Panzer-Division unter Führung des Generalmajors Decker zusammen mit den ihr unterstellten Infanterie-, Panzer- und Flakartillerieverbänden hervorragend bewährt.

Soldaten der 5. Panzerdivision!

Ich freue mich, daß Eure Treue, Tapferkeit und Standhaftigkeit wiederum die Anerkennung unseres Führers gefunden hat. – Die Armee ist stolz auf Euch!

Harpe

General der Panzertruppe.

Die Division wird im Wehrmachtbericht genannt.

8. März 1944. Lange habe ich nicht geschlafen, dann bin ich wieder mobil. Vom Küchenstützpunk aus muß ich weiter zurück zum eigentlichen Troß. Dort befindet sich auch mein Gepäck. Da noch keine Fahrgelegenheit besteht, werde ich die Zeit nutzen und mich einer eingehenden Körperpflege unterziehen. Die Vorbereitungen dazu nehmen Zeit in Anspruch, denn heißes Wasser muß ich mir auf offenem Feuer kochen. Eine Garnitur frische Wäsche finde ich noch in meiner Packtasche, die sich im Kfz. 15 des Cheffahrers befindet. Diese Nacht bleibe ich noch hier.

9. März 1944. Im Laufe des Vormittags werde ich informiert, daß ich weiter zurückfahren kann. Ein Kfz der Bataillons nimmt mich bis zu den Troßfahrzeugen mit, die in Schilitschi untergebracht sind. Hier angekommen, werde ich von allen Fahrern und Bediensteten herzlich begrüßt. Jeder will das Neuste aus der HKL erfahren. Mit viel Unterstützung durch die alten Freunde bringe ich meine Uniform in Ordnung und richte mein Urlaubsgepäck her. Es hat sich einiges an Alkoholika, Tabakwaren und Schokolade angesammelt, das ich mit in Urlaub nehmen will. Aus der Marketenderei bekomme ich eine reichliche Zuteilung. Abends, im gemütlichen Quartier, wird ausdauernd erzählt und manches Glas geleert. Das viele Reden nicht mehr gewöhnt, kann ich kaum einschlafen.

10. März 1944. Überhaupt nicht ausgeruht, stehe ich an diesem Morgen sehr früh auf. Reichlich kaltes Wasser macht mich wach. Auch der Gedanke an die Urlaubsreise bringt mich vorwärts. Nach einem kurzen und guten Frühstück bin ich bald reisefertig. Mit Oberfeldwebel Wagenlehner fahre ich zurück zur Instandsetzungsstaffel. Von dort geht es sofort weiter nach Bobruisk. Der Fahrer bringt mich bis zum Bahnhof, wo ich buchstäblich in letzter Sekunde den bereits unter Dampf stehenden Urlauberzug erreiche. Als ich auf dem Trittbrett stehe, setzt er sich in Bewegung. Die Bahnhofsuhr zeigt genau 11 Uhr. Ich bin sehr froh, diesen Zug noch erwischt zu haben. Bis zum Abgang des nächsten Zuges hätte ich 24 Stunden warten müssen. Nun rolle ich bereits in Richtung Heimat. Die Strecke führt über Minsk. Bis dorthin fahren wir mit mäßiger Geschwindigkeit, da inzwischen fast alle Bahnstrecken im besetzten Teil Rußlands durch Partisanen gefährdet sind. Gleissprengungen sind an der Tagesordnung. Für die knapp 200 Kilometer von Bobruisk bis Minsk benötigen wir über sechs Stunden. In Minsk haben wir längeren Aufenthalt. Viele Urlauber steigen hier noch zu. Gegen 18 Uhr wird die Fahrt fortgesetzt. Wir fahren in die Nacht hinein, der Heimat entgegen.

11. März 1944. Nach zirka 30 Stunden Fahrt – mit Unterbrechungen auf den Stationen – erreicht der Zug die Grenzstation Brest-Litowsk. Hier sind Entlausung und Urlaubsformalitäten zu erledigen. Ab der Grenze zählen die Urlaubstage. Den für die Weiterfahrt richtigen Urlauberzug nach Berlin lasse ich abfahren. Ich habe mich spontan entschlossen, einen Umweg über Ostpreußen zu machen, um dort meine nette Urlaubsbekanntschaft aus dem vorigen Jahr aufzusuchen. Mit ihr hatte sich in den verflossenen Monaten eine Brieffreundschaft entwickelt, die ich mit meinem Besuch festigen will. Leider fährt in Richtung Königsberg kein Urlauberzug, so daß ich auf einen normalen Dienstreisezug angewiesen bin. Um 23 Uhr erst ist Abfahrt. Der Zug ist nur von wenigen Menschen, überwiegend polnischen Zivilisten, besetzt und hält unterwegs auf jeder Station. Viel wertvolle Zeit geht mir dadurch verloren.

12. März 1944. Nach einer schier endlosen Fahrt über Bialystok–Lyck–Lötzen erreiche ich endlich gegen 10 Uhr Königsberg. Hier endet der Zug. Es ist Sonntag. Am Bahnhof und in der Stadt ist noch nichts los. Mit der Straßenbahn fahre ich durch die Stadt zum Nordbahnhof, um von hier aus Richtung Pillau weiterzufahren. Erst kurz nach Mittag steht ein Zug bereit. Nur wenige Stationen muß ich noch hinter mich bringen, dann bin ich in Metgethen, dem ersehnten Ziel meiner Reise. Nach einer Viertelstunde Fußweg bin ich in der richtigen Straße und stehe vor dem gesuchten Haus. Meine Freundin öffnet mit strahlenden Augen die Tür und kann ihre Überraschung nicht verbergen. Sie macht mich mit ihren Eltern bekannt, die mich willkommen heißen.

20. März 1944. Nach wunderbaren, erholsamen Tagen in diesem Königsberger Vorort rüste ich an diesem Vorfrühlingstag zur Heimfahrt. Die Sonne strahlt von einem azurblauen Himmel, als ich am Morgen Metgethen verlasse, um in meine hessische Heimat weiterzureisen. Mit der Vorortbahn fahre ich in die Stadt und zum Hauptbahnhof. Hier besteige ich den fahrplanmäßigen D-Zug nach Berlin, der pünktlich die große Bahnhofshalle verläßt. Über Elbing, die Dirschauer Brücke, Schneidemühl und Landsberg/Warthe geht es in flotter Geschwindigkeit durch das schöne Land. Nach zehn Stunden eindrucksvoller Fahrt bin ich abends in der Reichshauptstadt. Hier habe ich zwei Stunden Aufenthalt, bis ich Richtung Kassel weiterfahren kann. Es ist dunkel, als der Zug Berlin verläßt.

21. März 1944. Nach weiteren zehn Stunden Fahrt erreiche ich am heutigen Frühlingsanfang den Heimatbahnhof Gladenbach. Völlig unverhofft stehe ich im Türrahmen meiner elterlichen Wohnung. Alle sind total überrascht über mein Erscheinen. Die Freude über das Wiedersehen ist riesengroß.

31. März 1944. Genau zehn Tage bin ich heute zu Hause. Es waren wunderbare, von herrlichstem Frühlingswetter begünstigte Urlaubstage, die ich in vollen Zügen genießen konnte. Wie immer gehen solche Tage viel zu schnell vorüber. Deshalb ist meine Mutter traurig und bestürzt, daß ich schon von Abreise spreche. Als ich ihr erkläre, daß ich ein gegebenes Versprechen einlösen will und die Eltern meines gefallenen Kameraden Eberhard Hahnfeld besuchen muß, ist sie sofort mit meiner Entscheidung einverstanden. Für diesen Besuch muß ich zeitraubende Umwege in Kauf nehmen, denn sie wohnen abseits der großen Bahnverbindungen auf einem Gut im Warthegau.

1. April 1944. An diesem Vormittag treffe ich letzte Vorbereitungen für die Abreise und verabschiede mich von Freunden und Bekannten. Nach dem Mittagessen nehme ich Abschied von Eltern und Geschwistern und marschiere zum Bahnhof. Pünktlich um 12.30 Uhr verlasse ich den Gladenbacher Bahnhof. In Marburg habe ich bald Anschluß nach Kassel. Weiter geht es über Nordhausen und Halle. In beiden Städten gibt es Fliegeralarm, so daß der Zug verlassen werden muß. Das bedeutet unerwünschten Aufenthalt, der in dieser Länge nicht einkalkuliert worden ist. In Halle vergeht viel Zeit, bis Entwarnung gegeben wird. Die eingetretenen Verspätungen kann der Zug auf der Fahrt nach Berlin nicht aufholen. Der vorgesehene Anschlußzug nach Schneidemühl hat bei unserer Ankunft Berlin bereits verlassen. Ich orientiere mich neu über Zuganschlüsse in den Warthegau, denn ich möchte schon das Versprechen einlösen, das ich meinem gefallenen Kameraden vergangenes Jahr in Djatkowo gegeben habe.

2. April 1944. Der neue Tag ist schon etwas vorgerückt, als ich mit einem D-Zug Richtung Königsberg Berlin verlasse. Auch dieser Zug ist bei der Abfahrt mit Verspätung gestartet. In Landsberg/Warthe steige ich aus und versuche weiterzukommen. Doch die Verbindung nach Birnbaum, die man mir in Berlin genannt hat, gilt heute nicht, da eingeschränkter Sonntagsverkehr herrscht. Mehrere Züge fallen aus. Die Nebenstrecken – ich müßte noch einmal umsteigen – sind sonntags kaum befahren. Ich versuche es trotzdem. Ich komme noch bis zur Station Kreuz in der Hoffnung, mit einem Omnibus oder anderem Fahrzeug weiterzukommen. Doch es zeigt sich bald, daß dies nicht möglich ist. Durch die vorausgegangenen Verspätungen und Wartezeiten auf den Bahnhöfen habe ich jeweils zu viel Zeit verloren. Schweren Herzens muß ich mich entschließen, die Fahrt abzubrechen. Es gelingt mir sonst nicht, rechtzeitig zum Urlaubsende an der Grenzstation zu sein. Zum Glück erreiche ich noch Landsberg und bin so wenigstens an der Hauptstrecke Berlin–Königsberg. Hier muß ich warten, bis sich eine Weiterfahrt nach Ostpreußen ergibt. Die unvermeidliche Wartezeit kann ich im Wartesaal absitzen.

3. April 1944. Ich bin der einzige Gast im Wartesaal. Ab und zu erscheint ein Bahnbediensteter und schaut nach, ob ich nicht eingeschlafen bin. Er hat mir zugesagt, mich sofort zu wecken, wenn ein Zug nach Königsberg einläuft. Ich muß noch lange warten. Es ist längst heller Tag – ich habe mich an einer Pumpe etwas erfrischt – , als endlich ein nach Königsberg durchgehender Zug einfährt. Im Laufe des Nachmittags erreiche ich Königsberg. Es bleibt so viel Zeit, daß ich noch bei meiner Freundin in Metgethen reinschauen kann. Am Nordbahnhof habe ich sofort Anschluß, so daß ich vor Einbruch der Dunkelheit in Metgethen bin.

4. April 1944. Nach meinen bisherigen Informationen müßte ich gegen 23 Uhr in Königsberg-Hauptbahnhof abfahren, um früh genug an der Grenze in Brest-Litowsk einzutreffen. Um ganz sicher zu sein, gehe ich noch einmal zum Bahnhof Metgethen und schaue mir selbst im Kursbuch die Verbindungen an. Ich stelle fest, daß ich es auch noch schaffe, wenn ich am 5. April um 7 Uhr mit dem Eilzug Königsberg verlasse. Dieser Zug geht bis Bialystok und hält nicht auf allen Stationen. Von dort komme ich mit einem fahrplanmäßigen Dienstzug nach Brest weiter. Diese Feststellung beruhigt mich außerordentlich, kann ich doch diese Nacht in Metgethen bleiben.

5. April 1944. Bereits um 5 Uhr stehe ich auf. Mein Reisegepäck ist gerichtet. Kurz nach 6 Uhr verlasse ich Metgethen und fahre mit einem Personenzug direkt zum Hauptbahnhof, wo der Eilzug nach Bialystok abfahrbereit unter Dampf steht. Es ist genau 7 Uhr, als er sich in Bewegung setzt. In rasanter Fahrt geht es durch das südliche Ostpreußen. Die Städte Preußisch-Eylau, Bartenstein, Rastenburg, Lötzen und Lyck werden berührt. Dann geht es weiter durch ehemals polnisches Gebiet. Genau nach Fahrplan trifft der Zug in Bialystok ein. Ohne großen Aufenthalt kann ich in den Dienstzug umsteigen. Es ist eine langweilige Fahrt, weil er an jeder Station hält. Es ist kurz vor Mitternacht, als ich rechtzeitig zum Urlaubsende in Brest-Litowsk eintreffe. Ich lasse mir den Kontrollstempel auf meinen Urlaubsschein geben und begebe mich in den Wartesaal. Hier treffe ich zwei weitere Angehörige meines Bataillons. Sie sind schon einige Stunden hier, konnten aber nicht in Erfahrung bringen, wohin wir müssen. Man hat lediglich gesagt, daß die Division nicht mehr im Raume Bobruisk eingesetzt ist. Wir suchen uns eine ruhige Ecke im Warteraum und legen uns auf die Bänke nieder. Morgen werden wir mehr erfahren.

6. April 1944. Vom harten Lager erwacht, mache ich mich in der Toilette etwas frisch. Die Bataillonskameraden und ich müssen warten, bis die Frontleitstelle öffnet. Dort erkundigen wir uns nach dem weiteren Weg und erfahren, daß die Division im Raum Kowel im Einsatz sein soll. Schließlich werden wir aufgerufen, uns abfahrbereit zu halten. Als Zielort wird die Stadt Wlodawa angegeben. Bald steht ein Zug in die Richtung bereit, und wir können abfahren. Wir sind vielleicht eine Stunde unterwegs, dann hält der Zug. Es geht nicht mehr weiter. An einer kleinen Station ist Schluß, und der Zug mit den Reisenden muß umkehren. Den wahren Grund erfahren wir nicht. So gelangen wir wieder nach Brest zurück. Hier melden wir uns an der Frontleitstelle. Wir erhalten einen neuen Zielort. Man schickt uns nach Warschau. Gegen 22 Uhr verlassen wir Brest-Litowsk und fahren nach Warschau.

7. April 1944. Es ist Karfreitag. Nach einigen Stunden Bahnfahrt sind wir in Warschau. Hier gehen wir wieder zur Frontleitstelle im Hauptbahnhof und erkundigen uns nach dem Standort der 5. Panzerdivision. Man will uns nach Brest schicken. Doch als wir erklären, daß wir gerade von dort kommen, will man sich erst genauer informieren. Wir warten auf neue Informationen. Nach einiger Zeit werden wir aufgerufen. Man erklärt uns, daß die 5. Panzerdivision noch im Raum Bobruisk eingesetzt ist und daß wir den nächsten Zug nach Minsk nehmen sollen. Davon lassen wir uns jedoch nicht so leicht überzeugen. Ich verlange, einen Offizier zu sprechen und erkläre diesem (einem Hauptmann), daß wir bereits von Brest aus nach Wlodawa gefahren sind und uns die Verlegung der Division bestätigt worden ist. Unbekannt war lediglich der Zielbahnhof, über den die Division zu erreichen ist. Danach führt der Hauptmann ein längeres Ferngespräch. Aufgrund dieses Gesprächs werden wir nach Lublin in Marsch gesetzt und angewiesen, dort den weiteren Marschweg zu erfragen. Bis zur Abfahrt eines Zuges haben wir noch Zeit. Wir decken uns bei der Frontleitstelle mit Marschverpflegung ein und warten im Wartesaal auf einen abgehenden Zug. Gegen Abend wird endlich ein Zug in unsere Fahrtrichtung angekündigt. Wir nehmen das Gepäck auf und begeben uns auf den Bahnsteig. Es dauert noch eine ganze Weile, bis wir in einem Abteil Platz nehmen können. Bis wir dann Warschau verlassen, ist es Nacht. Der Zug ist nicht stark besetzt, so daß wir uns auf die Abteile verteilen und auf den Bänken schlafen können.

8. April 1944. Bei strahlendem Frühlingswetter erreichen wir Lublin und verlassen den Zug. Wir sind an der Endstation. Noch auf dem Bahnsteig treffe ich einen Urlauber meiner Kompanie, der Richtung Heimat will. Von ihm erfahre ich, daß die Division im Eilmarsch von Bobruisk abgezogen wurde und seit etwa 25. März nördlich Kowel im Einsatz steht. Die Division hatte entscheidenden Anteil am Aufbrechen des Einschließungsringes um die Stadt, in der die 5. SS-Panzerdivision „Wiking" und andere Einheiten eingeschlossen waren. Bei den schweren Kämpfen soll sich August Kiene (wieder einmal) mit der 7. Kompanie besonders ausgezeichnet haben. Nach diesem Treffen bin ich insofern beruhigt, als wir auf dem richtigen Wege sind. Wir melden uns bei der Frontleitstelle und bekommen hier die Bestätigung. Man schickt uns zur Wehrmachtbetreuungsstelle, wo wir verpflegt werden und für die Nacht ein sauberes Quartier bekommen.

9. April 1944. Heute ist der 1. Osterfeiertag. Die Nacht war kalt. Rauhreif hat sich gebildet und alles damit überzogen. In dem sauber eingerichteten Waschraum mache ich mich frisch. Danach treffen wir uns im Aufenthaltsraum und erhalten heißen Kaffee. Bis zur Abfahrt eines Zuges Richtung Front haben wir noch Zeit. Die Sonne steht schon am Himmel und lockt mich nach draußen. Der Wind ist kalt. Ich schaue mich ein bißchen um und stelle fest, daß die Natur weit fortgeschritten ist. Frisches Grün ist zu sehen und erste Frühlingsblumen zeigen sich. In der Betreuungsstelle zurück, machen wir uns allmählich reisefertig. Für 10.38 Uhr ist die Abfahrt des Zuges angekündigt. Wir gehen das Stück zum Bahnhof. Pünktlich auf die Minute verlassen wir Lublin. In gemäßigtem Tempo fahren wir in Richtung Osten. Unterwegs halten wir oft und auf einigen Stationen sehr lange. Spät nachmittags sind wir endlich in Chelm. Hier müssen wir den Zug verlassen, weil es nicht mehr weiter geht. Wir wenden uns wieder an die Wehrmachtbetreuungsstelle. Auch hier werden wir gut versorgt und bekommen einen Schlafplatz.

10. April 1944. Gut ausgeruht, bin ich heute schon früh aufgestanden. Es ist gut, daß ich in der Betreuungsstelle noch einmal richtig duschen kann. Diese Gelegenheit will ich mir nicht entgehen lassen. Wir werden mit Kaffee versorgt und können in aller Ruhe frühstücken. Zur Abfahrt des nächsten Zuges in Richtung Osten ist noch nichts bekannt. Je näher wir der Front kommen, um so unbestimmter wird die Zugfolge. Wir werden informiert, daß die Strecke überaus bandengefährdet ist. Die Waffen müssen wir jederzeit griffbereit haben. Falls nicht genug Munition mitgeführt wird, kann am Bahnhof welche empfangen werden. Die Strecke wird deswegen auch nur noch tagsüber befahren. Trotz Absicherung durch Streckenwachen sind Sprengungen an der Tagesordnung. Die Banden treten neuerdings in großer Stärke auf, so daß sie selbst vor Überfällen am Tage nicht mehr zurückschrecken. Derart vorbereitet, begeben wir uns zum Bahnhof. Dann wird ein Zug auf das Gleis geschoben. Wir verteilen uns an den Fenstern der wenigen Waggons und nehmen Platz. Die Fahrt ins Ungewisse beginnt. Es ist eine Fahrt im Schneckentempo. Bis zur nächsten Stadt Ljuboml sind es etwa 50 Kilometer. Für diese Strecke benötigen wir mehrere Stunden. Unterwegs hat sich nichts Besonderes ereignet.

In Ljuboml haben wir längeren Aufenthalt. Dann geht es weiter. Noch etwa 25 Kilometer fahren wir, dann erreichen wir die Endstation Maziejow. Alles muß aussteigen. Es wird schon dunkel, als wir den kleinen Bahnhof verlassen. Einen Hinweis auf unsere Division suchen wir vergeblich. Weder am Bahnhof noch an der nächsten Straßenkreuzung finden wir das taktische Zeichen. Durch Befragen am Bahnhof erfahre ich, daß in den nächsten Häusern südlich des Bahnhofs ein Korpsstab liegen soll. Dort müssen wir uns weiter erkundigen. Mittlerweile ist es dunkel geworden. Wir erreichen im letzten Tegeslicht die Häuser, die den Stab beherbergen. Hier erfahren wir, daß wir uns nördlich der Bahn in das etwa 15 Kilometer entfernte Smidyn begeben müssen. Dort liegen die Trosse der 5. Panzerdivision. Ein Lkw des Stabes wird morgen in die Richtung fahren und uns mitnehmen. Während der Nacht bleiben wir beim Stab in Maziejow.

11. April 1944. Wir werden früh geweckt und stehen auf. An einer Pumpe vor unserem Nachtquartier können wir uns waschen. Wir marschieren zum Dorfausgang, wo wir auf das Fahrzeug warten, das uns nach Smidyn mitnehmen soll. Der Lkw kommt bald, und wir können aufsitzen. Nach den ersten Kilometern Fahrt lernen wir wieder russische bzw. polnische Straßenverhältnisse kennen. Es ist unglaublich, daß hier noch Kraftfahrzeuge fahren können. Immer wieder versinkt der Wagen bis zu den Achsen im schwarzen Morast. Mit Geschick und Können wühlt sich der Fahrer durch den Schlamm vorwärts. Es ist völlig aussichtslos, den Weg zu verlassen, weil man in den seitlichen Wiesen und Äckern ohnehin versinken würde. Alles Erdreich ist hier Moor und Sumpf. Für die Strecke von 15 Kilometern sind wir volle zwei Stunden unterwegs. Ehe wir das Dorf Smidyn erreichen, sehen wir die Windmühle. Dann ist es geschafft. Der Fahrer hält in der Nähe des Divisionsstabes und läßt uns absteigen. Auf dem Weg zum Bataillon treffe ich als ersten Bekannten meinen ehemaligen Kompaniechef und Landsmann, Hauptmann Heini Rein, hoch zu Roß. Er heißt mich willkommen und begleitet mich zur Unterkunft der 5. Kompanie. Ich melde meine Ankunft auf der Schreibstube und begrüße alle Kameraden, die zur Zeit beim Troß sind. Überall wird mir von den Ereignissen seit meiner Abwesenheit berichtet. Dabei wird immer wieder der Name meines Freundes, Leutnant August Kiene, im Zusammenhang mit der Einnahme dieses Ortes erwähnt. In einem sauberen Haus, das reichlich Platz bietet, finde ich ein Unterkommen. Die Kompanie ist in der HKL eingesetzt, die etwa parallel zur Bahn Brest–Kowel verläuft. Die Kompanie wird noch von Leutnant Lohmann geführt. Bei den vorangegangenen Kämpfen um die Ortschaft Kruhel hat die Kompanie am 2. und 3. April erhebliche Verluste gehabt. Allein zwölf Gefallene waren zu beklagen, darunter Unteroffizier Wilhelm Döbler. Weitere schmerzliche Verluste sind am 5. und 7. April bei Rudniki eingetreten, als die Bahnlinie überschritten werden mußte. Dieser Einsatz kostete acht Kameraden das Leben. Auch der Chef der 8. Kompanie, Rittmeister von Wöllwarth, ist am 5. April bei Rudniki gefallen. Bei den Einsätzen um die Stadt Kowel seit dem 27. März wurden 25 Kameraden verwundet, darunter mein Freund und bewährter Gruppenführer Alfons Murke schwer. Alle Gefallenen ruhen auf dem Ehrenfriedhof hier in Smidyn.

12. April 1944. Nach einer ruhigen Nacht hier beim Troß fahre ich heute mit dem Versorgungsfahrzeug nach vorne. Ich muß mich beim Kompanieführer zurückmelden und will meine weitere Verwendung abklären. Gegen 18 Uhr ist das Kfz. 15 von Willi Staats beladen, und die Reise in die HKL kann losgehen. Ein kurzes Stück aus dem Dorf heraus geht die Fahrt ganz gut, doch dann beginnt der übliche Kampf gegen Schlamm und Morast. Obwohl es schon tagelang trocken ist, sind die Wege fast grundlos. An besonders schlechten Abschnitten ist die Piste bis über einhundert Meter breit ausgefahren, und immer neue Spuren kommen hinzu. Nur mit allradgetriebenen Fahrzeugen oder Zugmaschinen ist ein Durchkommen möglich. Weit über eine Stunde sind wir unterwegs, bis wir den zirka zehn Kilometer entfernten Bahnübergang erreicht haben. Dann ist es nicht mehr weit bis zur vordersten Stellung und zum Kompaniegefechtsstand. Mitten durch den Kiefernwald verläuft die Hauptkampflinie, und dort befinden sich auch die dazugehörigen Kampfstände der Grenadiere. Bei unserer Ankunft stehen die Essenträger bereit, um für ihre Gruppen das Essen zu empfangen. Ich begrüße alle Anwesenden und melde mich bei Leutnant Lohmann zurück. Besonders freue ich mich über das Wiedersehen mit Leutnant Claus Lange, der seit einigen Tagen wieder bei der Kompanie ist. Er wird ab heute die Kompanie führen, denn Leutnant Lohmann ist „auf Befehl von oben" zum Troß zurückbeordert worden. Erstaunlicherweise schickt er mich ebenfalls zum Troß zurück, da nach seiner Auffassung die Stellung ruhig und der Bestand an Unteroffizieren ausreichend ist. Auf meine weitere Verwendung direkt angesprochen, befiehlt er mir – im Gegensatz zu seiner früheren Ankündigung – die Übernahme des Kompanietrupps beim Wiedereinsatz. Ich bin total überrascht und wundere mich über die Veränderung in seinem Verhalten. Er erscheint mir wie umgewandelt. So erkenne ich ihn nicht wieder. Er wird schon seine Gründe haben. Nachdem die Kompanie versorgt ist, treten wir den Rückweg nach Smidyn an. Wir nehmen den Grenadier Nemet mit, der durch einen Scharfschützen verwundet wurde. Es ist stockdunkle Nacht, als wir in das Fahrzeug einsteigen. Ich bewundere die Fahrer und besonders ihre Augen, die bei solcher Finsternis ein Kraftfahrzeug führen und den richtigen Weg finden. Nach etwa zehn Kilometern Fahrt sind wir dann doch in eine Schlammspur geraten, in der es auf einmal nicht mehr weitergeht. Das Können des Fahrers und die Stärke des Motors nützen alles nichts. Wir sitzen im Morast fest. Der Motor schafft es einfach nicht mehr. Wir steigen aus und beginnen, die Räder freizuschaufeln. Bis zu den Knien stehen wir im Schlamm und arbeiten. Dann geht es ein kurzes Stück weiter und die Schaufelei beginnt von neuem. Es ist schon längst Mitternacht und noch immer kein Weiterkommen.

13. April 1944. Stundenlang arbeiten wir uns Meter um Meter vorwärts. Dann endlich hören wir näherkommendes Motorengeräusch. Es ist eine Zugmaschine der 8. Kompanie. Mit ihrer Hilfe überwinden wir den schwierigen Abschnitt. Als wir Smidyn erreichen, ist die Nacht vorbei und die Sonne steht hoch am Himmel. Total kaputt steige ich aus dem Wagen. Ich begebe mich in das Quartier und lege mich sofort zum Schlafen hin. Als ich zu mir komme, ist bereits Nachmittag. Ich habe geschlafen wie ein Murmeltier. Während ich einen Kübel Wasser herbeihole, um mich zu waschen, steht das Versorgungsfahrzeug schon wieder bereit, um nach vorne zu fahren. Ich gehe zur Schreibstube und hole eine Menge Post ab, die während meines Urlaubs für mich eingetroffen ist. Jetzt erst fällt mir auf, daß ich heute ein Jahr älter geworden bin. Ein toller Einstand zum Geburtstag!

14. April 1944. Bestens ausgeruht, beginne ich den heutigen Tag mit einem Bad in der Banja. Daran schließt sich das Frühstück an. Im Hause hält es mich nicht. Draußen ist herrlichstes Frühlingswetter. Es ist angenehm warm und fast windstill. Ich mache mich auf den Weg zum Troß der 7. Kompanie. Dort besuche ich meinen Freund August Kiene, der sich ebenfalls in Smidyn aufhält. Er wird in den nächsten Tagen seinen Heimaturlaub antreten und freut sich sehr darauf. Er erzählt mir mit Stolz ausführlich von den Einsätzen seiner Kompanie im hiesigen Sumpfgebiet und von den Erfolgen, die die Division beim Entsatz der Stadt Kowel errungen hat. Rechtzeitig zum Essenempfang bin ich in unserer Unterkunft zurück. Nachmittags liege ich mit Unteroffizier Heinz Lichtenberg aus Köln, der ebenfalls als Unterführerreserve beim Troß ist und mit mir das Quartier teilt, in der warmen Frühlingssonne. Bei diesem Wetter läßt es sich beim Troß aushalten.

16. April 1944. Einige Tage genieße ich nun schon diese Sorglosigkeit beim Troß. Zufrieden bin ich damit nicht. Ich habe mir vorgenommen, damit ein Ende zu machen. Ich werde nach vorne gehen. Ich halte es für klüger, es jetzt zu tun, wo es in der Stellung ruhig ist, als zu warten, bis wieder der Teufel los ist. Unter den derzeitigen Verhältnissen habe ich Zeit, mich an das Leben in der Hauptkampflinie zu gewöhnen. Darüber hinaus freue ich mich auf die Zusammenarbeit mit Leutnant Claus Lange, der die Kompanie führt. Ich melde mich bei Leutnant Lohmann und trage ihm meine Absicht vor. Er hat nichts dagegen. Er betont ausdrücklich, daß ich sofort den Kompanietrupp zu übernehmen habe. Kein Wort mehr von anderweitiger Verwendung, die er mir bei Urlaubsantritt angekündigt hatte.

Bis zur Abfahrt des Versorgungsfahrzeugs bin ich längst reisefertig. Über den mir bereits bekannten Morastweg fahren wir nach vorne. Unterwegs überwinden wir mit Geschick die auftretenden Hindernisse. Hinter dem Bahndamm tauchen wir in den dunklen Wald ein. So können wir ungesehen vom Feind bis zum Kompaniegefechtsstand fahren. Ich melde mich bei Leutnant Lange, der mich in der HKL willkommen heißt. Für ihn ist es selbstverständlich, daß ich ab sofort die Funktion des Kompanietruppführers übernehme. Ich erlöse Rudi Chall von dieser Aufgabe, denn mir scheint, als wäre er ganz glücklich, den Schreibkram loszuwerden. Nachdem die Kompanie versorgt ist, gehe ich mit Leutnant Lange die Stellung ab, die durch den Kiefernwald führt. Der russische Graben ist nur zirka 80–100 Meter weit entfernt. An manchen Stellen erkennt man ihn gar nicht, so gut ist er getarnt.

17. April 1944. Nach der ersten Nacht im Bunker der HKL und einem weiteren Kontrollgang durch den Kompanieabschnitt, fühle ich mich wieder heimisch. Viele unbekannte junge Gesichter sind mir auf diesem Wege begegnet. Die meisten Gruppenführer und die wenigen älteren Soldaten sind mir jedoch bekannt. Im Kompanietrupp hat sich einiges verändert. Meine bewährten Melder, Obergefreiter Walter Maaß und Gefreiter Kurt Rother, sind unter den Gefallenen des 5. und 7. April. Es waren noch junge Soldaten und so prächtige, zuverlässige Kameraden. Kurt Rother war sofort tot, Walter Maaß erlag auf dem Hauptverbandplatz seiner schweren Verwundung. An ihrer Stelle versehen der Obergefreite Karl Güttler und der Gefreite Ernst Barucha den Dienst als Kompaniemelder. Der Kompaniegefechtsstand befindet sich etwa in der Mitte des Abschnitts und liegt am Rande einer großen Waldlichtung. Der massive Bunker ist mit mehreren Lagen Baumstämmen abgedeckt und bietet gute Sicherheit gegen Granaten. Zur Rundumverteidigung ist er mit einem Graben umgeben. Die Waffen und mehrere Kisten Handgranaten liegen ständig griffbereit auf der Grabenböschung. Innerhalb dieses Sicherheitsbereichs hält sich der Kompanietrupp tagsüber auf. Hinzu kommt eine Einsatzgruppe, die auch den Wachdienst in der Nacht übernimmt. Durch das beständig schöne Wetter halten wir uns tagsüber im Freien auf. Wir spielen Schach, Skat oder schreiben Briefe, soweit es die Feindlage zuläßt. Unser Stellungsabschnitt ist überwiegend ruhig, seitdem ein russischer Gefechtsvorposten zirka 60 Meter direkt vor unserem Graben ausgehoben worden ist. Er saß dort im Unterholz versteckt, konnte aber von einem eigenen Spähtrupp ausgemacht werden. Er hatte keine Chance zu entkommen. Bei diesem Unternehmen hat sich der Gefreite Franz Witzik durch seine Kaltblütigkeit und Unerschrokkenheit besonders ausgezeichnet. Gelegentlich schießt der Russe mit Granatwerfern, die er an allen Frontabschnitten bevorzugt einsetzt. Die Einschläge liegen weit hinten und gelten dem Versorgungsweg, der übers Bahngleis führt. Seit einigen Tagen hat sich an meiner linken Halsseite ein Geschwür gebildet, das mir langsam zu schaffen macht.

18. April 1944. Die Frühmeldungen aus der Stellung ergeben keine besonderen Ereignisse. An einer bestimmten Stelle hat sich ein russischer Scharfschütze eingenistet. Wir konnten ihn noch nicht ausfindig machen. Trotz vorsichtigen Verhaltens hat es den Gefreiten Lapaque erwischt. Er mußte auf schnellstem Wege zum Arzt geschafft werden. Mein Furunkel am Hals ist schlimmer geworden.

19. April 1944. In der Stellung ist es weiterhin ruhig. Wesentliche Beobachtungen werden nicht gemeldet. Zeitweise stört feindlicher Granatwerferbeschuß, der ohne ernsthafte

Auswirkungen bleibt. Mein Geschwür am Hals wird schlimmer. Leutnant Claus Lange und unser Sanitäter raten mir, unbedingt zum Arzt zu gehen. Ich mache mich auf den Weg. Bis zum Bataillonsgefechtsstand ist es nicht weit. Dort stelle ich mich dem Arzt vor. Er gibt mir zu verstehen, daß er an diesem Geschwür nichts machen wird, sondern daß ich schnellstens zum Hauptverbandplatz zurück muß. Mit einem entsprechenden Krankenzettel versehen, gehe ich zur Kompanie. Mittlerweile hat das Geschwür beängstigende Formen angenommen und Schmerzen stellen sich ein. Es hilft aber alles nichts. Ich muß warten, bis das Versorgungsfahrzeug kommt, um hier wegzukommen. Dann klappt es endlich. Sobald die Verpflegung der Kompanie beendet ist, fahre ich mit nach Smidyn, um mich behandeln zu lassen.

20. April 1944. Mitternacht ist vorbei, als wir in Smidyn ankommen. Wir suchen die Quartiere auf und legen uns für ein paar Stunden zum Schlafen hin. Um 6 Uhr bin ich auf und mache mich frisch. Gleich nach dem Frühstück gehe ich zum Hauptverbandplatz. Ich melde mich bei einem Sanitäter und werde einem Arzt vorgestellt. Dieser schaut sich den Hals nur kurz an und schreitet gleich zur Tat. Die Stelle wird vereist und das Geschwür aufgeschnitten. Der Hals wird verbunden, ich werde zum Troß entlassen. Auf dem Wege zur Unterkunft begegnet mir Hauptmann Heini Rein auf seinem Pferd. Stolz wie ein Kosake sitzt er im Sattel und strahlt über das ganze Gesicht. Mein Verband am Hals ist nicht zu übersehen, deshalb denkt er, ich sei verwundet. Daß es „nur" ein Geschwür ist, beruhigt ihn sofort. Er versichert mir unter Stillschweigen, daß mein Freund August Kiene mit dem Ritterkreuz ausgezeichnet werden soll. Als ich beim Kompanietroß eintreffe, herrscht dort große Aufregung. Unser Kompanieführer Leutnant Lohmann ist zum Oberleutnant befördert worden. Anlaß ist der heutige Geburtstag Adolf Hitlers. An diesem Tag werden nicht nur Beförderungen ausgesprochen, sondern jeder Soldat erhält Zusatzverpflegung. Sie besteht aus Schokolade, Zigaretten, Schnaps und ein besonders gutes Mittagessen. Reichlich bepackt damit, fährt der Versorgungswagen heute zur HKL. Die Beförderung des Kompanieführers wird selbstverständlich beim Troß gefeiert. Irgendein schlauer Mann vom Troß (bestimmt Erwin Sabellek) hat Kenntnis von der Existenz einer Brauerei erhalten. Dorthin haben sich einige Fahrer aufgemacht und ein Faß Bier organisiert. Dieses Faß wird, gut gekühlt, abends angezapft. Mit viel Bier und Schnaps wird die Beförderung eine feuchtfröhliche Angelegenheit. Abends geht es „rund" in der Kompanie. Bis der letzte Tropfen Alkohol in dieser Nacht durch die Kehlen geflossen ist, vergehen viele Stunden.

21. April 1944. Um die Zeit beim Troß besser zu nutzen, lasse ich mir in der Zahnstation beim Hauptverbandplatz die Zähne nachsehen. Es wird festgestellt, daß kleine Ausbesserungen erforderlich sind. Zur Zeit herrscht Bilderbuchwetter. Die Sonne scheint von morgens bis abends, und es ist angenehm warm. Ich habe viel Zeit für Körperpflege und zum Ausruhen.

22. April 1944. Bevor ich zur Zahnbehandlung gehe, schreibe ich einen ausführlichen Brief nach Hause. Diesen Brief will ich August Kiene mitgeben, der seinen Heimaturlaub antritt. Nach der Zahnbehandlung und der Visite beim Arzt wegen des Geschwürs gehe ich zum Troß der 7. Kompanie. August Kiene ist bereits reisefertig. Wir sprechen noch kurz miteinander, dann verabschieden wir uns. Er wird mit einem Kfz. 15 zur Bahnstation Maziejow gefahren. In der HKL hat es durch Granatwerferbeschuß bei der Kompanie Ausfälle gegeben. Der Grenadier Gronich ist gefallen, und der Grenadier Laatsch wurde verwundet zurückgebracht. Auch Unteroffizier Lichtenberg hat einen Splitter abbekommen, kann aber bei der Kompanie verbleiben.

24. April 1944. Heute muß ich wieder zum Verbandplatz, erst zur Zahnbehandlung, danach zum Chirurgen. Der Verband am Hals wird entfernt. Der Arzt ist mit dem Heilungsprozeß zufrieden. Er glaubt, daß ich in zwei bis drei Tagen wieder voll einsatzfähig bin.

Bataillonskommandeur Wiesmann zeichnet den Kompanieführer Kiene aus

Leutnant August Kiene, Ritterkreuz am 4. Mai 1944

25. April 1944. Das Versorgungsfahrzeug von gestern hat zwei Tote und einen Schwerverwundeten mitgebracht. Alles Opfer des gefährlichen Scharfschützen, der noch immer in der HKL sein Unwesen treibt. Die Gefallenen sind der Fahnenjunker-Unteroffizier Karl Krause und der junge Grenadier Kepstein (19), der noch nicht lange bei uns ist. Noch jünger ist der Verwundete Grenadier Emmrich (18), der sofort zum Hauptverbandplatz gebracht wird. Die Gefallenen haben wir auf dem hiesigen Ehrenfriedhof beigesetzt, der inzwischen auf über 130 Soldatengräber angewachsen ist.

27. April 1944. Das Versorgungsfahrzeug hat in der vergangenen Nacht wieder zwei Verwundete mit zurückgebracht. Leutnant Claus Lange und Unteroffizier Felix Klar wurden von Granatsplittern getroffen. Sie mußten zum Hauptverbandplatz gebracht werden. Die Kompanie führt jetzt Leutnant Grzimek.

Die noch nicht abgeschlossene Zahnbehandlung zwingt mich, noch beim Troß zu bleiben. Der Schutzverband um den Hals ist entfernt worden. Die Schnittwunde ist verheilt. Das Wetter bleibt uns gewogen. Die Sonne meint es fast schon zu gut. Alle Kameraden, die den Sonnenschein gut vertragen, sind braun wie die Neger. Für mein persönliches Wohlbefinden bereite ich mir ein Bad vor. Ich habe in einem Schuppen eine Zinkbadewanne aufgetrieben, die ich gründlich reinige und dann mit frischem Wasser fülle. Das Wasser lasse ich von der Sonne anwärmen und setze mich später hinein. Ein wunderbares Gefühl! In der heute verteilten Ausgabe des *Front-Nachrichtenblattes* steht ein Artikel über den Erfolg der 7. Kompanie des Panzergrenadierregiments 14 meines Freundes August Kiene. Ein weiterer Kompanieführer unseres Regiments, Leutnant Jenatscheck, wird ebenfalls für seine Leistungen im Einsatz gewürdigt.

29. April 1944. Gut ausgeruht und vollkommen ausgeheilt, bereite ich mich auf den Einsatz in der HKL vor. Seit dem 20. April bin ich beim Troß. Von der notwendigen ärztlichen Behandlung einmal abgesehen, waren es Tage wie in einem Feriendorf. Das Wetter war während dieser Zeit ideal, das Quartier sauber und ordentlich. Das Essen unserer Feldküche ist bekanntmaßen gut. Was braucht ein Soldat im Osten noch mehr? Bis zur Abfahrt des Kfz. 15 bleibt mir noch genügend Zeit, ein Bad in „freier Natur" – in meiner Badewanne – zu nehmen. Danach mache ich mich fertig zur Abfahrt. Ich erfahre noch, daß Hauptmann Wiesmann nach Lüthorst gefahren ist, um Leutnant August Kiene in der Heimat mit dem Ritterkreuz auszuzeichnen. Kurz bevor wir mit dem Versorgungsfahrzeug starten, werde ich auf Weisung des Kompaniechefs zurückgepfiffen. Ohne erkennbaren Grund muß ich in Smidyn bleiben. Ich füge mich dieser Anordnung und beziehe mein Quartier.

30. April 1944. Es ist Sonntag. Man nimmt im Grunde keine Notiz davon, wäre da nicht unsere Feldküche. Während wir durchweg in der Woche mit Eintopf versorgt werden – in dieser Gegend gibt es besonders viel Linsen –, bekommen wir sonntags ein Essen, das häufig aus Kartoffeln und Gulasch besteht sowie Pudding. Besonders die Nachspeise ist bei den Kameraden begehrt. Da ich mir nicht viel daraus mache, finden sich schnell Anwärter auf meine Portion. Im Laufe des Tages sickert durch, daß das II. Bataillon aus der HKL herausgezogen werden soll. Ich kann diese Ablösung beim Troß abwarten, kann aber auch mit dem Versorgungsfahrzeug zur Kompanie in die HKL zurückkehren. Ich entscheide mich für letzteres.

1. Mai 1944. Der Wonnemonat Mai beginnt mit strahlendem Sonnenschein. Besser kann man sich das Wetter nicht wünschen. Ich bereite mich auf die Abfahrt zur HKL vor. Das Mittagessen kann ich in aller Ruhe an der Feldküche einnehmen. Dann wird der Wagen mit den Essensbehältern, kalter Verpflegung und Munition beladen. Ich nehme im Wagen Platz und die Fahrt beginnt. Die längere Trockenheit hat den Zustand des Fahrweges stark verbessert. Nur in der Nähe des alten Friedhofs wühlen wir uns durch den immer noch morastigen Untergrund. Inzwischen kennen die Fahrer die Strecke so genau, daß dieser Abschnitt auch ohne Aufenthalt gemeistert wird. Ungehindert erreichen wir den Kompaniegefechtsstand. Die Essenholer aus den Gruppen sind bereits da und erwarten die Ausgabe. Ich melde mich bei Leutnant Grzimek und übernehme den Kompanietrupp. In der Stellung ist alles unverändert. Mir wird berichtet, daß während der vergangenen Woche fast kein Schuß gefallen ist. Der letzte Granatwerferbeschuß war am 26. April, als Leutnant Lange verwundet wurde.

4. Mai 1944. An das Leben hier draußen habe ich mich schnell wieder gewöhnt. Die Kontrollgänge durch den Stellungsgraben, die ich abwechselnd mit dem Kompanieführer durchführe, sind zwar Routine, doch dem Ernst der Lage angepaßt. Gerade weil die Stellung so auffallend ruhig erscheint, muß man bei den Russen besonders auf der Hut sein. In einer solchen Situation könnte Unaufmerksamkeit schwerwiegende Folgen haben, zumal zwischen den beiden Gräben nicht einmal einhundert Meter zu überwinden sind. Die Posten müssen ständig das Vorfeld beobachten und jede Bewegung melden. Ohne diese Aufmerksamkeit zu vernachlässigen, bewegen wir uns am Kompaniegefechtsstand recht frei. Tagsüber halten sich alle Angehörigen des Kompanietrupps außerhalb des Bunkers auf, schon der Sonne wegen. Zum Zeitvertreib wird immer noch eifrig Karten gespielt. In letzter Zeit ist „Mauscheln" an die Stelle von „Skat" getreten. Dabei gibt es sehr viel Spaß.

6. Mai 1944. Zwei weitere Tage sind vergangen. In der HKL ist alles unverändert. Wenn wir nicht wüßten, daß der Feind uns direkt vor der Nase sitzt, könnte man annehmen, der Krieg wäre zu Ende. An beiden Tagen ist kein Schuß gefallen. Wir mahnen uns zur Vorsicht, weil der Scharfschütze in Aktion treten kann. Die russische Stellung ist derart gut getarnt worden, daß man sie kaum ausmachen kann. Darin sind die Russen Meister. Die beim Entsatz der Stadt Kowel schon vor Wochen abgeschossenen „Sherman"-Panzer im rechten Kompanieabschnitt stehen einsam und verlassen im Niemandsland. Ein russischer Versuch, mit einem Spähtrupp dorthin zu gelangen, wurde vereitelt. Etwa zur Mittagszeit werden wir vom Bataillon informiert, daß unsere Ablösung bevorsteht. Alle Vorkehrungen werden getroffen. Es ist noch hell, als das Vorkommando der 26. Infanteriedivision am Kompaniegefechtsstand eintrifft. Kurz nach Einbruch der Dunkelheit trifft die Masse der Ablösung ein. Die Übergabe der Stellung geht schnell und lautlos vor sich. Während der ganzen Zeit fällt kein Schuß. Die Kompanie sammelt am Bahndamm und marschiert von dort bis in die Nähe des alten Friedhofs. Hinter der großen Sumpfstelle warten bereits unsere Gefechtsfahrzeuge. Wir können aufsitzen und fahren nach Smidyn. Ab hier geht es im geschlossenen Bataillonsverband schon bald weiter, einem neuen Einsatz entgegen.

7. Mai 1944. Wir fahren zunächst in westlicher Richtung bis Zaczernecze und biegen dann nach Süden ab. Wir überqueren die Bahn Kowel–Lublin und setzen die Fahrt nach Süden fort. Bei Tagesanbruch ziehen wir in einem Waldstück unter. Die Fahrt wird vorsichtshalber bis zum Abend unterbrochen. Hier im grünen Wald werden wir mittags verpflegt und liegen bis zur Weiterfahrt am Waldrand. Bei einbrechender Dunkelheit wird die Fahrt fortgesetzt.

8. Mai 1944. Im Laufe der Fahrt sind wir durch Zaglinka gekommen und haben an diesem Morgen Owlozym erreicht. Hier machen wir Halt und ziehen unter. Die Häuser sind eigenartigerweise von Zivilisten verlassen. Das muß fluchtartig geschehen sein, denn die Betten sind noch warm, Kleider liegen herum und Hühner und Enten gackern in den Ställen. Erhebliche Vorräte an Erbsen, Linsen, Hanfsamen, Raps und Getreide stellen wir fest. Nicht auszuschließen ist, daß wir einen Bandenstützpunkt überrascht haben, der nach außen gut bewacht wurde. Die Bewohner haben gerade noch so viel Zeit gehabt, sich rechtzeitig aus dem Staube zu machen. Wir werden verpflegt und überprüfen Waffen und Munition. Bei Einbruch der Dunkelheit sollen wir an der Turja ablösen. Am späten Nachmittag machen wir uns fertig zum Abrücken. Bevor wir aufsitzen, fangen wir vom Kompanietrupp noch sechs Hühner ein, die wir in einem Sack mitnehmen. Nach zirka 30 Minuten Fahrt erreichen wir einen langgestreckten Kiefernwald. Wir müssen absitzen und Waffen aufnehmen. Wir marschieren noch etwa anderthalb Kilometer, dann haben wir die vorderste Stellung erreicht. Die Übernahme geht ohne Störung durch den Feind reibungslos vonstatten. Der Kompanietrupp bezieht einen nicht sehr großen Bunker im Kiefernwald, etwa in der Mitte des Kompanieabschnitts.

9. Mai 1944. Sofort bei Tagesanbruch gehe ich mit Leutnant Grzimek die übernommene Stellung ab. Sie verläuft auf der Nordseite des Turja-Flusses, etwas abgesetzt davon. Der Fluß fließt in West-Ost-Richtung und führt reichlich Wasser. Er bildet hier eine natürliche Barriere, die zur Feindseite hin noch durch einen breiten Sumpfgürtel verstärkt wird. Von dort ist nur schwer an den Fluß heranzukommen. Die feindliche Stellung auf der anderen Seite ist gut erkennbar und verläuft in einer Entfernung von zirka 300 bis 400 Metern. Das Schußfeld ist frei und gut einzusehen. Die übernommene Stellung befindet sich in einem eher dürftigen Zustand. Die Kampfstände sind mangelhaft. Der vorhandene Graben ist an keiner Stelle tief genug, um einem Soldaten ausreichend Schutz zu bieten. Dadurch ist die Bewegungsfreiheit eingeschränkt, und die Verbindungswege zwischen den Gruppen und Zügen sind nicht ungefährdet zu begehen. Auch die Unterkünfte der Soldaten sind derart miserabel, daß man sofort Abhilfe schaffen muß. Unsere Vorgänger haben in dieser Beziehung keine gute Arbeit geleistet. Hier bleibt noch sehr viel zu tun, bis der Abschnitt als verteidigungsfähig angesehen werden kann. Die eigene Beobachtung beim Stellungsdurchgang hat ergeben, daß der Feind sich auffallend ungeniert und frei bewegt. Das ist an sich nicht seine Art. Mit dem Einsatz der Waffen ist er – noch – zurückhaltend. Im gesamten Abschnitt ist es verhältnismäßig ruhig. Nach der Rückkehr aus dem Graben stellen wir einen Arbeitsplan auf. Vordringlich ist der Ausbau der Kampfstände und stabiler Unterkünfte. Beides muß zum größten Teil überirdisch angelegt werden. Die Nähe des Flusses und der überall hohe Grundwasserspiegel lassen es nicht zu, tief in die Erde zu gehen. Dort, wo es notwendig ist, müssen Blenden errichtet werden, damit man sich ungesehen dahinter im Graben bewegen kann. Für die vorgesehenen Arbeiten ist das Wetter günstig. Nur die verdammten Stechmücken plagen uns erheblich. Ich fordere beim Troß noch für heute abend eine ausreichende Anzahl Mückenschleier an.

10. Mai 1944. Während der Nacht ist im gesamten Kompanieabschnitt mit Hochdruck gearbeitet worden. Nur die Grabenwachen waren davon ausgenommen. Es wird geschanzt und gebaut. Sobald es hell wird, gehen die Gruppen zur Ruhe über. Nur der Kompanietrupp kann arbeiten, da keine Feindeinsicht zu befürchten ist. Im gesamten Abschnitt bleibt es ruhig. Die Russen betätigen sich selbst im Stellungsbau. Sie benehmen sich völlig ungeniert. Ein Funktrupp des Bataillons und ein VB unseres Artillerieregiments 116 melden sich beim Kompaniegefechtsstand. Der VB wird in den vordersten Graben geführt, wo er sich den besten Beobachtungsplatz selbst aussuchen kann.

12. Mai 1944. Der Stellungsausbau wird während der Nacht unverändert fortgesetzt. Tagsüber ist es nicht nur zu heiß dazu, sondern der Feind soll keine Einsicht haben dürfen. Die Mückenplage macht uns trotz Mückenschleier schwer zu schaffen. Am frühen Morgen kommt es zum ersten Beschuß durch Granatwerfer. Der Feind schießt sich auf den Waldrand ein, ohne Schäden anzurichten. Anscheinend hat er doch Veränderungen am Waldrand festgestellt. Dann ist es den ganzen Tag wieder ruhig. Es werden die bisher schon festgestellten Einzelbewegungen im feindlichen Graben gemeldet. Unsere Hühner haben vier Eier gelegt.

13. Mai 1944. Nach einer ruhigen Nacht, in der wir den Ausbau der Stellung fortsetzen konnten, erfolgt kurz nach Tagesanbruch ein Feuerüberfall mit Granatwerfern größeren Kalibers. Wir sind sofort auf dem Posten und erwarten einen Stoßtrupp oder Angriff, beides erfolgt aber nicht. Durch Granatsplitter wird der Grenadier Standke an der linken Hand verwundet. Er wird verbunden und zum Arzt geschickt. Bereits gestern ist aufgefallen, daß Bewegungen bei uns unter gezieltes Feuer genommen werden. Auch heute gehen solche Meldungen ein. Wir sind sicher, daß sich drüben ein Scharfschütze eingenistet hat, der sich seine Opfer sucht. Wir mahnen zu besonderer Vorsicht. Beobachtungen sind nur aus guter Deckung vorzunehmen. Nach anstrengender Tätigkeit an unserem Bunker wird er soweit fertig, daß wir einziehen können. Er bietet dem Kompanietrupp ausreichend Platz und ist mit mehreren Lagen dicker Kiefernstämme abgedeckt. Die Seiten sind mit Erde angeworfen worden und bieten ebenfalls ausreichenden Schutz. Ein weiterer Artilleriebeobachter meldet sich zum Einsatz im Kompaniebereich. Er wird in die Stellung eingewiesen.

14. Mai 1944. Nach fast einer Woche harter Arbeit sind die Kampfstände und der Graben in einem Zustand, daß wir Feindangriffe nicht zu fürchten brauchen. Hier und da sind noch Verbesserungen erforderlich, doch das Gröbste ist getan. Die Soldaten können sich jetzt mehr Ruhe gönnen. Das Wetter war uns stets wohlgesonnen. Inzwischen sind die Temperaturen auf sommerliche Werte angestiegen. Mit dem heutigen Versorgungsfahrzeug ist Feldwebel Alfons Stephan eingetroffen. Er wird Feldwebel Behr als Zugführer ablösen. Feldwebel Behr fährt zum Troß zurück und wird ab sofort die Funktion des Kompaniefeldwebels übernehmen. Heimatpost ist angekommen und wird verteilt. Der Stabsgefreite Brust ist erkrankt und muß zurück zum Arzt.

17. Mai 1944. Während der vergangenen Tage hat sich nichts Besonderes ereignet. Erst heute hat der Feind wieder seine Granatwerfer eingesetzt. Es sind keine Schäden entstanden. Sonst bleibt es ruhig. Einer unserer VBs hat einen Feindbunker erkannt und unter Einzelfeuer genommen. Beim dritten Schuß mit Zündverzögerung ist der Bunker durch Volltreffer in die Luft geflogen.

18. Mai 1944. Christi Himmelfahrt, normalerweise ein Feiertag. In der HKL spürt man nichts davon. Nach dem Stellungsdurchgang vor Sonnenaufgang bin ich zum Kompaniegefechtsstand zurückgekehrt. Es gab nichts Außergewöhnliches im Graben. Ich gebe die Morgenmeldung zum Bataillon durch und lege mich in der Nähe unseres Bunkers in die Sonne, nicht ohne mich vorher mit Sonnenöl tüchtig einzureiben. Aus der Stellung hören wir nichts, was den Feiertagsfrieden stören könnte. Unser Versorgungsfahrzeug ist früher als sonst am Kompaniegefechtsstand eingetroffen.

21. Mai 1944. Es ist weiterhin ruhig im Kompanieabschnitt. Lediglich der russische Scharfschütze fällt durch seine Aktivität auf. Er liegt offensichtlich ständig auf der Lauer, denn er schießt auf alles, was sich bewegt. Besonders vormittags, wenn er die Sonne im Rücken hat, läßt er keine Gelegenheit aus, um Schaden anzurichten. Beim Gang durch die Stellung warne ich jeden Posten eindringlich vor ihm. Mit dem Versorgungsfahrzeug kommt Oberleutnant Lohmann nach vorne. Er übernimmt die Kompanie. Nach wochenlanger Schönwetterperiode und großer Schwüle erscheinen die ersten dunklen Wolken am Himmel. Das folgende Gewitter bringt starke Abkühlung. Wir verkriechen uns in unseren Bunker, der von oben absolut dicht ist, wie sich jetzt erst herausstellt.

23. Mai 1944. Durch den starken Regen hat sich an vielen Stellen des Grabens Wasser angesammelt. Auch im Wald stehen große Pfützen. Es hat sich stark abgekühlt. Die Gruppen fordern Mäntel an. Außer den Mänteln bestelle ich Zeltbahnen, damit bei weiteren Gewitterregen die Posten besseren Schutz haben. Die Stellung bleibt ruhig. Trotz unserer ständigen Hinweise auf den Scharfschützen holt dieser sich heute sein erstes Opfer. Der Grenadier Moosmann aus der 6. Gruppe wird von einem Explosivgeschoß am Oberarm getroffen. Die Verwundung ist schwer. Er wird sofort zum Truppenverbandplatz geschafft. Bei einem am Abend durchgeführten Unternehmen des I. Bataillons werden im Kompanieabschnitt drei Kameraden der 2. Kompanie verwundet und von unserem Sanitäter (Obergefreiter Weidl) versorgt.

24. Mai 1944. Nach der starken Abkühlung der letzten Tage ist bisher keine Wetterbesserung eingetreten. Ich fordere weitere Sommermäntel beim Kompanietroß an. Aus der Stellung gäbe es absolut nichts zu vermelden, wäre da nicht der Scharfschütze auf der anderen Seite als eine ständige Gefahr. Im Laufe des Vormittages hat er einen weiteren Erfolg zu verzeichnen. Betroffen davon ist wieder der II. Zug. Diesmal hat es den Gefreiten Mottel der 4. Gruppe erwischt. Dabei hat er großes Glück, daß er mit einem glatten Brustdurchschuß davongekommen ist. Nur um wenige Zentimeter hat der Scharfschütze das Herz verfehlt. Aufgrund dieses Vorfalles wird in allen Gruppen noch einmal auf die Gefährlichkeit dieses Scharfschützen hingewiesen. Bei meinem nächsten Kontrollgang im Abschnitt des II. Zuges fordere ich die jüngeren Soldaten auf, nicht aufrecht durch das niedrige Grabenstück zu gehen, sondern nur gebückt. Ich gebe ihnen zu verstehen, daß der aufrechte Gang in diesem Abschnitt nicht Mut oder Tapferkeit bedeutet, sondern pure Dummheit ist. Sie gefährden nicht nur sich selbst, sondern auch ihre Gruppenkameraden, sofern sie im Graben stehen.

25. Mai 1944. Durch Kompaniebefehl wird angeordnet, daß das Beziehen der Postenstände im Graben und das Zurückgehen zu den Bunkern grundsätzlich nur noch durch den Graben zu erfolgen hat, auch wenn darin – wie es zur Zeit der Fall ist – etwas Wasser steht. Auf keinen Fall darf versucht werden, den Postenstand auf der Deckung zu erreichen. Die Gruppenführer werden aufgefordert, jeden diesbezüglichen Leichtsinn sofort zu unterbinden. Bevor dieser Befehl den Zügen zugegangen ist, wird der nächste Ausfall durch den Scharfschützen gemeldet. Jetzt hat er den Grenadier Lypp aus der 2. Gruppe getroffen. Auch der hat großes Glück, da er mit einem Streifschuß am Nacken davongekommen ist. Ob ein Wirbel verletzt ist, kann nur der Arzt feststellen. Wir hoffen nicht, er muß aber zur Untersuchung zurück. Die derzeit ruhige Frontlage bekommt offenbar den höheren Dienststellen nicht. Sonst würden sie nicht für ständige zusätzliche Beschäftigung der Truppe mit entsprechenden Anforderungen sorgen. Das Thema „Gas" und „Gaskrieg" erregt offenbar zur Zeit hinten die Gemüter. Als ob wir in der HKL nichts anderes zu tun hätten. Es wird verlangt, sämtliche Gasmasken in der Kompanie auf Funktion und Paßgenauigkeit zu überprüfen. Jede Maske ist mit einer Nummer zu versehen und diese in das Soldbuch des Trägers einzutragen. Die Durchführung ist bis zum 30. Mai zu melden. Darüber hinaus sind Gasschutzunteroffiziere zu bestimmen und je Kompanie zwei Gasspürtrupps 1/3 gemäß HDV 395/1 aufzustellen. Jeder Freitag in der Woche wird als Gastag der Division bestimmt. Alarmvorrichtungen (Pfeifpatronen etc.) sind ständig bei der Truppe mitzuführen. Es ist darauf zu achten, daß Verwundete ihre Gasmaske beim Transport nach hinten mitbekommen usw. usf. Die Maßnahmen werden von uns ernstgenommen. Auf der anderen Seite wissen wir viel zu gut, daß im harten Einsatz andere Gesetze herrschen und sich die meisten Probleme ganz von alleine lösen. Leutnant Grzimek verabschiedet sich von uns und fährt zum Troß zurück.

26. Mai 1944. Das Wetter wird wieder besser. Der Regen hat aufgehört, und die Erdoberfläche ist abgetrocknet. Aus der Stellung gibt es nichts Besonderes zu berichten. Der Scharfschütze darf kein lohnendes Ziel vorfinden, dann hat er auch keinen Erfolg. Eigene Versuche, seinen Standort festzustellen, sind bisher ohne Erfolg geblieben. Unsere Hühner werden wir nach und nach schlachten. Die Viecher haben das Eierlegen in ihrer Kiste eingestellt. Sie ziehen es vor, ihre Eier irgendwo im Walde zu plazieren. Man hört sie früh laut gackern, doch die Eier finden wir selten.

27. Mai 1944. Früh bin ich vom nächtlichen Grabendurchgang zurück. Es ist unheimlich, wenn man in stockfinsterer Nacht durch einen – an sich bekannten – Stellungsgraben geht und dann – obwohl man es erwartet – plötzlich angerufen wird. Der Anruf wirkt beruhigend, weiß man doch, daß es der eigene Kamerad ist, der den Wachdienst versieht. Zur Feindseite hin war es absolut ruhig. Nicht eine Leuchtkugel ist während des nächtlichen Grabendurchgangs im Abschnitt aufgestiegen. Im Laufe des Vormittages erhalten wir die Meldung, daß der Scharfschütze wieder Erfolg hatte. Beim I. Zug ist der Grenadier Weber von der 3. Gruppe durch Lungensteckschuß verwundet worden und wird zum Truppenverbandplatz gebracht. Wenig später wird der Zug mit Granatwerfern beschossen. Dabei hat dieselbe Gruppe einen weiteren Verwundeten zu beklagen. Er muß ebenfalls zum Arzt geschafft werden. Die im Laufe des Tages vorgenommenen Beobachtungen lassen erkennen, daß die russische Grabenbesatzung stärker geworden ist. Lebhafter Verkehr zwischen den Stellungen und dem Wald dahinter ist deutlich auszumachen. Recht unbekümmert und frech bringen sie am Waldrand eine „Ratschbumm" in Stellung. Das läßt unser VB aber nicht auf sich beruhen. Nach gut liegenden Granaten seiner Batterie wird das Geschütz bald in den Wald zurückgeschafft. Mit dem Versorgungsfahrzeug erhalten wir einen Teil der Pfingstsonderverpflegung. Pro Kopf wird eine halbe Flasche Wein angeliefert. Feldwebel Helmut Müller kommt zur Kompanie und wird als Führer des II. Zuges eingesetzt.

28. Mai 1944. Es ist wunderbares, beinahe hochsommerliches Wetter. Wir schaffen unseren Tisch aus dem Bunker heraus, um unter den grünen Bäumen zu frühstücken. Danach liegen wir alle in der wärmenden Sonne. In der Stellung ist absolute Ruhe. Im Laufe des Tages bekomme ich Arbeit. Ersatz aus der Heimat ist eingetroffen. Drei Unteroffiziere und 17 Mann melden sich am Kompaniegefechtsstand. Die durch den Ersatz erreichte Grabenstärke ist beachtlich, mit VB und Funker sind es 97 Soldaten. Ich lasse mir Zeit mit der Neueinteilung, da weitere Zugänge kommen sollen.

Das Versorgungsfahrzeug wird heute mit Spannung erwartet, da von der Küche eine Überraschung angekündigt worden ist. Nun ist der Wagen eingetroffen. Es gibt für alle frischen Streuselkuchen. Das ist eine Wucht! Das wird ein schöner Feiertag. Außerdem bekommt jeder einen Liter Bier, das gut gekühlt, ganz hervorragend schmeckt. Mit dem Versorgungsfahrzeug ist ein junger Leutnant eingetroffen. Er heißt Bruno Pauli und wird den I. Zug führen. Mit ihm treffen fünf frühere Kompanieangehörige ein. Es sind die Kameraden Obergefreiter Fritz Tröstl, Obergefreiter Schäfer, Gefreiter Müthling, Gefreiter Gerat und der Grenadier Hoffmann. Der Gefreite Gerat ist als Scharfschütze ausgebildet worden und wird als solcher auf unserer Seite eingesetzt. Er bekommt den besonderen Auftrag, den gegnerischen Scharfschützen aufzuspüren und außer Gefecht zu setzen. Im Laufe des Nachmittages werden zwölf Werfergranaten (sogenannte „Stuka zu Fuß"*) angeliefert, die wir an geeigneter Stelle im Wald in Stellung bringen sollen. Mein Freund August Kiene ist als Ritterkreuzträger aus dem Heimaturlaub zurück. Er sieht blendend aus und ist – wie immer – bei bester Laune. Er berichtet kurz von der Verleihung durch den Kommandeur, Hauptmann Wiesmann, in seiner Heimat Lüthorst in Niedersachsen.

30. Mai 1944. Nach den ruhigen Pfingsttagen setzt am frühen Morgen heftiger Granatwerferbeschuß ein. Der Abschnitt des I. Zuges ist hauptsächlich davon betroffen. Die Beobachtungsposten können jedoch sonst nichts Auffälliges wahrnehmen. Unteroffizier Idler wird durch Splitter am Unterarm leicht verwundet. Bei meinem Kontrollgang durch den Graben gegen 11 Uhr ist im Bereich des II. Zuges der russische Scharfschütze wieder in Aktion. Dort, wo die Gewehrkugeln einschlagen, treffe ich den Grenadier Bremer als Grabenwache, dem diese Schüsse offenbar gelten. Auf die Gefahr angesprochen, macht er lediglich abfällige Bemerkungen. Um ihm die Gefährlichkeit des Schützen vor Augen zu führen, nehme ich aus dem nahen Kampfstand einen Stahlhelm und stecke ihn auf einen Karabiner. Dann schiebe ich ihn vorsichtig über den Grabenrand und bewege mich mal in die eine, mal in die andere Richtung. Nach nur wenigen Metern verharre ich still und drücke den Karabiner gegen die Grabenwand, um mich nicht selbst zu gefährden. Ich bin ganz sicher, daß die Bewegung des Stahlhelms beobachtet worden ist. Es dauert nicht lange, dann klatscht das erste Geschoß gegen den Stahlhelm, den ich sofort kippen lasse. Trotz dieser deutlichen Demonstration macht die Treffsicherheit des Scharfschützen auf meinen jungen Kameraden wenig Eindruck. Ich warne ihn noch inmal eindringlich und setze meinen Kontrollgang fort. Aus dem Graben zurück, muß ich Personalien aufnehmen. Wir haben weiteren Ersatz bekommen. Ein Unteroffizier und zehn Mann sind eingetroffen. Der Unteroffizier stammt aus meiner näheren Heimat, und zwar aus Elnhausen bei Marburg. Wegen der knappen Unterkünfte werden die Neuzugänge vorläufig auf die Gruppen aufgeteilt. Morgen werde ich mit Oberleutnant Lohmann die Kompanie umgliedern. Er beabsichtigt, erneut einen schweren Zug mit sMG und Granatwerfern zu bilden. Bei Einbruch der Dunkelheit melden sich Pioniere am Gefechtsstand zum Verlegen von Minen. Die Grabenbesatzung wird darüber informiert. Eine Gruppe wird beauftragt, die Verlegearbeiten zu sichern. Während dieser Zeit bleibt es ruhig. Den Russen fallen die Verlegearbeiten offenbar nicht auf.

31. Mai 1944. Der Monat Mai geht mit herrlichem Wetter zu Ende. In der Stellung bleibt es ruhig, was die Kampftätigkeit anbelangt. Seit drei Wochen sind wir in diesem Wald am Turja-Fluß. Die Kompanie ist durch Zuführung von Ersatz und zurückkehrende Genesene auf eine beachtliche Stärke angewachsen. Zwei Offiziere, zehn Unteroffiziere und 81 Mannschaftsdienstgrade, insgesamt 93 Soldaten sind jetzt hier eingesetzt. Im Laufe des Vormittags wird gemeldet, daß der Grenadier Bremer durch den Scharfschützen leicht verwundet worden ist. Er verbleibt aber bei der Gruppe. Ich bin überzeugt, daß er den Scharfschützen auf irgendeine Art herausgefordert hat. Er wollte dessen Gefährlichkeit selbst testen. Diese Meinung vertreten auch seine Gruppenkameraden und tadeln sein

* Spitzname des Waffenrahmens für sechs 28-cm-TNT- oder 32-cm-Gasolin-Raketen, Anm. d. Verl.

leichtsinniges Verhalten. Im Laufe des Nachmittages gehe ich durch die Gruppen und stelle fest, wer Granatwerfer- bzw. sMG-Ausbildung hat und wer mit wem in der Gruppe zusammenbleiben will. Danach beginne ich mit einer groben Neueinteilung der Kompanie, wobei bereits länger bestehende Gruppenkameradschaften nicht auseinandergerissen werden. Neuzugänge ohne Fronterfahrung werden auf die Gruppen verteilt, um ihnen erfahrene Soldaten an die Seite zu stellen.

1. Juni 1944. Wegen der lästigen Mücken beginne ich bereits um 4 Uhr meinen Kontrollgang durch den Graben. Dann ist es noch kühl, und die Biester sind nicht gar so aggressiv. Im Abschnitt des I. Zuges fange ich heute an und finde alles in Ordnung. Ich unterhalte mich kurz mit den einzelnen Posten und gehe weiter zum II. Zug. Im Bereich der 4. Gruppe vermisse ich den Anruf der Grabenwache. Ich ahne nichts Gutes und bewege mich vorsichtig um die nächste Grabenbiegung. Dort muß normalerweise der Posten stehen. Was ich sehe, läßt mich zusammenfahren. Der Posten liegt vornüber auf der Grabendeckung. Er ist tot. Es ist der junge Grenadier Günther Bremer (Jahrgang 1925), der dem Scharfschützen zum Opfer gefallen ist. Genau zwischen beiden Augen ist der Einschuß. Ich bin erschüttert, weil es dazu nicht hätte kommen dürfen. Ich mache den Gruppenbunker mobil und veranlasse die Bergung des Toten und die Neubesetzung der Grabenwache. Eindringlich weise ich die Gruppe noch einmal auf die Gefahr hin, ehe ich meinen Kontrollgang zu Ende führe. Am Kompaniegefechtsstand eintreffend, wird auch schon der Gefallene herangebracht. Der Abtransport nach hinten erfolgt nachmittags. Er wird auf dem Ehrenfriedhof Wladynopol beigesetzt. Oberleutnant Lohmann nimmt diesen erneuten Vorfall zum Anlaß, sämtliche Zug- und Gruppenführer zum Kompaniegefechtsstand holen zu lassen. Es muß unter allen Umständen vermieden werden, daß durch Leichtsinn oder Gleichgültigkeit weitere Ausfälle entstehen. Dem Scharfschützen darf kein Ziel mehr geboten werden. Unteroffizier Laube fährt mit dem Versorgungsfahrzeug zum Troß, um seinen Heimaturlaub anzutreten.

2. Juni 1944. In Anbetracht des hohen Personalbestandes und meiner Ermittlungen bei den Gruppen sitze ich mit dem Kompanieführer zusammen. Wir stellen die Gruppen bzw. Züge neu zusammen. Ziel ist es, die Feuerkraft der Kompanie wesentlich zu verstärken. Neben den beiden Grenadierzügen zu je drei Gruppen (mit einem leichten MG) wird ein schwerer Zug mit zwei schweren MGs und einem leichten Granatwerfer aufgestellt. Dieser schwere Zug wird in der Nähe des Kompaniegefechtsstands untergebracht, damit er Ausbildung betreiben kann. Zugführer wird Feldwebel Engelbert Hülsmann, der als Führerreserve noch beim Troß ist. Der Zugführer und das entsprechende Gerät werden angefordert. Aus der HKL gibt es nichts zu vermelden. Es ist ein ruhiger Abschnitt. Bei Einbruch der Dunkelheit meldet sich der Pionierzug beim Kompaniegefechtsstand, um Minen vor der Stellung zu verlegen. Eigene Soldaten werden zur Sicherung aufgeboten. Mitten in der Nacht werden wir dann aus dem Schlaf gerissen. Der Sanitäter wird gerufen. Der zur Sicherung der Pioniere abgestellte Obergrenadier Flather ist auf eine bereits verlegte eigene Mine getreten und schwer verletzt worden. Nach der ersten Versorgung durch unseren Sanitäter wird er zum Truppenverbandplatz gebracht.

3. Juni 1944. Bis ich aus der Stellung zurück bin, ist es hell geworden. Die Sonne will allerdings nicht so recht aus den Wolken hervorkommen. Es bleibt bedeckt, ist aber trocken. Der Wind ist schön warm. In der Stellung ist es außergewöhnlich ruhig. Vielleicht ist das die Ruhe vor dem Sturm? Wir sind darauf gefaßt. Unser Abschnitt ist mit Minen, Stacheldraht und „Stuka zu Fuß" bestens abgesichert. Die Kompanie ist jederzeit einsatzbereit und mit Waffen und Munition gut versorgt. Zwei vorgeschobene Beobachter der Artillerie bzw. der schweren Infanteriegeschützkompanie stärken uns den Rücken. Wir sind davon überzeugt, daß ein Angriff der Russen gegen diese Stellung kein Spaziergang werden wird. Warten wir es ab. Durch die empfangene Post erfahre ich, daß mein jüngster Bruder Erwin (Jahrgang 1927) zum Reichsarbeitsdienst eingezogen worden ist.

4. Juni 1944. In der Stellung gibt es keine besonderen Vorkommnisse. Im Laufe des Tages fällt nicht ein Schuß. Der sMG-Zug macht ungestört Ausbildung im Wald. Zwei bewährte Kameraden, der Obergefreite Mrugalla und der Gefreite Werner, werden zum Unterführerlehrgang in Marsch gesetzt. Die gleichzeitig abkommandierten Kameraden Grenadier Lehn und Grenadier Pirzina nehmen an einem sMG-Lehrgang teil, der im rückwärtigen Divisionsbereich stattfindet. Mit dem Versorgungsfahrzeug trifft das Gerät für die Granatwerfergruppe ein, die sofort damit ausgerüstet wird.

5. Juni 1944. Die Granatwerfergruppe beginnt unter Führung von Unteroffizier Bittner mit der Ausbildung. Die meisten Mitglieder der Gruppe sind bereits mit dem Gerät vertraut, nur die Funktionen müssen abgestimmt und geübt werden. Aus der HKL treffen keine besonderen Meldungen ein. Es ist weiterhin ruhig. Im Laufe des Vormittags trifft Oberfähnrich Karl Klinkhammer ein und unterrichtet ausgewählte Soldaten jeder Gruppe in Methoden der Panzernahbekämpfung.

6. Juni 1944. Der Vormittag verläuft ohne Vorkommnisse. Erst im Laufe des Nachmittags gibt es wieder zu tun. Weitere Verstärkung ist gekommen. Von der 8. Kompanie sind uns der Obergefreite Rudolph sowie die Gefreiten Caspar und Zingler zugeführt worden. Kurze Zeit später trifft das Versorgungsfahrzeug ein. Unteroffizier Karl Maar und drei Genesene (Stabsgefreiter Dürnegger, die Gefreiten Liebich und Witzik) kommen mit. Die Gefreiten Liebich und Leipelt fahren zum Troß zurück, um ihren Heimaturlaub anzutreten. Seit langer Zeit gibt es wieder eine Krankmeldung (Grenadier Pudlo). Kurz vor Einbruch der Dunkelheit begeben wir uns in die eigene Werferstellung, um zwei Granaten abzufeuern und dabei die Zündfähigkeit zu überprüfen. Die Grabenbesatzungen werden informiert. Aus dem Graben heraus sollen Flugbahn und Wirkung beobachtet werden. Die erste Granate wird gezündet. Mit eigenartigem Geräusch hebt sie beim Start ab, kommt schnell ins Trudeln und stürzt kurz hinter dem Fluß ins Sumpfgelände. Mit der zweiten Granate klappt es besser. Sie verläßt fauchend und zischend das Abschußgerät und schlägt im vorgesehenen Zielgebiet ein. Danach gibt es einige Aufregung bei den Russen. Sie antworten mit heftigem Granatwerferbeschuß schweren Kalibers. Ich zähle 18 Einschläge in kürzester Zeit, die aber keinen Schaden anrichten.

7. Juni 1944. Der Tag beginnt ruhig. Doch schon bald gibt es Aufregung. Der russische Scharfschütze, den man schon abgezogen glaubte, ist erneut aktiv geworden. Wieder ist die 4. Gruppe davon betroffen. Genau an derselben Stelle, an der ich den Grenadier Bremer fand, hat es jetzt seinen Kameraden Grenadier Ebel erwischt. Er ist tödlich getroffen worden. Er wird ebenfalls auf dem Ehrenfriedhof Wladynopol beigesetzt. Der Verlust ist deshalb so ärgerlich, weil er kurz vor unserer Ablösung erfolgte. Er wäre sicher vermeidbar gewesen, wären die Ermahnungen und die Hinweise auf den Scharfschützen genau beachtet worden. Völlig unvorbereitet erfahren wir, daß wir aus der HKL herausgelöst werden. Wir werden schon nicht mehr in der Stellung verpflegt. Das Vorkommando der 26. Infanteriedivision trifft kurz nach der Meldung bei uns ein. Vor Einbruch der Dunkelheit erscheint die Masse der ablösenden Infanterie. Zunächst wird die völlige Dunkelheit abgewartet, erst dann werden die einzelnen Gruppen in die Stellung geführt. Die Ablösung erfolgt ohne jegliche Störung. Die Kompanie sammelt am Kompaniegefechtsstand und marschiert mit voller Ausrüstung durch den langgestreckten Wald bis nach Ortczyn. Hier treffen wir unsere Gefechtsfahrzeuge und werden verpflegt. Danach fahren wir noch einige Kilometer weiter zurück und beziehen Quartiere in einem unbekannten Ort.

8. Juni 1944. Nach einigen Stunden Schlaf bin ich früh unterwegs. Vordringlichste Maßnahme ist für mich Körperpflege. Unter dem Mangel daran habe ich in der Waldstellung

Lagerleben bei herrlicher Sonne im Waldlager

ziemlich gelitten. Es gab zwar Wasser genug in der Umgebung, doch Baden war wegen der unmittelbaren Frontnähe zu riskant. Die tägliche Rasur und Gesichtswäsche wurde mit Grundwasser vorgenommen, das wir aus einem dafür gegrabenen tiefen Sickerloch gewonnen haben. Hier und jetzt will ich das Versäumte nachholen. Ich mache mir Feuer und stelle einen großen Kübel mit Wasser auf. Dann wasche ich mich gründlich mit Seife und ziehe frische Wäsche an. Danach geht es mir besser. Tagsüber werden die Waffen und Uniformen in Ordnung gebracht. Zwischendurch gibt es eine Pause für die Einnahme der warmen Mahlzeit, die direkt an der Feldküche empfangen wird. Am späten Nachmittag verladen wir Waffen und Gerät auf die Fahrzeuge. Nach dem Aufsitzen fahren wir in die Nacht hinein, einem ungewissen Ziel entgegen. Unsere Fahrt verläuft in nördlicher Richtung.

9. Juni 1944. Der neue Tag dämmert schon herauf, als wir in einen kleinen Ort hineinfahren. Wir sind im Raum von Olesk–Tschmikos, etwa 20 Kilometer südöstlich von Ljuboml. Wir fahren noch etwa sechs Kilometer, dann ziehen wir in einem Wald unter. Hier finden wir einen wunderschönen freien Platz unter hochstämmigen alten Buchen als Mittelpunkt. Drum herum bauen wir unsere Zelte auf und richten uns zum Bleiben ein. Klares sauberes Wasser finden wir in einem Bach, der ganz in der Nähe vorbeifließt. Hier sollen wir Ruhe haben, weiter aufgefrischt werden und Ausbildung betreiben. Vor dem Zelt des Kompanietrupps errichten wir einen Tisch mit zwei Bänken, so daß wir genügend Sitzplätze zur Verfügung haben. Für den Kompanieführer wird ein separates Zelt aufgestellt.

10. Juni 1944. Der heutige Tag ist dazu bestimmt, die Zeltplätze und deren Umgebung zu säubern und ideenreich zu gestalten. Aus dünnen Birken werden Zäune und Gatter errichtet und richtige Ziergärten mit Blumen, Farnkräutern und jungem Grün angelegt. Die Gruppen wetteifern untereinander bei der Anlage der Gärten und der Anfertigung von Sitzgelegenheiten, Tischen, Duschanlagen und dergleichen mehr. Die Kraftfahrzeuge werden splittersicher eingegraben.

11. Juni 1944. Es ist Sonntag. Deshalb ist der heutige Tag noch dienstfrei. Ab Montag wird normaler Dienst beginnen. Mit Hauptfeldwebel Behr stelle ich einen entsprechenden Dienstplan auf, der vom Kompanieführer gebilligt wird. Dieser Dienstplan enthält auch die Mittags- und Ruhepausen. Das Essen und die kalte Verpflegung wird täglich direkt an der Feldküche empfangen. Sie ist, wie unsere Schreibstube, hier im Wald untergezogen. Das Wetter ist ideal. Es zeigt sich von seiner besten Seite. Es ist angenehm warm, und im Schatten der hohen Bäume läßt es sich sehr gut aushalten. Ich beginne noch an diesem Nachmittag mit sportlicher Betätigung und lasse alle interessierten Kameraden daran teilhaben. Ich übernehme zur Betreuung die Fußballspieler und Waldläufer. Es melden sich viele Sportbegeisterte. Wir beginnen mit einem Lauf über etwa 3.000 Meter. In den nächsten Tagen soll die Entfernung systematisch gesteigert werden.

12. Juni 1944. Um 6 Uhr ist Wecken wie in der Kaserne. Danach folgen fünf Minuten Frühsport, verbunden mit einem kurzen Lauf. Nach dem Waschen und Kaffeetrinken beginnt pünktlich um 7 Uhr der Dienst mit Unterricht. Ab 8 Uhr sind wir im Gelände. Dazu marschieren wir aus dem Wald heraus in ein mit Büschen bewachsenes Grasland, das sich hervorragend für unsere Ausbildung eignet. Einen besseren Platz kann man sich nicht vorstellen. Zu Mittagessen und Verpflegungsempfang geht's in den Unterkunftsbereich zurück. Die anschließende Ruhepause ist für jeden Pflicht und muß eingehalten werden. Nachmittags werden Sachen instandgesetzt und Waffen gereinigt. Um 16 Uhr ist Dienstschluß. Dann kann jeder tun und lassen, was er will.

15. Juni 1944. Bei anhaltend schönstem Wetter und dem täglichen Dienst vergeht die Zeit wie im Fluge. Der Dienst selbst ist nicht übermäßig hart, wird jedoch gewissenhaft und genau durchgeführt. Dabei soll den jungen Soldaten immer wieder klargemacht werden, wie wichtig eine gute Ausbildung und richtiges Verhalten im Ernstfalle sind. Beides kann lebensrettend sein. Das hat sich im Einsatz oft genug gezeigt. Abends werden gesellige Runden innerhalb der Gruppen und Züge veranstaltet, die das Hineinwachsen der jüngeren Soldaten in die Gemeinschaft fördern sollen. Das Zusammengehörigkeitsgefühl untereinander wird gestärkt, gleichzeitig aber auch das Vertrauen in den Gruppenkameraden gefestigt. Der personelle Zustand der Kompanie ist gut. Die Soldaten befinden sich durchweg in bester körperlicher Verfassung. Der Krankenstand ist zur Zeit enorm niedrig. Die allgemeine Stimmung bleibt zuversichtlich. Waldlauf und sportliche Betätigung werden von vielen Kameraden als beliebte Abwechslung angenommen. Die Fußballspieler trainieren eifrig und spielen abends, wenn es etwas kühler geworden ist. Viele kommen aus aktiven Heimatvereinen und können mit dem Ball umgehen. Ob es zu einer guten Fußballmannschaft reicht, muß sich erst noch herausstellen. Wir werden sehen. Am kommenden Sonntag soll das erste Spiel gegen die 9. Kompanie stattfinden.

17. Juni 1944. Heute, am Samstag, endet der Dienst bereits um 13 Uhr. Länger dauert er in der Kaserne auch nicht. Bei den täglichen Waldläufen habe ich festgestellt, daß es im Wald bereits zahlreiche Pilze gibt. Mit meinem Brotbeutel mache ich mich auf den Weg, um Pilze zu sammeln. Schon nach wenigen Minuten Marsch, abseits des Weges, erreiche ich eine sumpfige Kiefernschonung, wo eine große Anzahl Pfifferlinge wächst. In kurzer Zeit habe ich den Brotbeutel gefüllt. Dann pflücke ich Walderdbeeren, die hier ebenfalls in großen Mengen vorkommen. Mit diesen Früchten bereite ich mir an diesem Abend ein leckeres Essen zu.

18. Juni 1944. Es ist Sonntag. Das schöne Wetter hält an. Das ist eine gute Voraussetzung für unser Fußballspiel gegen die 9. Kompanie. Nach dem Mittagessen marschieren wir zu einer großen Wiese, die wir zum Sportplatz umfunktioniert haben. Tore haben wir selbst aufgestellt. Die gesamte Kompanie ist auf den Beinen, bis auf einige Kameraden, die freiwillig als Lagerwache zurückgeblieben sind. Wir haben aus folgenden Spielern eine Mannschaft gebildet: Gefreiter Merten im Tor; Unteroffizier Klar und Gefreiter Tüffers in der Verteidigung; Obergefreiter Glatzer, Unteroffizier Idler, Grenadier Bether in der Läuferreihe und Gefreiter Granitzny, Grenadier Beier, Obergefreiter Tröstl, Unteroffizier Will, Gefreiter Witzik im Sturm. Das Spiel entwickelt sich anfangs ausgeglichen und mit vielen vergebenen Torchancen auf beiden Seiten. Doch dann kommt die Mannschaft der 9. Kompanie immer besser ins Spiel und wird drückend überlegen. Zum Schluß heißt es fünf zu eins für die bessere Mannschaft. Unseren Ehrentreffer hat Franz Witzik erzielt. Wir haben nicht nur das Spiel verloren, sondern ich habe mich an Schienbein und Knöchel verletzt. Mein Bein schmerzt, und der Fuß ist durch einen Bluterguß gewaltig angeschwollen. Unmittelbar danach sitze ich am Bachrand und kühle mein Bein im fließenden Wasser. Sobald wir im Lager zurück sind, lege ich mich in unser Zelt und mache feuchtkalte Umschläge. Auf diese Art und Weise bekomme ich endlich Zeit zur Beantwortung meiner unerledigten Post, die reichlich vorhanden ist.

Vorführung des neuen Kampfpanzers V „Panther"

21. Juni 1944. Es ist Sommeranfang. Hier bei uns sind wir schon seit Tagen im Hochsommer. Noch schöneres Wetter kann man sich kaum vorstellen. Die Sonnenanbeter in der Kompanie sind braun wie die Neger. Nach drei Tagen Ruhe und ständiger Kühlung mit Umschlägen ist mein Bein fast ausgeheilt, so daß ich den Dienst mitmachen kann. Heute sind wir ausnahmsweise nicht im Gelände. Die erste Abteilung des Panzerregiments 31 ist in der Heimat mit neuen Panzern des Typs „Panther" ausgerüstet worden und nun wieder bei der Division eingetroffen. Dieser Panzer wird uns vorgeführt, und seine Einsatzparameter werden bekanntgegeben. Nach der Vorführung machen wir noch eine Gefechtsübung mit Panzerunterstützung durch den „Panther". Wir sind beeindruckt von der Schnelligkeit und Beweglichkeit dieses Kampfwagens, auch die Schußkraft seiner Kanone nötigt uns Respekt ab.

22. Juni 1944. Früh sind wir im Gelände. Der Vormittag vergeht schnell. Nach dem Mittagessen werden Schießübungen mit dem MG 42 durchgeführt. Für 16 Uhr ist Waffen- und Geräteeinigen angesetzt, dann ist Dienstschluß. Zum Abschluß betreiben wir Sport. Mit der Waldlaufgruppe laufe ich die Strecke von 20 Kilometern. Für diesen Abend hat Oberleutnant Lohmann ein gemütliches Beisammensein aller Unteroffiziere anberaumt. Zu diesem Zweck werden an einer besonders schönen Stelle des Waldes große Tische und Bänke in U-Form aufgestellt. Um 19 Uhr sind alle Unteroffiziere versammelt. Die Feier beginnt mit einem ausgezeichneten Abendessen. Danach wird zum gemütlichen Teil übergegangen. Es werden Erlebnisse aus vergangenen Einsätzen ausgetauscht. Zu ernsten und heiteren Anekdoten trinken wir alle reichlich Alkohol. Die feucht-fröhliche Veranstaltung zieht sich bis Mittenacht hin. Dann werden mit schwerer Schlagseite

Das Bier macht gute Laune am Tisch des Kompanietrupps.

die Zelte im dunklen Wald aufgesucht. Einige Kameraden landen dabei in fremden Zelten, andere kommen gar nicht so weit und verbringen die lauschige Sommernacht unter einem hohen Baum.

24. Juni 1944. Am 22. Juni beginnt die russische Sommeroffensive im Mittelabschnitt der Ostfront.* Im Raume Witebsk haben die Russen einen Großangriff gestartet. Der Dienst bei uns geht unverändert weiter. Wir machen wie im Frieden Ausbildung und Schießübungen mit MG 42. Die Trefferquote kann sich sehen lassen. Zum Essenempfang sind wir im Unterkunftsbereich zurück. Um für alle Fälle gerüstet zu sein, wird nachmittags eine Waffen- und Geräteinspektion angesetzt. Munitionsbestände und deren Zustand werden überprüft. Zug- und Gruppenführer werden aufgefordert, die Waffen nachzusehen und das Gerät auf Vollständigkeit zu kontrollieren. Der Kompaniechef führt Stichproben durch. Fehlende oder defekte Gegenstände müssen ersetzt werden. Daß mit einem Einsatz in nächster Zeit zu rechnen ist, daran zweifelt niemand mehr. Näheres wissen wir nicht. Weil es wahrscheinlich die letzte Gelegenheit ist, wird aus diesem Grunde am Abend ein geselliges Beisammensein für die gesamte Kompanie veranstaltet. Die Küche hat ein Faß Bier besorgt, und die Regimentskapelle ist eingetroffen, um den Abend musikalisch zu gestalten. Im großen Kreis ist die Kompanie versammelt. Bier und Schnaps werden ausgegeben. Die Kapelle spielt, und sportliche Vorführungen sowie Einzelvorstellungen einiger talentierter Kameraden gestalten den Ablauf. Natürlich wird auch kräftig

* Bei der Sommeroffensive („Operation Bagration") trat die Rote Armee in Stärke von ca. 1,7 Millionen Soldaten mit 33.000 Geschützen, 5.800 Panzern und 7.800 Flugzeugen gegen die Heeresgruppe Mitte an, die über 850.000 Soldaten, 3.200 Geschütze, 570 Panzer und 600 Flugzeuge verfügte, Anm. d. Verl.

Ferntrauung durch den Bataillonskommandeur, Hauptmann Riemann, am 25. Juni 1944

gesungen. Je später der Abend und je mehr Wirkung die Getränke zeigen, um so lauter wird der Gesang. Etwa um Mitternacht packt der Musikzug die Noten zusammen und rückt ab. Damit löst sich der fröhliche Kreis auf, und alles kriecht in die Zelte.

25. Juni 1944. Es ist Sonntag und damit dienstfrei. Ich bin um 6 Uhr aufgestanden und mache mich frisch. Danach gehe ich in den Wald, um Pilze zu sammeln. Ich muß sehr tief in den Wald eindringen, denn die unmittelbare Umgebung des Lagers ist von anderen Pilzfreunden der Kompanie längst abgesucht. Ich finde genügend Pfifferlinge und kann mir außerdem das Kochgeschirr voll mit Erdbeeren pflücken. Dann marschiere ich zum Lager zurück. Ich putze die Pilze und zuckere die Erdbeeren ein. Um 11 Uhr muß die Kompanie antreten. In feierlicher Form wird durch den Bataillonskommandeur eine Ferntrauung vorgenommen. Danach wird das Mittagessen empfangen. Nach dem Essen und etwas Ruhe bereiten wir uns auf das nächste Fußballspiel vor. Wir wollen gegen die 6. Kompanie antreten. Doch dazu soll es nicht mehr kommen. Gerade habe ich noch einen Brief an meine Eltern geschrieben, da wird die Kompanie in Alarmbereitschaft versetzt. Die Ruhezeit geht zu Ende. Wir bauen die Zelte ab und packen die Klamotten ein. Die Fahrzeuge müssen auftanken, werden danach beladen und marschbereit gemeldet. Bei einbrechender Dunkelheit marschieren wir ab. In geschlossener Formation verlassen wir das schöne Fleckchen Wald und sammeln zur Abfahrt auf der befestigten Straße. Wir fahren einem neuen, noch unbekannten Einsatz entgegen.

26. Juni 1944. Bevor es heute morgen hell wird, haben wir Ljuboml durchfahren und Chelm erreicht. In Bahnhofsnähe warten wir auf weitere Befehle. Hier treffen wir andere Einheiten der Division und erfahren, daß die gesamte Division auf Achse ist. Sie wird verlegt. In der Reihenfolge des Eintreffens werden die Einheiten auf Eisenbahnwaggons ver-

Unteroffizier Strittmatter bei der Morgentoilette

laden. Wohin die Reise geht, wissen wir nicht, doch aus der Fahrtrichtung, die der Zug einschlagen wird, kann man einiges schließen. Als der nächste Leerzug an die Verladerampe geschoben wird, sind wir an der Reihe. Die Lok steht unter Dampf. Eile ist offensichtlich geboten, denn kaum sind die Fahrzeuge verkeilt und festgezurrt, setzt sich der Zug in Bewegung. Die Fahrt geht zunächst nach Westen. Die Soldaten sitzen lässig auf den Fahrzeugen oder auf den Waggons. Die Landschaft ist ziemlich eintönig, deshalb wird keine große Notiz davon genommen. Die Strecke ist mir von der Urlaubsreise her bekannt. Wir fahren durch Lublin und erreichen die Stadt Deblin. Hier biegen wir von der zweigleisigen Hauptstrecke ab und fahren auf eingleisiger Strecke weiter Richtung Brest-Litowsk. Noch ist es heller Tag, als wir Deblin verlassen. Hier fällt mir besonders auf, daß uns die Menschen auf dem Bahnhof mit argwöhnischen Blicken verfolgen. Nur ganz selten ist ein freundliches Antlitz darunter. Als es dunkel wird, machen wir es uns im Fahrzeug bequem und versuchen zu schlafen. Mir gelingt es nicht. Deshalb bin ich auch nicht sonderlich überrascht, als der Zug unterwegs stark bremst und dann zum Stehen kommt. Wir halten kurz vor der kleinen Station Okrzeja. Vorne am Zug werden Stimmen laut. Das Zugbegleitpersonal eilt zur Lok an die Zugspitze.

27. Juni 1944. Inzwischen ist es heller Tag. Der Zug steht noch vor der kleinen Bahnstation. Wir erfahren, daß es sich um einen unfreiwilligen Aufenthalt handelt. Die Strecke nach Brest ist von Banditen gesprengt worden. Unser Zug konnte noch rechtzeitig gewarnt werden. Es dauert noch eine Weile, bis der Schaden behoben ist und der Transport weitergehen kann. In vorsichtiger Fahrt wird die Reise fortgesetzt. Es wird sehr warm. Mittags brennt die Sonne erbarmungslos vom Himmel. Mit nacktem Oberkörper sitzen wir im offenen Kfz. 15. Erst am späten Abend erreichen wir den Grenzbahnhof Brest-Litowsk, den jeder von der Fahrt in den Urlaub kennt. Hier haben wir eine Weile Aufenthalt. Ich benutze die Gelegenheit, die Waggons abzugehen und mich über die Vollzähligkeit und den Zustand der Kompanie zu informieren. Es wird Verpflegung ausgegeben. Dann fährt der Transport weiter Richtung Mittelabschnitt nach Minsk.

28. Juni 1944. Als der Morgen graut, sind wir noch nicht sehr weit gekommen. Auf der gut ausgebauten, zweigleisigen Fernstrecke nach Baranowitschi geht es nur langsam vorwärts. Öfter wird auf kleinen Stationen ohne ersichtlichen Grund gehalten. Das Reisewetter ist gut. Es ist sehr warm. Der Fahrtwind bringt nur geringe Abkühlung. Am späten Nachmittag läuft der Transport in Baranowitschi ein. Auf dem Güterbahnhof stehen wir für längere Zeit. Wir bekommen Mittagessen an der Feldküche und kalte Verpflegung. Dann wird die Fahrt fortgesetzt. Der Zugverkehr auf der Strecke nimmt zu. Auf dem Gegengleis kommen uns auffallend viele Lazarettzüge entgegen. Dann ist in der HKL bestimmt der Teufel los, ohne daß wir die Lage richtig einschätzen können. Es muß viel mehr los sein, als uns aus dem Wehrmachtbericht bekannt ist. Die Bestätigung bekommen wir dadurch, daß wir weit hinter der Front, auf freier Strecke, von russischen Schlachtfliegern angegriffen werden. Es ist reines Glück, daß nichts passiert. Wir wundern uns darüber, daß die russischen Flieger so weit in das Hinterland vordringen können. Wo ist unsere Luftwaffe? Wir haben auf der ganzen Fahrt hierher noch kein deutsches Flugzeug gesehen.

29. Juni 1944. Nach einer schier endlos erscheinenden Bummelfahrt während der Nacht fahren wir gegen 8 Uhr an diesem Morgen in den großen Bahnhof der Stadt Minsk ein. Die Lok wird abgekoppelt, und wir bleiben auf einem Gleis des riesigen Verschiebebahnhofs stehen. Auf dem Gleis nebenan steht ein weiterer Transport der Division. Es sind Teile des Artillerieregiments 116. Ob hier schon ausgeladen wird, steht noch nicht fest. Von Lokwechsel ist die Rede und von Weiterfahrt. Gegen 9.45 Uhr greifen russische Schlachtflieger die Stadt an. Sie kurven wild umher und feuern blind in die Stadt, was das Zeug hält. Wir auf dem Bahnhof bleiben ungeschoren, obwohl weitere Transporte eingetroffen sind und diese Massierung von Menschen und Material ein gefundenes Fressen für die Flieger sein müßte. Die Züge mit den Fahrzeugen stehen unbeweglich da und sind daher sichere Ziele. Die Stunden vergehen. Um die Wartezeit zu überbrücken, notiere ich noch einmal den Personalbestand der Kompanie und schreibe einen kurzen Brief nach Hause. Inzwischen ist es wieder brütend heiß geworden. Gegen 11.30 Uhr wird von der Feldküche Essen ausgegeben. Während wir die Kochgeschirre leeren, erhalten wir Befehl, beschleunigt auszuladen. Wir lösen die Keile von den Rädern und machen die Fahrzeuge frei. Eine Rangierlok schiebt den Zug an die Verladerampe, und in kurzer Zeit sind wir mit unseren Fahrzeugen von den Waggons herunter. Während wir an der Rampenabfahrt stehen, sind die russischen Flieger wieder im Anflug. Diesmal ist das Bahnhofsgelände ihr Ziel. Mit Bordwaffen wird die große Rangieranlage beschossen. Wir suchen Schutz unter Waggons und Fahrzeugen und haben dabei großes Glück. Die Kompanie hat keine Ausfälle, weder an Menschen noch an Material. Ohne weitere Verzögerung verlassen wir nun das Bahnhofsgelände und fahren auf die große Rollbahn Minsk–Moskau. Ihr folgen wir bis wenige Kilometer vor Borissow. Dann geht es offensichtlich schon nicht mehr weiter. In der Gegend nördlich Schodino ziehen wir in einem Waldstück unter. Kaum sind wir unter den Bäumen verschwunden, als russische Bomber und Schlachtflieger die Rollbahn angreifen. Sie richten unter den dort befindlichen Fahrzeugen einige Verwirrung und Schäden an. Mehrere Kraftfahrzeuge gehen in Flammen auf und bespannte Fuhrwerke preschen führerlos quer über das Feld. Nach dem Fliegerangriff werden von unseren Lkws einige entladen und nach Borissow in Marsch gesetzt, um sich an der Räumung eines riesigen Verpflegungslagers zu beteiligen.

Vorsorglich notiere ich die Stärke der 5. Kompanie am 29. Juni 1944, 10 Uhr, auf dem Güterbahnhof Minsk:

Oblt. Lohmann, Kompanieführer

Kompanietrupp:		**Alarm-Zug:** Uffz. Idler, Ogfr. Preuten			
Uffz.	Will	Uffz.	Strittmatter	Uffz.	Tröstl
Ogfr.	Moschner	Ogfr.	Rieger	Ogfr.	Dühring
Gefr.	Barucha	–"–	Keßler	–"–	Glatzer
–"–	Bether	Gefr.	Haberer	Gefr.	Freier
–"–	Müller	–"–	Witzik	–"–	Gless
		–"–	Braun	–"–	Manderfe
Uffz.	Heinrich, Sani	Gren.	Beier	–"–	Ulrich
Stbsgfr.	Molva	–"–	Bergmann	Ogren.	Jakob
Uffz.	Müller	–"–	Rink	Gren.	Schäfer

I. Zug. Fw. Stephan, Zugführer; Gefr. Kusch, Gren. Kron

1. Gruppe:		2. Gruppe:		3. Gruppe:	
Uffz.	Seidler	Uffz.	Klar	Gefr.	Jaithe
Gefr.	Meurer	Ogfr.	Güttler	Gefr.	Mertens
–"–	Barton	–"–	Mainz	–"–	Groß
–"–	Gerat	Gefr.	Lücking	–"–	Berner
–"–	Nemet	–"–	Fend	Gren.	Juritzka
–"–	Podlesny	–"–	Standtke	–"–	Vogel
–"–	Lehn	Gren.	Hoffmann		
–"–	Schwartz	–"–	Laatsch		

II. Zug: Fw. Müller, Helmut, Zugführer; Ogfr. Reum, Gren. Sauer

4. Gruppe:		5. Gruppe:		6. Gruppe:	
Uffz.	Laube	Uffz.	Erfurt	Uffz.	Strunz
Gefr.	Kaiser	Gefr.	Granitzny	Gefr.	Müthling
–"–	Grichtollek	–"–	Caspar	–"–	Böge
–"–	Neumann	Ogren.	Beling	Gren.	Damm
–"–	Zingler	Gren.	Gottwald	–"–	Biskup
Gren.	Pudlo	–"–	Kotala	–"–	Pirzina
–"–	Kuchler	–"–	Tkatzik	–"–	Romanczik

Schwerer Zug: Fw. Hülsmann, Zugführer; Ogfr. Nawrat, Gefr. Schaffer

1. sMG 42		2. sMG 42		Granatwerfer	
Uffz.	Chall	Gefr.	Seidel	Uffz.	Bittner
Stgfr.	Battel	Stgfr.	Dürnegger	Ogfr.	Adam
Ogfr.	Hütges	Gefr.	Wrobel	–"–	Kensicki
–"–	Mai	Gren.	Keller	–"–	Rudolph
Gefr.	Gregorzewski	–"–	Skupin	Gefr.	Babilon
			–"–	Schmidt	
Urlaub:		krank:		–"–	Tüffers
Ogfr.	Sackenreuther	Gefr.	Gsell	–"–	Wimmer
Gren.	Leipelt	–"–	Zielesny		
–"–	Schmied				
Troß bzw. kommandiert:					
Uffz.	Lichtenberg, Hz.;	Uffz.	Schäfer,		
–"–	Schmitt, Hubert;	Gefr.	Katurkat		

Nach einiger Zeit kommen die Fahrzeuge vollbeladen zurück. Sie haben lauter wertvolle Sachen mitgebracht, von denen wir im Normalfalle nur träumen können. Unter anderem Obstkonserven, Eier, Zucker, Likör, Schnaps, Schokolade, Zigaretten und anderes mehr. Die Fahrer berichten, daß die Brücke über die Beresina bereits gesprengt ist und die Front entlang des Flusses innerhalb der Stadt verläuft. Nach all dem, was man jetzt zu hören bekommt, sieht es nicht gut aus mit der militärischen Lage im Mittelabschnitt. In wenigen Tagen hat der Feind die HKL an mehreren Stellen durchbrochen und geht weit nach Westen vor. An der Beresina soll deshalb schnellstens eine neue Front aufgebaut werden. Zu diesem Zweck ist unsere Division hierher verlegt worden. Wir bleiben im Wald und richten uns für die Nacht ein. Abends werden Schnaps und Rotwein ausgegeben.

30. Juni 1944. Ich habe geschlafen wie ein Murmeltier. Bei Sonnenaufgang bin ich jedoch auf den Beinen. An einem nahen Bach stecke ich den Kopf ins Wasser, dann bin ich vollends wach. Eben bin ich unter den Bäumen verschwunden, als die ersten Schlachtflieger auftauchen. Sie greifen wieder die Rollbahn an, wo bereits starker Verkehr herrscht. Ein Melder des Regiments bringt den ersten Einsatzbefehl. Das II. Bataillon erhält einen Aufklärungsauftrag und hat ein Vorauskommando zu stellen. Als Vertreter der 5. Kompanie nehme ich an diesem Kommando teil. Der Auftrag lautet: Im Raume ostwärts Grodek die Feindlage festzustellen und ein Gelände zu erkunden, das geeignet ist, eine Auffangstellung aufzubauen. Ziel ist, den russischen Durchbruch zu stoppen. Größte Eile ist geboten, um dem Feind soweit ostwärts wie möglich zuvorzukommen und das uns folgende Bataillon einzuweisen. Inzwischen ist bekannt, daß der Russe weiter nördlich die Beresina bereits überschritten hat und auf der Straße nach Grodek vorgehen soll. Mit einem Kfz. 15 fahren wir sofort los. In atemberaubendem Tempo jagen wir über Straßen und Wege. Wir durchqueren Grodek und erreichen das nordostwärts davon gelegene Logoisk. Wir halten nur kurz an. Der Ort ist menschenleer. Noch etwa acht Kilometern rollen wir ostwärts weiter. Hier endet der Wald und offenes, weit überschaubares Gelände liegt vor uns. Ideal für eine Verteidigungsstellung. Durch den Wald könnten die Fahrzeuge bis hierher nachgezogen werden. Gegen Fliegersicht sind gute Deckungsmöglichkeiten vorhanden. Beiderseits der Straße ist nur Wald. Dieser zieht sich an einem Hang entlang bis hinauf auf einen beherrschenden Hügel, von dem aus eine hervorragende Beobachtung gewährleistet ist. Von dort spähen wir weit nach Osten. Bis zum Eintreffen des Bataillons haben wir außer Staubwolken in großer Entfernung nichts vom Feind bemerkt. Die 5. Kompanie besetzt den Waldrand entlang des Hügels und gräbt sich sofort ein. Der Kompanietrupp besetzt den höchsten Punkt der Erhebung und beobachtet unablässig das davorliegende Land. Außer weiteren Staubwolken in großer Entfernung, die allerdings auf feindliche Bewegungen schließen, machen wir bis Einbruch der Dunkelheit keine Beobachtungen. Für die Nacht wird erhöhte Aufmerksamkeit befohlen. Ein Doppelposten wird etwa einhundert Meter vor der Stellung postiert, um von dort aus die Straße zu überwachen. Jede Annäherung ist sofort über Funk zu melden. In der Stellung müssen alle auf ihren Posten sein. Außer deutlich wahrnehmbarem Geschützfeuer aus nördlicher Richtung ist nichts aufgefallen oder gemeldet worden.

1. Juli 1944. Die Nacht bleibt ruhig. Noch ehe der Tag anbricht, bin ich auf Beobachtung. Mit meinem ausgezeichneten Fernglas suche ich das vor mir liegende Gelände ab. So sehr ich die Augen auch anstrenge, ich kann keine verdächtigen Bewegungen oder Hinweise auf den Feind feststellen. Dann geht tief im Osten die Sonne auf. Als feuerroter Ball erscheint sie am fernen Horizont und spendet Licht. Kein Wölkchen ist am Himmel. Es wird sehr warm werden. Unter Einhaltung der gebotenen Vorsicht bewegen wir uns noch relativ frei umher. Unsere Posten sind ständig auf der Hut und beobachten. Alle anderen liegen im Schatten der hohen Bäume. Mittags erscheint unser Versorgungsfahrzeug. Wir werden verpflegt. Die Grenadiere Leipelt und Schmied melden sich aus dem Urlaub zurück. Der Gefreite Seidel meldet sich krank und fährt mit dem Kfz zum Arzt. Danach liegen wir wieder im Wald. Erst am Nachmittag wird ein feindlicher Spähwagen gemeldet. Er ist noch in respektvoller Entfernung und setzt sich wieder ab. Ohne daß wir Feindberührung hatten, erhalten wir Befehl, nach Logoisk zu marschieren, wo der Gefechtstroß untergebracht ist. In knapp zwei Stunden sind wir dort. Das Dorf wird gesichert, die Kompanie geht zur Nachtruhe über.

2. Juli 1944. Es ist Sonntag. Ehe wir uns darüber klar werden, was los ist, ist die Kompanie im Aufbruch. Bevor der Tag begonnen hat, sind wir geweckt worden. Ein Befehl des Bataillons ist eingetroffen. Eile ist geboten. Zum Kaffeefassen bleibt keine Zeit. Die Fahrzeuge werden startklar gemacht, und die Kompanie muß aufsitzen. Die Abfahrt erfolgt sofort. Der Befehl lautet: Auf kürzestem Wege Molodetschno zu erreichen und die Stadt ostwärts gegen ankommenden Feind zu verteidigen. Die Strecke beträgt etwa einhundert Kilometer. Wir fahren auf der festen Straße über Grodek, das wir bald erreichen.

Dann geht es weiter über Radoschkowitsch. Auf dieser Straße, die in nordwestlicher Richtung führt, herrscht das Chaos. Wehrmachtfahrzeuge aller Waffengattungen, versprengte Truppenteile ohne Führung, Trosse bespannter Infanterie und lange Trecks russischer Zivilisten mit Handwagen, Panjefahrzeugen und Haustieren verstopfen die für unser Fortkommen wichtige Straße. Nur mit Mühe können wir die Kolonnen flüchtender Menschen überholen, da auch starker Gegenverkehr herrscht. Oft müssen wir anhalten und den Fahrzeugführern oder den verzweifelten Menschen klarzumachen versuchen, daß wir nicht auch auf der Flucht, sondern zum Einsatz gegen den Feind unterwegs sind, damit sie uns den Weg freigeben. Das kostet viel Zeit. In einem Ort kurz vor Radoschkowitsch haben wir dazu noch einen unfreiwilligen Aufenthalt. Ein Oberst der Infanterie hält uns an und meint, uns einkassieren zu müssen. Er glaubt nicht den Darstellungen unseres Kompanieführers, da ein schriftlicher Befehl nicht vorgezeigt werden kann. Erst als die gesamte Kompanie mit den Fahrzeugen aufgeschlossen ist und wir ihn auf die ernsten Folgen noch längeren Aufenthalts hinweisen, gibt er die Straße frei. Ohne Rücksicht auf die Fahrzeuge wird mit hohem Tempo weitergefahren. An Krasne vorbei, wo es an der großen Kreuzung noch einmal eine Stockung gibt, erreichen wir schließlich Molodetschno. In gemäßigtem Tempo fahren wir durch die Stadt, die fast menschenleer zu sein scheint. Auf der Hauptstraße ist niemand zu sehen, auch deutsche Soldaten nicht. Nirgends ist ein abgestelltes Wehrmachtfahrzeug oder Hinweisschild auf eine Einheit zu erkennen. Am östlichen Stadtausgang sitzen wir von den Fahrzeugen ab und nehmen Waffen und Gerät auf. Ab hier ist mit dem Feind zu rechnen. Die Straße, die wir bis zum nächsten Ort überblicken können, ist völlig frei. In Reihe gehen wir nun, weit auseinandergezogen, gegen den Ort Wielkie-Siolo vor. Es kommt zu keiner Feindberührung. Der Ort selbst ist feindfrei. Jenseits des Ortes graben wir uns igelförmig ein und sichern. Vor allem die weiterführende Straße nach Osten behalten wir im Auge. Bis zum Einbruch der Dunkelheit läßt sich eine feindliche Annäherung nicht feststellen. Während der Nacht bleiben wir vor dem Ort in erhöhter Gefechtsbereitschaft liegen.

3. Juli 1944. Ohne Feindberührung zu haben, werden wir kurz vor Anbruch des Tages von einer Infanterieeinheit (170. Infanteriedivision) abgelöst. Wir marschieren in den Ort zurück, wo wir von unseren Lkws erwartet werden. Wir sitzen auf und folgen einem Befehl, der uns über die Straße zurückführt, auf der wir gestern gekommen sind. Das Ziel ist der Bahnhof Radoschkowitsch, der südlich der Stadt liegt. Im motorisierten Marsch fahren wir nach Südosten. In Krasne werden wir umdirigiert, weil die direkte Verbindung zum Ziel bereits vom Feind unterbrochen ist. Der Weg führt uns nun, weit westlich an Grodek vorbei, zum Bahnhof Radoschkowitsch. Am Stationsgebäude verlassen wir die Fahrzeuge und besetzen die Höhen nordostwärts des Bahnhofs beiderseits der Straße zur Stadt. Hier graben wir uns ein und fordern Panzernahkampfmittel an, da mit feindlichen Panzern gerechnet werden muß. Eine entsprechende Funkwarnung liegt uns vor. Unser Auftrag lautet, die wichtige Bahnverbindung Minsk–Wilna unter allen Umständen zu sichern, auf der noch laufend Transporte und Versorgungsgüter rollen. Bis zum Einbruch der Dunkelheit wird eine feindliche Annäherung nicht erkannt. Für die Nacht wird erhöhte Gefechtsbereitschaft befohlen. Ich selbst gehe noch vor Mitternacht mit einem Spähtrupp an der Straße entlang und erkunde den Wald vor uns in etwa zwei Kilometern Tiefe. Wir stoßen nicht auf Feind, stellen aber – am jenseitigen Waldrand stehend – erheblichen Gefechtslärm aus der vor uns liegenden Stadt fest. Wir verfolgen noch die Leuchtspurgeschosse am nächtlichen Himmel und kehren dann um. Nach der Rückkehr sitze ich noch lange vor dem Gefechtsstand. Um uns herum ist Totenstille. Die Nacht ist lau. Und über uns wölbt sich ein Himmel mit einem Meer von Sternen. Dazwischen prangt die helle Scheibe des Mondes. Dann lege ich mich ins hohe Gras, um schließlich einzuschlafen.

4. Juli 1944. Lange habe ich nicht geschlafen, als ich von einem Melder geweckt werde. Ein neuer Befehl wird überreicht. Die Kompanie muß in Eile aus den Stellungen geholt werden und an den Fahrzeugen sammeln, die vor dem Bahnhof warten. Der Auftrag lautet, schnellstens wieder in den Raum südlich Molodetschno zu verlegen und weitere Befehle abzuwarten. Eben wollen wir uns in Bewegung setzen, als ein neuer Befehl anordnet, sofort den Ort Iwantschewitsch zu besetzen und gegen durchgebrochenen Feind zu halten. Die Kompanie fährt sofort ab. Als wir uns dem genannten Ort mit den Fahrzeugen nähern, werden wir bereits unter Feuer genommen. Wir sind zu spät gekommen. Iwantschewitsch ist von den Russen schon besetzt. Wir haben den ersten Verwundeten (Grenadier Beier). Die Fahrzeuge ziehen sich zurück. Die Kompanie meldet die Lage und erwartet neue Befehle. Dann kommt der Auftrag, nicht anzugreifen, sondern auf schnellstem Wege die Straßengabel Moisitsche südlich Molodetschno zu besetzen und zu sichern. Sofort springen wir auf die Fahrzeuge, und ab geht es auf die feste Straße nach Grodek, die wir bei Wydrutsche erreichen. Am großen Straßenkreuz nördlich Grodek müssen wir in Deckung gehen. Schlachtflieger greifen an. Noch während des Angriffs erkennen wir einen feindlichen Panzerspähwagen und einen Lkw mit angehängtem Geschütz, der uns auf der Straße gefolgt sein muß, auf der wir gerade gekommen sind. Wir müssen weiter. Beim Aufsitzen wird der Führer des II. Zuges, Feldwebel Helmut Müller, vermißt. Eine Gruppe seines Zuges wird sofort in den Wald geschickt, um ihn zu suchen. Sie suchen die ganze nähere Umgebung ab und rufen laut seinen Namen, es ist vergebens. Er bleibt wie vom Erdboden verschluckt. Uns ist es rätselhaft. Feldwebel Alfons Stephan muß die Führung des Zuges übernehmen. Außer dem Vermißten werden zwei Verwundete (Grenadier Pierzina und Podlesny) durch den Fliegerangriff gemeldet. Ehe die erste Granate des in Stellung gegangenen russischen Geschützes bei uns Schaden anrichten kann, setzen wir die Fahrt fort. Nach zirka 20 Kilometern in hohem Tempo haben wir die befohlene Straßengabel erreicht und wollen dort sichern. Ein neuer Befehl führt uns jedoch sofort weiter. Auf einer Anhöhe graben wir uns ein und sichern nach Osten. Hier verbringen wir die Nacht an einem Waldrand.

5. Juli 1944. Um 2.45 Uhr werden wir alarmiert. Wir machen uns fertig und marschieren in einen Bereitstellungsraum. Bei Bienica soll das II. Bataillon des Panzergrenadierregiments 14 im Gegenstoß durchgebrochene Feindkräfte zurückwerfen. Durch wogende Getreidefelder führt unser Weg. In einem Kornfeld stellen wir uns zum Angriff bereit. Punkt 4 Uhr ist Angriffsbeginn für das ganze Bataillon. Wir, die 5. Kompanie, stehen vor Bielko-Siolo. Beim Austritt aus dem Kornfeld empfängt uns heftiges Feuer. Dabei gibt es gleich einen herben Verlust für die Kompanie. Feldwebel Alfons Stephan, der bewährte Zugführer, wird durch ein Infanteriegeschoß tödlich getroffen. Verbissen kämpfen wir uns vorwärts. Nach hartem Kampf wird das Dorf, das nur noch aus Ruinen besteht, genommen und von uns besetzt. Ein weiteres Dorf, dessen Namen ich nicht erfahren kann, besetzen wir dann kampflos. Hier gibt es eine kurze Rast. Der Marsch, der Kampf und die mörderische Hitze zwingen zu einer Pause. Die Kameraden fallen dort um, wo sie gerade stehen. Die eigenen Verluste sind bei der Härte des Kampfes gering geblieben. Außer dem Gefallenen sind noch fünf Verwundete festgestellt worden, davon bleiben drei wegen Geringfügigkeit der Verletzung bei der Kompanie. Unsere Ruhe währt nicht lange. Die Lkws sind angefordert und nehmen uns auf. Unterwegs nehmen wir vier Deutsche Soldaten auf, die die Verbindung zu ihrer Einheit verloren haben. Nach etwas mehr als einer halben Stunde Fahrt werden wir in einem menschenleeren Ort abgesetzt. Die Bevölkerung ist mit Hab und Gut vor den eigenen Truppen geflohen. Die Kompanie wird vor dem langgezogenen Dorf eingewiesen und gräbt sich ein. Der Kompanietrupp zieht in einem sauberen Haus unter. Hier gibt es endlich Gelegenheit zum Waschen und Rasieren. Den Namen des Ortes kann ich nicht erfahren. Um die Mittagszeit kommt es zu einem Zwischenfall an der HKL. Ein amerikanischer Jeep fährt – auf der Straße von Osten kommend – mit hoher Geschwindigkeit fast in die Stellung. Als er angerufen und beschossen wird, versucht der Fahrer zu wenden. Das gelingt nicht, weil der Motor aussetzt. Daraufhin booten die drei Insassen (zwei Offiziere und der Fahrer) aus und wenden sich zu Flucht. Es muß sich um hohe russische Offiziere handeln. Beim Nachsetzen einer Gruppe kann ein Oberstleutnant gefangengenommen werden, weil er verwundet ist. Der verwundete Offizier wird unmittelbar nach der Gefangennahme zum Bataillon bzw. zum Verbandplatz gebracht.

6. Juli 1944. Bei Tagesanbruch erreicht uns ein neuer Befehl. Die Fahrzeuge werden herangezogen und die Kompanie muß aufsitzen. In schneller Fahrt werden wir nach Sakowitsche gebracht. Südlich des Ortes soll eine Stellung am Waldrand aufgebaut werden. Etwa einen Kilometer vorher fahren die Fahrzeuge in Deckung, die Kompanie macht sich zum Einsatz bereit. Auf dem Marsch zum Waldrand, den die Spitze gerade erreicht hat, sieht diese dort eine feindliche Fahrzeugkolonne mit Panzern stehen. Sie ist im Begriff, zum Angriff anzutreten. Uns bleibt keine Zeit, in Stellung zu gehen. Ohne ein weiteres Risiko einzugehen, machen wir sofort kehrt und verlegen mit den eigenen Fahrzeugen etwa einen Kilometer zurück. Den am Tage zuvor erbeuteten Jeep müssen wir leider stehenlassen, weil er nicht anspringen will. Dort sitzen wir ab und besetzen die Hügel entlang der Straße. Hierbei vermissen wir die Kameraden Müthling und Romanczik, die mit ihrem MG bereits in Stellung gegangen waren. Der erwartete Feindangriff trifft uns nicht, sondern zielt auf den weiter westlich liegenden Abschnitt. Um die Mittagszeit werden wir abberufen und neu eingesetzt. Vor uns liegt der Ort Wojelechowo, der genommen werden soll. Kaum daß wir uns zum Angriff entfaltet haben, werden wir mit starkem Feuer aller Waffen eingedeckt. Im direkten Beschuß durch Panzer und „Ratschbumm" werden wir in Deckung gezwungen. Wir haben sofort einige Ausfälle. Unteroffizier Seidler, Gefreiter Ulrich und Grenadier Leipelt werden verwundet. Wir sind in einer ungünstigen Position, denn der Feind geht beiderseits von uns selbst zum Angriff über. Die Gefahr besteht, daß wir umgangen werden. Von allen Seiten bekommen wir Feuer, das uns in Deckung hält. Wir haben keine weiteren Ausfälle. Nur mit Mühe können wir einen infanteristischen Angriff in Bataillonsstärke aus der rechten Flanke abwehren. Bis zum Einbruch der Dunkelheit halten wir, dann setzen wir uns befehlsgemäß vom Feind ab. Wir marschieren etwa eine halbe Stunde, dann treffen wir auf unsere Fahrzeuge. Total übermüdet sind wir froh, daß wir nun gefahren werden. Es geht aber nicht weit.

7. Juli 1944. Kurz hinter dem Ort Mirklitschki verlassen wir die Fahrzeuge und marschieren durch den Wald nach Nordwesten. Vor dem Waldrand graben wir uns ein. Als wir damit fertig sind und die Löcher noch ein wenig getarnt haben, wird es wieder hell. An Schlaf ist nicht zu denken. Alle müssen auf dem Posten sein. Der scharf nachdrängende Feind wird aus nördlicher Richtung erwartet. Ich nehme mir die Zeit und schreibe ein paar Zeilen nach Hause. Es ist der erste Brief, seit wir wieder im Einsatz sind. Inzwischen ist die Sonne aufgegangen, und wir können weit nach Nordosten sehen. Die ersten Feindmeldungen treffen ein. Wir beobachten Näherkommen von zwei Seiten mit viel Staubentwicklung: Panzer! Und panzerbrechende Waffen stehen uns nicht zur Verfügung. Wir melden die zahlenmäßig starken Kolonnen, die dann im Wald und in einer Mulde verschwinden. Ein kurz danach auftauchender Spähwagen mit Infanterie (zirka 30 Mann) wird von unserem sMG erfolgreich bekämpft. Der Spähwagen zieht sich zurück. Wenig später eröffnen Granatwerfer das Feuer auf unseren Waldrand. Dann erscheint ein Panzer in einiger Entfernung und schießt, ohne sich zunächst zu nähern. Es ist ein T-34. Er feuert wild in den Wald. Unteroffizier Bittner wird durch Granatsplitter im Gesicht verwundet. Gegen 7.30 Uhr sehen wir zwei weitere T-34 anrollen, gefolgt von etwa 200–300 Mann

Infanterie. Wir machen Meldung und setzen zur Bekämpfung zunächst die beiden sMGs ein. Die Wirkung ist verblüffend. Die russische Infanterie geht sofort in Deckung. Die Panzer schießen aus verdeckter Stellung, ohne uns direkt anzugreifen. Auf Befehl ziehen wir uns vorsichtig aus der Stellung in den Wald zurück. Die Kompanie sammelt auf der Straße nach Oschmiana. Dann marschieren wir nach Westen, wo wir unsere Fahrzeuge treffen sollen. Unterwegs nehmen wir drei versprengte deutsche Soldaten auf: Obergefreiter Ziehe, Gefreiter Hochstrath und Grenadier Killig. Bevor wir unsere Lkws treffen, müssen wir in Stellung gehen. Feindliche Infanterie tritt nördlich der Straße aus dem Wald hervor und eröffnet das Feuer. Auf diese Entfernung haben wir jedoch nichts zu befürchten. Wir gehen entlang der Straße an einem Feldrain in Stellung und warten. Die Russen sind im Wald verschwunden. Es vergeht einige Zeit, bis Beschuß einsetzt. Dann werden sie aber munter, denn Panzer tauchen auf. Sie schießen planlos über uns hinweg. Plötzlich werden wir aus einem Waldstück westlich von uns angegriffen. Der Angriff wird abgewiesen. Unsere Lage ist aber nicht glücklich. Wir müssen uns über die Straße hinweg absetzen. Das gelingt uns trotz Beschuß. Wir tauchen in den Wald ein und sammeln auf einem Feldweg. Drei Kameraden werden vermißt. Wir lassen zwei erfahrene Obergefreite zur Nachführung zurück. Die Kompanie marschiert durch den Wald und trifft nach sechs Kilometern Fußmarsch auf eine Straße, die ebenfalls nach Oschmiana führt. Hier treffen wir weitere deutsche Soldaten, die von ihren Einheiten getrennt worden sind. Erst vier Mann der 5. Kompanie des Panzergrenadierregiments 7, dann den Obergefreiten Weiß vom Schützenbataillon 642 und den Grenadier Kernbach von unserem Feldersatzbataillon. An der Straße verhalten wir eine Weile und setzen einen Funkspruch ab. Bevor wir weitermarschieren, treffen die drei vermißten Kameraden mit den Auffangposten bei uns ein. In einer Stunde Fußmarsch über einen Feldweg nach Westen erreichen wir einen Wald, der uns für die Nacht zugewiesen wurde. Hier werden wir versorgt und erfahren, daß die Gefechtsfahrzeuge im Anmarsch sind. Der besseren Deckung wegen werden sie auf der Rückseite des Waldes bleiben. Inzwischen ist es dunkel. Wir stellen an den Waldecken und in der Mitte Sicherungen auf und begeben uns zur Ruhe.

8. Juli 1944. Bei Sonnenaufgang wird geweckt und der Waldrand von den Gruppen mit Front nach Norden und Osten besetzt. Unteroffizier Ernst Kohlwey, der Kfz-Staffelführer, meldet die Fahrzeuge bereit zum Abmarsch. Östlich unserer Sicherung, auf der Straße von Boruny nach Nordwesten, rollen noch deutsche Fahrzeugkolonnen. Wir sind Divisionsnachhut und haben den Auftrag, das Abfließen dieser Fahrzeuge zu sichern. Im Laufe des Vormittags läßt der Fahrzeugstrom nach. Kurze Zeit später werden nördlich von uns – in einiger Entfernung – erste Feindbeobachtungen gemacht. Unser Sicherungsauftrag bleibt bestehen. Gegen 13 Uhr bekommen wir Befehl, uns mit den Fahrzeugen abzusetzen. Die Kompanie sammelt und marschiert zu den Fahrzeugen. Ohne Zögern wird aufgesessen und abgefahren. In kurzer Zeit erreichen wir die Straße, die Golschani mit Oschmiana verbindet. Hier werden wir noch einmal angehalten. Ein Pionieroffizier bittet um Unterstützung. Ein russischer Panzerspähwagen mit Infanterie hat seine Fahrzeugkolonne aufgehalten, die versucht hat, auf die große Straße zu gelangen. Der I. Zug, ein sMG und der Granatwerfer werden zur Unterstützung abgestellt. Sie verschwinden seitwärts der Straße hinter einem Hügel im Bachgrund. Unsere Lkws fahren in Deckung, der Rest der Kompanie sichert auf einer Anhöhe. Bald hören wir Gefechtslärm. Nach kurzer Zeit erscheinen die ersten Pionierfahrzeuge. Es sind insgesamt 14 Fahrzeuge, die an der Weiterfahrt gehindert wurden. Ein Lkw mit Motorschaden mußte aufgegeben werden. Bald danach kommen unsere Kameraden mit dem Pionieroffizier zurück. Sie sind alle wohlauf. Der Offizier ist glücklich über die geretteten Fahrzeuge und bedankt sich bei Oberleutnant Lohmann für die Unterstützung. Nun wird die unterbrochene Fahrt fortgesetzt. Ohne Zwischenfall erreichen wir Grauzyski und fahren weiter nach Westen. Nach 40–50 Kilometern halten wir vor dem Ort Stoki. Hier werden wir von einem Einweiser bis zum Waldrand weitergeleitet. Dann heißt es „Absitzen". Der Kompanieführer muß zum Bataillonsgefechtsstand. Die Kompanie legt sich derweil ins Gras. Alle leiden unter der Hitze. Unsere Verpflegung trifft ein und warmes Essen. Von den aufgenommenen Versprengten werden die Soldaten der 7. Panzerdivision zu ihrer Division entlassen. Danach nehmen wir Waffen und Gerät auf und marschieren auf den langgezogenen Höhenrücken, den die Höhe 261 krönt. Wir sind nur noch wenige Kilometer von der früheren litauischen Grenze entfernt. Auf diesem Höhenrücken richten wir uns zur Verteidigung ein. Obwohl alle zum Umfallen müde sind, wird Eingraben befohlen: Der I. Zug entlang des Waldrandes, der II. Zug auf freiem Feld. Der Kompaniegefechtsstand wird an einem Waldzipfel eingerichtet, etwa in der Mitte des Abschnitts. Sicht und Schußfeld nach Osten sind gut. Hier erwarten wir den Feind. Bei Einbruch der Dunkelheit müssen die Zähesten und Ausdauerndsten jeder Gruppe die erste Wache übernehmen, damit die anderen etwas schlafen können. Ich übernehme die erste Wache beim Kompanietrupp, damit die Melder, der Sanitäter und der Waffenmeistergehilfe auch zur Ruhe kommen. Zur Beobachtung begebe ich mich an den Waldrand, wo man weit nach Osten schauen kann. Deutlich erkenne ich in einiger Entfernung motorisierte Fahrzeugkolonnen mit leuchtenden Scheinwerfern ankommen. Ebenso deutlich vernehmbar ist auch das Motorengeräusch der schweren Panzer. Der morgige Tag wird in jeder Beziehung, dessen bin ich sicher, ein heißer Tag werden. Ich mache noch eine Meldung für das Bataillon, dann begebe ich mich auch zur Ruhe. Die Nacht ist sicher nur kurz.

9. Juli 1944. Glühendrot geht im Osten die Sonne auf, als ich am Waldrand meine Beobachtungen von gestern fortsetzen will. Unten im Tal liegt das Dorf Kotkiszki. Es scheint menschenleer zu sein. Ich kann keinerlei Bewegung feststellen. Doch der Schein trügt. Auf der Höhe hinter dem Ort sind eindeutig Fahrzeugkolonnen auszumachen. Dicht an dicht stehen sie auf der Straße, auf der wir gestern gekommen sind. Am gegenüberliegenden Waldrand kann ich unter den Bäumen mehrere Panzer erkennen. Unbekümmert, als wenn sie keine Gefahr zu befürchten hätten, bringen die Russen ihre Geschütze in Stellung. Leider haben wir keinen Beobachter der eigenen Artillerie bei uns. Lohnende Ziele wären zu bekämpfen. Ich wecke Oberleutnant Lohmann und teile ihm meine Entdeckungen mit. Er will sich selbst überzeugen und begibt sich zum Waldrand. Währenddessen überprüfe ich meine Aufzeichnungen zum Personalbestand der Gruppen und Züge. Dann gehe ich selbst noch einmal zum Beobachtungsstand. Oberleutnant Lohmann zeigt mir weitere Fahrzeugkolonnen, die Infanterie in großer Zahl abgesetzt haben. Sie sind hinter der gegenüberliegenden Kuppe im Wald verschwunden. Nun stellen wir zwei Panzerspähwagen fest, die am jenseitigen Hang entlangfahren und von Zeit zu Zeit zur Aufklärung stehenbleiben. Die feindliche Infanterie hat sich im Schutze des Waldes bis an das im Tal liegende Dorf herangearbeitet. Durch Melder werden die Züge zur Gefechtsbereitschaft aufgefordert. Ihre Feindmeldungen decken sich mit den unseren. Gegen 7.30 Uhr setzt dann urplötzlich schwerer Beschuß ein. Aus allen Rohren, die drüben zur Verfügung stehen, werden wir gewaltig eingedeckt, hauptsächlich durch die Panzer und „Ratschbumm" im direkten Beschuß. Wir sind aufs äußerste angespannt. Noch sehen wir keine Infanterie. Nach einer kurzen Feuerpause geht der schwere Beschuß von vorne los. Unter dem Schutze dieses Feuerschlags tritt die feindliche Infanterie in großer Zahl zum Angriff an. Sie müssen hangaufwärts angreifen. Sehr weit kommen sie nicht. Ihr erster Angriff wird blutig abgeschlagen. Doch es gibt keine Ruhe. Nach einer kurzen Pause feuern wieder die Panzer aus allen Rohren, ohne sich selbst unserer Stellung zu nähern. Der zweite Infanterieangriff folgt. Er trifft mit der Masse genau auf die Stelle, an der wir mit dem Kompanietrupp liegen. Bevor sie den Waldrand erreichen, fasse ich ein paar Leute meines Kompanietrupps und der sMG-Gruppe zusammen und stürme den Angreifern mit „Hurra“ entgegen. Die Russen sind von diesem Ansturm derart überrascht, daß sie kehrtmachen und in heilloser Flucht davonlaufen. Wir lassen uns dazu verleiten, ihnen zu weit hinterherzujagen. Denn nun geraten wir in den Direktbeschuß der Panzer. Die feuern jedoch nicht nur auf uns, sondern auch in die zurückflutenden eigenen Rotarmisten. Leider haben wir bei diesem spontanen Ausflug einige Ausfälle. Unmittelbar neben mir wird dem Gefreiten Wrobel von einer Panzergranate der linke Arm abgerissen. Ich kann den Kameraden gerade noch auffangen und schleppe ihn zum Waldrand zurück. Unser Sanitäter ist sofort zur Stelle. Wir legen ihn vorsichtig auf den Waldboden. Dann wird er versorgt. Er hat viel Blut verloren. Zwei Träger bringen ihn zurück zum Truppenverbandplatz. Er ist sofort abtransportiert worden. Wie wir später erfahren, ist er auf dem Hauptverbandplatz seiner schweren Verwundung erlegen. Seine letzte Ruhe findet er auf dem Soldatenfriedhof Sejny in Litauen. Für kurze Zeit haben wir Ruhe. Währenddessen versuche ich, durch Melder mit den Zügen Verbindung aufzunehmen. Nach rechts zum I. Zug des Feldwebel Hülsmann ist nicht durchzukommen. Dort sitzt der Feind bereits im Wald. Von der offenen Seite links kommt der Melder unverrichteter Dinge zurück. Die dort eingesetzte Verbindungsgruppe des Unteroffizier Strittmatter ist wie vom Erdboden verschwunden. Nicht einen Mann hat der Melder angetroffen. Zum Kompanieführer haben wir ebenfalls keine Verbindung mehr. Wo Oberleutnant Lohmann abgeblieben ist, weiß niemand zu sagen. Es bleibt mir keine Zeit, weiter nachzuforschen, denn der Posten schlägt Alarm. Die nächste Angriffswelle der Russen rollt. Wir können es nicht verhindern, daß der Feind nun auch seitlich an uns vorbei in den Wald eindringt. Im Wald selbst ist eine wüste Knallerei im Gange. Freund und Feind sind durch das Unterholz kaum noch zu unterscheiden. Dazu herrscht eine mörderische Hitze. Mit dem Kompanietrupp (den Meldern Barucha, Bether, Nemet und Müller, dem Waffenmeistergehilfen Moschner und dem Sanitätsunteroffizier Heinrich) sowie sMG-Leuten ziehen wir uns kämpfend aus dem Wald zurück. Am Waldrand sammle ich alles, was zur Kompanie gehört. Einen aus Stoki kommenden Panzerspähwagen halte ich an und bitte um Feuerunterstützung, um den Feind im sofortigen Gegenstoß aus dem Walde herauszuwerfen. Mit dem Spähwagen dringen wir nun – auch als moralische Stütze – in den Wald hinein. Der Spähwagen bleibt auf dem Waldweg und feuert. Unter lautem „Hurra“-Gebrüll, das die Russen über die wahre Stärke der Angreifer täuschen soll, gelingt es uns, den Feind zu werfen und auf der anderen Seite aus dem Wald hinauszujagen. Wir besetzen unsere alte Stellung um den Kompaniegefechtsstand wieder und sichern igelförmig. Das müssen wir tun, da wir auf beiden Seiten in der Luft hängen. Mit unserer Kraft sind wir fast am Ende. Doch noch weit schlimmer ist, daß wir nur noch wenige Schuß Munition besitzen. Bei dem Gegenstoß sind uns zwei wassergekühlte russische MGs in die Hände gefallen, die schleppen wir für alle Fälle herbei und bringen sie in Stellung. Dann kommt auch Oberleutnant Lohmann wieder zum Gefechtsstand. Er bringt noch einige Soldaten mit und reichlich Munition. Die Stellung bleibt nun fest in unserer Hand bis zum Einbruch der Dunkelheit. Kurz vorher erhalten wir den Bataillonsbefehl zum Absetzen. Wir nehmen unsere Waffen auf und marschieren zurück bis Stoki, wo uns die Fahrzeuge bereits erwarten. Noch vor dem Aufsitzen versuche ich, die Kompanie neu zu ordnen, damit ich die eingetretenen Verluste beziffern kann. Vorläufig fehlen 28 Kameraden. Davon sind noch 15 vermißt. Ihre Einzelschicksale zu klären, wird mich noch Tage beschäftigen. Jetzt müssen wir zum nächsten Einsatzort, der etwa zwölf Kilometer weit entfernt ist. Der Ort heißt Swily. Dort angekommen, werden wir reichlich mit Essen, warmem Tee und kalter Verpflegung versorgt. Ich stelle derweil Einzelheiten zu den Ausfällen fest. Direkt im Kampf gefallen ist niemand, es sei denn, unter den Vermißten befände sich einer, dessen Tod von den Gruppenkameraden nicht bemerkt wurde und in der Hitze des Kampfes nicht geborgen werden konnte. Gemeldet wurde keiner. Verwundet wurden neun Kameraden: Der Sanitätsunteroffizier Heinrich, Obergefreiter Adam, die Gefreiten Neumann, Wrobel und Zingler, sowie die Grenadiere Keller, Leeb, Pudlo und Zielesny. Allein vier Gruppenführer (Unteroffizier Laube, Müller und Strunz, sowie der Obergefreite Güttler) sind durch Hitzschlag ausgefallen und mußten zum Arzt geschafft werden. Vermißt werden die Kameraden Feldwebel Hülsmann, Unteroffizier Chall, Obergefreiter Weiß, Gefreiter Boege, Obergrenadier Fend und die Grenadiere Damm, Hoffmann, Kernbach, Vogel. Außerdem muß die gesamte Gruppe des Unteroffiziers Strittmatter als vermißt gelten, da über den Verbleib überhaupt nichts bekannt ist. Die Ausfälle dieses Tages betragen 28 Soldaten, das ist fast ein Drittel der Kampfstärke. Es war mein persönlich bisher härtester Einsatz mit der 5. Kompanie.

Wegen besonderer Tapferkeit werden die Kameraden Unteroffizier Erfurt, Obergefreiter Preuten, Obergefreiter Rieger, Gefreiter Bether, Gefreiter Seidel und der Grenadier Leipelt zum Eisernen Kreuz 2. Klasse vorgeschlagen.

Nachdem die Kompanie versorgt ist und noch reichlich Munition empfangen hat, machen wir uns zum Abrücken fertig. Im letzten Moment wird uns Ersatz zugeführt. Es sind Soldaten älterer Jahrgänge (Jahrgang 1906 und 1907), die aus Nachschubeinheiten und rückwärtigen Dienststellen herausgeholt worden sind. Insgesamt sind uns ein Feldwebel (Feldwebel Sander) und elf Mann (die Obergefreiten Prengel, Idelberger, Stiegler, Schauer, Schäfer, die Gefreiten Kamper, Schmidt, Mandel, Bäuerle, Herrmann und Ostrzyga) zugeführt worden. Nachdem ich die Personalien aufgenommen habe, marschieren wir durch den Wald ostwärts Swily und graben uns hier am Waldrand wieder ein.

10. Juli 1944. Ohne besondere Vorkommnisse ist die Nacht vorübergegangen. Die Stellung ist nur von den notwendigsten Posten bewacht worden. Der Rest liegt im Wald und ruht. In den frühen Morgenstunden trifft die Gruppe des Unteroffiziers Strittmatter ohne Gruppenführer bei uns ein. Sie ist auf der Straße bei Stoki von Major Hans Herzog gesehen und angehalten worden. Der Gruppenführer wird von ihm zum Regimentsgefechtsstand befohlen und von dort zum Divisionsgefechtsstand in Marsch gesetzt. Er muß sich dort rechtfertigen. Gegen 8 Uhr werden Feindpanzer auf der Höhe westlich Stoki erkannt. Sie feuern hin und wieder wild in der Gegend herum. Sonst bleibt der Vormittag insgesamt ruhig. Während der Mittagszeit werden starke Feindkolonnen im Anmarsch gemeldet. Als ich kurze Zeit danach meine Tagesnotizen überprüfe, erhalten wir Befehl, uns auf den Wald westlich Swily zurückzuziehen. Ohne jede Feindberührung kommen wir diesem Befehl nach. Wir graben uns in die Erde ein. Dann wird – eigentlich unerwartet – von der am weitesten rechts eingesetzten Gruppe eine Annäherung des Feindes aus südlicher Richtung gemeldet. Es erfolgt ein Angriff durch Infanterie, ohne Feuervorbereitung. Als wir mit mehreren MGs das Feuer erwidern, ziehen sich die Russen über die Straße zurück. Wir erhalten dann Befehl, uns durch den Wald abzusetzen und im Eiltempo die Fahrzeuge zu erreichen, die uns an einem vorher bestimmten Punkt der Straße erwarten. Ohne einen Zwischenfall gelangen wir zu den Fahrzeugen. Es wird aufgesessen und sofort abgefahren. Der Befehl verlangt größtmögliche Eile. Nach kurzer Zeit erreichen wir Litauen. Wir fahren weit. Ich schätze, zirka 75 Kilometer, dann halten wir auf einer großen und wichtigen Rollbahn an. Wir stehen mitten im Wald. Die Örtlichkeit kann ich nicht bestimmen, da mir zur Orientierung keine Karte zur Verfügung steht. Von Oberleutnant Lohmann erfahre ich nur soviel, daß der nächste größere Ort Jokkenau heißen soll. Von den zehn aufgenommenen Versprengten werden sechs zu ihren Einheiten entlassen. Sie fahren mit den Lkws zum Troß, um von dort weiterzukommen. Die Kompanie macht sich gefechtsbereit und besetzt einen Geländestreifen entlang der

Straße, etwa einhundert Meter davon abgesetzt. Teils verläuft die Stellung vor einer Waldlichtung durch hohen Kiefernwald, teils durch ein Getreidefeld. Unser Auftrag lautet, die große Straße und das noch wichtigere Straßenkreuz zu sichern. Es dämmert bereits, als die Gruppen die angewiesenen Abschnitte besetzen. Sie graben sich sofort ein. Dazu bedarf es eigentlich keines Befehls mehr. Die Ereignisse der letzten Zeit haben gezeigt, wie überlebenswichtig ein Loch in der Erde sein kann. Den Kompaniegefechtsstand richten wir bei einer Gruppe markanter Kiefern hinter der Waldlichtung ein. Unser Versorgungsfahrzeug trifft ein. Mit ihm kommt ein alter Haudegen zur Kompanie zurück, Feldwebel August Hugo. Außerdem kommt der Grenadier Böhme. Feldwebel Hugo übernimmt die Führung des schweren Zuges. Der Abend ist wunderbar warm. An einer Kiefer angelehnt, sitze ich noch lange und lausche dem vielstimmigen Konzert der Vögel im Walde, bevor ich mich zum Schlafen hinlege.

11. Juli 1944. Bei Sonnenaufgang bin ich munter. Der Posten macht mich auf deutlich hörbare Motorengeräusche aufmerksam. Die gleichen Meldungen treffen von den Zügen ein. Diese unverkennbaren Geräusche vernehmen wir dann noch über einen längeren Zeitraum. Ich habe keinen Zweifel, daß es sich dabei um russische Lkws und um eine große Anzahl Panzer handelt. Feindsichtungen gibt es bisher nicht. Aufgrund unserer Meldungen an das Bataillon bekommt die Kompanie den Auftrag, gewaltsame Aufklärung zu betreiben und Näheres festzustellen. Damit wird der II. Zug beauftragt. Kurz nach 7 Uhr verlassen die drei Gruppen ihre Stellung und gehen gegen den jenseitigen Waldrand vor. Es dauert nicht lange, dann hören wir erste Schüsse fallen. Es kommt zu einem Gefecht, bei dem der Feind auch Panzer und Granatwerfer zum Einsatz bringt. Der Zugmelder berichtet über eigene Tote und Verwundete. Die Aufklärung wird abgebrochen, der Zug zurückbefohlen. Erste Verwundete treffen ein, der Obergefreite Rieger mit Unterarmdurchschuß, der Grenadier Mohl mit Kopfstreifschuß. Danach meldet der Zugführer den Gefechtsablauf. Weitere Ausfälle sind die Kameraden Grenadier Beier und Pilz. Beide sind gefallen. Verwundet wurden ferner die Kameraden Unteroffizier Ebert, Gefreiter Babilon, Gefreiter Herrmann und der Gefreite Granitzny. Der Gefreite Schmidt muß wegen einer Ohnmacht den Arzt aufsuchen. Die Verwundeten werden versorgt. Tagsüber hören wir drüben immer wieder Motorengeräusche. Wir haben nicht den Eindruck, daß das Geräusch näherkommt. Direkte Feindberührung wird von den Gruppen nicht gemeldet. Bis zum Einbruch der Dunkelheit bleibt die Lage unverändert. Für die Nacht wird erhöhte Aufmerksamkeit befohlen. Wir werden versorgt, und die beiden Gefallenen fahren mit zum Troß zurück.

12. Juli 1944. Ich habe wunderbar geschlafen. Die Wache am Kompaniegefechtsstand weckt mich. Auch der Kompanieführer wird geweckt. Bei den Russen werden die Motoren angelassen. Das Aufheulen der Panzermotoren ist genau vom Geräusch anderer Fahrzeuge zu unterscheiden. Wir haben den Eindruck, daß eine ganze Armada von Fahrzeugen aufgefahren ist und noch immer mehr dazukommen. Gegen 7 Uhr wird ein feindlicher Spähtrupp im linken Abschnitt gemeldet. Kurz darauf erscheinen die ersten Panzer am Waldrand und feuern blind in unseren Wald. Der rechte Zug meldet Panzerangriff mit mehreren schweren Panzern, die mit hoher Geschwindigkeit anrollen. Dann ist auf einmal die Hölle los. Aus allen Rohren feuernd, dringen Panzer mit aufgesessenen Schützen in unseren Wald ein. Panzerbrechende Waffen sind nicht vorhanden. Im linken Kompaniebereich hören wir noch die eigenen MGs ballern. Die Verbindung dorthin ist jedoch unterbunden. Ich schicke einen Melder. Er kommt nach kurzer Zeit verwundet zurück und berichtet, daß mehrere Panzer die Stellung durchbrochen haben und auf der Rollbahn in unserem Rücken stehen. Im Wald wird die Lage immer unübersichtlicher. Es kracht und knallt an allen Ecken und Enden. Immer mehr Soldaten drängen sich um den Kompaniegefechtsstand. In dieser Lage befiehlt Oberleutnant Lohmann das Absetzen über die Rollbahn hinweg. Es bleibt keine andere Wahl, wenn die Kompanie nicht restlos untergehen soll. In einzelnen Gruppen zu je fünf Mann soll bis zum Straßengraben zurückgegangen werden, um die Straße dann einzeln zu überqueren. Einen anderen Rückzugsweg gibt es nicht. Mit meinem Melder, Ernst Barucha, bleibe ich zurück, um all die Kameraden aufzufangen, die nachkommen. Als wir die ersten Russen über die Lichtung kommen sehen, schießen wir unsere Magazine leer und ziehen uns bis zur Rollbahn zurück. Etwa 300 Meter von uns entfernt stehen zwei Feindpanzer mitten auf der Straße. Die Motoren heulen auf, und sie setzen sich in Bewegung. Diesen Moment nutzen wir aus und springen über die breite Rollbahn. Dann verschwinden wir in dem auf dieser Seite sumpfigen Wald. Wir wenden uns nach Westen, wo wir bald aus dem Wald herauskommen. Weit vor uns sehen wir unsere Kameraden einer Anhöhe zustreben. Oberleutnant Lohmann ist dabei. An einem klaren Bach erfrischen wir uns schnell und legen eine kurze Verschnaufpause ein. In einiger Entfernung sehen wir eine weitere Gruppe von uns aus dem Wald heraustreten, die wir zu uns herüberwinken. Bei dieser Gruppe sieht es böse aus. Die Soldaten wurden von den Panzern gejagt und sind um ihr Leben gerannt. Nachdem wir uns ein wenig erholt haben, setzen wir unseren Weg fort. Hinter uns hören wir immer noch die Panzer im Wald herumschießen. Wir erreichen den Höhenrücken und ein dahinterliegendes Dorf. Hier finden wir Oberleutnant Lohmann mit einigen Kameraden. Der Anschluß zum Bataillon ist gefunden. Nach und nach treffen weitere Kameraden im Dorf ein. Einige haben einen Riesenweg zurückgelegt. Sie mußten sich an den bereits hinter ihnen befindlichen Russen vorbeimogeln. Manche hatten während des Kampfes den Anschluß vollends verloren und waren dann ohne Führung. Nachmittags treffen die angeforderten Fahrzeuge ein, die uns weiter zurückbringen. Nach etwa einer Stunde Fahrt treffen wir auf den Küchenstützpunkt, wo wir zunächst verpflegt werden. Hier werden fehlende Munition und Ausrüstungsgegenstände ersetzt. Ich stelle die Anwesenheit und Verluste fest. Es ist ein Wunder, daß nach diesem Durcheinander niemand vermißt wird. Verwundet wurden Feldwebel Sander, die Gefreiten Witzik und Podlesny sowie der Stabsgefreite Battel. Der Gefreite Manderfeld und Grenadier Laatsch sind erkrankt und bleiben beim Troß.

13. Juli 1944. Den größten Teil der Nacht haben wir einsatzbereit auf den Fahrzeugen gesessen. Wir sind noch spät am Abend alarmiert worden und eine Strecke gefahren. In einem Wald sind wir untergezogen und warten auf neue Befehle. Gegen 4 Uhr geht der Marsch weiter, dann erreichen wir bald ein Dorf und durchfahren es, bevor wir die Fahrzeuge verlassen. Wir stehen etwa drei Kilometer östlich von Prokunai. Vor uns liegt offenes, freies und leicht hügeliges Gelände, das mit Gras bewachsen ist. Mit den Zug- und Gruppenführern werden die Abschnitte bestimmt und günstige MG-Standorte festgelegt. Die MG-Kampfstände werden errichtet und Deckungslöcher ausgehoben. Gutes Tarnen ist in diesem offenen Gelände äußerst wichtig. Der Kompaniegefechtsstand wird – etwas von der vordersten Stellung abgesetzt – in der Mitte des Kompanieabschnitts eingerichtet. Nach Fertigstellung der Deckungslöcher gönnen wir uns etwas Ruhe. Wir legen uns gegen die Böschung ins Gras und dösen in der Morgensonne. Es wird wieder einer jener schönen Sommertage, die wir so sehr mögen, doch während harter Kämpfe – der großen Hitze wegen – oft verwünschen. Noch ist kein Wölkchen am Himmel zu sehen. Die Luft ist seidenweich. Feldlerchen in großer Zahl schrauben sich, laut zwitschernd, in die Höhe, und das dürre Gras duftet wie frisches Heu. Aus der Stellung sind noch keine Feindmeldungen eingetroffen. Auf der Kuppe unseres Hügels haben wir einen „Ausguck" postiert, der ebenfalls noch nichts Verdächtiges beobachten konnte. Wir denken auch und hoffen es, daß die Russen uns nicht so schnell gefolgt sind. Die Vormittagsstunden sind schon fortgeschritten. Noch sind keine Feindmeldungen eingegangen. Oberleutnant Lohmann glaubt deshalb, die fertige Stellung abgehen zu können. Ich soll ihn dabei begleiten. Wir benutzen den Feldweg, der zwischen den Hügeln hindurch direkt nach vorne führt. Als wir etwa dreiviertel der Strecke zurückgelegt haben, hören wir drüben Granatwerferabschüsse. Am Abschuß erkenne ich sofort, daß sie unserem Bereich gelten. Ich mache noch eine Bemerkung, doch dann kracht es schon vor uns. In etwa drei Metern Entfernung ist eine Granate eingeschlagen. Oberleutnant Lohmann fällt zu Boden und stöhnt. Ich verspüre nichts und bemühe mich sofort um ihn. Er hat mehrere Splitter in Oberarm, Magengegend, Unterleib und Oberschenkel. Ich verbinde die am stärksten blutenden Wunden mit Verbandpäckchen, die wir stets bei uns tragen, und schaffe es, ihn auf meinen Rücken zu heben. So schleppe ich den vor Schmerzen Stöhnenden bis zum Kompaniegefechtsstand. Hier kümmert sich der Sanitäter, Obergefreiter Weidl, um den verwundeten Kompanieführer und sorgt dafür, daß er zum Truppenverbandplatz gebracht wird. Ich lasse sofort durch einen Melder Feldwebel Hugo holen, der als dienstältester Feldwebel die Kompanie führen muß. Über Funk melde ich den Verlust sofort dem Bataillonsgefechtsstand. Obwohl wir immer noch nichts auf der Feindseite beobachten konnten, müssen die Russen inzwischen unsere Stellung erkannt haben. Es bleibt nicht bei diesem einen Feuerüberfall, das war nur der Anfang. Nun beackert der Feind systematisch das ganze Gelände mit seinen schweren Werfern. Eine ganze Werferbatterie muß er in Stellung gebracht haben, denn je Salve zählen wir bis zu zwölf Granateinschläge. So trommelt er fast eine Stunde, dann bekommen wir etwa um die Mittagszeit die ersten Angreifer zu Gesicht. Wegen des für uns günstigen Geländes lassen wir sie nahe genug herankommen. Dann eröffnen wir das Feuer. Der Angriff wird, unter erheblichen Verlusten für den Feind, abgeschlagen. In dieser Zeit erreicht uns ein Befehl des Bataillons, daß wir uns zum Absetzen bereithalten sollen. Das ist jedoch unmöglich, denn kurz darauf greift ein russischer Panzer in das Kampfgeschehen ein, während die nächste Angriffswelle der Infanterie anrollt. Der Panzer fährt den Angriff aber nicht mit, sondern steht etwas seitlich weit hinten in Deckung – mit dem Glas kann man nur die Abschußblitze erkennen – und bestreicht mit seiner Kanone und den MGs unsere Kampfstände. Offensichtlich ist unser sMG von dem Feindpanzer erkannt worden, denn als die Bedienung das feststellt und Stellungswechsel machen will, fällt der vorzügliche Gewehrführer, der Gefreite Seidel, durch Kopfschuß. Der zweite Feindangriff wird indessen erneut unter blutigen Verlusten für den Gegner abgewiesen. Zwei weitere Verwundete haben wir zu versorgen. Es sind die Kameraden Obergefreiter Schauer und der Grenadier Biskup. Dem Gefallenen errichten wir ein Einzelgrab zwischen den Hügeln. Gegen 14 Uhr folgt wieder ein heftiger Granatwerferüberfall. Man könnte glauben, der Russe hätte noch mehr Werfer aufgestellt, so trommelt er die Gegend ab. Dieser letzte Feuerschlag richtet jedoch keinerlei Schaden an, denn die Einschläge liegen fast ausschließlich in den Hügeln, die sich zwischen Stellung und Kompaniegefechtsstand befinden. Ein zweiter feindlicher Panzer ist vor uns in Stellung gegangen und feuert gegen unseren Abschnitt. Unter dem Feuerschutz der beiden Panzer folgt die dritte Angriffswelle der Infanterie dieses Tages. Wir schätzen mindestens 250–300 Mann, die gegen unsere Stellung vorgehen. Wir bewahren wieder die Ruhe und lassen sie herankommen. Dann setzt gnadenloses Abwehrfeuer ein. Der Feind wird im hohen Gras niedergehalten. Er versucht kriechend und springend heranzukommen, doch seine Versuche sind ohne jede Chance. Der Angriff scheitert. In einzelnen kleinen Gruppen, teils Verwundete mit sich führend, fliehen sie nach hinten. Dieser Angriff hat uns drei Verwundete (Obergefreiter Mainz, Gefreiter Müthling und Obergefreiter Glatzer) gekostet. Die beiden Feindpanzer stellen das Feuer ein. Wir sitzen fest in unserer Stellung. Es ist Ruhe eingekehrt. Wir melden die Ereignisse des Nachmittags dem Bataillon und bekommen Befehl, uns sofort zu lösen und abzusetzen. Die Gruppen werden einzeln aus ihren Stellungen genommen. Wir sammeln und marschieren zurück bis Prokunai, wo unsere Gefechtsfahrzeuge stehen. Wir fahren eine kurze Strecke und erreichen dann den übrigen Troß. Sofort wird die Kompanie verpflegt und neu mit Munition versorgt. Hier wartet auch der Nachfolger des verwundeten Kompanieführers. Leutnant Cornelius Grzimek übernimmt die Führung, die er bereits in der Turja-Stellung vorübergehend innehatte. Wer geglaubt hat, daß wir für die Nacht Ruhe bekommen, sieht sich bald getäuscht. Noch vor Mitternacht wird weitergefahren. Wir schlafen, so gut dies überhaupt möglich ist, während der Fahrt. Wir vom Kompanietrupp verlassen uns auf den ausgeruhten Kompanieführer und den als Fahrer bewährten Obergefreiten Willi Staats.

14. Juli 1944. Auf dem Weg nach Westen haben wir dann irgendwann haltgemacht. Inzwischen wird es langsam hell. Nun fahren wir in südlicher Richtung. Wir befinden uns auf der Straße, die östlich an Merkine vorbei nach Süden führt. Wir sind etwa einen Kilometer an dem Ort Noruliai vorbei, als plötzlich die Kolonne zum Stehen kommt. Vor uns wird bereits heftig geschossen. Alles springt von den Fahrzeugen. Wir wissen nicht genau, was eigentlich los ist, da knallt es auch schon bei uns. Soldaten der Aufklärungsabteilung 5 kommen an den Fahrzeugen entlang und berichten, daß die Rollbahn von Russen gesperrt ist und unsere 7. Kompanie dort in hartem Kampf steht. Wir formieren uns nun und gehen jenseits der Straße in Stellung. Selbst die Fahrer lassen die Fahrzeuge stehen und greifen zur Waffe. Einer von ihnen ist der erste Verwundete, es ist Stabsgefreiter Burmester. Sie bleiben aber bei den Fahrzeugen zurück, während die Kampfstaffel über die Straße hinweg gegen den Wald vorgeht. Der Russe verteidigt sich zäh, ehe er sich in den Wald zurückzieht. Wir verfolgen ihn noch ein Stück waldeinwärts, doch dann geht die Fühlung verloren. Wir gehen zu unseren Fahrzeugen zurück, die inzwischen gewendet haben. Das Bataillon hat befohlen kehrtzumachen. Das Gefecht mit den Russen hat etwa eine Stunde Zeit in Anspruch genommen. Es war ein harter Kampf. Wir beklagen als Verlust mehrere Schwerverwundete, hervorgerufen durch die scheußlichen – nach Haager Landkriegsordnung verbotenen – Explosivgeschosse. Feldwebel Sander und den Grenadier Kron hat es böse erwischt. Beide werden sofort zum Arzt geschafft, sind aber kurz nach ihrer Einlieferung auf dem Hauptverbandplatz ihren Verwundungen erlegen. Weitere Verwundete sind die Gefreiten Kusch, Kaiser und Podlesny. Der Obergefreite Sackenreuther hat ebenfalls Splitter abbekommen, kann aber nach Behandlung bei der Kompanie verbleiben. Nachdem wir unsere Plätze auf den Fahrzeugen wieder eingenommen haben, fahren wir den Weg zurück, den wir gekommen sind. Auf der Höhe von Merkine biegen wir jedoch zur Stadt hin ab und fahren über die Njemenbrücke nach Westen. In scharfem Tempo geht es noch zirka zehn Kilometer weiter, dann biegen wir nach Süden ein und fahren über Radisciai in den Talgrund des Njemen bis vor den Ort Liskewa. Hier sitzen wir ab und gehen östlich am Ort vorbei, der noch feindfrei ist. Wir haben den Auftrag, gegen Zeimiai vorzugehen, den auf der linken Seite des Flusses befindlichen Feind über den Njemen zurückzuwerfen und das Ufer zu sichern. Wir entfalten uns beiderseits des Weges zum Angriff, rechts angelehnt an den Fluß. Zunächst haben wir den Eindruck, als wäre das gesamte diesseitige Ufer feindfrei. Während des Vorgehens beobachten wir sehr genau und können nichts Verdächtiges feststellen. Doch dann schlägt uns plötzlich aus kürzester Entfernung heftiges MG- und Gewehrfeuer entgegen. Die ersten Rufe nach dem Sanitäter werden laut. Wir gehen im hohen Gras in Deckung und versuchen, die feindlichen Schützen auszumachen. Sie sitzen bereits vor dem Ortsrand von Zeimiai am diesseitigen Ufer und halten einen kleinen Brückenkopf. Von dort und aus gut getarnten Stellungen am Flußufer erhalten wir laufend starkes Feuer. Nach einer Pause stürmen wir noch einmal vor, doch nach wenigen Schritten zwingt uns das – auch flankierende – Feuer des Gegners zu Boden. Ohne Einsatz schwerer Waffen ist der Angriff aussichtslos. Zu diesem Zeitpunkt haben wir bereits vier Gefallene und mehrere Verwundete. Wir liegen fest. Nun greift der Russe seinerseits aus Zeimiai heraus an. Es wird brenzlig. Gegenseitig Feuerschutz gewährend, muß sich die Kompanie um zirka 50 Meter in einen Naturgraben zurückziehen. Dabei kann von den Gefallenen nur Unteroffizier Schmitt geborgen werden. Die Obergefreiten Kensicki, Groß und Rudolph waren nicht erreichbar. Der russische Angriff wird abgewiesen. Endlich ist es möglich, die Anzahl der Verwundeten festzustellen. Es sind der Unteroffizier Schäfer, die Gefreiten Wimmer, Grichtolik, Tüffers und Grenadier Standtke. Die gesamte Gruppe des Unteroffiziers Schäfer ist bei diesem harten Gefecht ausgefallen. Wir vermissen noch den Obergefreiten Idelberger. Keiner seiner Gruppe weiß, wo er geblieben sein kann. Eine halbe Stunde vor Einbruch der Dunkelheit feuert eine „Ratschbumm" aus Zeimiai mit Sprenggranaten in unsere Stellung. Kurz darauf nähert sich ein starker feindlicher Stoßtrupp vom Flußufer her. Wir nehmen ihn unter Feuer. Er schießt aus Maschinenpistolen sofort zurück und verzieht sich in Richtung Njemenufer südöstlich von Liskewa. Aufgrund einer Lagemeldung erhalten wir vom Bataillon dann Befehl, uns vom Feind zu lösen und bis zum Ortsrand Panara zurückzugehen. Das gelingt. Vor Panara bilden wir eine Sicherungsfront nach Süden. Als Zugang zur Kompanie melden sich Unteroffizier Karl Maar und Gefreiter Jähnel.

15. Juli 1944. Trotz verstärkter Sicherungen konnte in den Gruppen und beim Kompanietrupp abwechselnd etwas geruht werden. Bei Tagesanbruch sind aber alle auf ihren Posten. Wir vermuten, daß der Russe nicht lange auf sich warten läßt und seine Angriffe fortsetzen wird. Gegen 6.30 Uhr etwa schießt er sich mit einer „Ratschbumm" auf den Dorfrand ein. Etwas später beobachten wir eine Gruppe Rotarmisten auf dem Wege nach Liskewa vorgehend. Mit unseren Waffen ist diese Gruppe nicht wirkungsvoll zu bekämpfen. Dann werden wir aus der Gegend Uciecha von „Ratschbumm" und Panzern beschossen. Sie schießen auf jede Bewegung, auch wenn es nur ein einzelner Melder ist. Eine stärkere Feindgruppe beobachten wir auf der anderen Seite des Flusses im Vorgehen auf Wiciany. Wir bleiben vor Panara unter ständigem Beschuß schwerer Waffen, ohne angegriffen zu werden. Als Verwundete melden sich beim Sanitäter der Obergefreite Nawrath, der Gefreite Haberer und einer meiner Melder, Grenadier Bether. Alle haben sie Granatsplitter abbekommen. Obergefreiter Nawrath und der Melder kommen – nach Behandlung durch den Truppenarzt – wieder zurück. Der Gefreite Haberer muß zum Hauptverbandplatz transportiert werden. So vergehen die Stunden. Am Nachmittag zeigt sich die Lage unverändert. Wir beobachten immer neue Feindkolonnen in beachtlicher Stärke, doch in respektabler Entfernung. Wir bleiben das Ziel der Panzer und „Ratschbumm"-Geschütze. Ruhiges und vorsichtiges Verhalten unsererseits hat aber weitere Ausfälle vermieden. Der Tag neigt sich dem Ende zu. Als wir es schon nicht mehr erwarten, werden wir aus der Stellung abgerufen und marschieren nach Radiskiai, wo uns die Gefechtsfahrzeuge erwarten. Hier werden wir kurz danach abtransportiert. Wir fahren zirka 15 Kilometer nach Westen, erreichen unseren Gefechtstroß und werden verpflegt. Von den noch immer Vermißten des 9. Juli ist auch beim Troß nichts bekanntgeworden.

16. Juli 1944. Es ist Sonntag. Noch in der Dunkelheit sind wir nach Westen weitergefahren. Dann biegen wir aber bald nach Süden ein. Hinter Guobiniai verlassen wir die Fahrzeuge, die in den Wald in Deckung fahren. Wir marschieren weiter nach Süden und lagern auf einer Wiese. Wahrscheinlich werden wir Druskieniki angreifen, das besetzt sein soll. Fest steht es noch nicht. Weitere Befehle sind abzuwarten. Etwa 80 Meter von unserem Lagerplatz entfernt entdecke ich einen kleinen, mit Schilf eingefaßten See. Dorthin führt mich mein erster Gang. Beim Anblick des ruhigen, klaren Wassers gibt es kein Zurück für mich. Das ist die Badegelegenheit! Ohne mich weiter zu besinnen, reiße ich mir die Klamotten vom Leibe und schwimme im nächsten Augenblick im Wasser. Ist das eine Erfrischung und Wohltat für meinen Körper! Seit Wochen schon habe ich nicht mehr baden können. Stundenlang könnte ich mich im Wasser tummeln. Doch die Freude ist nicht von Dauer. Auf dem Lagerplatz werde ich bereits gesucht. Mein Melder, Ernst Barucha, ruft nach mir. Ich mache mich bemerkbar und steige aus dem Wasser. Naß wie ich bin, schlüpfe ich in Uniform und Stiefel und kehre zum Lagerplatz zurück. Der Dienst ruft. Soeben ist Ersatz aus Neisse eingetroffen. Ich muß die Personalien aufnehmen und eine Einteilung vornehmen. Es sind überwiegend Soldaten, die schon einmal der Kompanie angehört haben und vom Ersatztruppenteil wieder zu uns kommen. Ich begrüße sie herzlich und notiere mir folgende Namen: Feldwebel Leuthardt, Unteroffizier Kloppich, Unteroffizier Ketturkat, Obergefreiter Klosa, Gefreiter Petruschke, Gefreiter Obierey, Gefreiter Rönnau, Obergrenadier Jeruminek, Grenadier Isele, Grenadier Thiem, Grenadier Klose und Grenadier Ulbrich. Durch diese Zugänge bin ich gezwungen, die Züge und Gruppen unter Berücksichtigung von Ausbildung, Dienstalter, Rang sowie selbstverständlich von Freundschaften neu aufzustellen. Gute MG-Schützen sind immer gefragt. Ich bin eben mit der Neuaufstellung der Kompanie fertig, als ich zwei weitere Kompaniekameraden mit großer Freude begrüßen kann. Es sind die am 9. Juli bei Stoki vermißten Feldwebel Engelbert Hülsmann und einer seiner Gruppenführer, Unteroffizier Rudi Chall. Die beiden sind an diesem bewußten Kampftag von der Kompanie getrennt worden. In einem abenteuerlichen Marsch auf der Suche nach eigenen Truppen sind sie mit den vorgehenden Russen praktisch um die Wette gelaufen. Die Märsche konnten sie nur nachts durchführen, da tagsüber die Entdeckungsgefahr zu groß war. Wie sie berichten, sind sie nur mit knapper Not einer Entdeckung und Gefangennahme entgangen. Sie waren genau eine Woche ohne Verpflegung unterwegs und konnten sich nicht in die Dörfer hineinwagen. Die beiden übernehmen selbstverständlich ihre ehemaligen Funktionen. Die Kompanie hat danach wieder eine Kampfstärke von insgesamt 62 Mann.

Der vorhandene Personenkreis wird um 12 Uhr von mir festgestellt und neu geordnet:

Lt. Cornelius Grzimek, Kompanieführer

Kompanietrupp:		**Alarmzug:** Fw. Hugo, Zugführer; Ogfr. Nawrath, Gefr. Böhme			
Uffz.	Will	Uffz.	Kloppich	Uffz.	Chall
Gefr.	Barucha	Ogfr.	Klosa	Gefr.	Gregorzewski
Gefr.	Nemet	Gefr.	Obierey	Ogfr.	Mai
Gren.	Bether	–"–	Jeruminek	–"–	Hütges
Ogfr.	Moschner	–"–	Isele	–"–	Prengel
–"–	Weidl (Sani)	–"–	Rönnau	–"–	Schäfer
		Gren.	Ulbrich	Ogren.	Braun
				Gren.	Skupin

I. Zug: Fw. Leuthardt, Zugführer; Gefr. Berner;

1. Gruppe		2. Gruppe	
Uffz.	Idler	Uffz.	Ketturkat
Ogfr.	Sackenreuther	Gefr.	Petruschke
Gefr.	Roth	Gefr.	Mottel
–"–	Gsell	–"–	Kemper
–"–	Gerat	–"–	Mandel
–"–	Bäuerle	Ogren.	Bujara
–"–	Schmidt	Gren.	Thiem
Gren.	Lehn	–"–	Klose
		–"–	Kielig

II. Zug: Fw. Hülsmann, Zugführer; Ogfr. Reum, Gefr. Gleß

3. Gruppe		4. Gruppe	
Uffz.	Tröstl	Uffz.	Maar
Ogfr.	Dühring	Ogfr.	Stiegler
–〃–	Keßler	Gefr.	Caspar
–〃–	Taugs	–〃–	Jähnel
Gefr.	Freier	–〃–	Bohne
Ogren.	Malchow	–〃–	Klamm
Gren.	Sauer	Gren.	Kuchler
	–〃–	Kotala	

Kranke:
Uffz. Klar, Gefr. Manderfeld,
Ogren. Jacob, Gren. Laatsch.

Gesamtstärke: 1/10/51 = 62

Ich habe Zeit, meinen Freund August Kiene aufzusuchen, dessen Kompanie in der Nähe lagert. Wir freuen uns wie Kinder, daß wir uns gesund wiedertreffen. Meistens sehen wir uns nur unterwegs. Dann winken und rufen wir uns zu. Das muß genügen. Wir tauschen unsere Erlebnisse aus, lachen und sind fröhlich. Mittags machen wir uns fertig zum Marsch in die Bereitstellung. Bevor wir antreten, treffe ich noch Oberleutnant Heini Rein. Wir wechseln ein paar Worte miteinander, dann muß auch seine Kompanie aufbrechen. Wir marschieren etwa eine Stunde und stellen uns zum Angriff bereit. Der Brückenkopf Druskieniki soll beseitigt werden. Rechts angelehnt an einen Zufluß zum Njemen gehen wir vor. Weiter südwestlich ist der Kampf bereits entbrannt. Heftiger Gefechtslärm ist zu hören. Zunächst kommen wir gut voran, doch dann ergeht es uns wie gestern. Im Abwehrfeuer der Russen liegen wir fest. Sobald wir nur den Kopf heben, ballern sie los. Wir haben Glück, daß wir in einer Mulde liegen und der Geschoßhagel über uns hinweggeht. Wir liegen eine Zeitlang im Grase fest, dann wird der Vorstoß eingestellt. Bevor uns eigene Befehle erreichen, greift der Russe an. Der Angriff bleibt in unserem Feuer liegen. Bis zum Einbruch der Dunkelheit bleiben wir in der Mulde, dann ziehen wir uns auf Befehl zurück. Es ist ein Wunder, daß wir durch das massierte Feindfeuer keine Ausfälle zu beklagen haben. Lediglich zwei Kranke (Obergefreiter Taugs und Gefreiter Böhme) müssen zum Arzt. Die Nacht nimmt uns schützend auf.

17. Juli 1944. Nach dem Absetzen aus der Mulde marschieren wir bis Guobiniai zurück und gehen etwa einen Kilometer westlich des Ortes vor dem Wald in Stellung. Wir graben uns ein und sollen die wichtige Durchgangsstraße sichern, weil noch zurückhängende eigene Verbände erwartet werden. Bei Tagesanbruch und im Laufe des Vormittages rollen noch ungezählte deutsche Fahrzeuge – auch geschlossene Kolonnen – über die Rollbahn Richtung Leipalingis zurück. So lange noch eigene Fahrzeuge kommen, ist mit Russen noch nicht zu rechnen. Bei den vorgesetzten Dienststellen weiß man aber nichts darüber. Wir sollen aufpassen und melden, sobald der Feind im Anmarsch ist. Deshalb nehme ich mir vor, den Wald etwas näher zu betrachten. Es ist schöner Fichtenhochwald, der an einem abfallenden Hang steht. Durch die Bäume hindurch sehe ich die blanke Wasseroberfläche eines Sees, der nicht sehr breit ist. Man kann das gegenüberliegende Ufer gut erkennen. Der See erstreckt sich von Nord nach Süd, so weit das Auge reicht. Nördlich und weit südlich unserer Sicherungsstellung wird nachmittags heftig gekämpft. Bei uns bleibt es ruhig. Bis zum Abend ist keine Annäherung der Russen zu bemerken. Trotzdem erhalten wir den Absetzbefehl. Wir marschieren zur Rollbahn und treffen im Wald auf die Fahrzeuge. Wir fahren bis nach Leipalingis. Am Westausgang der Stadt werden wir vom Küchentroß erwartet und versorgt. Danach rückt der gesamte Troß ab, die Kompanie marschiert noch ungefähr einen Kilometer und wird dann im Gelände eingewiesen.

18. Juli 1944. Bei Tagesanbruch sind wir direkt westlich der Stadt in Stellung gegangen. Wir buddeln uns in die Erde ein und tarnen die Stellungslöcher gewissenhaft, da nach allen Seiten das Gelände offen ist. Vor uns ist der Wiesengrund zum Pojereikafluß hin überwiegend sumpfig. Es ist kaum anzunehmen, daß uns von dieser Seite große Gefahr droht. Vielmehr erwarten wir die Russen direkt aus der Stadt bzw. aus nordöstlicher Richtung. Unsere Beobachtungen konzentrieren sich deshalb auch hauptsächlich dorthin. Der Vormittag bleibt ruhig. Wir liegen mit dem Kompanietrupp hinter einem Getreidefeld und ruhen abwechselnd. Jetzt erst spüre ich die Strapazen und Entbehrungen dieser harten Einsätze. Ich bin körperlich ziemlich ausgepumpt und zerschlagen. Die Fähigkeit, mich zu konzentrieren, läßt erheblich nach. Das ist kein Wunder, denn ich habe in den letzten zehn Tagen nicht mehr als zwölf Stunden Schlaf bekommen. Den Meldern erging es nicht viel besser. Der Kompanieführer hat deshalb entschieden, daß ich mit Ernst Barucha für drei Tage zum Troß gehen soll, wenn es die Feindlage erlaubt. Im Laufe des frühen Nachmittags werden erste Feindsichtungen gemeldet. Die Russen nähern sich Leipalingis von Norden. Eine Stunde später wird ein Spähwagen am Stadtrand gesichtet. Wir verhalten uns ruhig. Wenig später wird beobachtet, wie an einem Hausdach Ziegel entfernt werden. Dort hat sich offensichtlich ein Artilleriebeobachter eingenistet. Wenig später schießt sich ein Geschütz ein. Unser Scharfschütze bekämpft den Beobachter erfolgreich. Das Loch im Dach bleibt allerdings offen. Wütend werden wir von der feindlichen Batterie unter Feuer genommen. Der Obergefreite Sackenreuther und der Obergrenadier Beling werden durch Granatsplitter verwundet. Bis zum Einbruch der Dunkelheit passiert nichts Besonderes mehr. Das Versorgungsfahrzeug kommt und verpflegt die Kompanie. Ich übergebe den Kompanietrupp an meinen Wiener Freund, Unteroffizier Fritz Tröstl, und verabschiede mich von den Kameraden. Mit meinem Melder Ernst Barucha fahre ich zum Küchenstützpunkt zurück. Es ist fast Mitternacht, als wir ankommen. Nach kurzer Begrüßung legen wir uns bald schlafen.

19. Juli 1944. Kurz nach Sonnenaufgang bin ich wach. Ich habe zwar geschlafen, aber nicht gut, sondern so wie in der HKL. Erst wenn der nötige Abstand zur HKL auch im Unterbewußtsein hergestellt ist, werde ich schlafen können. Bevor es Kaffee gibt, will ich mir die Umgebung etwas anschauen. Ich finde sie sehr schön. Der Troß hat sich ein feines Plätzchen ausgesucht. Er hat einige Häuser bezogen, die unmittelbar an einem Seeufer liegen. Der See ist recht groß und wird an beiden Seiten von Wald umsäumt. Es ist schon ein Fleckchen Erde, an dem man sich bestens erholen kann. Und das sollen wir beide ja auch. Das Wetter ist geradezu ideal dafür. Nach dem Kaffee bin ich mit Ernst Barucha am See. Wir haben uns ein Boot besorgt und rudern auf den See hinaus. Da wir kein Angelzeug auftreiben konnten, haben wir eine Handgranate mitgenommen, um damit zu fischen. Wir rudern weit hinaus und steuern einen See-Einschnitt im Walde an. Das Wasser ist klar. Man kann an den Ufern entlang bis auf den Grund schauen, ohne die Tiefe richtig abschätzen zu können. Hier, in der ruhigen Waldecke, zünden wir die Handgranate und werfen sie ins Wasser. Wir haben Glück. Ein großer Hecht kommt an die Oberfläche. Noch haben wir ihn nicht gefangen. Es macht uns sehr viel Mühe, bis wir ihn im Boot haben. Stundenlang rudern wir noch auf dem Wasser herum, ehe wir zum Mittagessen zurück sind. Unser Hecht hat ein Gewicht von fast drei Kilogramm. Er wird sofort zurechtgemacht und in viel Butter gebraten. Er schmeckt köstlich. Nach dem Essen liegen wir unter schattigen Bäumen im Gras und schlafen. Danach schreibe ich einige Briefe und schicke meinem Vater ein Päckchen mit Tabakwaren, die wir in letzter Zeit reichlich empfangen haben. Später bin ich mit Ernst Barucha wieder am See. Wir tollen im Wasser herum und schwimmen weit hinaus, damit wir müde werden und schlafen können.

20. Juli 1944. Fast zehn Stunden habe ich in dieser Nacht geschlafen. Ernst Barucha ist bereits aufgestanden. Schnell bin ich am See und nehme ein erfrischendes Bad. In leichten Schuhen und nur mit der Turnhose bekleidet, laufen wir durch den herrlichen Hochwald. Auf einer Waldlichtung machen wir eine Gymnastikpause, dann rennen wir am Seeufer entlang zurück. Mittagessen holen wir uns an der Feldküche. Nach dem Essen ruhen wir eine Stunde. Danach fahren wir mit dem Kahn auf den See hinaus. Wir begreifen das als Sport und rudern bis zu dem Waldeinschnitt ohne Pause. Dort legen wir uns und die Riemen in das Boot und lassen uns von den Wellen schaukeln. Wir beobachten die Fische, die es hier massenweise gibt. Dann paddeln wir zur Unterkunft zurück. Hier erfahren wir Neues aus der HKL. Die Kompanie liegt noch vor Leipalingis und wurde gestern von den Russen angegriffen. Es hat mehrere Verwundete gegeben. Alle Angriffe wurden abgewiesen.

21. Juli 1944. Auch in dieser Nacht habe ich ausgezeichnet geschlafen. Ich fühle mich ausgeruht und erholt. Es ist ganz selbstverständlich, daß ich nach vorne fahren werde. Auch mein Kamerad Ernst Barucha denkt so. Wir schwimmen eine große Strecke im See, dann liegen wir an einem schönen Uferplatz in der Sonne. Zum Essen sind wir in der Unterkunft zurück. Die Feldküche hat ein gutes Mahl zubereitet. Danach folgt die obligatorische Ruhestunde. Nun wird es Zeit, unsere Sachen zu packen. Mit dem Versorgungsfahrzeug fahren wir nach vorne. Wir finden die Kompanie nicht mehr in der alten Stellung, sondern weiter westlich von Leipalingis. Der Kompaniegefechtsstand befindet sich am Rande eines Weizenfeldes an einem Feldrain. Die Kampftätigkeit ist etwas abgeflaut, entsprechend locker ist das Verhalten beim Kompanietrupp. Ich übernehme deshalb nicht sofort wieder die alte Aufgabe, sondern bleibe zunächst „zur besonderen Verwendung“ (z.b.V.) beim Gefechtsstand.

22. Juli 1944. Die erste Nacht in der HKL ist vorüber. Wir haben uns im Weizenfeld ein Strohlager errichtet und dort gelegen. Es ist kein Schuß gefallen, und die Morgenmeldung sagt über den Feind nichts aus. Leutnant Grzimek führt noch die Kompanie. Er und Unteroffizier Fritz Tröstl berichten von den Gefechten während meiner Abwesenheit. Am 19. und am 20. Juli hatte das gesamte Bataillon noch schwere Kämpfe zu bestehen. An diesen beiden Tagen gab es bei der Kompanie nachstehende Ausfälle: Gefreiter Bohne – gefallen. Die Zugführer Feldwebel Hugo und Feldwebel Leuthardt – verwundet, dasselbe gilt für die Obergefreiten Sackenreuther, Keßler, die Gefreiten Bäuerle, Gerat, Schmidt, Klamm, die Obergrenadiere Jacob und Beling sowie die Grenadiere Sauer und Klose. Wegen Krankheit mußten Obergefreiter Prengel, Gefreiter Kamper und Gefreiter Mandl zum Arzt. Zur Erholung beim Troß ist jetzt Unteroffizier Idler.

23. Juli 1944. Im Kompanieabschnitt ist es den ganzen Tag ruhig. Vom Feind ist nichts zu sehen. Wir liegen im hohen Gras und vertreiben uns die Zeit mit Kartenspiel. Die Unterführerstellen in der Kompanie sind gut besetzt. Aus diesem Grunde schickt mich Leutnant Grzimek als Reserve zum Troß zurück. Mit dem Versorgungsfahrzeug fahre ich nach hinten. Leider liegt der Troß nicht mehr am alten Platz, dem schönen See. Er befindet sich jetzt auf großen Höfen verteilt, ganz nahe der deutschen Reichsgrenze. Ich finde ein gutes Quartier bei meinem alten Freund Erwin Sabellek.

24. Juli 1944. Hier beim Troß muß ich mich erst wieder an den Tagesrhythmus gewöhnen. Ich bin gut ausgeruht und aus Gewohnheit sehr früh wach. Bevor ich mich anderen Dingen zuwende, schreibe ich einen Brief nach Hause. Draußen auf dem Hof wird inzwischen ein Kalb geschlachtet. Zum Mittagessen gibt es neue Kartoffeln und Kalbsschnitzel. An guten, eßbaren Dingen mangelt es hier nicht. Es gibt jede Menge Geflügel, Rinder und Schweine. Letztere werden allerdings nicht ohne weiteres geschlachtet, und zwar wegen der Trichinengefahr.

25. Juli 1944. Im Laufe des Vormittags bringe ich meine Stiefel und Uniform in Ordnung. Um 10 Uhr werde ich plötzlich im Dienstanzug zur Schreibstube befohlen. Ich wundere mich noch darüber, daß das Troßpersonal bereits vollständig angetreten ist, da läßt mich Hauptfeldwebel Behr vor die Kompanie treten. Aus der Schreibstube heraus erscheint Leutnant Claus Lange, der als Führerreserve beim Bataillon ist und spricht zur Kompanie. Er erwähnt besonders den Einsatz und meinen Gegenstoß am 9. Juli bei Stoki und heftet mir das Eiserne Kreuz 1. Klasse an die Uniform. Jetzt wird mir der wahre Grund bewußt, weshalb mich Leutnant Grzimek so schnell wieder zum Troß geschickt hat. Nach der Verleihung fahre ich mit Willi Kost über die Reichsgrenze nach Ostpreußen, um irgendein Kfz-Ersatzteil zu besorgen. Rechtzeitig zum Essen sind wir zurück. Im Laufe des Nachmittags bin ich mit Erwin Sabellek zum Verpflegungsamt unterwegs. Abends feiern wir im Kameradenkreis Beförderungen und Auszeichnungen.

27. Juli 1944. Der Abwechslung wegen begleite mit Willi Kost nach Ostpreußen. Er hat den Auftrag, bei der Werkstattkompanie ein Motorgetriebe abzuholen. Wir nehmen die Route über Sejny–Sudauen nach Bakalarzewo. Die Entfernung beträgt etwa 75 Kilometer. Nach Erledigung des Auftrages fahren wir sofort wieder zurück. In etwas mehr als einer Stunde sind wir wieder bei unserem Troß. Um den Straßenstaub abzuwaschen, begeben wir uns dann – mit mehreren Kameraden – zu einem nahen See zum Baden. Unsere Uniformen und Stiefel legen wir im Gras ab. Meine Brille lege ich dazu. Nach einem erfrischenden Bad spielen wir auf der Wiese Fußball. Dann müssen wir zur Unterkunft zurück. Beim Anziehen vermisse ich meine Brille. Wir suchen gemeinsam und finden sie im hohen Gras. Doch die Brille ist nicht mehr zu gebrauchen. Die Gläser sind zersplittert. Beim Spielen muß einer draufgetreten sein. Ich bin sehr erschrocken, denn ohne Brille bin ich hilflos. Nach der Ankunft im Quartier mache ich mich reisefertig, lasse mich vom Versorgungsfahrzeug zum Bataillonsgefechtsstand chauffieren und melde mich beim Truppenarzt. Dieser schickt mich mit einem Anforderungszettel für eine Brille zur nächsten Krankensammelstelle nach Treuburg. Von hier werde ich ohne weitere Auskunft nach Bartenstein geschickt.

31. Juli 1944. Volle drei Tage bin ich bereits in Bartenstein im Lazarett und warte darauf, einem Augenarzt vorgestellt zu werden. Immer wieder wird mir erklärt, daß die Versorgung der vielen ernsthaft Verwundeten absoluten Vorrang hat. Heute ist es endlich soweit. Die Augenuntersuchung und Brillenbestimmung wird durchgeführt. Ich erhalte das notwendige Rezept und muß zur Beschaffung einer Brille zu einem Wehrkreissanitätspark. Ein solcher befindet sich in Danzig oder Königsberg. Ich entscheide mich – aus gutem Grund – für Königsberg. Mit einem ausgestellten Dienstreiseausweis fahre ich mit der Bahn nach Königsberg, wo ich abends eintreffe. Ich melde mich bei der Frontleitstelle und erfahre dort, wo der Sanitätspark zu finden ist. Hier gibt es allerdings keine Brillen. Sie muß vom Optiker hergestellt werden. Weil der Tag sich dem Ende neigt, fahre ich kurz entschlossen nach Metgethen zu meiner Freundin. Sie ist noch nicht zu Hause. Ihre Eltern fordern mich aber sofort auf, bei Ihnen zu bleiben.

1. August 1944. Mit meiner Freundin, die zum täglichen Dienst in die Stadt muß, fahre ich mit der Bahn nach Königsberg. Auf Weisung vom Sanitätspark muß ich zum Optiker J. Harder in die Vorstädtische Langgasse. Der Optiker erklärt mir, daß die Gläser für die Brille erst beschafft werden müssen und die Fertigstellung mindestens eine Woche dauert. Mit einem entsprechenden schriftlichen Bescheid gehe ich zur Standortkommandantur und lasse mir eine Aufenthaltsgenehmigung ausstellen. Da ich Frontsoldat bin und ein festes Quartier angeben kann, wird die Genehmigung ohne jede Einschränkung erteilt. Ich kann in Metgethen wohnen bleiben: wunderbar!

9. August 1944. Neun Tage konnte ich bei meiner Freundin in Metgethen sein, bis die Brillengläser vom Optiker beschafft waren. Es waren ungetrübte, herrliche Tage, die ich

Mein bester Freund und Kamerad August Kiene, gefallen am 4. August 1944 in Litauen

wie ein Urlauber genossen habe. Gestern konnte ich die fertige Brille in Empfang nehmen. Heute muß ich die Rückreise antreten, weil meine Aufenthaltsgenehmigung abgelaufen ist. In der Frontleitstelle frage ich vorsichtshalber nach dem Standort der 5. Panzerdivision. Sie ist noch im litauisch-ostpreußischen Grenzgebiet. Mit einem Personenzug fahre ich bis Treuburg. Von hier aus werde ich über Goldap nach Angerapp weitergeleitet. In Angerapp endet die Zugverbindung. Ich bleibe nachts auf dem Bahnhof.

10. August 1944. Kurz nach Tagesanbruch stehe ich auf und mache mich zur letzten Etappe meiner Reise fertig. Ich begebe mich an die Ausfallstraße nach Osten. Von mehreren Fahrzeugen lasse ich mich per Anhalter Richtung Front mitnehmen. Nach einer langen Fahrt durch das ostpreußische Grenzland erreiche ich endlich litauisches Gebiet. Den ganzen Tag bin ich schon unterwegs, ehe ich auf ein Fahrzeug unseres Regiments treffe. Der Fahrer beschreibt mir den ungefähren Standort des II. Bataillons. Es wird schon dunkel, ehe ich die Trosse in einem Wald nördlich Bartininkai finde. Bevor ich die ersten Fahrzeuge erreiche, werde ich von einem Posten angerufen. Ich gebe mich zu erkennen und frage nach der Kompanie, deren Fahrzeuge hier untergestellt sind. Er antwortet: „Die 7." Mittlerweile habe ich ihn erreicht und frage weiter, ob es bei der Kompanie etwas Neues gibt und wie es meinem Freund August Kiene geht. Nach einer kurzen Pause erhalte ich mit verhaltener Stimme die Antwort: „Unser Kompanieführer, Leutnant Kiene, ist gefallen." Ich bin wie vom Blitz getroffen und kann mich kaum von der Stelle rühren. Ich spüre, wie meine Knie anfangen zu zittern, ich muß mich setzen. Ein paar Schritte zur Seite hocke ich mich auf die Böschung und stütze den Kopf in beide Hände. Mein Gehirn arbeitet wie wild, doch ich kann keinen klaren Gedanken fassen. Es ist eine Nachricht, die mich tief erschüttert und aufwühlt. Ich bin wie gelähmt. Wie lange ich so dagesessen habe, weiß ich nicht. Noch immer fassungslos, zeigt mir der Posten den Weg zu meiner Kompanie. Dort angekommen, treffe ich zuerst Erwin Sabellek. Ich bin noch nicht fähig zu sprechen. Auch sonst muß ich einen miserablen Eindruck auf ihn gemacht haben, denn er fragt sofort nach dem Grund meines Aussehens. Ich bringe nur zwei Worte heraus: „August Kiene“, dann wird mir schwarz vor den Augen, ich bin weg. Erwin Sabellek kennt unsere unzertrennliche Freundschaft. Er hatte sich vorgenommen, mir diese schlimme Nachricht schonend beizubringen, jetzt war ihm der Zufall zuvorgekommen. Als ich wieder zu mir komme, höre ich Erwins Stimme. Er redet auf mich ein und flößt mir einen scharfen Schnaps ein. Langsam geht es mir besser. Andere Troßkameraden sind hinzugekommen und wollen mich trösten. Zum Abendessen rühre ich noch keinen Bissen an. Wir trinken noch Alkohol, dann höre ich die Hiobsbotschaften aus der eigenen Kompanie. Auch unser Kompanieführer ist gefallen. Man berichtet mir, daß bereits am 29. Juli Leutnant Grzimek bei Santeika durch ein Infanteriegeschoß verwundet wurde und auf dem Weg zum Hauptverbandplatz verstorben ist. Verwundet wurden außerdem der Obergefreite Wagner, die Gefreiten Döring, Rönnau, Firnis, Dietrich, Roth und die Grenadiere Skupin, Feintel und Klemm. Leutnant Claus Lange hat die Kompanieführung übernommen. Weitere Einsätze folgten, so am 1. August bei Mariampol. Hierbei gab es erneut Ausfälle: Verwundet wurden die Gefreiten Gregorzewski, Isenhardt, Kauz, Lehn, Martens, der Obergrenadier Lämmerhofer sowie der Grenadier Lorenz. Vermißt wird seitdem der Gefreite Flach. Am 2. August dann ging es zu neuem Einsatz bei Rakaniai. An diesem Tage sind ebenfalls Ausfälle eingetreten: Gefallen sind Gefreiter Bether und Gefreiter Sperling; verwundet werden Unteroffizier Katturkart, Obergefreiter Stiegler, Obergefreiter Schäfer, Gefreiter Schleser. Nach einer kurzen Kampfpause erfolgte ein weiterer Einsatz am 5. August bei Paluauja. Auch an diesem Gefechtstag kommt es zu hartem Kampf mit Ausfällen: Verwundet werden Unteroffizier Strunz, die Gefreiten Freier, Obierey, die Grenadiere Fritzsche und Zimmer. Gefallen ist mit 18 Jahren einer unserer Jüngsten, der Gefreite Paul Mottel. Dann am 6. August wurden Unteroffizier May und der Grenadier Jontza verwundet. Ich weiß nicht, warum sie mir das alles schon erzählen, aber es bringt mich in die rauhe Wirklichkeit zurück. Wir unterhalten uns noch lange, leeren manches Glas und verfluchen diesen elenden Krieg. Trotz Alkohol und der Übermüdung kann ich keinen Schlaf finden. Immer wieder bin ich mit meinen Gedanken bei meinem besten Freund und Kameraden. Viele gemeinsame schöne, aber auch harte Stunden ziehen an meinen Augen vorüber, bis ich dann doch von der Müdigkeit überwältigt werde.

11. August 1944. In Katzenjammerstimmung stehe ich heute morgen auf. Ein Kübel kaltes Wasser hilft mir, wach zu werden und die Gedanken zu ordnen. So schnell wie nur möglich will ich nach vorne zur Kompanie und meine mir vertraute Aufgabe übernehmen. Das ist die beste Medizin, über eigene Schwierigkeiten hinwegzukommen. Unser Hauptfeldwebel Gustav Behr erklärt mir zwar, daß die Kompanie in Kürze abgelöst werden soll, doch darauf will ich nicht warten. Ich mache mich reisefertig und fahre am späten Nachmittag mit Willi Staats und Georg Ruckes – dem Küchenchef – im offenen Kfz. 15 nach vorne. Mit der untergehenden Sonne rollen wir auf der großen Straße Richtung Berziniai. Wenige Kilometer nördlich davon erreichen wir die Stellung der Kompanie und halten in der Nähe des Gefechtsstandes. Ich melde mich bei Leutnant Lange, dem Kompanieführer, der mich willkommen heißt. Ich übernehme wieder den Kompanietrupp, der während meiner Abwesenheit – es waren genau drei Wochen – von meinem Freund, Unteroffizier Fritz Tröstl, ausgezeichnet betreut und geführt worden ist. Er wird bis zur bevorstehenden Ablösung im Kompanietrupp bleiben und dann für einige Tage zur Erholung zum Troß gehen. Die Stellung der Kompanie ist verhältnismäßig ruhig. Nur gelegentlich schießt der Russe überfallartig mit Artillerie und Granatwerfern. Im Kompanieabschnitt besteht ein durchgehender Graben mit recht gut ausgebauten Kampfständen. Als Schutz und Unterschlupf haben die Gruppen einfache Erdbunker errichtet. Auch der Kompaniegefechtsstand ist in einem primitiven Erdbunker in vorderster Linie untergebracht. Die Entfernung zur deutschen Reichsgrenze beträgt noch etwa 30 Kilometer. Ob wir die Russen davon fernhalten können, wage ich nach Lage der Dinge und den Erfahrungen der jüngsten Zeit zu bezweifeln.

12. August 1944. Als bekannter Frühaufsteher mache ich mich bereits vor Sonnenaufgang auf den Weg durch die Stellung. Ich will sehen, wer von den alten Kameraden noch vorhanden ist und will auch etwas über die Stimmung in der Truppe erfahren. Als Zugführer treffe ich Rudi Chall, der inzwischen zum Feldwebel befördert wurde, und Unteroffizier Heinz Lichtenberg. Von den alten Gruppenführern sind noch die Unteroffiziere Felix Klar und Walter Strittmatter in der Kompanie. Alle anderen Gruppenführer sind mir unbekannt. Nur wenige Soldaten kenne ich noch. Das sind die Auswirkungen von nur drei Wochen Kampf. Die Stärke der Kompanie beträgt zur Zeit 1/5/69, insgesamt 75 Soldaten. Als Waffen sind sieben leichte MG und ein schweres MG eingesetzt. Die Stimmung in der Truppe ist gut. Im Laufe des Vormittages erfolgt ein russischer Granatwerferüberfall. Dabei gibt es einen Volltreffer in einem MG-Stand der 4. Gruppe. Der Grenadier Nietzsche ist sofort tot, der Gefreite Jähnel wird mit schweren Verwundungen zum Arzt gebracht. Wie wir später hören, erliegt er auf dem Hauptverbandplatz seinen Verletzungen. Beide werden in Kregzdziai beigesetzt. Den Tag über bleibt es dann ruhig. Bei Einbruch der Dunkelheit werden wir vom Troß versorgt. Als wir schon nicht mehr daran denken, kommt spät nachts unsere Ablösung. Eine Kompanie der 547. Grenadierdivision übernimmt den Abschnitt. Die Ablösung vollzieht sich schnell und reibungslos. Wir marschieren im Eiltempo zu den Fahrzeugen, die schon warten. Es wird sofort aufgesessen, und ab geht die Fahrt.

13. August 1944. Etwa um Mitternacht überschreiten wir auf unserem Rückmarsch bei Vystitis die deutsche Reichsgrenze. Eine Stunde später sind wir am Bahnhof Tollmingen. Hier werden wir verladen, um im Bahntransport in ein neues Einsatzgebiet zu verlegen. Sobald die Fahrzeuge auf den Waggons stehen, wird zur Ruhe übergegangen. Das Anfahren des Zuges rüttelt mich wach. Es wird gerade hell, als wir den Bahnhof Tollmingen verlassen. Das Reisewetter ist wunderbar. Die Sonne geht auf, und kein Wölkchen ist am Himmel zu sehen. Sonntag ist es außerdem. Wir sitzen im offenen Kfz. 15 und genießen die Reise durch das schöne nördliche Ostpreußen. Über Gumbinnen–Insterburg rollt der Zug nach Norden. Um die Mittagszeit gibt es längeren Aufenthalt auf freier Strecke. Dann wird die Fahrt fortgesetzt. Bei Tilsit überqueren wir die Memel und erreichen gegen 19 Uhr die Stadt Memel. Hier wird ausgeladen. Ohne Aufenthalt geht es im motorisierten Marsch weiter. Eile ist geboten, denn es „brennt“ wieder irgendwo. Und wir sind – wie so oft – die Feuerwehr. Spät abends ziehen wir auf einem Gehöft unter und machen eine Pause. Wir werden verpflegt und bekommen frischen Tee. Dann begeben wir uns zur Ruhe.

15. August 1944. Über Plunge und Telsche wird die Reise fortgesetzt. An diesem Abend erreichen wir die Stadt Tryskiai. Noch etwa zehn Kilometer fahren wir, dann halten die Fahrzeuge. Es heißt Absitzen. Waffen und Gerät werden aufgenommen und zirka drei Kilometer marschiert. In einem Wald lagern wir und halten uns für den Angriff bereit. Die Stimmung ist gut. Angriff ist besser als Verteidigung.

16. August 1944. An den Panzern vorbei, die uns beim Angriff unterstützen sollen, marschieren wir in den Bereitstellungsraum. Um 5 Uhr treten wir von Norden nach Süden zum Angriff an. Vor uns liegt die von Russen besetzte Stadt Papile (Popielany), die zurückerobert werden soll. Zunächst kommen wir gut voran, wenn uns auch gleich heftiges Abwehrfeuer entgegenschlägt. Sprungweise geht es vorwärts. Doch zirka zwei Kilometer vor der Stadt ist kein Weiterkommen mehr. Von zwei Seiten werden wir mächtig mit Granaten eingedeckt. Wir erhalten Feuer nicht nur aus der Stadt heraus, sondern auch aus dem seitlichen Wald. Die ersten Ausfälle werden gemeldet. Gefreiter Haberer und Obergefreiter Beining sind gefallen. Der Obergefreite Popp wird am Kopf schwer verwundet und erliegt dieser Verwun-

Panzerkampfwagen IV der Ausführung G mit 7,5 cm-Kampfwagenkanone 40 L/43 in der Bereitstellung zum Gegenangriff im Sommer 1944

dung später. Die Ausfälle mehren sich. Der Sanitäter bekommt eine Menge zu tun. Der Obergrenadier Stastny wird verwundet, danach der Gefreite Gerat. Der Gefreite Tietge wird als krank gemeldet. Ihm ist übel geworden. Er wird sofort zurückgeschafft. Beim Arzt angekommen, kann nur noch der Tod festgestellt werden. Wie sich bei näherer Betrachtung herausstellt, starb er als Folge einer schweren Verwundung. Außerdem werden verwundet die Grenadiere Lypp und Riemeier. Den ganzen Tag liegen wir auf freier Fläche fest. Geringste Bewegungen lösen heftigsten Beschuß aus. Der Angriff wird eingestellt. Erst gegen Abend gelingt es, uns ohne weitere Verluste vom Feind zu lösen. Wir marschieren durch den Wald nach Barsiukai. Hier sichern wir etwa zwei Kilometer südöstlich des Ortes die nach Papile führende Straße. Nur einzeln wird abwechselnd geschlafen.

17. August 1944. Bei Tagesanbruch sind wir alle auf unseren Posten. Wir sichern gegen Südosten, um nachdrängenden Feind aus Papile den Weg zu verlegen. Es kommt aber während des Vormittages zu keiner Feindberührung. Mittags marschieren wir nach Kruopiai, das heute morgen erst von unserem I. Bataillon genommen worden ist. Während des Marsches ist es wahnsinnig heiß. Der Schweiß läuft uns nur so den Rücken herunter. In Kruopiai können wir uns etwas frischmachen. Dann sind plötzlich unsere Fahrzeuge da, und wir werden noch ein Stück weiter nach Osten transportiert. Der Grenadier Lypp und Gefreiter Gerbracht sind vom Arzt zurück. Die Verwundungen waren leichter Natur. Wir fahren etwa acht Kilometer Richtung Gaudikiai und werden an der Straße abgesetzt. Unsere Fahrzeuge machen kehrt. Der Gefreite Kringel ist erkrankt und fährt mit den Fahrzeugen zum Troß zurück. Wir marschieren noch zirka einen Kilometer, dann besetzen wir dort einen Waldrand und sichern nach Osten. Für die Nacht werden Wachen eingeteilt. Dann wird zur Ruhe übergegangen.

18. August 1944. Wir erhalten den Befehl, den Wald südlich unseres Standortes zu durchkämmen und vom Feind zu säubern. Schon bald stoßen wir auf Russen, die uns unter Feuer nehmen. Sie weichen aus. Die Gruppen gehen weit auseinandergezogen durch den Wald vor und können nur unter Schwierigkeiten die Verbindung untereinander halten. Nach Erreichen eines Bachgrundes schwenkt die Kompanie nach Osten ein und geht gegen Taruciai vor. Beim Heraustreten aus dem Wald bekommen wir Feuer durch Infanterie und Granatwerfer. Das kann uns nicht aufhalten. Es melden sich drei Verwundete: Stabsgefreiter Lambertus, Obergefreiter Turba und Grenadier Gottwald, letzterer mit schwerer Verwundung. Auch der Kompanieführer, Leutnant Lange, bekommt einen Granatsplitter ins Gesäß. Er geht nicht zum Arzt, sondern läßt sich den Splitter von unserem tüchtigen Sanitäter entfernen und führt die Kompanie weiter. Wir vermissen noch die Gruppe des Obergefreiten Paul, können aber nicht warten, da unser Auftrag nicht erfüllt ist. Ehe wir die Straße bei Taruciai erreichen, brausen drei „Sherman"-Panzer an uns vorüber. Sie nehmen keine Notiz von uns, obwohl sie uns gesehen haben müßten. Wir sichern Taruciai nach Südwesten, werden dann aber aus dem Wald heraus angegriffen. Der Angriff wird abgewehrt. Bei Einbruch der Dunkelheit erhalten wir den Befehl, nach Gaudikiai zu marschieren und das Dorf, das gestern nach hartem Kampf genommen wurde, nach Osten zu sichern.

19. August 1944. Am Ortsrand entlang haben wir im Laufe der Nacht eine Sicherungsstellung aufgebaut. Der Kompanietrupp hat den Keller eines der letzten noch intakten Häuser bezogen. Viele Gebäude des Ortes sind abgebrannt. Wir haben uns gerade ein wenig eingerichtet, als die ersten Artillerie- und Granatwerfergeschosse einschlagen. Nach kurzer, aber heftiger Feuervorbereitung greift der Feind aus dem Wald heraus an. Der Angriff bleibt vor unserer Stellung liegen. Im Gegenstoß jagen wir die Russen bis in ihren Wald zurück. Sie haben große Verluste. Unsere eigenen Verluste sind demgegenüber gering. Unteroffizier Kloppich ist gefallen. Der Grenadier Loch wird verwundet. Sonst haben wir glücklicherweise keine Ausfälle. Danach bleibt es ruhig. Ich kann endlich an einem Tisch einen Brief schreiben. Ich berichte über die wohlhabenden Dörfer hier, die hauptsächlich aus einzelnen, großen Gütern bestehen. Leider hat der Krieg auch hier manches zerstört. Viel Hausrat, wertvolle Einrichtungsgegenstände und Klaviere stehen im Freien, sogar ein großer Flügel wurde noch aus dem brennenden Haus herausgeschafft und ist der Witterung ausgesetzt. Fahrräder liegen überall herum. Die Bevölkerung hält sich versteckt oder ist geflohen. Kühe, Rinder, Schweine und Federvieh tummeln sich in großer Zahl herrenlos auf den Wiesen. In den großen und schön angelegten Gärten gibt es Gemüse, Salat und jede Menge Zwiebeln. Nur die Zwiebeln sind für uns interessant. Auch frische Milch ist willkommen. Ich melke abends zwei Kühe, die von einer nahen Wiese zur Stalltür kommen und brüllen. Sie sind es gewohnt, um diese Zeit gemolken zu werden und lassen es willig geschehen. Die Milch reicht für den ganzen Kompanietrupp. Die Gruppen versorgen sich ebenfalls damit. Die gestern vermißte Gruppe des Obergefreiten Paul trifft vollständig bei uns ein. Sie hatten im unübersichtlichen Wald die Verbindung verloren. Mit dem Versorgungsfahrzeug kommen drei ehemals Kranke zu ihren Gruppen zurück. Es sind Gefreiter Döring, Obergrenadier Jakob und Grenadier Keller.

21. August 1944. Im Laufe des Vormittages kreisen russische Schlachtflieger über unserem Ort, jedoch ohne anzugreifen. Mit dem Versorgungsfahrzeug kommen Unteroffizier Maar, Unteroffizier G. Lichtenberg, die Obergefreiten Reck und Fiedler, Gefreiter Petruschka, die Grenadiere Becker, Bossert und Zimmermann. Der Gefreite Fischer ist erkrankt. Wir liegen noch vor Gaudikiai. Bei schönstem Sommerwetter genießen wir im Garten diesen herrlichen Tag. In unserem Abschnitt bleibt es ruhig. Südwestlich von uns hören wir starken Gefechtslärm. Noch kurz nach Einbruch der Dunkelheit trifft Ersatz aus Neisse ein. Ich muß die Kompanie neu ordnen und entsprechend der vorhandenen Waffen die Gruppen neu aufstellen. Die meisten der eingetroffenen Soldaten sind alte Kompanieangehörige, die verwundet waren und – nach ihrer Genesung und der Zeit im Ersatzbataillon – wieder an die Front geschickt werden.

22. August 1944. Nach relativ ruhiger Nacht müssen wir am Morgen den eigenen Stellungsabschnitt ausdehnen. Dann sind wieder die Schlachtflieger am Himmel. Sie kurven über unsere Köpfe hinweg und schießen mit Bordwaffen auf jede Bewegung. In der Stellung bleibt es während des Vormittages bei Granatwerferbeschuß. Kurz nach Mittag werden wir aus der Stellung herausgelöst. Wir lösen uns vorsichtig und sammeln hinter den Häusern des Dorfes. Bei sengender Sonne marschieren wir dann genau nach Westen. Wir erreichen ein Waldstück sowie die Straße nach Schagarren nordöstlich Kruopiai und lagern, weitere Befehle abwartend. Die Stadt ist inzwischen von russischen Kräften erneut eingenommen worden. Ein Angriff von uns soll Kruopiai wieder in deutschen Besitz bringen. Für die Nacht bleiben wir im Wald und stellen Posten auf.

23. August 1944. Bevor der Tag anbricht, wird die Kompanie geweckt. Wir marschieren auf der großen Straße nach Kruopiai und gehen etwa drei Kilometer nördlich der Stadt auf einer Anhöhe in Stellung. Sofortiges Eingraben ist selbstverständlich. Von unserer Höhe herab haben wir sehr gute Sicht und können jede Bewegung des Feindes beobachten. Unbekümmert bringen die Russen ihre Granatwerfer und Geschütze in Stellung. Kurz darauf eröffnen sie mit diesen Waffen das Feuer auf uns. Vor allem die „Ratschbumm" – die Geschütze stehen vor der Kirche – setzen uns erheblich zu. Trotz guter Deckung muß ich zwei Ausfälle notieren. Der Gefreite Matz wird durch Granatsplitter tödlich verletzt und der Gefreite Gsell am Oberschenkel verwundet. Gegen Abend läßt der Beschuß nach. Wir werden von der Küche versorgt. Die Gefreiten Heizner, Bäuerle und der Grenadier Jäntsch sind nach vorne gekommen und werden anstelle der Ausfälle den Gruppen zugewiesen.

24. August 1944. Kurz bevor es hell wird, erhalten wir den Befehl, die Stellung zu verlassen und uns am Friedhof östlich der Stadt zum Angriff bereitzustellen. Wegen der strategischen Bedeutung für die gesamte Front soll Kruopiai genommen werden. Gerade noch unbemerkt vom Feind, können wir die alte Stellung zur Straße hin verlassen, diese überqueren und in guter Deckung den Bereitstellungsraum am Friedhof erreichen. Nach einem kurzen, heftigen Feuerschlag der eigenen Artillerie sollen wir von Osten in die Stadt eindringen und diese nehmen. Zwischen dem Friedhof und dem Stadtrand liegt offenes Gelände, das wir überwinden müssen. Die Russen haben den Stadtrand stark besetzt und liegen entlang an der Straße, die aus Kruopiai nach Osten herausführt. Während des angekündigten Feuerschlages treten die vordersten Gruppen aus dem Friedhof heraus zum Angriff an. Wir vom Kompanietrupp folgen ihnen dichtauf. Doch unwahrscheinlich starkes Feuer schlägt uns entgegen. Schwere feindliche Granatwerfer greifen in den Kampf ein. Die ersten Rufe nach dem Sanitäter werden laut. Die Kompanie wird in Deckung gezwungen. Wir liegen fest. Über das Bataillon wird Fliegerunterstützung angefordert. Es dauert eine Weile, dann sehen wir die anfliegenden Junkers Ju 88-Maschinen am Himmel. Wir freuen uns über das Erscheinen der eigenen Flugzeuge und machen uns zum entscheidenden Angriff auf die Stadt bereit. Wir sind sicher, daß uns mit Unterstützung aus der Luft der Einbruch in die Stadt gelingt. Um den Fliegern unsere Position anzuzeigen, schießen wir entsprechende Leuchtzeichen. Doch was passiert jetzt? Sie halten uns offenbar für den Feind und klinken ihre Bomben viel zu früh aus. Mit Entsetzen verfolgen wir die dicken Behälter mit den Splitterbomben, die genau auf uns zukommen und sich über uns öffnen. Zum Ausweichen ist es zu spät. Die Friedhofsmauer hindert uns außerdem daran. Es bleibt die Flucht nach vorne. Der größte Teil des Bombensegens detoniert mitten unter uns. Nicht nur die moralische Wirkung ist verhängnisvoll. Der Bataillonsfunktrupp mit Gerät hat Totalausfall. Wir springen trotzdem auf und greifen an, hoffend, die Russen werden vor den Fliegern in Deckung gehen. Es gelingt uns, noch ein Stück vorwärtszukommen, dann geht es nicht mehr weiter. Eine flankierende „Ratschbumm" setzt uns schwer zu. Bis zum Anbruch der Dunkelheit liegen wir am Feind, dann überbringt uns ein Melder den Befehl, den Angriff einzustellen. Wir ziehen uns zunächst hinter die Friedhofsmauer zurück, um aus dem noch immer anhaltenden Beschuß herauszukommen. Jetzt erst habe ich die Möglichkeit, die Ausfälle des Tages zu ermitteln. Die Bilanz ist sehr schmerzlich für die Kompanie. Vier Kameraden sind gefallen (Unteroffizier Buhl, Obergefreiter Klose, Gefreiter Stoidner und Obergrenadier Lemmerhofer) und zwei (Gefreiter Bischke und Gefreiter Heiszner) werden vermißt. Sie sind nach dem Bombenabwurf nicht mehr aufgefunden worden. Als verwundet werden gemeldet: Die Kameraden Unteroffizier Strittmatter, Obergefreiter Fricke, Obergefreiter Mandel, die Gefreiten Gerat, Grabsch, Swoboda, Kuchler und Hoffmann. Letzterer ist so schwer verletzt, daß er einen Tag später auf dem Hauptverbandplatz stirbt. Schwer verwundet durch die eigenen Bomben wird auch der Grenadier Schwarz. Weitere Ausfälle sind krankheitsbedingt. Es sind dies der Stabsgefreite Brust, Unteroffizier Müller und Gefreiter Zingler, die zum Arzt in Marsch gesetzt werden müssen. Bei völliger Dunkelheit setzen wir uns weiter vom Feind ab und sammeln an der nördlichen Friedhofsmauer. Dann marschieren wir zur Straße nach Schagarren, und auf dieser geht es weiter nach Nordosten, bis wir den Wald erreichen. Vor dem Wald gehen wir mit Front nach Süden in Stellung und sichern.

25. August 1944. Nach einer sehr kalten Nacht freuen wir uns auf erste Sonnenstrahlen, die unsere erstarrten Glieder aufwärmen sollen. Am Tage ist es sonnig und sehr heiß, im Gegensatz zur eisigen Nacht. Die Posten sind wachsam, der Rest der Kompanie ruht in der warmen Sonne. Das Bataillon hat einen neuen Funktrupp geschickt, so daß wir wieder in direkter Verbindung mit ihm stehen. Es kommt nicht zur Feindberührung. Im Laufe des Tages trifft Ersatz ein. Ein Unteroffizier und neun Mann sind angekommen. Wenig später kommen noch sechs ehemals Verwundete und Kranke sowie Unteroffizier Tröstl dazu. Die Gefechtsstärke beträgt wieder 1/10/84 = 95 Soldaten. Mit den eingetroffenen Soldaten werden die bestehenden Züge verstärkt, und es wird eine Reservegruppe gebildet.

26. August 1944. Gestern und heute waren ruhige Tage. Nur einzelne Artillerieeinschläge sind registriert worden. Vom Feind selbst haben wir nichts zu sehen bekommen. Wir sind schon froh, daß uns tagsüber die Sonne aufwärmt. Die Nächte sind empfindlich kalt. Der Obergefreite Kaletta ist erkrankt und muß zum Arzt. Noch ehe es dunkel wird an diesem Abend, werden wir aus der Stellung abbefohlen und marschieren zum Küchenstützpunkt nach Minkiai. Hier werden wir mit Verpflegung und Munition bestens versorgt und gehen anschließend zur Ruhe über.

27. August 1944. Bis 8 Uhr darf die Kompanie ruhen, dann herrscht hektische Betriebsamkeit in den Quartieren. Waffen und Gerät werden nachgesehen, beschädigte Teile ausgetauscht. Ein neues MG 42 wird empfangen. Ausrüstungsgegenstände wie Brotbeutel, Zeltbahnen und Bekleidung werden repariert. Unbrauchbares oder Fehlendes wird ersetzt. Munition wird aufgefüllt und für die MGs gegurtet. Der Tag geht im Handumdrehen vorüber. Nachmittags wird noch Marketenderware empfangen. Nach der Essen- und Verpflegungsausgabe machen wir uns zu neuem Einsatz fertig. Mit unseren Fahrzeugen werden wir bis etwa sieben Kilometer nordwestlich Schagarren gebracht und dort abgesetzt. Wir marschieren noch zirka einen Kilometer und lösen dann Teile des II. Bataillons des Panzergrenadierregiments 13 ab, die hier in Stellung liegen. Nach Ablösung, die ohne Störung verläuft, setzen wir die Arbeiten am Stellungsbau fort. Teilweise sind Grabenstücke vorhanden, teilweise bestehen nur Kampfstände im offenen Gelände. Es ist erforderlich, alles zu einem Verteidigungssystem zu verbinden und auszubauen. Um Mitternacht werden wir von drüben mit Lautsprecherpropaganda beschallt. Nach einem flotten Wiener Walzer fordert der Sprecher die „Soldaten der 5. Panzerdivision“ auf (wie gut die informiert sind), „den Kampf einzustellen und überzulaufen.“ Wir antworten mit einem Hagel an Geschossen. Beim Stellungsdurchgang wird Leutnant Lange durch einen Granatsplitter leicht verwundet.

29. August 1944. Durch die unerwartet kalten Nächte und den Temperatursturz haben wir mehrere Krankmeldungen. Die betreffenden Soldaten werden dem Arzt vorgestellt. Der Obergrenadier Opel und Grenadier Bräuer müssen auf Weisung des Truppenarztes zum Hauptverbandplatz. Gefreiter Surb, Obergrenadier Jerominek, Grenadier Barton, Grenadier Rudolph und Grenadier Braun gehen zur Erholung zum Troß. Als genesen melden sich Obergefreiter Kaletta, Obergefreiter Erbe, Gefreiter Grelck, Gefreiter Kiel und Grenadier Butzek. Sie werden anstelle der Erkrankten den Gruppen zugeteilt. Der Tag verläuft ruhig. Nur einzelne Granatwerfereinschläge werden gemeldet. Im Laufe der Nacht sind wir erneut der Propaganda ausgesetzt. Wir antworten mit MG-Feuer auf den vermeintlichen Lautsprecherstandort. Dann ist es für den Rest der Nacht ruhig.

30. August 1944. Die Stellung kann inzwischen im gesamten Kompanieabschnitt im Graben abgegangen werden. Stellenweise muß noch etwas tiefer ausgeschachtet werden, aber ausreichender Schutz ist vorhanden. In den frühen Morgenstunden ist alles ruhig. Im Laufe des Vormittages werden Bewegungen beim Feind erkannt, die uns zu erhöhter Wachsamkeit veranlassen. Diese Aktionen setzen sich über den Mittag hinweg fort. Entsprechende Meldung geht an das Bataillon. Gegen 16.30 Uhr setzt ein heftiger Feuerüberfall mit Artillerie und Granatwerfern ein. Dabei wird der Kompaniegefechtsstand durch einen Einschlag in unmittelbarer Nähe regelrecht verschoben. Leider sind auch personelle Verluste eingetreten. Der Grenadier Keller wird tödlich verletzt, und die Gefreiten Kiel, Schulze sowie der Grenadier Ossig werden verwundet und zum Arzt geschafft. Der dem Feuerschlag folgende Angriff in Stärke einer Kompanie im Bereich des II. Zuges wird abgewiesen. Danach ist wieder Ruhe.

31. August 1944. Während der Nacht ist der Laufgraben zum Kompaniegefechtsstand fertiggeworden. Nach der Abfuhr gestern bleibt es heute den ganzen Tag ruhig. Zwei Kranke (Obergefreiter Unger und Gefreiter Becker) und zwei Zugänge (Obergefreiter Taugs und Zingler) sind zu notieren.

1. September 1944. Die Nächte bleiben empfindlich kalt. Morgens versucht jeder, zum Aufwärmen in den Sonnenschein zu kommen. Tagsüber ist es immer noch sonnig und angenehm warm. Der Graben und die Kampfstände sind trocken, das erleichtert den Aufenthalt im Freien. Von einzelnen Granatwerfereinschlägen abgesehen, bleibt es ruhig. Die Feindbeobachtungen ergeben keinen Hinweis auf Angriffsabsichten. So vergeht dieser Tag, und wir bereiten uns auf die Nacht vor. Doch dann erhalten wir Befehl, unter Zurücklassung einer Nachhut – die frühestens nach zwei Stunden folgen darf –, die Stellung nach Einbruch völliger Dunkelheit zu räumen. Für uns ist das unverständlich, da sie fast fertig ausgebaut ist. Dieser Befehl wird mit Uhrzeit und Sammelpunkt an die Züge bzw. Gruppen weitergegeben. In größter Ruhe und vorbildlicher Disziplin läuft das Ganze dann ab. Der Kompanietrupp begibt sich zum Sammelpunkt, wo die Gruppen auf die Minute genau eintreffen. Von hier marschieren wir über Gaili–Laci zu dem Gut Martiniskiai und beziehen etwa einen Kilometer nördlich davon eine neue Stellung. Wir graben uns sofort ein und beginnen erneut mit Stellungsbau. Die zurückgelassene Nachhut trifft ohne Zwischenfall im Laufe der Nacht bei uns ein.

2. September 1944. In einer Mulde am Rande eines Feldraines haben wir einen provisorischen Kompaniegefechtsstand eingerichtet. Wir sind etwa einen Meter tief in die Erde gegangen, haben das Loch mit Balken und Brettern abgedeckt und zur Tarnung die Erde wieder angeworfen. Der zugewiesene Abschnitt für die Kompanie ist riesengroß. Ihn zu überwachen, ist schon schwierig, ihn erfolgreich verteidigen zu können, schier unmöglich. Die Gruppen liegen derart weit auseinander, daß sie untereinander keine Verbindung haben. Auf diese Entfernung einen Stellungsgraben auszuheben, wäre eine gute Aufgabe für die Organisation Todt. Der Russe ist uns offensichtlich schnell gefolgt.

Als wir noch längst nicht damit rechnen, treffen die ersten Feindbeobachtungen von den Gruppen ein. Es bleibt aber in der Stellung ruhig. Weder Beschuß durch schwere Waffen noch feindliche Annäherung werden gemeldet.

3. September 1944. Unter Aufstellung von Horchposten haben wir während der ganzen Nacht an der Stellung gearbeitet. Vorhandene ältere Grabenstücke und Kampfstände haben wir in unseren Ausbau mit einbezogen. Sie müssen nur verbessert werden. Der Feind unterbricht die nächtliche Stille und unsere Tätigkeit mit Lautsprecherpropaganda. Wie immer folgt nach einer bekannten Melodie der Aufruf, die Waffen niederzulegen und überzulaufen. Heute hat der Propagandafritze sich noch etwas ganz Besonderes einfallen lassen, denn mit nachstehendem Text soll uns das Desertieren schmackhafter gemacht werden: „Soldaten der 5. Panzerdivision, kommt zu uns, dann ist der Krieg für euch aus, die Mädchen in Moskau warten auf euch." Schön naiv, wer das glaubt. Dann verspricht er noch die sichere Heimkehr nach dem Kriege in die Heimat. Wir antworten mit den Waffen und hoffen, daß wir ihn zum Schweigen bringen. Sobald es hell wird, ziehen sich die Soldaten aus den Kampfständen und Deckungslöchern zurück. Nur die dazu eingeteilten Posten wachen und beobachten, damit wir vor unliebsamen Überraschungen geschützt sind. Wir vom Kompanietrupp hocken vor unserem Bunker und vertreiben uns die Zeit mit Kartenspiel. In der Stellung bleibt es ruhig. Das Versorgungsfahrzeug kommt nach Einbruch der Dunkelheit. Der erkrankte Gefreite Erwin Caspar fährt mit zurück und muß zum Arzt.

6. September 1944. Während der vergangenen Tage hat sich nichts ereignet. Nur die nächtliche Ruhestörung durch den Lautsprecher fällt uns auf den Wecker. Mit konstanter Bosheit krächzt er uns mal vor Mitternacht, mal danach die Ohren voll. Auf die meisten Soldaten macht diese Propaganda keinen Eindruck. Sie amüsieren sich über die Sprüche der Russen und sind ohne jede Illusion, was die Gefangenschaft betrifft. In dieser Nacht sind außer dem Lautsprecher noch deutlich Motorengeräusche zu hören. Da drüben tut sich etwas. Kurz nach Tagesanbruch – ich komme vom Stellungsdurchgang zurück – höre ich erste Granatwerferabschüsse beim Feind. Gleich darauf setzt schwere Artillerie (17,2 cm) mit dem Beschuß ein. Zwei gut getarnte Panzer feuern im direkten Beschuß auf unsere Kampfstände. Ich gebe Alarm. Alle sind auf dem Posten. Aus der gegenüberliegenden Waldecke werden wir angegriffen. Schätzungsweise 200–300 Mann beträgt die Stärke des Feindes. Der Angriff hat aber keine Chance. Durch das gute Schußfeld vor uns wird der Gegner vor der eigenen Stellung zusammengeschossen. Unsere Verluste sind an Zahl gering, doch sehr schmerzlich. Unser bewährter Schütze 1 am schweren MG, Obergefreiter Hütges, fällt durch Volltreffer eines Granatwerfers. Außerdem werden verwundet: Feldwebel Chall, Zugführer des II. Zuges, sowie die Gefreiten Boyko, Kiel und Paschek, die Grenadiere Heinebrot und Ulbrich. Sämtliche Verwundungen erfolgten durch Granatsplitter. Ein weiterer Angriff der Russen gegen 11 Uhr, von den Panzern unterstützt, scheitert ebenso. Danach ist es wieder ruhig. Während des Nachmittages fällt kaum noch ein Schuß. Die Panzer sind nicht mehr auszumachen. Wir spielen Karten, bis das Versorgungsfahrzeug kommt.

7. September 1944. Nach sehr ruhiger Nacht ohne Lautsprecher gibt der I. Zug Alarm. Es handelt sich um einen feindlichen Spähtrupp, der offenbar den rechten Weg verpaßt hat und herumirrt. Als er sich den Kampfständen nähert und Feuer erhält, verschwindet er zwischen den Büschen. Sonst verläuft der Tag ruhig. Am Nachmittag wird bekannt, daß wir abgelöst werden, aber als Divisionsreserve in Frontnähe bleiben sollen. Nach Einbruch der Dunkelheit trifft die neue Truppe ein. Die Ablösung erfolgt ohne Zwischenfall, dauert jedoch eine Weile, da der Abschnitt so riesengroß ist. Wir marschieren zirka zwei Stunden und ziehen dann in einem Wald unter. Die Kompanie geht zur Ruhe über. Unteroffizier Klar und Obergefreiter Keßler werden zu einem Lehrgang abgestellt.

8. September 1944. Die Fahrzeuge sind eingetroffen. Wir bauen die Zelte ab und verladen Waffen und Gerät. Man verlegt uns weiter zurück. Wir halten in der Nähe eines Dorfes, quartieren uns aber nicht in Häusern ein, sondern bleiben auf einer schönen Wiese. Hier schlagen wir unsere Zelte auf. Ich teile mir mit Leutnant Lange ein Zelt. Der übrige Troß trifft ebenfalls ein, so daß die Kompanie wieder einmal beisammen ist. Für den ersten Ruhetag wird nur Waffenreinigen angeordnet. Sonst ist dienstfrei. Die Kompanie bekommt Zuwachs durch genesene Kranke und Leichtverwundete. Feldwebel Hülsmann, Unteroffizier Heinz Lichtenberg, Unteroffizier Müller, die Gefreiten Bräuer, Caspar, Herdling, Killig, Isele, Schulze und Obergrenadier Schlei werden wieder ihren Zügen und Gruppen zugeführt.

9. September 1944. Immer noch hält das schöne Spätsommerwetter an und begünstigt das Leben auf der Wiese. Offiziell wird kein Dienst angeordnet. Vordringlich ist die Instandsetzung der Uniform und der Ausrüstung, was jedem Soldaten selbst überlassen bleibt. Vieles ist verschlissen, das ersetzt werden muß. Allein ein Dutzend Paar Schuhe müssen ausgegeben werden. In der Nähe des Wassers wird eine Dusch- und Wascheinrichtung geschaffen, die nach Plan von den Gruppen unterhalten und in Betrieb genommen werden muß. Nach dem Bad wird frische Wäsche ausgegeben. Für mich ist die Dusche eine wichtige Einrichtung. Ich probiere sie als erster aus.

10. September 1944. Auf unserer Wiese herrscht ein bewegtes Lagerleben. Man spürt die Ruhe. Tiefer und fester Schlaf ist die Folge. Heute ist Sport angeordnet, den ich – wie immer – leiten werde. Er soll der körperlichen Lockerung dienen. Wir laufen eine kurze Strecke und machen Gymnastik. Vom Hauptverbandplatz melden sich drei Kameraden zurück (Gefreiter Lehn, Obergrenadier Opel, Grenadier Richter). An diesem Abend wird in einem nahegelegenen Haus ein bunter Abend veranstaltet. Vorweg gibt es Essen aus der Feldküche. Der gemütliche Teil beginnt mit der Ausgabe von Marketenderware und Verpflegungsschnaps. Die Stimmung ist ausgezeichnet. Es wird viel gesungen und gelacht. Mit Unteroffizier Fritz Tröstl trage ich umgetextete Wiener Lieder vor, die wir vorher einstudiert haben.

12. September 1944. Es herrschen unverändert schöne Tage bei der Kompanie. An der Front ist die Lage inzwischen ernster geworden, noch hat man uns aber nicht alarmiert. Deshalb genießen wir den leichten Dienst und die Ruhe, die für Entspannung sorgt. Hier bekomme ich Zeit, meine aufgelaufenen Briefschulden zu begleichen. Am späten Nachmittag treffen die Offiziere des Bataillons bei uns ein. Leutnant Claus Lange hat sie als Gäste eingeladen. Es wird ein vergnügter, geselliger Abend in und vor unserem Zelt. Dieser Abend wird von einem selten schönen Sonnenuntergang begleitet. Vielleicht ist dies das Zeichen für einen Witterungswechsel. Bis spät in die Nacht hinein sitzt die fröhliche Runde zusammen. Viele Erlebnisse werden ausgetauscht und besonders die letzten Ereignisse um den Mißerfolg bei Kruopiai eingehend besprochen und erläutert.

13. September 1944. Der neue Tag ist bereits angebrochen, als sich die Offiziere auf den Weg zu ihren Einheiten machen. Claus Lange und ich verkriechen uns ins Zelt und schlafen bald. Als ich wach werde, steht die Sonne hoch am Himmel. Ich stelle mich unter die Dusche und bin wieder frisch. Nach einem Stück Brot, das ich zum Kaffee esse, gibt es eine Menge für mich zu tun. Ersatz aus Neisse ist eingetroffen und muß aufgenommen und zugeteilt werden. In diesem Aufgabenbereich läßt mich der Kompanieführer eigenverantwortlich schalten und walten. Es genügt ihm, wenn ich die neue Einteilung vortrage und erläutere. Ich freue mich besonders über das Wiedersehen mit meinem Landsmann und „Panzerknacker", Feldwebel Ernst Staaden, der nach seiner schweren Verwundung, die er im Februar 1943 nördlich Schisdra erlitt, wieder genesen ist. Mit ihm kommen noch mehrere alte Bekannte, die der Kompanie angehört haben, irgendwann verwundet wurden und über ein Lazarett zum Ersatztruppenteil nach Neisse kamen.

Außer dem Ersatz meldet sich der Gefreite Franz Witzik zurück, der als Verwundeter in einem frontnahen Lazarett gelegen hat.

14. September 1944. Der gestern eingetroffene Ersatz bleibt nicht als Verstärkung bei der Kompanie, sondern wird zum Bataillon befohlen. Dort soll unter der Führung von Feldwebel Ernst Staaden eine Eingreiftruppe in Stärke eines Zuges entstehen, die dem Bataillonskommandeur direkt unterstellt ist, um im Ernstfall an Brennpunkten des Bataillons sofort zur Verfügung zu stehen. Die 5. Kompanie stellt außer Feldwebel Staaden noch Feldwebel Halbe und sechs Mann ab. Von der Division werden schwere Kämpfe an der Front gemeldet. Es ist deshalb sicher, daß unsere Ruhetage hier gezählt sind. Nachmittags mache ich noch einmal Sport mit Freiwilligen. Danach wird die Dusche in Betrieb gesetzt. Nach der Essenausgabe verstaue ich vorsorglich mein Gepäck auf unserem Kfz. 15.

15. September 1944. Meine Vermutung, daß unsere Ruhe zu Ende geht, bestätigt sich heute vormittag, als vom Bataillon ein entsprechender Vorbefehl eintrifft. Die Kompanie muß sich für den Einsatz bereithalten. So gehen die schönsten Ruhetage auch für uns zu Ende. Während der ganzen Zeit hatten wir tolles Wetter, so daß wir uns bei leichtem Dienst wie im Urlaub fühlen konnten. Leider macht der Feind nicht mit. Wie wir erfahren, ist überall an der HKL der Teufel los. Die Russen greifen mit starken Kräften die deutsche Front an und wollen bis zur Ostsee durchstoßen. Am späten Nachmittag kommt der Einsatzbefehl. Die Fahrzeuge werden flottgemacht. Wir machen uns fertig und sitzen auf. Einige Kranke (Obergefreiter Kaletta, Gefreiter Backer, Gefreiter Jezowitz, Grenadier Pischa und Grenadier Thomas) lassen wir beim Troß zurück. Dann fahren wir in den Kampfraum, den wir bereits kennen. In der Dunkelheit erreichen wir den Ort Minkiai. Hier verlassen wir die Fahrzeuge und marschieren noch etwa einen Kilometer, um Infanterie in der HKL abzulösen. Uns zugeteilt ist ein VB der 8. Kompanie des Panzergrenadierregiments 14 und ein VB der 7. Kompanie des Infanterieregiments 116. Während der Ablösung ist es schon sehr ungemütlich, denn der Feind belegt den gesamten Abschnitt mit schwerem Artillerie- und Granatwerferfeuer. Die Einschläge liegen gefährlich nahe am Stellungsgraben. Die abgelösten Infanteristen sind froh, diese Stellung verlassen zu können. Sie sagen uns „heiße Tage" voraus – was immer das heißen soll. Als Besonderheit erfahren wir von ihnen, daß die ursprünglich eigene Stellung teilweise von Russen besetzt ist und daß dieser Abschnitt den Russen nicht wieder entrissen werden konnte. Ich bin davon überzeugt, das wird unsere erste Aufgabe sein.

16. September 1944. Im Laufe der Nacht ist dem Bataillon die Ablösung und die vorgefundene kritische Lage im Kompaniebereich gemeldet worden. Daraufhin wird mit Zustimmung des Regiments entschieden, ohne Zögern im Morgengrauen den Feind anzugreifen und den ehemals eigenen Graben wieder zu besetzen. Das Wetter ist für einen solchen Angriff günstig, denn leichter Nebel liegt auf dem Gelände, und der Russe kann die Annäherung erst relativ spät erkennen. Allerdings haben es die eigenen Artilleristen auch schwer, das Angriffsziel vorher zu bekämpfen. Wir setzen deshalb auf die Überraschung und verlassen lautlos den eigenen Graben. Noch herrscht Totenstille. Dann stehen wir plötzlich vor besetzten Kampfständen und erhalten Feuer. Jetzt lassen wir uns aber nicht mehr aufhalten, kämpfen die erreichten Kampfstände nieder und besetzen sie. Da wir den Verlauf und den Umfang der alten Stellung noch nicht genau kennen und die feindliche Abwehr immer stärker wird, sichern wir das Erreichte. Bis zu diesem Zeitpunkt haben wir als Ausfälle einen gefallenen Gruppenführer (Unteroffizier Henn) und fünf Verwundete, darunter Zugführer Feldwebel Engelbert Hülsmann und den Gruppenführer Unteroffizier Fritz Tröstl. Die weiteren Verwundeten sind Obergefreiter Reum, Gefreiter Antczak und Gefreiter Witzik. Inzwischen ist es hell geworden, und der Nebel hat sich etwas verzogen. Unsere VBs bekämpfen jetzt die auszumachenden feindlichen Ziele.

Während die Geschoßsalven der eigenen Artillerie knapp über uns hinwegrauschen, machen wir uns zum weiteren Angriff bereit. Doch die Russen kommen uns zuvor und greifen ihrerseits an. Sie wollen das verlorene Terrain zurückgewinnen. Beide VBs leiten das Feuer direkt in die Angreifer. Während diese niedergehalten werden, springen wir aus den Löchern und stürmen ihnen mit „Hurra" entgegen. Damit haben sie nicht gerechnet. Nur kurz ist die Gegenwehr, dann suchen sie ihr Heil in der Flucht. Wir nehmen die alte Stellung in Besitz und sichern sie. Wütend folgt als Antwort schweres Granatwerfer- und Artilleriefeuer. Dieser zweite Angriff hat weitere Verluste gekostet. Gefallen sind die Kameraden Obergefreiter Nowak, Gefreiter Killig und Grenadier Schön. Alle werden geborgen und später zurückgeschafft. Ihre letzte Ruhe finden sie auf dem Ehrenfriedhof in Vieksniai. Verwundet sind Gefreiter Barton und Obergefreiter Freier, die zum Truppenarzt gebracht werden. Während des ganzen Tages liegt nun die Stellung unter feindlichem Beschuß. Ein weiterer Angriff der Russen erfolgt nicht. Abends stellen wir Doppelposten auf, damit wir in der Nacht keine Überraschung erleben. Der Gefreite Boyko ist erkrankt und fährt mit dem Versorgungsfahrzeug zurück.

17. September 1944. Während der vergangenen Nacht haben wir die Gräben und die Kampfstände weiter ausbauen und verbessern können. Bei Tagesanbruch rechnen wir mit einem erneuten Feindangriff, da schwere Artillerie seit einer Stunde unsere Stellung unter Feuer nimmt. Die Einschläge liegen glücklicherweise aber zu weit, so daß wir auch von dem Splittersegen verschont bleiben. Der erwartete Angriff erfolgt nicht. Auch am Tage geschieht nichts, außer dem anhaltenden Beschuß mit schweren Waffen. Wir haben aber dadurch keine Ausfälle. Kurz nach Einbruch der Dunkelheit ist unser Versorgungsfahrzeug da. Es bringt den Obergefreiten Reum und den Obergefreiten Rieger mit. Ich fordere beim Troß mehrere Spitzhacken an, damit wir besser in die knochenharte Erde kommen. Außerdem brauchen wir mehr von den neuen Gewehrsprenggranaten, mit denen wir gute Erfahrungen in der Bekämpfung von Einzelzielen gemacht haben. Der Grenadier Thomas ist erkrankt und fährt zum Arzt.

18. September 1944. Auch in dieser Nacht ist an den Kampfständen gearbeitet worden, doch nicht in dem Umfange wie vorher. Das feindliche Feuer hat nachgelassen. Über den Tag hinweg hat es fast ganz ausgesetzt. Angriffsabsichten sind nicht zu erkennen.

19. September 1944. Nach einer ruhigen Nacht lebt die Kampftätigkeit am frühen Morgen wieder auf. Hauptsächlich sind es Feuerüberfälle mit schweren Granatwerfern, die uns treffen. Aber auch MG- und Gewehrfeuer mahnen zur Vorsicht. Der Grenadier Holzbecher hat sich nur einen Moment über die Deckung hervorgewagt, schon erhält er einen Durchschuß am linken Oberarm. Feindbeobachtungen sind nur unter entsprechender Vorsicht möglich. In der russischen Stellung sind keine Besonderheiten festzustellen. Bis auf den immer wieder aufflammenden Beschuß – auch durch Artillerie – bleibt die Lage unverändert. In dieser Beziehung sind uns die Russen weit überlegen. Während bei uns damit ständig gespart werden muß, scheinen ihre Munitionsvorräte nie zu Ende zu gehen. Spät nachmittags wird der Obergrenadier Beling durch einen Streifschuß verwundet. Die Kompanie bekommt Zugang durch Unteroffizier Platzek, Unteroffizier Pfeifer, Gefreiter Backer und Grenadier Jäntsch. Ein Kranker (Obergrenadier Richter) fährt mit dem Versorgungsfahrzeug zurück.

22. September 1944. Die vergangenen Tage waren durchweg ruhig. Seit langer Zeit können wir wieder einen Urlauber auf die Reise schicken. Unteroffizier Müller fährt zurück zum Troß, damit er die Fahrt in die Heimat antreten kann. Unser bewährter Sanitäter, Obergefreiter Weidl, wird zum Unteroffizier befördert. Darüber freuen wir uns alle sehr. Den ganzen Tag bleibt es in der Stellung ruhig. Fast zu ruhig, möchte ich meinen. Wir können beim Feind keine Veränderungen feststellen, die auf eine Verstärkung schließen ließe. Mit unserem Versorgungsfahrzeug erhalten wir die Nachricht, daß wir noch im Laufe der Nacht aus der Front gezogen werden sollen. Wir bereiten uns darauf vor. Reichlich spät kommt die Ablösung. Es sind Grenadiere der 7. Panzerdivision, die den Abschnitt übernehmen. Reibungslos geht die Ablösung vonstatten. Wir sammeln und marschieren bis Minkiai.

23. September 1944. Der neue Tag hat schon begonnen, als wir unsere wartenden Fahrzeuge erreichen. Wir können aufsitzen. Das Fahrtziel ist noch nicht bekannt. Wir müssen noch etwas warten. Dann bekommen wir einen Befehl, und der motorisierte Marsch kann beginnen. Es wird schon langsam hell, als wir auf der großen Straße nach Vegeriai sind, wo sich Teile der Division bereits versammelt haben. Die Division soll nach Norden nach Kurland verlegt werden, um der dort schwer ringenden Kurlandarmee beizustehen. In einer vorherbestimmten Reihenfolge setzen sich die Fahrzeugkolonnen in Bewegung. Das II. Bataillon fährt geschlossen. Schon bald lassen wir die Stadt Autz hinter uns. Bei schönstem Wetter rollen wir durch eine waldreiche Gegend, vorbei an glitzernden Seen und durch herrlichen Birkenwald. Westlich des großen Zebres-Sees halten die Fahrzeuge zur Mittagspause. Während wir an der Straßenböschung hocken und unsere Kochgeschirre leeren, erscheint ein Riese von einem Elch aus dem Sumpfwald und überschreitet in aller Ruhe die Straße, um auf der anderen Seite dem Wald zuzustreben. Irgend jemand glaubt, mit der Fleischmasse den Küchenzettel aufbessern zu müssen. Ehe der Elch im jenseitigen Wald verschwindet, wird er von einer wohlgezielten Kugel zur Strecke gebracht. Das Küchenpersonal bekommt eine Menge Arbeit. Der Elch wird abgezogen und an Ort und Stelle zerlegt. Nachdem die Fleischteile aufgeladen sind, wird die Fahrt fortgesetzt. Noch zirka zwei Stunden sind wir unterwegs, dann haben wir das Ziel erreicht. In einem Waldstück bei Unguri, nördlich Lestene, ziehen wir unter. Hier schlagen wir die Zelte auf.

25. September 1944. Morgens beim Antreten wird die Kompanie mit Spaten, Hacken und Schaufeln ausgerüstet und zum Bau von Stellungen sowie Panzergräben eingesetzt. Der Marsch bis zur Baustelle beträgt eine Stunde. Ich bleibe beim Troß im Wald, da ich eine ganze Menge schriftlicher Arbeiten zu erledigen habe. Zu diesem Zweck setze ich mich mit unserem Kompanieschreiber Gerhard Trautmann zusammen und überprüfe die Ausfälle der letzten Zeit. Damit stellen wir sicher, daß die Angehörigen zuverlässig und vollständig benachrichtigt werden. Zum Mittagessen gibt es Suppe mit viel Fleisch. Die Küche meint es gut und die Suppe schmeckt, doch das Elchfleisch ist von den besten Zähnen der Welt nicht kleinzukriegen. Es ist zäh wie Leder.

1. Oktober 1944. Es ist Sonntag. Seit einer Woche liegen wir im Wald bei Tuckum. Die Kompanie macht Stellungsbau. Wir stehen unter dem Oberbefehl von Generaloberst Ferdinand Schörner.* Um ihn herum ranken sich allerlei Geschichten, und man weiß nicht immer, ob sie wahr sind oder frei erfunden. Jedenfalls ist bekannt, daß er sich rückhaltlos für die kämpfende Truppe einsetzt und rückwärtige Dienststellen Respekt vor ihm haben. Ich bleibe beim Troß im Wald. Erstaunlich, daß sich das spätsommerliche Wetter so weit im Norden noch hält. In der Sonne ist es herrlich warm. Nachts im Zelt ist es jedoch schon so kalt, daß man die Wolldecke gut vertragen kann. Die Tage werden erheblich kürzer, und der Wald beginnt sich zu verfärben. Nur wenige personelle Veränderungen sind im Verlauf der Woche eingetreten. Unteroffizier Schulz ist am 25. September gekommen, und heute melden sich Unteroffizier Jürgens und Gefreiter Pischa als Zugang zur Kompanie. Während der letzten Zeit hatten wir nur wenige Krankmeldungen. Der Gefreite Kiel und der Gefreite Heißner müssen heute zum Arzt.

---

* Generaloberst Ferdinand Schörner war von Juli 1944 bis Januar 1945 Oberbefehlshaber der Heeresgruppe Nord. Bei der Verteidigung von Kurland zeichnete er sich wiederholt aus und erhielt am 1. Januar 1945 die Brillanten zum Ritterkreuz, Anm. d. Verl.

2. Oktober 1944. Ohne Vorwarnung wird die Kompanie am frühen Morgen in Alarmbereitschaft versetzt. Es wird nicht zur Baustelle ausgerückt, sondern Ausrüstung und Munition werden überprüft und MG-Munition gegurtet. In kurzer Zeit sind wir einsatzbereit. Ich notiere zwei Zugänge (Obergefreiter Schwarzer und Grenadier Rudolph) und eine Krankmeldung (Gefreiter Pischa). Die Kompanie hat eine Kampfstärke von 80 Soldaten. Der Vormittag verstreicht in Wartestellung. Wir werden von der Küche mit Essen versorgt und warten weiter. Wir vertreiben uns die Zeit mit Kartenspiel und Nichtstun. Briefe werden geschrieben. Dann wird es Abend, und wir warten immer noch. Die Alarmbereitschaft wird nicht aufgehoben. Deshalb schläft ein Teil der Kompanie auf den Fahrzeugen, die meisten ziehen es vor, auf dem trockenen und weichen Waldboden zu schlafen. Ich auch.

3. Oktober 1944. Die Nacht ist vorüber, ohne daß man uns geweckt hat. Die Soldaten sind gut ausgeruht und empfangen den Morgenkaffee. Danach warten wir weiter auf die Dinge, die da kommen müssen. Die Alarmbereitschaft besteht weiterhin. Bis zur Mittagszeit ändert sich nichts. Wir empfangen das Mittagessen und verzehren es ohne besondere Eile. Danach gibt es Bewegung. Um 14 Uhr werden alle Kompanieführer zum Bataillonsgefechtsstand befohlen. Wir warten gespannt auf die Rückkehr von Leutnant Lange. Nun endlich löst sich die Spannung. Die Alarmbereitschaft wird aufgehoben. Es kommt nicht zum Einsatz hier im Norden. Wir werden an drei aufeinanderfolgenden Nächten wieder nach Süden fahren. Marschweg und -folge liegen genau fest. Für unsere Kompanie ist Abmarsch um 22.30 Uhr an der Straße nach Lestene. Der Marschweg führt über Lestene–Biksti–Autz–Klykoliai–Vieksniai–Tryskiai–Uzventis nach Kraziai. Meldung ist erforderlich bei Eintreffen am Meldekopf Viksniai und Kraziai (Kraschen). Bis zur Abfahrt haben wir noch viel Zeit. Abends wird kalte Verpflegung ausgegeben. Um 22.15 Uhr wird aufgesessen. Die Fahrt beginnt.

4. Oktober 1944. Welche Strecke wir genau in dieser Nacht zurückgelegt haben, kann ich nicht ausmachen. Den Meldekopf Viksniai haben wir angefahren und bereits hinter uns gelassen. Sobald es anfängt hell zu werden, steuern wir einen Wald an und halten mit den Fahrzeugen getarnt gegen Fliegersicht unter dichten Bäumen. Diese Maßnahme erweist sich sehr bald als goldrichtig, denn nach kurzer Zeit erscheinen die ersten russischen Aufklärer am Himmel und kontrollieren den Verkehr auf den Straßen. Es dauert nicht lange, dann folgen die roten Jäger und die gefürchteten Schlachtflieger vom Typ Il-2. Sie greifen jedes Fahrzeug an, das sich auf der Straße bewegt. Wir verbringen den Tag im Wald und verhalten uns so unauffällig, daß wir von den Fliegern nicht ausgemacht werden können. Wir bekommen Essen und Verpflegung. Bei beginnender Dunkelheit machen wir uns fertig und setzen die Fahrt in den Einsatzraum fort.

5. Oktober 1944. In dieser Nacht haben wir eine große Strecke zurückgelegt. Der Meldekopf Kraziai wird erreicht. Hier erfahren wir den Unterkunftsraum unseres II. Bataillons. Wir fahren noch zirka 25 Kilometer bis in den Raum nördlich Nemarsciai und ziehen in der Nähe des Ortes Laecevis unter. Mittlerweile ist es so hell, daß wir froh sind, das Ziel und den Wald erreicht zu haben. Russische Flugzeuge sind auch heute ständig in der Luft. Sie fliegen unbekümmert, denn von deutschen Maschinen ist nichts zu sehen, auch kein Jäger zeigt sich. Wir bringen den Tag im Wald zu und ruhen uns von der Fahrt aus. Als Zugang notiere ich Feldwebel Haupt. Stabsgefreiter Molva wird vom Troß abgegeben.

6. Oktober 1944. Nach ruhiger Nacht, in der alle bestens schlafen konnten, wird die Kompanie um 6 Uhr geweckt. In der Ferne hören wir das Grollen der Front. Es muß wieder allerhand los sein. Wir machen uns frisch und empfangen an der Küche den Kaffee. Nach dem Frühstück – etwa gegen 8.15 Uhr – wird die Kompanie in Alarmbereitschaft versetzt. Die Fahrzeuge werden fahrbereit gemacht. Die Gruppen überprüfen Munition und Gerät. Kurz vor 10 Uhr wird aufgesessen. Das Bataillon marschiert geschlossen über Pakrazantis bis zu einem Wald südwestlich Kelme. Die Fahrzeuge fahren in Deckung, die Kompanie sammelt auf einer Lichtung. Wir sind nahe der Front. Der Kampflärm ist deutlich zu hören. Eigene Spähtrupps sind unterwegs, deren Erkundungen abgewartet werden müssen. Gegen 16 Uhr erhalten wir den Befehl, in die nördliche Waldspitze vorzuziehen und uns für einen Nachtangriff auf Zebriai bereitzustellen. Dieser Angriff wird nicht ausgeführt, da sich die allgemeine Lage in den letzten Stunden wesentlich verändert hat. Wir erhalten dann abends einen neuen Befehl und marschieren bis in die Nähe von Butkiske. Hier sichern wir im freien Gelände. Es ist schon dunkle Nacht, als wir abgezogen werden. Der neue Auftrag lautet, etwa zwei Kilometer ostwärts Kraziai eine neue Sicherungslinie aufzubauen. Hier kommt es zur ersten Feindberührung mit einem starken Spähtrupp, der vollkommen aufgerieben wird. Wir werden vom Bataillon informiert, daß der Kompanieangehörige Gerbracht nach einem Spähtruppunternehmen des Alarmzuges Staaden vermißt wird. Noch im Laufe der Nacht erhalten wir Befehl, uns weiter abzusetzen. Wir beziehen eine neue Stellung an der Straße Lioliai–Kraziai unmittelbar bei dem Ort Jupdeikiai. Noch bevor es richtig hell ist, werden wir von zwei russischen Panzern mit aufgesessener Infanterie angegriffen. Es kommt zu einem heftigen Gefecht, in dem wir die Infanterie von den Panzern trennen können. Nach einem Pak-Treffer auf dem vorderen Panzer ziehen die anderen es vor, sich schleunigst in den dahinterliegenden Wald zurückzuziehen. Neuer Feind tritt aus dem Wald heraus an. Wir erhalten Befehl, uns zu lösen und kämpfend weiter abzusetzen. Bei dem vorausgegangenen Gefecht haben wir einige Ausfälle zu beklagen. Der Obergrenadier Richter ist gefallen. Verwundet werden Gefreiter Döring, Gefreiter Gerat und der Grenadier Neumann. Wir erreichen eine Sicherungslinie in einem Bachgrund etwa gegen 7 Uhr. Hier warten wir die Feindberührung erst gar nicht ab, sondern gehen auf Befehl weiter zurück bis Stulgiai. Etwa einen Kilometer nördlich davon bauen wir eine neue Sicherungslinie auf, die gehalten werden soll. Es kommt wieder nicht zur Feindberührung, denn gegen 17.30 Uhr wird weiteres Absetzen befohlen. Das gesamte Bataillon wird mit Fahrzeugen zurückverlegt. Die 5. Kompanie hat den Auftrag, das Absetzen des Bataillons zu sichern. Erst gegen 19.15 Uhr verlassen wir unsere Stellung und erreichen als letzte die abmarschbereiten Fahrzeuge. Zum Schutz der Kolonne werden wir von eigenen Panzern begleitet. Die anderen Kompanien sind bereits auf dem Marsch. Ziel ist der 15 Kilometer entfernte Ort Girdiske. Während des langsamen Marsches – wir müssen uns dem Tempo der Panzer anpassen – bin ich, im Kübel sitzend, eingenickt. Plötzlich werde ich durch lautes Stimmengewirr geweckt und stelle fest, daß wir am Straßenrand stehen. Es ist gegen 23 Uhr. Ich steige aus dem Wagen und sehe Leutnant Lange. Vor uns hören wir Schüsse fallen. Ein Melder des Bataillons erscheint und holt den Kompanieführer nach vorne. Auch unser Begleitpanzer erhält Befehl, vorzuziehen. Wir stehen kurz vor Girdiske. Der Ort ist bereits von Russen besetzt. Die Kompanie sitzt von den Fahrzeugen ab und macht sich gefechtsbereit. Leutnant Lange kommt zurück.

8. Oktober 1944. Wenige Minuten nach Mitternacht tritt die an der Spitze stehende 7. Kompanie mit Unterstützung von Panzern zum Angriff auf Girdiske an. Wir folgen unmittelbar. In einem anderthalbstündigen Kampf wird Girdiske genommen und besetzt. Wir, die 5. Kompanie, sichern nach Nordwesten. Unsere Fahrzeuge werden nachgezogen und gehen in der Nähe der Kirche in Deckung. Eine komplette, bespannte Munitionskolonne ist von uns überrascht worden. Die Begleitung hat alles stehenlassen und ist getürmt. In unserem Abschnitt steht noch ein schweres Flakgeschütz, das nicht mehr zum Einsatz kam. Etwa 50 Meter vor der vordersten Sicherung stehen im Bachgrund zwei von den Russen verlassene Lkws. Einer davon ist ein Studebaker-Lkw aus den USA, den ich wegen des Spillseils für die Kompanie vereinnahmen möchte. Mit meinen Meldern Ernst

Barucha und Johann Röder arbeite ich mich an die Lkws heran und steige in das Führerhaus des Studebakers. Ich versuche, den Wagen zu starten, es gelingt mir aber nicht. Wir drei sind eben wieder in der Stellung zurück, als der Russe das Feuer mit Pak und Granatwerfern eröffnet. Es ist sehr neblig, und wir können nicht erkennen, woher der Beschuß kommt. Es folgt ein russischer Angriff mit Panzern aus nordöstlicher Richtung, der abgewiesen wird. Inzwischen ist das Bataillon zur Rundumverteidigung von Girdiske übergegangen. Wir sind von den Russen eingeschlossen. Der Bataillonsgefechtsstand befindet sich an der Kirche. Bis zu diesem Zeitpunkt haben wir folgende Ausfälle: Obergefreiter Erbe ist gefallen, Unteroffizier Pfeiffer, Obergefreiter Taugs, Gefreiter Röder und Obergrenadier Wodicka sind verwundet. Der Beschuß des Ortes durch Granatwerfer und Pak verstärkt sich noch. Auch in südlicher Richtung wird ein Panzer gesichtet. Gegen 9 Uhr wird die Lage des Bataillons in Girdiske kritisch. Von allen Seiten werden feindliche Stoßtrupps oder Angriffe gemeldet. Dann erhält das Bataillon den Befehl, aus der Umklammerung auszubrechen. Die Fahrzeuge werden im Schutze des Nebels am Dorfausgang nach Südosten bereitgestellt. Die Kompanien verlassen unter Zurücklassung von Sicherungen ihre Stellungen und sammeln bei den Fahrzeugen. Es wird sofort aufgesessen. Dann werden die Sicherungen eingezogen. Unter dem Schutz der begleitenden Panzer und des Fliegerabwehrzuges setzt sich die Kolonne in Bewegung. Nur einzelne Schüsse fallen. An einem Waldrand entlang fahrend, erreichen wir offenes Gelände und dann die Sicherungen des Regiments 13. Wir haben es geschafft. Das Bataillon ordnet sich auf der Rollbahn bei Uzkainiai und wartet weitere Befehle ab. Gegen 12 Uhr erfolgt der Weitermarsch über Lomiai–Sakvietis bis Rimgaliai, das wir gegen 16.15 Uhr erreichen. Nördlich davon wird eine Sicherungslinie eingenommen. Die Kompanie hat den Auftrag, durch den Wald bis Veitmenai aufzuklären. Wir gehen bis in den Ort vor, ohne auf den Feind zu treffen, dann geht es in die Ausgangsstellung zurück. Der Obergefreite Herrmann ist unterwegs abhanden gekommen. Er wird vermißt. Wir wissen nicht, wo er geblieben ist. Unser Versorgungsfahrzeug ist eingetroffen. Wir werden verpflegt. Zwei Kranke (Grenadier Henn und Grenadier Leske) fahren zurück. Gegen 21 Uhr erhält das Bataillon einen neuen Absetzbefehl. Auf den Fahrzeugen aufgesessen, fahren wir zurück nach Sakvietis und dann zirka zehn Kilometer bis nach Pagramantis.

9. Oktober 1944. Der neue Tag ist eine Stunde alt, als uns ein neuer Befehl erreicht. Wir sammeln in Pakramantis und marschieren zum Jura-Fluß. Durch eine Furt gelangen wir auf die andere Seite, wo uns die Fahrzeuge erwarten. Es heißt aufsitzen und im motorisierten Marsch geht es weiter zurück. Bald haben wir die deutsche Reichsgrenze erreicht. Wo wird sich die Front endlich stabilisieren? Das ist die Frage, die uns Soldaten am meisten bedrückt. Sind die zahlenmäßig und an Waffen überlegenen Russen überhaupt noch aufzuhalten? Fragen, für die es keine Antwort gibt. Wir fahren über Trukiske–Zygaiciai–Sartininkai nach Skirzeme. Hier verlassen wir die Fahrzeuge und marschieren zirka drei Kilometer nach Nordwesten, wo eine neue Sicherungsstellung aufgebaut werden soll. Zunächst nur stützpunktartig, da man nicht weiß, wie lange sie gehalten werden kann. Abends kommt das Verpflegungsfahrzeug. Wir werden mit allem reichlich versorgt. Obergrenadier Stastny, die Grenadiere Klose und Rudolph sind mitgekommen und werden ihren alten Gruppen zugewiesen. Auch der bei Veitmenai vermißte Obergefreite Herrmann meldet sich zurück. Im Laufe der Nacht wird eine durchgehende Sicherungslinie aufgebaut und besetzt, Anschluß nach rechts an unsere 6. Kompanie besteht. Es kommt zu keiner Feindberührung.

10. Oktober 1944. Am Morgen dieses Tages sitzen wir in einer einigermaßen guten Stellung. Die Kampfstärke beträgt mit Artilleriebeobachter 65 Soldaten. Die Stimmung in der Truppe ist gut, die Kampfmoral ungebrochen. Während des Vormittages bleibt es in unserem Abschnitt ruhig, während bei unseren Nachbarn schon allerhand los ist. Etwa um die Mittagszeit setzt dann bei uns ebenfalls schwerer Beschuß ein. Im Laufe des Nachmittages greift der Feind auf breiter Front an. Alle Angriffe werden abgewiesen. Wir haben einen Verwundeten, den Grenadier Becker.

11. Oktober 1944. Kurz nach Mitternacht erhalten wir einen neuen Absetzbefehl, dem wir bald darauf im Fußmarsch folgen. Wir sichern an einem See bei Trumpiniskiai. Hier haben wir uns kaum eingerichtet, da kommt erneut der Absetzbefehl. Bis dahin hatten wir keine Feindberührung, doch rechts und links der Division besteht die Gefahr, daß der Russe uns überflügelt. Im motorisierten Marsch geht es zurück. Kurz vor Erreichen des Fahrtziels erleben wir einen denkwürdigen Augenblick, als wir die deutsche Reichsgrenze überschreiten und direkt dahinter in dem kleinen Dörfchen Jögsden absitzen. Leutnant Claus Lange und ich gehen bis zu den schwarz-weiß-roten Grenzpfählen und verharren hier kurz. Unsere Gedanken sind die gleichen. Wie konnte es nach all den militärischen Erfolgen und den Opfern, die das Volk erbracht hat, soweit kommen, daß wir unser eigenes Land auf deutschem Boden verteidigen müssen. Haben wir nicht mehr die Kraft, uns gegen die 1941/42 fast besiegt geglaubte Rote Armee zu behaupten? Dann wehe unseren Frauen und Mädchen, die ihnen in die Hände fallen! Wir wissen nur zu gut, mit welcher Brutalität und Unbarmherzigkeit sie ihre eigenen Landsleute behandelt haben. Uns bleibt keine Zeit, darüber längere Betrachtungen anzustellen. Wir müssen zur Kompanie und etwa einhundert Meter diesseits der Reichsgrenze eine neue Verteidigungsstellung aufbauen. Direkt am Ortsrand und entlang des Weges nach Endrikaten gräbt sich die Kompanie in die deutsche Erde ein. Der Kompaniegefechtsstand wird im Keller eines großen Bauernhauses mitten im Dorf eingerichtet. Die Hausbewohner haben ihr Haus offensichtlich in letzter Minute in großer Eile verlassen und nicht viel mitgenommen. Sie haben es sich nicht träumen lassen, daß sie – wie im Ersten Weltkrieg – Bekanntschaft mit den Russen machen müßten. Alle Zimmer sind sauber und ordentlich eingerichtet. Die Kammern und Keller liegen voller Vorräte. Wurst, Speck, Öl, Mehl, Zucker, Salz, Kartoffeln, Zwiebeln, alles ist im Überfluß vorhanden. Wäsche und Bekleidung füllen die Schränke. Nachdem wir uns eingerichtet haben und die Stellungen von den Gruppen bezogen worden sind, schlage ich angesichts der Vorräte vor, uns zum Mittagessen einen Kartoffelsalat zu machen. Wir setzen sofort einen Topf Kartoffeln aufs Feuer. Während sie auf dem Herd stehen, lege ich mich auf die lange Bank, um etwas auszuruhen. Das ist auch notwendig, denn viel habe ich während der letzten Tage nicht geschlafen. Ich muß eingeschlafen sein, denn als ich aufwache, herrscht reger Betrieb in der Küche. Der gesamte Kompanietrupp ist anwesend, einschließlich Kompanieführer. Unten im Keller war es ihnen zu kühl geworden und zu dunkel. Sie sind lustig und in guter Stimmung. Alle wollen bei der Zubereitung des Kartoffelsalates mithelfen. Draußen in der Stellung ist es ruhig. Feindmeldungen sind noch keine eingetroffen. Etwa zwei Stunden später – wir sind eben im Begriff, den Tisch für das Essen herzurichten – hören wir aus allernächster Nähe den Abschuß einer Panzerkanone und MG-Feuer. Im selben Augenblick wird die Tür aufgerissen und ein Mann brüllt: „Panzer im Dorf!" Das fehlt uns noch. Schnell den Rock angezogen, das Koppel umgeschnallt und raus aus dem Haus. Als wir an der Vorderseite um die Hausecke schauen, steht ein T-34 keine 50 Meter vor uns und feuert an der Dorfstraße entlang und in den Bachgrund. Weitere Panzer stehen dahinter und ballern in alle Richtungen. Von unseren Kameraden ist zunächst nichts zu sehen. Panzerfäuste haben wir nicht greifbar. Wir müssen aufpassen, daß keiner der Panzer den westlichen Dorfausgang besetzt, dann säßen wir in der Falle. Uns bleibt nur noch der Weg durch den Garten offen. An der Rückseite angekommen, sehen wir viele unserer Kameraden. Wir weisen sie zum südwestlichen Dorfausgang und begeben uns selbst dorthin.

Leutnant Claus Lange bei einer Lagebesprechung

Unterwegs winken und rufen wir weitere Kameraden zusammen, die in den Gärten und am Feldrain Schutz vor den Panzern gesucht haben. Mit den Unteroffizieren ordnen wir die Gruppen wieder und gehen zirka einen Kilometer südlich von Jögsden beiderseits der Straße in Stellung. Immer noch kommen Kameraden, die sich nur mit Mühe aus ihren Löchern in Sicherheit bringen konnten. Inzwischen ist eine Zeitspanne verstrichen, und die Gruppen sind überschaubar, so daß ich die Ausfälle feststellen kann. Verwundet worden sind der Obergefreite Tögel, die Grenadiere Thomas und Wagner. Sie werden versorgt und zum Hauptverbandplatz zurückgeschafft. Vermißt werden die Grenadiere Bönisch und Kempa sowie der Stabsgefreite Molva, unser Friseur aus Wien. Nachdem wir uns von dem ersten Schreck erholt haben, suchen wir nach einer Erklärung für das plötzliche Auftauchen feindlicher Panzer auf der Dorfstraße. Es ist uns ein Rätsel, wie sie – von den Posten unbemerkt – mitten ins Dorf gelangen konnten. Fest steht, daß sie nicht von Skrodeln her über die Straße gekommen sind. Diese Straße stand unter ständiger Beobachtung, und bis zum Zeitpunkt des Panzereinbruchs war von dort keinerlei Feindbewegung gemeldet worden. Auch aus Nordwesten konnten sie nicht unbemerkt in das Dorf fahren. Es bleibt nur die Möglichkeit, daß sie von Südosten gekommen sind, über die Straße, die von Nattkischken – also im Rücken der eigenen Sicherung – in das Dorf führt und deshalb für eigene Panzer gehalten worden sind. Es bleibt die Erkenntnis, daß wir bei der Überrumpelung noch großes Glück hatten und – bezogen auf die Verluste – noch glimpflich davongekommen sind. Gegen 18 Uhr erhalten wir den Auftrag, nach Einbruch der Dunkelheit stoßtruppartig in Jögsden einzudringen und die dortige Lage gewaltsam aufzuklären, gegebenenfalls den Ort wieder zu besetzen und zu halten. Zur Unterstützung werden uns zwei Panzer IV und ein Zug Grenadiere einer SS-Einsatzkompanie zugeteilt. Durch Funk bitten wir das Bataillon, den Panzern einige Kisten Handgranaten mitzugeben. Nach Eintreffen der beiden Panzer und der SS-Truppe machen wir uns zum Einsatz fertig. Nur wenige Posten bleiben in der Stellung zurück. Gegen 19.30 Uhr etwa treten wir zum Stoßtruppunternehmen nach Jögsden an. In zwei Reihen links und rechts der Straße – die Panzer dazwischen – gehen wir vor und dringen – zu unserer Überraschung völlig ungehindert – in das mit russischen Soldaten vollgestopfte Dorf ein. Diese fühlten sich offenbar absolut sicher und hatten ebensowenig mit uns gerechnet, wie wir mit ihren Panzern am hellen Vormittag. Wir sind etwa 100–150 Meter auf der Dorfstraße vorgegangen – bis dahin war noch kein Schuß gefallen –, als unser Führungspanzer anhält und mit dem ersten Schuß einen Treibstoff-Lkw in Brand setzt. Sofort folgen starke Explosionen. Die hochauflodernden Flammen erhellen die Nacht und tauchen die Szene in ein gespenstisches Licht. Erst jetzt erkennen wir die vor uns – im Straßengraben und seitlich davon bis zu den Häusern – befindlichen erdfarbenen Haufen als russische Soldaten. Sofort eröffnen wir das Feuer mit den Handfeuerwaffen. Gleich bündelweise werfen wir, die wir am vorderen Panzer stehen, die Handgranaten in die überraschten Russen. Es knallt und kracht, und Schreie gellen laut durchs Dorf. Aus einiger Entfernung greifen russische Panzer in den Kampf ein, die uns aber nichts anhaben können, weil wir im toten Winkel ihrer Kanonen stehen. Es ist, als sei die Hölle auf Erden gekommen. All das spielt sich auf engstem Raume ab. Freund und Feind sind nur schwer auseinanderzuhalten. Ich selbst gerate dadurch in eine kritische Situation, weil ich einen unmittelbar vor mir auftauchenden Russen aufgrund seiner Kopfbedeckung (Schiffchen) für einen Kameraden des SS-Zuges halte. Nur der Aufmerksamkeit meines mir überallhin folgenden Melders, Ernst Barucha, habe ich es zu verdanken, daß ich aus dieser Situation ungeschoren herausgekommen bin. Sein entschlossenes Handeln hat mir mit Sicherheit das Leben gerettet. Ich hatte in diesem Moment keine Pistole zur Hand, weil ich Handgranaten warf. Unsere beiden Panzer jagen Schuß auf Schuß aus ihren Kanonen und erzielen weitere Treffer, denn der brennende Lkw steht in einer dicht aufgefahrenen Kolonne von Panzern und anderen Fahrzeugen, die im Schein des Feuers gut zu erkennen sind. Diese Kolonne steht auf zirka 300–400 Metern Länge entlang der abschüssigen Straße, die von Skrodeln nach Jögsden hineinführt. Von der Anhöhe herab versuchen jetzt die Russenpanzer, in das Geschehen einzugreifen, haben damit aber keinen Erfolg. Entweder sind wir noch im toten Winkel ihrer Kanonen, oder sie befürchten, eigene Leute zu gefährden. Jedenfalls zischen ihre Granaten über uns hinweg weit in das Hinterland. Uns macht das allmählich stärker werdende MPi- und Gewehrfeuer zu schaffen, das wir aus der Dorfmitte erhalten. Dort hat der Russe seinen ersten Schock offensichtlich überwunden und sich zur Abwehr formiert. Ob wir als Feinde erkannt sind, ist nicht sicher. Mitten in diesem größten Rabatz meldet unser Führungspanzer eine Ladehemmung an seiner Kanone, die er nicht beheben kann. Das hat uns gerade noch gefehlt! Ein weiteres Vordringen zur Dorfmitte ist unter diesen Umständen – auch angesichts des stärker werdenden Widerstandes – mit den vorhandenen Kräften nicht durchführbar. Dazu sind wir nicht stark genug. Gemeinsam mit den beiden Panzern ziehen wir uns deshalb, im Rückwärtsgehen ständig feuernd, auf dem Weg zurück, den wir gekommen sind. Die Dunkelheit der Nacht nimmt uns schützend auf. Etwas abgesetzt von Jögsden halten wir an und überprüfen die Stärke der eingesetzten Soldaten. Glücklicherweise sind wir noch vollzählig. Es ist niemand zurückgeblieben. Wir haben lediglich drei Verwundete (Gefreiter Gleß und die Grenadiere Lischik und Schäfer), die ersten beiden können bei der Kompanie verbleiben, nur der Grenadier Schäfer muß zum Truppenverbandplatz gebracht werden. Er wird von den Panzern mitgenommen, die sich verabschieden und zurückfahren. Wir beziehen unsere alte Stellung und graben uns tiefer in die Erde ein. Es ist fast Mitternacht, als wir zur Ruhe kommen.

12. Oktober 1944. Dieser Stoßtrupp nach Jögsden hat der Kompanie großes Selbstvertrauen gegeben. Trotz der damit verbundenen starken Anspannung sind heute morgen alle auf ihren Posten. Seit Tagesanbruch werden aus Jögsden heraus Feindbewegungen gemeldet, die aber alle in Richtung Nattkischken gehen. Wir bleiben zunächst in der Stellung unbehelligt. Erst nach der Abwehr eines Spähtrupps gegen Mittag wird der Kompanieabschnitt mit Pak und Granatwerfern unter heftiges Feuer genommen. Wir sind aber sicher, daß der eigene Stellungsverlauf dem Feind nicht genau bekannt ist, denn die Einschläge liegen zum größten Teil noch hinter dem Kompaniegefechtsstand. Erst als einige Kameraden wieder unvorsichtig werden und sich auf der Deckung sehen lassen, liegen die Einschläge im Stellungsbereich. Kurz danach haben wir dann die ersten Verwundeten: Der Obergefreite Kiermaschek, die Grenadiere Isele und Breuer, alle mit Granatsplitter im Oberschenkel. Sie müssen zum Truppenverbandplatz. Nach Einbruch der Dunkelheit werden wir von unserer Küche versorgt. Unteroffizier Schulz fährt für ein paar Tage zur Erholung mit zum Troß.

13. Oktober 1944. Im Laufe der Nacht sind die Stellungen verbessert und neue Kampfstände errichtet worden. Feindliche Annäherungen wurden nicht festgestellt. Auch im Laufe des Tages ist es ungewöhnlich ruhig. Im gesamten Kompanieabschnitt ist nicht eine Granate eingeschlagen. An diesem Mittag sorge ich dafür, daß das entgangene Kartoffelsalatessen von Jögsden nachgeholt werden kann. Zur Zubereitung muß ich allerdings in ein etwas abseits stehendes Haus gehen. Hier finde ich ebenfalls alles vor, was dazu notwendig ist. Zur Mittagszeit steht eine große Schüssel davon zum Verzehr bereit. Wir haben uns daran so satt gegessen, daß wir abends Mühe haben, das normale Essen von der Feldküche zu verzehren. Mit dem Versorgungswagen treffen zehn junge Soldaten als Ersatz bei uns ein (die Grenadiere Prögelhof, Folkers, Schießel, Dreyer, Matuschewski, Kunitzsch, Ploch, Stender, Kreisch und Stuwe).

14. Oktober 1944. In der Nacht wird der Stellungsausbau vorangetrieben. Es gibt keine Störungen durch den Feind. Auch während des Vormittags bleibt es ruhig. Gegen 11 Uhr schießt schwere russische Artillerie über uns hinweg ins Hinterland. Wir beobachten, wie die Russen ungeniert auf der Straße von Jögsden nach Nattkischken vorgehen und sich entlang dieser Straße eingraben. Da sie das tun, haben wir keinen Angriff zu erwarten. In den Mittagsstunden setzt dann plötzlich starkes Pak- und Granatwerferfeuer bei uns ein. Doch auch heute geht der Hauptsegen über uns hinweg. Durch die starke Streuung und den erheblichen Munitionseinsatz haben wir jedoch zwei Verwundete zu versorgen. Es sind der Obergefreite Klosa und der Grenadier Stuwe, der noch keine 24 Stunden in der Stellung ist. Sie müssen zum Verbandplatz. Mit unserem Versorgungsfahrzeug bekommen wir heute abend weitere Verstärkung. Es melden sich Unteroffizier G. Lichtenberg, Unteroffizier Müller, Gefreiter Skorupski, Gefreiter Jung und Grenadier Leske.

15. Oktober 1944. Ruhiger Verlauf der Nacht. Die Gruppen schleppen aus den umliegenden Gehöften Holz herbei und bauen sich trockene Unterstände. Teilweise sind die Kampfstände inzwischen untereinander verbunden. In den frühen Morgenstunden wird ein feindlicher Spähtrupp von vier Mann beobachtet. Dieser Trupp hat sich offenbar verlaufen, oder er vermutet hier keine deutschen Soldaten, denn er strebt – ohne jede Vorsicht – an unserer Stellung entlang der Straße nach Jögsden zu. Bei der Gruppe des Unteroffizier Jürgens geraten sie so nahe an die Kampfstände, daß sie angerufen werden können. Sie werden aufgefordert, die Hände zu heben (Ruki werch!) und sich zu ergeben. Als sie – völlig überrascht – dieser Aufforderung nicht Folge leisten, sondern sich eiligst entfernen wollen, wird das Feuer eröffnet. Sprungweise versuchen sie, den schützenden Straßengraben zu erreichen, doch keiner hat es geschafft. Danach kehrt Ruhe ein bis zur Mittagszeit. Dann hören wir wieder die Abschüsse schwerer Granatwerfer. Ganze Serien von Granaten orgeln über unsere Köpfe hinweg. Sie gelten einem alleinstehenden Gut hinter uns, in dem die Russen einen Stab oder Stützpunkt vermuten. Wenig später beobachten wir einzelne Russen am Dorfausgang von Jögsden und südlich davon, wie sie das Gelände mit dem Glas absuchen. Offensichtlich halten sie Ausschau nach ihrem Spähtrupp. Dieser Vorgang wird bis zum Einbruch der Dunkelheit noch mehrmals beobachtet. Die links und rechts der Straße liegenden Gruppen werden zu erhöhter Aufmerksamkeit angehalten. Die Reservegruppe wird zusätzlich dort postiert. Nach Einbruch der Dunkelheit erreicht uns das Versorgungsfahrzeug und verpflegt die Kompanie. Unsere Wünsche an den Troß werden mitgegeben. Mit dem Fahrzeug sind die Kameraden Unteroffizier Klar, Obergefreiter Keßler und Gefreiter Rhein nach vorne gekommen. Feldwebel Maar fährt für ein paar Tage zum Troß zurück.

16. Oktober 1944. Nach ruhiger Nacht werden während des Tages keine besonderen Vorkommnisse gemeldet. Vom Bataillonsarzt wird uns ein Sanitäter zugeführt. Es ist der Obergefreite Herrmann, den wir dem II. Zug zuteilen. Abends bekommen wir weitere Verstärkung. Ehemals Verwundete kommen zur Kompanie zurück. Es sind Obergefreiter Schmitt, Obergefreiter Kiermaschek, Grenadier Glaser und Grenadier Jäntsch. Der Grenadier Klose ist erkrankt und fährt zurück zum Arzt.

17. Oktober 1944. Die Nacht verlief ruhig. Es gab keine Störungen durch den Feind. Am frühen Morgen setzt dann heftiges Granatwerferfeuer ein. In der Hauptsache weiter links, wo unsere 7. Kompanie liegt. In unserem Abschnitt werden nur einzelne Einschläge festgestellt. Wir erfahren erst heute, daß der hochverehrte Kommandeur der 5. Panzerdivision, Generalleutnant Karl Decker, die Division verlassen hat und eine andere Aufgabe übernehmen muß.* Diese Versetzung wird von allen sehr bedauert und heiß diskutiert. Unter seiner Führung hat die Division schwerste Kämpfe zu bestehen gehabt und dabei große Erfolge errungen. Noch vor wenigen Tagen (am 12. Oktober 1944) wurde die Division im Wehrmachtbericht lobend genannt. Nachmittags schießt eine einzelne „Ratschbumm“ in unsere Stellung, auch mehrere Infanterieschützen stören durch Einzelfeuer. Unteroffizier G. Lichtenberg wird durch Splitter verwundet und kurz darauf Gefreiter Jerominek durch ein Explosivgeschoß. Sie werden versorgt und zum Arzt geschickt.

18. Oktober 1944. Während die Nacht noch ruhig verläuft, setzt bei Tagesanbruch im gesamten Abschnitt heftiges Trommelfeuer ein. Wir werden eingedeckt von Artillerie, Granatwerfern und Pak. Alles wird in höchste Alarmbereitschaft versetzt. Es sieht ganz danach aus, als sollten wir angegriffen werden. Ungefähr eine Stunde hält der Beschuß an, dann wird er nach hinten verlegt. Das ist der Zeitpunkt, zu dem der Angriff bereits läuft. Unter dem Schutz der Feuerglocke ist die russische Infanterie zum Sturm angetreten. Beiderseits der Straße, die aus Jögsden herausführt, greifen sie in Massen unsere Stellung an. Die erste Welle bricht in unserem gutliegenden MG-Feuer zusammen. Trotz Nachführung starker Kräfte gelingt es dem Feind nicht, bei uns einzubrechen. Bis zur Mittagszeit halten die ständigen Angriffe an. Immer wieder werden frische Kräfte nachgeführt, doch sämtliche Angriffe bleiben erfolglos. Bis zu diesem Zeitpunkt haben wir folgende Ausfälle: Der Gefreite Diehl ist schwer verwundet. Feldwebel Haupt wird als nicht so schwer verletzt betrachtet, erliegt aber seiner Verwundung Tage später im Feldlazarett Tilsit. Weitere Verwundete sind Grenadier Zimmer-

---

* Generalleutnant Karl Decker verließ die Division am 15.10.44 und übernahm das XXXIX. Panzerkorps. Sein Nachfolger wurde Oberst Rolf Lippert, Anm. d. Verl.

mann, Grenadier Stender und Gefreiter Mertens. Die Ruhe dauert etwa zwei Stunden. Gegen 14 Uhr eröffnet der Feind mit Waffen aller Kaliber erneut das Feuer. Jetzt sind die am weitesten rechts eingesetzten Gruppen am stärksten betroffen. Auf der Straße nach Nattkischken sind Panzer aufgefahren, die im Direktbeschuß in den Kampf eingreifen. Inzwischen hat sich feindliche Infanterie in erheblicher Stärke gegen diesen Abschnitt vorgearbeitet. Aber auch hier wird der Angriff blutig abgewiesen. Wie am Vormittag schiebt der Russe frische Kräfte nach und versucht, in die Stellung einzubrechen. Doch ohne den geringsten Erfolg. Die eigene Stellung wird gehalten, allerdings auch unter schmerzlichen Verlusten. Der Gefreite Wegner und der Gefreite Jäntzsch sind gefallen. Sie werden geborgen, zurückgeschafft und auf dem Ehrenfriedhof Tilsit beigesetzt. Verwundet wird der Grenadier Thiem. Bis zum Einbruch der Dunkelheit flaut die Kampftätigkeit ab. Das Versorgungsfahrzeug kann ungestört Essen und Verpflegung ausgeben. Mitgekommen sind die Gefreiten Pischa, Kiel und Boyko sowie der Grenadier Klose. Erkrankt sind die Grenadiere von der Lieth und Glaser.

19. Oktober 1944. Kurz nach Mitternacht erhalten wir – völlig unerwartet – den Befehl, uns möglichst unauffällig aus der Stellung zu lösen und – für uns total unverständlich – auf eine neue Stellung zurückzuziehen. Wir treffen sofort entsprechende Vorbereitungen und verlassen genau nach Plan und fast geräuschlos unseren Abschnitt. Wir marschieren gut zwei Stunden nach Süden, dann werden wir vom Ordonnanzoffizier des Bataillons in Empfang genommen. Etwa einen Kilometer südlich des Ortes Gudden werden wir östlich der Straße Nattkischken–Tilsit in eine bereits ausgebaute Stellung eingewiesen. Wir sind natürlich froh und überrascht zugleich, einen fertig ausgehobenen Stellungsgraben vorzufinden und nicht sofort wieder zum Spaten greifen zu müssen. Es ist eine Vorderhangstellung am Nordhang des Guddener Berges, in der wir uns zur Verteidigung einrichten. Einzelne Kampfstände müssen wir noch verbessern und herrichten, aber sonst finden wir die Stellung schon in Ordnung. Sogar Unterkünfte für die Gruppen sind vorhanden. Das Schußfeld und die Beobachtungsmöglichkeiten sind hervorragend. Der Kompaniegefechtsstand befindet sich, vom vordersten Graben etwas abgesetzt, in einem toten Winkel des Berges und ist von den Zügen gut zu erreichen. Als es richtig hell wird, sind wir alle auf unseren Posten und die Gruppen gefechtsbereit. Leutnant Lange und ich halten uns im vordersten Graben auf, um das Näherkommen des Feindes selbst beobachten zu können. Während des ganzen Vormittages können wir jedoch nichts feststellen, so sehr wir auch mit unseren Gläsern die Straßen und Wege absuchen. Erst kurz nach Mittag wird von unserer äußersten rechten Gruppe der Feind gesichtet, der auf der Straße nordwestlich Bojehnen vorgeht. Kurze Zeit später beobachten wir eine russische Batterie, die unbekümmert uns gegenüber in Stellung geht. Das wäre ein Ziel für die eigene Artillerie, leider haben wir keinen VB bei uns. Sowie die Feindbatterie feuerbereit ist, beginnt sie sich auf unseren Abschnitt einzuschießen. Das Feuer dieser Batterie wird derart gut geleitet, daß wir die Beobachtungsstelle ausfindig machen müssen. Wir suchen die in Frage kommenden Punkte im Gelände ab und entdecken den Beobachter in einem Giebelfenster eines Gehöfts. Um ganz sicher sein, warten wir noch eine Zeitlang, dann können wir mit Hilfe der untergehenden Sonne die beiden Objektive des Scherenfernrohrs deutlich in dem Fenster erkennen. Mit ein paar wohlgezielten Feuerstößen aus dem MG 42 setzen wir den feindlichen Beobachter außer Gefecht und bringen damit auch die Batterie zum Schweigen. Noch bevor es dunkel wird, beobachten wir feindliche Panzer und Lkws auf der Straße von Bahnhof Gudden nach Bojehnen. Auch später, während der Dunkelheit, können wir die Scheinwerfer von anrückenden langen Fahrzeugkolonnen bis weit nach Norden beobachten. Sie agieren vollkommen frei und ungeniert, als hätten sie von uns nichts mehr zu befürchten. Ihre Überlegenheit an Menschen und Material tragen sie offen zur Schau. Beim Eintreffen unseres Versorgungsfahrzeuges geht ein Feuerüberfall schwerer Granatwerfer in der Nähe des Kompaniegefechtsstands nieder. Die Essenholer und die Verteiler suchen Schutz im Bunker. Danach kann das Essen in Ruhe ausgegeben werden. Mit dem Fahrzeug angekommen sind die Kameraden Unteroffizier Schulz, Obergefreiter Unger, Gefreiter Barton, Grenadier Henn und Grenadier Herdling. Wegen Erkrankung fahren der Gefreite Rhein und der Grenadier Lischik mit zurück.

20. Oktober 1944. Die Nacht war noch verhältnismäßig ruhig. Doch aufgrund der gemachten Beobachtungen kann man davon ausgehen, daß die Ruhe nicht mehr lange anhalten wird. Am laufenden Band wurden Meldungen über Fahrzeugkolonnen und Motorengeräusche überbracht. Bei Tagesanbruch schießen sich mehrere Batterien aus unterschiedlichen Richtungen auf unsere beherrschende Höhe ein. Darunter auch 21 cm-Kanonen. Bei jedem Einschlag bebt unser Gefechtsstandsbunker, daß der Sand durch die Balkenritzen rieselt. Ich begebe mich in den vorderen Graben, um die „Lage zu peilen". Hier ist allerhöchste Vorsicht geboten. Feindliche Panzer, Pak und „Ratschbumm" schießen auf jedes erkennbare Ziel. Während des ganzen Vormittages hält der Beschuß an, der aus gezieltem Einzelfeuer besteht. Am frühen Nachmittag setzt Trommelfeuer ein. Ununterbrochen geht ein Hagel von Geschossen und Granaten aller Kaliber auf unsere Stellung und den dahinterliegenden Berg nieder. Die Einschläge folgen in einer Dichte, wie wir sie noch nie erlebt haben. Es ist in dieser Zeit unmöglich, den schützenden Bunker oder das Deckungsloch für einen Moment zu verlassen. Unser Bataillonsfunker, Grenadier Kehrer, der nur für wenige Schritte den Kompaniegefechtsstand verläßt, wird sofort tödlich getroffen. In seinem Kampfstand fällt der Grenadier Ulbrich durch Pak-Volltreffer, als er kurz über die Deckung schaut. Weitere Ausfälle werden gemeldet. Verwundet sind die Gefreiten Pischa, Lehn, Bojko, Braun und Grenadier Stastny. Erst gegen Abend läßt der schwere Beschuß etwas nach, ohne ganz aufzuhören. Das Versorgungsfahrzeug hält sich deshalb nur kurz bei uns auf. Es verläßt uns sofort wieder. Der Grenadier Glaser ist mit nach vorne gekommen. Erst gegen 22 Uhr wird es etwas ruhiger.

21. Oktober 1944. Bis zum Tagesanbruch bleibt es ruhig, doch dann geht der Zauber mit unverminderter Stärke wieder los. Auch der Direktbeschuß mit Pak und Panzern setzt ein. Schon nach kurzer Zeit fällt Unteroffizier Jürgens durch einen Pak-Volltreffer, als er sich nur Sekunden mit dem Oberkörper über die Deckung wagt, um das Vorgelände zu kontrollieren. Ein weiterer Gruppenführer (Gefreiter Jung) fällt wenig später durch eine schwere Verwundung aus, der er auf dem Truppenverbandplatz noch erliegt. Selbst unser bewährter Sanitäter beim Kompanietrupp, Unteroffizier Weidl, bleibt nicht verschont. Bei der Versorgung eines verwundeten Kameraden wird er selbst durch Splitter im rechten Oberarm außer Gefecht gesetzt. Das Feuer auf unsere Höhe hält den ganzen Vormittag an, verlagert sich aber dann mehr zum rechten Nachbarn hinüber. Kurz nach Mittag sehen wir die Russen, aus Piktupönen kommend, im Angriff auf unseren rechten Nachbarn, Kameraden einer Volksgrenadierdivision. Die angreifenden Russen überlaufen ungehindert die Stellung und streben in großen Scharen nach hinten. Wir nehmen unseren rechten Flügel zur Flankensicherung zurück und feuern aus allen Rohren in die durchgebrochenen Feinde. Unser Feuer verfehlt seine Wirkung nicht. Wir beklagen allerdings auch weitere Ausfälle. Der Grenadier Folkerts erhält einen Kopfschuß und ist sofort tot. Verwundet werden Unteroffizier Platzek, Unteroffizier Padermann, Gefreiter Barucha und Grenadier Klose. Der Einbruch in die HKL wird nicht wieder geschlossen, so daß wir Gefahr laufen, abgeschnitten zu werden. Entsprechende Meldungen gehen per Funk an das Bataillon. Gegen 16 Uhr erhalten wir Befehl, uns durch den eigenen Graben zur Reichsstraße hin und über diese hinweg in den Graben der 6. Kompanie abzusetzen. Während wir diesen Befehl ausführen, beobachten wir nördlich von Piktupönen weitere Kolonnen marschierender Russen. Wir laufen bis zur Waldecke südlich Bennigkeiten und sichern dort das Absetzen der 6. und 7. Kompanie. Der ganze Memelbrückenkopf Tilsit wird in dieser Nacht noch geräumt. Wir, die 5. Kompanie, haben den Auftrag, die Nachhut der Absetzbewegung zu bilden und das Sprengkommando an der Eisenbahnbrücke bei Tilsit zu sichern. Nach Durchzug der 6. und 7. Kompanie ziehen wir uns ebenfalls auf den Bahndamm zurück und nehmen mit dem Sprengkommando Verbindung auf.

22. Oktober 1944. Das Absetzen des Bataillons ist planmäßig durchgeführt worden. Kleine Gruppen fremder Einheiten werden zur Brücke durchgeschleust, dann setzen wir uns ebenfalls in Marsch. Leutnant Lange und ich lassen die einzelnen Gruppen an uns vorüberziehen und verlangen Meldung der Vollzähligkeit durch die Gruppenführer. Wir wollen uns selbst davon überzeugen, daß kein Angehöriger der Kompanie zurückgeblieben ist. Erst dann überschreiten wir als letzte deutsche Soldaten die Memelbrücke. Der Pionierführer nimmt die Meldung von Leutnant Lange entgegen, daß die Sicherung aufgehoben ist. Kurz darauf wird die Sprengung ausgelöst und die Brücke in die Luft gejagt. Wir marschieren bis zum südlichen Stadtrand von Tilsit und werden in Quartiere eingewiesen, wo wir uns sofort zur Ruhe begeben. Nach wenigen Stunden Schlaf bin ich wieder auf den Beinen. Ich nutze die Gelegenheit des guten Quartiers und wasche mich gründlich. Ich ziehe frische Wäsche an. Ein Blick in meinen Taschenkalender belehrt mich, daß wir Sonntag haben. Während des Vormittages hole ich einige Notizen nach. Ich muß die Krankmeldungen von gestern eintragen. Es handelt sich um die Kameraden Stabsgefreiter Brust, Obergefreiter Prengel, die Gefreiten Hansen, Jakob, Rudolph und den Grenadier Leske. Sie wurden alle zum Arzt geschickt. Leider geht unser Aufenthalt in dem sauberen Quartier schon zu Ende. Am frühen Nachmittag erhalten wir Befehl, uns abmarschbereit zu halten. Kurz darauf treffen unsere Gefechtsfahrzeuge ein. Wir verladen Waffen und Gerät und warten auf den Marschbefehl. Ehe es richtig dunkel wird, ist es dann soweit. Wir sitzen auf und fahren in südöstlicher Richtung davon. Noch vor Mitternacht durchfahren wir die Stadt Gumbinnen zu neuem Einsatz. Auch in diesem Gebiet hat der Feind die Reichsgrenze überschritten und in der Bevölkerung Angst und Schrecken ausgelöst. In Gumbinnen haben wir kurz angehalten, doch dann fahren wir noch zirka zwölf Kilometer weiter bis nach Großwaltersdorf. Es ist genau Mitternacht.

23. Oktober 1944. Gegen 0.30 Uhr des neuen Tages haben wir Großwaltersdorf erreicht. Bis hierher waren die Russen bereits vorgedrungen und konnten gestern erst, von der gepanzerten Gruppe unserer Division, zurückgedrängt werden. Um für den weiteren Angriff zur Abriegelung des russischen Einbruchs in Ostpreußen bereitzustehen, werden uns gleich die ersten Häuser als Quartiere zugewiesen. Es wird von den Fahrzeugen abgesessen und die Quartiere aufgesucht. Beim Betreten der Häuser erkennen wir sofort, daß die Russen hier gewesen sind. Den vorgefundenen Zustand in den Zimmern und Kellern des Hauses mit Worten zu schildern, ist nicht möglich. So können sich nur Menschen benehmen, die selbst solche Wohnverhältnisse nicht kennen und aufgehetzt außer Kontrolle geraten sind. Und alles mißachten, was anderen Menschen lieb und teuer ist, um dann ihren angestachelten Haß an den toten Gegenständen abzureagieren. Nichts, aber auch gar nichts hat ihrer Zerstörungswut standgehalten. Schon beim Betreten des Hauses – hervorgerufen durch den Luftzug der geöffneten Tür – schwirren uns die Bettfedern um die Ohren. Das ganze Treppenhaus und die Flure sind weiß übersät damit. Sie stammen aus den aufgeschlitzten Betten der Schlafzimmer. Dazwischen liegen Wandgarderoben mit Kleidungsstücken und Hausrat aus der Küche in Mengen. Das ehemals geschmackvoll eingerichtete Wohnzimmer ist zum größten Teil zertrümmert. Nur der Tisch ist verschont geblieben. Sämtliche Scheiben des schönen, massiven Nußbaumschrankes sind zerschlagen; die Türen und Schubladen herausgerissen, der Inhalt auf dem Boden zerstreut. Die große Standuhr in der Ecke wurde mit vielen Schüssen aus nächster Nähe durchlöchert, ebenso sämtliche Bilder, die an den Wänden hingen. Zum Teil befinden sich dort nur noch die zerfetzten Rahmen. Eine kleine bronzene Hindenburgbüste war Zielscheibe eines MPi-Schützen, denn unzählige Einschüsse in der Wand zeugen von diesem irrsinnigen Verhalten. In der Mitte des Zimmers steht noch der große, zum Schrank passende Familientisch. Jetzt ist er besudelt mit Fäkalien und Unrat sowie beschmiert mit allerlei Flüssigkeiten. Halbleere Einmachgläser mit Obst – teils umgeworfen – stehen zwischen zerschlagenen Tellern, Schüsseln, Gläsern und geleerten Wodkaflaschen. Dazwischen liegen Bilder aus einem Familienalbum, mit Besteckgabeln auf den Tisch festgenagelt (Die Aufnahmen zeigen einen deutschen Soldaten aus dem Ersten Weltkrieg). Das Album selbst liegt zerfetzt zwischen dem Inhalt einer Schublade am Boden. Andere Gläser mit eingekochtem Obst und Gemüse liegen samt Inhalt ebenfalls auf dem Fußboden. Die nebenan befindliche, einstmals schmucke Küche – bestimmt der ganze Stolz der Hausfrau – ist nicht wiederzuerkennen. Ebensowenig wie Bad und Toilette. In der Toilette wurden offenbar Kartoffeln gewaschen, denn um das Becken herum liegen noch einige auf dem Fußboden. Im Obergeschoß des Hauses sieht es nicht besser aus. Die dort befindlichen Schlafzimmer hatten es den Russen besonders angetan. Kein Kissen, keine Matratze, kein Spiegel und auch kein Möbelstück ist heil geblieben. Alles ist aufgeschlitzt, aufgerissen, zerschlagen und zertrümmert. Ergebnisse brutalster Gewalt und sinnloser Verwüstung. Der Inhalt der Kissen und Schränke bedeckt den Fußboden. Beim geringsten Luftzug durch Öffnen der Türen oder Fenster werden die Federn aufgewirbelt und schwirren umher. Diesen Anblick wird keiner von uns jemals vergessen. Irgendwo müssen wir anfangen aufzuräumen, denn uns bleiben nur noch wenige Stunden, um auszuruhen. Zunächst reißen wir alle Fenster auf, damit frische Luft herein kann. Wir entscheiden uns für das Wohnzimmer, da wir dort alle Platz finden können. Den ganzen Unrat schaffen wir hinaus und wischen den Fußboden sauber. Aus den Betten holen wir die noch brauchbaren Schonbezüge, die wir dann auf dem Fußboden ausbreiten. Hier finden wir Platz und legen uns zur Ruhe nieder. An Schlaf ist nicht zu denken, zu sehr sind wir aufgewühlt. Noch vor dem Morgengrauen wird geweckt. Wir machen uns fertig und marschieren dann südlich Großwaltersdorf in den Bereitstellungsraum für ein Angriffsunternehmen. Die Hauptlast des Angriffs trägt die gepanzerte Gruppe (Teile des Panzerregiments 31 und das I. Bataillon des Panzergrenadierregiments 14). Wir folgen dieser Gruppe, etwas zurückhängend, im Angriff in südlicher Richtung bis auf Höhe eines kleinen Dorfes. Hier verbleiben wir und richten uns zur Sicherung ein, während die gepanzerte Gruppe den Angriff in westlicher Richtung auf Nemmersdorf – das durch entdeckte Greueltaten der Russen schreckliche Berühmtheit erlangt – fortsetzt. Während der Durchführung des Sicherungsauftrages ereignet sich bei uns nichts Besonderes. Wir haben keine Feindberührung, hören allerdings Kampflärm aus der Richtung des Angriffs. Am späten Nachmittag trifft unser Versorgungsfahrzeug ein und verpflegt die Kompanie. Der Obergefreite Schulze und der Obergefreite Schwarzer kommen nach vorne. Der Obergefreite Fiedel fährt mit zurück.

24. Oktober 1944. Die Nacht war ruhig und ungemütlich nur deshalb, weil es zu regnen anfängt. Von den Russen haben wir nichts zu sehen bekommen. Auch nachdem es hell geworden ist, können wir keinen Feind im Gelände ausmachen. Dort, wo die gepanzerten Teile stehen, ist erheblicher Kampflärm zu vernehmen. Der Angriff gegen die jetzt abgeschnittenen Russen wird fortgesetzt. Nachmittags übernehmen Teile der Fallschirmpanzerdivision 1 „Hermann Göring" den Abschnitt. Wir werden nach Nordwesten verlegt. Wir sammeln in Hochfließ und marschieren nach Weidengrund. Vor diesem kleinen Ort, entlang der großen Pferdekoppeln – die zum Gestüt Trakehnen gehören –, besetzen wir eine nicht fertige Stellung. Das Hauptgestüt befindet sich nur etwa zehn Kilometer weiter östlich und ist bereits in der Hand der Russen. Wir besetzen einen Stellungsabschnitt, der für die derzeitige Stärke der Kompanie viel zu groß ist. Kompanietrupp und Reservegruppe werden deshalb im vordersten Graben mit eingesetzt. Der Kompanietrupp übernimmt einen Abschnitt genau in der Mitte der Kompanie. Bis die Gruppen ihren Abschnitt eingenommen haben, ist es dunkle Nacht. Gegen 21 Uhr beobachten wir zahlreiche Leuchtkugeln in einiger Entfernung. Später stellen wir Kraftfahrzeuge fest, die mit offenem Licht fahren. Motorengeräusche sind hinter Weidengrund zu hören. Einige Gruppenposten melden Bewegungen im Vorfeld. Es stellt sich aber heraus, daß es Pferde sind, die noch auf den Koppeln weiden. Es sind junge Pferde, die zum Gestüt Trakehnen gehören, die man nicht mehr in Sicherheit bringen konnte. Es passiert nichts Besonderes in dieser Nacht. Trotzdem kommen die meisten nicht zur Ruhe. Irgendwie ist Nervosität spürbar. Im Abschnitt des Kompaniegefechtsstands bauen wir zwei Kampfstände für MGs. Durch Nebel und den gestrigen Regen haben wir mehrere Krankmeldungen. Unteroffizier Schulz, Obergefreiter Schwarzer, Gefreiter Schmitt, Gefreiter Barton und Grenadier Lypp werden zum Arzt geschickt.

25. Oktober 1944. Nach dieser etwas unruhigen Nacht sollen die Beobachtungen am Tage mit erhöhter Aufmerksamkeit fortgesetzt werden. Diese sind jedoch stark eingeschränkt, da dichter Morgennebel das Tal einhüllt. Erst gegen 9 Uhr lichtet sich der Nebel und gibt den Blick bis zu den Häusern des Dorfes frei. Auf den ausgedehnten Koppeln grasen friedlich die zahlreichen jungen Pferde des Gestüts. Es ist ein Jammer, daß diese wertvollen Tiere zwischen die Fronten geraten sind. Bald danach werden erste Feindsichtungen gemeldet. Die am weitesten rechts eingesetzte Gruppe meldet Feind an der Brücke südlich Weidengrund und am Rande der Pferdekoppel im Bachgrund. Wenig später eröffnet ein schwerer Granatwerfer das Feuer auf unseren rechten Abschnitt. Er schießt sich auf die dort befindliche Stellung ein. Der Gefreite Rhein wird durch mehrere Splitter verwundet und muß zum Arzt. Durch den einsetzenden stärkeren Beschuß werden die Pferde auf der Koppel unruhig und traben aufgeregt umher. Etwa zu dieser Zeit fühlt sich unser Kompanieführer, Leutnant Lange, nicht gut. Ich dränge darauf, zum Arzt zu gehen, doch er winkt ab. Er meint, es geht auch so vorbei. Gegen Mittag bekommt er starke Kopfschmerzen, Schüttelfrost und Fieber. Er muß zum Arzt. Unteroffizier Müller, ebenfalls erkrankt, begleitet ihn dorthin. Durch Funk melde ich dem Bataillon seinen Ausfall. Der Kommandeur bestimmt Oberfähnrich Ronthaler als Kompanieführer, der bald eintrifft. Er wird von mir eingewiesen und über die augenblickliche Lage informiert. Zu dieser Zeit werden neue Feindansammlungen im Talgrund und am Dorfausgang gemeldet. Wir bekommen Ersatz (Feldwebel Bauer, Stabsgefreiter Kobarg, Obergefreiter Schmidt-Weferlingen, Gefreiter Kubart, sowie die Grenadiere Beckmann, Aurich, Kapke, Uhlig, Wollny und Meinert) und zurückkehrende Kranke (Gefreiter Barton, Gefreiter Schmitt, Grenadier Lypp). Sie werden in die ohnehin schwach besetzte HKL eingeschoben, indem sie den verschiedensten Gruppen zugeteilt werden. Offensichtlich hat der Feind die entstandenen Bewegungen in unserer Stellung erkannt, denn es folgt ein anhaltender Granatwerferbeschuß, wieder vorwiegend auf den rechten Grabenabschnitt. Hier nähert sich dann auch ein feindlicher Stoßtrupp von zirka 20 Mann unserem dort etwas vorspringenden Graben. Die

Feindgruppe kommt bis auf etwa 50 Meter an die Stellung heran, wird dann aber abgewehrt. Danach ist es bald dunkel. Bei unserem rechten Nachbarn hat die Schießerei mit dem Stoßtrupp Nervosität hervorgerufen. Dort werden am laufenden Band Leuchtkugeln abgefeuert, die das gesamte Vorfeld erhellen. Das Gelände ist durch Büsche und Bäume entlang der Koppelzäune nicht gut einzusehen. Es bleibt aber ruhig. Weitere Feindberührungen bleiben aus.

26. Oktober 1944. Das plötzliche Auftauchen des Stoßtrupps am gestrigen Abend hat Unruhe hervorgerufen, die während der Nacht angehalten hat. Immer wieder gehen Meldungen ein, die von feindlichen Bewegungen oder Kontakten berichten. Bei näherer Prüfung stellt sich dann aber heraus, daß die zahlreichen Pferde auf den Koppeln oder Mutmaßungen die Auslöser solcher Meldungen sind. Der Verbrauch an Leuchtkugeln ist entsprechend hoch. Die Nervosität bleibt nicht auf unseren Abschnitt beschränkt. Unser rechter Nachbar steht uns darin in nichts nach, und selbst bei den Russen drüben ist ständige Unruhe mit örtlichen Schießereien festzustellen. Bevor es richtig hell wird, geht ein kurzer, aber heftiger Feuerüberfall auf den rechten Abschnitt nieder. Der rechte Nachbar ist stärker betroffen als wir. Feindbewegungen werden zu diesem Zeitpunkt nicht gemeldet. Etwa eine Stunde ist seitdem vergangen, als urplötzlich von der rechten Gruppe durch den Graben Alarm ausgelöst wird. Schnell sind wir aus unserem Erdloch heraus und im Graben. Einige Kameraden kommen uns dort entgegen. Schreie und Schießerei sind zu hören. Der Zugmelder des rechts eingesetzten Zuges kommt angerannt und meldet, daß der Russe vom rechten Nachbarn aus in den Graben eingedrungen ist und starke Kräfte nachschiebt. Eine feindliche Gruppe hat über den Graben hinweggesetzt und strebt der Senke zu, in die unser Laufgraben mündet. Sind sie vor uns dort, sitzen wir in der Falle. Oberfähnrich Ronthaler gibt mir den Befehl, mit dem Kompanietrupp und einigen greifbaren Leuten zur Senke zu laufen und die Angreifer dort zu stellen. Durch den Laufgraben rennen wir zurück. Es ist ein Wettlauf mit dem Feind. Wir erreichen die Senke gerade so rechtzeitig, daß wir – etwas auseinandergezogen – an deren Rand in Stellung gehen können. Noch etwa 50 Meter sind die Russen von uns entfernt, als wir das Feuer eröffnen. Nur mit Sturmgewehren und Karabinern bewaffnet, zwingen wir die Angreifer zu Boden und halten sie nieder. Unter Zurücklassung von Toten und Verwundeten ziehen sie sich vorsichtig zurück. Inzwischen ist im Hauptgraben ein heftiger Kampf entbrannt. Der Russe hat frische Kräfte nachgezogen und kämpft die auseinanderliegenden Kampfstände einzeln nieder. Zum rechten Nachbarn besteht keine Verbindung mehr. Nur zu unserer 6. Kompanie, die links von uns eingesetzt ist, bleibt der Kontakt bestehen. Mangels Munition kann die Kompanie dem Druck des Gegners nicht mehr standhalten und zieht sich nach und nach in die Mulde zurück. Bis zu diesem Zeitpunkt haben wir folgende Ausfälle: Der Zugführer Unteroffizier Strittmatter und die Gruppenführer Feldwebel Bauer, Unteroffizier G. Lichtenberg und Unteroffizier Patzek sind verwundet. Der Obergefreite Pietruschka ist gefallen. Weitere Verwundete sind die Gefreiten Kiel, Kamper und Zunger. In der Mulde werden die Gruppen neu geordnet. Zwei Gruppen gehen hier in Stellung, während der Rest der Kompanie sich in den Graben der 6. Kompanie begibt, um von hier aus im Gegenstoß die alte HKL wiederzugewinnen. Gerade als wir uns zum Angriff bereitstellen, erhalten wir den Befehl, die Aktion abzubrechen. Wir begeben uns daraufhin in die Mulde zurück und graben uns dort ein. Schon nach kurzer Zeit sind wir dann das Ziel heftiger Granatwerferüberfälle. Aus diesem Grunde lassen wir das Versorgungsfahrzeug nur bis zum hinter uns liegenden Bauernhof vorkommen. Von dort wird Verpflegung und Munition von Trägern abgeholt und in den Graben gebracht.

27. Oktober 1944. Während der ganzen Nacht hat die Mulde unter Granatwerferbeschuß gelegen. Wir haben uns unterdessen neue Kampfstände am Muldenrand gegraben und den Laufgraben zur Feindseite teilweise zugeschüttet. Sobald es hell zu werden beginnt, verstärkt der Russe den Beschuß unserer Stellung, jetzt auch mit Artillerie. Die ersten Ausfälle werden gemeldet: Die Stabsgefreiten Beyer, Kobarg und Reum, alle durch Granatsplitter verwundet. Die Beobachtungen ergeben, daß der Laufgraben und der alte Stellungsgraben voll feindlicher Soldaten stecken. Wir rechnen mit einem schweren Angriff. Um einen Funkspruch an das Bataillon abzusetzen, begebe ich mich zur Funkstelle ins nahe Gutshaus jenseits der Mulde. Als ich das Gut wieder verlasse, um zur Stellung zurückzugehen, bricht ein wahrer Feuerorkan los. Geschosse schwerer Artillerie, von Granatwerfern und „Stalinorgeln" heulen heran. Ehe ich zum Sprung durch die Mulde ansetzen kann, bin ich von schwarzem Qualm eingehüllt, und um mich herum folgt Einschlag auf Einschlag. Erde wird aufgewirbelt und dann verspüre ich einen Schlag gegen meinen rechten Hüftknochen, der mich fast umzureißen droht. Ich bin getroffen worden. Noch ein paar Sprünge, dann bin ich in der Mulde und am Kompaniegefechtsstand. Hier schauen mich alle entsetzt an, denn mein Gesicht muß völlig unkenntlich sein. Der Sanitäter schaut nach meiner Hüfte. Koppel, Uniformrock und -hose sind von einem daumengroßen Splitter durchschlagen, doch dann fehlte die weitere Kraft. Die Haut ist nicht verletzt. Ein schwerer Bluterguß mit entsprechender Schwellung bildet sich. Mich damit aufzuhalten, bleibt jetzt keine Zeit. Der Feind greift aus dem verschütteten Laufgraben heraus an. Er kommt jedoch nicht weit. Der Angriff wird abgewiesen. Es folgt ein neuer Granatwerferüberfall. Mit Gewehrgranaten feuern wir ständig in den Laufgraben. Das verfehlt seine Wirkung nicht. Die Russen ziehen sich weiter zurück. Inzwischen macht mir der Hüftknochen doch zu schaffen. Ich kann das Koppel nicht mehr schließen. Der Kompanieführer schickt mich zum Arzt. Ich gehe an dem Gut vorbei zum Verbandplatz zurück. Dort angekommen, werde ich mit schallendem Gelächter empfangen. Man hält mir einen Spiegel vors Gesicht, in dem ich mich selbst nicht wiedererkenne. Ich bekomme Seife und Handtuch und kann mich erstmal richtig waschen. Der Arzt besieht sich den Bluterguß und gibt mir eine Salbe zum Auftragen. Er schickt mich für ein paar Tage zum Troß. Während ich auf eine Fahrgelegenheit warte, treffen weitere Verwundete meiner Kompanie hier ein. Die Gefreiten Becker, Kamper, Meindl und der Grenadier Romanczik sind ebenfalls verwundet worden. Kurz darauf kommen auch noch Oberfähnrich Ronthaler und der Sanitäter Schmitt mit Verwundungen zum Verbandplatz. Die Kompanie ist währenddessen ohne Offizier. Unteroffizier G. Lichtenberg ist mit der Führung beauftragt, bis Leutnant Lange eintrifft. Durch Funk wird er vom Troß angefordert. Mit ihm kommt Fritz Tröstl nach vorne, um den Kompanietrupp zu übernehmen. Am späten Nachmittag fahre ich mit einem Bataillonsfahrzeug zum Stützpunkt zurück.

28. Oktober 1944. Hier beim Troß erfährt man von den Vorgängen in der HKL wenig. Es wird bekannt, daß die Kompanie bis vor Hochfließ zurückgehen mußte. Trotz heftiger russischer Angriffe konnte die Mulde vor Weidengrund bis zum Abend gehalten werden. Bei den sich weiter fortsetzenden Kämpfen bei Hochfließ ist der Grenadier Glaser gefallen. Am späten Nachmittag treffen Unteroffizier Klar und Grenadier Stastny beim Troß ein. Sie sind erkrankt und vom Arzt zurückgeschickt worden.

31. Oktober 1944. Es wird bekannt, daß die 5. Panzerdivision in einen anderen Kampfraum verlegt wird. Aus diesem Grunde wird auch das II. Bataillon des Panzergrenadierregiments 14 bei Hochfließ abgelöst. Wir beim Troß machen uns marschbereit. Die Gefechtsfahrzeuge sind bereits unterwegs, um die abgelöste Kompanie aufzunehmen. Ich erfahre, daß der Grenadier Miesner am 30. Oktober vor Hochfließ gefallen ist. Unteroffizier Müller wurde durch Oberarmdurchschuß verwundet.

1. November 1944. In einem sehr ungemütlichen, längeren motorisierten Marsch, der von kaltem Schneeregen begleitet wird, erreichen wir am frühen Morgen den Ort Katenbach westlich der Stadt Goldap. Hier wird die Kompanie untergebracht und begibt sich sofort zur Ruhe. Gegen 11 Uhr wird Antreten befohlen. Mein treuer Freund und Melder, Ernst Barucha, wird wegen Tapferkeit vor dem Feinde zum Unteroffizier befördert. Er übernimmt ab sofort die starke Alarmgruppe. Seine Beförderung wird abends im Kreise des Kompanietrupps gefeiert.

3. November 1944. Nach zwei verdienten Ruhetagen, die allgemein zur Körperpflege und Waffeninstandsetzung genutzt werden, erhält die Kompanie einen neuen Einsatzbefehl. Die Stadt Goldap ist seit dem 23. Oktober in russischer Hand. Sie soll zurückerobert werden. Am späten Nachmittag muß sich die Kompanie gefechtsbereit machen und wird anschließend mit den Fahrzeugen zum Einsatz gebracht. Die Wiedereinnahme der von den Russen besetzten Stadt ist sicherlich keine leichte Aufgabe. Ich muß noch beim Troß bleiben, denn mein Bluterguß an der Hüfte bildet sich – trotz ständiger Salbenbehandlung – nur langsam zurück.

4. November 1944. Die Kompanie wird als Flankensicherung beim Angriff auf Goldap eingesetzt, der in der Hauptsache von der gepanzerten Gruppe der Division durchgeführt wird. Die Stadt wurde von den Russen beim Angriff auf Ostpreußen überraschend besetzt. Beim Troß erreichen uns nur spärliche Nachrichten über den Verlauf des eigenen Angriffs. Erst nach Rückkehr des Versorgungsfahrzeuges von vorne erfahren wir mehr. Die Stadt ist wieder in deutschen Besitz gebracht worden. Bei diesem Angriff mußten die Gefreiten Pannek, Mischke und der Grenadier Fratzke ihr junges Leben lassen. Verwundet wurde der Gefreite Barton.

5. November 1944. Den Genesungsaufenthalt beim Troß werde ich heute beenden. Ich fühle mich soweit wiederhergestellt, daß ich meine Aufgaben im Kompanietrupp übernehmen kann. Die Kompanie hat sowieso zu wenig Unterführer. Viele sind bei den letzten Einsätzen ausgefallen, und Ersatz ist nicht eingetroffen. Im Laufe des Vormittages bereite ich alles vor, daß ich mit dem Versorgungsfahrzeug nach vorne fahren kann. Mit mir steht der Obergefreite Grelck zum Einsatz bereit. Gegen 15 Uhr ist das Fahrzeug beladen, und wir können einsteigen. Bei dichtem Schneetreiben verlassen wir den Ort. Unser Fahrer, Willi Staats, kann kaum die Straße erkennen, so dicht wirbeln die Schneeflocken um das Fahrzeug. Wir kommen nur langsam vorwärts und finden die Kompanie in der Nähe des Bataillonsgefechtsstandes am Stadtrand von Goldap. Ich melde mich bei Leutnant Lange und übernehme den Kompanietrupp. Während die Kompanie versorgt wird, stelle ich die vorhandene Stärke fest. Hierbei erfahre ich, daß die Kompanie erst heute morgen aus dem Einsatz kam. Kurz vor der Ablösung wurden noch Unteroffizier Fritz Tröstl, Obergefreiter Dühring und der Gefreite Schulze verwundet.

Die personelle Gliederung der Reste der 5. Kompanie, Panzergrenadierregiment 14, vor dem Stoßtruppunternehmen am Goldaper See:

Lt. Claus Lange, Kompanieführer

Kompanietrupp:		**Alarmeinsatzgruppe:**			
Uffz.	Will	Uffz.	Barucha		
Gefr.	Böhme	Ogfr.	Klaumünzer	Gren.	Bossert
–"–	Nemet	Gefr.	Bratek	–"–	Dreier
Gren.	v.d. Lieth	–"–	Kaiser	–"–	Meinert
Ogfr.	Moschner	–"–	Skorupski	–"–	Uhlig
		–"–	Unger	–"–	Wollny
Uffz.	Schnoor	–"–	Wilke		

I. Zug: Uffz. Lichtenberg, Zugführer; Ogfr. Nawrath, Ogren. Schlei, Melder

1. Gruppe		2. Gruppe		3. Gruppe	
Uffz.	Schneubelt	Ogfr.	Kessler	Ogfr.	Schiedzick
Ogfr.	Reck	Ogfr.	Kiermaschek	Ogfr.	Radtke
–"–	Huhn	–"–	Grelck	–"–	Freier
Gefr.	Kamper	Gefr.	Backer	Gefr.	Kubart
–"–	Caspar	–"–	Lehn	Gren.	Nagel
Gren.	Matuschewski	Gren.	Herdling	–"–	Prögelhof
–"–	Hellwig	–"–	Lypp	–"–	Hesselbart
–"–	Kapke	–"–	Schießl	–"–	Lischik

Diese schwache Kompanie hat den Auftrag, in der kommenden Nacht ein Stoßtruppunternehmen durchzuführen. Ziel ist die Beseitigung eines russischen Brückenkopfes am Westufer des Goldaper Sees und die Herstellung einer Verbindung zur 5. Jägerdivision, die weiter nördlich am Seeufer liegt. Beginn des Unternehmens ist genau Mitternacht. Die Stärke der russischen Brückenkopfbesatzung ist unbekannt. Ein eigener Panzer wird den Angriff begleiten und uns Feuerschutz geben. Nachdem die Kompanie verpflegt ist, machen wir uns zum bevorstehenden schweren Einsatz fertig. Waffen und Munition werden überprüft und an jede Gruppe Handgranaten verteilt. Ich stelle die Kampfstärke mit 1/5/40 = 46 Soldaten fest. Mit zwei Gefechts-Lkws werden wir nach vorne gebracht, bis kurz vor die HKL. Den Rest des Weges legen wir zu Fuß zurück. Das muß lautlos geschehen, damit der Feind nicht vorher aufmerksam wird. Bei unserer 6. Kompanie gehen wir zur Ausgangsstellung in den Graben, der dem Seeufer am nächsten liegt. Aus dem Graben heraus werden wir versuchen, möglichst schnell an das Ufer zu gelangen und gleichzeitig das davorliegende russische Grabensystem entlang des Sees aufzurollen. Jeder Gruppenführer ist in seine Aufgabe genau eingewiesen. Mit gespannter Aufmerksamkeit verfolgen wir die Zeiger der Uhr am Handgelenk des Kompanieführers. Dann ist es soweit. Der Uhrzeiger springt auf genau 24 Uhr Mitternacht, als Leutnant Lange das Zeichen zum Angriff gibt.

6. November 1944. Pünktlich haben wir den Graben verlassen und schleichen an das erste Bootshaus heran. Mit Heinz Lichtenberg, dem Zugführer des I. Zuges, gehe ich an der Spitze der Kompanie. Wir haben das kaum sichtbare Bootshaus noch nicht ganz erreicht, als der erste Schuß fällt. Unteroffizier Heinz Lichtenberg hat es direkt neben mir erwischt. Er ist tödlich getroffen und fällt zu Boden. Der Sanitäter ist sofort da, kann ihm aber nicht mehr helfen. Ich springe zum Bootshaus und werfe Handgranaten in das offene Kellerfenster, aus dem ich das Mündungsfeuer eines Karabiners aufblitzen sah. Das darf uns nicht aufhalten. Es geht weiter. Wir stürmen nach vorne und erreichen ein mit Buschwerk bestandenes Gehölz. Jetzt hören wir auch unseren Panzer, der frontal in den Kampf eingreifen soll. Doch durch den ersten Pak-Treffer der Russen wird er außer Gefecht gesetzt und steht in Flammen. Dann haben wir den russischen Stellungsgraben erreicht. Das auf der Uferböschung stehende schwere Pak-Geschütz wird ausgeschaltet, die Bedienung überwältigt. Leutnant Lange befiehlt Unteroffizier Ernst Barucha, mit der starken Alarmgruppe direkt am Seeufer vorzustoßen, um eine Flucht der Russen mit Booten zu verhindern. Der See ist noch nicht zugefroren und zahlreiche Boote und Kähne liegen am Ufer. Weiter geht es vorwärts, eine Gruppe im Graben selbst, die beiden anderen Gruppen links und rechts des Grabens, das Gelände ausnutzend. Es ist ein zäher Kampf, der mit geschickt angelegten Widerstandsnestern erbittert geführt werden muß. Bei der Niederkämpfung eines solchen Nestes wird der Gefreite Lehn schwer verwundet. Nach hartem Kampf haben wir gegen 6 Uhr unseren Auftrag erfüllt und die Verbindung zur 5. Jägerdivision hergestellt. Durch die Dunkelheit ist die Verbindung untereinander teilweise verlorengegangen. Deshalb versuche ich jetzt, an der gewonnenen Stellung zurückgehend, Leutnant Lange und andere Kameraden aufzufinden, die irgendwo im Gelände sind. Dabei stoße ich immer wieder auf einzelne Russen, die sich in den Büschen und Geländevertiefungen verborgen halten. Wir treffen uns im schwach besetzten Graben. 21 Gefangene haben wir gemacht, davon gehen allein 17 auf das Konto des unerschrockenen Unteroffiziers Ernst Barucha. Unsere eigenen Verluste sind mit einem Gefallenen (Unteroffizier Lichtenberg) und fünf Verwundeten denkbar gering. Außer dem bereits erwähnten Gefreiten Lehn wurden der Obergefreite Freier, Gefreiter Kamper, Gefreiter Skorupski und Grenadier Lischik verwundet. Als der Morgen dämmert, gehe ich mit Leutnant Lange das aufgerollte Grabenstück noch einmal ab. Hierbei entdecken wir noch einen Russen, der sich geschickt in einer Geländevertiefung versteckt hat. Wir ordnen die Gruppen und teilen ihnen Grabenabschnitte zu. Als es etwas heller wird, beobachten wir einzelne Russen, die teils im kalten Wasser schwimmend, teils in einem Kahn versuchen, das gegenüberliegende Seeufer zu erreichen. Am hiesigen Seeufer fällt uns noch ein Pak-Geschütz in die Hände, das noch auf einem Floß steht und nicht mehr rechtzeitig in Stellung gebracht werden konnte. Als unser Melder vom Bataillon zurückkommt, wo er die erfolgreiche Durchführung melden sollte, überbringt er Leutnant Lange und mir den Befehl, uns sofort auf dem Bataillonsgefechtsstand einzufinden. Wir machen uns auf den Weg, nachdem wir Unteroffizier Barucha informiert haben. Auf dem Gefechtstand trifft mit uns Oberst Herzog ein, der Regimentskommandeur. Ehe Leutnant Lange zur Berichterstattung ansetzen kann, müssen wir uns vom Kommandeur, Hauptmann Wiesmann, einige Vorwürfe anhören. Er macht mir Vorhaltungen wegen unterbliebener Meldungen während des Stoßtrupps. Dies war mir vor Beginn des Unternehmens ausdrücklich aufgetragen worden, allerdings mit der Weisung, die Meldungen über Panzerfunk durchzugeben. Leider wurde der Panzer gleich zu Beginn der Aktion abgeschossen. Ich mache die Kommandeure darauf aufmerksam, daß wir in dieser Nacht auf jeden einzelnen Kämpfer angewiesen waren und große Schwierigkeiten hatten, untereinander Verbindung zu halten. Die Melder waren ständig unterwegs. Nach ausführlicher Berichterstattung des Kompanieführers erhalten wir dann von beiden Kommandeuren Lob und Anerkennung. Diese Anerkennung, die der Kompanie gebührt, wird weitergegeben werden. Damit sind wir entlassen. Wir gehen zur Kompanie zurück. Tagsüber bleibt es in der gewonnenen Stellung ruhig. Von den Russen auf der anderen Seite sehen wir kaum etwas. Abends bekommen wir einen Unteroffizier und acht Mann Ersatz zugeführt. Es sind ausschließlich Kameraden, die seit längerer Zeit der Kompanie angehören.

7. November 1944. Ein Tag ohne besondere Vorkommnisse. Obwohl wir nicht damit rechnen, daß die Russen über den See hinweg angreifen, bauen wir unsere Kampfstände aus und schieben sie näher an das Seeufer heran, damit wir besser beobachten können. Auf der anderen Seite des Sees stellen wir geringe Bewegungen bei den Russen fest. Das erbeutete Pak-Geschütz möchten wir gegen diesen Feind richten, es ist aber keiner da, der das Geschütz bedienen kann. Am späten Nachmittag erfahren wir noch, daß wir abgelöst werden sollen.

8. November 1944. Als wir schon nicht mehr damit rechnen – es ist bereits nach Mitternacht – treffen Teile eines Jägerregimentes bei uns ein, um uns abzulösen. Es dauert eine Weile, bis der gesamte Abschnitt ordnungsgemäß übergeben ist. Während die Gruppen auf dem Weg zum Sammelpunkt sind, schießt russische Artillerie Störungsfeuer. Dabei gibt es noch einen bedauerlichen Ausfall. Der Grenadier Butzek wird durch

Granatsplitter tödlich verletzt. Der plötzliche Tod dieses Kameraden drückt erheblich auf die Ablösestimmung. Wir müssen etwa 20 Minuten marschieren, dann werden wir von unseren Gefechtsfahrzeugen aufgenommen. Sie fahren nach Peterkeim, einem kleinen Ort im Kreis Angerapp, wo sich unser Gefechtstroß befindet. Hier gehen wir in vorbereiteten Quartieren bald zur Ruhe über.

9. November 1944. Ruhetag in Peterkeim. Es ist ein Ruhetag nicht nur für uns und das II. Bataillon, sondern für die gesamte 5. Panzerdivision. Die Division ist Korpsreserve und liegt im Raum Angerapp. Wie es bei Kampftruppen üblich ist, wird der erste Ruhetag dazu benutzt, Waffen und Gerät zu überholen und in Ordnung zu bringen. Der Waffenmeister und sein Gehilfe sind an diesem Tage vielbeschäftigte und gefragte Männer. An nächster Stelle steht die Körperpflege. Wir vom Kompanietrupp haben den großen Waschkessel des Hauses angeheizt und baden nacheinander in der Waschküche. Nach der Essenausgabe werden Marketenderwaren und Lebensmittel als Sonderration sowie Alkohol ausgegeben. Bis in die Nacht hinein feiert die Kompanie das erfolgreiche Stoßtruppunternehmen. An personellen Veränderungen notiere ich: Unteroffizier Klar, Obergefreiter Hoffmann, Gefreiter Kringel und Obergrenadier Muth kommen als Genesene zurück. Der Obergefreite Schwarzer ist erkrankt und muß zum Arzt. Er wird zum Hauptverbandplatz gebracht.

10. November 1944. Ein weiterer Ruhetag. Es wird noch kein Dienst befohlen. Die meisten Kameraden schlafen lange. Manch einer klagt über einen schweren Kopf nach der „langen Nacht". Kaltes Wasser schafft Abhilfe. Ich freue mich über die Rückkehr von Feldwebel Engelbert Hülsmann, der nach seiner Verwundung wieder genesen ist. Mit ihm kommt der Obergefreite Jezowitz zur Kompanie zurück. Mein langjähriger, treuer Freund beim Troß, Stabsgefreiter Erwin Sabellek, hat sich entschlossen, seinen Posten beim Troß aufzugeben und zur Kampfstaffel zu gehen. Er hatte diesen Schritt schon länger vor und hat oft mit mir darüber gesprochen. Bisher konnte ich ihm diesen Gedanken immer ausreden. Was ihn jetzt dazu bewegt, diesen Schritt doch auszuführen, wird sein Geheimnis bleiben. Seit den ersten Tagen meiner Kompaniezugehörigkeit bin ich mit ihm befreundet und verdanke ihm unendlich viel. Seine Aufrichtigkeit und sein uneigennütziges, zu jeder Zeit kameradschaftliches Verhalten haben ihn bei allen beliebt gemacht. Es ist allgemein bekannt, daß er zu Hause eine Familie mit drei Kindern hat und sehr an ihr hängt. Ich nehme ihn auch jetzt wieder zur Seite und rede stundenlang auf ihn ein, um ihn von seinem Schritt abzubringen. Es nützt alles nichts. Schließlich spreche ich ausführlich mit Leutnant Claus Lange. Von ihm weiß ich, daß er kein Befürworter unüberlegter Handlungen ist. Auch er spricht mit Erwin unter vier Augen. Es ist aber alles vergebens. Ohne die wahren Gründe zu offenbaren, bleibt Erwin Sabellek bei seinem Entschluß. Wir nehmen ihn in die Kampfstaffel auf und zögern keinen Moment, ihn als Gruppenführer einzusetzen. (Um es vorwegzunehmen: Er ist bei den schweren Kämpfen im Januar 1945 in Gumbinnen gefallen).

14. November 1944. Auch Ruhetage vergehen schnell. Vormittags haben wir leichten Dienst im Gelände. Der Nachmittag steht jedem zur freien Verfügung. Das Wetter ist uns gnädig. Es ist trocken, und die Temperaturen sind noch angenehm. Die Geländeübungen sind so ausgerichtet, daß sie nicht als überflüssig empfunden werden, jedoch Einsatzbereitschaft und Kampfkraft erhalten bleiben. Dies ist umso leichter durchzuführen, je mehr der Geist in der Truppe stimmt. Ausschlaggebend dafür ist – das hat die Vergangenheit oft genug bewiesen – die menschliche Qualität des Kompanieführers und dessen Führungsstil. In dieser Beziehung – und das ist nicht nur meine persönliche Meinung – sind wir in einer sehr glücklichen Lage. In Leutnant Claus Lange haben wir einen Kompanieführer, der es glänzend versteht, seine hervorragenden menschlichen

Eigenschaften mit den harten Anforderungen an seine Soldaten in Einklang zu bringen. Er fordert von den Untergebenen nur das, was er selbst jederzeit einzubringen bereit ist. Er ist für jeden Soldaten und zu jeder Zeit ansprechbar und findet im Umgang mit ihnen stets den richtigen Ton. Im Einsatz an der Front stellt er nicht nur an die Soldaten hohe Anforderungen, sondern verlangt sich selbst das Letzte ab. Seit vielen Monaten kenne ich ihn aus nächster Nähe. Ich habe ihn in den heikelsten Situationen nie mutlos oder ohne Entschlußkraft gesehen. Sein Vorbild ist ohne jeden Tadel und seine heitere, humorvolle Art hat ihm das uneingeschränkte Vertrauen der Kompanie eingebracht. Ein Frontoffizier, wie ihn die kämpfende Truppe braucht. An diesem Nachmittag erhalten wir einen neuen Befehl zum Stellungswechsel. Wir packen unsere Sachen zusammen und besteigen die Fahrzeuge. Wir verlegen nach Gahlen, etwa zehn Kilometer von hier, das noch im Kreis Angerapp liegt.

15. November 1944. Hier in Gahlen bleibt keine Zeit, uns einzurichten. Um 7 Uhr wird die Kompanie geweckt, um 8 Uhr ist bereits Ausmarsch mit Spaten und Hacke zu den Hilpertswerder Bergen. Hier werden wir zum Stellungsbau eingesetzt. Entlang des Höhenzuges soll eine Stellung entstehen, die im Falle eines russischen Angriffs besetzt werden kann. Es ist ein Höhenzug mit einem herrlichen Blick in das Goldaptal. Der Boden ist schwer, und es ist harte Arbeit, in die Erde zu kommen. Wir arbeiten bis 12 Uhr, dann marschieren wir nach Gahlen zurück. Bald nach dem Essen erhalte ich den Befehl, mit Unteroffizier Ernst Kohlwey, unserem Kraftfahrzeugstaffelführer, um 15 Uhr im Dienstanzug auf dem Bataillonsgefechtsstand zu erscheinen. Wir haben beide keine Ahnung, aus welchem Grund wir uns dort melden sollen und sind uns keiner Schuld bewußt. Wir bringen die Uniform in Ordnung und melden uns auf dem Geschäftszimmer beim Bataillonsschreiber Unteroffizier Werner Coords. Der Adjutant, Oberleutnant Dieter Mundt, erwartet uns bereits und empfängt uns herzlich, war er doch 1943 unser Kompanieführer. Kurz danach stehen wir – noch immer ahnungslos – vor dem Kommandeur, Hauptmann Wiesmann. Er spricht ein paar nette einleitende Worte und befördert uns zu Feldwebeln. Die Beförderung gilt mit Wirkung vom 1. November 1944. Nach der Rückkehr zur Kompanie und der Meldung beim Kompanieführer müssen wir die Gratulationen über uns ergehen lassen. Am Abend werden die Beförderungen im Kreise der Kameraden gefeiert. Es wird eine lange und anstrengende Nacht.

16. November 1944. An diesem Morgen rückt die Kompanie wieder zum Stellungsbau aus. Leider meint es der Wettergott nicht mehr so gut mit uns. Es ist spürbar kälter geworden und regnet leicht. Das macht die Erde klebrig und noch schwerer, als sie ohnehin schon ist. Nach jedem Spatenstich muß man das Blatt säubern, ehe man weitergraben kann. Es ist eine mühsame Angelegenheit. Deshalb sind wir froh, daß wir zum Essen mittags in die Unterkunft zurückkehren. Ich erhalte den Befehl, mich wieder um 15 Uhr auf dem Bataillonsgefechtsstand zu melden. Wieder streng dienstlich! Denselben Befehl erhält mein Freund Ernst Barucha. In Begleitung von Leutnant Claus Lange marschieren wir zum Bataillon. Wieder werden wir von Oberleutnant Mundt empfangen. Er meldet uns dem Kommandeur. In kurzen Worten würdigt dieser noch einmal unseren Einsatz am Goldaper See und überreicht uns als besondere Anerkennung des Regimentskommandeurs, Oberst Herzog, einen Sonderurlaubsschein für drei Wochen Heimaturlaub. Wir sind total überrascht und freuen uns natürlich riesig über diese Auszeichnung. Die Reisetermine stehen fest. Es ist der 20. November 1944 und der 7. Januar 1945. Es ist uns klar, daß wir nicht zur selben Zeit fahren können, deshalb müssen wir untereinander ausmachen, wer wann fahren soll. Das ist für uns beide überhaupt kein Problem. Der am längsten nicht zu Hause war, fährt zuerst. Das ist Ernst Barucha. Ich habe noch gut sieben Wochen Zeit, bis ich das Urlaubsgepäck packen kann.

19. November 1944. Die Tage in Gahlen sind gekennzeichnet durch ihren geregelten Ablauf. Vormittags sind wir beim Stellungsbau auf den Hilpertswerder Bergen, und nachmittags machen wir leichten Dienst an der Waffe im Kompaniebereich. Inzwischen sind die Nächte kalt, und Frost hat eingesetzt. Unsere Arbeit im Stellungsbau hat große Fortschritte gemacht. Ein durchgehender Graben steht kurz vor seiner Vollendung. In den vergangenen Tagen sind mehrere Kameraden aus Lazaretten in Ostpreußen zurückgekehrt. Auch heute haben wir wieder Zugang bekommen, so daß die Gefechtsstärke auf über 60 Soldaten angewachsen ist. Ich notiere die Kameraden Unteroffizier Leske, Obergefreiter Dühring, die Gefreiten Gebauer und Jakob. Ab sofort können wieder Soldaten zum Divisionsstab in Erholung geschickt werden. Wir entsenden dazu die Obergefreiten Unger und Dühring. Auch die Unterführerlehrgänge bei der Division haben wieder begonnen. Dazu wird der Obergefreite Paul abkommandiert. Mein Freund Ernst Barucha bereitet sich auf seinen Heimaturlaub in Ratibor in Oberschlesien vor, den er morgen antreten wird.

25. November 1944. Die Tage in Gahlen gehen zu Ende. Wir rücken heute nicht mehr zur Arbeit aus, sondern packen unsere Sachen zusammen. Wir machen Stellungswechsel in den Raum nordwestlich Treuburg. In dem kleinen Ort Halldorf ziehen wir unter. Hier finden wir nicht soviel Platz, da einige Häuser noch von der Zivilbevölkerung bewohnt sind. Es sind vorwiegend ältere Einwohner, die ihre Heimat nicht verlassen wollen, ganz gleich, was auch passiert. Der Kompanietrupp bezieht ein Haus an der großen Straßengabelung am Ortsausgang. Wir richten uns bequem ein und stellen für die nächsten Tage einen Dienstplan auf. Die 5. Panzerdivision ist noch Korpsreserve.

29. November 1944. Die Kompanie erhält den Befehl, ab sofort den gesamten Verkehr an der nördlich Halldorf befindlichen Straßengabel sowie den Südausgang Halldorf zwischen 6 und 20 Uhr zu kontrollieren. Die Streife hat aus einem Unteroffizier und zwei Soldaten zu bestehen. Vorgeschrieben ist Dienstanzug mit Stahlhelm und Pistole. Besondere Vorkommnisse sind dem Feldgendarmerietrupp der Division zu melden. Es geht darum, von Russen erbeutete Wehrmacht-Lkws festzustellen, die an Munitionsdepots bzw. Verpflegungslagern vorfahren und sich als Empfangsberechtigte von Wehrmachteinheiten ausgeben. Die Fahrzeuge sollen sichergestellt und das Fahrpersonal festgenommen werden. Die Befürchtungen sind berechtigt, da viele Wehrmachtfahrzeuge den Russen unbeschädigt in die Hände gefallen sind.

30. November 1944. Unser Aufenthalt in Halldorf war nicht von langer Dauer. Wir packen zusammen und verladen wieder einmal alles auf die Lkws. Die Kompanie macht Stellungswechsel. Wir fahren zirka 20 Kilometer nach Süden und erreichen dann den größeren Ort Duneiken. Südlich des eigentlichen Ortskerns ziehen wir im Gut Duneiken und in den davorstehenden Häusern unter. Hier sind wir gut untergebracht. Der in der Nähe befindliche Brucksee ist bereits zugefroren und hat eine feste Eisdecke. Die Umgebung gefällt mir gut. Der Wald ist nicht weit, das Land leicht hügelig.

1. Dezember 1944. Seit fast 14 Tagen ist es schon bitterkalt. Die Erde ist knochenhart gefroren, und das Land liegt unter einer hauchdünnen Schneedecke. Wir verzichten auf den Dienst im Freien und legen Wert darauf, daß Waffen, Gerät sowie Bekleidung einsatzbereit sind. Die Gruppen- und Zugführer werden für den ordnungsgemäßen Zustand der Ausrüstung verantwortlich gemacht. Leutnant Lange inspiziert in unregelmäßigen Abständen die Quartiere. Zu einem Unterführerlehrgang beim Feldersatzbataillon schicken wir Unteroffizier Leske, Obergefreiter Unger sowie die Gefreiten Caspar, Gallo und Gebauer. Als Zugang zur Kompanie melden sich der Obergefreite Tschech, Grenadier Henn und Grenadier Wollny.

7. Dezember 1944. Nach Tagen ohne besondere Vorkommnisse erhalten wir Befehl, uns einsatzbereit zu machen. Wir steigen auf unsere Fahrzeuge und werden nach Norden in Richtung Goldap gefahren. Nach zirka 30 Kilometern Fahrt erreichen wir den Ort Rappenhöh. Hier werden wir abgesetzt und halten uns bereit, um nach Einbruch der Dunkelheit eine Infanterieeinheit in der HKL abzulösen. Uns zugeteilt sind ein Funktrupp des Bataillons sowie ein Abhörtrupp der Nachrichtenabteilung des Korps. Sobald die Dunkelheit einsetzt, begeben wir uns auf den Marsch in die Stellung. Pünktlich zur vereinbarten Zeit melden wir uns auf dem Kompaniegefechtsstand der Infanterie und übernehmen den Abschnitt. Die Ablösung im vorderen Graben verläuft ohne Pannen. Ein Nachkommando der Infanterie verbleibt noch 24 Stunden, um uns am nächsten Tag Besonderheiten innerhalb der Stellung zu erläutern.

8. Dezember 1944. Bei Tagesanbruch verlasse ich mit Leutnant Lange und einem Melder den Kompaniegefechtsstand, um uns den Stellungsverlauf und die Umgebung näher anzuschauen. Wir befinden uns etwa einen Kilometer nordostwärts Rappenhöh. Der Stellungsgraben verläuft über einen Höhenrücken und ist gut ausgebaut. Die Gruppen sind in stabilen Mannschaftsbunkern untergebracht, die mit kleinen Öfen beheizt werden können. Der Kompaniegefechtsstand befindet sich in einem abseits stehenden Haus am Hinterhang. In unmittelbarer Nähe des Hauses beginnt der Laufgraben, der zum Stellungsgraben führt. Feindeinsicht ist in diesem Bereich nicht möglich. Ob der Abschnitt artilleristisch überwacht wird, ist uns nicht bekannt. Ein VB ist uns weder zugeteilt noch als vorhanden gemeldet. Bevor wir den Stellungsdurchgang selbst beginnen, schießt eine eigene Batterie Einzelfeuer. Von wo aus das Feuer geleitet wird, können wir nicht feststellen. Auch nicht, ob es sich dabei um das Einschießen einer Batterie handelt. Wenige Minuten nach dem ersten Schuß kommt ein Melder angerannt und berichtet, daß die eigene Artillerie zu kurz geschossen hat. Der Beobachtungsstand der 2. Gruppe hat einen Volltreffer erhalten. Der Obergefreite Berge ist sofort tot. Wir melden den Vorfall durch Funk dem Bataillon. Danach begeben wir uns an die Unglücksstelle. Es sieht schlimm aus. Leutnant Lange und ich gehen danach den gesamten Stellungsgraben ab. Wir versuchen, die feindliche Stellung auszumachen, was nur schwer gelingen will. Man kann den Verlauf nur vermuten, denn die Schneedecke hat sich wie ein Tarnanzug auf die Erdoberfläche gelegt.

13. Dezember 1944. Knapp eine Woche halten wir die eisige Stellung besetzt. Der Frost hat das Land fest im Griff. Ständig müssen die Gruppen für Holz sorgen, damit sie in ihren Bunkern etwas Wärme finden. Wegen der Kälte wird die Postenablösung stündlich vorgenommen. Während der ganzen Zeit sind bei den Russen keine nennenswerten Beobachtungen gemacht worden. Auch Schießereien hat es nicht gegeben. Wir sind ein wenig erstaunt, daß die sonst immer bellenden Granatwerfer ruhig bleiben. Am späten Nachmittag werden wir auf die bevorstehende Ablösung vorbereitet. Die Ablösung ist bald nach Einbruch der Dunkelheit zur Stelle. Alles geht in Ruhe und geordnet vor sich. Die Kompanie sammelt am Kompaniegefechtsstand und marschiert dann etwas mehr als eine Stunde zur Straße nach Noldental. Hier erwarten uns die Fahrzeuge. Bei eisiger Kälte nehmen wir auf den Lkws Platz und werden nach Duneiken gebracht. Dort angekommen, beziehen die Gruppen die alten Quartiere, die von Troßangehörigen vorgeheizt worden sind. Auch der Kompanietrupp bezieht seine frühere Unterkunft. Ohne Zögern wird zur Nachtruhe übergegangen.

16. Dezember 1944. Die Tage vergehen wie im Fluge. Längst haben wir uns hier in Duneiken wieder eingewöhnt. Es ist klar und kalt. Der zugefrorene See findet das Interesse des Kompanietrupps. Wir schlittern wie Kinder über die glatte Eisfläche. Die meisten Soldaten ziehen es vor, in der warmen Stube zu bleiben. Nur zum Essenempfang an der Feldküche müssen sie ins Freie. Dienst wird nicht verlangt. Unteroffizier Ernst Barucha kommt aus dem Urlaub zurück. Völlig unerwartet bekommen wir nachmittags Ersatz. Drei Unteroffiziere (Unteroffizier Donath, Fleck und Riha), sowie sechs Mann (Obergefreiter Max, Gefreiter Kutzbach, Obergrenadier Thiel, die Grenadiere Boldt und Schmidt sowie der Grenadier Wazlawczik) melden sich bei der Kompanie. Außerdem ist Obergefreiter Prengel eingetroffen. Diese Zugänge veranlassen mich, die Gruppen neu zu ordnen, zumal zehn Unteroffiziere zur Verfügung stehen.

20. Dezember 1944. Ohne besondere Ereignisse sind die letzten Tage vergangen. Abseits von HKL und Schießerei fühlen wir uns wohl. Das Wetter ist unverändert. Es ist klar und kalt bei einer dünnen Schneedecke. Mit Unteroffizier Ernst Barucha marschiere ich täglich durch den nahen Wald. Hierbei bekommen wir immer wieder Rehwild zu sehen. Das hat uns auf den Gedanken gebracht, für Weihnachten der Kompanie Rehbraten zu besorgen. Es ist zwar ausdrücklich verboten, Wild zu erlegen, doch wir kommen zu dem Schluß, besser wir verzehren das Fleisch als später die Russen. In unseren Plan weihen wir noch Willi Staats ein, der sofort dafür zu haben ist. Nachmittags gehen wir zu dritt in den Wald, um Standplätze des Wildes auszumachen. Wir sind über zwei Stunden unterwegs, haben jedoch kein Stück Wild entdecken können. Die Kompanie bekommt Zuwachs. Leutnant Hagen ist eingetroffen und wird den 1. Zug führen. Die zum Lehrgang abgestellten Unteroffizier Schnaubelt, Obergefreiter Paul, Gefreiter Caspar und Gefreiter Gebauer sind zurück und werden den Gruppen zugeteilt.

21. Dezember 1944. Ohne besondere Vorkommnisse geht der heutige Vormittag vorüber. An diesem Nachmittag wollen Ernst Barucha, Willi Staats und ich zur geplanten Jagd aufbrechen. Nach fast einer Stunde Marsch durch den herrlichen Winterwald erreichen wir eine große Waldlichtung. Als wir dort den Weg verlassen und um eine Ecke biegen, hockt wenige Schritte vor uns ein Rehbock auf den eingeknickten Vorderläufen. Er schreckt auf und will flüchten, doch Ernst hatte sein Gewehr schußbereit und streckt ihn nieder. Als wir ihn näher betrachten, stellen wir fest, daß er bereits angeschossen war, seinem Jäger aber offensichtlich entkommen ist. Wir sind glücklich, daß wir so schnell zu einem kapitalen Bock gekommen sind. Willi bricht ihn auf und nimmt ihn aus. Dann verstecken wir den Bock unter einer umgestürzten Fichte und setzen unseren Weg fort. Von der Lichtung kommen wir an einen Waldrand, von dem aus freies Feld einzusehen ist. Hier sehen wir zwei weitere Rehe stehen. Vorsichtig pirschen wir uns etwas näher heran. Mit einem wohlgezielten Schuß erlege ich das Stärkere der beiden Tiere. Auch dieses Reh wird sofort ausgenommen und in das Versteck des Rehbocks gebracht. Danach gehen wir zur Unterkunft zurück. Nun beichten wir unsere Tat dem Kompanieführer, Leutnant Lange, von dem wir wissen, daß er selbst Förster und leidenschaftlicher Jäger ist. Um irgendwelchen Unannehmlichkeiten aus dem Wege zu gehen, geht Leutnant Lange abends mit uns in den Wald, um das erlegte Wild heimzuholen. Wir bringen das Wild zu uns nach Hause und hängen es in der Scheune auf. Nach dem Abendessen feiern wir unser Jagdglück. Es wird beschlossen, am 1. Weihnachtsfeiertag ein zünftiges Kompanieessen zu veranstalten, zu dem der Bataillonskommandeur, Hauptmann Wiesmann sowie sein Adjutant und früherer Chef unserer 5. Kompanie, Oberleutnant Mundt, eingeladen werden sollen. Leutnant Lange wird die Einzelheiten dieses Festtagsessens morgen mit unserem Küchenchef, Feldwebel Schorsch Ruckes, besprechen.

24. Dezember 1944. Heiliger Abend in Duneiken. Für unsere Kompanie beginnt damit die vierte Kriegsweihnacht an der Ostfront. Bisher feierten wir dieses Fest weitab der deutschen Grenze in Feindesland. Vor einem Jahr befanden wir uns noch ostwärts Kalinkowitschi in den Pripjetsümpfen. Inzwischen ist ein Großteil der besetzten Gebiete verlorengegangen. Die Hauptkampflinie verläuft bereits auf deutschem Boden. Den großen Angriffserfolgen zu Beginn des Ostfeldzuges sind schwere Abwehrkämpfe gefolgt. Sie halten immer noch an. Trotz bedrückender Lage ist die Stimmung in der

Kompanie zuversichtlich gut. Es gibt keine Anzeichen von Resignation. Wir sind in der glücklichen Lage, als Korpsreserve im rückwärtigen Gebiet untergebracht zu sein. Wir haben ordentliche Quartiere, die mollig warm sind und müssen nicht in der HKL in primitiven Erdbunkern hausen. Unsere Verpflegung ist gut, und die Postverbindung mit der Heimat ist zufriedenstellend. Natürlich ist während der Feiertage dienstfrei. Überall in den Unterkünften ist seit Tagen eifrig geschrubbt, gearbeitet und hergerichtet worden. Heute wird nur noch letzte Hand angelegt. Gegen 17 Uhr ist „Stubendurchgang", durchgeführt von Leutnant Claus Lange, Hauptfeldwebel Behr, Unteroffizier Barucha und mir. Für jede Gruppe haben wir ein kleines Weihnachtsgeschenk parat. Wir sind überrascht, wie stimmungsvoll und vielseitig die Stuben von den sonst so „rauhen Kriegern" hergerichtet worden sind. Sie haben Weihnachtsbäume aufgestellt und diese mit Kerzen und meist selbstgebasteltem Schmuck herausgeputzt. An guten Ideen hat es dabei nicht gefehlt. In jedem Quartier halten wir uns auf, sprechen mit den Soldaten und singen mit ihnen, bevor wir zum Kompanietrupp und zur Schreibstube zurückkehren, um im Kreise der nächsten Kameraden den Abend zu beschließen.

25. Dezember 1944. An diesem Vormittag wird für beide Konfessionen in der Ortsmitte von Duneiken Gottesdienst abgehalten. Viele Kompanieangehörige machen sich auf den Weg, um daran teilzunehmen. Die nicht zum Gottesdienst gehen, richten das große Zimmer des Gutshauses für das gemeinsame Mittagessen her. Tische und Stühle müssen aus anderen Quartieren herbeigetragen werden. Es wird im ganzen etwas eng in der „guten Stube", doch für alle ist genügend Platz. Auf dem Speiseplan wird das Essen wie folgt angekündigt: Schmorbraten mit Salzkartoffeln, Rotkraut und als Nachspeise Schokoladenpudding. Pünktlich um 12.30 Uhr fährt der Kommandeur mit seinem Adjutanten am Gutshaus vor. Beide werden von Leutnant Lange begrüßt und in den vollbesetzten Speisesaal geführt. Dann wird von den Küchenhelfern aufgetragen. In gelöster und guter Stimmung wird das Essen eingenommen. Allen schmeckt es vorzüglich. Der Kommandeur äußert sich lobend über das leckere Fleisch und schaut gespannt in die Runde. Er kennt seine Pappenheimer genau und vermutet schon irgendeine Teufelei hinter der Einladung. Erst nach einem verabreichten Verdauungskognak eröffnen wir ihm frei, daß der leckere Schmorbraten von einem Rehbock stammt, den wir abzuschießen uns die Freiheit genommen haben. Eine lange und stimmungsvolle Unterhaltung schließt sich an, ehe der Kommandeur mit Oberleutnant Mundt zum Bataillonsgefechtsstand zurückkehrt. Noch lange wird von diesem Weihnachtsessen die Rede sein.

26. Dezember 1944. Auch der 2. Feiertag wird ein ruhiger Festtag. Das reichliche und gute Essen von gestern veranlaßt mich, einen ausgedehnten Spaziergang durch den Wald zu machen. Zunächst marschiere ich zum Schwenteiner See und von dort in großem Bogen nach Duneiken zurück. Zum Essenempfang bin ich rechtzeitig im Quartier. Die Kompanie stellt drei altbewährte Obergefreite zum Unterführerlehrgang ab. Darunter befindet sich mein Freund Willi Kost, der jahrelang als zuverlässiger Fahrer seinen Dienst versehen hat. Was ihn bewegt hat, zu diesem Zeitpunkt zur Gefechtskompanie zu gehen, wird auch sein Geheimnis bleiben. Mit ihm gehen Obergefreiter Taugs und Obergefreiter Tschech zum Lehrgang. Stabsgefreiter Erwin Sabellek ist erkrankt und muß zum Arzt.

31. Dezember 1944. Das Jahr 1944 geht zu Ende. Wir haben das seltene Glück, zum Jahreswechsel nicht in der HKL eingesetzt zu sein. Wir liegen noch in den schönen Quartieren in Duneiken und verbringen eine erholsame Zeit. Dienst ist nicht angesetzt, so daß jeder nach Belieben schalten und walten kann. Draußen herrscht eine ungewöhnlich bittere Kälte. Fast wie in Rußland. Das Thermometer ist auf minus 21 Grad gefallen. Das schreckt mich nicht davon ab, meine übliche Waldwanderung durchzuführen. Unteroffizier Ernst Barucha ist mein Begleiter. Seit er bei mir im Kompanietrupp ist, sind wir unzertrennliche Freunde. Er wird mich auch als Kompanietruppführer vertreten, wenn ich meinen Sonderurlaub antrete. Gemeinsam stapfen wir durch den gefrorenen Schnee und lassen Duneiken weit hinter uns. Der wie verzaubert aussehende Wald nimmt uns bald auf, immer neue, herrliche Wintermotive bietend. Es tut mir sehr leid, daß ich keine Kamera zur Verfügung habe, um die eindrucksvollen Bilder festzuhalten. Durch die frische Luft hungrig geworden, kommen wir nach langem Marsch in die Unterkunft zurück. Wir empfangen an der Feldküche unser Mittagessen und verzehren es in aller Gemütsruhe. Zum Jahresausklang stelle ich noch einmal die Anwesenheit der Kompanieangehörigen und die Kampfstärke der Kompanie mit den vorhandenen Waffen fest. Es ist eine auf Erfahrung basierende Vorsorgemaßnahme, denn es ist nicht ausgeschlossen, daß wir unverhofft zum Einsatz abgerufen werden. Am späten Nachmittag bereiten wir uns auf die Silvesterfeier vor und machen uns noch einmal frisch. Die Feldküche hat Grog zubereitet, der ab 18 Uhr empfangen werden kann. Wir trinken im Kompanietrupp erst heißen Grog, danach noch andere scharfe Getränke, die wir aus der Marketenderei erhalten haben. Bereits gut in Stimmung, wird beschlossen, dem Kommandeur ein Neujahrsständchen zu bringen. Mit einem leichten Pferdewagen, von uns selbst gezogen und geschoben, machen wir uns auf den Weg. Am Gefechtsstand angekommen, stellen wir uns auf und singen unter Leitung von Leutnant Claus Lange das Panzergrenadierlied. Wir haben kaum begonnen, als der Kommandeur, Hauptmann Wiesmann und Oberst Herzog, der Regimentskommandeur, in der Tür erscheinen (wir hatten keine Ahnung, daß auch Oberst Herzog anwesend ist). Bereits nach der ersten Strophe des Liedes müssen wir in die „gute Stube" kommen. Wir bekommen belegte Brote zu essen und jede Menge zu trinken. Angeregt unterhalten wir uns mit den Offizieren. Gesprächsstoff gibt es reichlich in Hülle und Fülle. Und immer wieder das Thema: „Stoßtrupp am Goldaper See". Zur vorgerückten Stunde veranstaltet Oberst Herzog noch eine „Gefechtsübung" im vorhandenen Sandkasten. Dann ist Mitternacht. Wir stoßen auf das neue Jahr an, uns dabei gegenseitig Soldatenglück und eine gesunde Heimkehr wünschend. Das neue Jahr hat längst begonnen, als wir uns mit unserem Wagen auf den Heimweg begeben. Mit Glück und Geschick und viel Trara unterwegs, erreichen wir unsere Quartiere und legen uns zum Schlafen nieder.

Die 5. Kompanie, Panzergrenadierregiment 14, am 31. Dezember 1944 in Duneiken/Ostpreußen.

Lt. Lange, Claus, Kompanieführer

Kompanietrupp:		**Alarmgruppe:**		**Abwesende:**	
Fw.	Will	Uffz.	Leske	Fw.	Hülsmann
			Ogfr.	Grelck	
Uffz.	Barucha	Ogfr.	Kiermaschek	Stgfr.	Sabellek
Gefr.	Böhme	–"–	Scholtyssek	Ogfr.	Kost
–"–	Jakubik	Gefr.	Jakob	–"–	Tschech
Ogfr.	Moschner	Ogren.	Stastny	–"–	Taugs
–"–	Lindhofer	Gren.	Henn	Gefr.	Kutzbach
Gefr.	Hansen	–"–	Bossert	–"–	Otto
			–"–	v.d.Lieth	
Uffz.	Schnaubelt	Uffz.	Klar	–"–	Witzik
			Gren.	Duhn	
			–"–	Dreyer	

I. Zug: Lt. Hagen, Zugführer; Gefr. Fuß, Gren. Leske, Melder

1. Gruppe		2. Gruppe		3. Gruppe	
Gefr.	Gehm	Uffz.	Kleinmann	Ogfr.	Paul
Ogfr.	Gottstein	Ogfr.	Klaumünzer	Ogfr.	Freier
Gefr.	Kaiser	–"–	Jezowitz	–"–	Gerat
–"–	Welke	Gefr.	Bratek	–"–	Radtke
–"–	Klopsch	–"–	Gebauer	Gefr.	Gallo
Ogren.	Thiel	–"–	Werner	–"–	Kubart
Gren.	Wollny	Gren.	Liegau	–"–	Ploch
–"–	Hesselbarth	–"–	Uhlig	–"–	Schlei
		–"–	Wazlawzyk	Gren.	Prögelhof

II. Zug: Fw. Wald, Zugführer; Stgfr. Unger, Uffz. Feist, Ogfr. Hoffmann

4. Gruppe		5. Gruppe		6. Gruppe	
Uffz.	Riha	Uffz.	Donath	Uffz.	Fleck
Ogfr.	Huhn	Ogfr.	Schulze	Ogfr.	Keßler
–"–	Kotz	–"–	Saalfeld	–"–	Gernhardt
–"–	Dühring	Gefr.	Beck	–"–	Prengel
–"–	Max	–"–	Herdling	Gefr.	Manderfeld
–"–	Reck	–"–	Caspar	–"–	Lypp
Gren.	Matuschewski	Ogren.	Stuhlsatz	Gren.	Meinert
Gren.	Schmidt	–"–	Klose		
–"–	Kapke	–"–	Boldt		

Gesamtstärke:

Kompanietrupp	1/3/5	=	9
I. Zug	1/1/27	=	29
II. Zug	5/24	=	29
Alarmgruppe	2/6	=	8
Zusammen	2/11/62	=	75

Das Jahr 1945

Einsatz bei Merunen
Der Ring um Königsberg wird gesprengt
Kämpfe im Samland
Das Ende in Ostpreußen

1. Januar 1945. Das neue Jahr ist bereits zehn Stunden alt, als ich aufwache. Die Kameraden liegen noch in tiefem Schlaf. Ich hole mir einen Kübel frisches Wasser und stecke den Kopf hinein. Das hilft, die Augen zu öffnen. Nach und nach kommt Leben in die Bude, und wer noch nicht auf den Beinen ist, wird wachgerüttelt. Bis alle mit ihrer Morgentoilette fertig sind, ist es Zeit, an der Küche das Essen zu empfangen. Das kräftige Essen bringt uns wieder in Schwung. Danach beabsichtige ich, an die frische Luft zu gehen. Claus Lange und Ernst Barucha haben denselben Gedanken. Wir verlassen die warme Stube und marschieren Richtung Winterwald. Das Thermometer zeigt 20 Grad Kälte. Damit uns warm wird, legen wir ein flottes Tempo vor. Unterwegs kommt es zu einer angeregten Unterhaltung. Claus Lange erzählt begeistert von dem Forsthaus seiner Eltern in Mecklenburg, von den herrlichen Seen und Wäldern und von seinen Jagderlebnissen. Er schwärmt von seiner mecklenburgischen Heimat und liebt sein Elternhaus über alles. Genauso schwärmt Ernst Barucha von seinem Oberschlesien wie ich vom hessischen Hinterland. Wir versprechen uns, daß jeder des anderen Heimat kennenlernen soll und wir in Verbindung bleiben wollen. Während der angeregten Unterhaltung sind wir immer weiter in den Wald vorgedrungen und haben gar nicht bemerkt, wie weit wir uns von Duneiken entfernt haben. Es wird allerhöchste Zeit, daß wir den Rückweg antreten, sonst könnte man uns bei der Kompanie vermissen. Rechtzeitig zum Einbruch der Dunkelheit sind wir in der Unterkunft zurück. Mit heutiger Wirkung übergebe ich dann den Kompanietrupp an Unteroffizier Ernst Barucha und bleibe bis zu meinem Urlaubsantritt am 7. Januar 1945 ohne feste Aufgabe.

2. Januar 1945. Mit der heutigen Dienstpost vom Bataillon ist mein Urlaubsschein auf der Schreibstube eingetroffen. Wie bereits bekannt, ist der 7. Januar der erste Reisetag. Große Vorbereitungen muß ich nicht treffen, mein Reisegepäck ist jederzeit griffbereit. Ich bin mir nur noch nicht sicher, welche Reiseroute ich einschlagen soll. Fahre ich zu Beginn des Urlaubs über Königsberg zu meiner Freundin oder erst auf der Rückreise. Ich will mich entscheiden, sobald ich die genauen Zugverbindungen kenne. Am späten Nachmittag trifft der Befehl ein, daß sich die Kompanie auf einen Einsatz vorbereiten muß. Der Befehl kommt nicht unerwartet, denn so lange wie jetzt hat man uns selten in Ruhe gelassen. Das löst sofort Geschäftigkeit aus. Waffen, Gerät und Munition werden nachgesehen und überprüft, Briefe an die Angehörigen geschrieben.

3. Januar 1945. Es ist offensichtlich, daß die Ruhezeit der Division zu Ende geht. Damit endet auch die Ruhe des II. Bataillons in Duneiken. Die Kompanie muß sich einsatzbereit halten. Ich bin bereits aus dem Kampfverband entlassen. Auf ausdrücklichen Wunsch von Leutnant Lange übernehme ich aber das Vorkommando, das zum Bataillon abgestellt wird, um den neuen Einsatz vorzubereiten. Beim Bataillonsgefechtsstand werden wir informiert, daß im Raume Merunen nördlich Treuburg ein Angriffsunternehmen durchgeführt werden soll. Das Vorkommando wird in Marsch gesetzt, um mit der dort in Stellung liegenden Infanterie Verbindung aufzunehmen. Die örtlichen Verhältnisse müssen erkundet werden, damit die bei Dunkelheit eintreffende Kompanie – ohne beim Feind Verdacht zu erregen – eingewiesen werden kann. Der beabsichtigte Angriff soll in der Nacht vom 4. zum 5. Januar durchgeführt werden. Angriffsbeginn ist Mitternacht. Nach meinem Eintreffen in Merunen begebe ich mich sofort zum Gefechtsstand der in Stellung liegenden Infanteriekompanie. Ich melde mich bei dem Kompanieführer, dessen Gefechtsstand im Keller einer ehemaligen Gaststätte untergebracht ist. Er geht dann mit mir durch den gesamten Kompanieabschnitt, damit ich bekannt werde und mich dort frei bewegen und informieren kann.

4. Januar 1945. Nach eingehender Information im nächtlichen Graben bin ich auch während des Vormittages in vorderster Stellung unterwegs. Die Stellung gilt als ruhig. Vom Feind hat man keine besonderen Erkenntnisse. Man vermutet aber vor der russischen Stellung verminte Abschnitte. Kurz nach Mittag verlasse ich den Graben, um zu einem vorher vereinbarten Punkt zurückzukehren, wo ich die Kompanie erwarten soll. Dieser Punkt befindet sich an der Straße einen Kilometer südlich des Meruner Gutes. Ich brauche nicht lange zu warten. Kurz nach 15 Uhr treffen unsere Fahrzeuge an der vereinbarten Stelle ein. Über einen Feldweg führe ich die Kompanie nach Merunen und in den Bereitstellungsraum zur Infanterie. Es dunkelt bereits, als wir in den Graben einrücken. Das ist beabsichtigt, damit drüben kein Verdacht erregt wird. Nachdem die letzte Gruppe ihre Ausgangsposition eingenommen hat, begebe ich mich in den Kompaniegefechtsstand und melde den Vollzug an Leutnant Lange. Schon jetzt fällt mir auf – dafür kenne ich ihn viel zu gut –, daß unser beliebter Kompanieführer sich merkwürdig still verhält. Irgendeine Veränderung ist in ihm vorgegangen, das spüre ich genau. Mit der Einweisung der Kompanie ist mein Auftrag allerdings noch nicht erfüllt. Ich muß noch das telefonische Stichwort abwarten, das über Angriff oder Nichtangriff entscheidet. Erst dann kann ich dem Kommandeur die Angriffsbereitschaft persönlich am Gefechtsstand melden. Auf Stichwort „Blitz“ wird angegriffen, Stichwort „Heimat“ bedeutet Abbruch des Unternehmens. Bis Mitternacht ist noch viel Zeit, und so sitzen wir bei den Infanteristen im Gefechtsstand. Wir sprechen über das bevorstehende Unternehmen. Auch bei dieser Unterhaltung fällt mir auf, daß Claus Lange ungewohnt schweigsam ist. Er ist – nicht nur scheinbar – mit seinen Gedanken anderweitig beschäftigt. Um ihn auf andere Gedanken zu bringen, biete ich ihm einen Schnaps an. Doch er winkt ab. Das ist ganz gegen seine sonstige Verhaltensweise. Schließlich entfernt er sich schweigend aus unserer Mitte und geht nach oben. Ich folge ihm nur zögernd, sein Verhalten läßt mir keine Ruhe. Ich finde ihn in der ehemaligen Gaststube, in der noch ein paar Stühle und leere Tische stehen. Dort sitzt er allein. Ich gehe auf ihn zu und frage geradeheraus, was los ist. Zunächst behauptet er, es sei alles in Ordnung, er brauche nur ein wenig Ruhe. Da ich ihn viel zu genau kenne und er einsehen muß, daß ich mich mit dieser Antwort nicht zufrieden gebe, sprudelt es nach einer kurzen Pause aus ihm heraus. Er erzählt, daß dieses Haus, in dem wir uns befinden, das Elternhaus seiner hübschen Freundin ist, die wir alle von seinen Fotos kennen. In diesem Haus hat er einen Teil seines letzten Urlaubs verlebt, ehe er nach Mecklenburg weitergefahren ist. Er holt Bilder aus seiner Brieftasche hervor, die ihn mit der Freundin zeigen, im Garten auf einer Bank sitzend.

Dann geht er mit mir hinaus, um mich von der Wahrheit zu überzeugen. Geradewegs geht er in die hinterste Ecke des Gartens, wo die Bank – jetzt mit Schnee bedeckt – steht. Hier verharren wir eine Weile, indem er weiter von seinen Urlaubstagen berichtet. Zu jener Zeit dachte kein Mensch daran, daß Ostpreußen Frontgebiet werden würde. Jetzt führt die Hauptkampflinie nur wenige Meter hinter dem Garten entlang, und das Haus mußte geräumt werden. Wo die Menschen geblieben sind, weiß man nicht. Sie mußten Haus und Hof, ihre Heimat, in kürzester Zeit verlassen. Während wir noch immer über die gegenwärtige Situation sprechen, wird es langsam Zeit, zum Gefechtsstand zurückzugehen. Ich habe das Gefühl, daß er sich durch das offene Gespräch erleichtert fühlt, er bleibt aber weiter ernst und wortkarg. Wir warten nun auf die Durchsage des maßgeblichen Stichwortes. Genau um 23 Uhr läutet der Feldfernsprecher. Leutnant Claus Lange nimmt selbst den Hörer von der Gabel und meldet sich. Er wiederholt das Wort „Blitz" und legt wortlos den Hörer auf. Wir wissen alle, was das heißt. Nun wendet er sich an mich und sagt: „Es ist Zeit, du mußt gehen. Melde dem Kommandeur, daß alles in Ordnung ist und die 5. Kompanie zum Angriff bereitsteht." Ich ziehe meinen Mantel an und lege das Koppel um. Dann stehe ich vor meinem Kompanieführer, um mich korrekt abzumelden. Als ich ansetze, winkt er ab und reicht mir seine Hand. Wir stehen uns gegenüber und schauen uns fest in die Augen. Keiner bringt ein Wort hervor. Meine Kehle ist wie zugeschnürt. Nur flüchtig verabschiede ich mich von Ernst Barucha und den anderen und verlasse den nur mäßig erleuchteten Keller. Meine Stimmung ist alles andere als gut, mir ist zum Kotzen zumute. Deshalb bin ich froh, an der frischen Luft zu sein. Ich beeile mich, zum Bataillonsgefechtsstand zu kommen, um meine Meldung loszuwerden. Der Kommandeur nimmt sie selbst entgegen. Meine Stimme ist noch immer nicht richtig da. Er macht dazu eine Bemerkung, die ich aber mit „alles in Ordnung" beantworte. Ich bitte ihn, beim Gefechtsstand bleiben zu dürfen, doch ohne ein Wort zu verlieren, läßt er ein Beiwagenkrad kommen, das mich zum Küchenstützpunkt zurückbringen muß. Als wir mit dem Krad Merunen verlassen, hören wir erste Abschüsse unserer Artillerie, die den Angriff vorbereiten sollen. Wir sehen in den Feuerstellungen die Mündungsfeuer aufblitzen. Die Antwort von drüben läßt nicht lange auf sich warten. Der Höllenlärm einer Schlacht bricht los. Nach kurzer Fahrzeit haben wir bald den Küchenstützpunkt erreicht, der in einem Wäldchen an der Straße nach Treuburg liegt.

5. Januar 1945. Mitternacht ist vorbei. Vor uns im Osten tobt der Kampf. Leuchtspurgeschosse ziehen am Himmel ihre farbige Bahn. Die feindliche Artillerie schießt Störungsfeuer bis weit ins Hinterland. Einzelne Einschläge liegen ganz in der Nähe unseres Stützpunktes. Auf der Straße ist lebhafter Verkehr. Bei den untergestellten Fahrzeugen herrscht Ruhe. Nur der Posten dreht seine Runden. Auf dem Küchenfahrzeug ist noch Licht. Leutnant Hagen, unser Kompanieoffizier, befindet sich hier, weil es wärmer ist als auf den anderen Fahrzeugen. Der Küchenchef, Schorsch Ruckes, und der Koch, Kurt Nitschke, sind noch beschäftigt. Ich steige ebenfalls auf den Küchenwagen, um mich zu unterhalten. Schlafen kann ich sowieso nicht. Schorsch bietet mir zu essen an, doch ich lehne ab. Mir ist nicht danach zumute. Ich bin noch zu sehr aufgewühlt und mit meinen Gedanken bei Claus Lange und der Kompanie. Die Enge auf dem Küchenwagen ertrage ich nicht. Ich muß an die frische Luft. Als ich die Klappe des Ausstiegs öffne, höre ich auf der Straße wieder das Beiwagenkrad kommen. Der Fahrer hält und ruft nach der 5. Kompanie und nach Leutnant Hagen. Während der Posten sein „Hier" schreit, bin ich – nichts Gutes ahnend – mit einem Satz von der Küche herunter und laufe zur Straße. Am Krad angekommen, erkenne ich den Fahrer. Es ist derselbe, der mich gebracht hat. Ehe ich eine Frage stellen kann, meldet er: „Leutnant Hagen sofort nach vorne, Leutnant Lange ist gefallen." Ich bin wie vom Blitz getroffen und stehe noch immer fassungslos an der Straße, als das Krad mit Leutnant Hagen längst verschwunden ist. Die Nachricht geht von Wagen zu Wagen, läuft von Mund zu Mund. Alle Fahrer versammeln sich an der Küche und sind – wie ich – starr vor Trauer. Alle sind von dieser Nachricht erschüttert und können es nicht fassen. Unser Kompanieführer Claus Lange tot, das ist ein schwerer Schlag für uns und die Kompanie. Der ist so schnell nicht zu ersetzen, das wissen wir alle. Noch immer stehen wir diskutierend am Küchenfahrzeug, als ein weiteres Mal das Beiwagenkrad vorgefahren kommt. Es bringt unseren toten Kompanieführer. Wir tragen ihn zu einem der Fahrzeuge, um ihn mit nach Duneiken zu nehmen und dort würdig zu begraben. Noch in der Nacht wird das ganze Angriffsunternehmen abgebrochen und die Kompanie aus der HKL herausgezogen. Bevor es hell wird, treffen die Reste der Kompanie unter Führung von Leutnant Hagen bei den Fahrzeugen ein. Der Nachtangriff hat nicht nur das Leben des beliebten Kompanieführers gekostet, sondern der Kompanie hohe Verluste eingebracht, ohne daß mit dem Angriff irgendein Erfolg erzielt worden wäre. Das Unternehmen mußte abgebrochen werden. Viele gute Kameraden, mit denen ich Weihnachten und Silvester übermütig feiern konnte, finde ich nicht mehr unter den Zurückgekehrten. Viele haben schwere Fuß- und Beinverletzungen davongetragen, weil sie in ein Minenfeld geraten sind. In dieser Niedergeschlagenheit ist es ein kleiner Lichtblick, daß mein Freund und Vertreter, Unteroffizier Ernst Barucha, unversehrt davongekommen ist. Auf seinen Bericht bin ich besonders gespannt, befand er sich doch in unmittelbarer Nähe von Leutnant Lange, als ihn die tödliche Kugel traf. Bevor wir zur Abfahrt fertig sind, schildert er mir seine Eindrücke wie folgt: „Als der Feuerschlag der eigenen Artillerie begann, machten wir uns im Kompaniegefechtsstand zum Angriff fertig. Dann verließen wir den Keller und traten ins Freie. Claus Lange war noch schweigsamer als vorher. Wir mußten noch etwas warten. Genau um 0 Uhr gab er das verabredete Zeichen zum Angriff. Die Gruppen und Züge verließen den schützenden Graben und begaben sich auf das dünn mit Schnee überzogene Gelände. Der Feind schoß Leuchtkugeln, und kurz darauf setzte heftiges MG- und Gewehrfeuer ein, Artillerie und Granatwerfer folgten. Pak und „Ratschbumm" feuerten in rascher Folge. Wir folgten schnell der aus dem Graben stürmenden Kompanie durch den Garten. In dem Moment, als wir an der dort stehenden Bank vorüber wollten, fiel Claus Lange von einem Geschoß getroffen vornüber. Ich kniete sofort bei ihm nieder, um zu helfen, doch hier gab es nichts mehr zu helfen. Leutnant Claus Lange war sofort tot. Ich ließ ihn zum Gefechtsstand zurückbringen und folgte der im schweren Abwehrfeuer vorgehenden Kompanie. Hier waren mehrere Ausfälle entstanden. Wie ein Lauffeuer hatte sich der Tod des Kompanieführers durch die Kompanie verbreitet und lähmte den Angriffsschwung. Noch bevor die eigentliche russische Stellung erreicht werden konnte, erstarb der Angriff in den Minenfeldern. Hier gab es entsetzliche Ausfälle. Kameraden, die den schon Verwundeten beistehen wollten, gerieten selbst auf die verlegten Tretminen und schleppten sich verwundet zurück. Andere lagen deckungslos auf der hartgefrorenen Schneefläche, dem starken Feuer der Russen ausgesetzt, die das Gelände ständig mit Leuchtkugeln erhellten. Bittere Minuten mußten überstanden werden, bis die vielen Verwundeten zurückgebracht werden konnten. Die im eigenen Graben verbliebenen Infanteristen halfen vorbildlich bei der Bergung und Versorgung. Nach und nach zogen sich die Reste der Kompanie in die Ausgangsstellung zurück. Der Angriff war eindeutig gescheitert, die hohen Verluste waren umsonst."

Entmutigt und niedergeschlagen zugleich haben die, die diese Nacht heil überstanden haben, auf den Fahrzeugen Platz genommen. Mit dem gefallenen Kompanieführer in ihrer Mitte fährt die Kompanie – fast ein Trauerzug – nach Duneiken in die alten Quartiere zurück. Hier, in den vertrauten Unterkünften, gibt es nur ein Thema, und zwar den Tod des Kompanieführers Claus Lange. Große Niedergeschlagenheit hat die Soldaten erfaßt. Er war für alle in der Kompanie das Vorbild schlechthin und wurde von allen gleichermaßen geachtet und verehrt. Er war durchaus ein strenger Vorgesetzter, aber zugleich auch Kamerad und Freund. Sein Tod hinterläßt eine Lücke, die nicht so schnell zu schließen sein wird. Wie so viele meiner Freunde und Kameraden werde ich ihn nie vergessen.

6. Januar 1945. Noch ganz unter dem Eindruck des gestrigen Geschehens stehend, sind wir aufgestanden und machen uns fertig. Heute soll Claus Lange zur letzten Ruhe gebettet werden. Die Uniformen werden in Ordnung gebracht, das Lederzeug geputzt. Die gesamte Kompanie, einschließlich Fahrer, Schreiber, Instandsetzungsstaffel und Troßangehörige wollen „ihren Kompanieführer" auf seinem letzten Weg begleiten. Mit einigen Lkws fahren wir zur Begräbnisstätte. Auf einer kleinen Anhöhe inmitten des Dorffriedhofes nimmt die Kompanie am offenen Grab Aufstellung. Der Kommandeur, Hauptmann Wiesmann, und die Offiziere des Bataillons treten hinzu. Es folgt eine ergreifende Gedenkfeier, dann übergeben wir den toten Kompanieführer, unter dem Salut seiner Soldaten, der ostpreußischen Erde. Wir marschieren schweigend zu den Fahrzeugen und fahren in die Unterkunft zurück. Am späten Nachmittag überreicht mir Hauptfeldwebel Behr den Urlaubs- und Wehrmachtfahrschein. An sich wäre es ein Anlaß zu großer Freude, doch zum gegenwärtigen Zeitpunkt empfinde ich diese Freude nicht. Ich bin völlig niedergeschlagen, weil ich schon so viele meiner besten Kameraden verloren habe. Um auf andere Gedanken zu kommen, marschiere ich mit Ernst Barucha durch den winterlichen Wald, der uns jetzt noch viel kälter erscheint als sonst.

7. Januar 1945. Der Tag meiner Abreise in den Urlaub ist gekommen. Nach dem Frühstück melde ich mich bei Leutnant Hagen, dem neuen Kompanieführer, und auf der Schreibstube ab. Dann nehme ich kurz Abschied von den Kameraden des Kompanietrupps und mache mich auf den Weg zum Bataillonsgefechtsstand. Ernst Barucha begleitet mich dorthin. Als ich mich von ihm verabschiede, ahne ich nicht, daß es ein Abschied für immer sein wird. Vom Bataillon werde ich mit einem Kfz. 15 zur nächsten Bahnstation nach Gordeiken gebracht. Bald kommt ein Dienstzug, in dem ich Platz nehmen kann. Weil keine direkten Urlauberzüge mit Fernziel fahren, entscheide ich mich für Königsberg als erstes Reiseziel. Ich will meine Freundin in Metgethen aufsuchen und dann erst nach Gladenbach weiterfahren. Vielleicht kann sie ein paar Tage Urlaub bekommen und mit mir fahren, damit ich sie zu Hause vorstellen kann. Der Dienstzug setzt sich bald in Bewegung. Das Wetter ist so trübe wie meine Stimmung. Der Blick nach draußen über das Land ist fast trostlos. Der Himmel ist grau mit Wolken verhangen und der Schnee fast schmutzig anzuschauen. Wir fahren über Lötzen–Bartenstein nach Königsberg (Hauptbahnhof). Mit einiger Verspätung treffe ich hier ein. Dann folgt das letzte Stück Bahnfahrt nach Metgethen. Meine Freundin und ihre Eltern sind vollkommen überrascht von dem unerwarteten Besuch. Wir beschließen am Abend, nach Gladenbach zu fahren.

8. Januar 1945. Mit meiner Freundin fahre ich nach Königsberg. Dort wollen wir bei ihrer Dienststelle, der Reichsbahndirektion, versuchen, Urlaub zu bekommen. Wir sprechen mit dem Vorgesetzten und finden offene Ohren. Der Urlaub wird genehmigt. Wir fahren sofort nach Metgethen zurück und packen ihren Koffer. Eine Stunde später sitzen wir bereits im D-Zug nach Berlin. Auf der ganzen Strecke liegt überall Schnee. Draußen ist es bitterkalt. Der Zug ist mäßig geheizt. Mit einiger Verspätung erreichen wir die Außenbezirke von Berlin. Durch die Stadtbezirke fährt der Zug sehr langsam. Überall sind Trümmer von den Luftangriffen zu sehen. Je weiter wir uns dem Stadtzentrum nähern, desto größer sind die Zerstörungen. Am Bahnhof Zoo steigen wir aus, um eine Tante meiner Freundin zu besuchen. Gleichzeitig erkundigen wir uns bei der Auskunft nach den weiteren Zugverbindungen Richtung Kassel. Für den Besuch haben wir genügend Zeit. Die Tante erzählt uns, daß es in jeder Nacht Fliegeralarm gibt und dann die Keller aufgesucht werden müssen. Deshalb sind wir froh, daß wir vor Einbruch der Dunkelheit die Stadt verlassen können. Vom Anhalter Bahnhof fahren wir nach Halle weiter. Als wir dort in die Bahnhofshalle einfahren, gibt es Fliegeralarm. In Bahnhofsnähe finden wir in einem Luftschutzbunker Schutz. Bomben fallen in der Stadt und in Bahnhofsnähe. Eigentlich sollten wir um 23.25 Uhr weiterfahren, doch bei den Eisenbahnern finden wir nur Schulterzucken. Keiner weiß etwas Näheres. Am sichersten ist Warten auf dem Bahnsteig, das ist die einzige Auskunft. Wegen der Kälte laufen wir ständig auf und ab.

9. Januar 1945. Mitternacht ist längst vorbei, als endlich ein Zug Richtung Kassel angekündigt wird. Bald darauf läuft er ein. Doch was ist das für ein Geisterzug. Alles vollständig verdunkelt. Nirgends brennt ein Licht in den Abteilen, und nicht eine Fensterscheibe im ganzen Zug ist noch heil. Wir nehmen im ersten Wagen hinter der Lok Platz, in der Annahme, dort etwas von der Wärme des Kessels abzubekommen. Der Heizer auf der Lok scheint auch Mitleid mit den Reisenden zu haben, denn die Heizung zischt und dampft, sorgt aber nur für wenig Wärme im Abteil. Aber auch nur solange, wie der Zug auf dem Bahnsteig steht. Während der Fahrt ist nichts mehr von Wärme zu spüren. Der Fahrtwind bläst durch die offenen Fenster und läßt die Fahrgäste vor Kälte zittern, so sehr sie sich auch einhüllen. Unterwegs gibt es immer wieder auf den größeren Bahnhöfen längeren Aufenthalt. Dann steigen wir aus und laufen uns auf dem Bahnsteig warm. Endlich erreichen wir – es wird langsam hell – die Station Kassel. Wir landen aber nicht auf dem Hauptbahnhof (der ist durch Fliegerbomben zerstört), sondern auf dem Bahnhof Wilhelmshöhe. Von hier müssen wir aber noch weiter. Also müssen wir wieder warten, bis ein Zug nach Marburg kommt. Stunde um Stunde stehen wir auf dem verschneiten Bahnsteig und klappern vor Kälte. Trotz hoher Stiefel sind unsere Füße bald gefühllos. Auch hier gibt es keine vernünftige Auskunft durch das Bahnpersonal. Ihr Rat lautet lapidar: „Am besten ist Warten." Es bleibt uns keine andere Wahl. Dann ist es endlich soweit. Aus Hannover trifft ein Zug nach Frankfurt ein. Wir steigen in den Zug und freuen uns, daß die Fahrt bald ein Ende hat. In zwei Stunden haben wir Marburg erreicht und finden sofort Anschluß nach Gladenbach. Wir sind überglücklich, endlich am Ziel zu sein!

19. Januar 1945. Nach sehr schönen, vom Wetter begünstigten Urlaubstagen müssen wir heute an die Rückreise nach Ostpreußen denken. Meine Freundin hat nur noch bis zum Wochenende Urlaub und muß am Montag ihren Dienst antreten. Sicher ist, daß wir unterwegs mit Aufenthalt zu rechnen haben, den niemand voraussehen kann. Die Städte werden ja fast täglich von feindlichen Bombern angegriffen. Deshalb wollen wir Gladenbach morgen verlassen. Wir machen die Abschiedsrunde bei Freunden und Verwandten und bereiten uns auf die Fahrt nach Königsberg vor.

20. Januar 1945. Nach fast 14 Tagen Aufenthalt in Gladenbach treten wir heute die Rückreise nach Ostpreußen an. Nach dem Mittagessen heißt es, von meinen Angehörigen Abschied zu nehmen. Mit dem fahrplanmäßigen Zug um 13.35 Uhr verlassen wir den Bahnhof. In Marburg gibt es die erste Anschlußpanne. Der Zug aus Frankfurt wird mit viel Verspätung angesagt. Das hätte ich mir denken können, denn Frankfurt war in der vergangenen Nacht das Ziel eines schweren Luftangriffs, den wir aus unserem Giebel-

Letzte Urlaubstage vor dem Russeneinmarsch in Metgethen am 31. Januar 1945

fenster beobachten konnten. Mit Verspätung wird die Reise über Kassel–Nordhausen–Halle nach Berlin fortgesetzt.

22. Januar 1945. Nach einer schier endlos erscheinenden Fahrt ab Berlin – mit weiteren Verspätungen – erreicht der Zug endlich kurz nach Mitternacht die Dirschauer Brücke über die Weichsel. Ich stehe am Fenster und schaue in die Dunkelheit hinaus. In nicht allzu großer Entfernung sehe ich es hin und wieder aufblitzen und erkenne die typischen Bahnen von Leuchtspurmunition am Himmel. Da ich mir keinen rechten Reim darauf machen kann, wieso hier geschossen wird, gehe ich davon aus, daß sich in der Nähe ein Truppenübungsplatz befinden müßte. Der Gedanke beruhigt mich, und die Fahrt geht weiter. Als der Zug kurze Zeit später in den Bahnhof Elbing einfährt, wundere ich mich über die vielen Menschen, die zu dieser nächtlichen Stunde die Bahnsteige bevölkern. Um mir über das „Warum" Gewißheit zu verschaffen, öffne ich das Abteilfenster und frage die bis dicht am Zug Stehenden. Jetzt erfahre ich erst, daß es Menschen sind, die aus Lötzen und Allenstein flüchten mußten und jetzt mit der Bahn nach Westen wollen. Beide Städte sollen von den Russen eingenommen sein und große Landstriche dazu. Ungläubig starre ich die Sprechenden an, weil ich das einfach nicht glauben will. Wenn das alles stimmt, was ich hier zu hören bekomme, dann waren die Erscheinungen vor der Dirschauer Brücke keine Übungen, sondern – wie ganz richtig vermutet – Panzergeschosse des nahenden Feindes. Auf dem letzten Stück der Fahrt bis Königsberg bietet sich dann überall dasselbe Bild: Überfüllte Bahnsteige – hauptsächlich Frauen und Kinder mit viel Gepäck – und ratlose Reichsbahnbedienstete. Bald darauf erreichen wir Königsberg-Hauptbahnhof. Auch hier sind die Bahnsteige voller unglücklicher Menschen, und lange Menschenschlangen befinden sich vor der Fahrkartenausgabe. Noch ehe wir eben Angekommenen die Bahnhofshalle verlassen haben, werden die Wartenden durch Lautsprecher aufgefordert, die Bahnsteige zu räumen, da die Verbindung zum „Reich" unterbrochen ist. Wie ich später erfahre, saß ich mit meiner Freundin im letzten Zug, der die Dirschauer Brücke in Richtung Königsberg passieren konnte. Schon kurz danach ist die Brücke von den Russen erreicht und besetzt worden. Nicht auszudenken, was geschehen wäre, wenn der vollbesetzte Zug den anrückenden Russen in die Hände gefallen wäre.

30. Januar 1945. Die letzte Urlaubswoche habe ich in Metgethen ziemlich sorglos zugebracht. Erst gestern habe ich durch eine Begegnung mit deutschen Soldaten am Bahnhof Metgethen erfahren, daß sich die Lage in Ostpreußen dramatisch zugespitzt hat. Die Russen sollen bereits vor Königsberg stehen. Aufgefallen ist mir der starke Flüchtlingsstrom am Bahnhof, während in Metgethen selbst noch viel Zivilbevölkerung zu sehen ist. Die zuständige Behörde ist sich offenbar über den Ernst der Lage selbst nicht klar und hat die Bevölkerung nicht zur Flucht aufgerufen. Meine Freundin und ihre Mutter konnte ich allerdings dazu bewegen, „für alle Fälle“ ihre Koffer zu packen und Metgethen zu verlassen. Ich habe sie bereits gestern zum Bahnhof gebracht und konnte sie dort in einem Lazarettzug unterbringen, der auf eine Lok wartete. Heute morgen bin ich früh zum Bahnhof gegangen, um mich zu vergewissern, ob sie auch abgefahren sind. Das ist nicht der Fall. Deshalb schaffe ich sie in einen mir vom Aufsichtsbeamten angekündigten Personenzug und warte dessen Abfahrt ab. Ich selbst messe den unterschiedlichen Aussagen der angetroffenen Soldaten keine große Bedeutung bei, zumal ich erfahren habe, daß die 5. Panzerdivision im Stadtbereich Königsberg liegen soll und mein Urlaub erst morgen abläuft. Mir gelingt es noch, den Vater meiner Freundin zur Flucht zu bewegen. Obwohl er als männliches Wesen in Zivil befürchten muß, unterwegs „einkassiert“ zu werden, macht er sich zu Fuß auf den Weg nach Pillau. Da den ganzen Tag Schneeflocken vom Himmel fallen, ziehe ich es vor, in der Wohnung zu bleiben. Ich richte mein Gepäck und bringe das Fahrrad in Ordnung, um mich damit schneller fortbewegen zu können. Nach einem wohltuenden Bad gehe ich beruhigt schlafen.

31. Januar 1945. Unsanft werde ich durch einen lauten Knall aus dem Schlaf gerissen. Dieser Knall ist durch ein Geschoß verursacht worden, das durch mein Schlafzimmerfenster in die gegenüberliegende Wand einschlägt. Mit einem Satz bin ich aus dem Bett und in meinen Klamotten. Wenig später stehe ich auf der Straße. Ich höre Schüsse fallen und Frauen schreien. Ich springe die wenigen Meter vor zur Straßenbiegung, damit ich um die Ecke schauen kann. In etwa 100 bis 120 Metern Entfernung sehe ich beiderseits der Straße die mir bekannten erdbraunen Gestalten auf mich zu kommen. An der Form und der Farbe der Stahlhelme erkenne ich sie einwandfrei als russische Soldaten. Für mich wird es höchste Zeit zu verschwinden. Ich hole schnell das Fahrrad von der Hausveranda und radle durch das direkt angrenzende Werksgelände zur Straße nach Pillau. Hier steure ich zunächst in Richtung Pillau, weil ich nicht weiß, ob die Straße nach Moditten noch frei ist. Die Fahrt mit dem Fahrrad ist äußerst beschwerlich, da viel Schnee auf der Straße liegt. Als ich die bekannte Gaststätte „Vierbrüderkrug“ erreiche, kommen mir zwei Panzer unserer Division entgegen. Ich erkenne den einen Kommandanten und rufe ihm zu. Dann erkennt er mich auch. Er hält. Ich stelle das Fahrrad an einen Telegraphenmast und steige auf den Panzer. Er will in die Stadt zur Division. Zu dieser Zeit setzt starkes Schneetreiben ein. Der Panzer setzt seine Fahrt fort. Unterwegs berichte ich dem Kommandanten – es ist Oberfeldwebel Niemek – von den Russen, die in Metgethen sind. Daraufhin beschleunigt der Panzer. Als wir vor Moditten aus dem Wald herauskommen, fallen erste Schüsse. Kurz danach bekommen wir selbst starkes MG-Feuer. Ich suche hinter dem Turm Deckung. Unbeirrt geht es weiter. Von deutschen Soldaten, die hier etwa verteidigen, sehe ich nichts. Erst als wir Juditten erreicht haben, begegnen uns wieder deutsche Soldaten. Eine Wehrmachtkontrolle der Feldgendarmerie hält uns auf der Straße an. Die Panzer fahren weiter, ich werde einem Rittmeister der 1. Infanteriedivision zugeführt. Als ich mich mit dem gültigen Urlaubsschein ausweise, schüttelt er vielsagend den Kopf. Er übergibt mir 30 aufgegriffene Soldaten sowie deren Soldbücher und schickt mich damit zum Meldekopf der 1. Infanteriedivision, der im Nordbahnhof von Königsberg untergebracht sein soll. Dort liefere ich die Soldaten ab und erfahre den Standort meiner 5. Panzerdivision. Sie soll in der Nähe der Südkirche zu finden sein. Ich begebe mich auf das letzte Stück des Weges. Unterwegs in der Stadt treffe ich dann ein Versorgungsfahrzeug des II. Bataillons meines Panzergrenadierregiments 14, das mich endgültig zu meinem Truppenteil befördert. Wenig später melde ich mich auf unserer Kompanieschreibstube, die in einer imposanten Villa im Südteil der Stadt untergebracht ist. Mein unerwartetes Erscheinen ruft natürlich alles beim Troß auf den Plan. Keiner hat damit gerechnet, mich jemals in Ostpreußen wiederzusehen. Sie konnten ja nicht wissen, daß ich bereits seit dem 22. Januar auf ostpreußischem Boden bin. Um so größer ist jetzt das Interesse an meiner Anwesenheit. Jeder möchte von mir Neuigkeiten aus der Heimat und über die allgemeine militärische Lage erfahren. Ich freue mich jedenfalls, den „alten Haufen" wiedergefunden zu haben und nicht irgendwo bei einer Alarmeinheit gelandet zu sein. Das Wiedersehen mit den alten Kameraden vom Troß, besonders das mit Feldwebel Engelbert Hülsmann, der als Unterführerreserve hier ist, gibt mir das Gefühl absoluter Sicherheit. Ich erfahre, daß die Kompanie zur Zeit in Ponarth liegt und es ein schwerer und verlustreicher Weg war, von den Ruhequartieren in Duneiken – von wo ich in Urlaub fuhr – bis hierher an den Stadtrand von Königsberg. Mit großer Aufmerksamkeit verfolge ich die Berichte über die Einsätze der Kompanie: Am 13. Januar wird die Kompanie alarmiert. Der Russe geht zum Großangriff auf Ostpreußen über. Mit ungeheurer Wucht und nie gekanntem Einsatz an Menschen und Material durchbricht er die deutsche Front bei Schloßberg und Gumbinnen. Das II. Bataillon wird am 14. Januar im Raum Schloßberg eingesetzt und hat durch russische Panzer, gleich zu Beginn der Kämpfe, schwere Verluste. Dabei ist auch die 5. Kompanie. Mein treuer Freund und Vertreter im Kompanietrupp, Ernst Barucha, kommt aus diesem Einsatz nicht zurück. Er gilt als vermißt. Und mein langjähriger, fürsorglicher Freund Erwin Sabellek soll in Gumbinnen gefallen sein. Danach folgen täglich neue schwere Einsätze bis vor Königsberg, denen viele meiner vortrefflichen Kameraden zum Opfer fallen. Erst hier am Stadtrand kann die Front etwas stabilisiert werden. Diese Mitteilungen treffen mich gleich zu Beginn meiner Rückkehr schwer und gehen mir sehr nahe. An diesem Nachmittag fahre ich mit dem Versorgungsfahrzeug nach vorne, um mich beim Kompanieführer und dem Bataillonskommandeur zurückzumelden. Den Bataillonsgefechtsstand finde ich in Ponarth, und zwar in der Nähe der Brauerei. In einer Siedlung in der Nähe ist auch die 5. Kompanie untergebracht. Den Kommandeur, Hauptmann Wiesmann, finde ich mit seinen Offizieren in fröhlicher Runde beisammen. Durch die Nähe der Brauerei gibt es Bier genug, und das Bataillon befindet sich in Ruhestellung. Und ein Grund zum Feiern findet sich immer. Nach meiner korrekten Meldung „aus dem Urlaub zurück" brechen alle, die um einen großen Tisch sitzen, in ein schallendes Gelächter aus. Der Kommandeur reicht mir die Hand und fordert mich auf, neben ihm Platz zu nehmen. Ich bekomme zu trinken und muß in allen Einzelheiten über meine Rückkehr aus dem Heimaturlaub berichten. Auch von allen Offizieren hatte keiner mehr mit einem Wiedersehen gerechnet. Ich war bereits abgeschrieben. Der Kommandeur schickt mich als Unterführerreserve zum Troß zurück. Bevor wir mit dem Kfz. 15 abfahren, melde ich mich bei Leutnant Hunger, der die 5. Kompanie führt. In stockdunkler Nacht bringt uns Willi Staats sicher zurück.

5. Februar 1945. Auf den Tag genau bin ich heute vier Jahre Soldat. Nach dem Vormarsch mit dem Divisionsstab bis vor die Tore von Moskau stehen wir jetzt auf deutschem Boden, um die alte preußische Stadt Königsberg zu verteidigen. Während der Troß der Kompanie sich anschickt, mehr zur Stadtmitte hin Stellungswechsel zu machen, fahre ich mit Feldwebel Schorsch Ruckes nach Schönfließ, um für die Küche Kartoffeln zu organisieren. Das ist nicht ganz ungefährlich, denn die Mieten eines Gutes, das bereits von den Russen besetzt ist, liegen genau zwischen den Fronten. Wir sind aber erfolgreich. In Stellung liegende Infanterie gewährt uns Schutz.

6. Februar 1945. An diesem Vormittag erhalte ich den Auftrag, mit einem Lkw in die Stadt zu fahren und in Kellern von leeren Kliniken und ausgebombten Lazaretten nach Lebensmittelvorräten zu suchen. In einem leerstehenden Lazarett finden wir noch allerlei brauchbare Dinge. Leider sind vor uns andere Organisierer hiergewesen und sind mit den vorhandenen Schätzen nicht allzu zimperlich umgegangen. Gesucht hat man offenbar nur alkoholische Getränke. Angebrochene Flaschen, von denen genug herumstehen, zeugen davon. Viele nützliche Sachen sind achtlos weggeworfen worden oder liegen mutwillig zerstört auf dem Fußboden. Flaschen und Behälter sind umgestoßen, der Inhalt ist ausgelaufen. Wir tragen mehrere Kartons Büchsenmilch, etliche Kisten Malzbier, einen halben Sack Zucker, Essig, Salatöl, Gewürze und sogar eine große Flasche Maggi für die Küche nach oben und laden alles auf. Diese Ladung bringen wir zur Kompanie. Am späten Nachmittag starten wir zu einer weiteren Fahrt nach Schönfließ, um die Kartoffelvorräte aufzufüllen. Als wir die HKL erreichen, verweigert uns der Abschnittsführer der dort eingesetzten Infanteriekompanie die weitere Entnahme aus der Miete. Wir bieten ihm ein Geschäft an: Eine Lkw-Fuhre mit Kartoffeln zu seiner Küche gegen Unterstützung durch seine Leute, die uns beim Aufladen helfen, damit wir auch noch in der Nacht von der Miete wegkommen. Auf diesen Vorschlag geht er ein. Von den Infanteristen bewacht und unterstützt, rollen wir bis an die Miete heran und laden soviel, wie in die Säcke paßt. Wie abgesprochen, fahren wir nun zur Küche der Infanterie, um abzuladen. Sofort danach geht es zur Miete zurück, um uns selbst zu versorgen. Während der gesamten Aktion zwischen den Fronten bleiben wir vom Feind unbehelligt. Wir hören lediglich Gesang der Russen. Ohne Zwischenfall kommen wir sicher zu unserer Küche zurück.

10. Februar 1945. Die Gefechtskompanie liegt noch in Ponarth. Der Troß macht Stellungswechsel. Wir rücken weiter in die Innenstadt, bis fast in Pregelnähe, vor. Wir beziehen Quartiere in großen Mietwohnblocks am Güterbahnhof. Die Häuser sind noch größtenteils von der Zivilbevölkerung bewohnt. Wie sie uns gegenüber aussagen, wollen sie die Stadt nicht verlassen, ganz gleich, was auf sie zukommt. Im Moment kann man die Stadt auch gar nicht verlassen, denn sie ist von den Russen eingeschlossen. Das Wetter ist zur Zeit nicht gut. Es ist feuchtkalt und sehr windig. Zeitweise fällt Schnee, dann regnet es auch wieder. Auf den Straßen liegt Schneematsch.

16. Februar 1945. Heute ist ein langweiliger Tag beim Troß. Wie an vielen Tagen vorher, überbrücken wir die Zeit mit Kartenspielen. Das geht bis weit in die Nacht hinein. Kurz vor Mitternacht erhalte ich den Befehl, mich sofort nach Ponarth in Marsch zu setzen und beim Bataillonsgefechtsstand zu melden. Ich packe meine bereitliegende Gefechtsausrüstung zusammen und mache mich mit einem Fahrrad auf den Weg. Am Hauptbahnhof vorbei, fahre ich über die Dirschauer Straße in die stockdunkle Nacht hinein. Die Straße ist naß, und es regnet etwas. Ich melde mich auf dem Gefechtsstand bei dem Adjutanten und bin wenig später in der Unterkunft der 5. Kompanie. Hier liegt noch alles in tiefem Schlaf. Die Kompanie wird noch von Leutnant Hunger geführt.

17. Februar 1945. Nach dem Wecken der Kompanie melde ich mich bei Leutnant Hunger und übernehme den Kompanietrupp. Meine erste Aufgabe besteht darin, den personellen Bestand aufzunehmen und die Kampfstärke festzustellen. Ich muß zur Kenntnis nehmen, daß von den alten Kameraden nicht einmal mehr zehn Bekannte vorhanden sind. Der überwiegende Teil der Kompanie, einschließlich der Zug- und Gruppenführer, ist mir fremd. Ich muß die Soldaten noch kennenlernen. Im Laufe des Vormittages bekommen wir einen neuen Kompanieführer. Hauptmann Rottsahl löst Leutnant Hunger ab. An einsatzbereiten Waffen stelle ich vier leichte MG, vier Schießbecher für Gewehrgranaten, sieben Sturmkarabiner und 32 Karabiner 98k fest. Der Munitionsbestand ist dringend auffüllungsbedürftig; MG-Munition muß gegurtet werden. Bei meinem Rundgang durch die Gruppenunterkünfte hoffe ich, etwas über die vorangegangenen Einsätze zu erfahren. Meine Fragen zielen darauf ab, Näheres über den Verbleib meiner Freunde Erwin Sabellek, Ernst Barucha und anderen zu erfahren. Doch leider kann man mir nicht mehr sagen, als ich schon weiß. Die wenigen Kameraden, die diese Kämpfe heil überstanden haben, berichten nur von ihren eigenen unmittelbaren Erlebnissen. Die meisten Anwesenden haben die früheren Einsätze nicht mitgemacht, sie sind erst in den letzten 14 Tagen zur Kompanie gekommen. Man hat sie aus diversen Dienststellen, aus der Luftwaffe oder Marine „ausgekämmt" und zu Frontsoldaten gemacht. Im Grunde tun sie mir leid. Sie sind weder für den Fronteinsatz ausgebildet, noch haben sie vorher einen Schuß fallen hören. Ich gebe mir deshalb bei der Neueinteilung große Mühe, diese kampfunerfahrenen Kameraden mit den bereits kampferprobten zu mischen, wobei ich persönliche Wünsche selbstverständlich berücksichtige. Im längeren Gespräch mit den vielen Unbekannten bemühe ich mich, ein Vertrauensverhältnis aufzubauen.

18. Februar 1945. Der Tag beginnt mit einem Durchgang durch die Quartiere. Für 10 Uhr werden Hauptmann Rottsahl und ich zum Bataillonsgefechtsstand befohlen. Sämtliche Kompanieführer und Kompanietruppführer sind versammelt. Wir werden vom Kommandeur darüber informiert, daß das Bataillon einen Stellungswechsel durchführen wird. Die ganze Aktion hat unter größter Vorsicht und Geheimhaltung zu erfolgen. Sie beginnt nach Einbruch der Dunkelheit. Die entsprechenden Vorbereitungen sind – ohne Aufsehen zu erregen – sofort einzuleiten. Ich werde als Vorkommando mit einem Kfz. 15 des Bataillons sofort in Marsch gesetzt, um Quartiere für das Bataillon zu machen. Wir durchfahren die Innenstadt von Königsberg, dann geht es über die alte Pillauer Landstraße bis zum westlichen Vorort Juditten. Hier ist unser Ziel. Einige – angeblich von den Bewohnern verlassene – Häuser einer Straße sollen für die Einquartierung des nachfolgenden Bataillons reserviert werden. Wir treffen viele Familien an, die noch nicht geflüchtet sind und weiterhin dort wohnen, obwohl ihre Häuser und Wohnungen bereits in Reichweite russischer Geschütze liegen. Nach ihren Aussagen wollen sie in ihren Wohnungen bleiben, ganz gleich, was auch passieren wird. Sie hören nicht auf unsere Bedenken und Befürchtungen. Wir finden genügend Platz, um das Bataillon unterzubringen. Gegen 20 Uhr treffen die ersten Fahrzeuge ein. Die Kompanien können sofort die vorgesehenen Räume beziehen und zur Ruhe übergehen. Der Kompanieführer wird noch zum Bataillonsgefechtsstand befohlen. Er kommt mit der Weisung zurück, daß die 5. Panzerdivision und die 1. Infanteriedivision den Auftrag haben, den Einschließungsring um Königsberg aufzubrechen und die wichtige Straßen- und Bahnverbindung nach Pillau wiederherzustellen. Bereitstellungsraum ist der Westrand von Juditten. Dieser ist bis 4 Uhr morgen früh einzunehmen. Der Posten hat Anweisung, die Kompanie um 3 Uhr zu wecken. Ich mache noch einige Notizen und lege mich dann zum Schlafen hin.

19. Februar 1945. Pünktlich um 3 Uhr wird die Kompanie geweckt. Ich bin bereits auf den Beinen. Wir machen uns fertig und verlassen die ordentlichen Quartiere. Auf der Straße werden Stärke, Waffen und Munition noch einmal überprüft. Erst jetzt informiert man die Zug- und Gruppenführer über das beabsichtigte Unternehmen. Es wird noch einmal jedem klargemacht, um was es bei diesem Angriff geht und daß wir gegen einen zahlenmäßig überlegenen Feind anzutreten haben. Wir wissen, daß vom Erfolg des Unternehmens sehr viel für die Menschen dieser Stadt abhängt. Nur über den Weg nach Pillau können sie aus Königsberg herauskommen und den rettenden Hafen erreichen. Mit diesem Bewußtsein marschieren wir in den Bereitstellungsraum und erwarten dort weitere Befehle. Nach einem kurzen, heftigen Feuerschlag der Artillerie tritt zunächst die 1. Infanteriedivision zum Angriff an. Wir verhalten noch am Stadtrand, folgen dann aber am Bahndamm entlang. Nach einiger Zeit verlassen wir diesen und gehen in Deckung. Vor uns ist eine wilde Schießerei im Gange. Ein eigener Panzer brennt. Dann geht es weiter. Von vorne rechts vernehmen wir erheblichen Gefechtslärm. Dort ist die eigene gepanzerte Gruppe im harten Einsatz. Im weiteren Vorgehen erreichen wir den mir vertrauten Bahnhof Metgethen. Noch haben wir keine Feindberührung. Hinter der Gartenstadt Metgethen treffen wir auf einen stehenden Flüchtlingszug, der auf der Fahrt nach Pillau von den Russen gestoppt worden ist. Ein entsetzliches Bild wird uns geboten. Furchtbares müssen diese Menschen mitgemacht haben, die in dem Zug saßen. Die Waggontüren stehen nach beiden Seiten offen. Sämtliches Reisegepäck liegt beiderseits des Zuges auf dem Bahndamm. Koffer, Kisten, Wäschebündel – alles aufgerissen und durchwühlt. Kinderwagen stehen oder liegen ohne Inhalt auf dem schneebedeckten Boden herum. Die Säuglinge liegen, wie die Erwachsenen, tot zwischen diesem Durcheinander. Die meisten Toten sind Frauen und Kinder. Nur wenige ältere Männer sind darunter. Frauen und Mädchen – auch solche im schulpflichtigen Alter – liegen, von den Russen eindeutig mißbraucht und geschändet, teilweise entkleidet im Schnee. Ihre Schädel sind größtenteils zertrümmert, ihre Brüste mit Bajonettstichen durchbohrt. Vielen hat man den Ringfinger gewaltsam abgetrennt, um an den Schmuck zu kommen. Keiner von uns hat derartige Grausamkeiten je zuvor gesehen. Es steht uns leider kein Fotoapparat zur Verfügung, um diese entsetzlichen Greueltaten festhalten zu können. Wie sonst könnte man diese Dinge in der Kürze der Zeit dokumentieren? Aber wir müssen weiter. Wir bekommen Befehl, gegen das Gut Landkeim nördlich der Bahn vorzugehen. Jetzt erst bekommen wir Feindberührung. Dann schwenken wir Richtung Lehndorf ein und greifen den Ort an. Die ersten Ausfälle sind zu verzeichnen. Der Gefreite Schulz wird durch Granatsplitter tödlich verletzt, der Unteroffizier Kurz wird verwundet. Beim weiteren Vorgehen auf Lehndorf bekommen wir heftiges Feuer durch eine „Ratschbumm“, die wir an einem Strohschober ausmachen. Wir müssen über fast deckungsloses Gelände und haben weitere Ausfälle. Erst als das erkannte Geschütz ausgeschaltet ist, geht der Angriff zügig vorwärts. Wir stürmen die russischen Feldbefestigungen noch vor Einbruch der Dunkelheit, dann sichern wir das Vorwerk. Die Verluste sind schmerzlich. Der Grenadier Kleinherr und der Grenadier Staubach sind gefallen. Weitere 19 Kameraden sind durch Verwundung ausgefallen. Ich selbst habe einen erbsengroßen Splitter ins Gesäß bekommen, den ich von unserem Sanitäter, dem Obergefreiten Hoffmann, entfernen lasse. Zur Sicherung des Ortes Lehndorf sind eigene Panzer aufgefahren. Die Nacht wird bitterkalt. Wir wühlen uns in einen Strohschober hinein und lassen die Posten jede Stunde ablösen.

20. Februar 1945. Überraschend werden wir im Morgengrauen abgelöst. Wir marschieren zurück zur Bahnlinie. Wir sind froh, daß wir uns bewegen können und dadurch wieder warm werden. Wir sind reichlich durchgefroren. Als wir das Bahngleis erreichen, stoßen wir kurz vor dem Bahnhof Seerappen auf einen weiteren von Russen gestoppten und ausgeplünderten Flüchtlingszug. Hier bieten sich uns dieselben gräßlichen Bilder dar, wie wir sie gestern schon gesehen haben. Auch hier liegen zahlreiche vergewaltigte Frauen und Mädchen sowie erschlagene Kinder zwischen ihren Habseligkeiten. Diejenigen, die versucht haben wegzulaufen, wurden einfach von hinten abgeknallt. Sie liegen jetzt noch in einiger Entfernung auf dem Gesicht, so wie sie im Lauf getroffen wurden. Der Anblick der unschuldigen und wehrlosen Menschen erzeugt große Bitterkeit und Wut in uns. Etwa in Höhe des Güterbahnhofs Seerappen sichern wir nach Süden gegen den ausgedehnten Wald. Man vermutet dort versprengte Feindteile. Gegen Mittag wird die Sicherung aufgehoben. Wir werden über die Bahnlinie hinweg nach Norden eingesetzt. Von dort wird ein feindlicher Angriff erwartet. Es bleibt ruhig. Durch einen Schuß wird der Stabsgefreite Sapper am Gesäß verwundet. Nach den gestrigen Ausfällen beträgt die Kampfstärke der Kompanie noch 1/6/17 = 24 Soldaten. Mit dem Versorgungsfahrzeug bekommen wir heute vier Mann Verstärkung dazu.

21. Februar 1945. Die Nacht war ruhig. Es gab keine Zwischenfälle. Am frühen Morgen übernehmen wir die Sicherung des Bahnhofs Seerappen. Es muß damit gerechnet werden, daß der Feind die ihm entrissene wichtige Bahnverbindung Königsberg–Pillau wieder in seinen Besitz bringen will. In das zwei Kilometer entfernte Dorf Seerappen ist er im Laufe dieser Nacht bereits eingedrungen. Im Keller des Bahnhofsgebäudes richten wir den Kompaniegefechtsstand ein. Die sehr schwachen Gruppen bilden eine neue Stellung zirka 200 Meter vor dem Bahngelände. Die noch schwächeren Reste der 6. Kompanie mit 1/5/15 = 21 Mann und der 7. Kompanie mit 2/15 = 17 Mann werden uns unterstellt. Die Kampfstärke der drei Kompanien beträgt gerade 66 Soldaten. Hinzu kommen noch eine sMG-Gruppe mit sieben Mann und ein Funktrupp mit zwei Mann, insgesamt 75 Kämpfer. Unser Kompaniegefechtsstand wird sofort zur Verteidigung eingerichtet. Der Keller des Bahnhofsgebäudes ist ein massives Bauwerk. Funkstelle und Sanitätsraum sind sicher untergebracht. Zur Feindseite hin befinden sich kleine Kellerfenster, die sich hervorragend als Schießscharten eignen. Das gesamte Gelände bis zum Ort Seerappen – meist Weide- und Ackerland – kann gut beobachtet werden. Schlecht einzusehen ist lediglich die Straße zum Dorf, da einige Häuser hinter dem Bahnübergang die Sicht versperren. Der Bahnübergang und die Straße werden aber zusätzlich von einem etwas weiter hinten stehenden Sturmgeschütz gesichert. Im Laufe des Vormittages beobachten wir einzelne Russen am Ortsrand von Seerappen. Ein „Sherman"-Panzer fährt Richtung Dorfausgang. Sonst bleibt es ruhig. Es kommt zu keinen Kampfhandlungen. Erst nachmittags ändert sich die Lage. Aus Seerappen heraus greifen drei Feindpanzer mit zirka 25–30 Schützen auf der Straße an. Wir verhalten uns zunächst ruhig. Als einer der Panzer die Straße verläßt, um ausholend den Bahndamm zu erreichen, wird er von unserem Sturmgeschütz abgeschossen. Auch der zweite Feindpanzer wird zirka 100 Meter vor Erreichen des Bahnübergangs voll getroffen und ausgeschaltet. Daraufhin wendet sich der dritte Panzer zur Flucht. Das nützt ihm jedoch nichts mehr. Er wird in den Motor getroffen und steht auf der Straße in Flammen. Die Schützen werden unter gezieltes Feuer genommen. Eine Feindgruppe, die sich hinter dem brennenden Panzer in Sicherheit glaubt, wird durch eine darauf angesetzte eigene Gruppe angegriffen und vernichtet. Hierbei wird der Gefreite Borkowski verwundet. Abends bekommen wir elf Mann Ersatz zugeführt (Unteroffizier Bergmann, Unteroffizier Schlieseck, die Obergefreiten Küchler, Klaumünzer, Rebert, Reyer, Reumschüssel, die Gefreiten Schwarz, Wiedenbeck, Wetzel und Grenadier Krebs). Dann meldet sich der Gefreite Balfaß als Versprengter. Auch für die 6. und 7. Kompanie ist Ersatz angekommen.

22. Februar 1945. Während der Nacht ist es ruhig geblieben. Vormittags wird vom Bataillon mitgeteilt, daß beabsichtigt ist, das Dorf Seerappen anzugreifen und zu nehmen. Dazu bleiben die Restteile der 6. und 7. Kompanie uns unterstellt. Mehrere VBs treffen im Laufe des Vormittages ein, die den Angriff unterstützen sollen. Es kommen: VBs der 8. und 9. Kompanie des Panzergrenadierregiments 14 mit je drei Mann, der 2. Batterie des Panzerartillerieregiments 116 mit vier Mann sowie drei Mann der 9. Batterie des Panzerartillerieregiments 116. Nach kurzer Artillerievorbereitung greifen wir Seerappen von zwei Seiten an. Zunächst ist der Gegner überrascht, denn wir dringen in einem Sprung in das Dorf ein. Doch dann leistet er hartnäckigen Widerstand. Es kommt zum Kampf von Haus zu Haus. Es nützt ihm aber nichts. Wir erreichen das gesteckte Kampfziel und besetzen Seerappen.

23. Februar 1945. Seerappen ist in unserer Hand. Im Laufe der Nacht wird eine Sicherung nach Norden aufgebaut. Es ist zu keinen weiteren Kampfhandlungen gekommen. Tagsüber können die Soldaten in die Häuser gehen und sich frisch machen. Der Tag vergeht ohne den erwarteten Gegenstoß. Abends werden wir informiert, daß wir uns für den Angriff am Morgen bereithalten sollen. Mit dem Versorgungsfahrzeug kommt der Obergefreite Werner. Wir erhalten dringend benötigte Munition.

24. Februar 1945. Es ist noch dunkel, als wir Seerappen verlassen und in nördliche Richtung vorgehen. Der Angriff gilt dem Höhengelände des Galtgarbens, dessen Einnahme eine das Samland beherrschende Stellung garantiert. Die Russen halten die Höhen und die Dörfer besetzt. Während wir zum Angriff auf das Gut Laserkeim ausschwärmen, setzt das vorbereitende eigene Artilleriefeuer ein. Unwillkürlich fahren wir dann zusammen, als schwerste Kaliber der eigenen Schiffsartillerie über uns hinwegrauschen und vor unserem Abschnitt einschlagen. Bis zu uns hin bebt der Boden spürbar bei den Einschlägen der schweren Granaten. Doch der Feind bleibt davon unberührt. Bei Annäherung an das Gut schlägt uns wütendes Abwehrfeuer entgegen. Die ersten Ausfälle sind zu verzeichnen. Wir arbeiten uns näher an das Gut heran. Dann stürmen wir unter erheblichen eigenen Verlusten die feindliche Stellung. Der Feind verteidigt sich zäh. Im Nahkampf Mann gegen Mann bleiben wir die Sieger. Ich zähle 25 tote Rotarmisten in unserem Abschnitt. Zwei Russen geben sich gefangen und werden sofort zum Verhör nach hinten gebracht. Ein leichtes MG, mehrere Handfeuerwaffen und große Mengen Nachrichtenmaterial (Kabel und Fernsprecher) fallen uns in die Hände. Die eigenen Verluste des Vormittags sind erheblich. Der Gefreite Uschach ist gefallen. Verwundet werden Unteroffizier Borowski, Obergefreiter Werner, die Gefreiten Wollenberg, Sobotka, Weiduschat, Witzik, die Obergrenadiere Thiel und Stastny sowie die Grenadiere Schnegotzki und Mülkereit. Der Obergefreite Klaumünzer ist erkrankt und wird ebenfalls zum Arzt geschickt. Der Angriffstag ist jedoch noch nicht zu Ende. Nach kurzer Pause und Neuordnung greifen wir weiter an. Angriffsziel ist das Gut Reeßen. Zunächst geht es gut vorwärts, doch als wir die Straßenbiegung auf der Höhe erreicht haben, geraten wir in fürchterliches Abwehrfeuer. Artillerie, „Ratschbumm" und aufgefahrene Panzer zwingen uns in Deckung. Sofort haben wir zwei Verwundete (Obergefreiter Radtke und Gefreiter Wetzel). Pausenlos werden wir beschossen. Wir ziehen uns vom Höhenkamm etwas zurück. Nach erfolgter Meldung erhalten wir Befehl, die erreichte Stellung unter allen Umständen zu halten. Wir graben uns an Ort und Stelle ein. Abends werden wir versorgt. Unteroffizier Schlieseck, Unteroffizier Schnoor und Gefreiter Ottmann sind erkrankt. Die Obergefreiten Küchler und Reyer werden vermißt gemeldet. Wo sie abgeblieben sind, weiß keiner der Gruppenführer zu sagen. Die Ausfälle dieses Tages können glücklicherweise ausgeglichen werden. Ersatz wird zugeführt. Ich notiere als Zugang: Stabsfeldwebel Vesely, Feldwebel Wollschläger, Unteroffizier Breloh, die Obergefreiten Raddatz, Hermann, Gottschalk, Günters, Kaletta, Menker, die Gefreiten Haak, Brozoska, Stobbe, Stiemen und die Grenadiere Pogaznik, Thiel, Wollner und Richert. Durch die Ausfälle der letzten Tage und den zahlreichen Ersatz bin ich gezwungen, die Züge und Gruppen neu zu ordnen. Die Kompanie hat zwar wieder eine Stärke von 40 Soldaten, doch die Kampfkraft ist durch die Ausfälle stark eingeschränkt worden. Die überwiegende Zahl der zugeführten Soldaten ist kampfunerfahren und hat Einsätze wie gestern, Mann gegen Mann, noch nie mitgemacht. Die Gruppen werden bis zur Höhe vorgezogen und graben sich ein. Sie sichern den Abschnitt während der Nacht nach Norden.

25. Februar 1945. Die Nacht verläuft ohne besondere Vorkommnisse. Noch bevor es richtig hell wird, setzen wir den Angriff fort. Wir haben etwas mehr als einen Kilometer zurückgelegt und die Straßenbiegung nach Gut Reeßen erreicht, als der feindliche Beschuß einsetzt. Hauptsächlich aus dem Wäldchen links der Straße und den Höhen dahinter bekommen wir starkes Feuer. Ein Panzer aus Gut Reeßen setzt mit Direktbeschuß ein. Die ersten Ausfälle melden sich. An einem einzelnen Gehöft bleiben wir liegen. Ohne Panzerunterstützung kommen wir hier nicht weiter. Auf Befehl graben wir uns ein. Unsere VBs bekämpfen erkannte Ziele mit einzelnen Granaten. Die Munition ist knapp. Unsere Ausfälle halten sich in Grenzen. Verwundet werden Obergefreiter Hoffmann (unser Sanitäter), Obergefreiter Raddatz und der Gefreite Konieczny, alle drei durch Granatsplitter. Gegen Mittag meldet sich Feldwebel Scholz krank. Der Sanitäter schickt ihn zum Arzt. Der Nachmittag bleibt ruhig. Aus der Gegend Gut Barsenicken ist noch Gefechtslärm zu hören, der aber bald verebbt.

26. Februar 1945. Bei Tagesanbruch machen wir uns bereit, den Angriff fortzusetzen. Doch bevor wir den Befehl zum Antreten bekommen, wird die Aktion eingestellt. Offensichtlich ist man mit dem Erreichten zufrieden. Bahn- und Straßenverbindung nach Pillau können wieder in Betrieb genommen werden. Wir verbleiben zur Sicherung in der eingenommenen Stellung liegen und hoffen, daß wir bald abgelöst werden. Der Tag vergeht ohne Zwischenfälle und feindliche Störungen. Obergefreiter Paul ist erkrankt und geht zurück zum Arzt. Kurz nach Einbruch der Dunkelheit werden wir von Infanterie abgelöst und marschieren zurück. Gut eineinhalb Stunden sind wir marschiert, dann haben wir eine Wochenendsiedlung bei Bärwalde erreicht. Hier bekommen wir Quartiere, die wir sofort beziehen.

27. Februar 1945. Die Kompanie hat lange geschlafen. Erst um 8 Uhr wird Kaffee ausgegeben. Danach werden Waffen und Gerät überprüft und in Ordnung gebracht. Danach steht Körperpflege auf dem Programm. Sie wird mit viel Wasseraufwand durchgeführt. So vergeht der Tag schnell. Hauptmann Rottsahl wünscht von seinem Burschen, dem Melder Walter Sauer, zum Abendessen frische Bratkartoffeln. Die Kartoffeln sind bald gefunden, doch zum Braten braucht man auch Fett. Davon ist nur wenig vorhanden. Hilfesuchend wendet sich der Bursche an mich. Ich gebe ihm den guten Tip, Fett dort zu suchen, wo es gebraucht wird, und erwähne den Spruch: „Soldat sein heißt auf Draht sein!" Das läßt den Burschen und seinen Meldekameraden Herbert Müthling aufhorchen. Ich bin sicher, die beiden wissen sich zu helfen. Sie sind – nach meiner Einschätzung – nicht „auf den Kopf gefallen". Dann sind sie eine Zeitlang verschwunden. Nach ihrer Rückkehr braten die Kartoffeln in der Pfanne, und der Duft erfüllt das ganze Haus. Der Chef bekommt seine Bratkartoffeln, und der Rest wird vom Kompanietrupp aufgegessen. Alle sind zufrieden, und der Tag klingt in vorzüglicher Stimmung aus.

28. Februar 1945. Nach dem Tag der Ruhe und Wiederauffrischung machen wir heute leichten Dienst. Schießübungen mit Gewehrgranaten auf Einzelziele werden gemacht. Wir kommen zu der Überzeugung, daß die Wirkung dieser Waffe bisher noch nicht richtig erkannt worden ist. Nach unserer Erkenntnis liegt ihre Wirkung erheblich höher, als ursprünglich angenommen. Der Kompaniechef und ich sind der Auffassung, daß in jede Gruppe zwei Schießbecher gehören sollten. Der Waffenmeister, Feldwebel Kropp, wird beauftragt, die erforderliche Anzahl umgehend zu beschaffen. Als wir von der Schießübung zurückkommen, herrscht in der Unterkunft des Kompanietrupps große Aufregung. Der Hauptfeldwebel Fritz Riedl und Feldwebel Ruckes, unser Küchenchef, sind anwesend und machen Budenzauber. Ihr Vorwurf lautet: „Der Feldküche ist eine Dose Schmalzfleisch weggekommen." Die leere Dose wurde hier im Quartier, hinter dem Küchenschrank gefunden. Die Übeltäter können nur im Kompanietrupp zu finden sein. Die Angelegenheit wird dem Chef gemeldet. Er knöpft sich sämtliche Melder vor und „macht sie zur Sau". Jetzt muß ich einschreiten. Ich verlange, den Chef dienstlich unter vier Augen zu sprechen. Dabei mache ich ihm unverhohlen deutlich, daß er die Bratkartoffeln mit Genuß verzehrt hat, die mit diesem Fett gebraten worden sind, und daß er sie ausdrücklich von seinem Burschen verlangt hat. Danach wird die Angelegenheit nicht mehr so tragisch betrachtet. Spieß und Küchenchef werden entlassen. Ich verspreche ihnen baldige Aufklärung. Vom Bataillon werden uns drei Unteroffiziere und 23 Mann Ersatz zugeführt. Für mich bedeutet das viel Arbeit. Die Züge und Gruppen werden neu aufgestellt und formiert. Die Bewaffnung muß dringend ergänzt werden. Nach dem Mittagessen erfahren wir – völlig unerwartet –, daß wir die schönen Quartiere aufgeben müssen. Wir packen unsere Sachen zusammen und verladen alles auf die Fahrzeuge. Im motorisierten Marsch geht es ins nördliche Samland. Nach längerer Fahrt erreichen wir den Ort Neukuhren, direkt an der samländischen Küste. Hier beziehen wir Quartiere. Es ist schon fast dunkel, als ich mit mehreren Kameraden noch einen Gang zur Steilküste mache. Dieser Teil Ostpreußens ist uns noch unbekannt. Vor uns liegt die Ostsee in der Abenddämmerung. Kein Lüftchen ist zu spüren. Das Wasser ist ruhig. Kein Schiff ist zu sehen. Nur ein paar Möwen sitzen auf den Felsbrocken am Ufer. Ich mache eine Aufnahme am Strand, dann gehen wir in den Ort zurück.

Der Verfasser am samländischen Ostseestrand bei Neukuhren

2. März 1945. Der Aufenthalt an der Küste verlockt zu Spaziergängen am Strand. In aller Frühe bin ich bereits dort. Ein scharfer Nordwest bläst über die Küste und treibt dicke Wolken heran. Ich gehe eine weite Strecke am Wasser entlang, ehe ich wieder kehrtmache. Unterwegs treffe ich einige Kameraden, die am Seeufer nach Muscheln und Bernstein suchen. Gemeinsam gehen wir zurück. An der Feldküche wird schon das Essen ausgegeben. Neue Einsatzbefehle sind eingetroffen. Schon bald nach der Essenausgabe wird „Fertigmachen" befohlen. Starkes Schneetreiben setzt ein. In einer Stunde sitzen wir auf den Fahrzeugen und warten auf den Abmarschbefehl. Für 15 Uhr ist die Abfahrt vorgesehen. Durch Rauschen hindurch fahren wir auf die Reichsstraße 143. In einer knappen Stunde sind wir in der Nähe des Gutes Watzum. Dort verlassen wir die Fahrzeuge und marschieren eine kurze Strecke, bis wir an den Pracher Graben kommen. An der steilen Grabenböschung finden wir den Kompaniegefechtsstand der sichernden Volksgrenadierdivision. Es ist naßkalt und unfreundlich. Wir haben die Zeltbahnen umgehängt. Die Kompanie hält sich am Grabenrand bereit und wartet auf den Einsatzbefehl zum Angriff. Das Straßenkreuz nördlich Pertelnicken und das Gut dahinter sollen in eigene Hand gebracht werden. Inzwischen ist aus dem Schneetreiben ein eisiger Schneesturm geworden. Um 23 Uhr ist Angriffsbeginn. Das Ziel ist nicht erkennbar. Man sieht kaum seinen Nebenmann, geschweige denn Einzelheiten im Gelände. Zwischen dem Kompanietrupp und den Zügen besteht kurz nach Antreten keine richtige Verbindung mehr. Als die ersten Schüsse fallen und die ersten Verwundeten nach dem Sanitäter schreien, wird der Feind aufmerksam. Sofort setzt starkes Abwehrfeuer ein. Nicht nur durch Infanteriewaffen, sondern auch durch Artillerie, Pak und Granatwerfer, die auf Sperrfeuerräume eingeschossen sind, werden wir eingedeckt. Weit vor der russischen Stellung, die wir bei diesem Wetter nicht erkennen können, kommt der Angriff zum Erliegen. Von überall her hört man die Rufe der Verwundeten. Nur schwer lassen sie sich zurückholen. Dabei kommt es oft für den Helfer selbst zu Verwundung oder Tod. Die Sanitäter sind überfordert. Die noch gesunden Kameraden der Gruppen müssen den Kampf einstellen und helfend einspringen. Inzwischen ist es Mitternacht. Die Soldaten graben sich ein, soweit es der Boden überhaupt zuläßt. Einfache Vertiefungen im Schnee müssen oft ausreichen. Ich versuche, die Gruppen im Gelände aufzusuchen, was mir nur teilweise gelingt. Verluste kann ich wegen der Dunkelheit nicht aufzeichnen. Genaues erfahre ich nicht.

3. März 1945. Der Angriff soll bei Tagesanbruch fortgesetzt werden, sobald die eigenen Panzer dazu aufgefahren sind. Es wird nur ein Versuch. Schon bald sehen wir einen eigenen Panzer brennen. Das mörderische Feuer des Feindes setzt wieder ein. Wir haben weitere Verluste, ohne daß ich die gestrigen einwandfrei feststellen kann. Dann kommt der erlösende Befehl, den Angriff einzustellen. Der Kompanietrupp kann sich in den Ausgangsgraben zurückziehen. Die im Schnee liegende Kompanie muß für den Rückzug den Einbruch der Dunkelheit abwarten, um nicht weitere Verluste in Kauf zu nehmen. Sofort nach Dunkelwerden ziehen sich die Gruppen zurück. Im schützenden Graben angekommen, führe ich eine erste personelle Bestandsaufnahme durch, die ich später, der Vollständigkeit halber, noch einmal überprüfen muß. Fest steht, daß 50 Prozent der Kompanie bei diesem erfolglosen Unternehmen ausgefallen sind. Eine erschreckende Bilanz. Durchgefroren bis auf die Knochen und mit hängenden Köpfen marschieren wir zur Straße und zu unseren Fahrzeugen. Sie bringen uns wieder nach Neukuhren in die alten Unterkünfte zurück. Noch an diesem Abend stelle ich die Einzelheiten der Verluste zusammen. Gefallen sind: Feldwebel Wollschläger, Unteroffizier Bergmann, die Gefreiten Brzoska und Klang sowie der Grenadier Lubes. Verwundet sind die Kameraden Unteroffizier Ortner, die Obergefreiten Menker, Raddatz, Reumschüssel, die Gefreiten Haak, Rutkowski, Wollenberg, Kurschat, Krause, Bietz, die Grenadiere Pogacznik, Thiel, Krebs, Plohnke und Lohf. Noch vermißt werden die Kameraden Unteroffizier Breloh, Unteroffizier Scheder, Obergefreiter Gottschalk und Obergefreiter Scheidemann. Erkrankt sind Obergefreiter Kaletta, Gefreiter Ottmann und Gefreiter Schwarz. Sie gehen zum Truppenarzt.

4. März 1945. Noch ziemlich deprimiert über das mißlungene Unternehmen und die zahlreichen Ausfälle, die wir erlitten haben, bleiben wir in den Quartieren. Im Einvernehmen mit dem Kompanieführer bilde ich aus dem verbliebenen Rest der Unteroffiziere und Mannschaften neue Gruppen. Die Stärke der gesamten Kompanie beträgt genau 30 Soldaten. Davon ist der Obergefreite Hermann erkrankt und muß nach Königsberg ins Lazarett. Der Grenadier Sniegoczki meldet sich wieder zum Einsatz bei der Kompanie.

5. März 1945. Wir liegen noch in Neukuhren. Teile der Division werden verlegt. Wir bekommen Ersatz. Gefreiter Krestin und die blutjungen Grenadiere Grunenberg, Janicki, Kammreit, Schapoki, Wietczyschowski, Ludigkeit und Schmidt melden sich am Kompaniegefechtsstand. Letztere sind noch nicht lange Soldat und haben ihre Grundausbildung nicht einmal abgeschlossen.

6. März 1945. Im Laufe des Tages wird bekannt, daß wir der Division in den neuen Unterkunftsraum folgen werden. Aus dem Krankenrevier melden sich weitere Soldaten einsatzfähig. Es sind der Unteroffizier Paul, Obergefreiter Kläner, Gefreiter Ulrich und die Grenadiere Bloch, Müller und Wilhelm.

7. März 1945. Als letzte Einheit der Division wird unser II. Bataillon aus Neukuhren abgezogen. Die Verlegung hat sich etwas hinausgezögert, da der Abtransport wegen Spritmangels mit der Samlandbahn erfolgen muß. Wir verladen Waffen und Gerät auf die Fahrzeuge und fahren dann zum Bahnhof Groß Dirschkeim. Hier werden die Fahrzeuge auf Waggons verladen. Im Bahntransport rollen wir an der samländischen Küste entlang bis nach Fischhausen. Ab hier geht es dann im motorisierten Marsch nach Groß Blumenau, wo wir Quartiere beziehen. Es kostet allerdings einige Überwindung, die zugewiesenen Häuser in gewohnter Weise zu beziehen. Raum ist genug vorhanden, doch am Zustand im Inneren erkennt man sofort, daß russische Soldaten hier gehaust haben. Überall liegt zerstörter Hausrat herum, Schmutz und Unrat starren uns entgegen. Bevor wir das für den Kompanietrupp ausgewählte Haus beziehen, müssen wir bewohnbare Verhältnisse schaffen. Wir machen uns deshalb sofort an die Arbeit und haben viel zu tun, bis der Dreck ausgeräumt und alles gereinigt ist.

8. März 1945. Als ich heute morgen ins Freie trete, werde ich von frühlingshaften Temperaturen überrascht. Es ist der erste angenehme Tag nach den langen und unfreundlichen Wintertagen. Der Schnee taut, und die Erde kommt hier und da zum Vorschein. Nach dem Frühstück folge ich einer alten Gewohnheit und mache mich mit einem Melder auf den Weg, um mir die Umgebung näher anzuschauen. Wir marschieren zunächst nach Norden zum Bahndamm, wo jetzt die Züge nach Pillau und Königsberg wieder verkehren. Wir gehen ein Stück am Bahndamm entlang und wenden uns dann in einem großen Bogen bis an den Waldrand, an dem wir zurückgehen. Dabei entdecken wir nicht nur einen Fischteich, sondern ein großes Sägewerk mit erheblichen Holzvorräten. Diese Feststellung bringt mich sofort auf die Idee, den Kompaniegefechtsstand in einen Bunker zu verlegen. Das Dorf wird ohnehin zur Rundumverteidigung eingerichtet werden. Im großen Garten des Hauses wähle ich einen geeigneten Platz für den Bunker aus und fahre anschließend mit einem Lkw zum Sägewerk, um geeignetes Bauholz herbeizuschaffen. Wir laden Balken und Vierkanthölzer sowie Bretter für den Innenausbau auf und fahren zurück. Danach beginnen wir sofort mit den Ausschachtungsarbeiten. Alle im Kompanietrupp müssen anfassen. Bis zum Verpflegungsempfang haben wir ein großes Loch ausgehoben.

An personellen Veränderungen ist heute festzuhalten: Hauptmann Rottsahl ist erkrankt. Er muß zum Arzt und kommt nicht wieder zurück. Der Gefreite Konieczny muß sich als Sanitäter beim Truppenarzt melden und dort einen Lehrgang machen. Aus dem Krankenrevier werden Obergrenadier Höhneburg und die Grenadiere Mössinger und Richert gesund entlassen. Sie gehen zu ihren Gruppen zurück.

9. März 1945. Bei angenehmer Außentemperatur setzen wir die Arbeit an unserem Bunker fort. Wie ich schon vermutet hatte, erhalten wir Befehl, am nördlichen Ortsrand Stellungen auszuheben, damit Groß Blumenau im Falle eines Angriffs verteidigt werden kann. Die Züge und Gruppen bekommen entsprechende Abschnitte zugewiesen und beginnen mit dem Stellungsbau. Ich freue mich sehr über das Wiedersehen mit meinem Freund Willi Kost, der nach Absolvierung eines Unterführerlehrganges als Unteroffizier zur Kompanie zurückgekommen ist. Er gehört seit vielen Jahren (länger als ich) zum alten Stamm der Kompanie. Mit ihm kommt der Obergefreite Taugs, ebenfalls ein altgedienter Soldat der 5. Kompanie. Beide werden als Gruppenführer eingesetzt.

11. März 1945. Unser Gefechtsstandbunker geht seiner Vollendung entgegen. Nur noch Kleinigkeiten an der Innenausstattung sind vorzunehmen, dann ist der Bau fertig. Der Kompanietrupp hat bereits das Wohnhaus verlassen und im Bunker seine Plätze eingenommen. Nur der Platz für den Kompanieführer ist noch frei. Hauptmann Rottsahl ist vom Arztbesuch noch nicht zurück. Eine entsprechende Meldung habe ich telefonisch

Letzter Bunkerbau in Groß Blumenau in Ostpreußen

dem Bataillon durchgegeben. An seiner Stelle wird Oberleutnant Schlösser neuer Kompanieführer. Er kann direkt im neuen Bunker Quartier beziehen. Vom ersten Augenblick an habe ich zu ihm ein ausgezeichnetes Verhältnis. Wir verstehen uns auf Anhieb hervorragend. Unteroffizier Felix Klar meldet sich als Zugang zurück.

12. März 1945. Mit dem neuen Kompanieführer gehe ich heute durch die Gruppenquartiere. Er ist Rheinländer und findet schnell Kontakt zu den Soldaten. Für jeden hat er ein freundliches Wort, und das macht ihn so sympathisch. Er ist zufrieden mit dem, was er gesehen und gehört hat und findet die Stimmung in der Truppe ausgezeichnet. Leutnant Hunger, der bereits im Januar der Kompanie angehörte, kommt zurück und wird den I. Zug übernehmen. An diesem Abend sind alle Offiziere des Bataillons bei uns zu Gast. Sie sind zur Einführung von Oberleutnant Schlösser als Kompanieführer gekommen, halten aber auch die Einweihung des gelungenen Kompaniegefechtsstandes für einen Grund zum Feiern. Mit Hauptmann Hans Wiesmann, Hauptmann Rein, Oberleutnant Mundt und Leutnant Karl Klinkhammer vom Bataillonsstab sind auch die Offiziere der anderen Kompanien erschienen. Es wird eine feuchtfröhliche Nacht, die erst zu Ende geht, als auch die letzte Flasche geleert ist. Vielleicht war der Abend deshalb so schön, weil alle ahnen, daß es die letzte Zusammenkunft dieser Art und in dieser Atmosphäre in Ostpreußen sein wird. Das große Unheil, das uns noch heimsuchen soll, braut sich bereits zusammen. Nach den spärlichen Nachrichten, die uns erreichen, steht der Großangriff der Russen zur Einnahme Ostpreußens unmittelbar bevor. Was wird mit all den Menschen geschehen, die sich – im naiven Glauben an die Menschlichkeit der Rotarmisten – an ihre Heimat klammern und sie auf keinen Fall verlassen wollen? Einen Vorgeschmack davon haben wir in den Dörfern und an den gestoppten Zügen bei Metgethen und Seerappen bereits bekommen.

14. März 1945. In den beiden letzten Tagen hat der Stellungsbau um Groß Blumenau gute Fortschritte gemacht. Mit Oberleutnant Schlösser gehe ich an diesem Morgen unseren Bauabschnitt ab. Wir geben – wo es notwendig erscheint – noch Hinweise für Verbesserungen. Es ist der letzte Gang, den ich mit Oberleutnant Schlösser vornehmen kann, denn kurz nach unserer Rückkehr wird er zum Regiment abberufen. Hauptmann Rottsahl ist wieder aufgetaucht und übernimmt die Kompanieführung. Ich bedauere diesen Wechsel sehr, kann aber nichts daran ändern. Mir fehlt die Vertrauensbasis zu diesem Offizier.

21. März 1945. Frühlingsanfang. Wir liegen noch in Groß Blumenau. Der Stellungsbau vor dem Dorf ist längst beendet. Bei dem herrschenden Wetter – es ist überwiegend trocken – macht die Kompanie auf dem nahen Sportplatz leichten Dienst. Hauptsächlich Übungsschießen auf Kopfscheiben und mit Gewehrgranaten. Letzteres ist offensichtlich das Steckenpferd des Kompanieführers. Durch personelle Veränderungen in der letzten Woche sind etwa 55 Soldaten einsatzbereit. Das Bataillon hat uns heute drei Unteroffiziere zugeteilt (Unteroffizier Albrecht, Unteroffizier Beck und Unteroffizier Moser). Unteroffizier Strasmann und Gefreiter Samoschka sind erkrankt und werden zum Arzt geschickt. Der Gefreite Ulrich hilft ab sofort in der Schreibstube. Gegen Abend dieses ersten Frühlingstages spaziere ich mit einem Melder, Gefreiter Herbert Müthling, zum Fischteich. Wir haben uns zwei Handgranaten und etwas Hafer eingesteckt und wollen versuchen, Fische zu fangen. Am Teich angekommen, läßt sich in Ufernähe kein Fisch erblicken, doch als wir eine Handvoll Körner ins Wasser werfen, kommt Leben in den Teich. Auf Verdacht werfen wir an der Schattenseite eine Handgranate ins Wasser. Zunächst sehen wir nur kleine Fische nach oben kommen, doch dann entdecken wir einen großen Hecht. Mit Hilfe eines Korbes gelingt es uns vom Kahn aus nach einiger Zeit, den Hecht an Land zu bringen. Er wiegt fast vier Kilogramm und wird an diesem Abend noch vom Kompanietrupp verspeist.

1. April 1945. Der Monat März ist ohne große Besonderheiten zu Ende gegangen. Wir liegen noch in Groß Blumenau und machen Ausbildung und leichten Dienst, um die zahlreichen jungen Soldaten, die in letzter Zeit gekommen sind, in die Kompanie zu integrieren. Gestern sind uns zwölf ganz junge Soldaten als Ersatz zugeführt worden, an deren Ausbildung es noch so manches auszubügeln gibt. Die Stimmung unter den Kameraden ist zuversichtlich, wenn auch die allgemeine Lage in Ostpreußen immer ernster wird. Seit einiger Zeit wird gemunkelt, daß Oberst Herzog mit der 5. Panzerdivision bis nach Schlesien durchbrechen will. Dieser Plan soll aber als unrealistisch von ganz oben abgelehnt worden sein. Unser Kompanieoffizier Leutnant Hunger wird zum Bataillon befohlen. An seiner Stelle soll Leutnant Hagen zur Kompanie kommen. Bevor dieser eintrifft, erklärt mir Hauptmann Rottsahl, daß er ebenfalls versetzt sei. Er müßte sich beim Regiment melden. Leutnant Hagen werde die Führung der Kompanie übernehmen. Daraufhin läßt er sich mit einem Pkw – angeblich – zum Bataillon fahren, um sich dort abzumelden. Es dauert noch etwa eine Stunde, bis Leutnant Hagen bei uns eintrifft. Er ist baß erstaunt, die Kompanieführung übernehmen zu müssen. Damit hat er offensichtlich nicht gerechnet und glaubt an einen Aprilscherz. Erst als ich ihm erkläre, daß Hauptmann Rottsahl – nach eigenen Angaben – zum Regiment versetzt sei und er die Kompanie übernehmen soll, gibt er sich damit zufrieden. Wir sprechen noch eingehend über die Kompaniestärke, deren Bewaffnung, Besetzung und über den Ausbildungsstand, der zur Zeit erreicht ist. So geht dieser erste Aprilsonntag mit allerlei Veränderungen zu Ende.

2. April 1945. Mit Leutnant Hagen gehe ich an diesem Morgen durch die Unterkünfte. Ich mache ihn mit den Zug- und Gruppenführern bekannt, soweit er sie nicht schon von seinem früheren Aufenthalt her kennt. Daran anschließend machen wir auf dem Sportplatz Gefechtsausbildung bis zur Essenausgabe. Etwa um diese Zeit spreche ich telefonisch mit dem Bataillonsadjutanten, Oberleutnant Mundt. Dabei erwähne ich auch den Wechsel in der Kompanieführung und spreche über die Versetzung von Hauptmann Rottsahl zum Regiment. Zu meiner Überraschung werde ich vom Kommandeur sofort zum Bataillon befohlen. Es ist kein weiter Weg, deshalb bin ich bald dort und melde mich. Nun muß ich den Ablauf des Führungswechsels in der Kompanie in allen Einzelheiten schildern. Aufgrund einer sofortigen Rückfrage beim Regiment und des Ergebnisses aller Ermittlungen steht fest, daß sich der ausgekochte Hauptmann von der Truppe abgesetzt und aus dem Staube gemacht hat. Die angebliche Versetzung war nur Vorwand und ein geschickter Schachzug, um Zeit zu gewinnen. Wo er abgeblieben ist, konnte nie geklärt werden. Große Fassungslosigkeit bleibt bei uns zurück.

6. April 1945. Als ich an diesem Morgen aus dem Bunker krieche, um mich etwas frisch zu machen, stelle ich fest, daß die Ruhe an der Front vorüber ist. Deutlich höre ich das typische Grollen, jedoch in einem Ausmaß, wie ich es bisher noch nicht gekannt habe. Vor allem aus Richtung Königsberg rumoren diese unverwechselbaren Geräusche herüber. Russische Schlacht- und Jagdflieger beherrschen den Luftraum. Ich beobachte ihre Angriffe auf die Straße nach Pillau. Das ist der erwartete und von den Russen auf Flugblättern angekündigte Großangriff auf den noch in deutscher Hand befindlichen Teil Ostpreußens. Wir treffen Vorsorge für baldigen Einsatz. Um 10 Uhr wird erhöhte Alarmbereitschaft befohlen. Ich überprüfe die Gliederung der Kompanie. Alles ist in Ordnung. Mittags sind wir noch im Wartestand. Die Feldküche gibt das Essen aus. Auch der Nachmittag vergeht ohne Besonderheiten. Abends geht die Kompanie zeitig zur Ruhe über. Vorsorglich werden zusätzlich Posten an die Nordseite des Dorfes aufgestellt. In Anbetracht des zu erwartenden schweren Einsatzes nehme ich die Personalien der Kompanie noch einmal auf.

Die 5. Kompanie, Panzergrenadierregiment 14, am 6. April 1945 vor dem Angriff auf Gut Landkeim bei Metgethen in Ostpreußen, meinem letzten Einsatz:

Lt. Hagen, Kompanieführer

Kompanietrupp:		**Einsatzgruppen:**			
Fw.	Will	Uffz.	Strasmann	Uffz.	Maas
Gefr.	Müthling	Stbgf.	Köster	Ogfr.	Lutz
–"–	Stobbe	Gefr.	Eismann	–"–	Kalisch
–"–	Leimbach	–"–	Schwarz	–"–	Waltersam
Ogfr.	Moschner	Gren.	Müller I	Gefr.	Gärtner
Gefr.	Konieczny	–"–	Raschpichler	–"–	Poser
Uffz.	Schnoor			Gren.	Kaminski

I. Zug: Uffz. Kost, Ogfr. Kaletta, Ogfr. Kläner

1. Gruppe:		2. Gruppe:		3. Gruppe:	
Uffz.	Moser	Uffz.	Rokita	Uffz.	Lischke
Ogfr.	Klaumünzer	Ogfr.	Raddatz	Gefr.	Wollenberg
Gefr.	Sauer	–"–	Morawitz	–"–	Birkhahn
–"–	Dertwinkel	–"–	Weiser	–"–	Bogdanski
–"–	Krestin	Gefr.	Bloch	–"–	Ottmann
–"–	Lypp	Gren.	Wollner	–"–	Zunker
–"–	Samoschka	–"–	Ewert	Gren.	Janicki
Gren.	Ludigkeit	–"–	Trudrong	–"–	Dzonn
–"–	Schapoki	–"–	Kemmereit	–"–	Wietczchowski
–"–	Sniegocki				

II. Zug: Fw. Scholz, Ogfr. Reck, Gefr. Schmied

4. Gruppe:		5. Gruppe:		6. Gruppe:	
Uffz.	Seidler	Ogfr.	Taugs	Uffz.	Paul
Ogfr.	Ginters	Ogren.	Höneburg	Gefr.	Haak
Gefr.	Spangenberg	Gren.	Mössinger	Gren.	Müller II
Gefr.	Rink	–〃–	Richert	–〃–	Schmidt
Gren.	Kaiser	–〃–	Schmidtke	–〃–	Hillinger
–〃–	Schieweck	–〃–	Zillich	–〃–	Haas
–〃–	Fligge	–〃–	Grunenberg	–〃–	Weis
–〃–	Schlomp	–〃–	Dirotin	–〃–	Bartsch
		–〃–	Triller	–〃–	Packmohr

Gesamtstärke: 1/11/69 = 81 Soldaten.

7. April 1945. Genau um 4 Uhr wird die Kompanie alarmiert. In kurzer Zeit sind wir fertig und sitzen auf den Gefechtsfahrzeugen. Wenig später fahren wir in Richtung Königsberg. Im Wald westlich Metgethen werden wir abgesetzt. Waffen und Gerät werden aufgenommen. Währenddessen wird der Kompanieführer zum Bataillonsgefechtsstand befohlen. Ich folge mit der Kompanie im Fußmarsch. Wir bekommen den Befehl, das Gut Landkeim anzugreifen und den vorgedrungenen Feind zu werfen. Hinter dem Bahndamm stellen wir uns zum Angriff bereit. Nach kurzer, heftiger Vorbereitung durch eigene Artillerie stürmen wir über die vor uns liegende Fläche. Es gelingt uns, das Gut in Besitz zu nehmen und dahinter eine Stellung aufzubauen. Doch der Erfolg wird teuer erkauft. Bei der Kompanie stelle ich folgende Verluste fest: Vier Gefallene (Feldwebel Scholz, Gefreiter Eismann, Gefreiter Ottmann und Obergefreiter Kläner) sowie 28 Verwundete, darunter Unteroffizier Kost als Zugführer und die Gruppenführer Unteroffizier Moser, Unteroffizier Lischke, Unteroffizier Schnoor, Obergefreiter Taugs. Leutnant Hagen, der erst vor wenigen Tagen die Kompanie übernommen hat, ist durch Verwundung ebenfalls ausgefallen. Ich selbst habe Splitter abbekommen, kann aber bei der Truppe bleiben. Ich werde mit der Führung der Kompanie beauftragt. Bei beginnender Dunkelheit mache ich Bestandsaufnahme von Menschen und Material und nehme eine Neueinteilung vor. Vom Kompanietrupp sind nur noch die beiden Melder Gefreiter Stobbe und Gefreiter Leimbach vorhanden, alle anderen sind ausgefallen. Nach Eintreffen des Nachschubfahrzeugs sorge ich dafür, daß alle verpflegt werden, und begebe mich dann im Keller des Gutshauses selbst zur Ruhe.

8. April 1945. Nach wenigen Stunden Schlaf bin ich auf den Beinen. Bei einem Gang durch die Stellung überzeuge ich mich von der Besetzung und daß die Gruppen untereinander Verbindung haben. Bevor ich den Kompanietrupp wieder erreiche – ich habe den Gefechtsstand in einen Naturgraben hart ostwärts des Gutes verlegt –, geht der Zauber wieder los. Aus unzähligen Rohren geht ein Trommelfeuer auf uns nieder, wie ich es noch nie erlebt habe. Kurz vor 10 Uhr schlägt eine Granate unmittelbar hinter mir in die Grabenböschung ein. Ich erhalte einen Schlag gegen den Ellenbogen und zwischen die Rippen und spüre, wie das Blut rinnt. Zum Verbinden der Wunden bleibt keine Zeit. Direkt vor mir, in seinem Loch, schreit Unteroffizier Paul laut auf. Ich springe hinüber und ziehe ihn in unseren Graben. Beide Schultern sehen entsetzlich aus. Da er noch laufen kann, arbeiten wir uns in dem Naturgraben zurück. Unter stärkstem Beschuß erreichen wir mit Glück den Hohlweg zur Gartenstadt Metgethen. Hier legen wir eine Verschnaufpause ein. Ein Blick über die Böschung zeigt mir, daß der Russe mit Panzern und Infanterie unsere Stellung angreift. Bald erreichen wir den Bataillonsgefechtsstand, wo ich Hauptmann Wiesmann über die Lage informiere. Der Kommandeur läßt uns mit einem Beiwagenkrad zum Arzt fahren. Der Truppenverbandplatz befindet sich in der Straße, in der ich im Januar – zwei Häuser weiter – meine letzten Urlaubstage bei meiner Freundin verlebte. Meine Wunden werden versorgt. Ich nehme mir die Zeit, kurz nach der Wohnung meiner Freundin zu schauen. Sie erscheint mir unverändert. Danach befördert man uns zum Stützpunkt Groß Heydekrug, wo ich das Notwendigste und meine Aufzeichnungen aus dem Gepäck holen kann. Von hier geht es dann mit einem Lkw mit Holzvergaser zum Hauptverbandplatz Peyse. Der Verbandplatz ist überfüllt mit Verwundeten, die alle auf Versorgung warten. Natürlich werden erst die schweren Fälle behandelt. Ich muß warten, wie viele andere auch.

9. April 1945. Im Laufe des Vormittags werde ich dem Arzt vorgestellt. Die Wunden werden versorgt, dann schickt er mich nach Pillau. Viele warten auf den Weitertransport. Beim Gang über den Platz treffe ich Unteroffizier Felix Klar, kann aber nichts von ihm erfahren. Mit einem vollgestopften Lkw werden wir nach Pillau befördert. Hier herrschen unmögliche Zustände. Die Sammelstelle für Verwundete ist restlos überfüllt. Selbst auf Fluren und Treppen des Gebäudes drängeln sich Verwundete, so daß kaum ein Durchkommen ist. Jeder, der sich noch auf den Beinen halten kann, ist ein glücklicher Mensch. Trotz dieser Ansammlung von Menschen treffe ich auf meinen Freund Willi Kost. Ich habe ihn kaum erkannt, denn eine Gesichtshälfte ist von vielen kleinen Splittern entstellt. Wir sind froh, daß wir uns gefunden haben und wollen zusammenbleiben. Für die Nacht quetschen wir uns in die Ecke eines Flures. An Schlaf ist nicht zu denken, es geht rein und raus.

10. April 1945. Am Morgen wird unser Flur aufgerufen, vor das Gebäude zu kommen. Wir marschieren zur Fähre und werden zur Nehrung übergesetzt. Wir treffen den Gefreiten Lypp, der sich anschließt. In Neutief bekommen wir Häuser zugewiesen. Wir sind noch nicht lange im Quartier, als russische Artillerie die Umgebung unter Feuer nimmt. Eine Granate schlägt hinter der Hausveranda ein. Ein Splitter durchschlägt die Tür und reißt unserem Kameraden Lypp eine Gesäßhälfte weg. Wir schaffen ihn zu einem Luftwaffenarzt, der einige Häuser weiter Verwundete behandelt. Er versorgt die Wunde und bescheinigt ihm, großes Glück gehabt zu haben. Dann zeige ich ihm meine Verletzung und bitte ihn, den Splitter zu entfernen. Er erklärt mir, daß er keine Betäubungsmittel hat und ich vier Mann zum Festhalten mitbringen soll. Er gibt mir einen Termin für den nächsten Morgen.

11. April 1945. Pünktlich um 8 Uhr bin ich mit Begleitung beim Arzt. Es geht zur Sache. Da er keine Betäubungsmittel hat, werde ich auf einen Tisch geschnallt, der von meinen Begleitern festgehalten wird. Nach kurzer Sondierung holt er den Splitter mit einer Pinzette aus der Wunde. Ich bin jetzt „eisenfrei" und darüber sehr zufrieden. Nach der gelungenen Operation versorgt der Arzt die Wunde und gibt mir eine Schiffskarte. Mit dieser Karte kann ich mit einem Schiff Ostpreußen verlassen. Danach gehe ich in die Unterkunft und hole meine Gepäckstücke. Mit Willi Kost – den ich überreden kann – begebe ich mich zur Fähre. Wir setzen nach Pillau über und gehen zur Krankensammelstelle, um für das nächste Schiff registriert zu werden. Leider komme ich zu spät. Die heutigen Schiffe sind bereits belegt. Wir bleiben über Nacht in der Krankensammelstelle.

12. April 1945. Nach einer durch Fliegeralarm mit Bombenabwürfen sehr unruhigen Nacht werden alle Schiffskarteninhaber gegen 9.30 Uhr zum Hafentransport aufgerufen. Auch jetzt nehme ich Willi Kost mit, weil ich hoffe, ihn auch ohne Karte auf das Schiff bringen zu können. Mit einem alten Omnibus werden wir zum Hafen gebracht. Dort werden die Verwundeten – dicht stehend, Mann an Mann – mit einem Ladekran auf das Schiff gehievt. Ich sehe keine besondere Personenkontrolle und fordere meinen Freund auf, einfach mitzukommen. Hier verläßt ihn der Mut. Er hat Bedenken, ohne Schiffskarte auf dem Kahn erwischt zu werden. All mein Reden hilft nichts. Ein kurzer Händedruck zum Abschied, dann stelle ich mich zu den anderen auf das Brett. Wir werden hochgezogen und verschwinden im Bauch des Frachters. Unten im großen Frachtraum liegen wir eng beieinander, wie die Sardinen in der Büchse. Es dauert eine Weile, bis die Luken geschlossen sind. Die Maschinen kommen auf Touren, das Schiff manövriert von der Anlegestelle weg, bleibt aber noch im Hafen. Ruhe kehrt ein. Ich bin Gott sei Dank eingeschlafen.

13. April 1945. Durch das Anlaufen der Maschinen und das Zittern des Schiffskörpers wache ich auf. Mir ist ungemütlich zumute in dem engen Schiffsbauch. Ich hangle mich an der Steigleiter mit einer Hand nach oben und bekomme frische Luft. Auf dem mit flüchtenden Zivilisten übervollen Deck stehend, stelle ich fest, daß wir noch im Hafenbereich liegen. Endlich ist es dann soweit, und das Schiff legt ab. Heute, an meinem 24. Geburtstag, gleite ich auf dem Frachter „Adele Traber" aus dem Pillauer Hafen. Als Verwundeter verlasse ich Ostpreußen, den hart umkämpften letzten Einsatzraum der 5. Panzerdivision. Die Städte Tilsit, Gumbinnen, Goldap, Schloßberg und Königsberg – auch die vielen Ortschaften auf dem Lande – werden allen Divisionsangehörigen unvergessen bleiben. Tapfer hat die Division hier mit höchstem Einsatz gekämpft. Viele meiner Kameraden haben ihr junges Leben lassen müssen und hier in Ostpreußen ihre letzte Ruhe gefunden. Viele werden auch noch vermißt. Sollte alles umsonst gewesen sein? Noch immer wird auf ostpreußischem Boden gekämpft. Wie lange noch, frage ich mich, als das Schiff ausläuft. Meine Gedanken sind bei den Kameraden, die zurückgeblieben sind, bei den Verwundeten und den noch immer mit letztem Einsatz kämpfenden Soldaten. Sie kämpfen im Glauben an das Vaterland, für Deutschland. Ihnen allen, die noch zurückbleiben müssen, wünsche ich dasselbe große Glück, das mir bis zu diesem Augenblick beschieden war. Das Schiff nimmt nun mehr Fahrt auf und formiert sich mit anderen Schiffen zu einem Verband. Wir lassen den Hafen und die Küste hinter uns. Bald hat der Geleitzug die offene See erreicht und dampft gen Westen.

Anhang

In Rußland vermißte Kameraden der 5. Kompanie, Panzergrenadierregiment 14

Name, Vorname	geboren	Dienstgrad	zuletzt erfaßt	vermißt seit	Anmerkungen
1. Bauch, Alfred	11.07.15	Ogfr.		19.12.41 bei Schitikowa	mit PKW zum Feind gefahren
2. Barucha, Ernst	13.09.24	Uffz.	31.12.44	13.01.45 bei Schloßberg/Ostpreußen	lt. DRK-Liste
3. Beck, Erich	26.07.24	Gefr.	31.12.44	Jan. 45 in Ostpreußen	lt. DRK-Liste
4. Berndt, Georg	02.04.27	Schze.		23.04.42 bei Bol. Ustje	
5. Birkhahn, Fritz	07.12.14	Gefr.	06.04.45	April 45 in Ostpr.	lt. DRK-Liste
6. Boege, Martin	05.08.09	Gefr.	01.07.44	09.07.44 bei Stoki	lt. Meldeliste an WASt und DRK-Liste
7. Böhm, Karl	22.11.10	Gren.		verwundet am 08.01.44 bei Golewitschi	lt. DRK-Liste
8. Bönisch, Hermann	02.07.21	Ogfr.		13.07.43 bei Stariza	lt. DRK-Liste
9. Bönisch, Johannes	10.07.26	Gren.	10.10.44	11.10.44 bei Jögsden	lt. DRK-Liste
10. Breloh,		Uffz.	28.02.45	02.03.45 im Samland	
11. Broll, Georg	23.04.08	Gefr.		28.02.43 bei Aschkowo	lt. DRK-Liste
12. Bunk, Heinrich	31.10.22	Gefr.		15.08.43 bei Latyschi	lt. DRK-Liste
13. Caspar, Erwin	03.12.24	Gefr.	31.12.44	April 45 in Ostpreußen	lt. DRK-Liste
14. Casten, Alfred	26.11.06	Gren.		April 45 in Ostpreußen	lt. DRK-Liste
15. Damm, Erwin	18.05.25	Gren.	01.07.44	09.07.44 bei Stoki lt. Liste	lt. DRK-Liste
16. Dierstein, Alexander	06.12.16	Gren.		Jan. 45 in Ostpreußen	lt. DRK-Liste
17. Dietzel, Kurt	31.08.08	Gren.		08.01.44 bei Golewitschi	lt. DRK-Liste
18. Dragon, Johannes	09.07.23	Gefr.		28.02.43 bei Aschkowo	lt. DRK-Liste
19. Dreyer, Willy	04.05.26	Gefr.	28.12.44	Jan. 45 in Ostpreußen	lt. DRK-Liste
20. Eichler, Martin	31.03.09	Ogfr.		13.07.43 bei Stariza	lt. DRK-Liste
21. Fahrian, Oswald	22.10.06	Gren.		04.10.43 bei Kolyban	lt. DRK-Liste
22. Fend, Alois	04.05.14	Ogren.	01.07.44	09.07.44 bei Stoki	lt. DRK-Liste
23. Ferfecki, Josef	13.07.08	Gefr.	21.12.43	08.01.44 bei Golewitschi	lt. DRK-Liste
24. Flach, Josef	23.05.07	Gefr.	Juli 44	01.08.44 bei Mariampol	lt. DRK-Liste
25. Freier, Hans	06.04.25	Ogfr.	31.12.44	Jan. 45 in Ostpreußen	lt. DRK-Liste
26. Freisinger, Wilhelm	29.07.12	Ogfr.		Aug. 43	lt. DRK-Liste
27. Funk, Adolf	13.05.24	Gren.		15.08.43 bei Latyschi	lt. DRK-Liste
28. Gallo, Paul	06.01.23	Ogfr.	31.12.44	Jan. 45 in Ostpreußen	lt. DRK-Liste
29. Gebauer, Wilhelm	17.04.23	Gren.		27.02.43 bei Krestjanskaja Gora	lt. DRK-Liste
30. Geisler, Alois	27.07.18	Ogfr.	28.02.43	Juli 43	lt. DRK-Liste

31. Gerbracht, Johann	16.08.25	Gren.	14.09.44	06.10.44 ostwärts Kraziai bei Zug „Staaden"	
32. Gloger, Josef	06.03.13	Gefr.	Juni 43		lt. DRK-Liste
33. Gmusdek, Franz	10.09.16	Gren.		27.02.43 bei Krestjanskaja Gora	lt. DRK-Liste
34. Gottschalk,		Ogfr.	24.02.45	02.03.45 im Samland	
35. Gottwald, Ernst	30.10.24	Gefr.	21.12.43	08.01.44 bei Golewitschi	lt. DRK-Liste
36. Härtel, Alfred	02.07.24	Gren.		04.10.43 bei Kolyban	lt. DRK-Liste
37. Härtel, Bernhard	05.08.08	Gefr.		27.02.43 bei Krestjanskaja Gora	lt. DRK-Liste
38. Haschke, Walter	09.05.24	Gefr.		verwundet am 13.07.43 bei Stariza	lt. DRK-Liste
39. Heczko, Josef	01.08.10	Gren.		27.02.43 bei Krestjanskaja Gora	lt. DRK-Liste
40. Hedrich, Erwin	02.10.13	Ogfr.		04.10.43 bei Kolyban	lt. DRK-Liste
41. Heinrich, Erwin	06.09.22	Gren.		gefallen am 14.07.43 Rollbahn Medynzewo–Cholmitschi	lt. DRK-Liste
42. Heissner, Fritz	20.11.22	Gefr.	23.08.44	24.08.44 bei Kruopiai	lt. DRK-Liste
43. Hemmer, Johann	20.05.21	Gren.		06.09.43 bei Kliny	lt. DRK-Liste
44. Henn, Günther	20.08.24	Gefr.	31.12.44	Jan. 45 in Ostpreußen	lt. DRK-Liste
45. Herdling, Gerthold	18.07.06	Gefr.	31.12.44	Jan. 45 in Ostpreußen	lt. DRK-Liste
46. Hoffmann, Georg	10.01.23	Ogren.		27.02.43 bei Krestjanskaja Gora	lt. DRK-Liste
47. Hoffmann, Heinz	25.07.25	Gren.	01.07.44	09.07.44 bei Stoki	lt. DRK-Liste
48. Idelberger, Fritz	11.10.08	Ogfr.	09.07.44	15.07.44 bei Zeimiai	lt. DRK-Liste
49. Jacob, Karl Jakob	21.01.25	Gren.	13.07.44	15.07.44 krank zum Troß	lt. DRK-Liste
50. Jakubik, Peter Josef	22.02.23	Gefr.	31.12.44	Jan. 45 in Ostpreußen	lt. DRK-Liste
51. Jany, Josef	24.10.21	Gefr.		04.10.43 bei Kolyban	lt. Meldeliste
52. Jurosz, Paul	24.11.08	Gefr.		15.08.43 bei Latyschi	lt. DRK-Liste
53. Karnott, Rudolf	15.08.24	Gren.		25.08.43 bei Muschikowo	lt. DRK-Liste
54. Kenovsky, Gustav	18.06.14	Stgfr.		13.07.43 bei Stariza in Gefangenschaft	lt. DRK-Liste
55. Kempa, Günther	01.05.25	Gren.	01.10.44	11.10.44 bei Jögsden	lt. DRK-Liste
56. Klam, Andreas	04.02.24	Gren.		schwer verwundet am 09.09.43 bei Kliny	lt. DRK-Liste
57. Klar, Felix	08.11.09	Fw.	11.03.45	13.03.45 versetzt zur 8./14*	lt. DRK-Liste
58. Kleinherr, Franz	27.08.12	Gefr.	17.02.45	19.02.45 gefallen bei Gut Lehndorf	lt. DRK-Liste
59. Klinke, Wilhelm	26.10.10	Gefr.		18.09.43 bei Polstinka	lt. DRK-Liste
60. Kloppich, Paul	17.02.25	Uffz.	18.08.44	19.08.44 gefallen bei Gaudikiai	lt. DRK-Liste
61. Koczy, Heinrich	13.08.24	Gren.		15.08.43 bei Latischy	lt. DRK-Liste
62. Krause, Heinz	27.11.19	Gren.		Nov. 42	lt. DRK-Liste
63. Kriegel, Hubert	02.10.21	Gefr.		04.10.43 bei Kolyban	lt. DRK-Liste
64. Krisch, Karl	02.11.20	San.Uffz.		04.10.43 bei Kolyban	lt. DRK-Liste
65. Küchler,		Ogfr.	21.02.45	24.02.45 bei Seerappen	
66. Kuehn, Franz	02.01.22	Gefr.		13.07.43 bei Stariza	lt. DRK-Liste
67. Kupka, Josef	30.11.21	Gefr.		15.08.43 bei Latischy	lt. DRK-Liste
68. Linden, Johannes	11.05.24	Gren.		13.07.43 bei Stariza	lt. DRK-Liste
69. Lüssel, Richard	22.02.23	Gren.		05.08.42 bei Tublowo	lt. DRK-Liste
70. Mandl, Josef	11.03.06	Ogfr.	23.08.44	verwundet am 24.08.44 bei Kruopiai	lt. DRK-Liste
71. Mattes, Johann	07.03.05	Gren.		05.08.42 bei Tublowo	lt. DRK-Liste

* Feldwebel Felix Klar habe ich nach meiner Verwundung am 8. April 1945 auf dem Hauptverbandplatz in Peyse getroffen und ihn gesprochen. Ob er überlebt hat, ist unbekannt.

72. Matzdorf, Claus	21.03.25	Gefr.		Juli 43	lt. DRK-Liste
73. Menting, Theodor	04.11.14	Ogfr.		Febr. 44 bei Königsberg	lt. DRK-Liste
74. Mika, Leopold	01.07.14	Uffz.		13.07.43 bei Stariza	lt. DRK-Liste
75. Molva, Johann	14.01.14	Stgfr.	10.10.44	11.10.44 bei Jögsden	lt. DRK-Liste
76. Moser, Albert	19.03.22	Uffz.	06.04.45	verwundet am 07.04.45 bei Gut Landkeim/Ostpr.	lt. DRK-Liste
77. Müller, Heinz-Werner	14.11.18	Ogfr.		Okt. 44	lt. DRK-Liste
78. Müller, Helmut	21.08.17	Fw.	04.07.44	04.07.44 bei Grodek	lt. DRK-Liste
79. Neumann, Kurt	22.12.24	Gefr.	01.07.44	schwer versundet am 09.07.44 bei Stoki	lt. DRK-Liste
80. Nitsche, Walter	23.06.21	Oschze		06.01.42 bei Kusminskoje	lt. DRK-Liste
81. Otzdorf, Werner	05.03.14	Fw.		27.02.43 gefallen bei Krestjanskaja Gora	lt. DRK-Liste
82. Patermann, Ferdinand	18.02.06	Uffz.	27.10.44	28.10.44 bei Weidengrund	lt. DRK-Liste
83. Pichaczek, Siegm.	01.09.23	Gefr.		15.08.43 bei Latyschi	lt. DRK-Liste
84. Pröglhof, Josef	02.01.24	Gren.	31.12.44	Jan. 45 in Ostpreußen	lt. DRK-Liste
85. Reck, Georg	09.10.21	Ogfr.	06.04.45	verwundet am 07.04.45 bei Gut Landkeim	lt. DRK-Liste
86. Reiher, oder Reyer,		Ogfr.	21.02.45	24.02.45 bei Seerappen	
87. Rentsch, Wilhelm	20.12.16	Gefr.		30.08.43 bei Iwanowka	lt. DRK-Liste
88. Ruhland, Joachim	29.07.15	Ogfr.		13.07.43 bei Stariza	lt. DRK-Liste
89. Sabasch, Erich	15.11.24	Gefr.		13.07.43 bei Stariza	lt. DRK-Liste
90. Salfeld, Hermann	25.07.17	Ogfr.	31.12.44	Jan. 45 in Ostpreußen	lt. DRK-Liste
91. Sauer, Walter	23.08.25	Gren.	06.04.45	08.04.45 noch unversehrt bei Gut Landkeim	lt. DRK-Liste
92. Schäfer, Georg	11.10.09	Gefr.	21.12.43	08.01.44 bei Golewitschi	lt. DRK-Liste
93. Scheder,		Uffz.	28.02.45	02.03.45 im Samland	
94. Scheidemann,		Gefr.	28.02.45	02.03.45 im Samland	
95. Schmidt, Helmut	24.09.26	Gren.	31.12.44	Jan. 45 in Ostpreußen	lt. DRK-Liste
96. Schweighofer, Franz	28.10.23	Gren.		Jan. 45 in Ostpreußen	lt. DRK-Liste
97. Skupin, Heinrich	08.07.22	Gren.	25.07.44	29.07.44 bei Santeika	lt. DRK-Liste
98. Steiner, Josef	21.08.23	Gefr.		27.02.43 bei Krestjanskaja Gora	lt. DRK-Liste
99. Stuhlsatz, Jakob	10.01.27	Ogren.	31.12.44	Jan. 45 in Ostpreußen	lt. DRK-Liste
100. Utzig, Erich	16.02.18	Gefr.		27.02.43 bei Krestjanskaja Gora	lt. DRK-Liste
101. Vogel, Willi	08.05.25	Gren.	01.07.44	09.07.44 bei Stoki	lt. DRK-Liste
102. Wagner, Heinrich	02.10.19	Ogfr.		29.07.44 bei Santeika	lt. DRK-Liste
103. Wald, Heinz	19.10.16	Fw.	31.12.44	Jan. 45 in Ostpreußen	lt. DRK-Liste
104. Waretzki, Franz	10.04.23	Gren.		27.02.43 bei Krestjanskaja Gora	lt. DRK-Liste
105. Weiland, Vinzenz	05.01.24	Gefr.	08.12.43	gefallen am 19.01.44 bei Wischa	lt. DRK-Liste
106. Wollenberg, Willi	28.05.25	Gefr.	06.04.45	verwundet am 07.04.45 bei Gut Landkeim	lt. DRK-Liste
107. Wrona, Alöis	28.05.21	Ogfr.		schwer verwundet am 13.07.43 bei Stariza	lt. DRK-Liste
108. Zienteck, Josef	07.05.10	Gefr.		30.08.43 bei Iwanowka	lt. DRK-Liste
109. Zimmerling, Gerhard	11.02.24	Gren.		Juli 43	lt. DRK-Liste
110. Zimmermann, Alfred	13.12.23	Gefr.		21.07.43 bei Brussny	lt. DRK-Liste

Die Kompanieführer und Kompanieoffiziere der 5. Kompanie, Panzergrenadierregiment 14

Zeitraum	Dienstgrad	Name, Vorname, geboren am	Anmerkungen
Sept.–Okt. 41	Olt.	Kumbartzke, Fritz, 12.07.11	
22.10.41	Lt.	Peters, Hans-Jürgen, 18.02.21	verwundet bei Ratschino
19.11.41	Hptm.	Kohlhardt, Heinrich, 03.04.14	gefallen bei Dawydowka
19.11.41–23.11.41	Lt.	Clausing, Hermann, 21.08.16	gefallen bei Rumjanzewo
20.12.41	Lt.	Skarupki, Erich, 31.10.14	verwundet bei Kolyschkino
31.12.41	Olt.	Kumbartzke, Fritz, 12.07.11	gefallen bei Kusminskoje
31.12.41–07.03.42	Lt.	Hoffmann, Otto, 13.02.10	verwundet bei Charkowo
07.03.42–10.04.42	Lt.	Babendererde, Rudolf, 08.01.16	verwundet bei Kamenka
10.04.42	Lt.	Hagner, Friedrich, 04.11.19	verwundet bei Kamenka
April 42	Lt.	Ulrich, Siegfried, 22.10.14	
April 42–Mai 42	Olt.	Freiherr von Wöllwarth, H-S., 12.12.17	gefallen am 05.04.44 bei Rudniki
Mai 42–06.06.42	Lt.	Pischke, Werner, 17.11.12	verwundet bei Sergejewka
06.06.42–10.06.42	Fw.	Mohr, Ernst, 03.07.16	
10.06.42	Lt.	Beinlich, Joachim	
11.08.42	Lt.	Klischies, Gerhard	gefallen am 05.09.42 bei Gredjakino
Aug. 42	Lt.	Ulrich, Siegfried, 22.10.14	
Nov. 42	Olt.	Beinlich, Joachim	verwundet bei Gredjakino
Nov. 42	Lt.	Powitz	
Dez. 42	Hptm.	Kob	
19.02.43–09.03.43	Lt.	Mundt, Dietrich, 31.05.18	
09.03.43–21.03.43	Olt.	Frank, Friedrich, 03.03.06	gefallen bei Dubischtsche
21.03.43	Ofw.	Zimmann, Wilhelm, 20.11.14	
19.04.43	Olt.	Rein, Heinrich, 14.01.13	
April 43–13.07.43	Lt.	Lohmann, Bernhard, 01.07.15	verwundet bei Stariza
Mai 43–13.07.43	Lt.	Hahnfeld, Eberhard	gefallen am 27.09.43 bei Stariza
Juli 43–30.08.43	Lt.	Woynar, Walter, 20.07.23	verwundet bei Iwanowka
Aug. 43	Lt.	Grzimek, Cornelius, 18.07.19	
Okt. 43–12.12.43	Lt.	Winkler	
12.12.43–08.01.44	Lt.	Lohmann, Bernhard, 01.07.15	verwundet bei Golewitschi
Dez. 43–08.01.44	Lt.	Thöndel, Friedrich	verwundet am 22.09.42 bei Golewitschi
08.01.44–05.02.44	Lt.	Kiene, August, 20.10.21	gefallen am 04.08.44; als Führer der 7. Kompanie
05.02.44–12.04.44	Lt.	Lohmann, Bernhard, 01.07.15	
07.02.44–26.02.44	Lt.	Lange, Claus, 12.12.19	
01.03.44	Lt.	Schettler	
März 44–26.04.44	Lt.	Lange, Claus, 12.12.19	verwundet bei Rudniki
26.04.44	Lt.	Grzimek, Cornelius, 18.07.19	
21.05.44–13.07.44	Olt.	Lohmann, Bernhard, 01.07.15	verwundet bei Prokunai
Mai 44–Juni 44	Lt.	Pauly	
13.07.44	Fw.	Hugo, August, 21.09.15	
14.07.44–29.07.44	Lt.	Grzimek, Cornelius, 18.07.19	gefallen bei Santeika
29.07.44	Lt.	Lange, Claus, 12.12.19	
25.10.44–27.10.44	Obfhr.	Ronthaler	verwundet bei Weidengrund
27.10.44–04.01.45	Lt.	Lange, Claus, 12.12.19	gefallen bei Merunen
20.12.44	Lt.	Hagen	
Jan. 45–Febr. 45	Lt.	Hunger	
Jan. 45	Lt.	Kemper, Heinrich, 25.01.15	
17.02.45–09.03.45	Hptm.	Rottsahl	
11.03.45–14.03.45	Olt.	Schlösser	
14.03.45–01.04.45	Hptm.	Rottsahl	begeht Fahnenflucht
01.04.45–07.04.45	Lt.	Hagen	verwundet bei Gut Landkeim
07.04.45–08.04.45	Fw.	Will, Otto, 13.04.21	verwundet bei Gut Landkeim

Inhalt

Pour le Mérite

FRANZ W. SEIDLER
VERBRECHEN AN DER WEHRMACHT
Kriegsgreuel der Roten Armee
704 S. – viele s/w. Abb. – geb. im Großformat – € 29,80. – Direkt aus den Akten der Wehrmacht-Untersuchungsstelle trug der Autor erschütternde Fälle zusammen, belegt in Fotos und Dokumenten.

FRANZ W. SEIDLER
DEUTSCHE OPFER
Alliierte Täter 1945
336 S. – viele s/w. Abb. – geb. im Großformat – € 25,95. – Der Autor hat vor allem westalliierte Verbrechen an Deutschen untersucht – Terrorbombardements, Vertreibungen, Massenvergewaltigungen, Hungerterror und andere Grausamkeiten.

FRANZ W. SEIDLER
DEUTSCHER VOLKSSTURM
Das letzte Aufgebot 1944/45
416 S. – viele s/w. Abb. – geb. im Großformat – € 25,95. – Der Autor beschreibt Aufstellung, Ausbildung und Führung des Volkssturms. Er geht auf Ausrüstung, Sanitätswesen, Rechtssystem und Einsatz ein.

FRANZ W. SEIDLER/ DIETER ZEIGERT
DIE FÜHRER-HAUPTQUARTIERE
Anlagen und Planungen im 2. Weltkrieg
424 S. – viele s/w. Abb. – geb. im Großformat. – € 29,80. – Die Autoren enthüllen die Geschichte der fast 20 verbunkerten „Führerhauptquartiere", die zwischen 1939 und 1945 entstanden.

WERNER MASER
DER WORTBRUCH
Hitler, Stalin und der Zweite Weltkrieg
480 S. – viele s/w. Abb. – geb. im Großformat – € 25,95. – Materialreich wird die Planung Stalins für einen Erstschlag gegen das Deutsche Reich belegt und so mit der Legende von der „heimtückisch überfallenen" Sowjetunion aufgeräumt.

VIKTOR SUWOROW
MARSCHALL GEORGI SCHUKOW
Lebensweg über Leichen
352 S. – viele s/w. Abb. – geb. im Großformat – € 25,95. – Von Stalin abkommandiert, um in Deutschland Ordnung zu schaffen, war Schukow verantwortlich für das kriminelle Vorgehen der Rotarmisten gegen deutsche Zivilisten.

VIKTOR SUWOROW
STALINS VERHINDERTER ERSTSCHLAG
Hitler erstickt die Weltrevolution
352 S. – s/w. Abb. – geb. im Großformat – € 25,95. – Der ehemalige russische Geheimdienstoffizier legt weitere Beweise für die 1941 geplante Militäroffensive Stalins gegen Europa vor.

HROWE H. SAUNDERS
DER VERRATENE SIEG
Die alliierte Invasion in der Normandie 1944 und ihre Hintergründe
352 S. – viele Abb. – geb. im Großformat – € 25,95. – Die Geschichte hätte einen anderen Verlauf genommen, wenn es der Wehrmacht gelungen wäre, die Invasion in Nordfrankreich zurückzuschlagen.

Verlag für Militärgeschichte

Pour le Mérite

PATRICK J. BUCHANAN
CHURCHILL, HITLER UND DER UNNÖTIGE KRIEG
Wie Großbritannien sein Empire und der Westen die Welt verspielte
368 S. – viele s/w. Abb. – geb. im Großformat – € 25,95. – Der Autor belastet Churchill schwer.

WALTER POST
WELTENBRAND
Der Zweite Weltkrieg 1939–1945: Schuldfrage, Hintergründe, Verlauf
576 S. – viele s/w. Abb. u. Karten – geb. im Großformat – € 29,80. – Detailliert analysiert der Historiker Hintergründe, legt die Strategien der Kriegsgegner dar und zeichnet den Verlauf der Feldzüge nach.

JAMES BACQUE
DER GEPLANTE TOD
Deutsche Kriegsgefangene in amerikanischen und französischen Lagern 1945–1946
400 S. – viele s/w. u. farb. Abb. – geb. im Großformat – € 25,95. – Der kanadische Historiker legt das Ausmaß des Massensterbens in alliierten Lagern offen.

JAMES BACQUE
VERSCHWIEGENE SCHULD
Die alliierte Besatzungspolitik in Deutschland nach 1945
312 S. – geb. im Großformat – € 25,95. – Nicht nur die Rote Armee, sondern ebenso Amerikaner, Briten und Franzosen stillten nach dem Krieg ihren Haß an den Deutschen.

Reinhard Oltmann

Der Rußlandkrieg in Farbe!

Der Ostfeldzug war gekennzeichnet von immensen Geländegewinnen und riesigen Kesselschlachten mit Millionen von russischen Kriegsgefangenen. Aber die deutschen Soldaten lernten auch die Tücken des Feindeslandes kennen: verschlammte Rollbahnen, mörderische Winter und Partisanen. Nach einer sachkundigen Einführung erstehen in atemberaubenden, teilweise bisher unveröffentlichten Farbfotos Faszination und Schrecken dieses Feldzugs zu neuem Leben. Jeder Band 160 S., durchgängig farbig, geb. im Atlas-Großformat. **je Band € 25,95**

Band 1: Sturm auf Moskau
Von Finnland bis zum Schwarzen Meer (1941). – Spätestens seit Stalins Angriff auf Finnland im Dezember 1939 wußte Hitler, daß die expansive Politik der Sowjetunion früher oder später eine Gefahr für das Deutsche Reich bedeuten würde. Trotzdem fiel es dem deutschen Staatschef nicht leicht, den Angriff auf die UdSSR für den 22. Juni 1941 zu befehlen, doch die Entwicklung der Ereignisse gab Hitler recht: Die Rote Armee war bereits zum Angriff aufmarschiert… – In atemberaubenden Farbfotos ersteht eine Geschichtsepoche zu neuem Leben. Eine sachkundige Einführung skizziert das Zeitgeschehen und beleuchtet Hintergründe und Verlauf des ersten Jahres des Rußlandkrieges.

Band 2: In die Tiefen Rußlands. Durchbruch zu Wolga und Kaukasus (1942)

Band 3: Schicksalswende im Osten. Von Stalingrad nach Ostpreußen (1943/45)

Alle drei Bände zusammen: nur € 65,90 (Sie sparen € 11,95!)

Verlag für Militärgeschichte

Stationen von Otto Will während des Zweiten Weltkrieges
STOCKHOLM
KOPENHAGEN
Nordsee
Ostsee
Tuckum
Libau
Telsche
Memel
Memel
Tilsit
Pillau
Königsberg
Danzig
Allenstein
Kiel
Hamburg
Bremen
Elbe
Stettin
Kolberg
Bromberg
BERLIN
Döberitz
Küstrin
Frankfurt/O.
Weichsel
Bug
Posen
WARSCHAU
Oder
Rhein
Köln
Marburg
Gladenbach
Frankfurt/M.
Main
Mainz
Dresden
Breslau
Neisse
Prag
Krakau
Nürnberg
Stuttgart
Donau
München
Wien
Grenze des Großdeutschen Reiches (Stand: 1. September 1939)
Rot markierte Städte zeigen keine Stationen des Autors, sondern dienen ausschließlich der Orientierung.
0
250 km